COLLECTION

Victorien Sardou

Bibliothèque

2ème Partie

BIBLIOTHÈQUE DE FEU M. VICTORIEN SARDOU

DEUXIÈME PARTIE

LIVRES ANCIENS

ET MODERNES

LA VENTE AURA LIEU

Du Lundi 14 Mars au Jeudi 24 Mars 1910

A 2 heures précises

HOTEL DES COMMISSAIRES-PRISEURS, 9, RUE DROUOT

SALLE N° 8

Par le ministère de M⁰ **F. LAIR DUBREUIL**, commissaire-priseur

6, RUE FAVART, 6

et de **M⁰ HENRI BAUDOIN**, son confrère

Successeur de M⁰ Paul CHEVALIER

10, RUE DE LA GRANGE-BATELIÈRE, 10

Assistés de **M. HENRI LECLERC**, libraire

219, RUE SAINT-HONORÉ, 219

ET 16, RUE D'ALGER

VOIR L'ORDRE DES VACATIONS A LA FIN DU CATALOGUE

CONDITIONS DE LA VENTE

La vente se fait au comptant.

Les acquéreurs paieront 10 pour 100 en sus des enchères.

Les livres vendus devront être collationnés dans les vingt-quatre heures de l'adjudication. Passé ce délai, il ne seront repris pour aucune cause.

M. LECLERC se réserve la faculté, dans l'intérêt de la vente, de réunir ou de diviser les numéros du catalogue. Il remplira les commissions qu'on voudra bien lui confier.

CATALOGUE

DE LA

BIBLIOTHÈQUE

DE

FEU M. VICTORIEN SARDOU

de l'Académie française.

DEUXIÈME PARTIE

LIVRES ANCIENS ET MODERNES

DANS TOUS LES GENRES

PRINCIPALEMENT

SUR L'HISTOIRE, L'HISTOIRE DE LA RÉVOLUTION

ET DE LA VILLE DE PARIS

PARIS

LIBRAIRIE HENRI LECLERC

219, RUE SAINT-HONORÉ, 219

ET 16, RUE D'ALGER

—

1910

SARDOU ET SES LIVRES

Il y a, sur le plateau de Marly, un endroit que Victorien Sardou affectionnait
et par où se terminaient habituellement ses promenades : c'est le Val Crouy.
A quelques pas de la route, un promontoire s'avance, dominant l'énorme en-
tonnoir des bois : on voit, de là, toute la forêt, profonde et superbe. Nous nous
sommes assis, bien des fois, à cette place, sur un sable doux comme celui d'une
plage : des écharpes de brouillard traînaient dans les bas-fonds vers lesquels s'in-
clinait un coteau tout mauve de bruyères en fleurs. Tandis que nous regardions
le soleil descendre, je demandais à Sardou de me raconter *sa* forêt : il la connaissait comme s'il l'eût habitée depuis les temps héroïques : il savait par quelle voie,
à l'époque des invasions, s'étaient glissées les hordes normandes en marche vers
Paris ; et aussi l'histoire de la Montjoie, cette forteresse féodale dont il ne reste
qu'un tas de pierres ; la chronique guerrière et galante du Désert de Retz ; les
chasses du grand roi ; les revues passées par Louis XV. En quelques coups de son
jonc à bec de corne, il esquissait les choses sur le sable, citait telle chronique,
rappelait telle gravure…

— « Rentrons maintenant, disait-il, nous regarderons cela sur les plans. »

En quelques pas sous les arbres, on était chez lui : son grand cabinet de
travail occupait le centre de la maison : des boiseries claires, un large bureau à
chutes de bronze qui avait été celui de Melesville, des estampes en couleurs aux
murs ; par les portes-fenêtres, on apercevait les pelouses déclives du parc, et, au
delà des vallées et des collines, s'estompait la ligne bleue des coteaux de Meulan.

Victorien Sardou avait là peu de livres : derrière son fauteuil canné, un haut
corps de boiserie supportait quelques belles séries d'ouvrages anciens, à reliures de
maroquin fauve ou groseille, restés, depuis, sur les rayons, ainsi qu'il les avait
placés ; sur la table les livres nouvellement reçus, les revues courantes ; çà et là
des cartons de plans et de gravures, des atlas de l'ancien domaine de Marly : il
feuilletait, cherchait, et si quelque document lui faisait défaut, il ouvrait le tiroir
de son bureau, y prenait un trousseau de clefs — « allons voir là haut, »
disait-il.

Là haut, c'était la bibliothèque : deux étages montés, on se trouvait devant une
porte de fer que défendait un énorme verrou, gros comme le bras, et provenant
d'une prison de la Terreur. Une mignonne clef ouvrait cette terrible porte...

Quel étonnement ! Un long, long couloir, tapissé de rayons où, du dallage à la
corniche, s'entassaient les volumes, et coupé d'une dizaine de portes donnant
accès à autant de chambres, toutes en rayons, toutes tapissées de livres. Même
un étroit escalier montait vers d'autres pièces, sous les combles et, là encore,
des rayons et des volumes. De la disposition de ce vaste local résultait un
classement judicieux mais sommaire : chaque salle était consacrée à une
série : celle-ci, Paris, ses environs, l'Ile-de-France ; celle-là, l'Empire, ses héros
et ses guerres ; la troisième, la Renaissance ; une autre, l'architecture et les Arts ;
plus loin, Louis XIV, Versailles, Marly, Saint-Germain ; ainsi du reste. Le long
couloir était réservé à l'histoire révolutionnaire et, occupant le milieu de chacune
des pièces, de solides cartonniers portaient d'énormes portefeuilles à housses,
bondés de gravures, de dessins, d'affiches, d'autographes, de plans, de vignettes,
portraits, costumes, journaux, placards, reproductions d'œuvres d'art, de tapisseries, de tableaux, de mobiliers contemporains de l'époque dont traitaient les
livres garnissant le pourtour... Un monde !

Je ne pense pas que jamais homme de lettres ait possédé un plus merveilleux
instrument de travail : il y avait là de quoi satisfaire toutes les curiosités et le
grand esprit de Sardou était curieux de toutes choses, Rien qu'à feuilleter ce catalogue qu'a dressé l'expert, M. Leclerc, on voit à combien de sujets divers s'éten-
dait cet encyclopédique besoin d'être renseigné et de savoir, encore qu'on ne trouve
ici qu'une fraction de cette collection dont la famille de Victorien Sardou a conservé la majeure partie. Théologie, jurisprudence, sciences philosophiques, naturelles, médicales, mathématiques, occultisme, art culinaire, littérature, philologie,
beaux-arts, géographie, histoire surtout, histoire de tous les temps et de tous les
pays, de toutes les races et de toutes les civilisations, depuis les Hérodote et les
Xénophon, jusqu'aux placards et aux pamphlets éphémères dont notre époque est
féconde.

On se tromperait grandement si l'on imaginait que c'est là une de ces bibliothèques qu'assemblent certains amateurs peu liseurs, collectionnant des titres par parade. Sardou n'avait de beaux livres que pour les lire : il les avait tous lus ou feuilletés : on retrouve sous les combles de Marly, des coffres et des malles, et des caisses et des cartons renfermant des milliers et des milliers de notes, de références, d'extraits, de citations, sur les objets les plus imprévus. Travail formidable, mais sans effort, d'un esprit toujours en quête, alerte, joyeux de connaître, admirablement méthodique et qu'un incessant labeur reposait.

Car la réunion, l'entretien et l'usage d'une semblable bibliothèque suffiraient à remblir l'existence. Cela seul représente une vie laborieuse ; dans la vie de Sardou c'était à peine l'accessoire. Quatre-vingts œuvres dramatiques, les répétitions, les décors, la mise en scène, nul détail de son art abandonné au hasard, telle fut sa tâche principale : une harcelante correspondance, vingt sociétés dont il était le président actif et agissant, — les auteurs dramatiques le savent, — réclamaient une grande part de son temps. Et malgré de si diverses occupations, on le trouvait toujours accueillant, comme un homme de loisirs, l'esprit libre, l'humeur gaie, jamais las, s'amusant d'un rien, s'intéressant à tout, prêt à une promenade dans les bois ou à une flânerie par les vieilles rues. Même pour ceux qui l'ont connu le mieux, une si robuste santé intellectuelle reste un inexplicable phénomène.

Comment Victorien Sardou avait-il formé cette collection, plus riche et mieux composée que nombre de grands dépôts publics ? Je le lui ai demandé bien des fois : il s'en étonnait lui-même : c'était l'œuvre de quarante ans. Ses premiers achats de livres dataient de ses années d'étudiant : il avait alors peu d'argent, certes, et il ne se risquait pas à affronter les ventes ; les seules mines qu'il osât explorer étaient les boîtes des bouquinistes. C'était encore l'époque des trouvailles possibles, fréquentes, même ; Sardou découvrait sur les quais et achetait pour quelques sous des brochures dédaignées, devenues aujourd'hui singulièrement rares et qui font défaut aux collections de la Bibliothèque Nationale. Dix ans plus tard, lors de ses premiers succès de théâtre, il habitait le boulevard, à l'angle du faubourg Poissonnière : toute sa bibliothèque tenait dans un grand meuble de chêne, à trois corps, dont les volets vitrés abritaient six ou sept cents volumes de littérature et d'histoire : c'était le début, et, pour l'instant, Sardou ne rêvait pas davantage.

En 1864, il se rend acquéreur de cette vaste maison de Marly où il s'installe, d'abord presque sans meubles : du moins la place ne lui manque pas. Ses projets de travail s'amplifient ; il lui faut amasser des matériaux en prévision des œuvres futures. Après l'éclatant succès de *Patrie,* — sa prise de possession du drame de l'histoire, — il revient avec *la Haine* dans l'Italie de la Renaissance qui fut l'objet de ses premières études ; pour *Théodora,* il explore Byzance ; pour *la Tosca* la Révolution italienne ; il approfondit la fin de la République romaine avec *Cléo-*

pâtre ; *les Merveilleuses* l'amènent au Directoire ; pour *Gismonda* il étudie la Grèce chrétienne ; pour *la Sorcière,* l'Inquisition ; pour *Thermidor,* la Terreur ; pour *l'Affaire des poisons,* le grand siècle ; — avec *Paméla* il tente d'élucider les mystères du Temple. A chacune de ces incursions dans le passé correspond un accroissement de sa bibliothèque : car, ce qu'il veut connaître, ce n'est pas seulement l'histoire exacte, mais l'histoire vraie : les faits, les actes de ses héros l'intéressent, mais tout autant leur âme, leurs habitudes, leur milieu, leurs façons de penser, de parler, de se vêtir, leur entourage : il veut, non pas les représenter, mais les ressusciter et il s'informe, il enquête, il lit, il note... Même quand son sujet n'est pas historique, son souci de la vérité subsiste : pour *Fœdora,* il s'initie aux théories et aux mœurs des nihilistes ; avec *Ferréol* il pénètre le monde judiciaire ; les *Bourgeois de Pontarcy* le conduiront en province ; *Spiritisme* le ramènera aux sciences occultes, et dans ce catalogue, on peut suivre ces sillons lumineux que Sardou traça parmi les ombres du passé, et relever pour chacune de ses œuvres les sources où, avec une conscience d'historien, il puisa sa documentation.

Victorien Sardou fut, en effet, un historien, et j'entends par là qu'il eut, plus qu'aucun autre, la curiosité des époques disparues et le goût de les faire revivre. De ces deux sentiments naquit son amour des livres : il les aimait pour ce qu'il leur devait ; la plus humble plaquette, si elle lui révélait quelque détail ignoré ou pittoresque, valait autant à ses yeux que le beau volume à maroquin écussonné : cet éclectisme explique l'étonnante variété de cette collection. Lui seul ne perdait pas pied sous cette marée montante de livres : il les connaissait tous, savait leur place, les trouvait sans hésiter... Quelles bonnes heures passées *là haut* à explorer les rayons !

Il avait naguère entrepris un catalogue sur fiches ; pourtant, le classement correspondant eût nécessité un déménagement complet, et il y renonça : — « Ce sera pour quand je serai vieux », disait-il ; mais il ne vieillissait pas. Chaque été, Marly le revoyait aussi alerte et vif : dès son arrivée, sans reprendre haleine, il montait les étages, ouvrait la porte de fer, allait, venait parmi ses chers livres, installait les nouveaux venus, serrait les rangs. A la fin, cependant, la place manquait ; les recherches se faisaient moins faciles et Sardou revenait à l'idée du catalogue — « Plus tard ». Cette action perpétuelle où il tenait son corps et son esprit, cet entrain, cette bonne humeur, cette ardeur au travail donnaient si bien l'illusion de la jeunesse et de la force que ce *plus tard* n'étonnait pas...

Plus tard... Hélas ! Ce catalogue, le voici.

G. Lenotre.

THÉOLOGIE

1. Biblia cum concordantijs veteris et noui testamenti et sacrorum canonum : necnon
cum additione in marginibus varietatis diuersorum textuum, etc. (F. 468, chiff. 452,
l. 9 :) *Lugduni impressum per Johannem morlin al's de cambray. Impensis honesti
viri Stephani gueynard al's pincti eiusdē ciuitatis ciuis et bibliopola. Anno a
natiuitate domini millesimo quingentesimo vigesimo* (1520). *Die vero tertio
mensis decembris.* — In-fol., goth., de 16 ff. prélim., 452 ff. chiff. et 24 ff. non chiff.
de table, figures, impr. en rouge et noir, basane fauve, large dent., coins et dos
orné, tr. dor. (*Rel. du* xviiie *siècle, défraîchie*).

    Belle impression, orné de figures gravées sur bois.
    Au titre la figure de St. Gérôme et une belle bordure, qui renferme les figures du Christ,
les six jours de la création, les évangélistes et les saints commentateurs de la Bible ; dans
le texte, deux fois, la figure de St. Gérôme entourée de petits sujets ; au feuillet chiff. 347 une
belle figure de la Vierge dans un encadrement, nombreuses petites figures (scènes de la bible) ;
lettres initiales à sujets et encadrements de pages.
    Traits tirés à l'encre au titre et mouillure à la marge des 16 premiers feuillets.

2. Sainte Bible, en latin et en français, avec des notes littérales, critiques et historiques, des préfaces et des dissertations, tirées du commentaire de dom Augustin
Calmet, de l'abbé Vence, et des auteurs les plus célèbres, pour faciliter l'intelligence de l'Ecriture Sainte. *A Paris, chez Méquignon,* 1820-1824, 25 vol., dont un
de table, in-8, veau racine, dos orné, tr. marb. et atlas in-fol. oblong de 37 planches et cartes (*Rel. anc.*).

3. ℭ Expositio biblic in mammotrectum ‖ ℭ Venūdant Parisi⁹ in vico scti Jacobi ī
intersignio poti stangm ‖ (A la fin) ℭ *Finem capit māmotrectus* ‖ *Impressus Parisiis
e regione* ‖ *collegii Italoꝛ expensis hone* ‖ *sti viri Ponceti le Preux cōmo* ‖ *rantis in vico*

divi Jacobi || *s. d*, pet. in-8 goth. à 2 col. de 28 ff. prélim. non chiff. et 244 ff. chiff., vélin (*Rel. anc.*).

Sur le titre, la marque de Ponset le Preux, gravée sur bois.

4. La vie de Notre Seigneur Jésus Christ. Trois cent soixante-cinq compositions d'après les quatre évangiles, avec des notes et des dessins explicatifs par J. James Tissot. *Tours, Alfred Mame,* 1896-1897, 2 vol. in-fol, en feuilles dans deux cartons.

Exemplaire imprimé sur papier du Marais avec une double suite des planches hors texte.

5. Office (L') de la semaine sainte. *A Paris, chez Charles Fosset, s. d.,* in-8, mar. rouge, comp. de fil. à la Du Seuil, fleurs de lis aux angles. dos fleurdelisé, tr. dor. (*Rel. anc.*).

Exemplaire au chiffre du roi. Sur les plats, cachet à froid de François-Marie, duc de Broglie, 2e du nom, Maréchal de France, créé duc en 1742.
Reliure fatiguée.

6. La Théologie naturelle de Dom Raymon Sebon, docteur excellent entre les modernes, mise premièrement de latin en françois, par Ian Martin, secretaire de Monsieur le cardinal de Lenoncourt, suyvant le commandement de très illustre et tres vertueuse dame, Madame Leonor, royne douairière de France.... *A Paris, de l'Imp. de Vascosan,* 1566, in-8, de 40 ff. prélim. non chiff., 283 ff. chiff. et 1 feuillet non chiff. pour le privilège, veau brun, tr. rouges (*Rel. anc.*).

Traduction abrégée, en six dialogues, du grand ouvrage de Raymon Sebon.

7. La Beatitude des chrestiens ou le fleo de la Foy par Geoffroy Vallée, natif d'Orleãs, fils de feu Geoffroy Vallée et de Girarde le Berruyer, ausquelz noms des père et mère assemblez il s'y treuve. Lerre geru vrey Fleo D la Foy bygarrée et au nom du filz va Fleo regle Foy aultrement guere la fole Foy. Heureux qui scait au scavoir repos. *S. l. n. d.,* in-8, de 11 ff. non chiff., veau porph., fil., dos orné, dent. int., tr. dor. (*Rel. anc.*).

Réimpression faite vers 1770, à laquelle on a ajouté des notes sur le livre de Vallée et l'arrêt du 8 février 1574 condamnant l'ouvrage (Voir *Bulletin du Bibliophile,* 1852, pp. 612-623). Le seul exemplaire connu de l'édition originale du livre de Vallée fut adjugé 851 livres à la vente du duc de la Vallière.

8. Institution de la religion chrestienne nouvellement mise en quatre livres : et distinguée par chapitres, en ordre et méthode bien propres : augmentée aussi de tel accroissement, qu'on la peut presque estimer un livre nouveau. Nous avons aussi adjouté deux indices très amples, tant des matières contenues en ce livre que des passages de la Bible qui y sont alléguez, selon l'ordre du vieil et nouveau testament: dont on cognoistra l'utilité par l'epistre mise devant lesdicts indices, par Jean Calvin. *A Lyon, par Jean Martin,* 1565, in-8, de 100 ff. prélim. non chiff. et 1256 pp., vélin blanc (*Rel. anc.*).

Bonne édition imprimée en caractères très fins.

9. De la vérité de la religion chrestienne contre les athées, épicuriens, païens, juifs, mahumedistes, et autres infidèles, par Philippes de Mornay, sieur du Plessis-Marly. Reveuë par l'autheur ; avec une table très-ample des principales matières qui y sont contenues. *A Paris, chez Jean Richer,* 1585, in-8, de 16 ff. prélim. non chiff., 603 pp. et 17 ff. non chiff. de table, vélin blanc *(Rel. anc.)*.

10. Taxe des parties casuelles de la boutique du pape (ou de la Chancellerie et Penitencerie romaine), en latin et en françois avec annotations.... par A. D. P. (Antoine du Pinet, sieur de Nauroy). *A Lyon,* 1564, in-8, de 173 pp., cartonn. papier gris.

PREMIÈRE ÉDITION de ce livre satirique.
L'exemplaire est court de marges et les manchettes sont atteintes.

JURISPRUDENCE

11. Practique judiciaire es causes criminelles, tres utile et nécessaire à tous baillifz,
prévotz, seneschaux, escoutettes, maires, drossartz et autres justiciers et officiers
de toutes provinces. Autheur Messire Josse de Damhoudere.... *En Anvers, chez
Jean Bellere,* 1564, in-4, dos et coins, veau marb. (*Rel. mod.*).

> Exemplaire contenant 69 figures gravées à l'eau-forte et collées dans le texte représentant
> les crimes et les supplices.
> Cassure au titre.

12. Cantio criminalis seu de processibus contra Sagas..,. auctore Incerto theologo
romano. Editio secunda. *Francofurti, sumptibus Joannis Gronaei Austrij,* 1632,
pet. in-8 vélin (*Rel. anc.*).

> Edition ornée de 8 curieuses figures hors texte gravées à l'eau-forte.
> Le premier feuillet blanc manque.

13. Traité de la police, où l'on trouvera l'histoire de son établissement, les fonctions
et les prérogatives de ses magistrats, toutes les loix et tous les reglemens qui la
concernent. On y a joint un description historique et topographique de Paris et
8 planz gravez qui représentent son ancien état, et ses divers accroissemens.
Seconde édition augmentée par M. Delamare. *A Amsterdam, aux dépens de la
Compagnie,* 1729, 4 vol. in-fol., veau marbr., dos orné, tr. marb. (*Rel. anc.*).

> Exemplaire contenant les 8 plans en excellent état.

14. Recueil d'environ 100 ordonnances royales données de 1688 à 1764, concernant
les milices. 1 vol. in-4, cartonné.

> Quelques-unes sont des copies manuscrites.

15. Mémoires de A. Caron de Beaumarchais, 7 pièces en 2 vol. in-4, veau marb.,
dos orné, tr. rouges (*Rel. anc.*).

> Le joli ex-libris de M. De Laus de Boissy est à l'intérieur de chaque volume.

16. Mémoire de Madame de F. de la C. (Faulques de la Cepède ou Mme de Vaucluse)
contre Mr. C. M. de la R. (Celisia, ministre de la république de Gênes). *Imprimé
à Londres,* 1758, in-8, demi-rel. bas. marbr., dos orné.

> A propos d'une promesse de mariage.
> Mémoire curieux, tiré à très petit nombre et devenu très rare.

17. Mémoire du comte Jean Zamoyski. au sujet de la demande en cassation de
mariage présentée à Rome, et de la demande en divorce introduite à Paris par sa

femme, Louise-Eugénie-Sophie-Élisabeth Pélissier de Malakoff, fille de Amable
Pélissier, duc de Malakoff, maréchal de France, et de Sophie, marquise de la
Paniega. — Le Procès du comte Jean Zamoyski. Suite du mémoire. Documents.
Vienne, 1886, 2 vol. in-12, brochés.

> Mémoire des plus curieux, tiré à très petit nombre, et qui n'a été distribué qu'à quelques
> personnes.
> Exemplaire avec envoi autographe du comte Zamoyski au comte d'Hérisson.

18. Histoire prodigieuse, avec la justice qui en a esté faicte le 12 septembre 1598.
S. l., pet. in-8, de 23 pp., mar. rouge jans., dent. int., tr. dor. (*Duru et Cham-
bolle*).

> Pièce curieuse au sujet du meurtre d'un père par ses deux filles et l'amant de l'une d'elles,
> prêtre.

19. Pièces de la procédure criminelle tenue contre les accusés dans l'affaire d'Or-
gères. Seconde division. *A Chartres, chez Laballe et Durand,* an VIII de la République (1799), 7 part. en 3 vol. in-fol., demi-rel. bas. fauve, tr. jaunes.

> On y a joint : Discours et résumés dans l'affaire D'Orgères instruite par devant le tribunal
> criminel d'Eure-et-Loir séant à Chartres par le citoyen G. Liendon. *A Chartres, chez Laballe,*
> an IX, in-fol., même reliure.

20. Vie privée et criminelle d'Henri-Augustin Trumeau, marchand-épicier ; contenant
les particularités de sa jeunesse, ses mauvaises inclinations, son insigne hypocrisie
et les détails des manœuvres abominables et des crimes atroces commis par ce
scélérat envers la jeune Rosalie, sa fille aînée; suivie d'un dialogue entre Trumeau
et Desrues aux enfers. *A Paris, s. d.,* in-8, in-12 demi-rel. veau fauve, non rogné
(*Rel. de l'époque*).

> 2 portraits et 7 figures gravées à la manière noire.
> Sur le feuillet de garde, on lit cette note autographe de L. Du Bois du Bais : « L'infor-
> « tuné Trumeau est un exemple de la fragilité du jugement des hommes, et qui militerait
> « pour l'abolition de la peine capitale. On scut, après son exécution qu'il n'était pas coupable.
> « Le tribunal de la pénitence reçut l'aveu du crime ».

21. Criminels célèbres, 8 vol. et brochures in-8 et in-12, reliés et brochés.

> DAMIEN HESSEL et ses complices. *Mayence,* 1811, portrait. — IROBIA della vita, e processo
> fatto in Parigi del famoso ladro Luigui Domenico Cartoccio. *Venezia,* 1749. — HISTOIRE de
> Charles Price, fameux escroc de Londres. *Londres,* 1777, 2 tomes en 1 vol., 1 figure. —
> PATOUILLET (le R. P.). Apologie de Cartouche, ou le scélérat sans reproche. *La Haye,* 1732.
> VIE privée et criminelle d'Antoine-François Desrues. *Avignon,* 1777, nombreuses planches. —
> Vies privées et criminelles de Trumeau et Graffau. 3 opuscules.

22. Causes célèbres. 6 vol. in-4, brochés et 21 vol. in-8, brochés et demi-rel. veau
et bas. fauve.

> Procès Fualdès, La Roncière, Fr. Lecomte, Thomas de Mahy de Favras, etc..., etc... et
> Mémoires de Marie Cappelle, de Collet, St Morys, Claude Romand, Marie Rogres Lusignan
> de Champignelles, etc., etc.

SCIENCES ET ARTS

I. — *SCIENCES PHILOSOPHIQUES*

A. — PHILOSOPHIE. — MORALE

23. Les Œuvres morales et meslées de Plutarque, translatées du grec en françois par Messire Jacques Amyot, à present evesque d'Auxerre. *A Paris, de l'Impr. de Michel de Vascosan*, 1572, 1 tome en 2 vol. in-fol. réglés, veau brun, milieu orné, tr. dor. (*Rel. anc. fatiguée*).

> Belle édition.
> Cassure au dernier feuillet du premier volume.

24. Les Caractères de La Bruyère avec 18 gravures à l'eau-forte par V. Foulquier. *Tours, Mame et fils*, 1867, gr. in-8, mar. bleu, fil., dos orné, dent. int., tr. dor. (*Thivet*).

> Exemplaire (n° 76) imprimé sur PAPIER VERGÉ.

25. Esquisse d'un tableau historique des progrès de l'esprit humain. Ouvrage posthume de Condorcet. *A Paris, chez Agasse*, an III, in-8, demi-rel. veau brun, tr. rouges *(Rel. anc.)*

> On y joint un exemplaire de la 3ᵉ édition, an V-1797, demi-rel. veau vert et un exemplaire de la 4ᵉ édition (an VI-1798) demi-rel. veau fauve, tr. rouges.

26. Cours de philosophie positive, par M. Auguste Comte. *Paris, Bachelier*, 1830-1842, 6 vol. in-8, demi-rel. veau fauve, tr. jasp.

> ÉDITION ORIGINALE.

27. Philosophie, 8 vol. in-8 et in-12, dont 3 brochés, les autres rel. veau ou demi-veau.

> CHODOWIECKY. Das Lob der Narrheit ausdem lateinischen des Erasmus. *Berlin*, 1781, 6 planches. — DELORT (J.). Histoire de la détention des philosophes et des gens de lettres à la Bastille et à Vincennes. *Paris*, 1829, 2 vol. — DELISLE DE SALES. De la philosophie du bonheur. *Paris*, 1796, 2 tomes en 1 vol. — GRIMOD DE LA REYNIÈRE. Reflexions philosophiques sur le plaisir. *Neufchatel*, 1783. — LITTRÉ. Auguste Comte et la philosophie positive. *Paris*, 1863. — MAYER. Galerie philosophique du XVIᵉ siècle. *A Londres et à Paris*, 1783, 2 vol.

B. — APPLICATIONS DE LA MORALE

28. Le Ménagier de Paris. Traité de morale et d'économie domestique composé vers 1393 par un parisien.... publié pour la première fois par la société des Bibliophiles françois. *A Paris, de l'Imp. de Crapelet,* 1846, 2 vol. in-8, pap. de Holl, brochés (*Couvert.*).

> Cet ouvrage recherché, tiré à petit nombre et devenu rare, a été publié par le Bon J. Pichon,

29. La Maison réglée en l'art de diriger la maison d'un grand Seigneur et autres, tant à la ville qu'à la campagne, et le devoir de tous les officiers, et autres domestiques en général. Avec la véritable méthode de faire toutes sortes d'essences, d'eaux et de liqueurs, fortes et rafraichissantes à la mode d'Italie (par Audiger). *A Paris, chez Michel Brunet,* 1692, in-12 veau brun, tr. rouges (*Rel. anc.*).

> Première édition, incomplète des planches.
> On y joint l'édition de *Paris, N. Le Gras,* 1700, in-12, 6 planches, veau brun, tr. rouges (*Rel. anc.*)

30. Le Ménage universel de la ville et des champs ; nouvelle édition augmentée d'un traité des abeilles par M^r de La Ferriere. *Bruxelles, chez J. Léonard,* 1725, in-12, dos et coins veau fauve. — Discours sur la vie de la campagne et la composition des jardins, par Alexandre de Laborde. *Paris, Lenormant,* 1808, in-8, demi-rel. chag. rouge. — Ens. 2 vol.

31. Économie domestique. 4 vol. in-12, veau marb. et 1 vol. in-8, veau vert, encad. de dent. et milieu orné à froid, tr. marb. (*Ducastin*). — Ens. 5 vol.

> Jullien (M. Antoine). Essai sur l'emploi du tems ou méthode qui a pour objet de bien régler sa vie. *Paris, Dupré,* 1824 (envoi autographe de l'auteur). — La Chétardie (de). Instruction pour une jeune princesse ou l'idée d'une honneste femme. *Paris, Girard,* 1684. — Schomberg (Jeanne de). Règlement donné par une dame de haute qualité a M*** sa petite fille (la princesse de Marsillac) pour sa conduite et pour celle de sa maison (publié par l'abbé J. Jacques Boileau). *Paris, Leguerrier,* 1698. — Sillery-Brulart (Mme de). Leçons d'une gouvernante à ses élèves. *Paris, Onfroy,* 1791, 2 vol.

32. Civilité et au savoir-vivre (Ouvrages relatifs à la). 7 vol. in-12 dont 1 broché, 1 demi-rel. veau, les autres rel. veau fauve ou marb. (*Rel. anc.*).

> Bradi (C^{sse} de). Du savoir-vivre en France au xixe siècle. *Paris,* 1844. — Costard. Manuel de la bonne compagnie. *Paris,* 1803, figure par *Monnet.* — Costard. Ecole de l'urbanité française. *Paris,* 1810. — Courtin. Nouveau traité de la civilité qui se pratique en France. *Paris,* 1675, 2 vol. — Gaudet (Ch.). Bibliothèque des Petits-Maîtres. *Au Palais-Royal,* 1762. — Restif de la Bretonne. Tableaux de la bonne compagnie. *Paris,* 1787, 2 tomes en 1 vol. (sans figures).

33. Les Devoirs des maîtres et des domestiques, par M. Claude Fleury. *A Amsterdam, chez Pierre Mortier,* 1688, pet. in-12, cartonné.

> Exemplaire non coupé et non rogné.

34. L'Andrographe, ou idées d'un honnête homme, sur un projet de règlement, pro-

posé à toutes les nations de l'Europe, pour opérer une réforme générale des mœurs, et par elle, le bonheur du genre humain. Avec des notes historiques et justificatives recueillies par N. E. Rétif-de-la-Bretone. *A La Haye, et se trouve à Paris,* 1782, 2 parties en 1 vol. in-8, demi-rel. veau fauve, tr. jasp. (*Rel. anc.*).

35. Le Gentilhomme, par Nicolas Pasquier, conseiller et maistre des requestes ordinaire de l'hostel du roy. *A Paris, chez Jean Petit-Pas,* 1611, in-8 réglé, vélin, tr. dor. (*Rel. anc.*).

> Nicolas Pasquier était le second fils d'Etienne Pasquier.
> Le volume contient à la fin les deux pièces suivantes de Nicolas Pasquier : *Remonstrances très humbles à la royne mère regente en France, pour la conservation de l'estat pendant la minorité du Roy, son fils.* Paris, Jean Petit-Pas, 1620, 61 pag. et 1 f. non chiffré. — *Exhortation au peuple sur la concorde générale de la France.* Ibid., Id., 1611, 59 pag. et 1 f. non chiff.

36. Etiquette de cour (Ouvrages relatifs à l'). 6 vol. in-12, dont 2 rel. vélin blanc, les autres rel. veau brun (*Rel. anc.*).

> Caillière (de). La Fortune des gens de qualité et des gentils-hommes particuliers. *Paris,* 1680. — Le même ouvrage. Edition de *Paris,* 1665. — Faret. L'Honneste homme, ou l'art de plaire à la Cour. *Rouen,* 1637. — Gracian (B.). L'Homme de Cour. Paris, 1687. — Du Refuge. Traité de la Cour ou instructions des courtisans. *Amsterdam, Elzéviers,* 1656. — Valcroissant. L'usage du beau monde ou l'agréable société. *Paris,* 1662.

37. Les Artisans et les domestiques d'autrefois, par Albert Babeau. *Paris, Firmin Didot et Cie,* 1886, 2 vol. in-8, brochés.

II. — SCIENCES NATURELLES

38. Les Bijoux anciens et modernes par Eugène Fontenay. Préface par M. Victor Champier. Ouvrage illustré de 700 dessins inédits. *Paris, Quantin,* 1887, in-8, broché.

39. Le Règne animal distribué d'après son organisation, pour servir de base à l'histoire naturelle des animaux et d'introduction à l'anatomie comparée, par Georges Cuvier; édition accompagnée de planches gravées. *Paris, Fortin Masson et Cie,* s. d., 4 vol. in-4, dont 2 vol. de planches, dos et coins chag. vert, tête dor., ébarbés.

> Ces volumes renferment les Insectes et contiennent 202 planches dont un grand nombre sont coloriées.

40. Le Magnétisme animal étudié sous le nom de force neurique rayonnante et circulante dans ses propriétés physiques, physiologiques et thérapeutiques par le Dr A. Barety. Avec 82 planches dans le texte. *Paris, J. Lechevalier,* 1887, in-8, broché.

> Exemplaire imprimé sur papier de Hollande.

41. L'Esprit des bêtes, zoologie passionnelle ; mammifères de France par A. Toussenel. *Paris, Dentu,* 1858. — Le Monde des oiseaux, ornithologie passionnelle, par A. Toussenel. *Ibid., Id.,* 1859, 3 vol. — Ens. 4 vol. in-8, brochés.

42. Le Monde des papillons. Promenade à travers champs par Maurice Sand. Orné de 62 dessins par l'auteur, avec une préface de George Sand, suivi de l'histoire naturelle des lépidoptères d'Europe par A. Depuiset ; avec 50 planches coloriées. *Paris, Rothschild,* 1867, in-4, broché.

Les dessins de M. Sand sont gravés sur bois et tirés dans le texte.

43. Les Délices des yeux et de l'esprit, ou collection générale des différentes espèces de coquillages que la mer renferme, communiquée au public par George Wolffgang Knorr. *A Nuremberg,* 1764, 4 parties en 1 vol. in-4, veau marb. (*Rel. anc.*).

4 frontispices et 120 planches gravées, coloriées avec grand soin.

44. Instruction pour les jardins et potagers, avec un traité des orangers, suivy de quelques réflexions sur l'agriculture, par feu M. de La Quintinye. *A Paris, chez Claude Barbin,* 1690, 2 vol. in-4, veau brun, dos orné, tr. marb. (*Rel. anc.*).

Edition originale de cet ouvrage recherché, orné d'un portrait de La Quintinye d'après *F. de La Mare,* de planches hors texte et vignettes en-tête. Armoiries sur la reliure.

45. Instruction pour les jardins fruitiers et potagers, avec un traité des orangers, et des réflexions sur l'agriculture, par M. de La Quintinye. *A Paris, chez Quillau,* 1739, 2 vol. in-4, veau marb., tr. rouges (*Rel. anc.*).

Nombreuses planches hors texte et figures dans le texte.

46. Traité des arbres fruitiers contenant leur figure, leur description, leur culture, etc., par M. Duhamel du Monceau. *A Paris, chez Saillant,* 1768, 2 vol. in-4, veau marb., tr. rouges (*Rel. anc.*).

Ouvrage contenant 1 front. par *De Sève* gravé par *M. de Launay,* 180 planches par *Aubriet, Basseporte,* gravées par *Henriquez, C. Milsan, E. Haussard, F^mo Tardieu, Mesnil,* etc.

47. Traité des tulipes, augmenté de quantité de remarques nouvelles sur l'éducation de cette belle fleur, par M. R. d'Ardenes. *A Avignon, chez Louis Chambeau,* 1760, fig. — Le Jardin de Hollande planté et garni de fleurs, de fruits et d'orangeries par Jean du Vivier. *Amsterdam, chez Wetstein,* 1721. — Promenades au marché aux fleurs par J.-B. Pujoulx. *Paris, Lepetit,* 1811, fig. gravées en taille-douce. — Ens. 3 vol. demi-rel. bas. veau marbr. et 1 vol. broché.

48. Les Plantes à feuillage coloré ; histoire, description des parcs, jardins, serres, appartements, précédé d'une introduction par Charles Naudin. *Paris, J. Rothschild,* 1867-1870, 2 vol. in-8, brochés.

Nombreuses planches hors texte en couleurs.

49. Le Monde des fleurs botanique et pittoresque, par Henri Lecoq. Orné de gravures sur acier et de 470 vignettes sur bois. *Paris, Rothschild,* 1870, gr. in-8, broché.

III. — *SCIENCES MÉDICALES*

50. I Secreti de la signora Isabella Cortese. Ne quali si contengono cose minerali,

medicinali arteficiose, e alchimiche, e molte de l'arte profumatoria, appartenenti a
ogni gran Signora. *In Venetia, appresso Giovanni Bariletto*, 1561, pet. in-12 de 8 ff.
prélim. non chiff. et 88 ff. chiff., veau bleu, comp. de fil., dos orné, dent. int.,
tr. dor. (*Rel. mod.*).

Curieux volume imprimé en caractères italiques et orné de quelques figures dans le texte
gravées sur bois.

51. Médecine. 10 vol. in-12, dont 9 rel. veau et 1 cartonné (*Rel. anc.*).

Cornaro (Louis). Conseils pour vivre longtemps. Trad. de l'italien. *Paris*, 1701. — Les
Admirables secrets d'Albert le Grand... *Lyon*, 1753. — Expérience de la vertu singulière
du vin rouge pour guérir la retention d'urine... *Londres*, 1684. — Hecquet. Le naturalisme
des convulsions dans les maladies d'épidémie convulsionnaire. *A Soleure*, 1733. — Lessius
et Cornaro. De la sobriété et de ses avantages. *Paris*, 1702. — Longeville Harcouet (de).
Histoire des personnes qui ont vécu plusieurs siècles et qui ont rajeuni : avec le secret du ra-
jeunissement. *Paris*, 1715. — Recueil de réceptes... par Mme Fouquet. *Lyon*, 1776. — Tissot. De la santé des gens de lettres. *Lausanne*, 1772. — Winslow (Jacques Benigne). Dissertations sur l'incertitude des signes de la mort et l'abus des enterremens et embaumemens
précipités, *Paris*, 1742, 2 vol.

52. Médecine. 5 vol. in-8 et in-12 dont 2 vol. brochés et 3 vol. veau fauve.

Couteau (Procope). L'Art de faire des garçons. *Montpellier*, 1748, 2 tomes en 1 vol. —
Decourcelle. Elixir américain. *Chalons-sur-Marne*, 1787. — Le Bon (Gustave). Physiologie
de la génération de l'homme. *Paris*, 1868. — Roussel. Système physique et moral de la
femme. *Paris, Vincent*, 1775. — Saint-Ursin (J.-Marie de). L'Ami des femmes. *Paris,
Barba*, 1804.

IV. — SCIENCES MATHÉMATIQUES

53. Rudimenta mathematica. Haec in duos digeruntur libros, quorum prior geome-
triae tradit principia seu prima elementa, una cum rerum et variarum figurarū di-
mensionibus. Posterior vero omnigenum horologiorum docet delineationes, autore
Sebastiano Munstero. *Basilae, in officina Henrichi Petri*, 1551, in-fol., veau fauve,
fil., tr. dor.(*Rel. anc.*).

Aux premières armes de J. A. De Thou.
Curieux traité de gnomonique orné de figures sur bois dans le texte.
On a relié avec cet ouvrage : Organum uranicum. Sebastianus Munsterus. Habes in hoc
libro, amice lector, explicatas theoricas omnium planctarū, atque eorundē varios, singulos et
quotidianos ad annos usque et ultra expressos motus, Lunae quoque in lumine crescentis,
senescŭtis et per eclipsim deficientis, et item solis deliquiū patientis, omnē varietatē : quibus
omnibus cōmodi adjecti sunt canones. *Basilae, apud Henricum Petrum*, 1536, 3 ff. non
chiff.. 70 pp., 18 ff. de planches la plupart avec pièces mobiles gravées sur bois, accompagnées d'un texte. — Anemographia M. Egnatii Dantis mathematicarum artium in Almo
Bononiensi gymnasio, professoris in anemoscopium verticale instrumentum ostensorem vento-
rum. His accessit ipsius instrumenti constructio, ut nihil in hac materia amplius desideretur
ad amplissimum D. Jo. Detrum Ghislerium. *Bononiae apud Joannem Rossium*, 1578, 26
pp.. 1 feuillet blanc et 2 grandes planches dont une avec pièces mobiles.

54. La Geométrie pratique divisée en quatre livres. Ouvrage enrichi de cinq cents
planches gravées en taille-douce par Allain Manesson Mallet. *A Paris, chez Anis-
son*, 1702, 4 vol. in-8, veau marb.. dos orné, tr. rouges (*Rel. anc.*).

Ouvrage recherché pour les nombreuses vues de monuments que renferment les planches.

55. Cosmos. Essai d'une description physique du monde par Alexandre de Humboldt, Traduit par H. Faye et Ch. Galusky. *Paris, Gide et Baudry*, 1855-1859, 4 tomes en 5 vol. in-8, brochés.

56. Le Monde dans la lune, divisé en deux livres : le premier, prouvant que la lune peut estre un monde ; le second, que la terre peut-estre une planette. De la traduction du Sr de la Montagne. *A Rouen, chez Jacques Cailloue*, 1656, 2 parties en 1 vol. in-8, vélin à recouv. (*Rel. anc.*).

   Curieux ouvrage, orné de figures dans le texte gravées sur bois.

57. Description des expériences de la machine aerostatique de MM. de Montgolfier, et de celles auxquelles cette découverte a donné lieu ; suivie de recherches sur la hauteur à laquelle est parvenu le ballon du Champ-de-Mars, d'un mémoire sur le gaz inflammable et sur celui qu'ont employé MM. de Montgolfier... par M. Faujas de Saint-Fond. *A Paris, chez Cusset*, 1783-1784, 2 vol. in-8, demi-rel. veau violet, tr. rouges.

   Ouvrage orné de 15 planches gravées hors texte.
   Le premier volume contient, sur les marges, de nombreuses notes intéressantes d'une écriture de l'époque.

58. Mémoires récréatifs, scientifiques et anecdotiques du physicien-aéronaute E.-G. Robertson, connu par ses expériences de fantasmagorie, et par ses ascensions aérostatiques dans les principales villes de l'Europe... *A Paris, chez l'auteur*, 1831, 2 vol. in-8, demi-rel. veau fauve, tr. jasp.

   Curieux ouvage orné de planches hors texte et de figures dans le texte.

59. Histoire des ballons et des aéronautes célèbres, 1783-1800, par Tissandier. *Paris, H. Launette et Cie*, 1887-1890, 2 vol. gr. in-8, brochés (*Couvert illust.*).

   Nombreuses illustrations dans le texte et hors texte en héliogravure, planches coloriées, etc.

60. Almanachs. 10 vol. in-12, dont 7 brochés, reliés veau fauve et demi-rel. chagrin rouge.

   Almanachs publiés à Troyes par Oudot et Garnier, 6 vol. — Les Ombres ou les vivans qui sont morts. Fantasmagorie littéraire. Almanach pour l'an X. *Paris*, 1701, 1 figure par Desrais. — Almanach des ridicules pour 1801. *Paris*, 1801, 1 figure. — Esprit des almanachs (L'), analyse critique et curieuse de tous les almanachs tant anciens que modernes (par Le Camus de Mézières). *Paris*, 1783, 2 vol.

61. Histoire de l'horlogerie, depuis son origine jusqu'à nos jours, précédée de recherches sur la mesure du temps dans l'antiquité et suivie de la biographie des horlogers les plus célèbres de l'Europe, par Pierre Dubois. *Paris*, 1849, in-4, demi rel. chagrin vert, dos orné, tr. jasp.

   Nombreuses figures gravées sur bois hors texte et dans le texte, exécutées sous la direction de Ferdinand Séré.

---

62. La Fortification reduicte en art et demonstrée par J. Errard, de Bar-le-Duc. Maintenant mis en lumière par la vefve et les deux fils de Théodore de Bry.

Francfort-sur-le-Mein, de l'impression de Wolfg. Richter, 1604, in-fol., vélin à recouv. (*Rel. anc.*).

38 planches de fortifications gravées à l'eau-forte.
Exemplaire bien conservé.

63. L'Architecture militaire ou la fortification nouvelle augmentée de forteresses régulières, irrégulières et de dehors. Le tout à la pratique moderne, par Adam Fritach (Freitag) mathématicien. *A Leide, chez les Elzeviers*, 1635, in-fol. vélin noir (*Rel. anc.*).

Imprimé par Bonaventure et Abraham Elzevier.
Titre gravé dans un bel encadrement et 35 planches représentant 185 figures.

64. Recueil de 11 plans militaires gravés par Louis Marin Bonnet, d'après les dessins composés par M. Fossé, officier au régiment du Roi. (*Paris*), 1781, in-fol. oblong, veau marbr., fil., tr. dor. (*Rel. anc.*).

Beau recueil de plans gravés et coloriés avec soin.
Application de la fortification de campagne. — Plan de défense dans un château et dans un moulin escarpé, devant deux gués et à la tête d'un pont. — Plan d'un château escarpé occupé par 300 hommes disposés à se défendre contre une attaque d'emblée, etc., etc.

65. Poudre à canon. 4 vol. in-4 et in-8 et 1 atlas in-4 oblong, cartonnés et brochés.

Bottée et Riffault. Traité de l'art de fabriquer la poudre à canon. *Paris*, 1811, 1 vol. et atlas de 40 planches. — Charpentier Cossigny. Recherches physiques et chimiques sur la fabrication de la poudre à canon. *Paris*, 1807, 3 vol. — Monge (Gaspard). Description de l'art de fabriquer les canons. *Paris*, an II, 60 planches.

66. Art militaire. 5 vol. in-8 et in-12 dont 1 cartonné toile, 3 en demi-rel. et 1 cuir de Russie.

Boussanelle (de). Le Bon militaire. *Paris*, 1770, front. gravé. — Hugo. Coup d'œil militaire sur la manière d'escorter, d'attaquer et de défendre les convois. *Paris*, 1796. — Percy. Manuel du chirurgien d'armée, ou instruction de chirurgie militaire. *Paris*, 1792. — Quarré de Verneuil. L'armée en France depuis Charles VII jusqu'à la Révolution. *Paris*, 1880. — Règlement concernant l'exercice et les manœuvres de l'infanterie. Du 1er août 1791. *Paris*, 1793.

67. Ornements de proues de divers batiments, par Ozanne. *Paris, an VII*, in-fol. en feuilles.

Suite complète de 34 planches gravées par *Le Gouaz* et *Coiny*, d'après les dessins de P. Ozanne.

V. — SCIENCES OCCULTES

68. Cinq livres de l'imposture et tromperie des diables : des enchantements et sorcelleries : pris du latin de Jean Vier, médecin du duc de Clèves, et faits françois, par Jacques Grevin, de Clermont en Beauvoisis, médecin à Paris. *A Paris, par Jacques du Puys*, 1567, pet. in-8, vélin, tr. rouges (*Rel. anc.*).

Mouillures à plusieurs feuillets.

69. Joannis Wieri. Opera Omnia : Editio nova et hactenus desiderata. Accedunt

indices rerum et verborum copiosissimi. *Amstelodami, apud Petrum Van den Berge*, 1660, in-4 cartonné.

Orné de figures dans le texte gravées sur bois.
Exemplaire NON ROGNÉ.

70. La Geomance du seigneur Christofe de Cattan, gentilhomme genevois. Livre non moins plaisant et récréatif, que d'ingénieuse invention, pour scavoir toutes choses présentes, passées et advenir. Avec la roue de Pythagoras. Le tout mis en lumière par Gabriel du Préau... Reveu et corrigé depuis la precedēte impression. *A Paris, pour Gilles Gilles*, 1577, in-4 vélin (*Rel. anc.*).

Aux armes de Mlle de CLERMONT, fille de Louis de Bourbon de Condé et de Mlle de Nantes. Titre dans un bel encadrement gravé sur bois et figures dans le texte.

71. De spectris lemuribus et magnis atque insolitis fragoribus, variisque praesagitiobibus, quae plerunque obitum hominum, magnas clades, mutationesque imperiorum praecedunt; Ludovico Lavatero, tigurino, auctore. *Genevae, apud Eustathium Vignon*, 1580, in-8, veau marb., tr. rouges (*Rel. anc.*).

Ouvrage curieux.

72. Disquisitionum magicarum libri sex, in tres tomos partiti. Auctore Martino Del Rio Societatis Jesu presbytero. *Moguntiae, apud Joannem Albinum*, 1603, 3 tomes en 1 vol. in-fol., vélin estampé, ais de bois, fermoirs (*Rel. anc.*).

Bonne édition de cette curieuse compilation.
Reliure du XVIIe siècle bien conservée.

73. Discours des spectres ou visions et apparitions d'esprits, comme anges, démons et amies se monstrans visibles aux hommes..... le tout en huict livres par Pierre le Loyer. Seconde édition reveue et augmentée. *A Paris, chez Nicolas Buon*, 1608, 2 tomes en 1 vol. in-4, veau jaspé, tr. rouges (*Rel. anc.*).

Le dernier feuillet est sans marges et remonté.
Ex-libris gravé d'Antoine Guyton à l'intérieur du volume.

74. Tableau de l'inconstance des mauvais anges et démons, où il est amplement traité des sorciers et de la sorcellerie. Livre très utile et nécessaire non seulement aux juges, mais à tous ceux qui vivent sous les loix chrétiennes... par Pierre de Lancre. *A Paris, chez Jean Berjon*, 1613, in-4 veau vac., tr. rouges.

Ouvrage recherché et peu commun.
La planche du « Sabbat » manque.

75. Tableau de l'inconstance des mauvais anges et démons. Livre... par Pierre de Lancre. *A Paris, chez Nicolas Buon*, 1613, in-4, vélin (*Rel. anc.*).

Ouvrage recherché. La figure du Sabbat de *C. de Pas* manque, elle est remplacée par une autre figure de *C. de Pas*.

76. Malleus maleficarum, maleficas et earum haeresim framea conterens, ex variis auctoribus compilatus, et in quator tomos justè distributus, quorum duo priores vanas daemonium versutias, praestigiosas eorum delusiones, superstitiosas strigimagarum caeremonias... (auct. Jacobo Sprengero). *Lugduni, Sumpt. Claudii Bourgeat*, 1669, 4 parties en 2 vol. in-4, veau jasp., dos orné, tr. marb. (*Rel. anc.*).

Ce livre est curieux, car il montre jusqu'à quel degré d'extravagance a pu conduire la crédulité du moyen âge (Note de Monmerqué sur la garde du premier vol.).

77. Le Monde enchanté ou examen des communs sentimens touchant les esprits, leur nature, leur pouvoir, leur administration et leurs opérations ; et touchant les effets que les hommes sont capables de produire par leur communication et leur vertu, par Balthasar Bekker. Traduit du hollandois. *A Amsterdam, chez Pierre Rotterdam,* 1694, 4 vol. pet. in-12, vélin à recouv. (*Rel. anc.*).

Exemplaire avec la signature autographe de Bekker à la fin de la dédicace de M. Peyo-Jean Winter.

78. Les Œuvres de M. Jean Belot contenant la chiromance, physionomie, l'art de mémoire de Raymond Lulle, etc... *A Lyon, chés Claude La Rivière,* 1654. — L'Histoire des imaginations extravagantes de Monsieur Oufle. *Paris, chez Duchesne,* 1754, 5 parties en 2 vol. — Ens. 3 vol. in-12, brochés.

79. La Magie blanche dévoilée, ou explication des tours surprenants qui font depuis peu l'admiration de la capitale et de la province, avec des réflexions sur la baguette divinatoire, les automates joueurs d'échecs, etc., etc., par M. Decremps. *A Paris, et se trouve à Liège, chez F.-J. Desoer,* 1787-1790, 2 tomes en 1 vol. in-8, demi-rel. chagrin noir, tr. jasp.

2 frontispices et 101 figures dans le texte, gravés sur bois.
On a relié avec cet exemplaire : Les Petites aventures de Jérome Sharp, professeur de physique amusante. Ouvrage contenant autant de tours ingénieux que de leçons utiles, avec quelques petits portraits à la manière noire, par l'auteur de la magie blanche (Decremps). *A Bruxelles, et se trouve à Liège chez Desoer,* 1793, 18 figures dans le texte gravées sur bois.

80. Livre de rêves, ou l'oneiroscopie, application des songes aux numéros de la loterie royale de France, tirée de la cabale italienne et de la sympathie des nombres. *A Paris, chez Desnos,* s. d., in-18, broché.

4 figures et 16 planches représentant 91 sujets.
Rare.

81. Dictionnaire infernal ou recherches et anecdotes, sur les démons, les esprits, les fantômes, les spectres, etc., etc., par J.-A.-S. Collin de Plancy. *Paris, P. Mongie,* 1818, 2 vol. — Dictionnaire critique des reliques et des images miraculeuses. *Paris, Guien,* 1821-1822, 3 vol. — Ens. 5 vol. in-8, brochés.

82. Arcanes célestes de l'Écriture Sainte ou parole du Seigneur dévoilés, ainsi que les merveilles qui ont été vues dans le monde des esprits et dans le ciel des anges. Ouvrage d'Emmanuel Swedenborg publié en latin de 1749 à 1756 et traduit par J.-F.-E. Le Bois des Guays. *Saint-Amand et Paris, Hartel,* 1841-1854, 16 vol. in-8, brochés.

83. La Mystique divine, naturelle et diabolique par Görres. Ouvrage traduit de l'allemand par M. Charles Sainte-Foy. *Paris, Mme Vve Poussielgue-Rusand,* 1854-1855, 5 vol. in-8, demi-rel. veau fauve, tr. jasp.

84. La Magie dévoilée ou principes de science occulte par M. le Baron Du Potet. *Paris, Imp. de Pommeret et Moreau,* 1852, in-4, portrait, demi-rel. chagrin noir, plats toile, tr. jasp.

Ouvrage rare, tiré à petit nombre et non mis dans le commerce.

85. Sciences occultes. 9 vol. in-12 et in-18, veau fauve, demi-rel. veau, dos et coins mar. vert, et vélin blanc.

> AGRIPPA (H.-C.). La Philosophie occulte. *La Haye,* 1727, 2 vol. — CALMET (Dom Aug.). Traité sur les apparitions des esprits et sur les vampires, ou les revenans de Hongrie, de Moravie, etc. *Paris,* 1751, 2 vol. — HISTOIRE miraculeuse et Admirable de la comtesse de Hornoc, flamande, estranglée par le diable dans la ville d'Anvers... *Gand,* 1856. — KLUIGER. Les aventures du docteur Faust et sa descente aux enfers. *Amsterdam,* 1798. — LE LORRAIN. La Physique occulte ou traité de la baguette divinatoire. *La Haye,* 1762, 2 vol. — NAUDÉ. Apologie pour tous les grands hommes qui ont esté accusez de Magie. *A Paris,* 1669.

VI. — BEAUX-ARTS

A. — GÉNÉRALITÉS

86. Histoire de l'art Égyptien d'après les monuments depuis les temps les plus reculés jusqu'à la domination romaine par Prisse d'Avennes. Texte par P. Marchandon de la Faye. *Paris, Arthus Bertrand,* 1879, 1 vol. in-4, broché de texte, et 2 atlas gr. in-fol. en feuilles dans des cartons.

> Les atlas contiennent 159 planches lithographiées en couleurs.

87. Histoire de l'art byzantin, considéré principalement dans les miniatures par M. Kondakoff ; traduction de M. Trandinski. Préface de M. A. Springer. *Paris, Jules Rouam,* 1886-1891, 2 vol. in-4, brochés.

> Nombreuses illustrations.

88. Les Arts au moyen-âge en ce qui concerne principalement le palais romain de Paris, l'hôtel de Cluny issu de ses ruines et les objets d'art de la collection classée dans cet hôtel par A^dre Du Sommerard. *Paris, Techener,* 1838-1846, 5 vol. in-8 brochés, 1 atlas et 10 fascicules, formant 5 vol. de planches, en feuilles.

> Les 21 planches des séries suivantes manquent :
> Ire série, pl. 35. — IIe sér., pl. 30, 34, 38 et 39. — IIIe sér., pl. 3 et 14. — IVe sér., pl. 22. — VIIe sér., pl. 12. — IXe sér., pl. 19, 20, 22. — X^e sér., pl. 12, 13, 14, 28, 29, 33, 36, 37 et 38.
> Quelques planches sont tirées sur papier de Chine.

89. Les Travaux d'art exécutés pour Jean de France duc de Berry, avec une étude biographique sur les artistes employés par ce prince par A. de Champeaux et P. Gauchery. *Paris, Honoré Champion,* 1894, in-4, broché.

> Nombreuses photographies et héliogravures hors texte.

90. Abecedario de P.-J. Mariette et autres notes inédites de cet amateur sur les arts et les artistes. Ouvrage publié d'après les manuscrits autographes, conservés au cabinet des estampes de la bibliothèque impériale, et annoté par Ph. de Chennevières et A. de Montaiglon. *Paris, J.-B. Dumoulin,* 1851-1862, 6 vol. gr. in-8, brochés (*Couvert.*).

> Un des quelques exemplaires imprimés sur PAPIER DE HOLLANDE.

91. Dictionnaire de l'Académie des Beaux-arts. T. II à IV inclus. *Paris, Firmin Didot,*
1868-1884, 2 vol. et 4 fascicules in-8, brochés.

> Le tome Ier manque.

92. L'Art du dix-huitième siècle, par Edmond et Jules de Goncourt. Troisième édition revue et augmentée et illustrée de planches hors texte. *Paris, A. Quantin,*
1880-1883, 13 fascicules in-4, brochés (*Couvert.*).

> Le deuxième fascicule, relatif à Chardin, manque.

93. Dessins, gouaches, estampes et tableaux du dix-huitième siècle. Guide de l'amateur par Gustave Bourcard. *Paris, Damascène Morgand,* 1893, in-8, broché.

> Exemplaire imprimé sur papier vergé.

94. Histoire de l'art pendant la Révolution, considéré principalement dans les estampes ; ouvrage posthume de Jules Renouvier suivi d'une étude du même sur
J.-B. Greuze, avec une notice biographique et une table par M. Anatole de Montaiglon. *Paris, J. Renouard,* 1863, 2 vol. in-8, brochés.

> Ouvrage rare et recherché.

95. L'Artiste. De l'origine 1831 à Août 1858. *On s'abonne à Paris au bureau du
journal* (Imp. Everat), 1831-1858, 60 vol. in-4, demi-rel. chag. rouge, dos orné,
ébarbés.

> Collection ornée de 2 100 planches (eaux-fortes, héliogravures, gravures sur acier, etc.),
> hors texte dont 400 tirées sur papier de Chine.
> Il manque aux années : 1831, le front. — 1832, 5 pl. — 1833, 6 pl. — 1834, 3 pl. —
> 1838, 6 pl. — 1839, 15 pl. — 1844, 2 pl. — 1846, 5 pl. — Manquent à l'année 1857 les
> 8 derniers mois et à l'année 1858, les 4 premiers.
> Plusieurs titres manquent également.

96. L'Art, revue hebdomadaire illustrée. De l'origine 1875 au premier semestre
1884 inclus. *Paris,* 1875-1884, 37 tomes en 18 vol. pet. in-fol., cartonn. toile grenat, tr. marb.

> Illustrations gravées sur bois dans le texte et très nombreuses eaux-fortes hors texte par
> divers artistes.

97. Les Lettres et les Arts. Revue illustrée : de l'origine 1886 à décembre 1889.
Paris, Boussod, Valadon et Cie, 1886-1889, 47 livraisons in-4, brochées.

> Nombreuses illustrations hors texte et dans le texte en héliogravure, en noir et en cou-
> leurs.
> La livraison de février 1888 manque.

98. Gazette des Beaux-arts. Courrier européen de l'art et de la curiosité par
M. Charles Blanc. Année 1866. *Paris,* 1866, 12 fascicules in-8, brochés.

> On y joint les numéros du 15 octobre 1860, 1er avril et 1er mai 1863, 1er avril 1864, 1er
> avril 1868 et l'Annuaire publié par la Gazette des Beaux-arts pour l'année 1869. *Paris,*
> 1869, in-8, broché.

99. La Revue de l'art ancien et moderne publiée par Jules Comte. Du 10 janvier
1905 au 10 août 1905. *Paris,* 1905, 8 fascicules in-4, brochés.

> Nombreuses illustrations hors texte et dans le texte.
> On y joint le n° 78 du 10 septembre 1903.

100. L'Art et la Médecine, par le docteur Paul Richer. *Paris, Gaultier, Magnier et C*, *s. d.*, gr. in-8, broché.

Nombreuses illustrations hors texte et dans le texte.

101. L'Art du rire et de la caricature, par Arsène Alexandre. 300 fac-simile en noir et 12 planches en couleurs d'après les originaux. *Paris, Anc. Maison Quantin, s. d.*, gr. in-8, broché.

102. Les Mœurs et la Caricature en France, par J. Grand-Carteret. 8 planches en couleur, 36 planches hors texte, 500 illustrations dans le texte (reproductions d'œuvres anciennes et œuvres originales des artistes). *Paris, Librairie illustrée, s. d.*, gr. in-8, broché.

103. La Caricature politique en France pendant la guerre ; le Siège de Paris et la Commune (1870-1871), par Jean Berleux (Maurice Quentin-Bauchart). *Paris, Labitte, Em. Paul*, 1890, in-8, broché.

Tirage à 250 exemplaires sur papier vélin.

B. — DESSIN. — PEINTURE. — MINIATURES, TAPISSERIES

104. Albert Dürer et ses dessins par Charles Ephrussi. *Paris, Quantin*, 1882, in-4, dos et coins mar. bleu foncé jans., tête dor., non rogné, couvert. (*Reymann*).

Un des 100 exemplaires (n° 40) imprimés sur PAPIER DE HOLLANDE, contenant les gravures en double épreuve.

105. Inventaire des dessins exécutés pour Roger de Gaignières et conservés aux départements des estampes et des manuscrits, par Henri Bouchot. *Paris, Plon*, 1891, 2 vol. in-8, brochés.

106. Les Dessinateurs d'illustrations au dix-huitième siècle, par le Baron Roger Portalis. *Paris, Damascène Morgand et Charles Fatout*, 1877, 2 vol. in-8, brochés.

—————

107. Les Richesses du palais Mazarin par le comte de Cosnac (Gabriel-Jules). Correspondance inédite de M. de Bordeaux, ambassadeur en Angleterre, état inédit des tableaux et tapisseries de Charles 1er, mis en vente au palais de Somerset en 1650. Inventaire inédit, dressé après la mort du cardinal Mazarin en 1661. *Paris, Renouard*, 1884, gr. in-8, broché.

Illustrations hors texte et dans le texte.

108. Chantilly. Notices des peintures. École française. Écoles étrangères. Les quarante Fouquet, par F. A. Gruyer. *Paris, Plon et C*, 1900, 3 vol. pet. in-4, brochés.

Nombreuses héliogravures hors texte tirées sur papier de Chine.

109. Les Collections d'œuvres d'art françaises du xviiie siècle appartenant à sa Majesté l'Empereur d'Allemagne, roi de Prusse. Histoire et catalogue par Paul Seidel ; traduction française par Paul Vitry et Jean J. Marquet de Vasselot, 14 eaux-fortes et 76 dessins de Peter Halm. *Berlin, Giesecke et Devrient,* 1900, in-fol., cartonn. toile rouge (*Rel. des éditeurs*).

Les planches hors texte sont tirées sur PAPIER de CHINE.

110. Le Temple des Muses, orné de LX tableaux où sont représentés les évènemens les plus remarquables de l'antiquité fabuleuse ; dessinés et gravés par B. Picart le Romain et autres habiles maîtres ; et accompagnés d'explications et de remarques qui découvrent le vrai sens des fables et le fondement qu'elles ont dans l'histoire (par Ant. de La Barre de Beaumarchais) *A Amsterdam, chez Zacharie Chatelain,* 1733, in-fol. veau marb., fil., dos orné, tr. dor. (*Rel. anc.*).

Frontispice gravé et 60 figures par *Bernard Picart.*
Bonnes épreuves.

111. Les Chefs-d'œuvre d'art au Luxembourg, publié sous la direction de M. Eugène Montrosier avec le concours littéraire de MM. L. Allard, Th. de Banville, Daniel Bernard, J.-M. de Heredia, J. Janin, F. Mistral, etc., etc. *Paris, L. Baschet,* 1881, in-fol., cartonn. toile rouge, fers spéciaux, tête dor., non rogné (*Rel. de l'éditeur*).

41 photogravures hors texte d'après *Bouguereau, Cabanel, Corot, Courbet,* etc., illustrations dans le texte par *H. Pille, Morin, Raffet, Rochegrosse,* etc.

112. Société d'aquarellistes français. Ouvrage d'art publié avec le concours artistique de tous les sociétaires. *Paris, H. Launette, s. d.,* 8 fascicules in-fol. en feuilles dans des cartons.

Ouvrage illustré de nombreuses héliogravures hors texte d'après les œuvres des maîtres et de figures dans le texte.

113. Honoré Fragonard. Sa vie et son œuvre par le Baron Roger Portalis. 210 planches et vignettes d'après les peintures, estampes, et dessins originaux ; eaux-fortes par Lalauze, Champollion, Courtry, de Marc, Greux, etc. *Paris, Rothschild,* 1889, in-8, broché.

Un des 876 exemplaires (nº 429) imprimés sur papier simili-Japon.

114. L.-L. Boilly, peintre, dessinateur et lithographe. Sa vie et son œuvre 1761-1845. Étude suivie d'une description de 1360 tableaux, portraits, dessins et lithographies de cet artiste par Henry Harisse. *Paris, Société de propagation des livres d'art,* 1898, in-4, broché.

Nombreuses reproductions hors texte en héliogravure et en phototypie.

115. Le Musée Gustave Moreau, l'artiste, son œuvre, son influence, par Paul Flat. 18 héliogravures hors texte. *Paris, Société d'édition artistique, s. d.,* in-4 en feuilles dans un carton.

116. Tetius. Aedes Barberinae ad Quirinalem a Comite Hieronymo Tetio Perusina descriptae. *Romae, excudebatMascardus,* 1642, in-fol., vélin (*Rel. anc.*).

Première édition estimée ornée de vignettes, de portraits dans le texte et de grandes planches hors texte, en belles épreuves.

117. Galeriae Farnesianae icones Romae in aedibus sereniss. ducis Parmensis ab Annibale Carracio ad veterum æmulationē posterorumq. admirationē coloribus expressae cum ipsarum monocromatibus et ornamentis a Petro Aquila delineatae incisae Jo. Jacobi de Rubeis aura sumpt. ac typis excusae. *Romae, ad templum S. Mariae de Pace, s. d.*, in-fol., monté sur onglets, demi-rel. bas. marb., dos orné, tr. jasp. (*Rel. mod.*).

> 22 planches (sur 23) gravées par *P. Aquila.*
> La planche 11 manque.

118. Les Femmes blondes selon les peintres de l'école de Venise, par deux vénitiens (Armand Baschet et Feuillet de Conches) *Paris, A. Aubry,* 1865, in-8, dos et coins mar. brun, fil., dos orné, tête dor., ébarbé.

119. Albert Durer à Venise et dans les Pays-Bas ; autobiographie, lettres, journal de voyages, papiers divers ; traduits de l'allemand avec des notes et une introduction par Charles Narrey. Ouvrage orné de 27 gravures sur papier de Chine. *Paris, Vᵉ Jules Renouard,* 1866, gr. in-8 broché.

> Imprimé sur papier de Hollande.

120. Goya, par Charles Yriarte, sa biographie, les fresques, les toiles, les tapisseries, les eaux-fortes et le catalogue de l'œuvre, avec cinquante planches inédites d'après les copies de Tabar, Bocourt et Ch. Yriarte. *Paris, Henri Plon,* 1867, in-4, broché.

121. Hall, célèbre miniaturiste du xviiiᵉ siècle. Sa vie, ses œuvres, sa correspondance. Observations sur la technique de la miniature en France et en Angleterre par Frédéric Villot. *Paris,* 1867, in-8, cartonn. toile bleue, non rogné.

> Un des 120 exemplaires (n° 106) imprimés sur papier vergé.
> Cet ouvrage a été tiré en tout à 130 exemplaires.

---

122. Initiales D, G, R, U, provenant d'un antiphonaire du xvᵉ siècle sur parchemin, avec des bordures des deux côtés.

> Quatre belles initiales sur fond d'or ornées de rinceaux fleurs et animaux, richement peints en or et couleurs. Elles mesurent 0,ᵐ24 × 0,ᵐ22.

123. Cinq feuillets provenant d'un antiphonaire manuscrit du xvᵉ siècle, exécuté en Italie. Grand in-folio, sur parchemin. Sur quatre feuillets on voit une belle initiale avec sujets, peinte en or et couleurs. Sur le cinquième, qui n'est que la moitié d'un feuillet, un cul-de-lampe formé de fleurs.

> Les initiales mesurent 0,ᵐ15 × 0,ᵐ17 centimètres environ.
> Les sujets des initiales représentent :
> 1° Un saint couché dans un paysage regarde le Seigneur, lui parlant du haut du ciel. Le tout se trouve dans une initiale Q.
> 2° Initiale V, renfermant la Crèche, Saint Joseph, la Vierge et l'enfant Jésus à côté d'une cabane.
> Un bel ornement de fleurs et de fruits tient tout le côté gauche du feuillet.

3° Initiale S renfermant une miniature peinte en grisaille, représentant quatre moines (chartreux ?) assis autour d'un table prenant un repas frugal. Deux sont nimbés.

4° Un vieillard, assis sur une chaire, tenant un livre ouvert dans la main gauche, s'adresse à deux personnes (homme et femme) qui se tiennent debout devant lui. L'initiale est la lettre P.

124. Deux feuillets d'un manuscrit du xv° siècle, in-folio, sur parchemin, richement enluminés en or et couleurs.

Au premier feuillet le texte est entouré d'une large bordure et divisé par une tige en deux colonnes. On y voit, sur fond d'or, des rinceaux de fleurs, renfermant des anges jouant de toutes sortes d'instruments et des oiseaux. En bas de la première colonne une initiale S, contenant une petite miniature représentant la Pentecôte. Elle mesure o^m,07 sur o^m,08.

Le deuxième feuillet est également divisé en deux colonnes par une tige et entouré de trois côtés par une bordure peinte dans le même style que le feuillet précédent, mais d'un dessin plus simple. On y voit un ange qui joue de la mandoline et des petits oiseaux. En haut de la deuxième colonne l'initiale, qui renferme une petite miniature représentant l'Ascension.

Ces feuillets sont parfaitement conservés.

125. L'Ascension et la Pentecôte, deux grandes miniatures (o^m,32 $\times$ o^m,33 et o^m,34 $\times$ o^m,27) peintes en or et couleurs sur parchemin.

Ces miniatures proviennent d'un antiphonaire et ont été exécutées en Italie vers 1500. Le sujet de l'Ascension renferme de nombreux personnages et l'initiale U, dont les dimensions sont de o^m,10 $\times$ o^m,10 centimètres.

La Pentecôte occupe les trois quarts de la deuxième miniature. Dans la partie inférieure, qui est séparée du sujet principal par un filet doré, on voit deux anges qui soutiennent un écusson, renfermant une marque formée des initiales G M et d'une croix.

126. Miniature extraite d'un manuscrit du xvi° siècle, sur papier.

La miniature mesure o^m,22 sur o^m,18.

On y voit dans une salle, au fond à gauche, deux personnages assis sur un divan. Devant eux un autre personnage, sur un divan plus bas. Ce groupe est entouré d'un cercle de treize personnages : guerriers et courtisans.

Belle pièce très jolie de couleur.

127. Légende de Saint Denis. Reproduction des miniatures du manuscrit original présenté en 1317 au roi Philippe le Long. Introduction et notice des planches par Henry Martin. *A Paris, chez H. Champion,* 1908, gr. in-8, en feuilles dans un carton.

Texte imprimé sur papier vergé et reproduction par la phototypie des 81 miniatures.

128. Le Térence des ducs, par Henry Martin. Avec une héliogravure en couleurs, un frontispice et trente-cinq héliogravures en noir reproduisant cent trente-deux miniatures. *Paris, Plon-Nourrit et Cie,* 1907, gr. in-4, broché (*Couvert. illust.*).

Très belle publication imprimée à 255 exemplaires sur papier vélin. Elle contient la reproduction de toutes les miniatures du précieux manuscrit de la bibliothèque de l'Arsenal.

129. Les anciennes tapisseries historiées ou collection des monuments les plus remarquables de ce genre, qui nous soient restés du Moyen-Age, à partir du xi° siècle au xvi° inclusivement. Texte par Achille Jubinal, gravures par les meilleurs artistes, d'après les dessins de Victor Sansonetti. *A Paris,* 1838, 2 vol. in-fol. oblong montés sur onglets, dos et coins mar. rouge, tête dor., non rognés.

Ouvrage rare, tiré seulement à 333 exemplaires ; il contient 123 planches gravées et coloriées d'anciennes tapisseries dont celles de Nancy, Dijon, Valenciennes, Reims, Bayeux, etc.

130. Tapisseries du Roy, où sont représentez les quatre élémens et les quatre saisons ; avec les devises qui les accompagnent et leur explication. *A Paris, chez Sébastien Mabre-Cramoisy*, 1689, in-fol., veau brun (*Rel. anc.*).

> Frontispice et 2 titres gravés, 8 grandes planches gravées par *Séb. Le Clerc* d'après *Le Brun*, et 32 petites tirées dans le texte.
> Reliure fatiguée.

C. — GRAVURE

a. — Histoire, catalogues.

131. Histoire de la gravure en Italie, en Espagne, en Allemagne, dans les Pays-Bas, en Angleterre et en France, suivie d'indications pour former une collection d'estampes par Georges Duplessis, contenant 73 reproductions de gravures anciennes. *Paris, Hachette et Cie*, 1880, gr. in-8, broché.

132. Manuel de l'amateur d'estampes, précédé de considérations sur l'histoire de la gravure par M. Th. Le Blanc ; ouvrage destiné à faire suite au manuel du libraire et de l'amateur de livres par M. J.-Ch. Brunet. *Paris, P. Jannet, et Emile Bouillon*, 1850-1857, 4 vol. en 17 livraisons in-8.

133. Les Estampes du xviiie siècle, école française. Guide manuel de l'amateur par Gustave Bourcard, avec une préface de Paul Eudel. *Paris, E. Dentu*, 1885, in-8 broché.

> Exemplaire imprimé sur papier vergé.

134. Les Françaises du xviiie siècle, portraits gravés ; par le marquis de Granges de Surgères et Gustave Bourcard. Avec une préface de M. le baron Roger Portalis. Ouvrage orné de douze portraits d'après les originaux. *Paris, E. Dentu*, 1887, in-8 broché.

> Exemplaire imprimé sur PAPIER DE HOLLANDE. Envoi autographe de l'auteur.

135. Les Graveurs du dix-huitième siècle, par le Baron Roger Portalis et Henri Béraldi. *Paris, Damascène Morgand et Charles Fatout*, 1880-1882, 3 gros vol. in-8, brochés.

> Exemplaire imprimé sur papier de Hollande.

136. Iconographie voltairienne, histoire et description de ce qui a été publié sur Voltaire par l'art contemporain, par Gustave Desnoiresterres. *Paris, Didier et Cie*, 1879, in-4, en feuilles, dans un carton.

> 25 reproductions de portraits, gravures, médailles, sculpture, etc.

137. L'Œuvre de Moreau le jeune. Catalogue raisonné et descriptif avec notes iconographiques et bibliographiques par M. J.-F. Mahérault. Orné d'un portrait de

l'auteur par Le Rat et précédé d'une notice biographique par Émile de Najac. *Paris, A Labitte*, 1880, in-8, broché.

Exemplaire imprimé sur papier de Hollande.
On y a joint: Henri Draibel (Beraldi). L'Œuvre de Moreau le Jeune, notice et catalogue. *Paris, Rouquette*, 1874, in-8.

138. L'Œuvre gravé de P.-L. Debucourt (1755-1832) par Maurice Fenaille. Accompagné d'une préface et de notes par Maurice Vaucaire ; avec des gravures sur bois de A. Leveillé, de photogravures en couleurs et en noir de la maison Goupil et Cie et des reproductions de nombreux documents. *Paris, Ed. Rahir*, 1899, gr. in-8, broché.

Ouvrage tiré à 315 exemplaires.

139. Les Graveurs du xixe siècle. Guide de l'amateur d'estampes modernes, par Henri Béraldi. *Paris, L. Conquet*, 1885-1892, 12 vol. in-8, 36 frontispices, brochés.

140. Raffet, son œuvre lithographique et ses eaux-fortes suivi de la bibliographie complète des ouvrages illustrés de vignettes d'après ses dessins, par H. Giacomelli. Orné d'eaux-fortes inédites par Raffet et de son portrait, par M. J. Bracquemond. *Paris, Gazette des beaux-arts*, 1862, in-8, broché.

Exemplaire contenant le portrait en deux états et les eaux-fortes hors texte tirées sur papier de Chine.

141. Les Vignettes romantiques par Champfleury. Histoire de la littérature et de l'art, 1825-1840. 150 vignettes par Célestin Nanteuil, Tony Johannot, Devéria, Jeanron, etc., suivi d'un catalogue complet des romans, drames, poésies, ornés de vignettes de 1825 à 1840. *Paris, Dentu*, 1883, in-4, broché.

142. Les anciens Almanachs illustrés ; histoire du calendrier depuis les temps anciens jusqu'à nos jours, par Victor Champier. Ouvrage accompagné de 50 planches hors texte en noir et en couleur reproduisant les principaux almanachs illustrés ou gravés par Léonard Gaultier, Crispin de Passe, de Larmessin, Lepautre, Gravelot, etc., etc. *Paris, L. Frinzine et Cie*, 1886, in-fol. en feuilles dans un carton.

143. Le Cabinet des estampes de la Bibliothèque nationale. Guide du lecteur et du visiteur, catalogue général et raisonné des collections qui y sont conservées par Henri Bouchot. *Paris, E. Dentu, s. d.*, in-8, broché.

b. — *Recueils de gravures, vignettes, lithographies.*

144. Gravures sur bois tirées des livres français du xve siècle, sujets religieux, démons, êtres imaginaires, mœurs et costumes, imprimerie, etc., etc. *Paris, Adolphe Labitte*, 1868, pet. in-4, en feuilles dans un carton.

323 reproductions.

145. Recueil de trente-neuf figures représentant les calamités de la France, de 1562 à 1586. *Paris, Louis Perrin,* 1891, in-4, cartonn. demi-toile verte, non rogné.

Exemplaire imprimé sur papier de Hollande avec planches tirées en vert.
Ces planches sont un tirage à part de la publication du manuscrit *De Tristibus Franciae.*

146. Les grandes Scènes historiques du XVI⁰ siècle, reproduction fac-simile du Recueil de J. Tortorel et J. Perrissin, publiée sous la direction de M. Alfred Franklin. *Paris, Fischbacher,* 1886, in-fol., monté sur onglets, cartonn. illust. (*Rel. des éditeurs*).

43 fac-simile.

147. Suites d'estampes desssinées par Lancret, Pater, Eisen, Boucher, Vleughels, etc. pour illustrer les *Contes* de La Fontaine, gravées au burin par Depollier aîné. *Paris, J. Lemonnyer,* 1883, 38 planches en 13 fascicules in-fol., brochés.

Quatrième état, tiré sur papier vergé.

148. Les cent et un Robert-Macaire composés et dessinés par M. H. Daumier sur les idées et les légendes de M. Ch. Philipon, réduits et lithographiés par M. M***; texte par M. M. Maurice Alhoy et Louis Huart. *Paris, chez Aubert et Cⁱᵉ,* 1840, 2 tomes en 1 vol. pet. in-4, cartonn. toile rouge (*Rel. des éditeurs*).
Premier tirage.

149. Recueil de lithographies de Célestin Nanteuil, montées sur bristol et reliées en 3 vol. in-4, demi-rel. mar. noir à longs grains.

Recueil contenant 177 lithographies, la plupart tirées sur papier de Chine et avant la lettre.
Un grand nombre de ces lithographies ont été dessinées pour orner des morceaux de musique, les autres proviennent de livres illustrés.

150. Gavarni. Œuvres choisies revues, corrigées et nouvellement classées par l'auteur. Études de mœurs contemporaines. Les Enfants terribles, les Lorettes, les Actrices, le Carnaval à Paris, la Vie de jeune homme, etc., etc. *J. Hetzel,* 1846-1848, 4 tomes en 2 vol. gr. in-8, dos et coins cuir de Russie, tête dor.

Premier tirage.

151. D'après nature par Gavarni. Texte par MM. Jules Janin, Paul de Saint-Victor, Edmond Texier, Éd. et J. de Goncourt. *Paris, Morizot, s. d.,* 4 vol. in-fol., brochés (*Couvert.*).

40 lithographies.

152. Albums : 5 vol. in-4, cartonnés et brochés.

Cham et Daumier. Album du siège. Recueil de caricatures. *Paris, s. d.,* 40 lithographies. — Crane (W.). Queen summer or the tourney of the Lily and the Rose. *London, s. d.* — Deveria. Recueil de lettres ornées. *Paris, s. d.,* 32 lithographies — Gavarni. Album comique. *Paris, s. d.,* 21 lithographies. — Les douze travaux d'Hercule illustrés par A. Coinchon, lithographiés par H. Sevenet. *Paris, s. d.*

153. Musée ou magasin comique de Philipon, contenant près de 800 dessins par MM. Cham, Daumier, Dollet, Eustache, Forest, Gavarni, Grandville, etc. Textes

par MM. Bourget, P. Borel, Cham, L. Huart, etc. *Paris, chez Aubert, s. d.* (1842), 2 tomes en 1 vol. in-4, demi-rel. chag. rouge, plats toile, tr. marb.

PREMIER TIRAGE.

154. La Revue comique à l'usage des gens sérieux. Histoire morale, philosophique, politique, critique, littéraire et artistique de la semaine, texte par MM. A. Lireux, C. Caraguel, P. Vertot, E. de La Bedollière, Gérard de Nerval, etc., etc. Dessins par Bertall, Nadard, Otto, Lorentz, Béguin, Quillenbois, etc. Novembre 1848, décembre 1849. *Paris, Dumineray, s. d.*, 2 parties en 1 vol. grand in-8, demi-rel. chagrin vert, ébarbé (*Couvert.*).

PREMIER TIRAGE.
Exemplaire contenant toutes les couvertures de livraisons.

155. Assemblée nationale comique par Auguste Lireux, illustré par Cham. *Paris, Michel Levy frères*, 1850, in-8, broché (*Couvert.*).

PREMIER TIRAGE.

156. La Vie élégante, littérature, voyages, beaux-arts, modes, sport. *Paris, à la Librairie illustrée*, 1885, 2 vol. gr. in-8, brochés.

Nombreuses illustrations dans le texte et hors texte.

157. Jocelyn, huit sujets composés et lithographiés par M. Maurin, tirés du poème de ce nom par M. Alphonse de Lamartine. *Paris, publié par Jeannin, s. d.*, in-fol., dos et coins mar. vert à longs grains, fil., ébarbé (*Couvert. illustr.*).

Sur la couverture : *A M. Ragon de la part de M. de Lamartine avec ses compliments de nouvelle année*, 1840. LAMARTINE. — Mouillures dans les marges.

158. Illustrations des œuvres complètes de Pierre Loti. Dessins originaux de C. Bourgoin et de D. Bourgoin, gravés sur bois par A. Léveillé. *Paris, A. Le Vasseur, s. d.*, in-4, en feuilles dans un carton.

Un des 100 exemplaires (n° 17) imprimés sur PAPIER DU JAPON.

159. Maître Labori par Paul Renouard. Suite de 9 eaux-fortes in-fol. en feuilles.

Tirage sur papier vélin.

160. Les Menus et Programmes illustrés. Invitations, billets de faire part, cartes d'adresse, petites estampes, du xviiᵉ siècle jusqu'à nos jours. Ouvrage orné de 460 reproductions d'après les documents originaux et les meilleurs artistes. *Paris, Boudet*, 1898, in-4, broché.

Tirage à petit nombre.
Le volume est cassé.

161. Les Affiches illustrées, par Ernest Maindron. Ouvrage orné de 20 chromolithographies par Jules Chéret. *Paris, H. Launette*, 1886. — Les Affiches illustrées (1886-1895) par Ernest Maindron. Ouvrage orné de 64 lithographies en couleur. *Paris, G. Boudet*, 1896. — Les Affiches étrangères illustrées par MM. Bauwens, T. Hayashi, J. Pennell. Ouvrage orné de 62 lithographies en couleur. *Id.*, 1897. Ens. 3 vol. gr. in-8 brochés (*Couvert. illust.*).

162. Metamorphoseon sive transformationum Ovidianarum libri quindecim aeneis formis ab Antonio Tempesta Florentino incisi, et in pictorum antiquitatisque studiosorum gratiam nunc primum exquisitissimis sumptibus a Petro de Jode Antuerpiano in lucem editi. *Amsterodami, Wilhelmus Janssonius excudit, s. d.* (vers 1606), in-4, oblong, vélin.

> Second tirage des 150 planches gravées sur cuivre, précédées d'un frontispice contenant le buste d'Ovide dans un médaillon.
> La planche 45 a une cassure et la reliure est très fatiguée.

163. Caprichos de Goya. Coleccion de ochenta estampas grabadas al agua fuerte con aguadas de resina por el mismo. *Madrid, Calcografia nacional,* 1868, in-4 cartonné.

> 80 planches y compris le portrait de l'auteur.

164. Het groote Tafereel der dwaasheid, vertoonende de opkomst, voortgang en ondergang der actie, bubbel en windnegotie, in Vrankryk, Engeland, en de Nederlanden, gepleegt in den jaare MDCCXX. Zynde een verzameling van alle de conditien en projecten van de opgeregte compagnien van assurantie, navigatie, commercie, etc. in Nederland, etc. : als meede konst-plaaten, comedien en gedigten, door verscheide liefhebbers uytgegeven, etc. *Gedrukt tot waars chouwinge voor de nakomelingen, in't noodlottige jar, voor veel zotte en wyze.* 1720. In-fol., figures, demi-rel. bas. brune, non rogné (*Rel. anc.*).

> Curieux ouvrage satirique sur les folles spéculations de l'année 1720.
> Exemplaire très frais et bien complet renfermant une table et 74 planches gravées.
> On y a joint deux planches du même genre, qui ne sont pas mentionnées dans la table.
> Les planches 26 et 29 se composent de 4 parties chacune. Les planches 12 et 54 ont été transposées.

165. Eight illustrations to Shakespeare's tempest, designed by Walter Crane. Engraved et printed by Duncan C. Dallas. *London, J. M. Dent et Cⁿ*, 1893, in-fol. en feuilles dans un carton (*Carton des éditeurs*).

> Publication tirée à 650 exemplaires. Les 8 gravures sur bois sont tirées sur papier très mince et montées sur bristol.

166. Wonder locale for girls et boys, by Nathaniel Hawthorne, with 60 designs, by Walter Crane. *London, M. Ilwaine et Cⁿ,* 1893, in-8, cartonn. toile verte illust. (*Rel. des éditeurs*).

> Curieuses illustrations en couleurs.

167. A Durer. La Passion. *S. l. n. d.,* en feuilles dans un carton.

> Suite de 17 planches, reproduction par la photogravure de la petite passion gravée sur cuivre.
> D'après la collection A. Lange.

168. La Danse des noces, par Hans Scheufelein, reproduite par Johannes Schratt et publiée par Edwin Tross. Avec une notice biographique sur Hans Scheufelein, par M. le Dʳ A. Andresen. *Paris, Tross,* 1865, in-fol., carton. toile grise.

169. Le Triomphe de la Mort, gravé d'après les dessins originaux de Holbein par

Chrétien de Méchel, graveur à Bâle. *S. l.*, 1780, in-18, mar. bleu fil., dent. int., tr. dor. (*Capé*).

Réimpression des 47 planches accompagnées d'un texte imprimé au xixᵉ siècle.

170. Recueil d'estampes relatives au manuel élémentaire d'éducation par Jean Bernard Basedow, destinées à l'usage des jeunes gens et de leurs amis. *Berlin und Dessau,* 1774, in-4 oblong, cartonné.

100 planches gravées par *Berger, Schleven,* etc., d'après *Chodowiecki, Wolke,* etc. Le texte est en trois langues : français, allemand et latin.

c. — *Portraits.*

171. Portraits des personnages français les plus illustres du xviᵉ siècle, reproduits, en fac-simile, sur les originaux dessinés aux crayons de couleur par divers artistes contemporains. Recueil publié avec notices par P.-G.-J. Niel. *Paris, M.-A. Lenoir*, 1848-1856, 2 vol., in-fol. montés sur onglets, demi-rel., mar. rouge, tr. rouges.

48 portraits de rois, reines, favorites, hommes célèbres, etc., reproduits en fac-simile.

172. Portraits des personnages français les plus illustres du xviᵉ siècle, reproduits, en fac-simile, sur les originaux dessinés aux crayons de couleur par divers artistes contemporains. Recueil publié avec notices par P.-G.-J. Niel. *Paris, M.-A. Lenoir*, 1848-1856, 2 tomes en 1 vol. in-fol., demi-rel. mar. rouge, dos orné, tête dor.

Même ouvrage. Exemplaire NON ROGNÉ.

173. Emaux de Petitot (Les) du musée impérial du Louvre. Portraits de personnages historiques et de femmes célèbres du siècle de Louis XIV, gravés au burin par M. L. Ceroni. *Paris, Blaisot*, 1862-1864, 2 vol. in-4, dos et coins mar. La Vall. tête dor., non rognés (*Thivet*).

174. Les Illustres français, ou tableaux historiques des grands hommes de France, pris dans tous les genres de célébrité. Collection de 56 planches représentant 500 portraits, tableaux et bas-reliefs ornés d'allégories, accompagnés de notices historiques. *A Paris, chez E. Maurice, s. d.* (1816), in-fol., demi-rel., toile grise.

Frontispice, portrait de Napoléon I, titre gravé, et 56 planches dessinées par *Marillier,* gravées par *Ponce.*

175. Croquis de divers portraits de Voltaire, dessinés dans le cours de sa vie par Hubert de Genève et gravés par Villerey. *A Paris, chez Remoissenet, s. d.* in-4, demi-rel., chagrin gris, tr. jasp.

Titre gravé par *Bovinet* et 53 portraits. Le titre est remonté.

176. Galerie de la presse, de la littérature et des beaux-arts, par M. Charles Philip-

pon et Louis Huart. *Paris, Aubert*, 1839-1841, 3 vol. in-4. demi-rel., mar. rouge à longs grains.

> Edition ornée de 147 portraits hors texte lithographiés, par *Alophe, Menut, Dévéria, Célestin Nanteuil, Jullien*, etc., etc...
> Bel exemplaire.

177. Histoire des philosophes modernes avec leur portrait gravé dans le goût du crayon, d'après les desseins des plus grands peintres, par M. Saverien. Publiée par François. *Paris, de l'Imp. de Brunet et chez la Vve François*, 1760-1773, 8 parties en 2 vol. in-4, veau fauve, dos orné, tr. rouges (*Rel. anc.*).

> 8 frontispices et 67 portraits (Bayle, Bacon, Descartes, Erasme, Galilée, Montaigne, Pascal, Spinosa, etc.), gravés par *François* à l'aide de son procédé dit en *manière de crayon* et tirés en sanguine.

178. Het Gulden Cabinet vande edel vry Schilder Const inhondende den lof vande vermarste Schilders, Architecte, Beldthower ende Plaetsnyders, van dese Eeuw door Corn. de Bie Nots tot Lier 1661. *Antwerpen, Jan Meyssens* (1669), titre, dédicace, et 70 portraits d'artistes gravés. — Illustrium quos Belgium habuit pictorum effigies ad vivum accurate delineatae. *Antverpiae, apud Theod. Gallum, s. d.*, titre (découpé au cadre et remonté) et 22 portraits d'artistes chiffr. 1-22, gravés par Th. Galle d'après Hieronymus Wierix, dont quelques-uns portent les chiffres IH. W. — Dans un vol. pet. in-fol., veau brun. tr. jasp. (*Rel. anc. fatiguée*).

> On a inséré dans le volume 28 portraits d'artistes, gravés par *Collin, Lauwers, Verstermans, Caukercken*, et autres. — 14 portraits de princes et de la noblesse. — 24 gravés par *Crespy* (de princes, surtout de la Maison de France).

179. Saint-Aubin (Louis de). Trente-neuf portraits. 1808-1815 Reproductions phototypiques avec notices biographiques. *S. l. n. d.* (*St-Pétersbourg*, 1902), in-fol. en feuilles dans un carton.

> Edition du Grand-Duc Nicolas Mikhaïlovitch.
> Texte français et russe. Portraits tirés sur papier Japon, montés sur bristol.

d. — Costumes.

180. Le Costume au moyen âge, d'après les sceaux, par G. Demay. *Paris, D. Dumoulin et Cie*, 1880, gr.; in-8, broché.

> 600 gravures, dans le texte et hors texte et 2 chromolithographies.

181. Costumes civils et militaires du xvie siècle, par A. de Bruyn. Reproduction fac-simile de l'édition de 1581, coloriée d'après des documents contemporains. Texte traduit et annoté par Auguste Schoy. *Bruxelles, Van Trigt*, 1875, in-4 en feuilles dans un carton.

> 33 planches coloriées.

182. Boissard (J.-J.). Habitus variarum orbis gentium ; Habitz des nations estranges. *S. l.*, 1581, in-fol. oblong, en feuilles.

> Cet exemplaire ne contient que les portraits des demoiselles de Vienne et 58 planches.

183. Habiti antichi, et moderni di tutto il mondo, di Cesare Vecellio ; di nuouo ac-

cresciuti di molte figure. Vestitus antiquorum recentiorumque totius orbis, per Sulstatium Gratilianum senapolensis latine declarati. *In Venetia appresso i Sessa* (in fine) : *In Venetia,* 1598, *appresso Gio. Bernardo Sessa,* in-8 de 56 ff. prélim. non chiff. et de 507 ff. chiff. et 1 feuillet blanc, cartonn. demi-vélin blanc (*Rel. mod.*).

> Seconde édition ornée de 306 figures sur bois, tirées au verso de chaque feuillet.
> Exemplaire de Ruggieri avec son ex-libris.

184. Costumes anciens et modernes. Habiti antichi e moderni di tutto il mondo di Cesare Vecellio, précédés d'un essai sur la gravure sur bois par M. Amb. Firmin Didot. *Paris, Firmin Didot frères,* 1859, 2 vol. in-8, mar. bleu, fil., dos orné, dent. int., tr. dor. (*Thivet*).

185. Amman (Jost). Les habillements et les mœurs de différentes nations des quatre parties du monde, en quatre compartiments. Belle pièce (datée de 1574) gravée à l'eau-forte par Jost Amman et enluminée à l'époque en or et en couleurs. Elle est montée sur papier fort.

> Bartsch, *Peintre-graveur,* IX, p. 361.

186. Le Costume historique. 500 planches ; trois cents en couleurs, or et argent, deux cents en camaïeu. Types principaux du vêtement et de la parure rapprochés de ceux de l'intérieur de l'habitation dans tous les temps et chez tous les peuples, avec de nombreux détails sur le mobilier, les armes, les objets usuels, les moyens de transport, etc. ; recueil publié sous la direction de M. A. Racinet, avec des notices explicatives, une introduction générale, des tables et un glossaire. *Paris, Firmin Didot et Cie,* 1888, 6 vol. pet. in-4, dont un de texte, en feuilles dans des cartons.

> · La planche 211 « *La Couronne* » manque, ainsi que les faux-titres des volumes de planches.
> Le texte et les planches n°s 74, 81, 86, 91, 124, 215, 257, 269, 272, 284, 328, 348, 374, 379, 429, 438, 439, 449 et 490 sont en double, et le texte seul des planches n°s 83, 84, 112, 166, 253, 285, 299, 301, 315, 322, 323, 395, 428, 450, 453, 463, 484 et 485, est également en double.

187. Costumes historiques des xiie, xiiie, xive et xve siècles, dessinés et gravés par Paul Mercuri, avec un texte historique et descriptif par Camille Bonnard. *Paris, A. Lévy,* 1860-1861, 5 vol. — Costumes historiques des xvie, xviie et xviiie siècles, dessinés par E. Lechevallier-Chevignard, gravés par A. Didier, L. Flameng, F. Laguillermie, etc. ; avec un texte historique et descriptif par Georges Duplessis. *Id.,* 1867, 2 vol. — Ens. 5 vol. in-4, cartonn. demi-toile rouge, non rognés.

> 350 planches gravées et coloriées.
> Les volumes sont montés sur onglets.

188. Costumes historiques des xvie, xviie et xviiie siècles, dessinés par E. Lechevallier-Chevignard, gravés par A. Didier, L. Flameng, F. Laguillermie, etc., avec un texte historique et descriptif par Georges Duplessis. *Paris, A. Lévy,* 1867, 35 livraisons en feuilles.

> Ouvrage orné de 150 planches hors texte gravées et coloriées.

189. Costume (Ouvrages sur le), 1 vol. gr. in-8, demi-bas. bleue et 2 albums in-4 oblong, brochés.

> JACOB (Bibliophile). Recueil curieux de pièces originales rares ou inédites en prose et en vers sur le costume et les révolutions de la mode en France. *Paris, s. d.* — PRONTI (D.) Nuova raccolta rappresentante i costumi religiosi civili, e militari degli antichi egiziani, etruschi, e romani. *In Roma, s. d.*, 48 planches gravées et 1 plan. — RACCOLTA di gruppi pittoreschi di Roma e sue adiacenze incisi nel 1840. *Roma*, 1840, 31 planches gravées.

190. Costumes de ballet. Costumes des acteurs d'un ballet dansé à Aix, pour l'entrée de Louis XIV, le 17 janvier 1660. In-fol., veau marb., dos orné, tr. marb. (*Rel. anc.*).

> Recueil de 18 planches du XVIIe siècle (dont un titre) gravées au trait et finement coloriées, quelques-unes de ces planches sont des dessins.

191. Modes et usages au temps de Marie-Antoinette, par le comte de Reiset. Livre-journal de madame Eloffe, marchande de modes, couturière lingère ordinaire de la Reine et des dames de la Cour. Ouvrage illustré de près de 200 gravures, dont 110 grandes planches, 68 coloriées. *Paris, Firmin Didot et C*, 1885, 2 vol. gr. in-8, brochés.

192. Costumes des représentans du peuple, membres des deux conseils, du Directoire exécutif, des ministres, des tribunaux, des messagers d'état, huissiers, et autres fonctionnaires publics, etc., dont les dessins originaux ont été confiés par le ministre de l'Intérieur, au citoyen Grasset S. Sauveur, gravées par le cit. Labrousse. Chaque figure est accompagnée d'une notice historique. *A Paris, chez Deroy*, 1795, in-8, demi-rel. chagrin vert.

> 16 planches coloriées de costumes. Mouillures à quelques feuillets de texte.

193. Costumes de France, l'an quatrième de la République française une et indivisible, 1796, in-4, dos et coins veau fauve (*Rel. anc.*).

> Recueil de 26 planches de costumes dessinées par *Garnerey*, gravées par *Alix* et coloriées. Titre manuscrit.
> Membre du Directoire exécutif en grand costume, en costume ordinaire, secrétaire et agent du Directoire, membre du Conseil des Cinq-Cents, du Conseil des Anciens, ministre, trésorier, messager d'Etat, etc., etc.

194. Journal des Dames et des Modes. Années 1803, 1804 (complètes), janvier à juin et octobre à décembre 1806. *Francfort sur le Mein*, 1803-1806, 11 vol. in-8, dos et coins bas. verte, tr. jasp. (*Rel. de l'époque*).

> Cette série renferme 143 planches coloriées de modes. Les 3 volumes de l'année 1806 sont cartonnés, non rognés.

195. Souvenirs du passé. Le Costume en Provence, par J. Charles-Roux ; avec un sonnet de Frédéric Mistral. *Paris, A. Lemerre*, 1907, 2 vol. in-4, brochés (*Couvert. illust.*).

> Nombreuses illustrations dans le texte et hors texte.

196. Uzanne (Octave). L'Éventail. — L'Ombrelle, le gant, le manchon. Illustrations de Paul Avril. *Paris, Quantin*, 1882-1883. — Ens. 2 vol. in-8, brochés (*Couvert. illustr.*)

> Chaque vol. est avec son emboîtage en satin.

197. Historiques et uniformes de l'armée française. Texte et dessins par Eugène Titeux. *Paris, Em. Lévy et Cie, s. d.*, in-fol. en feuilles.

> 24 chromolithographies.
> Infanterie, 4 pl. — Cuirassiers, dragons, chasseurs, hussards, 8 pl. — Chasseurs d'Afrique, spahis, zouaves, tirailleurs algériens, 8 pl. — Régiments étrangers, infanterie légère d'Afrique, compagnies de discipline, 8 pl.

198. Histoire des troupes étrangères au service de France, depuis leur origine jusqu'à nos jours et de tous les régiments levés dans les pays conquis, par Eugène Fieffé. *Paris, Dumaine*, 1866, 2 vol. in-8, brochés.

> Ouvrage contenant 24 planches coloriées de costumes militaires.

199. Fantassins et cavaliers sous Louis XV, croquis par H. de Grandmaison d'après des documents de la bibliothèque du Ministère de la guerre. Dessins de Parroc, gouaches de Delaistre. *S. l. n. d.*, 1891, gr. in-4 en feuilles.

> Réunion de 79 lithographies chiffrées 2-82.
> Les planches 1, 56 et 81 manquent.
> Ces épreuves portent le bon à tirer indiqué à 25 ex. pour la plupart des planches.

200. Costumes militaires, 1789-1815, dessinés et lithographiés par Charlet. 50 planches en couleurs. Notice par A. Guillaumot. *Paris, J. Cahen*, 1886, in-4 en feuilles dans un carton.

> Un des 20 exemplaires (n° 7) imprimés sur PAPIER du JAPON.

201. Guide à l'usage des artistes et des costumiers contenant la description des uniformes de l'armée française de 1780 à 1848, par H. Malibran. *Paris, Combet et Cie*, 1904, in-8, broché.

202. Nuova raccolta di cinquanta costumi pittoreschi incisi all' acqua forte da Bartolomeo Pinelli romano. *Roma, presso Nicola de Antoni, e Ignazio Pavon*, 1816, in-fol. oblong, demi-rel. bas. bleue, tr. jasp.

> 50 planches de costumes gravées à l'eau-forte par *B. Pinelli*.

203. Costumes des femmes vénitiennes, gravés sur cuivre, par Jacques Franco. *Venise, Ferdinando Ongania*, 1878, in-fol., cartonn. toile verte (*Rel. des éditeurs*).

> Réimpression fac-simile de l'édition de Venise, 1610.

204. Esquisse du pays, du caractère et du costume en Portugal et en Espagne, prises pendant la campagne et durant la marche de l'armée anglaise, en 1808 et 1809, gravées et coloriées d'après les dessins du Rev. Guillaume Bradford ; avec les explications et les descriptions propres à chaque sujet. *London, John Booth, s. d.*, in-4, dos et coins mar. noir, tr. jasp.

> 41 planches. Texte en anglais et en français.
> L'exemplaire contient le supplément: *Sketches of military costume in Spain and Portugal* avec 13 planches gravées et coloriées.

205. Les Costumes strasbourgeois, édités au dix-septième siècle par Frédéric Guillaume Schmuck et au dix-huitième siècle par ses fils Frédéric Schmuck et Guil-

laume Schmuck par Oscar Berger-Levrault. Reproduits en fac-similes d'après les recueils originaux. *Paris et Nancy, Berger-Levrault*, 1889, in-8, broché.

Un des 170 exemplaires (n° 76) imprimés sur PAPIER DE HOLLANDE.
101 planches hors texte.

D. — SCULPTURE

206. Dictionnaire des sculpteurs de l'école française sous le règne de Louis XIV, par Stanislas Lami. *Paris, Honoré Champion*, 1906, gr. in-8, broché.

207. Les Bronzes de la Renaissance. Les plaquettes. Catalogue raisonné précédé d'une introduction par Emile Molinier. *Paris, Rouam*. 1886, 2 vol. in-8, brochés.

Orné de 108 gravures.

208. Les Médaillons de David d'Angers, réunis et publiés par son fils. *Paris, Imp. Lahure*, 1867, in-fol. monté sur onglets, demi-rel. chagrin vert, plats toile, fers spéciaux, tr. dor. (*Rel. de l'editeur*).

Portrait et 53 planches en photographie montées sur bristol et représentant 477 médaillons.

209. Jean-Baptiste Nini, sa vie, son œuvre, 1717-1786, par A. Storelli. *Tours, Imp. A. Mame et fils*, 1896, gr. in-8, broché.

Édition tirée à 200 exemplaires.

210. Journal d'un sculpteur florentin au xv° siècle. Livre de souvenirs de Maso di Bartolomme dit Masaccio. Manuscrits conservés à la bibliothèque de Prato et à la Magliabecchiana de Florence, par Charles Yriarte. Ouvrage orné de 47 illustrations. *Paris, J. Rothschild*. 1894, in-4, broché.

Ouvrage tiré à 100 exemplaires sur papier du Japon.

211. La Vie de Benvenuto Cellini, écrite par lui-même. Traduction Léopold Leclanché. Notes et index de M. Franco ; illustrée de neuf eaux-fortes par F. Laguillermie et de reproductions des œuvres du maître. *Paris, A. Quantin*, 1881, in-8, papier vergé, broché.

212. Œuvres de John Flaxman, sculpteur anglais, comprenant : L'Iliade d'Homère ; L'Odyssée d'Homère; Les Tragédies d'Eschyle. — L'Œuvre des jours et la Théogonie d'Hesiode, auxquelles on a joint les tragédies de Sophocle, par Giacomelli, 150 planches gravées. *Paris, A. Morel et Cie, s. d.*, gr. in-4, demi-rel. chag. rouge, ébarbé.

Ouvrage contenant 150 planches gravées au trait.

E. — ARCHITECTURE

a. — *Traités, monuments.*

213. Les Du Cerceau. Leur vie et leur œuvre d'après de nouvelles recherches par

le baron Henry de Geymüller. Ouvrage accompagné de 137 gravures dans le texte et de 4 planches hors texte pour la majeure partie inédites. *Paris, Rouam,* 1887, in-4, broché.

214. Ordonnance des cinq espèces de colonnes selon la méthode des anciens, par Perrault. *A Paris, chez J. B. Coignard,* 1683, in-fol., veau brun, dos orné, tr. marb. (*Rel. anc.*).

> 6 planches hors texte gravées par *Le Pautre, Chastillon et Le Clerc,* et figures sur bois dans le texte.

215. Livre d'architecture contenant les principes généraux de cet art, et les plans, élévations et profils de quelques-uns des bâtimens faits en France et dans les pays étrangers, par le sieur Boffrand. Ouvrage françois et latin. *A Paris, chez Guillaume Cavelier,* 1745, in-fol., veau marb., tr. rouges (*Rel. anc.*).

> Cet exemplaire ne contient que 63 planches sur 69 (les planches 5, 21, 45, 46, 48 et 51 manquent) ; elles représentent les plans et vues du palais de Nancy, de l'hôtel de Montmorency, de Soubise, etc., etc.
>
> Ce volume contient aussi : DESCRIPTION de ce qui a été pratiqué pour fondre en bronze d'un seul jet la figure équestre de Louis XIV... par le sieur Boffrand. *A Paris, chez Gail. Cavelier,* 1743, 19 pl. (sur 20, la première manque).

216. Architecture de C. N. Ledoux. Collection qui rassemble tous les genres de batiments employés dans l'ordre social. *Paris, Lenoir,* 1847, 2 vol. gr. in-fol., demi-rel. toile verte.

> 300 planches gravées par *Van Maelle, Groux, Varin, Sellier,* etc.

217. L'Architecture privée au XIXe siècle sous Napoléon III. Nouvelles maisons de Paris et des environs, par M. César Daly. *Paris, se vend chez A. Morel et Cie,* 1864, 2 tomes en 3 vol. in-fol., montés sur onglets, demi-rel. chag. rouge.

> Ouvrage contenant 227 planches.

218. L'Art de bâtir sa maison par J. Boussard. Construction antique, construction moderne. *Paris, s. d.,* g. in-8, broché.

> Nombreuses figures sur bois hors texte et dans le texte.

219. Différents plans du château de Fontainebleau, par M. Peyre, in-4, cartonné.

> Recueil de 12 plans originaux dessinés à l'aquarelle et à l'encre de Chine et d'un dessin à la plume représentant une partie du plafond de la chapelle de Fontainebleau.

220. Livre de tous les plans, profils et élévations tant en perspective que géométralle du chasteau de Clagny que Sa Majesté a fait bastir près Versailles et exécuté par les ordres de Mgr. Colbert ... du desseing du sieur Mansart, architecte du roy et mis en lumière par Michel Hardouin ... *Se vend à Paris, chez Mr. Cossin,* 1680, in-fol., demi-rel. bas. rouge.

> 9 planches gravées par *Michel Hardouin.*

221. Le magnifique chasteau de Richelieu en général et en particulier, ou les plans, les elevations et profils generaux et particuliers dudit chasteau ; et de ses avenues, basses-courts, anti-courts, courts, corps de logis, aisles, galleries, escuries, manèges, jardins, bois, parc, et généralement de tous ses appartemens, commencé

et achevé par Jean Armand du Plessis, cardinal duc de Richelieu, sous la conduite de Jacques Le Mercier, architecte ordinaire du roi; gravé & réduit au petit-pied, par Jean Marot. *S. l. n. d.*, in-fol., oblong en feuilles.

Titre, dédicace, avis au lecteur et 18 planches doubles gravées.
On y a joint : une vue du château de Richelieu en Poitou, par *Is. Silvestre.*
Exemplaire lavé et encollé, préparé pour la reliure.

222. Vues de Paris et des principaux châteaux de France par Perelle. Réunion de 375 vues diverses.

Châteaux de Saint-Cloud, 32 pl. — De Sceaux, 18 pl. — De Meudon, 14 pl. — De Fontainebleau, 21 pl. — De Vincennes, 5 pl. — De Vaux-le-Vicomte, 8 pl. — De Richelieu, 6 pl. — De Marly, 6 pl. — De Versailles, 91 pl. et de Chantilly, 101 pl. — Vues des châteaux de Chaville, Choisy, Villers-Cotterets, Chambord, Louvois, Rambouillet, Maison des dames de Saint-Cyr, vues du Pont-Neuf, du Palais-Royal, etc., 73 pl.
La plupart de ces vues sont à toutes marges ; quelques-unes sont en épreuves avant la lettre, avec légendes manuscrites.
On y joint : 50 vues, doubles des précédentes : Versailles, Chantilly, Fontainebleau, etc.

223. Vues diverses par Israel Silvestre, Aveline, Marot, Gueroult, etc., etc. Réunion de 112 pièces.

Vues de Meudon, Saint-Cloud, Fontainebleau, châteaux de Coffry, de Gros-Bois, de Vaux, de Verneuil, etc., etc., par *Is. Silvestre*, 63 pièces. — Vues des châteaux de Bicêtre, Chantilly, Saint-Cloud, Versailles, Trianon, etc., par *Aveline*, 13 pièces. — Vues diverses, plans, par *Gueroult, Marot*, plan du parterre de Louvois, par *Le Bouteux*, etc., etc., 36 pièces.

224. Description des trois formes du port de Brest et du bagne pour loger à terre les galériens ou forçats de l'Arsenal de Brest, batis, dessinés et gravés par M. Choquet. *A Brest, de l'Impr. de Romain Malassis*, 1757-1759, gr. in-fol., parch. vert, tr. rouges (*Rel. anc.*).

12 grandes planches, dont 4 pour le Bagne qui a un titre spécial.
Reliure fatiguée.

225. Monumens érigés en France à la gloire de Louis XV, précédés d'un tableau du progrès des arts et des sciences sous ce règne, ainsi que d'une description des honneurs et des monumens de gloire accordés aux grands hommes, tant chez les anciens que chez les modernes, et suivis d'un choix des principaux projets qui ont été proposés pour placer la statue du roi dans les différens quartiers de Paris, par M. Patte. *A Paris, chez Rozet*, 1767, in-fol., broché, non rogné.

Fleuron sur le titre, 1 vignette avec le portrait de Louis XV, par *Boucher*, gravée par *Cochin*, 3 vignettes tête de page par *Maruye* et *Patte* et 57 planches, dont plusieurs pliées, par *Patte, Gaelin, Loyer, Coutant*, etc.

226. Les Châteaux d'Ancy-le-Franc, de Saint-Fargeau, de Chastellux et de Tanlay, par le baron Chaillou des Bares. *Paris, Auguste Vaton*, 1845, in-4, cartonn. demi-toile grise (*Rel. de l'éditeur*).

Lithographies hors texte.

227. Châteaux de la vallée de la Loire des xvᵉ, xviᵉ, et xviiᵉ siècles, dessinés d'après nature et lithographiés par Victor Petit. *Paris, Ch. Boivin*, 1861, 2 vol. in-fol. en feuilles, dans un carton.

97 planches (sur 100) lithographiées à deux teintes, accompagnées d'un texte historique et descriptif.
Les planches 9 (Château de Digoine), 29 (Maison de Diane de Poitiers) et 77 (Château d'Oiron) manquent.

228. Vues pittoresques des châteaux de France, dessinés d'après nature et lithographiées par les principaux artistes de la capitale ; avec un texte historique et descriptif par A. Blancheton. *A Paris, chez l'auteur et Firmin Didot, s. d., 2 vol. in-fol.,* demi-rel. chagrin rouge.

Ouvrage orné d'un portrait et de 132 vues lithographiées d'après *Dupressoir, Renoux, Asselineau, Pansé,* etc.

229. Kraft (Ch.). Recueil d'architecture civile, contenant les plans, coupes et élévations des châteaux, maisons de campagne, etc., situés aux environs de Paris, par Jean-Ch. Krafft. *Paris,* 1806-1807, in-fol., demi-rel. bas. verte.

120 planches (sur 121, la dernière manque) gravées par *Chamon, Boulay, Gentol, Van Maelle,* etc. — Sans le titre.

230. Portes cochères, portes d'entrée, croisées, balcons, entablemens et détails de menuiserie et de serrurerie des édifices les plus remarquables de Paris à l'usage des architectes et des amateurs ; par J.-Ch. Krafft. *Paris, de l'Imp. de J.-L. Scherff,* 1810, 2 vol. in-4 oblong cartonnés, non rognés.

Texte en français, anglais et allemand et 146 planches gravées par *Adam, Johannot* et *Boulay,* d'après *Krafft.*

231. Les Appartements privés de S. M. l'Impératrice au Palais des Tuileries, décorés par M. Lefuel, publiés par Eugène Rouyer. Texte par Eugène Rouyer. *Paris, J. Baudry,* 1867, in-fol., en feuilles dans un carton.

Ouvrage contenant 20 planches, tirées sur papier de Chine d'après les dessins de MM. *Eugène Rouyer, F. Roux* et *Paul Sellier* par MM. *Auguste Guillaumot, Henri Sellier* et *Paul Sellier.*

232. Entwurff einer historischen Architectur, in Abbildung unterschiedener berühmten Gebäude, des Alterthums und fremder Völcker. Etc. Alles mit grosser Mühe gezeichnet und herausgegeben von Johann Bernhard Fischers von Erlachen. Auch kurtzen teutschen und frantzösischen Beschreibungen. *Leipzig,* 1725, in-fol., figures, vélin, tr. jasp. *(Rel. anc.).*

Recueil de planches d'architecture, la plupart de monuments de l'antiquité. Il est divisé en cinq parties, dont la première comprend 25 planches chiff. 1-5 et 1-xx ; la seconde, un titre et 15 pl. ; la troisième, un titre et 15 pl. ; la quatrième, un titre et 21 pl. et la cinquième, un titre et 13 pl.
Elles sont accompagnées d'un texte explicatif imprimé.
La quatrième partie donne les vues des édifices inventés et exécutés par l'auteur.
Le dos de la reliure est fatigué.

233. Le Vatican et la basilique de Saint-Pierre de Rome par Paul Letarouilly. Monographie mise en ordre et complétée par M. Alphonse Simil. *Paris, V⁵ᵉ A. Morel et Cⁱᵉ,* 1882, 3 vol. gr. in-fol., montés sur onglets, dos et coins mar. rouge, tête dor., ébarbés.

264 planches.

234. Choix des plus célèbres maisons de plaisance de Rome et de ses environs, mesurées et dessinées par Percier et Fontaine. *Paris, Imp. de Jules Didot,* 1824, gr. in-fol., demi-rel. toile verte, non rogné.

77 planches gravées par *Pillement, Lacour, Bonnard,* etc.

235. Vues diverses d'Espagne et de Portugal gravées par Georg. Hoefnagle (*Anvers,* vers 1567), in-fol. oblong, cartonné.

> Recueil de 23 vues gravées à l'eau-forte montées sur papier fort :
> Vues de Lisbonne, Santander, Bilbao, Séville, Malaga, Cadix, Valladolid, etc., etc.

236. Schynvoet (J.). Suite complète de 30 planches d'obélisques. — Suite complète de 24 planches de vases. *Amsterdam,* 1701. — En 1 vol. in-fol. cartonné.

> Ces pièces sont très riches de composition et très bien gravées (*Guilmard,* p. 513).
> Bel exemplaire NON ROGNÉ.

237. Œuvres d'architecture contenant les desseins tant en plans qu'en élévations des principaux et des plus nouveaux batiments dans le dernier agrandissement de la ville d'Amsterdam et autres endroits de ces provinces, ordonnez par Philippe Vingboons. *A la Haye, chez Pierre de Hondt,* 1736, 2 tomes en un vol. in-fol., cartonn. demi-vélin blanc (*Rel. anc.*).

> 74 planches dessinées par *P. Vingboons* et gravées par *B. Stopen* et *J. Mathys.*

238. Coup-d'œil sur Belœil et sur une grande partie des jardins de l'Europe. Nouvelle édition, revue, corrigée et augmentée par l'auteur (par le prince Th. de Ligne). *A Belœil, et se trouve à Bruxelles, chez F. Hayez,* 1786, in-8, texte encadré, demi-rel. bas verte, tr. jasp.

> Seconde édition.

239. Altenglische Herrensitze Façaden und Innenräume in englischer Gothik und Renaissance gezeichnet von Joseph Nash. *Berlin, Bruno Hessling, s. d.,* in-fol. en feuilles dans un carton.

> 104 planches en phototypie.

b. — *Jardins.*

240. La Théorie et la pratique du jardinage, où l'on traite à fond des beaux jardins appelés communément les jardins de plaisance et de propreté, composés de parterres, de bosquets, de boulingrins, etc... par le sieur Alexandre Le Blond. *A Paris, chez Jean Mariette,* 1722, in-4 veau brun, tr. rouges (*Rel. anc.*).

> 38 planches gravées.

241. La Théorie et la pratique du jardinage, où l'on traite à fond des beaux jardins appelés communément les jardins de plaisance et de propreté, contenant plusieurs plans et dispositions générales de jardins, nouveaux dessins de parterres, de bosquets, etc. par L. S. A. J. D. A. (Dezallier d'Argenville). Troisième édition augmentée de plus de 30 figures. *A La Haye, chez J.-M. Husson,* 1739, in-4 cartonné.

> Nombreuses planches hors texte.

242. Architecture de jardins, dédiée à Monseigneur Joly de Fleury, conseiller d'État,

par son très humble et obéissant serviteur Galimard fils. *A Paris, chez Mondhare,
s. d.* (1750), in-fol., non relié.

> Recueil contenant un titre gravé par *Binet*, d'après *Marillier*, et 61 planches (sur 69) de
> parterres, orangeries, bosquets, etc.

243. Théorie de l'art des jardins, par C. C. L. Hinschfeld. Traduit de l'allemand
(par Fréd. de Castillon fils). *Leipzig, chez les héritiers de M. G. Weidmann et
Reich,* 1779-1785, 5 vol. in-4, veau marbr., pet. dent., tr. marb. (*Rel. anc.*).

> Ouvrage rare, orné de nombreuses planches gravées sur cuivre dans le texte et hors texte.

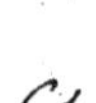

244. Vue des monumens construits dans les jardins de Franconville-la-Garenne,
appartenans à Madame la comtesse d'Albon, gravés d'après ses dessins et ceux de
M. de Lussi. *A Paris, chez Moutard,* 1784, in-8, cartonné.

> Portrait de Court de Gebelin gravé par *Huot* d'après *Pujos* et 20 vues gravées par *Lepagelet*
> et *Benoist.* La vue du ballon de Franconville est tirée en bistre.

245. Description d'une partie de la vallée de Montmorenci et de ses plus agréables
jardins, ornée de gravures par M*** (Leprieur). *A Tempé, et se trouve à Paris, chez
Moutard,* 1784, in-8, bas. fauve, dos orné, tr. jaunes (*Rel. anc.*).

> Cet exemplaire renferme 17 planches de la *comtesse d'Albon, Marie de Lussy, M*lle *Becquet,*
> gravés par *Lepagelet,* et 1 grande planche pliée (Chalet suisse de la comtesse d'Albon), gravée
> par *Benoit.*

246. Description d'une partie de la vallée de Montmorenci, et de ses plus agréables
jardins, ornée de 19 gravures, par M. Le Prieur. *A Tempé, et se trouve à Paris.
chez Le Jay,* 1788, in-8, cartonné, non rogné.

> Cet exemplaire contient en plus des 19 planches annoncées sur le titre les 7 planches des
> paysages de la comtesse d'Albon gravées par *Lepagelet* et *Benoit.*

247. Promenade ou itinéraire des jardins d'Ermenonville, auquel on a joint vingt-
cinq de leurs principales vues, dessinées et gravées par Mérigot fils (par R. de
Girardin). *A Paris, chez Mérigot père,* 1788, in-8, veau fauve (*Rel. anc.*).

> 25 figures à la manière du lavis, dessinées et gravées par *Mérigot fils.*
> Les pages 67 et 68 manquent.

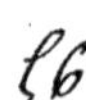

248. Promenades ou itinéraire des jardins de Chantilly, orné d'un plan et de
20 estampes qui en représentent les principales vues, dessinées et gravées par
Mérigot. *A Paris, chez Desenne,* 1791, in-8, cartonné.

> 1 plan et 20 planches gravées à la manière du lavis.

249. La Chaumière, par M. François Mellinet, de Nantes. Manuscrit de 51 pages
d'une bonne écriture de la fin du xviiie siècle. In-8, demi-rel. veau fauve, tr. marb.
(*Rel. anc.*).

> C'est la description, en prose et en vers, d'un joli jardin à l'anglaise que M. Mellinet,
> depuis membre de la Convention Nationale, avait planté dans un site très pittoresque, hors
> des murs de Nantes du côté de Gigan. Les voyageurs le visitaient comme une petite merveille
> locale. C'était une espèce d'abrégé de l'univers dans un arpent de terre. La description est
> animée de tout l'enthousiasme d'un amant de la nature ; il y a des pensées philosophiques,
> des vers heureux. Le style manque moins de chaleur que de pureté.
> Le manuscrit n'est ni antérieur à 1784, ni postérieur à 1786 (Note manuscrite signée
> Villenave, sur le premier feuillet du manuscrit.

250. Coup d'œil sur les jardins de Mérinville (Seine-et-Oise). Manuscrit de 18 feuillets d'une bonne écriture de la fin du xviiie siècle. In-fol.

Description des différents sites des jardins de Mérinville. On y a joint la copie au net du brouillon fort raturé et un autre manuscrit de 81 pages d'une écriture différente ayant pour titre : THÉORIE DES JARDINS où l'auteur décrit ce qu'il entend par beaux jardins : de la couleur, du contraste, des caractères des paysages, des rochers, des eaux, des sites majestueux, etc., etc.

251. Jardins (Ouvrages sur les). 1 plaquette, 1 vol. in-8 veau marb. et 1 vol. in-4 cartonné.

CRÉBILLON. Lettre sur les jardins anglois. *A Paris,* 1775. — MASSON. Le jardin anglois, poème en quatre chants. Trad. de l'anglois. *A Paris,* 1788, 5 planches représentant le jardin de Prunay, près de Marly. — WALPOLE (Horace). Essai sur l'art des jardins modernes, trad. en françois par le duc de Nivernois en 1784. *Imprimé à Strawberry-Hill,* 1784, texte anglais et français.

252. Description des nouveaux jardins de la France et de ses anciens châteaux, mêlée d'observations sur la vie de la campagne et la composition des jardins par Alexandre de Laborde. Les dessins par C⟨t⟩ Bourgeois. *Paris, de l'Imp. de Delance,* 1808, in-fol., demi-rel. veau fauve, tr. jasp. (*Rel. de l'époque*).

3 cartes, 122 planches de vues, 1 planche de coupes et profils et 2 planches donnant 8 vues avec pièces rapportées.

253. Les Jardins. Histoire et description. Dessins par Anastasi, Daubigny, V. Foulquier, Français, W. Freeman, H. Giacomelli, Lancelot, par Arthur Mangin. *Tours, Alfred Mame et fils,* 1867, in-4, cartonn. toile rouge, fers spéciaux, non rogné (*Rel. des éditeurs*).

PREMIER TIRAGE.

254. L'Art des jardins. Traité général de la composition des parcs et jardins, par Édouard André. Ouvrage accompagné de onze planches en chromolithographie et de 520 figures dans le texte. *Paris, G. Masson,* 1879, gr. in-8, broché.

Nombreuses figures dans le texte.

255. Parcs et Jardins (Ouvrages relatifs aux). 9 vol. in-8 et in-12, veau ou demi-rel. veau fauve et marb. ou cart. (*Rel. anc.*).

BAST. Description du jardin d'Alcinous et de la grotte de Calypso. *Paris,* 1801. — CURTEN. Essai sur les jardins. *Lyon et Paris,* 1807, plan. — LALOS. De la composition des parcs et jardins pittoresques. *Paris,* 1826, planches lithographiées. — GÉRARDIN. De la composition des paysages. *Genève et Paris,* 1777. — MOREL (J.-M.). De la théorie des jardins. *Paris,* 1776. — SAUSSAY. Traité des jardins. *Paris,* 1722. — SCHABOL (l'abbé R.). La pratique du jardinage. *Paris,* 1774, 2 vol. — WATELET. Essai sur les jardins. *Paris,* 1774.

---

256. Villa Aldobrandina Tusculana sive varii illius hortorum et fontium prospectus (par Dominique Barrière). *Roma,* 1647, in-fol. monté sur onglets, veau brun, dos orné, tr. jasp. (*Rel. anc.*).

Exemplaire bien complet des 22 planches dessinées et gravées par *D. Barrière* (Robert-Dumesnil. T. III, nos 144 à 165).
On a relié dans le recueil : Disegni della guerra assedio et Assalti dati dall' armata Tur-

chesca all' isola di Malta l'anno 1565 sotto il governo di fr. Gio. Parisoto di Valletta gran maestro dipensi gia nella gran sala del palaz° di Malta da Matteo Perez d'Aleccio. Et hora intagliati con accuratissima diligenza da Anton. Franc° Lucini Fiorentino. *In Bologna, l'anno* 1631, 16 planches doubles, gravées sur cuivre.

257. Il reale Giardino di Boboli. Nella sua pianta e nelle sue statue. *S. l. n. d.*, in-4, veau marb. dent.,, tr. dor. (*Rel. anc.*).

> Frontispice, 45 planches (sur 46) représentant diverses sculptures gravées, par *G. Vascellini*, et 1 grand plan.
> La planche 9 manque.

258. De zegepraalende vecht vertoomende verscheidene gesichten van lustplaatsen heerenhuysen en dorpen beginnende van Uitrecht en met muyden besluytende door Claas Bruin. *Amsterdam,* 1719, in-4, oblong, de 100 planches gravées, chiff. 1-98, 94 a et 94 b, cartonn. ancien.

> Recueil de vues de maisons de campagnes et jardins situés sur les bords de la Vecht.
> Le titre est manuscrit.

259. Romain de Hooghe. Le Parc d'Enghein. *A Amsterdam, chez Nicolas Visscher,* *s. d.*, gr. in-4, demi-rel. veau rouge, tr. rouges (*Rel. mod.*).

> Titre, une carte, un plan du parc d'Enghein et 14 planches par *Romain de Hooghe*, avec légendes en français et en hollandais. Ces planches, fort jolies, sont animées de nombreux personnages.

260. Erste Vortsetzung Erlustiereuder Augenweide in Vorstellung Herrlicher Garten und Lustgebäude theils inventiert, theils nach dermahligen sito gezeichnet von Mathias Diesel. *Aug. Vind. J. Wolff exc. s. d.* (vers 1720) in-fol. oblong, vélin blanc, tr. jasp. (*Rel. anc.*).

> Titre, dédicace et 50 planches gravées par *Corvinus*, représentant de magnifiques jardins et bâtiments de plaisance (Guilmard, p. 424).

261. Vüe et prospect des différentes parties du parc près du Chateau de Freundenhain, appartenant à S. E. le Cardinal et prince régnant de Passau. *S. l. n. d.*, in-4, oblong, non relié.

> Titre et 20 planches de vues gravées par *Frederic Karl*, d'après les dessins de sa fille.
> La planche 17 manque.

262. Les Prospects du jardin d'Hellbrun, dess. et dédiées à S. A. Mgr. Léopold, Arch. Eveque et prince de Salsbourg, par François Antoine Danreiter. *Wien, J.-A. Pfeffel, s. d.*, in-fol., oblong, cartonné.

> 20 planches dont le titre, gravées par *Fridrich* et *Remshard*, d'après *A. Danreiter*, avec légendes en allemand et en français.
> On a relié avec cette suite 14 planches gravées par *Corvinus*, d'après *Danreiter*, représentant des vues du château et du jardin de Mirabell, à Salzbourg.

263. Gardens old et new, the country house et its garden environment. *London, George Newnes, s. d.*, in-4, cartonn. toile verte (*Rel. illust. des éditeurs*).

> Nombreuses illustrations dans le texte, en phototypie.

264. Les Jardins de Stowe dans le comté de Bucks, appartenant à le très-honorable seigneur, le vicomte de Cobham, tracé par Mr. Bridgman, jardinier principal aux S. Maj[tes] Brit. George I et II ; en un grand plan et XV vues perspectives, désigné

sur la place par M. Rigaud, et gravé par le mesme et M. Bernard Baron. *London, printed for Tho. Bowles,* 1746, gr. in fol. cartonné.

Jolies vues animées de nombreux personnages.

F. — DÉCORATION INTÉRIEURE. — CHIFFRES

265. Grammaire des arts décoratifs. Décoration intérieure de la maison, par M. Chàrles Blanc. *Paris, Renouard,* 1882, gr. in-8, broché.

Chromolithographies hors texte et nombreuses figures gravées sur bois dans le texte.

266. L'Art dans la maison (grammaire de l'ameublement) par Henry Havard. Illustrations de MM. Corroyer, G. David, E. Prignot, Favier, P. Laurent, Henri Toussaint, etc., etc. *Paris, Ed. Rouveyre et G. Blond,* 1884, gr. in-8, broché.

Nombreuses illustrations dans le texte et hors texte.

267. Dictionnaire des arts décoratifs à l'usage des artistes, des amateurs et des écoles par Paul Rouaix. Ouvrage illustré de cinq-cent quarante-une gravures. *Paris, Librairie illustrée, s. d.,* gr. in-8, cart. toile grise (*Rel. de l'éditeur*).

268. L'Art décoratif et le mobilier sous la République et l'Empire, par Paul Lafond, préface de M. Henry Houssaye. Dix eaux-fortes originales de l'auteur, quatre-vingt-neuf dessins par Maurice Magniant. *Paris, Renouard et H. Laurens,* 1900, in-4, broché.

269. Mascarade à la grecque, dédiée à Monsieur le marquis de Felino par son très humble serviteur Benigno Bossi. *Parme,* 1777, in-fol. cartonné.

Suite complète de 10 planches, dont le titre, gravées par *B. Bossi,* d'après le chevalier *E.-A. Petitot,* elles représentent des personnages dont les vêtements sont composés de fragments d'architecture et d'ornements.

270. Das Deutsche Zimmer der Gothic und Renaissance des Barock Rococo und Zopfstils. Anregungen Zu Haüslicher Kunstpflege von Georg Hirth. *Munchen und Leipzig,* 1886, in-4, cartonn. toile fers spéciaux, tête dor. (*Rel. des éditeurs*).

370 illustrations dans le texte.

271. Recueil de 47 planches de décoration, extraites de l'ouvrage intitulé : Architetture et prospective » de Joseph Galli Bibiena. *Vienne, Schmuzer et Pfeffel,* 1740, in-fol. cartonné.

Catafalques, 14 planches. — Plans, 3 planches. — Perspectives extérieures et intérieures de monuments, 10 planches. — Décors de théâtre, 12 planches. — Passion du Christ, 8 planches représentant les scènes de la passion dans de riches décorations.

---

272. Livre curieux et utile pour les scavans et artistes, composé de trois alphabets de chiffres simples, doubles et triples, fleuronnez et au premier trait ; accompagné

d'un très grand nombre de devises, emblèmes, médailles et autres figures hiéroglyphiques. Ensemble de plusieurs supports et cimiers pour les ornements des armes... le tout inventé, dessiné et gravé par Nicolas Verien. *A Paris, s. d.* (1685), in-8, veau brun, tr. marb. (*Rel. anc.*).

4 titres gravés, portrait, frontispice, 63 planches d'emblèmes et devises, 154 de chiffres, fleurons et médailles, et 17 de supports et cimiers.

273. Dictionnaire du chiffre-monogramme dans les styles Moyen-âge et Renaissance et couronnes nobiliaires universelles ; 34 planches gravées au burin, accompagnées d'un texte historique sur les chiffres, monogrammes et couronnes, depuis l'antiquité jusqu'à nos jours. Composition, gravure et texte par Charles Demengeot. *A Paris, chez Ch. Demengeot*, 1881, in-fol., dos et coins chag. vert, tr. rouges.

274. Monogrammes et devises (Ouvrages relatifs aux). 5 vol. in-8, brochés.

BOUVENNE (Aglaüs). Les monogrammes historiques. *Paris*, 1870. — CHASSANT (A.). Dictionnaire des abréviations latines et françaises. *Paris, Aubry*, 1862. — Dictionnaire des devises historiques et heraldiques avec figures. *Paris, Dumoulin*, 1878, 3 vol.

G. — COLLECTIONS

275. Le Livre des Collectionneurs, par Alph. Maze-Sencier. *Paris, Renouard*, 1885. — Guide pratique du restaurateur-amateur de tableaux, gravures, dessins... par Ris Paquot. *Ibid., Id., s. d.* — Ens. 2 vol. in-8 brochés.

276. Exposition retrospective de l'art français, des origines à 1800, par Emile Molinier et Frantz Marcou. *Paris, Emile Lévy, s. d.*, 2 vol. in-4, en feuilles.

Ouvrage orné de 100 héliogravures hors texte.

277. Catalogue des tableaux, études peintes, aquarelles et dessins composant l'atelier Meissonier. *Paris*, 1893, gr. in-4, broché.

Ouvrage orné de nombreuses planches hors texte reproduites par le procédé Georges Petit.

278. Catalogue raisonné des diverses curiosites du cabinet de feu M. Quentin de Lorangère, composé de tableaux originaux des meilleurs maîtres de Flandres, d'une très nombreuse collection de dessins et d'estampes de toutes les écoles, etc., etc. Avec des notes sur les principaux maîtres anciens et modernes par E. F.-Gersaint. *A Paris, chez Jacques Barois*, 1744, in-12, veau jasp. (*Rel. anc.*).

Frontispice dessiné par *Cochin fils*, gravé par *Cochin père*.
Armes sur le dos de la reliure.

279. Collection d'objets d'art de M. Thiers léguée au musée du Louvre. *Paris, Imp. Jouaust et Ligaux*, 1884, gr. in-4, broché.

Ouvrage contenant 33 planches hors texte, gravées à l'eau-forte par *Léopol Flameng, Monzies, E. Abot*, etc.

VII. — ARTS INDUSTRIELS

A. — VERRERIE, IMPRIMERIE, RELIURE, ETC.

280. Le Livre d'or des métiers. Histoire des hotelleries, cabarets, hotels garnis, restaurants et cafés, et des anciennes communautés et confréries d'hoteliers, de marchands de vins, de restaurateurs, de limonadiers, etc. par Francisque Michel et Edouard Fournier. *Paris,* 1851, 2 vol. in-8 et atlas de 30 planches, brochés. — Histoire de la coiffure, de la barbe et des cheveux postiches, par MM. Molé, Thiers, Dulaure, etc. — Histoire de l'imprimerie et des arts et professions qui se rattachent à la typographie, par Paul Lacroix, Ed. Fournier et Seré. — Histoire de l'orfèvrerie-joaillerie, des cordonniers et savetiers par Paul Lacroix, Séré et A. Duchesne. *Paris,* 1851, 1 vol. in-8, demi-rel. chagrin noir. — Ens. 3 vol. et 1 album.

On y joint : Vincent (Ch.). Histoire de la chaussure, de la cordonnerie et des cordonniers célèbres. Antiquité. *Paris,* 1861, in-8, broché. — Vigne. Recherches historiques sur les costumes civils et militaires des gildes et des corporations de métiers. *Gand, s. d.,* gr. in-8, demi-rel. chagrin rouge, tête dor., ébarbé.

281. Dictionnaire historique des arts, métiers et professions exercés dans Paris depuis le treizième siècle, par Alfred Franklin ; avec une préface de M. E. Levasseur. *Paris, H. Welter,* 1906, gr. in-8, broché.

282. La Décoration au xviiiᵉ siècle. Recueil de dessins composés par J.-B. Huet pour la Manufacture de toiles peintes, fondée par Oberkampf à Jouy-en-Josas près Versailles. *Paris, A. Calavas, s. d.,* in-fol. en feuilles dans un carton.

50 planches reproduites par la phototypie Berthaud.

283. Histoire de la verrerie et de l'émaillerie par Edouard Garnier. Illustration d'après les dessins de l'auteur. Gravure de Trichon. *Tours, A. Mame et fils,* 1886, gr. in-8, broché.

284. L'Art de l'imprimerie à Venise pendant la Renaissance italienne. *Venise, Ferd. Ongania,* 1896-1897, in-8, broché.

Très nombreuses reproductions de titres de livres, figures, reliures, etc.

285. La Reliure française depuis l'invention de l'imprimerie jusqu'à la fin du xviiiᵉ siècle par MM. Marius Michel. *Paris, Damascène Morgand,* 1880, in-4, broché.

Ouvrage orné de 22 planches hors texte reproduites par l'héliogravure. On y a joint : L'Ornementation des reliures modernes par MM. Marius Michel. *Paris, Marius Michel,* 1889, in-8, fig., broché.

286. Reliures en maroquin. Réunion de 6 reliures in-8, in-12 et in-18.

Reliure in-8 en mar. fauve, semis de M. T. couronnés et de fleurs de lis, aux armes de Marie-Thérèse d'Autriche, femme de Louis XIV. — Reliure in-12 en mar. rouge, fil., armes

royales et fleurs de lis des angles, grattées. — Reliure in-12 en mar. citron avec large dent.
à petits fers aux armes de Marie-Anne Gabrielle Eléonore de Bourbon-Condé, abbesse de
Saint-Antoine-des-Champs (*Rel. de Derome*). — Reliure pet. in-12 en mar. rouge à longs
grains, pet. dent. aux armes du duc d'Angoulême. — Reliure in-12, mar. rouge à longs
grains, encad. de dent. or et à froid, avec armoiries. — Reliure in-18, mar. rouge, fil. et
dent., milieu orné d'une fleur dans un médaillon.

287. Buvard, genre boîte, mar. rouge à longs grains, dent., s'ouvrant par le milieu et
renfermant deux portefeuilles, in-4.

B. — ART CULINAIRE

288. Le Viandier de Guillaume Tirel dit Taillevent, enfant de cuisine de la reine
Jehanne d'Evreux, queu du roi Philippe de Valois et du duc de Normandie...,
1326-1395. Publié sur le manuscrit de la Bibliothèque nationale avec les variantes
des mss. de la Bibliothèque Mazarine et des archives de la Manche, précédé d'une
introduction et accompagné de notes par le baron Jérome Pichon et Georges Vicaire. *A Paris, se vend chez Techener*, 1892, in-8, broché.

Un des 300 exemplaires imprimés sur papier vélin du Marais.

289. Opera di M. Bartolomeo Scappi, cuoco secreto di papa Pio Quinto, divisa in
sei libri, etc. Con le figure che fanno bisogno nella cucina, & alli Reuerendissimi
nel Conclaue. *S. l. n. d. (Venise, Franciscus et Michael Tramezinus,* 1570). Pet.
in-4, de 6 ff. prélim., 369 ff. chiff., 3 ff. non chiff., planches gravées hors texte
et 4 ff. de texte explicatif, figures, cartonn., dos vélin, tr. jasp. (*Cart. anc.*).

290. Le Cuisinier méthodique, où est enseigné la manière d'aprester toute sorte de
viandes, poissons, légumes, gelées, cresmes, salades, et autres curiositez (par La
Varenne). Utile à toute sorte de personnes. *A Paris, chez Jean Promé*, 1661, in-8
de 169 pp. et 3 pp. non chiff., cartonn.

Première partie, complète en elle-même.

291. Le Cannaméliste français, ou nouvelle instruction pour ceux qui désirent d'apprendre l'office, rédigé en forme de dictionnaire, contenant les noms, les descriptions, les usages, les choix et les principes de tout ce qui se pratique dans l'office,
l'explication de tous les termes dont on se sert... par le sieur Gilliers. *A Nancy,
chez J. B. H. Leclerc et à Paris, chez Merlin*, 1768, in-4, veau marb., tr. rouges
(*Rel. anc.*).

Livre recherché, orné d'un frontispice gravé et de 13 planches par *Dupuis*, gravées par *Lo-
tha*, représentant des gobelets, gobichons, verres à tiges, surtouts de table, cafetières d'argent, etc.
Exemplaire fatigué, piqûres de ver.

292. La Cuisinière bourgeoise, suivie de l'office, à l'usage de tous ceux qui se mê-
lent de dépenses de maisons (par Menon). *A Paris, chez Guillyn*, 1768-1769, 2 vol.
in-12, veau marb., tr. rouges (*Rel. anc.*).

On y joint : les éditions de *Bruxelles, Foppens*, 1772 et 1781, 2 vol.

293. La Science du maître d'hostel confiseur, à l'usage des officiers, avec des observations sur la connoissance et les propriétés des fruits, enrichie de desseins en

décoration et parterres pour les desserts (par Menon). *A Paris, chez Leclerc,*
1776, in-12, veau marb., tr. rouges (*Rel. anc.*).

> Orné de 5 planches pliées. On y joint : L'art de bien faire les glaces d'office ou les vraies
> principes pour congeler tous les raffraichissemens... avec un traité sur les mousses, par
> M. Emy. *A. Paris, chez Le Clerc,* 1768, in-12, front. et fig., veau marb., tr. rouges (*Rel. anc.*).

294. Les Soupers de la cour ou l'art de travailler toutes sortes d'alimens pour servir les meilleures tables, suivant les quatre saisons. Nouvelle édition par M. Menon). *A Paris, chez L. Cellot,* 1778, 3 vol. in-12, veau marb. (*Rel. anc.*).

295. Almanach du comestible, nécessaire aux personnes de bon goût et de bon ap-
petit, qui indique généralement toutes les bonnes choses que l'on pourra se pro-
curer à la halle et chez certains débitans, dans le courant de chaque mois de l'année ; en grosse viande, volaille, gibier, plume et poil, oiseaux de rivière, poisson
de mer et d'eau douce... *A Paris, chez Desnos, s. d.* (1780), in-18, mar. rouge,
fil., nécessaire à crayons, dos orné, tr. dor. (*Rel. anc.*).

> Exemplaire bien complet, avec le *supplément.* Calendrier pour 1780 et joli frontispice.

296. La Cuisinière républicaine qui enseigne la manière simple d'accomoder (*sic*)
les pommes de terre ; avec quelques avis sur les soins nécessaires pour les con-
server. *A Paris, chez Merigot jeune,* l'an III, in-24 de 42 pp., demi-rel. chagrin
bleu, non rogné.

> Cette brochure est l'œuvre de Madame Mérigot.

297. Almanach des gourmands servant de guide dans les moyens de faire excellente
chère par un vieil amateur ; troisième édition revue, corrigée et considérablement
augmentée (par A.-B. Laurent Grimod de La Reynière). *A Paris, chez Maradan,*
1804-1812, 8 vol. in-18, brochés.

> On y a joint : Nouvel almanach des gourmands par A. B. de Périgord. *Paris, Baudouin,*
> 1825 (première année). — Historiographie de la table par C. Verdot. *Paris, Delaunay,* 1833.
> — Annales de l'inanition pour servir de pendant à l'*Almanach des gourmands* par M. Grimod
> de La Reynière. *Paris, Frechet,* 1808, in-18, demi-rel. bas. fauve.

298. Journal des gourmands et des belles, ou l'épicurien français rédigé par l'auteur
de l'almanach des Gourmands (Grimod de la Reynière), plusieurs convives des dî-
ners du Vaudeville et un docteur en médecine. *Paris, chez Capelle et Renaud et chez
Rosa,* 1806-1815, 40 vol. in-18, demi-rel. bas. marb., tr. jasp. (*Rel. de l'époque*).

> Collection complète.
> A partir de 1808, le journal change son titre en celui « d'*Epicurien français ou les diners
> du caveau moderne* ».

299. Art culinaire (Ouvrages sur l'). 10 vol. in-8, la plupart rel. veau fauve ou brun
(*Rel. anc.*).

> Art de bien traiter (L') par L. S. R. (le sieur Robert). *Paris,* 1674. — Bonnefons (N.
> de). Les Délices de la campagne. *Paris,* 1711. — Cuisinier (Le) gascon. *Amsterdam,* 1740.
> — Ecole parfaite (L') des officiers de bouche. *Paris,* 1680. — Escole (L') parfaite des offi-
> ciers de bouche, contenant le vray maistre d'hostel, le grand escuyer tranchant, etc. *Paris,*
> 1662. — Ecole (L' des ragoûts, ou le chef-d'œuvre du cuisinier, du pâtissier et du confitu-
> rier. *Lyon,* 1680 (aux armes de Caumartin, marquis de Saint-Ange). — Manuel de la (Le)
> friandise ou les talents de ma cuisinière Isabeau. *Paris,* an XII. — Menon. La science du
> maître d'hôtel, cuisinier. *Paris,* 1776. — Massialot. Le Cuisinier loyal et bourgeois. *Paris,*
> 1693. — Même ouvrage, 3e édition. *Paris,* 1698.

300. Art culinaire (Ouvrages sur l'). 4 vol. in-8 et in-12, dont 2 rel. vélin et 2 rel. veau brun (*Rel. anc.*).

> Cuisinier (Le) gascon. *Amsterdam*, 1740. — Liger. Le ménage des champs et de la ville, ou nouveau cuisinier françois accomodé au goust du tems. *Paris*, 1732. — Romoli. La singolare dottrina di M. Domenico Romoli sopra nominato Panunto ; dell' ufficio delle scalco, de i condimenti di tutte le vivande... *S. l.* (1560). — Thrésor de santé ou mesnage de la vie humaine. *Lyon*, 1607.

301. Art culinaire (Ouvrages sur l'). 4 vol. in-8, dont 3 vol. demi-rel. bas. et 1 vol. broché et 2 vol. in-12, brochés. — Ens. 6 vol.

> Cadet-Gassicourt. Cours gastronomique ou les diners de manant-ville. *Paris, Capelle*, 1809. — Carême (Antonin). Le maître d'hotel français. *Paris, Renouard*, 1842, 2 vol. — Desnoiresterres (Gustave). Grimod de La Reynière et son groupe. *Paris, Didier*, 1877. — Grimod de La Reynière. Manuel des amphitryons. *Paris, Capelle*, 1808. — Monselet (Charles). Lettres gourmandes. *Paris, Dentu*, 1877.

302. Café, thé, chocolat (Ouvrages relatifs au). 3 vol. in-8 et in-12, dont 2 rel. veau brun et 1 broché.

> Blégny (de). Le bon usage du thé, du caffé et du chocolat pour la préservation et pour la guérison des maladies. *Paris*, 1687, front. et figures. — Dufour (S.). Traitez nouveaux et curieux du café, du thé et du chocolat. *Lyon*, 1685, figures. — Gentil. Dissertation sur le caffé. *Paris*, 1787, 1 figure.

303. Physiologie du goût de Brillat-Savarin, avec une préface par Ch. Monselet. Eaux-fortes par Ad. Lalauze. *Paris, Librairie des bibliophiles*, 1879. 2 vol., in-16, brochés.

VIII. — EXERCICES GYMNASTIQUES

304. Ecole de cavalerie, contenant la connoissance, l'instruction et la conservation du cheval, avec figures en taille-douce, par M. de La Guérinière. *A Paris, de l'Imp. de Jacques Collombat*, 1733, in-fol., veau marb., tr. rouges (*Rel. anc.*).

> Première édition de cet ouvrage estimé, ornée d'un frontispice, de 23 planches, dont 6 portraits équestres, 3 vignettes et 1 cul-de-lampe dit aux singes par *Parrocel*, gravés par *Audran, Aveline, Beauvais, Cars*, etc.

305. L'Epée et les femmes, par Ed. de Beaumont, cinq dessins de Meissonier tirés hors texte. *Paris, Librairie des bibliophiles*, 1881, in-8, broché.

306. Venaria reale. Palazza di piacere, e di caccia, ideato dall' Altezza reale di Carlo Emanuel II, duca di Savoia, re di Cipro, etc. Disegnato, e descritto dal Conte Amedeo di Castellamonte l'anno 1672. *In Torino, per Bartolomeo Zapatta*, 1674, pet. in-fol., vélin blanc, tr. rouges (*Rel. anc.*).

> 1 frontispice, 1 portrait, 2 titres gravés, 59 planches dont 3 plans gravés à l'eau-forte. La planche 6 manque.

307. Les Dons des enfans de Latone par J. de Séré de Rieux : la musique et la chasse du cerf ; poèmes dédiés au roy. *A Paris, chez Prault, Desaint et Guérin*, 1734, in-8, veau fauve, dos orné, tr. rouges (*Rel. anc.*).

> Frontispice gravé par *Lebas*. 6 figures dont 5 techniques par *Oudry* et 50 planches de musique gravée.

IX. — JEUX DIVERS

308. Vero e reale guoco della bassetta et oro coperto non i paga.

> Curieux jeu de la bassette peint à la fin du xviᵉ siècle, sur toile et monté sur deux rouleaux de bois.
> De chaque côté, dans un médaillon de feuillages, sont représentés Amphitrite et Neptune.

309. Jeux. 6 vol. in-8 et in-12, veau fauve ou brun et demi-rel., veau vert (*Rel. anc.*).

> Académie universelle des jeux, contenant les règles des jeux de quadrille, et quintille, de l'hombre à trois, etc. *Paris,* 1730. — Académie universelle des jeux contenant le règles des jeux de cartes permis, celles du billard, du mail, du trictrac, etc... *Amsterdam,* 1786, 2 vol. — Charrin. Le Savant de Société. *Paris, Béchet,* 1815, 2 tomes en 1 vol., figures coloriées et musique notée. — Sorel (C.). La Maison des jeux. *A Paris,* 1658, 1 vol.

310. Jeux. 1 vol. in-4 et 6 vol. in-12, dont 5 vol. veau fauve et 2 vol., brochés.

> Ducœurjoly (C.). Trois heures d'amusement ou le nouveau Comus. *Paris, Debray,* 1801. — Même ouvrage, édition de *Paris,* 1812. — Le Jeu de l'ombre avec l'explication des termes dont on se sert en le jouant. *Paris, Claude Barbin,* 1699. — Hadin. Histoire du jeu de cartes du grenadier Richard. *Paris,* 1811. — Mannevieux (Cᵗᵉ de). Traité sur la connoissance du royal jeu de paume. *A Neuchatel,* 1783. — Montmort. (P. R.). Essay d'analyse sur les jeux de hazard. *Paris, Quillau,* 1713, fig. — Nouvelles règles pour le jeu de mail. *Paris, Huguier,* 1717, fig.

311. Jeux. 2 vol. in-8, demi-rel. veau marb., et 3 vol., in-12, veau fauve et demi-rel. chag.

> Cuisin (P.). Le numéro 113 ou les catastrophes du jeu. *Paris, Pigoreau,* 1814, fig. — Dusaulx. De la passion du jeu depuis les temps anciens jusqu'à nos jours. *Paris,* 1779, 2 vol. — Goudar (Ange). L'histoire des grecs. *A La Haye,* 1758. — Jacquet (L.). Marcenay de Guuy. Les Joueurs et M. Dusaulx. *Agripinae, Lescol,* 1781. fig.

312. Jeu des Echecs. 3 vol. in-8 et 1 vol. in-12, brochés. — Ens. 4 vol.

> De Rivière (Arnous). Nouveau manuel illustré des échecs. *Paris, s. d.* — Philidor (A. D.) Analyse du jeu des échecs. *Paris,* 1803. — L'Analyse des échecs contenant une nouvelle méthode pour apprendre à se perfectionner dans ce noble jeu. *Londres,* 1749. — Elémens théoriques et pratiques du jeu des échecs. *Paris,* 1810.

313. Dialogo de giuochi che nelle vegghie sanesi si usano di fare del Materiale intronato (Girolamo Bargaghi)... *In Siena, per Luca Bonetti,* 1572, petit in-4, de 223 pp. chiff., demi-rel. bas. grenat (*Rel. mod.*).

> Première édition.

314. Recréations et passe temps. Ouvrage contenant 249 illustrations dans le texte et 132 gravures hors texte dont 30 planches coloriées à l'aquarelle, par Henry-René D'Allemagne. *Paris, Hachette et Cⁱᵉ, s. d.,* in-4, broché (*Couvert. illust.*).

315. Les Cartes à jouer, du xivᵉ au xxᵉ siècle, par Henry-René D'Allemagne. Ouvrage contenant 3 200 reproductions de cartes, dont 956 en couleur, 12 planches hors texte coloriées à l'aquarelle, 25 phototypies, 116 enveloppes illustrées pour jeux de cartes et 340 vignettes et vues diverses. *Paris, Hachette & Cⁱᵉ,* 1906, 2 vol. in-4, brochés.

BELLES LETTRES

I. — LINGUISTIQUE. — RHÉTORIQUE

3ı6. Glossarium ad scriptores mediæ et infimæ latinitatis auctore Carolo Dufresne, domino du Cange. Editio nova locupletior et auctior opera et studio monachorum ordinis S. Benedicti. *Parisiis, sub Oliva Caroli Osmont,* 1733-1736, 6 vol. in-fol. — Glossarium novum ad scriptores medii aevi, cum latinos, tum gallicos, seu supplementum ad auctiorem glossarii Cangiani editionem, collegit et digessit D.-P. Carpentier. *Parisiis, Le Breton,* 1766, 4 vol. — Ens. 10 vol. in-fol., veau marb., tr. rouges (*Rel. anc.*).

3ı7. Dictionnaire érotique latin-français par Nicolas Blondeau. Édité pour la première fois sur le manuscrit original avec des notes et additions de François Noël, précédé d'un essai sur la langue érotique par le traducteur du Manuel d'érotologie de Forberg. *Paris, Liseux,* 1885, pet. in-8, broché.

Tirage à 375 exemplaires sur papier vergé.

3ı8. Glossaire français du moyen âge à l'usage de l'archéologue et de l'amateur des arts, précédé de l'inventaire des bijoux de Louis, duc d'Anjou, dressé vers 136o. Par M. Léon de Laborde. *Paris, Ad. Labitte,* 1872, pet. in-8, broché.

3ı9. Dictionnaire historique de l'ancien langage françois ou glossaire de la langue françoise depuis son origine jusqu'au siècle de Louis XIV, par La Curne de Sainte-Palaye. *Paris, H. Champion,* 1875-1882, 10 vol. in-4, brochés.

320. Le Dictionnaire de l'Académie françoise, dédié au roy. *A Paris, chez la Vve J.-B. Coignard et chez J.-B. Coignard,* 1694, 20 vol. gr. in-8, brochés.

Réimpression fac-simile.

321. Dictionnaire étymologique de la langue françoise par M. Ménage, avec les origines françoises de M. de Caseneuve, les additions du R. P. Jacob et de M. Simon de Valsebert, le discours du R. P. Besnier sur la science des étymologies et le vocabulaire hagiologique de M. l'abbé Chastelain. Nouvelle édition mise en ordre et augmentée par A.-F. Janet. On y a ajouté le dictionnaire des termes du vieux françois, ou trésor des recherches et antiquités gauloises et françoises de Borel, augmenté des mots qui y étoient oubliés. *A Paris, chez Briasson,* 1750, 3 vol. in-fol., brochés,

322. Estienne (Henri). Deux dialogues du nouveau langage françois, italianizé, et autrement déguizé, principalement entre les courtisans de ce temps : De plusieurs nouveautez qui ont accompagné ceste nouveauté de langage : de quelques courti-sanismes modernes, et de quelques singularitez courtisanesques. *A Envers* (sic) *par Guillaume Niergue*, 1579, pet. in-12, veau vert, tr. dor. (*Rel. mod.*). — La Pre-cellence du langage françois, par Henri Estienne. Nouvelle édition accompagnée d'une étude sur Henri Estienne et de notes philologiques et littéraires par Léon Feugère. *Paris, Delalain*, 1850, in-8, broché. — Ens. 2 vol.

323. Caillières. Des mots à la mode et nouvelles façons de parler. *Amsterdam*, 1692. — Même ouvrage, 4ᵉ édition. *La Haye*, 1693. — Caillières. Du bon et du mau-vais usage dans les manières de s'exprimer. *Paris*, 1693. — Bellegarde (abbé de). Modèles de conservations pour les personnes polies. *La Haye*, 1760. — Grima-rest (de). Traité sur la manière d'écrire des lettres, et sur le cérémonial. *Paris*, 1709. — Ortigue (d') de Vaumorière. L'art de plaire dans la conversation. *Paris*, 1691. — Ens. 6 vol. in-12 reliés en veau.

324. Oraison funèbre du Grand Condé, par J.-B. Bossuet. *Paris, D. Morgand et Ch. Fatout*, 1879, gr. in-4, broché.

Un des 5o exemplaires imprimés sur PAPIER DU JAPON.
Réimpression faite par les soins de M. Emmanuel Bocher, ornée de 9 compositions par *Lechevallier-Chevignard*, gravées par *Didier*.

II. — POÉSIE

A. — POÈTES GRECS ET LATINS. — POÈTES LATINS MODERNES

325. Les Œuvres d'Homère, princé des poètes. Assavoir : L'Iliade, l'Odyssée, la Ba-trachomyomachie, les Hymnes et les Épigrammes, le tout de la version de Salomon Certon. L'Odyssée cy devant imprimée, a esté de nouveau et exactement reveue et corrigée par le traducteur. *A Paris, chez Thomas Blaise*, 1615, 1 tome en 2 vol. in-8, veau marb. (*Rel. anc.*).

Traduction en vers.
Exemplaire entièrement souligné au crayon rouge.
Mouillures.

326. Lucrèce. De la Nature des choses, traduction nouvelle (et texte en regard) avec des notes, par L** G** (La Grange). *A Paris, chez Bleuet*, 1768, 2 vol. in-8, veau écaille, fil., tr. dor. (*Rel. anc.*).

1 frontispice et 6 figures par *Gravelot*, gravées par *Binet*.

327. Opera Virgiliana cum decem commentis, docte et familiariter exposita, docte quidem Bucolica, & Georgica a Seruio, Donato, Mancinello, & Probo nuper ad-dito; cū adnotationibus Beroaldinis, Aeneis uero ab iisdem prçter Mancinellum & Probum et ab Augustino Datho in eius principio ; etc. *Lugduni in tvpographaria*

officina Joannis Crespini, anno virginei partus M. D. XXIX. (1529), 2 parties en un vol. in-fol., car. ronds, de 487 (sur 490) ff. chiff., figures, veau marbré, fil., tr. rouges (*Rel. du* xviii° *siècle*).

Édition ornée de plus de 200 belles figures gravées sur bois, lesquelles proviennent de l'édition de Grüninger, Strasbourg, 1502.
Les ff. a₇, a₈, et e₁ manquent, le feuillet e₈ a été transposé avant e₂.
Le titre est en mauvais état, et plusieurs feuillets remargés. Fortes mouillures vers le milieu du volume. Une partie du dernier feuillet est arrachée. A plusieurs endroits les figures de personnages nus ont été grattées.

328. Publii Virgilii Maronis opera. *Parisiis, typis Barbou,* 1767, 2 vol. in-12, mar. rouge, fil., dos orné, dent. int., tr. dor. (*Rel. anc.*).

1 frontispice et 17 figures par *Cochin,* gravés par *Daflos,* les mêmes que celles de l'édition Coustelier, 1745.
Reliure d'une grande fraîcheur.

329. P. Virgilii Maronis opera. *Parmae, ex regio typographeo,* 1795, 2 vol. in-8, demi-rel. bas. fauve, dos orné, tr. vertes (*Rel. anc.*).

2 portraits par *S¹-Aubin* et *Dupreel* et 18 figures par *J. M. Moreau le j°, G. Zocchi,* gravées par *Delvaux, Delignon, Baquois, N. Ponce, Dambrun, Dupreel,* etc.

330. Les Œuvres de Vir || gille translatées || du latin en françois ; et nouvellement imprimées, veues et corri || gées oultre la première impression : avec les hystoires mises || chascune en son lieu ainsi que l'on pourra veoir dedans le livre || lesquelles sont moult recreatives || M. D. XXXII. *On les vend à Paris rue sainct Jacques chez Jehan Yvernel au coing de la rue des porees* || (A la fin) : ☾ *Fin des œuvres de Virgille translatées* || *de latin en frācoys nouvellemēt reveues* || *corrigées ɛ imprimées à Paris par Jac* || *ques le Messier imprimeur* || *l'an mil CCCCC XXXII* (1532), 2 parties en 1 vol. in-fol., goth. de 2 ff. non chiff., 86 ff. chiff. et 148 ff. chiff. veau fauve, fil. à froid, tr. rouges (*Rel. anc. très fatiguée*).

Traduction en vers sur 2 colonnes de Michel de Tours et d'Octavien de Saint-Gelais.
Belle édition ornée de figures gravées sur bois. Le titre est entouré de la belle bordure sur bois gravée par Urs. Graf avec les 2 figures du sorcier et la punition de la fille de l'empereur ; il contient le monogramme de l'artiste.
Armoiries sur les plats de la reliure. Les deux derniers feuillets ont une cassure dans le haut enlevant du texte, l'encadrement du titre est un peu rogné.

331. L'Eneide de Virgile, traduite en vers françois, avec les remarques du traducteur aux marges pour l'intelligence de la Carthe et de l'Histoire ancienne, véritable et fabuleuse dédiée a Monseigneur l'Eminentissime Cardinal Mazarin. *A Paris, Imp. de P. Moreau,* 1648-1658, 2 vol. in-4, dos et coins mar. rouge, tr. dor. (*Rel. mod.*).

Belle édition ornée d'un grand nombre de figures dans le texte et d'une carte coloriée anciennement.
Elle est imprimée en caractères italiques inventés par Moreau.

332. Les Métamorphoses d'Ovide, traduction nouvelle avec le texte latin, suivie d'une analyse de l'explication des fables, de notes géographiques, historiques, mythologiques et critiques par M. G.-T. de Villenave. *A Paris, chez F. Gay et Guestard,* 1806-1807, 4 vol. in-8, demi-rel. bas. bleue, tr. jasp.

Frontispice et 142 figures (sur 143) par *Le Barbier, Moreau* et *Monsiau,* gravés par *Baquoy. Courbe, Dambrun, de Launay,* etc.

333. De gedaant-wisselingen van F. Ovidius Naso, in het latyn en nederduitsch. Nieulyx vertaald, en te zamen in het licht gegeven, door Isaak Verburg. Met een groot getal keurlyke prentverbeeldingen, door B. Picart en andere voorname meesters gesneeden, verciered. *Te Amsterdam, by R. en J. Wetstein, en W. Smith,* 1732, 2 tomes en un vol. gr. in-fol., veau marb., compart. de dent., milieu orné, dos orné, tr. marb. (*Rel. anc.*).

> Premier tirage des planches.
> 1 frontispice par *Picart* ; 2 fleurons sur les titres par *V. Overbeke* (le même sujet) gravés l'un par *Malder* et l'autre par *V. D. Gouwen* ; 1 vignette gravée par *Bernaerts* ; 1 lettre or-née ; 124 figures dans le texte par *Lebrun, Leclere, Maas, Picart, Punt,* etc., et 3 grandes planches, tirées à part, contenant chacune deux figures par *Lebrun,* gravées par *Folkema.*

334. Ausonii burdigalensis viri consularis omnia, quœ adhuc in veteribus bibliothecis inveniri potuerunt, opera adhœc symmachi et Pontic Paulini littere ad Ausonium scriptœ ; tum Ciceronis, sulpiciœ, aliorumque quorundam veterum carnina non-nulla. Cuncta ad varia, vetera nonaque exemplaria emendata, commentariisque illustrata per Eliam Vinetpm, Santonem. Indices prœfationietres subjuncti, scrip-torum hic contentorum, terum, et verborum. *Burdigalœ, apud Simonem Millangium typographium regium, s. d.* (1580), 1 vol. in-4, veau brun.

> Edition précieuse d'Ausone, la première avec les commentaires d'Elie Vinet. Bon exempl. avec fig. dans le texte et 3 planches : Plan de Bordeaux, plan du Palais Gallien et Pilliers-de-Tutelle. Le plan de Bordeaux est colorié.

335. Regiae villae poetice descriptae ; et regiae celsitudini Victoris Amedei II, Sa-baudiae ducis, Predemontij principis, Cypri regis, etc., dicatae a Camillo Marie Audiberto, societatis Jesu. Apposita poematum, et epigrammatum appendice. *Augustae Taurinorum, ex typographia P.-M. Dutti, et J.-J. Ghringhelli,* 1711, in-4, vélin, tr. jasp. (*Rel. anc.*).

> 1 frontispice par *D. Piola* gravé par *G. Tasnière* et 10 planches gravées par *Depienne* et *Tasnière* (2 planches non signées).
> Piqûre de vers à la marge inférieure de deux planches et des pages 97 à 110 inclus.

B. — POÈTES FRANÇAIS

a — Poésies de différents genres.

336. Fabliaux ou contes, fables et romans du xiie et du xiiie siècle, traduits ou ex-traits par Legrand d'Aussy. Troisième édition considérablement augmentée. *Paris, Jules Renouard,* 1829, 5 vol. in-8, demi-rel. chag. vert, dos orné à froid, tr. jasp.

> 15 figures par *Moreau,* gravées par *Bosq, Croutelle, Devilliers, Ribault* et *Roger* et 3 par *Desenne,* plus une planche de musique par *Moreau.*
> Exemplaire contenant les planches tirées sur papier de Chine.

337. Le Roman du Renart supplément, variantes et corrections par P. Chabaille. *A Paris, Silvestre,* 1835. — Œuvres françaises d'Olivier Maillard, sermons et poésies. *Nantes,* 1877. — Poésies de Marguerite-Éléonore-Clotilde de Vallon-

4

Chalys depuis Madame de Surville, poète françois du xvᵉ siècle. *Paris, Henrichs,*
an XI (18o3). — Ens. 3 vol. in-8, dont 2 vol. brochés et 1 vol. veau marb., tr.
jasp.

338. Blasons, poésies anciennes recueillies et mises en ordre par D. M. M*** (Do-
minique-Martin Méon). *Paris, chez P. Guillemot,* 18o7, in-8, veau marb., pet. dent.,
tr. marb. (*Rel. anc.*).

    Exemplaire avec les cartons (pages 53 à 64 et 145 à 148).

339. Le Jargon du xvᵉ siècle. Étude philologique. Onze ballades en jargon attribuées
à François Villon, dont cinq ballades inédites, publiées pour la première fois d'a-
près le manuscrit de la bibliothèque royale de Stockholm, précédées d'un discours
préliminaire sur l'organisation des gueux et de l'origine du jargon et suivies d'un
vocabulaire analytique du jargon par Auguste Vitu. *Paris, Charpentier et Cⁱᵉ,* 1884,
in-8, broché.

    Papier de Hollande.

34o. Les Œuvres de Pierre de Ronsard, gentilhomme Vandosmois prince des poètes
françois; reveues et augmentées et illustrées de commentaires et remarques. *A
Paris, chez Nicolas Buon,* 1623, 1 tome en 2 vol. in-fol., veau marb., fil., dos orné,
tr. rouges (*Rel. anc.*).

    Edition très estimée, donnée par Galland, dit Gallandus, principal du collège de Boncourt;
elle est ornée de portraits par *Th. de Leu.*
    Aux armes et au chiffre de Pɪɴᴛᴏ ᴅᴇ Fᴏɴsᴇᴄᴀ, grand maître de l'ordre de Malte.
    Les portraits de Ronsard et de sa maîtresse n'ont pas été tirés, la place qu'ils doivent occu-
per est restée blanche, et le feuillet contenant le portrait de Richelet manque.

341. Œuvres de Louize Labé. Nouvelle édition publiée par M. Edwin Tross et imprimée en caractères dits de civilité. *Paris, Tross,* 1871, in-8, papier vélin, broché.

    Edition tirée à 15o exemplaires.

342. Les Œuvres poétiques de Rémy Belleau rédigées en deux tomes. *A Paris,
pour Gilles Gilles,* 1578, 2 tomes en 1 vol., pet. in-12, réglé, mar. bleu foncé, fil.,
dos orné, dent. int., tr. dor. (*Rel. anc.*).

    Aux armes de la comtesse de Vᴇʀʀᴜᴇ.
    Cette édition contient, tome I: 11o ff. plus la *Bergerie*, 189 ff. et 3 ff. pour la table; le
tome II a pour titre: « *Les Odes d'Anacréon… traduictes en françois par Rémy Belleau, avec
quelques petits hymnes de son invention et autres diverses poésies : ensemble une Comédie* » (la
Reconnue), 159 ff. et 3 ff. non chiff. de table.

343. Les Sept livres des honnsetes loisirs de Monsieur de La Motte Messemé (François Le Poulchre)… intitulez chacun du nom d'un (sic) des planettes qui est un
discours en forme de chronoviologie (sic) où sera véritablement discouru des plus
notables occurances de noz guerres civiles, et des divers accidens de l'autheur,
plus un meslange de divers poèmes, d'élégies, stances et sonnets. *A Paris, chez
Marc Orry,* 1587, pet. in-12, vélin blanc (*Rel. mod.*).

    Chronique rimée donnant le récit des événements arrivés du temps de l'auteur ; on y trouve
d'intéressants détails sur les guerres de religion.

344. Sonnets spirituels recueillis pour la plus part des anciens theologiens tant grecs

que latins avec quelques autres petits traictez par M. Jaques de Billy. *A Paris, N. Chesneau,* 1577, in-16, vélin à recouv. — La Madelaine au désert de la sainte baume en Provence par le P. Pierre de S. Louis. *A Lyon, chez Jean-Baptiste,* 1700, in-12, bas. bleue, tr. dor. — Ens. 2 vol.

345. Satyres et autres œuvres de Regnier accompagnées de remarques historiques (par Brossette). Nouvelle édition considérablement augmentée (par Lenglet du Fresnoy). *A Londres, chez Jacob Tonson,* 1733, in-4, veau marb., dos orné, tr. rouges (*Rel. anc.*).

Belle édition dont le texte est entouré d'un encadrement rouge ; elle est ornée d'un frontispice par *Natoire* gravé par *L. Cars,* 1 fleuron sur le titre par *Cochin,* 7 vignettes et 15 culs-de-lampe par *Boucher* et *Natoire,* gravés par *Cochin,* et 3 lettres ornées.

346. Les œuvres de G. de Saluste, Sr du Bartas, reveües, corrigées et augmentées de nouveaux commentaires, annotations en marge et embellie de figures sur tous les jours de la sepmaine. Plus a été adiousté la première et seconde partie de la suitte avecq l'argument général et amples sommaires au commencement de chacun livre par S. G. S. (Simon Goulart, senlisien). Dernière édition. *A Paris, chez Toussainctz du Bray,* 1611, in-fol. veau brun, tr. jasp. (*Rel. anc.*).

Édition plus complète que les précédentes : on y a réimprimé dans les pièces préliminaires un avertissement de l'auteur sur quelques points de sa première et seconde semaine.
Armoiries effacées sur les plats de la reliure qui est fatiguée.

347. Le Virgile travesti en vers burlesques de Monsieur Scarron. *A Paris, chez Toussaint Quinet,* 1648-1653, 7 parties en 1 vol. in-4, en feuilles.

Cette édition contient les sept premiers livres du « Virgile travesti » publiés séparément avec un titre pour chacun d'eux. C'est tout ce qui a paru dans ce format.
Le premier livre est incomplet de 4 ff. préliminaires (pièces en vers latins) et le troisième livre est à la date de 1649.
Exemplaire de format inégal ; préparé pour la reliure.

348. La Muze historique ou recueil des lettres en vers contenant les nouvelles du temps (1650-1665) par J. Loret. Nouvelle édition revue sur les manuscrits et les éditions originales etc., par MM. J. Ravenel et Ed. De La Pelouze. *Paris, chez Jannet et P. Daffis,* 1857-1878, 4 vol. in-8 papier vergé, brochés.

349. Les Continuateurs de Loret. Lettres en vers de La Gravette, de Mayolas, Robinet. Boursault, Perdou de Subligny, Laurent et autres (1665-1689) recueillies et publiées par le baron James de Rothschild. *Paris, Damascène Morgand,* 1881-1882, 2 vol. in-8, brochés.

Papier vergé.

350. Œuvres de Jean-Baptiste Rousseau. Nouvelle édition revûe, corrigée et augmentée sur les manuscrits de l'auteur (par l'abbé Séguy). *A Bruxelles* (Paris, Didot), 1743, 3 vol. in-4 veau fauve, fil., dos orné, dent. int., tr. dor. (*Rel. anc.*).
Belle édition ornée de vignettes et culs-de-lampe par *Cochin.*

351. Œuvres de Jean-Baptiste Rousseau. *A Bruxelles* (Paris, Didot), 1743, 3 vol. in-4, veau marb., fil., dent. int., tr. dor. (*Rel. anc.*).

Bel exemplaire de l'édition précédente ; on y a ajouté un beau portrait de Rousseau, gravé par *Aved,* d'après *Schmidt.*

352. Poésies du xviie siècle : 7 vol. in-12 et pet. in-12, cartonné, veau fauve ou brun, mar. rouge et vélin blanc.

DESHOULIÈRES (Mme et Mlle). Poésies, *Paris*, 1732, 2 tomes en 1 vol. — GACON. Anti-Rousseau. *Rotterdam*, 1712. — GACON. Le poète sans fard. *Libreville*, 1698. — Même ouvrage, édition de 1701. — LE JOLLE (P.). Description de la ville d'Amsterdam en vers burlesques. *Amsterdam*, 1666. — LE PAYS. Amitiez, Amours et Amourettes. Paris, 1665. — MÉTAMORPHOSE des yeux de Philis en astres. *Paris*, 1648.

353. Mes nouveaux torts, ou nouveau mélange de poésies (par Dorat). (*Amsterdam et Paris, Delalain*, 1775), in-8, veau racine, fil., dos orné, dent. int., tr. dor. (*Rel. anc.*).

Frontispice par *Marillier*, gravé par *de Ghendt* et 1 figure du même, gravée par *Gaucher*. PAPIER DE HOLLANDE.

354. Dorat. Poésies diverses. 9 vol. in-8, rel. veau fauve ou marbr., cartonnés, brochés, demi-rel. mar. vert et vélin blanc.

La Déclamation théâtrale. *Paris*, 1766. — Mes Rêveries. *Londres*, 1771. — Mélanges poétiques. — Ma philosophie. *La Haye*, 1771. — Mélanges et pièces fugitives. *Paris*, 1780. — Irza et Marsis. *Paris*, 1769. — Les malheurs de l'inconstance. *Amsterdam*, 1772, etc. etc. Figures, vignettes et culs-de-lampe par *Eisen, Marillier, Queverdo*, et autres.

355. Contes en vers : 3 vol. in-8, et in-18, dont 1 rel. veau marb., tr. rouges, les autres demi-rel. veau fauve (*Rel. anc.*).

AQUIN DE CHATEAULYON (d'). Contes mis en vers par un petit cousin de Rabelais. *A Londres et Paris, chez Ruault*, 1775. Titre gravé avec vignette par *Eisen*, et 1 figure par *Marillier*. — DÉLASSEMENS du boudoir. Recueil de poésies galantes. *S. l.*, 1790, 1 figure. — TRAVAUX (Les) de Monsieur l'abbé Mouche. *A Londres*, 1784, 4 pp. de musique notée.

356. Historiettes ou nouvelles en vers par Imbert. *A Amsterdam, et se trouve à Paris*, 1774, in-8, titre, 1 figure et 4 vignettes par Moreau, demi-rel. bas. — Les Égaremens de l'amour, ou lettres de Faneli et de Milfort. *A Amsterdam, et se trouve à Paris, chez Delalain*, 1776, 2 vol. in-8, 2 figures (sur 4) par *Moreau*. — Ens. 3 vol.

357. Les petites maisons du Parnasse, ouvrage comico-littéraire d'un genre nouveau en vers et en prose par le Cousin Jacques (L.-A. Beffroy de Reigny). Traduit de l'arabe....., etc., et donné au public par un drole de corps, avec des notes de Messire Ives de Kerkorkurkaïladek-Kakabek seigneur de Konnalek Kikonikar, et autres lieux, gentilhomme bas-breton. *A Bouillon, de l'imp. de la société typographique*, 1783-1784, in-8, mar. vert, fil., dos orné, tr. dor. (*Rel. anc.*).

On a relié avec cet ouvrage les pièces suivantes du même auteur : MARLBOROUGH, poème comique en prose rimée, 1783. — HURLUBERLU ou le célibataire, poème demi-burlesque, 1783, airs notés. — TURLUTUTU, ou la science du bonheur, poème héroï-comique, 1783.
« Le Cousin Jacques, dit Monselet, est le dernier et le seul représentant de la tradition
« macaronique au xviiie siècle. Il pousse le burlesque jusqu'aux dernières extrémités, mais
« il sait accomoder ses plus étonnantes inventions au goût de ses lecteurs et demeurer
« l'homme de son époque. »

358. Poésies du xviiie siècle. 9 vol. in-8 et in-12, dont 2 brochés, les autres reliés veau fauve (*Rel. anc.*).

BEFFROY DE REIGNY. Les petites maisons du Parnasse, par le Cousin Jacques. *A Bouillon*, 1783-1784, portrait. — BRASEY (M. de) Mémoires politiques, amusans et satiriques.

A Veritopolie (Hollande), 1735, 3 vol., figures. — LA GRANGE (de). Œuvres meslées. *La Haye*, 1724, — MÉRARD DE ST JUST. Poésies. *S. l. n. d.* — TERMONVILLE (de). Les Troubadours modernes, ou amusemens littéraires de l'armée de Condé. *A Constance*, 1797. — VERGIER. Œuvres. *A Lausanne*, 1750, 2 vol.

359. Trois cens fables en musique dans le goût de M. de La Fontaine notées sur des airs connus, vaudevilles, menuets, rondeaux et autres. *A Liège, chez F.-J. Desoer*, s. d., 2 vol. in-12, veau jaspé, tr. rouges (*Rel. anc.*).

360. Œuvres de Millevoye, édition publiée avec des pièces nouvelles et des variantes par P.-L. Jacob, 7 eaux-fortes par Ad. Lalauze. *Paris, A. Quantin*, 1880, 3 vol. in-8, brochés.

361. Poésies de Jules Barbey d'Aurevilly commentées par lui-même. *S. l. (Bruxelles, Imp. de Briard)*, 1870, gr. in-8, broché (*Couvert.*).

Seconde édition préparée par G.-S. Trébutien et tirée à 72 exemplaires sur papier vergé.

362. Poésies de Théophile Gautier qui ne figureront pas dans ses œuvres, précédées d'une autobiographie et ornées d'un portrait singulier. *France, Imprimerie particulière (Bruxelles, Imp. Briard)*, 1873, in-12 broché.

ÉDITION ORIGINALE. Tirée à 150 exemplaires sur papier de Hollande.
Portrait charge de Th. Gautier, tiré sur Chine, ajouté.

363. Livre d'amour (par Sainte-Beuve). *Paris (Imp. de Pommeret et Guénot)*, 1843, in-12, broché.

ÉDITION ORIGINALE, fort rare et très recherchée.

364. Iambes, par Auguste Barbier. *Paris, Urbain Canel et Ad. Guyot*, 1832, in-8, cartonn., dos et coins mar. La Vall., tête dor., non rogné.

ÉDITION ORIGINALE.
Exemplaire avec la table qui manque souvent.

365. Les Nationales, poésies par Ernest Feydeau. *Paris, Ledoyen*, 1844, in-8, broché (*Couvert.*).

ÉDITION ORIGINALE.

366. Améthystes. Nouvelles odelettes amoureuses composées sur des rythmes de Ronsard par Théodore de Banville. *Paris, Poulet-Malassis*, 1862, in-16, broché (*Couvert.*).

ÉDITION ORIGINALE.

367. Isis, par Villiers de l'Isle-Adam. *Paris, Dentu*, 1862, in-8, broché (*Couvert.*).

ÉDITION ORIGINALE.
Sur le faux-titre, envoi autographe de l'auteur à M. Armand Gougin. — Cassure au titre.

368. Les Épaves de Ch. Baudelaire, avec une eau-forte frontispice de Félicien Rops. *Amsterdam, à l'enseigne du Coq (Bruxelles, Poulet Malassis)*, 1866, in-12, broché.

ÉDITION ORIGINALE.
Tirage à 250 exemplaires sur papier de Hollande.

369. Les Épaves de Ch. Baudelaire. Pièces condamnées, galanteries, épigraphes,

pièces diverses, bouffonneries. *Bruxelles, chez tous les libraires,* 1874, in-12 broché (*Couvert.*).

Exemplaire sans le frontispice.

370. Des Vers, par Guy de Maupassant. *Paris, Charpentier,* 1880, in-12, broché (*Couvert.*).

ÉDITION ORIGINALE.

371. Les Deliquescences, poèmes décadents d'Adoré Floupette (par Gabriel Vicaire et Henri Beauclair). *Byzance, chez Lion Vanné éditeur (Paris, Léon Vanier),* 1885, in-18, broché.

Seconde édition augmentée de la vie d'Adoré Floupette par Marius Tapora.

372. Les Amies, sonnets par le licencié Pablo de Herlagnez (Paul Verlaine). *Ségovie (Bruxelles),* 1868, in-12, broché.

Tirage à 50 exemplaires. Un des deux exemplaires imprimés sur PAPIER DE CHINE, tiré de format petit in-4.

373. Invectives, par Paul Verlaine. *Paris, Léon Vanier,* 1896, in-12, broché (*Couvert*).

ÉDITION ORIGINALE.

374. Les Sonnets du docteur (par le docteur Georges Camuset). *Paris, chez la plupart des libraires,* 1884, in-8, 2 eaux-fortes par G. Clairin, et 1 fac-similé sur Chine, broché (*Couvert.*).

ÉDITION ORIGINALE.

375. Le Cœur innombrable, par Mme la Comtesse M. de Noailles. *Paris, Calmann Lévy, s. d.,* in-12, broché.

ÉDITION ORIGINALE.

b. — Poèmes.

376. La Pucelle d'Orléans, poème, divisé en 21 chants, avec les notes de M. Morza (Voltaire); nouvelle édition, corrigée, augmentée d'un chant entier... *A Londres,* 1775, in-8 mar vert, fil., dos orné, tr. dor. (*Rel. anc.*).

20 figures (sur 21) non signées. Le frontispice et la figure du dernier chant manquent. Portrait ajouté.
Quelques figures sont courtes de marges.

377. La Pucelle d'Orléans, poème en 21 chants (par Voltaire) avec des notes, auquel on a joint plusieurs pièces qui y ont rapport. *A Londres (Paris, Cazin),* 1780, 2 vol. in-18, veau marb., fil., dos orné, tr. dor. (*Rel. anc.*).

Frontispice et 21 jolies vignettes-en-tête par *Duplessi-Bertaux.*

378. Mon Odyssée ou le journal de mon retour de Saintonge; poème a Chloé (par

Robbé de Beauvezet). *A la Haye*, 1760, in-8, dos et coins chag. vert., dos orné, non rogné (*Rel. mod.*).

4 figures par *Desfriches* gravées par *Cochin*, et 1 fleuron sur le titre par *Boucher*, gravé par *Chedel*.

379. L'Art de peindre poëme, avec des réflexions sur les différentes parties de la peinture par M. Watelet. *A Paris, de l'Imp. de H.-L. Guérin*, 1760, in-4, veau marb. fil., tr. dor. (*Rel. anc.*).

1 frontispice, 1 fleuron, 5 vignettes, 8 portraits médaillons et 6 culs-de-lampe par *Marguerite Lecomte*, plus 2 figures au trait l'Antinoüs et la Vénus de Médicis par *Pierre* gravées par *Watelet*.
On y a joint un portrait de Watelet, gravé par *Cochin*.

380. Nouvelle Zélis au bain, poème en six chants (par le Marquis de Pezay). *A Genève et à Paris, chez Merlin*, 1768, in-8, veau marb., dos orné, tr. marb. (*Rel. anc.*).

Titre gravé, 6 figures, 6 vignettes et 6 culs-de-lampe par *Eisen*, gravés par *De Ghendt, Le Mire*, etc. Le titre imprimé manque. On a relié avec cet exemplaire : Hymne au Soleil par l'abbé de Reyrac. *De l'Imp. de la Société typographique*, 1784.

381. Les Bains de Diane, ou le triomphe de l'amour, poème (par Desfontaines). *A Paris, chez J.-P. Costard*, 1770, in-8, cartonné, tr. rouges (*Cartonnage ancien*).

Très beau titre par *Marillier*, gravé par *De Ghendt* et 3 figures par *Marillier*, gravées par *Massard, Ponce* et *Voyez l'ainé*.

382. Le Dépit et le voyage, poème par Bastide, avec des notes, suivi des lettres venitiennes. *A Londres, et se trouve à Paris, chez Costard*, 1771, in-8, dos et coins mar. bleu, tête dor., non rogné (*Rel. mod.*).

6 figures par *Desrais* gravées par *Chatelain* et *Saillard*.

383. Le Luxe, poème en six chants ; orné de gravures ; avec des notes historiques et critiques, suivi de poésies diverses (par le chevalier Du Coudray). *A Paris, chez Monory*, 1773, in-8, veau marb., tr. rouges (*Rel. anc.*).

6 figures non signées.
Cet exemplaire porte la signature autographe du chevalier du Coudray au bas de l'épître dédicatoire.

384. L'Agriculture, poème par de Rosset. *A Paris, de l'Imprimerie royale*, 1774-1782, 2 parties en un vol. in-4, veau porphyre, fil., dos orné, tr. rouges (*Rel. anc.*).

2 frontispices par *Saint-Quentin*, gravés par *Legouaz*, 1 fleuron, 2 vignettes dessinées et gravées par *Marillier*, 6 figures par *de Loutherbourg*, gravées par *de Ghendt, Leveau, Lingée* et *Ponce*.
Inscription suivante, en lettres d'or sur un des plats de la reliure : *École Impériale Vétérinaire d'Alfort. Prix de mœurs 1808*.

385. Le Jugement de Pâris, poème en quatre chants, suivi d'œuvres mêlées. Nouvelle édition corrigée et augmentée, par M. Imbert. *Amsterdam (Paris)*, 1774, in-8, veau porph., fil., dos orné, dent. int., tr. dor. (*Rel. anc.*).

4 figures par *Moreau*, gravées par *Née, Duclos, Masquelier* et *Delaunay*, et 4 vignettes par *Choffard*.
Cette édition est augmentée de diverses œuvres et contient quelques changements dans le texte.

386. Journée de l'amour, ou heures de Cythère (par Favart, comtesse de Turpin, Boufflers, Guillard et Voisenon). *A Gnide*, 1776, in-8, dos et coins mar. orange, tête dor., ébarbé (*Rel. mod.*).

Cet ouvrage, orné de 4 figures et 8 culs-de-lampe par *Taunay*, gravés par *Macret-Michel* et *Pruneau*, est le seul illustré par le peintre Taunay ; il est le produit d'une société littéraire dite de la *Table ronde*.

387. Les Mois, poème en douze chants par M. Roucher. *A Paris, de l'Imp. de Quillau*, 1779, 2 vol. in-4, demi-rel., veau marb., tr. jasp. (*Rel. anc.*).

5 figures par *Cochin, Marillier* et *Moreau*, gravées par *Gaucher, Ponce* et *Simonet.*

388. Les Saisons, poème (suivies de pièces fugitives en vers, et de contes en proses) par Saint-Lambert. *A Paris, de l'Imp. de P. Didot l'ainé*, 1796, in-4, veau fauve, fils., dos orné, tr. marb. (*Rel. anc.*).

Exemplaire imprimé sur papier vélin contenant les 4 figures de *Chaudet*, gravées par *Morel*, en épreuves AVANT la lettre.
Le titre a été froissé.

389. Ollivier, poème (en prose) par Cazotte. *A Paris, de l'Imp. de Pierre Didot l'ainé*, an VI, 1798, 2 vol. in-18, veau écaille, fil., dos orné, dent. int., tr. dor. (*Rel. anc.*).

12 charmantes figures par *Lefèvre*, gravées par *Godefroy.*

390. La Conversation, poème par J. Delille. *A Paris, chez Michaud frères*, 1812, in-18, mar. rouge à longs grains, fil. et dent., dos orné, doubl. & gardes de tabis bleu, tr. dor. (*Rel. de l'époque*).

3 figures par *Taunay, Leroy* et *Girodet*, gravées par *Ponce* et *Baquoy.*

391. Poèmes. 10 vol. in-8, in-12 et in-18, dont 3 brochés, 1 dos et coins mar. grenat, les autres veau ou demi-rel. veau fauve, marb. et vert.

AMUSEMENS rapsodi-poétiques contenans le Galetas, mon feu, les porcherons. *Stenay*, 1773. — CHAPELAIN. La Pucelle ou la France délivrée. *Paris*, 1656. — CHÉNIER (A.). Le Jeu de Paume. *Paris*, 1791. — FALLET. Le Phaeton. *Utrecht*, 1775. — QUINAULT. Sceaux. *Paris*, s. d. — LES MODES, ou la soirée d'été. *Paris*, 1797. — LES NYMPHES de la Seine. *S. l.*, 1763. — NOUGARET. Suite de la Pucelle d'Orléans. *Berlin*, 1790. — REGNAULT DE LA GRELAYE. L'Ami des mœurs. *Paris*, 1788, 1 figure par *Desrais*. — THÉVENEAU. L'Illusion. Orné de 6 vignettes d'après Laffitte, le Guide et Couché. *Paris, s. d.*

---

392. Poésies en patois du Dauphiné. Grenoblo Malheron, par Blanc dit la Goutte, Dessins de D. Rahoult, gravures de E. Dardelet. Préface par George Sand. — Poésies en patois Dauphiné par Blanc dit La Goutte. Préface et glossaire par Michal-Ladichère. *Grenoble, Rahoult et Dardelet*, 1864-1874, 2 parties en 1 vol. in-4, dos et coins mar. rouge, tête dor.

PREMIER TIRAGE des nombreuses et belles vignettes gravées en taille-douce.

c. — *Chansons.*

393. Recueil de chansons mises en musique. Manuscrit de 140 pages in-8, mar. rouge, dent., dos fleurdelisé, tr. dor. (*Rel. anc.*).

> Reliure défraîchie aux armes de Louis XV.
> Recueil manuscrit de duos, ariettes, chansonnettes, etc., d'une bonne écriture du xviii° siècle ; la musique est bien écrite.

394. Recueil dit de Maurepas. Pièces libres, chansons, épigrammes, et autres vers satiriques sur divers personnages des siècles de Louis XIV et Louis XV, accompagnés de remarques curieuses du temps ; publiés pour la première fois, d'après les manuscrits conservés à la Bibliothèque impériale à Paris, avec des notices, des tables, etc. *Leyde* (*Bruxelles, Poulet-Malassis*), 1865, 6 vol. pet. in-12, brochés.

> Un des 100 exemplaires (n° 48) imprimés sur papier de Hollande.
> L'édition entière a été tirée en tout, à 116 exemplaires.

395. Dictionnaire lyrique portatif ou choix des plus jolies ariettes de tous les genres par M. Dubreuil. *Paris, Lacombe,* 1766, 2 vol. — Le Dessert des petits soupers. *Paris, Boivin, s. d.,* 4 parties en 1 vol. — La Passe-tems agréable ou le nouveau plaisir de l'amour. *Id., s. d.,* 10 parties en 1 vol. — La Toillette de Vénus, dressée par l'amour. *Id., s. d.,* 10 parties en 1 vol. — Ens. 5 vol. in-8, veau marb., tr. rouges (*Rel. anc.*).

396. Les Diners du Vaudeville. *A Paris, chez Huet,* an V-an IX, 8 vol. in-18, mar. rouge, pet. dent., dos orné, dent. int., tr. dor. (*Rel. anc.*).

> Collection du début, Vendémiaire an V à Fructidor an IX, soit 48 numéros (sur 52).

397. Etrennes lyriques, anacréontiques pour les années 1781 à 1791, 1793, 1794, 1797, 1803, 1808 à 1822. *A Paris,* 1781-1822, 30 vol. in-18, veau marb., fil., dos orné, tr. dor. (*Rel. anc.*).

398. Chants et chansons, poésie et musique de Pierre Dupont, illustrés de gravures sur acier d'après Tony Johannot, Andrieux, C. Nanteuil, etc. *Paris, chez l'éditeur,* 1851-1862, 4 vol. pet. in-8, brochés.

> Les couvertures sont datées de 1861 à 1882 et ont été recouvertes de couvertures de livraisons non datées.

399. Chants et chansons populaires de la France, notices par Dumersan, accompagnement de piano par H. Colet. Illustrations par MM. E. de Beaumont, Boilly, Daubigny, Messonier, Pascal, Staal, etc. *Paris, L'écrivain et Toubon,* 1860, 3 vol. gr. in-8, brochés.

> On y joint : Paris en chansons, musique de MM. Artus, Beck, Majetti, illustré de 14 gravures sur acier. *Paris, P.-H. Krabbe,* 1855, gr. in-8 broché.

400. Chansons choisies de Gustave Nadaud, illustrées par ses amis. *Paris, Ateliers de reproductions artistiques,* 1880-1881, 2 vol. in-4 brochés.

> Nombreuses figures hors texte.

401. Chansons. 5 vol. in-12, brochés.

> Bruant (Aristide). Dans la rue, chansons et monologues. *Paris, s. d.*, 2 vol. — Nadaud (Gustave). Chansons. *Paris*, 1876. — Chansons nouvelles. *Paris, Plon*, 1876. — Chansons inédites. *Id.*, 1876.

402. Chansons. 7 vol. in-12, dont 3 vol. veau marb. et 4 vol. brochés.

> Ballard (C.). Brunettes ou petits airs tendres, avec les doubles et la basse-continue. *Paris*, 1703-1704, 2 vol., fig. — Lusse (de). Recueil de romances historiques avec les airs notés. *S. l.*, 1767, fig. — Les Plaisirs de la société ou nouveau choix de chansons. *Amsterdam*, 1762, 4 vol.

C. — POÈTES ÉTRANGERS

403. Arioste. Roland furieux. Traduction nouvelle et en prose par M. V. Philipon de la Madelaine. Edition illustrée de 300 vignettes et de 25 magnifiques planches, tirées à part sur Chine, par MM. Tony Johannot, Baron, Français et C. Nanteuil. *Paris, J. Mallet*, 1844, gr. in-8, demi-rel. mar. bleu, tête dor., ébarbé (*Thivet*).

> Premier tirage.
> Cachet sur le faux-titre.

404. Arioste. Roland furieux, poème héroïque, traduit par A.-J. Du Pays et illustré par Gustave Doré. *Paris, Hachette et C^le*, 1879, in-fol. toile rouge, fers spéciaux (*Cartonn. des éditeurs*).

> Premier tirage.

405. Le Paradis perdu, poème par Milton. Edition en anglais et en français (Traduction de Dupré de Saint-Maur), ornée de 12 estampes imprimées en couleur d'après les tableaux de M. Schall. *A Paris, chez Defer de Maisonneuve*, 1792, 2 vol. gr. in-4, mar. rouge, fil. et dent., dos orné, dent. int., tr. dor. (*Rel. anc.*).

> Bel exemplaire imprimé sur papier vélin contenant les figures en épreuves avant la lettre.

406. Adr. vande Vennes Tafereel van de belacchende Werelt, en des selfs geluckige Eeuwe. *In's Graven-Hage, gedruckt voor den Autheur*, 1635, figures. — Bacchus Wonderwercken : waer in het reht gebruyck en Misbruyck des Wijns door verscheyden vermacecklijcke eerlijcke en leerlijcke Historien wort afgebeeld etc. Door D. P. Pers. *T'Amstelredam, voor Dirck Pietersz*, 1628, figures. — Ens. 2 ouvr. et un vol. in-4, vélin (*Rel. anc.*).

> Le premier ouvrage contient un frontispice et 12 belles figures gravées dans le texte ; le deuxième, un frontispice et 4 figures.

407. Nieuwien Jeucht-Spiegel verciert, met vele schoone nieuwe Figuren ende Liedekens ter eeren Van de Jonge dochters van Nederland. *S. l. n. d.* (*Leyde, vers* 1620), in-4 oblong, fig., vél.

> Ce nouveau Miroir de la jeunesse en vers et en chansons est orné d'un frontispice et 49 jolies figures gravées pour la plupart par *C. de Pas* et publiées dans *Academia sive speculum vitæ scholastica*. Ces figures parfois un peu légères sont intéressantes pour l'histoire des mœurs.
> Bel exemplaire à la suite duquel on a relié : *T'vermaech der Jeught..., door Boudewiin Jansen Wellens*. Francker, 1612, in-4 avec frontispice de *Iac. Matham*. Recueil de lieders hollandais.

408. Poésies diverses (par Frédéric II, roi de Prusse, publiées par les soins de J.-B.
de Boyer d'Argens et L. de Beausobre). *A Berlin, chez Chrétien Frédéric Voss,*
1760, in-4, veau fauve, fil., dos orné, tr. rouges (*Rel. anc.*).

> Ouvrage rare orné d'un frontispice dessiné et gravé par *Meil,* fleuron sur le titre, 8 vignet-
> tes, 25 culs-de-lampe par *Schmidt* et 39 lettres ornées.
> Armoiries sur les plats de la reliure.

409. La Guzla ou choix de poésies illyriques recueillies dans la Dalmatie, la Bosnie,
la Croatie et l'Herzégovine (par Prosper Mérimée). *A Paris, chez F.-G. Levrault,*
1827, in-16, port. sur Chine, cartonn. illustr. de l'éditeur.

> Édition originale.

III. — POÉSIE DRAMATIQUE

410. Théâtre des grecs par le P. Brumoy. Nouvelle édition enrichie de très belles
gravures, et augmentée de la traduction entière des pièces grecques dont il n'existe
que des extraits dans toutes les éditions précédentes ; et de comparaisons, d'observations et de remarques nouvelles par MM. de Rochefort et Du Theil, et par M***
A Paris, chez Cussac. 1785-1789, 13 vol. in-4, mar. rouge, dent., dos orné, doubl.
et gardes de satin violet, tr. dor. (*Rel. anc.*).

> Exemplaire imprimé sur grand papier, tiré de format in-4 ; il contient les 23 figures en
> épreuves avant la lettre.

411. Aristophanis comœdiae undecim graece et latine, ut et fragmenta earum quae
amissae sunt. Cum emendationibus virorum doctorum, praecipue Josephi Scali-
geri, et indice paroemiarum selectiorum. Accesserunt huic editioni notae et obser-
vationes ex variis autoribus collectae... *Amstelaedami, apud Joannem Ravestei-
nium,* 1670, 1 tome de 12 ff., 1087 pp. et 60 pp., divisé en 4 vol. pet. in-12, veau
marb., fil., dos de mar. rouge, tr. rouges (*Rel. anc.*).

> Imprimé par J. Ravestein. Se joint à la collection des Elzevier.

412. M. Acius Plautus ex fide, atque auctoritate complurium librorum manuscripto-
rum opera Dionys Lambini monstroliensis... *Luteliae, apud Bart. Macaeum,* 1587,
in-fol. mar. citron, fil., dos orné, dent. int., tr. dor. (*Rel. anc.*).

> Exemplaire imprimé sur grand papier.

413. Esther, tragédie tirée de l'éscriture sainte (par Racine). *A Paris, chez Denys
Thierry,* 1689, in-4, frontispice gravé par S. Le Clerc, en feuilles.

> Édition originale.
> Exemplaire préparé pour la reliure.

414. Athalie, tragédie tirée de l'Écriture sainte (par J. Racine). *A Paris, chez Denys
Thierry,* 1691, in-4 de 6 ff. prélim. non chiff. et 87 pp. chiff., veau brun (*Rel.
anc.*).

> Édition originale ornée d'une figure par *J.-B. Corneille,* gravée par *J. Mariette.*
> Reliure fatiguée.

415. Les Œuvres de Monsieur de Champmeslé. *A Paris, chez Pierre-Jacques Ri-*

bou, 1735, 2 vol. in-12, veau fauve, fil., dos ornés de pièces de mar., tr. rouges (*Rel. anc.*).

Aux armes de Philippe de Fontenu, seigneur de la Corbiliaire et de Montretout.

416. Le Marquis de Pomenars, comédie en un acte et en prose. Deuxième édition revue et corrigée. *A Paris, chez Ladvocat*, 1820, in-8, demi-rel. mar. rouge, plats papier, dent., dos orné, non rogné (*Rel. de l'époque*).

Exemplaire de Mlle Mars avec son nom, en lettres dorées, sur le premier plat de la reliure. Mlle Mars a rempli le rôle de Mme d'Angerval dans cette comédie.

417. Hernani ou l'honneur castillan, drame par Victor Hugo. *Paris, Mame et Delaunay-Vallée*, 1830, in-8 en feuilles, non rogné (*Couverture*).

Édition originale.
Exemplaire très frais, lavé et encollé, préparé pour la reliure.

418. Le Roi s'amuse, drame par Victor Hugo. *Paris, Eug. Renduel*, 1832, in-8, frontispice par Johannot, tiré sur Chine, cartonn. demi-toile grise.

Édition originale.
Exemplaire court de marges.

419. Les Burgraves, trilogie, par Victor Hugo. *Paris, E. Michaud*, 1843, in-8, broché (*Couvert.*).

Édition originale.

420. Polichinelle, drame en trois actes publié par Olivier et Tanneguy de Penhöet et illustré par Georges Cruishanck. *Paris, bureaux de l'Histoire pittoresque d'Angleterre*, 1836, in-18, cartonn. illust. (*Rel. de l'éditeur*).

Édition originale, recherchée.

421. Ballets et mascarades de cour, de Henri III à Louis XIV (1581-1652) recueillis et publiés, d'après les éditions originales par M. Paul Lacroix. *Genève, chez J. Gray et fils*, 1868-1870, 6 vol. in-16, brochés.

Un des 96 exemplaires (n° 90) imprimés sur papier de Hollande.
L'édition n'a été tirée qu'à 122 exemplaires.

422. Les Beautés de l'Opéra, ou chefs-d'œuvre lyriques illustrés par les premiers artistes de Paris et de Londres sous la direction de Giraldon ; avec un texte explicatif rédigé par Théophile Gautier, Jules Janin et Philarète Chasles. *Paris, Soulié*, 1845, gr. in-8, demi-rel. chagrin vert, plats toile, tr. dor.

Livre orné de 10 portraits hors texte, gravés sur acier et de nombreuses vignettes dans le texte gravées sur bois d'après *Nanteuil, Bernard, Beaucé, Corbould*, etc. Chaque page est entourée d'un encadrement différent de dessin et de couleur.

Premier tirage.

423. Les Beautés de l'Opéra ou chefs-d'œuvre lyriques, illustrés par les premiers artistes de Paris et de Londres, sous la direction de Giraldon : avec un texte explicatif, rédigé par Théophile Gautier, Jules Janin et Philarète Chasles. *Paris, Soulié*, 1845, gr. in-8, dos et coins mar. bleu, tête dor.

Même édition.

424. Le Musée des théâtres. *Paris, Lefuel et Delaunay, s. d.* (1822), in-18, cartonn. illust. de l'éditeur, tr. dor., étui.

> Frontispice et 10 figures de costumes de théâtre, coloriées.
> Calendrier pour 1822.

425. Const-thoonende Juweel, bij de loflijcke stadt Haerlem, ten versœecke van Trou-moet blijcken, in 't licht gebracht, waer inne duydelick verclaert ende verthoont wordt alles wat den Mensche mach wecken om den Armen te troosten, ende zij-nen Naesten by te staen, in veerthien Spelen van Sinne, soo veel Intreden, Refe-reynen ende Liedekens ghestelt in Redenrijck naer de volgendt voorgegevens Caerte van 't Speelkorenken. *Zwol, by Zach. Heyns,* 1607. — Haerlems Juweel, tot mit vande oude arme wyt liefdenten thoon ghestelt nae de woorgegevene caerte vant Speelcorentken. *Tot Zwol, by Zach. Heyns,* 1608, 2 part. en 1 vol. pet. in-4, de 266 ff. n. ch. et 13 pl. hors texte pour la 1ʳᵉ partie, et de 12 ff. n. ch. et 1 pl. hors texte pour la seconde, non compris 16 gravures dans le texte, musique no-tée, vél.

> Recueil de pièces dramatiques qui furent jouées en 1607 et 1608 à Harlem, par 14 socié-tés de Rhétorique des Pays-Bas. Il est orné de 14 grandes planches sur cuivre, qui se déploient, représentant les entrées (« Intreden ») des dites sociétés. Ces planches sont remar-quables au point de vue du costume. D'autres figures plus petites, dans le texte, reprodui-sent les bannières ou « devises » des mêmes sociétés, avec leurs armoiries. Deux figures en tête du volume représentent le théâtre de Harlem. On y remarque aussi plusieurs chan-sons (12), avec les airs notés, dont le texte est imprimé en caractères de civilité. La dédicace est signée Zacharias Heyns. — Ouvrage omis par Brunet.
> Piqûre de vers à quelques feuillets. Légère mouillure.

IV. — ROMANS ET CONTES

426. Apuleo vogare, tradutto per il Magnifico conte Mattheo Maria Boiardo, nel-qual molte cose vi sono state aggiunte, che nella prima impressione gli mancavano Nouamente stampato et correcto, et con molte figure ornato. (à la fin) *Stampato in Vinegia per Nicolo Aristotile, detto Zoppino,* 1526, pet. in-8, de 104 pp. chiff., cartonn., papier vert.

> Edition ornée d'un grand nombre de figures sur bois. Encadrement au titre. Exemplaire mouillé et court de marges.

B. — ROMANS FRANÇAIS DE DIFFÉRENTS GENRES

427. Aventures merveilleuses de Huon de Bordeaux, pair de France et de la belle Esclarmonde ainsi que du petit roi de féerie Auberon, mises en nouveau langage par Gaston Paris. *Paris, Didot, s. d.,* in-4, broché (*Couvert. illustr.*).

> Illustrations hors texte en couleurs par *Orazi*.

428. Histoire des quatre fils Aymon, très nobles et très vaillans chevaliers. Illustrée de compositions en couleurs par Eugène Grasset, gravure et impression par Charles Gillot. *Paris, H. Launette,* 1883, in-4, cartonn. (*Rel. des éditeurs*).

429. Œuvres de Rabelais, texte collationné sur les éditions originales avec une vie de l'auteur, des notes et un glossaire, Illustrations de Gustave Doré. *Paris, Garnier frères,* 1873, 2 vol. in-fol., cartonn. des éditeurs en toile rouge avec fers spéciaux.

430. Œuvres de Rabelais. Edition conforme aux derniers textes revus par l'auteur. Une notice et un glossaire par Pierre Jannet. Illutrations de A. Robida. *Paris, A la librairie illustrée, s. d.,* 2 vol. in-4, brochés (*Couvert. illust.*).

Nombreuses illustrations hors texte et dans le texte.

431. Théâtre d'histoire où, avec les grād's prouesses et aventures étranges, du noble et vertueux chevalier, Polimantes, prince d'Arsine, se representent au vrâi, plusieurs occurrences fort rares et merveilleuses, tant de paix, que de guerre; arrivées de son temps, es plus célèbres et renommés païs, roiaumes, es provinces du monde... (par Phil. de Belleville). A *Bruxelles, chés Rutger Velpius,* 1613, in-4 de 8 ff. prél. et 588 pag., veau marb., fil., tr. dor. (*Rel. anc.*).

Edition ornée de jolies figures gravées à l'eau-forte dans le texte.
Titre doublé, mouillures.

432. L'Endimion de Gombauld. A *Paris, chez Nicolas Buon,* 1624, in-8, vélin blanc (*Rel. anc.*).

Première édition recherchée pour les figures de *Crispin de Pas* et *Léonard Gaultier* dont elle est ornée.

433. L'Ariane de Monsieur Desmarets; de nouveau revoue et augmentée de plusieurs histoires par l'autheur, et enrichie de plusieurs figures. A *Paris, chez Mathieu Guillemot,* 1639, in-4, demi-rel. veau fauve, tr. jasp. (*Rel. mod.*).

Edition estimée. Premier tirage des figures gravées par *Bosse,* d'après *Cl. Vignon.*

434. L'Ariane de Monsieur Des Marets... Même ouvrage. *Paris, chez Guillemot,* 1643, in-4, cartonn. toile verte.

Les figures de cette édition sont les mêmes que celles de l'édition de 1639.

435. L'Astrée de M. d'Urfé, pastorale allégorique avec la clé. Nouvelle édition, où sans toucher ni au fonds ni aux épisodes, on s'est contenté de corriger le langage et d'abréger les conversations. A *Paris, chez Pierre Witte et Didot,* 1733, 10 parties en 5 vol. in-12, veau fauve, dos orné de pièces d'armoiries, tr. marb. (*Rel. anc.*).

Aux armes de la comtesse de VERRÜE.
Edition retouchée par l'abbé Souchay, ornée de 5 frontispices et de 50 figures non signées.

436. Le Romant comique par Scarron. A *Paris, chez Guil. de Luyne,* 1675-1752, 3 vol. in-12, frontispice gravé, demi-rel. chagrin rouge, tr. dor.

Les deux premières parties seules sont de Scarron; la troisième partie qui fait suite au roman est de A. Offray.

437. Les Amours de Psyché et de Cupidon, par M. de La Fontaine. *A Paris, chez Claude Barbin*, 1669, in-8, mar. vert, fil., dos orné, dent. int., tr. dor. (*Niédrée*).

EDITION ORIGINALE.

Petit grattage au titre et cassure réparée à la page 341.

438. Les Amours de Psyché et de Cupidon, suivies d'Adonis, poème par la Fontaine. Nouvelle édition ornée de 26 figures de Borel gravées en couleurs par Vigna-Vigneron. Préface de Jules Claretie. *A Paris, Théophile Belin*, 1899, 2 vol. in-4, cartonnés, non rognés.

Belle publication tirée à 250 exemplaires sur beau papier vélin. Figures en 3 états : en couleurs, en bistre et eau-forte pure.

439. Les Avantures de Télémaque fils d'Ulysse, par feu messire Fr. de Salignac de la Mothe Fenelon. Nouvelle édition conforme au manuscrit original ; avec des notes pour servir d'éclaircissement à la fable, etc... *A Leide, chez J. de Wetstein, A Amsterdam, chez Z. Chatelain et fils*, 1761, in-4, veau marb., tr. rouges (*Rel. anc. fatiguée*).

Frontispice par *B. Picart*, gravé par *Folkema*, 1 fleuron sur le titre par *Dabourg*, gravé par *Drevet*, 1 portrait de Fenelon gravé par *Drevet* d'après *Vivien*, 24 figures par *Debrie, Dubourg* et *Picart*, gravées par *Bernaerts, Folkema, Surugue*, etc., 24 vignettes par *Dubourg, Duflos, Folkema* et *Tanjé* et 21 culs-de-lampe par *Debrie* et *Dubourg*, gravés par *Duflos* et *Schenk*.

440. Romans historiques 6 vol. in-12, brochés, rel. veau fauve et vélin blanc.

AULNOY (Mme d'). Mémoires secrets de M. L. D. D. O, ou les avantures comiques de plusieurs grands princes de la Cour de France. *Paris*, 1696. — BARY (René). L'Esprit de cour ou les conversations galantes. *Bruxelles*, 1664. — FOUGERET DE MONTBRON. La Capitale des Gaules ou la nouvelle Babilonne. *Imprimé en France*, 1760. — FRANCE GALANTE (La) ou histoires amoureuses de la Cour sous le règne de Louis XIV. *Cologne, s. d.*, 2 vol. — POELLNITZ. La Saxe galante. *Amsterdam*, 1734, 2 tomes en 1 vol.

441. Romans historiques sur le règne de Louis XIV. 5 vol. in-12, dont 3 demi-rel. veau fauve, 1 cartonné et 1 mar. rouge, fil., dos orné, tr. dor.

HISTOIRE véritable de la duchesse de Chatillon. *A Cologne*, 1699. — MÉMOIRES du chevalier de Ravanne page de S. A. R. le duc Régent, et mousquetaire. *A Amsterdam*, 1782, 3 vol. — LES CONQUÊTES amoureuses du grand Alcandre (Louis XIV) par Sandraz de Courtilz. *Cologne*, 1705, 1 figure.

442. Romans et histoires satiriques. 9 vol. in-12 et in-18, dont 1 broché et 8 reliés, veau ou demi-veau.

AMANS HEUREUX (Les), les amans malheureux et les amans trompez. *Cologne*, 1708, frontispice gravé. — ANECDOTES galantes et tragiques de la cour de Néron. *Amsterdam*, 1735. — DARUT DE GRANDPRÉ. L'Aimable petit maître ou mémoires militaires et galans de M. le Cte de G*P*. *Imprimé aux Champs de Mars*, 1750. — CLÉMENT DE GENÈVE. Les sottises du tems, ou memoires pour servir à l'histoire générale et particulière du genre humain. *La Haye*, 1754. — LA FOIRE DE BAUCAIRE. Nouvelle historique et galante. *Amsterdam*, 1708. — FRANCKENSTEIN. Histoire des intrigues galantes de la reine Christine de Suède. *Amsterdam*, 1697. — Histoire politique et amoureuse du fameux cardinal Louis Portocarrero. *Imprimé chez Jeune Le Sincère*, 1704, portrait. — LE ROY. Le momus françois ou aventures divertissantes du duc de Roquelaure. *Cologne*, 1761. — LIBERTINS en campagne (Les). Mémoires tirés du père de la Joie. *Imprimé au quartier royal*, 1710, frontispice gravé.

443. Romans du XVIIe siècle. 7 vol. in-12, dont 2 rel. vélin, 3 veau fauve, 1 demi-rel., bas. grenat et 1 broché.

AULNOY (Mme d'). Histoire d'Hypolite, comte de Duglas. *Paris*, 1733, 2 tomes en 1 vol., figures. — Même ouvrage. Édition d'*Amsterdam*, 1779, 2 tomes en 1 vol. — Bédacier (Mme). Les avantures galantes du chevalier de Themicour. *Lion*, 1706. — Marivaux. La voiture embourbée ou le roman naturel. *Amsterdam*, 1715. — Mémoires de Mme la marquise de Frêne. *Amsterdam*, 1701. — Préchac (de). L'Héroïne mousquetaire ou histoire véritable de mademoiselle Christine. *Paris*, 1679. — La Vie de Don Alphonse Blas de Lirias, fils de Gil Blas de Santillane. *Amsterdam*, 1744, figures.

444. Les Chats (par F.-A. de Moncrif). *A Paris, chez G. Quillau*, 1727, in-8, veau marb., 3 fil., tr. marb. (*Rel. anc.*).

> 9 figures, dont deux pliées, par *Charles Coypel*, gravées à l'eau-forte par le Comte *de Caylus*. On y a joint : Sigrais (Bourdon de). Histoire des rats pour servir à l'histoire universelle. *Ratapolis*, 1737, in-8, 1 fleuron sur le titre, 1 joli frontispice et 1 figure non signés.

445. Mémoires du comte de Grammont par Antoine Hamilton. Un portrait de A. Hamilton et 33 compositions de C. Delort gravés au burin et à l'eau-forte par L. Boisson. Préface de H. Gausseron. *Paris, L. Conquet*, 1888, gr. in-8, broché.

> Un des exemplaires de grand choix imprimés sur papier du Japon.

446. Œuvres du comte Antoine Hamilton. *Paris, chez Ant.-Aug. Renouard*, 1812, 3 vol. in-8, demi-rel. chagr. orange, tête dor., ébarbés (*Thivet*).

> 4 figures par *Moreau*, gravées par *De Ghendt* et *Trière* et 8 portraits par *Saint-Aubin*.

447. Les Aventures de Gil Blas de Santillane, par Monsieur Le Sage. *A Amsterdam, chez Meynard Uytwerf*, 1747, 4 vol. pet. in-12, cartonn. demi-toile grise.

> Édition ornée de figures gravées en taille-douce.
> On y a joint : La Valise trouvée, par M. Le Sage. Nouv. édition à laquelle on a joint la Journée des Parques par le même, et le Bijoutier philosophe. *A Maestricht chez Dufour*, 1779, in-12, 4 figures gravées par *Tardieu*, demi-rel. chagrin rouge, tr. marb.

448. Romans de Madame de Gomez. 16 vol. in-12 et pet. in-12, brochés, veau fauve, tr. rouges (*Rel. anc.*).

> Les Journées amusantes par Madame de Gomez, revue et corrigée avec figures. *A Amsterdam*, 1776, 8 vol. brochés. — Même ouvrage, édition d'*Amsterdam*, 1786.

449. Romans illustrés publiés au xviiie siècle : 9 vol. in-12, veau fauve ou marb., tr. rouges (*Rel. anc.*).

> Cervantes. Histoire de l'admirable Don Quichotte de la Manche. *Bruxelles*, 1706, 2 vol., figures par *Harrewyn*. — Moulinet (N. de). La vraye histoire comique de Francion. *Leyde*, 1721, 2 vol., figures gravées en taille-douce. — Swift (Jonathan). Le Conte du tonneau. *Lausanne*, 1742, 2 vol., figures gravées par *Reinhardt*. — Urfé (d'). L'Astrée. *Paris*, 1733, 3 vol., nombreuses figures non signées.

450. Marivaux. Œuvres. 5 vol. in-12, dont 3 vol. veau fauve et 2 vol. cartonn. toile bleue.

> Le Paysan parvenu ou les memoires de M***. *Paris, chez Prault*, 1734. — Le spectateur françois suivi du cabinet du philosophe. *Paris, Duchesne*, 1761, 2 vol. — La Vie de Marianne ou les aventures de Madame la comtesse de ***. *Amsterdam*, 1778, 2 vol.

451. Lettres d'une Péruvienne (par Mme de Graffigny). Nouvelle édition augmentée de plusieurs lettres et d'une introduction à l'histoire. *A Paris, chez Duchesne*, 1752, 2 tomes en 1 vol. pet. in-12, veau brun, dos orné, tr. rouges (*Rel. anc.*).

> 2 titres gravés non signés, 2 figures et 2 vignettes par *Eisen*, gravées par *Delafosse*.
> Au recto de la première figure on lit cet envoi autographe de Mme de Graffigny : *De la part de sa très humble et très obéissante servante. l'auteur.*
> Le bel ex-libris gravé du prince de Marsan se trouve à l'intérieur du volume, l'envoi ci-dessus lui est très probablement adressé.

452. Le Neveu de Rameau, satire par Denis Diderot, revue sur les textes originaux
et annotée par Maurice Tourneux. Portrait et illustrations par F.-A. Milius. *Paris,
P. Rouquette*, 1884, in-8, broché.

Un des 150 exemplaires (n° 2) imprimés sur PAPIER DU JAPON ; contenant les eaux-fortes
en deux états : AVANT et avec la lettre.

453. Angola, histoire indienne. Ouvrage sans vraisemblance (par le chevalier de La
Morlière). Nouvelle édition revue et corrigée. *A Agra, avec privilège du Grand-
Mogol (Paris)*, 1751, 2 parties en 1 vol. pet. in-12, veau marb., fil., dos orné, tr.
dor. (*Rel. anc.*).

PREMIER TIRAGE, avec la vignette du carrosse à la seconde partie.
1 fleuron sur chaque titre, 2 vignettes en-tête par *Eisen*, gravées par *Maisonneuve* et
5 figures par *Eisen*, gravées par *Tardieu, Aveline* et *Maisonneuve*.

454. La Vie d'Olympe ou les avantures de madame la marquise de ***. Histoire véritable. *A Utrecht, chez Et. Néaulme*, 1741, 5 parties en 2 vol. in-12, veau fauve,
dos orné, tr. rouges (*Rel. anc.*).

Aux armes de la duchesse de Montmorency-Luxembourg, première femme du maréchal
de Luxembourg.

455. Amusemens des eaux de Spa, ouvrage utile à ceux qui vont boire ces eaux mi-
nérales sur les lieux (par de Poellnitz). *A Amsterdam, chez P. Mortier*, 1752,
2 vol. pet. in-12, veau fauve, fil., tr. dor.

2 titres gravés et 9 planches pliées.
On y joint : Les Agrémens et les désagrémens de la redoute de Spa. Imprimé vers la fin de
1768. *A Liège et à Spa*, 1769, in-12 broché. — Tableau de Spa... *S. l.*, 1782, in-12, broché.

456. Histoire de Zénobie, impératrice-reine de Palmyre, par M. Envoi de Hauteville.
A Paris, chez les frères Estienne, 1758, in-12, veau fauve, dos orné, tr. rouges
(*Rel. anc.*).

Armoiries sur les plats de la reliure.

457. De Tout un peu, ou les amusemens de la campagne par l'auteur de Rose (J.-A.
Jullien, connu sous le nom de Desboulmiers). *A Amsterdam et se trouve à Paris,
chez l'Esclapart*, 1766, in-12, veau marb., fil., tr. rouges (*Rel. anc.*).

Aux armes et au chiffre de la maréchale de MONTMORENCY-LUXEMBOURG, née Boufflers.

458. Le Quadragenaire, ou l'âge de renoncer aux passions. Histoire utile à plus d'un
lecteur (par Restif de la Bretonne). *A Genève, et se trouve à Paris chez la
Vve Duchesne*, 1777, 2 parties en 1 vol. in-12, dos et coins veau brun, tr. marb.

14 figures (sur 15) par *Bacquoy, Dutertre*, et non signées.

459. La Paysane pervertie ou les dangers de la ville ; histoire d'Ursule R***, sœur
d'Edmond, le paysan, mise-au-jour d'après les véritables lettres des personnages
par l'auteur du Paysan perverti (Restif de la Bretonne). *Imp. à la Haie et se trouve
à Paris, chez la dame veuve Duchesne*, 1784, 8 parties en 4 vol. in-12 en feuilles
préparés pour la reliure.

36 figures (sur 38), dont 8 frontispices, par *Binet*, gravées par *Berthet, Giraud le jeune* et
Leroy, signées ou non signées.

460. Le Paysan perverti, ou les dangers de la ville. Histoire récente mise au jour d'après les véritables lettres des personnages par N. E. Rétif de la Bretonne. *Imp. à La Haie et se trouve à Paris, chez Esprit,* 1776, 8 parties en 4 vol., 7 frontispices (sur 8) et 74 figures (sur 76) par Binet, gravés par Berthet et Le Roy. — La paysanne pervertie, ou les dangers de la ville ; histoire d'Ursule R***, sœur d'Edmon le paysan, mise au jour d'après les véritables lettres des personnages, par l'auteur du paysan perverti (Restif de la Bretonne). *Imp. à La Haie et se trouve à Paris, chez la dame veuve Duchesne,* 1784, 8 parties en 4 vol., 8 frontispices et 29 figures (sur 30) par Binet, gravées par Berthet, Giraud et Le Roy. Ens. 8 vol. in-12, dos et coins veau brun, tr. marb.

Les figures de la *Paysanne pervertie* sont reliées à part en 1 vol. in-12, même reliure ; l'une de ces figures est en double et à toutes marges.

On y joint un second exemplaire des figures du *Paysan* en 1 vol. in-12, même reliure, comprenant 8 frontispices et 75 figures (sur 76) ; cette suite complète celle de l'ouvrage.

Les figures de ces 2 vol. sont coupées au cadre et montées sur bristol.

461. Les Morlaques, roman historique, descriptif et poétique en prose. A Catherine II impératrice de toutes les Russies, par J. Wynne, comtesse des Ursins et Rosenberg, et B. B. *A Modène, société typographique,* 1788, in-8, broché.

Ouvrage rare, imprimé pour l'auteur et non mis dans le commerce.

« Ce livre est le tableau le plus piquant et le plus vrai des mœurs les plus originales de l'Europe » Ch. Nodier. *Mélanges tirés d'une petite bibliothèque.*

462. Le Diable amoureux, roman fantastique par J. Cazotte, précédé de sa vie, de son procès et de ses prophéties et révélations par Gérard de Nerval. Illustré de 200 dessins par Edouard de Beaumont. *Paris, Léon Ganivet,* 1845, in-8, broché (*Couvert.*).

Premier tirage.

463. Gonzalve de Cordoue, ou Grenade reconquise, par M. de Florian. *A Paris, de l'Imp. de Didot l'aîné,* 1791, 2 vol. in-8, veau fauve, pet. dent. à froid, dos orné, dent. int., tr. dor.

Cet exemplaire ne contient pas la suite de Monsiau et Quéverdo, mais on y a joint 8 figures de *Monnet,* gravées par *Dambrun, Courbe, Delignon,* etc.

464. Les Aventures du chevalier de Faublas par Louvet de Couvray. Édition illustrée de 300 dessins, par MM. Baron, Français et C. Nanteuil ; précédée d'une notice sur l'auteur par V. Philipon de la Madelaine. *Paris, J. Mallet et Cie,* 1842, 2 vol. gr. in-8, brochés (*Couvert. illust.*).

Premier tirage.

465. Collection de romans et contes imités de l'anglois, corrigés et revus de nouveau par M. de La Place. *A Paris, chez Cussac,* 1788, 8 vol. in-8, veau jasp., pet. dent., dos orné, dent. int., tr. dor. (*Rel. anc.*).

16 jolies figures par *Borel,* gravées par *Bosse, Dambrun, Hubert, Lemire, Marchand,* etc.

466. Zelomir, par Morel (Vindé). *A Paris, chez Bleuet,* 1801, in-18, demi-rel., mar. rouge, non rogné (*Rel. anc.*).

6 figures par *Lefèvre,* gravées par *Godefroy* ; elles sont remontées.

L'exemplaire est imprimé sur papier vélin.

467. Six mois d'exil ou la force et les avantages de l'union ; roman historique : par Madame de Merard-Saint-Just, née Anna d'Ormoy, auteur des Mémoires de la baronne d'Alvigny. *A Paris, chez C. Volant et à Riom, chez Salles,* 1798, 3 tomes en 1 vol. in-12, veau marb., dent., dos orné, non rogné.

Exemplaire préparé pour une nouvelle édition, il renferme de nombreuses notes et corrections, autographesde Mérard de St-Just.

468. Le Poète, ou mémoires d'un homme de lettres, écrits par lui-même (par J.-B. Choudard-Desforges). *A Hambourg, chez les principaux libraires,* 1798, 4 vol. in-12, 4 figures, demi-rel., veau fauve, tr. marb. (*Rel. mod.*).

Première édition.

469. Romans du xviiie siècle. 20 vol. in-8, in-12 et in-18, rel. veau ou demi-rel. mar. et chagrin de diverses couleurs ou brochés.

Diderot. Exemple singulier de la vengeance d'une femme. *Londres,* 1793. — Baret. Le Grelots ou les &c. &c. &c. *Ici à présent, s. d.,* 2 parties en 1 vol. — Barthe. La Jolie femme ou la femme du jour. *Toulouse,* 1778, 2 parties en 1 vol. — Beaumarchais. Aventures de Don Antonio de Buffalis. *La Haye,* 1722, figures. — Beaumarchais. La Retraite de la marquise de Gozanne. *Amsterdam,* 1735, 2 vol. — Bibiena (de). La Poupée. *La Haye,* 1747, 2 parties en 1 vol. — Crevrier (de). Mémoires d'une honnête femme. *Amsterdam,* 1764, 2 parties en 1 vol. — Le faux ravisseur ou caravanes galantes du chevalier d'Abbeville par Mr. L. Le M. *Hambourg,* 1755, 2 tomes en 1 vol. — Dulaurens. Irmice ou la fille de la nature. *Londres,* 1776. — L'Heureux esclave. Nouvelle. *La Haye,* 1712. — Je suis pucelle. Histoire véritable. *La Haye,* 1767. — La Morlière. Le Fatalisme ou collection d'anecdotes. *Londres et Paris,* 1769, 2 tomes en 1 vol. — La Morlière (de). Angola, histoire indienne. *A Agra,* 1751, 2 vol. — Même ouvrage, édition de 1749, 2 tomes en 1 vol.—Lubert (Mlle de). Le hauts faits d'Esplandian. *Amsterdam,* 1751, 2 tomes en 1 vol. — Riccoboni (Mme). Histoire de Miss Jenny. *Paris,* 1764, 2 vol. — Savin. Adélaïde ou l'amour et le repentir. *Paris,* 1769, titre gravé et 1 figure.

470. Romans de la fin du xviiie siècle : 15 vol. in-18, dont 11 brochés, les autres réliés.

Blanchard. Simplicie ou les voluptés d'amours. *Paris,* an VII, 1 fig, — Bramour. Les Caprices de l'amour et de la fortune. *A Londres (Cazin),* 1782. — Clémentine ou la jeune lesbienne. *A Lampsaque,* an VII, 1 figure. — Henry et Sophie. Tiamy. *Paris,* 1800-1801, 3 vol., 3 figures. — Herminie et Florelle, Valmore et Florello, le Nouveau Bureau d'esprit, 3 vol. — Louvet de Couvray. Emilie de Varmont. *Paris,* 1791, 2 vol. — Mercier de Compiègne. Les Nuits d'hiver. Gérard de Velsen. *Paris,* 1797, an III, 2 vol. — Mardini. Les exploits et les amours de frère Diable. *Paris,* 1801, 1 figure.

471. Romans de la fin du xviiie siècle. 13 vol. in-8, in-12 et in-18, reliés ou brochés.

Fanny ou l'heureux repentir, histoire angloise. *Dresde,* 1765, 2 figures. — Florian. Estelle. *Paris,* 1788. — Florian. Numa Pompilius. *Didot,* 1786, 2 vol. — Getnon-Ville (Mme). L'épouse rare, ou modèle de douceur, de patience et de constance. *Paris,* 1789. — Gorgy, Blancay-Victorine. *Paris,* 1789-1794, 3 vol., figures. — La Méprise, ou l'enfant de ma mère par M. P. N. D. *Paris,* 1800, 1 figure. — Pertosier. Mes premières étourderies. *Paris,* an VIII, 2 tomes en 1 vol., figures. — Pigault-Lebrun. Angélique et Jeanneton de la place Maubert. *Paris,* an VII, 2 vol., figures par *Binet.* — Tournon. Le Triomphe du sentiment ou histoire de Mlle Sirval. *Paris,* 1798, 2 parties en 1 vol., 2 figures par *Binet.*

472. Romans de la fin du xviiie siècle : 10 vol. in-8 et in-12, dont 8 brochés et 2 reliés veau ou demi veau-fauve.

Bette d'Etienville. Rosamonde ou le dévouement filial. *Paris,* 1804, 2 tomes en 1 vol., 2 figures par *Binet* avant la lettre. — Choderlos de Laclos. Les Liaisons dangereuses.

Amsterdam et Paris, 1788, 4 vol. — Gageure (La) dangereuse. Imitation de l'allemand par Mme***. *Paris*, 1778. 1 figure par *Defraine*. — Morency (de). Illyrine ou l'écueil de l'inexpérience. *Paris*, an VII, 3 vol. — Voila comme on aime par M. D***. *A Londres*, 1799, frontispice.

473. Romans de l'époque de la Révolution : 3 vol. in-8, in-12 et in-18, dont 1 cartonné, 1 demi-rel. chagrin rouge et 1 dos et coins veau fauve.

Lebastier. Dorbeuil et Celiane de Valran. Leurs amours et leurs malheurs pendant la tyrannie de Robespierre. *Paris*, an III, 2 tomes en 1 vol. — La Pariseide ou les amours d'un jeune patriote et d'une belle aristocrate. *Paris*, 1790. — Le Tartufe révolutionnaire. Imité de l'anglais par Madame *** *Paris*, 1800, 2 tomes en 1 vol., 2 figures.

474. Alala, ou les habitans du désert, parodie d'Atala. Ornée de figures de rhétorique. *Au grand village, et se trouve chez Gueffier*, an IX-1801, in-18, dos et coins mar. rouge, fil., tête dor., ébarbé.

L'auteur de cette parodie est L. Jules Breton, frère du sténographe Breton de la Martinière.

475. Romans du commencement du xixe siècle. 11 vol. in-12, demi-rel. vélin blanc, tête dor., ébarbés (*Rel. uniforme*).

Après-soupées (Les) d'Alexandrie ou les soirées des dames françaises à la suite de l'armée d'Orient. *Paris*, 1802, 2 vol., 2 fig. — Duvergier. Le Jugement par Jury ou la vengeance d'une femme. *Paris*, 1824, 2 vol., 2 fig. — Lablée. L'Écarté ou aventures d'une joueuse. *Paris*, 1822, 2 vol. — Sabaroth (L. de). L'enfant du coche. *Paris*, 1822, 2 vol., 2 lithographies. — (F.-S. de) Vendome. Colin-Gauthier ou le nouveau paysan perverti, par le petit-fils de Rétif de la Bretone. *Paris*, 1824, 3 vol., 3 figures.

476. Les Folies du siècle, roman philosophique par M*** (Lelarge de Lourdoueix). *A Paris, chez Pillet*, 1817, in-8, demi-rel. bas. fauve, tr. jasp. (*Rel. anc.*).

Ouvrage orné de 7 caricatures gravées au trait ; les deux suivantes ont été coloriées à l'époque : « *Vous ne voyez pas ces deux grands doigts* » et « *Je te salue ô vent !!!* ».

477. Voyage pittoresque et romantique sur la cheminée par Brès. *Paris, Louis Janet*, s. d., in-18, cartonn. original de l'éditeur, orné sur chaque plat d'une jolie petite vue coloriée, tr. dor., étui.

Titre et 7 figures coloriées.

478. Corinne ou l'Italie, par Mme la baronne de Staël. *Paris, Treuttel et Wurtz*, 1841-1842, 2 vol. in-8, demi-rel. chagrin bleu, dos plat orné, tête dor., ébarbés (*Rel. de l'époque*).

Bel exemplaire de premier tirage.

479. Le Rouge et le Noir, par M. de Stendhal (Henri Beyle). Réimpression textuelle de l'édition originale, illustrée de 80 eaux-fortes par H. Dubouchet. Préface de Léon Chapron. *Paris, L. Conquet*, 1884, 3 vol. in-8, brochés.

Exemplaire (n° 468) imprimé sur papier vélin à la cuve.

480. La Chartreuse de Parme, par M. de Stendhal (Henri Beyle). Réimpression textuelle de l'édition originale, illustrée de 32 eaux-fortes par V. Foulquier. Préface de Francisque Sarcey. *Paris, L. Conquet*, 1883, 2 vol. in-8, brochés.

Exemplaire (n° 205) imprimé sur papier vélin à la cuve.

481. Romans du XIXᵉ siècle. 6 vol. in-12, dont 3 cartonn. papier et 3 demi-rel. veau
vert.

> ANNE ET ROUSSEAU (Th.). La Baronne et le Prince, catastrophe. *Paris, Dentu,* 1832, fig. —
> CARMONTELLE. Les Femmes, avec un avant-propos par M. Picard. *Paris, Delongchamps,* 1825,
> 3 vol. — VILLERS (Th. de). Le Magnétiseur amoureux. *Paris, chez Dentu,* 1824, 2 vol.
> [nouvelle édition très rare, l'auteur en ayant détruit la plus grande partie].

482. Romans de l'époque romantique, 9 vol. in-8, dont 5 vol. demi-rel. veau rouge
et brun et 4 vol. brochés (*Couvert.*).

> BAWR (Mᵐᵉ de). Histoires fausses et vraies. *Paris, Fournier,* 1835 [lettre autographe de
> l'auteur]. — BERGONNIOUX (Edouard). Charette. *Paris, E. Renduel,* 1832, fig. [envoi de l'au-
> teur]. — BOYER (Alp.) et AUG. BARBIER. Les mauvais garçons. *Id.,* 1830, 2 vol. [le titre du
> tome I manque]. — EPINAY DE SAINT-LUC. Valida, ou la réputation d'une femme. *Paris,
> A. Levasseur,* 1835, 2 vol., 2 fig. sur Chine. — LEVIS (P.-M. Gaston de). La Conspiration de
> 1821, ou les jumeaux de Chevreuse. *Paris, Gosselin,* 1829, 2 vol. — SERGENT-MARCEAU
> (A.-F.). Hommage de l'amour à la vertu. *S. l. n. d.*

483. Histoire du roi de Bohême et de ses sept châteaux (par Charles Nodier). *Paris,
Delangle frères,* 1830, in-8, cartonn. toile grise, non rogné.

> 50 vignettes dans le texte gravées sur bois par *Porret,* d'après *Tony Johannot.*
> Piqûres dans le papier.

484. Œuvres complètes de H. de Balzac. *Paris, Michel Lévy frères,* 1875-1876, 24
vol. in-8, brochés.

> On y joint : Répertoire de la comédie humaine de H. de Balzac, par A. Cerfberr et Jules
> Christophe, avec une introduction par Paul Bourget. *Paris, Calmann Lévy,* 1887, in-8, broché.
> — Histoire des œuvres de Balzac, par le Vᵗᵉ de Spoelberch de Lovenjoul. *Paris, Calmann Lévy,*
> 1886, in-8, broché.

485. Un grand homme de province à Paris, scènes de la vie de province, par H. de
Balzac. *Paris, Hippolyte Souverain,* 1839, 2 vol. in-8, dos et coins veau grenat, tr.
marb. (*Rel. de l'époque*).

> EDITION ORIGINALE.

486. Balzac illustré. La Peau de chagrin. Études sociales. *Paris, H. Delloye, Victor
Lecou,* 1838, gr. in-8, dos et coins veau grenat, non rogné (*Rel. de l'époque*).

> PREMIER TIRAGE, avec la vignette du squelette sur le titre.
> Exemplaire NON ROGNÉ, contenant les portraits de Pauline et Fœdora en épreuves tirées à
> part sur papier de Chine.
> Quelques taches de rousseurs.

487. Les Chouans, par H. de Balzac. Illustrations de Julien Le Blant, gravées sur
bois par Léveillé. *Paris, Testard et Cⁱᵉ,* 1889, gr. in-8, broché.

488. Servitude et grandeur militaire, par Alfred de Vigny. Dessins de Julien Le
Blant, gravés à l'eau-forte par Champollion. *Paris, Librairie des bibliophiles,* 1885,
in-8, broché.

489. Jérôme Paturot à la recherche d'une position sociale par Louis Reybaud. Édition illustrée par J.-J. Grandville. *Paris, J.-J. Dubochet,* 1846. — Jérôme Paturot
à la recherche de la meilleure des républiques, par Louis Reybaud. Édition illus-

trée par Tony Johannot. *Paris, Michel Lévy*, 1849. — Ens. 2 vol. gr. in-8, brochés (*Couvert. illust.*).

PREMIER TIRAGE.
9 planches manquent au premier volume.

490. Le Lion amoureux par Frédéric Soulié. Nouvelle édition, illustrée de 19 vignettes dessinées par Sahib et gravées au burin sur acier par Nargeot, avec notice historique et littéraire par Ludovic Halévy. *Paris, L. Conquet*, 1882, in-12, broché (*Couvert.*).

Un des 150 exemplaires (n° 142) imprimés sur papier du Japon blanc.

491. Notre-Dame de Paris par Victor Hugo. *Paris, Eugène Renduel*, 1836, in-8, veau fauve, plats ornés de la plaque à froid dite à la Cathédrale, tr. dor. (*Rel. de l'époque*).

Première édition illustrée ; elle est ornée d'un frontispice et de 10 figures (sur 11) gravées sur acier d'après *A. et E. Johannot, Raffet, Rogier et Rouargue*, tirées sur papier de Chine. La figure 7 : « *Utilité des fenêtres* » manque.

492. Notre-Dame de Paris, par Victor Hugo. Édition illustrée d'après les dessins de MM. E. de Beaumont, L. Boulanger, Daubigny, T. Johannot, Meissonier, etc., gravés par les artistes les plus distingués. *Paris, Perrotin*, 1844, gr. in-8, dos et coins mar. rouge, tête dor. (*Thivet*).

PREMIER TIRAGE.

493. Notre-Dame de Paris, par Victor Hugo. *Paris, Émile Testard*, 1889, 2 vol., fig. de Luc Olivier Merson, in-4, brochés.

Exemplaire imprimé sur PAPIER VERGÉ, contenant les figures hors texte en 2 états.

494. Les Misérables par Victor Hugo. *Paris, Eugène Hugues, s. d.* (1879-1882), 5 vol. gr. in-8, brochés (*Couvert. illust.*).

495. La Jacquerie, scènes féodales, suivies de la famille de Carvajal, drame, par l'auteur du théâtre de Clara Gazul (par Prosper Mérimée). *Paris, Brissot-Thivars*, 1828, in-8, broché (*Couvert.*).

ÉDITION ORIGINALE.
La couverture est remontée et le dos manque.

496. Chronique du règne de Charles IX, par Prosper Mérimée. Edition ornée de 110 compositions par Édouard Toudouze. *Paris, Émile Testard*, 1889, gr. in-8, broché.

497. Chronique du règne de Charles IX, par Prosper Mérimée, Illustrée de trente et une compositions dessinées et gravées à l'eau-forte par Edmond Morin. *Paris, imprimé pour les Amis des livres*, 1876, 2 vol. gr. in-8, mar. La Vall., jans., dent. int., tr. dor., couvert. (*Cuzin*).

Édition imprimée à 115 exemplaires.

498. Les Roueries de Trialph, notre contemporain avant son suicide, par Charles Lassailly. *Paris, Silvestre*, 1833, in-8, demi-rel. chagrin grenat, dos plat orné, non rogné (*Couvert.*).

ÉDITION ORIGINALE.
Cachet de cabinet de lecture sur le titre.

499. Mémoires d'un médecin. Ange Pitou, par Alexandre Dumas. *Paris, Legrand,
s. d., 2 vol. gr. in-8, brochés (Couvert.).*

Édition ornée de planches hors texte gravées sur bois.

500. Les Mystères de Paris par M. Eugène Süe. Nouvelle édition, revue par l'auteur.
*Paris, Charles Gosselin, 1843-1844, 4 tomes en 2 vol. gr. in-8, dos et coins chag.
vert, fil., dos orné, ébarbés.*

PREMIER TIRAGE; reliure de l'époque.

501. Le Juif errant, par Eugène Sue. Edition illustrée par Gavarni. *Paris, Paulin,
1845, 4 vol. gr. in-8, brochés (Couvert.).*

PREMIER TIRAGE.
Les feuilles 3 et 4 du tome I sont de la réimpression.

502. Rose et Blanche par J. Sand (George Sand) Nouvelle édition entièrement revue
et corrigée. *Paris, Henry Dupuy et L. Teuré, 1833, 2 vol. in-8, brochés (Couvert.).*
Première édition in-8.

503. Le Chevalier des Touches par J. Barbey d'Aurevilly. Dessins de Julien Le Blant,
gravés par Champollion. *Paris, Librairie des bibliophiles, 1886, petit in-8, broché.*

504. Madame Putiphar, par Petrus Borel (le Lycanthrope); *Paris, Ollivier, 1839, 2
vol. in-8, front. gravés sur bois, demi-rel. bas. fauve, tr. jasp.*

ÉDITION ORIGINALE.
Le frontispice du premier volume manque ; taches et cachets.

505. Voyage où il nous plaira par Alfred de Musset et P.-J. Stahl (Hetzel). Vignettes
par Tony Johannot. *Paris, Marescq et Cⁱᵉ, 1856, pet. in-4 à 2 col., broché (Couvert.
illustr.).*

506. Sylvie. Souvenirs du Valois, par Gérard de Nerval. Préface par Ludovic Halévy.
42 compositions dessinées et gravées à l'eau-forte par Ed. Rudaux. *Paris, L. Conquet, 1886, in-16, broché (Couvert.).*

Exemplaire imprimé sur PAPIER VÉLIN.

507. Les Jeunes-France, romans goguenards par Théophile Gautier. Frontispice
dessiné et gravé par Félicien Rops. *Sur l'Imprimé de Paris, 1833, Amsterdam, à
l'enseigne du Coq (Bruxelles, Poulet-Malassis), 1866, in-12, broché.*

Troisième édition tirée en tout à 205 exemplaires.
Sans la couvert. imprimée.

508. Mademoiselle de Maupin. Double amour, par Théophile Gautier. Réimpression
textuelle de l'édition originale. Notice bibliographique par M. Charles de Loven-
joul. *Paris, Conquet, 1883, 2 vol. in-8, brochés.*

Exemplaire imprimé sur papier vélin à la cuve.
On a joint à l'exemplaire les 18 illustrations de G. Toudouze, et les 2 figures refusées.

509. Le Capitaine Fracasse, par Théophile Gautier. Illustré de 60 dessins de Gustave
Doré. *Paris, Charpentier, 1866, gr. in-8, chagrin vert, tr. jasp.*

PREMIER TIRAGE.

510. Le Capitaine Fracasse par Théophile Gautier. Illustré de 60 dessins de Gustave Doré. *Paris, Charpentier, quai de l'École,* 1866, gr. in-8, broché (*Couvert. illustr.*)

> PREMIER TIRAGE.
> Bel exemplaire, très frais.

511. La Chine ouverte. Aventures d'un Fan-Kouei dans le pays de Tsin par Old Nick. Ouvrage illustré par Auguste Borget. *Paris, H. Fournier,* 1845, in-8, dos et coins mar. rouge, fil., tête dor., ébarbé.

> PREMIER TIRAGE.

512. Monselet (Charles). Les Créanciers. Œuvre de vengeance avec une cruelle eau-forte d'Émile Benassit. *Paris, à la salle des Pas-Perdus et chez René Pincebourde,* 1870, gr. in-8, broché.

> Un des 25 exemplaires (n° 22) imprimés sur papier timbré à 1 fr. la feuille, contenant l'eau-forte en 3 états : noir, bistre et sanguine.
> Non mis dans le commerce.

513. Mémoires d'une honnête fille par Alfred Delvau. Avec le portrait de l'auteur par G. Staal. *Paris, Achille Faure,* 1865, in-12, broché (*Couvert.*).

> ÉDITION ORIGINALE.

514. Le Fumier d'Ennius par Alfred Delvau. Avec une eau-forte de Léopold Flameng. *Paris, Achille Faure,* 1865, in-12, broché (*Couvert.*).

> ÉDITION ORIGINALE.
> Exemplaire neuf.

515. Le grand et le petit trottoir par Alfred Delvau. *Paris, A. Faure,* 1866, in-12, broché (*Couvert.*).

> ÉDITION ORIGINALE.
> Exemplaire imprimé sur PAPIER DE HOLLANDE.
> La couverture porte : *Deuxième édition.*

516. Le grand et le petit trottoir par Alfred Delvau. *Paris, A. Faure,* 1866, in-12, broché (*Couvert.*).

> ÉDITION ORIGINALE.
> La couverture porte : *Deuxième édition.*

517. Mon oncle Benjamin, par Claude Tillier. Nouvelle édition illustrée d'un portrait frontispice et de 42 dessins de Sahib gravés sur bois par Prunaire. Avec une préface par Monselet. *Paris, L. Conquet,* 1881, 2 vol. gr. in-16, brochés (*Couvert. illust.*).

518. Mon Oncle Barbassou par Mario Uchard, orné de 40 compositions gravées à l'eau-forte par Paul Avril. *Paris, Lemonnyer,* 1884, in-8, broché.

519. La Maison mystérieuse, par Madame la comtesse Dash. *Paris, L. de Potter,* s. d. (1859), 4 vol. in-8, brochés (*Couvert.*).

> ÉDITION ORIGINALE.

520. Monsieur, Madame et bébé par Gustave Droz. Édition illustrée par Edmond

Morin et ornée d'un portrait de l'auteur en frontispice gravé par Léopold Flameng. *Paris, Victor Havard,* 1878, gr. in-8, broché (*Couvert. illust.*).

521. Jacqueline par Th. Bentzon, illustré par Albert Lynch. *Paris, Boussod, Valadon et Cie,* 1898, in-4, broché.

    Exemplaire imprimé sur papier vélin.

522. Chefs-d'œuvre (Des) du roman contemporain. *Paris, A. Quantin,* 1885-1888,
5 vol. in-8, brochés.

    BALZAC (H. de). Le père Goriot ; dix compositions par Lynch, 1885. — La cousine Bette ;
dix compositions par G. Caïn, 1888. — CLARETIE (Jules). Monsieur le ministre ; dix compositions par Adrien Marie. *S. d.* (envoi autographe de l'auteur). — FEUILLET (Octave). Monsieur de Camors ; onze compositions par S. Rejchan, 1885. — SAND (George). Mauprat ; dix
compositions par Le Blant, 1886.

B. — CONTES ET NOUVELLES. — CONTES DES FÉES

523. Contes et nouvelles de Marguerite de Valois, reine de Navarre, mis en beau
langage, et accomodé au goût de ce temps. *A Amsterdam, chez George Gallet,*
1708, 2 vol. in-12, veau fauve, fil., dent. int. à froid, tr. dor. (*Rel. mod.*).

    2 frontispices par *Harrewyn* ; il n'y a pas d'autres figures.

524. Thresor d'histoires admirables et mémorables de nostre temps recueillies de
plusieurs autheurs, mémoires, et avis de divers endroits, mises en lumière, par
Simon Goulart, senlisien. *A Genève pour Samuel Crespin,* 1620, 2 parties en 1 vol.
in-8, vélin à recouvr., tr. vertes (*Rel. anc.*).

525. Nouvelles et contes en prose. 10 vol. in-12 et in-18, veau, vélin blanc, demi-
rel. chagrin de diverses couleurs.

    ACADÉMIE galante contenant diverses petites histoires très curieuses. *Amsterdam,* 1710. —
AULNOY (Mme d'). Nouvelles espagnoles. *Paris,* 1692, 2 vol. — BREMOND. Le Cercle ou conversations galantes. *A Paris,* 1675. — CHASLES (R.). Histoires françoises, galantes et comiques. *Amsterdam,* 1716, 2 tomes en 1 vol. — ENTRETIENS galans ou conversations sur la
solitude, le teste à teste, etc. *Paris,* 1681, 2 tomes en 1 vol. — L'HEUREUX CHANOINE de
Rome, nouvelle galante. *S. l.,* 1708. — PRÉCHAC (De). La noble venitienne ou la bassette.
Histoire galante. *Paris,* 1679. — RUSTAING DE ST. JORY. Les galanteries angloises, nouvelles
historiques. *La Haye,* 1700. — TRIOMPHE (Le) de la bazoche, et les amours de maistre Sébastien Grapignan. *Paris,* 1698, carte de l'isle de Clericature.

526. Le Noviciat du marquis de *** ou l'apprentif devenu maître. *A Cythère en l'année*
1746, *avec approbation de Vénus,* 2 parties. — Zulmis et Zulmaïde, conte (par
l'abbé Voisenon). *A Amsterdam,* 1745. — Les Faveurs du sommeil, histoire traduite d'un fragment grec d'Aristenete. *A Londre* (sic) *chez Hierosme Printall,*
1746. — En 1 vol. in-12, veau marb., dos orné, tr. rouges (*Rel. anc.*).

    Recueil curieux.

527. Le Décaméron françois par M. D'Ussieux. *A Paris, chez Nyon,* 1783, 2 vol.,
1 fleuron sur chaque titre, 10 figures, 10 vignettes et 10 culs-de-lampe par Ca-
reme, Clère, Desrais, Eisen et Martini. — Les nouvelles françoises par M. d'Us-

sieux. *A Paris, chez Nyon*, 1783-1784, 3 vol., 1 fleuron sur chaque titre, 15 figures, 11 vignettes et 11 culs-de-lampe par Binet, Desmaisons, Desrais et Martini. — Ens. 5 vol. in-8, veau porph., dos orné, tr. marb. (*Rel. anc.*).

528. Contes et poésies du C. Collier, commandant-général des croisades du Bas-Rhin. *A Saverne*, 1792, 2 tomes en 1 vol. in-16, dos et coins mar. orange, tr. dor. (*Rel. mod.*).

> 2 figures en épreuves avant la lettre.
> Livre rare, non cité par Barbier, attribué à Jacquemont. Le surnom de *Collier* fut donné au cardinal de Rohan, après la scandaleuse affaire du Collier ; Saverne, ici lieu d'impression supposé était l'endroit où le cardinal avait son château.

529. Le Voyage du vallon tranquille, nouvelle historique par F. Charpentier. Nouvelle édition avec une préface et des notes servant de clef. *A Paris*, 1796, pet. in-8, demi-rel. bas. noire, non rogné.

> Relation enjouée d'un voyage au château de Nancré appartenant à M. Hotman, conseiller d'état.

530. Le petit conteur amusant et chantant. Étrennes d'un nouveau genre. *A Paris, chez Janet*, s. d. (1802), in-24, mar. rouge, fil., dos orné, nécessaire à crayon, tr. dor. (*Rel. anc.*).

> Texte gravé, 1 titre et 12 figures. Cahier imprimé d'ariettes nouvelles. Calendrier pour 1802 ; secrétaire et carnet de pertes et gains.
> L'exemplaire a été lavé et remis dans la reliure, la dorure des tranches est moderne.

531. Contes à mes petites amies. — Contes populaires. — Contes offerts aux enfants de France. Les jeunes élèves. — Causeries et nouvelles causeries. — Conseils à ma fille. — Les Encouragements de la jeunesse, par Bouilly. *Paris, Vve Louis Janet*, s. d., ens. 6 vol. in-12, demi-rel. veau bleu, tr. jasp.

532. Contes bruns, par une tête à l'envers (Balzac, Ph. Chasles et Rabou). *Paris, Urbain Canel et Ad. Guyot*, 1832, in-8, dos et coins mar. rouge, tête dor.

> Édition originale.

533. Le Magasin des enfants, par Madame Leprince de Beaumont. Avec une notice sur l'auteur par Mme Eugénie Foa. Deuxième édition illustrée par Th. Guérin, Gavarni, Mouilleron, E. Watier, etc. *Paris, Lib. pittoresque de la jeunesse*, 1846, in-8, broché (*Couvert. illust.*).

> Lithographies hors texte tirées en plusieurs tons et vignettes gravées sur bois dans le texte.

534. Une Course à Chamounix, conte fantastique par Adolphe Pictet. *Paris, Benjamin Duprat*, 1838, pet. in-8, broché (*Couvert.*).

> Édition originale ornée de 3 vignettes hors texte gravées sur bois par *Porret* d'après *Tony Johannot*, tirées sur papier de Chine.
> La couverture porte seconde édition ; elle est doublée et a une cassure raccommodée.

535. Une Course à Chamounix, conte fantastique par Adolphe Pictet. *Paris, Benjamin Duprat*, 1838, pet. in-8, broché (*Couvert.*).

> Édition originale.
> 3 vignettes hors texte gravées sur bois par *Porret* d'après *Tony Johannot*, tirées sur papier de Chine.

536. Histoire aussi intéressante qu'invraisemblable de l'intrépide capitaine Casta-
gnette, neveu de l'homme à la tête de bois, par Manuel. Illustrée de 43 vignettes
sur bois par Gustave Doré. *Paris, L. Hachette et Cie*, 1862, gr. in-4, broché *(Couvert. illust.)*.

PREMIER TIRAGE.

537. La Légende de Croquemitaine recueillie par Ernest Lépine et illustrée de 177
vignettes sur bois par Gustave Doré. *Paris, L. Hachette,* 1863, in-4, broché *(Couvert. illust.)*.

PREMIER TIRAGE ; la couverture est défraîchie.

---

538. Contes de Perrault, précédés d'une notice sur l'auteur par Paul-L. Jacob, bibliophile, et d'une dissertation sur les contes des fées par M. le Baron Walkenaer.
Ouvrage orné de plus de 170 vignettes dessinées par MM. Tony Johannot, A. Deveria, Gigoux, M. Thomas, C. Nanteuil et Giraud, et gravées par Lacoste jeune.
Paris, L. Mame, 1836, in-8, cartonn. imprimé de l'éditeur.

PREMIER TIRAGE.

539. Les Contes de Perrault, dessins par Gustave Doré. Préface par P.-J. Stahl. *Paris, J. Hetzel et Cie*, 1880, in-fol., cartonn. des éditeurs en toile rouge avec fers
spéciaux.

540. Barbe-bleue et la Belle au bois dormant. — Cendrillon et les fées (contes de
Perrault). Aquarelles par Édouard de Beaumont, fac-simile en photogravure.
Paris, Boussod Valadon et Cie, 1887-1888, 2 vol. in-fol. en feuilles dans 2 car-
tons.

Aquarelles *d'Édouard de Beaumont* reproduites en fac-simile et imprimées en couleurs.

541. Nouveaux contes des fées par Madame D**** (Comtesse d'Aulnoy). Auteur des
mémoires et voyages d'Espagne. *A Amsterdam, aux dépens d'Estienne Roger,*
1708, pet. in-12, mar. bleu, compart. de fil., dos orné, dent. int., tr. dor. *(Rel.
mod.)*.

1 frontispice de *J.-V. Vianen,* et 8 vignettes de *Lomsvelt.*

542. Les Illustres fées, contes galants dédiez aux dames (par Mme d'Aulnoy et autres).
Nouvelle édition. *A Paris, chez Damien Beugnié,* 1709, in-12, veau marb., dos
orné, tr. rouges *(Rel. anc.)*.

Aux armes de Louise-Diane-Françoise de Clermont-Gallerande, duchesse de BRANCAS.
Vignette gravée sur bois en tête de chaque conte.

---

543. Cruauté plus que barbare et inhumaine de trois soldats espagnols, contre une
jeune damoiselle flamande, lesquels après luy avoir ravy par force le thrésor de sa
virginité, luy firent violemment sentir la mort. Ensemble la juste punition de ces

ravisseurs meurtriers en face de l'armée espagnole. *A Paris, chez Denis Binet,* *s. d.* (1582), pet. in-8, de 11 pp. et 2 feuillets non chiff. dont 1 blanc, non relié.

Le dernier feuillet non chiffré est occupé par un sonnet *aux braves soldats de la garnison lyonnoise.*

C. — ROMANS ÉTRANGERS

544. Le Tableau des riches inventions couvertes du voile des feintes amoureuses, qui sont représentées dans le Songe de Poliphile, desvoilées des ombres du songe et subtilement exposées par Beroalde. *A Paris, chez Matthieu Guillemot,* 1600, in-4, veau brun, tr. marb. (*Rel. anc.*).

Édition ornée d'un titre dans un bel encadrement gravé et de nombreuses figures sur bois.
La planche du « Sacrifice à Priape » est intacte; le titre est doublé.

545. XVIII histoires tragiques, extraictes des œuvres italiennes de Bandel, et mises en langue françoise. Les six premières par Pierre Boaisteau, surnommé Launay... les douze suivans par Franc. de Belle-Forest. *A Lyon, par Jean Martin,* 1564, in-16, demi-rel. mar. vert, tr. marb. (*Rel. mod.*).

Réimpression de l'édition de 1559.

546. Histoires tragiques extraictes des œuvres italiennes de Bandel, et mises en langue françoise : les six premières, par Pierre Boaisteau surnommé Launay, natif de Bretaigne : et les suyvantes, par François de Belle-Forest, comingeois. *A Paris, pour Gilles Robinot,* 1566-1595, 7 vol. in-16, veau fauve, dos orné, tr. dor. (*Rel. anc.*).

Le tome II est réglé et porte comme adresse : *A Paris, pour Vincent Norment,* 1571, les tomes III et IV, *A Paris, pour Gabriel Buon,* 1572-1582, le tome V, *A Paris, chez Jean de Bordeaux,* 1582, le tome VI, *A Lyon, par Benoist Rigaud,* 1595.

547. Amadis de Gaule (Livres 1 à 21), mis en françois par le seigneur des Essars Nicolas de Herberay, Ant. Tyron, Gohorry, G. Chappuis, etc. *A Lon, Benoist Rigaud, et Paris,* 1572-1578, 21 vol. in-16 bas. rouge, tr. jasp. (*Rel. anc.*).

Ces 21 volumes (sauf le neuvième) sont reliés aux armes de Condé. Les 12 premiers sont imprimés à Lyon par Benoit Rigaud en 1575 et 1576 ; les autres soit à Lyon, soit à Paris, de 1571 à 1578. On y a ajouté les XXIIe, XXIIIe et XXIVe livres, faits d'espagnol en français (par un anonyme). *Paris, Gilles Robinot ou Cl. Rigaud, ou Oliv. de Varennes,* 1615, 3 vol. in-8, vélin à recouv.
Les 21 vol. in-16 sont fatigués et le tome 6 est incomplet du titre.

548. Les Livres I à XII d'Amadis de Gaule, mis en françois par le seigneur des Essars Nicolas de Herberay. *A Anvers, chés Jean Waesberghe,* 1561, 12 parties pet. in-4, à 2 col., fig. sur bois, veau marb., dos orné (*Rel. mod.*).

Réimpression des éditions de Paris à laquelle on a retranché le Discours de Sévin et plusieurs autres pièces de vers.
La fin du XIIe livre manque. On y a joint : Le XIIIe livre, traduit par Jac. Gohorry. *Anvers, Guillaume Silvius,* 1573, fig. — Le XIVe livre, trad. par Antoine Tyron. *Anvers, Jean Waesberghe,* 1574, fig. — Ens. 2 parties en 1 vol. pet. in-4, veau brun, dos orné.

549. Le Thrésor des livres d'Amadis de Gaule, assavoir les harengues, concions,

epistres, complaintes et autres choses les plus excellentes. *A Lyon, par Benoist Rigaud*, 1571, in-16, veau fauve, fil., dos orné, tr. rouges (*Rel. anc.*).

> Livres I à XII. Titre dans un bel encadrement gravé sur bois.
> Exemplaire rogné en tête.

55o. La Lozana andaluza (La gentille andalouse) par Francisco Delicado (xvie siècle). Traduit pour la première fois, texte espagnol en regard, par Alcide Bonneau. *Paris, Liseux*, 1888, 2 vol. pet. in-8, brochés.

> Tirage à 220 exemplaires sur papier de Hollande.

551. Histoire de l'admirable Don Quichotte de la Manche, traduite de l'espagnol de Michel de Cervantes. Nouvelle édition revue, corrigée et augmentée. *A Lyon, chez Amable Le Roy*, 1781, 6 vol. in-12, veau fauve, dos orné, tr. rouges (*Rel. anc.*).

> Édition ornée de 28 figures gravées par *Saint-Aubin*.
> Bon exemplaire.

552. Histoire de l'admirable Don Quichote de la Manche, traduction de Filleau de Saint Martin ; avec un essai sur la vie et sur les ouvrages de Cervantes, par M. Auger. *Paris, Delongchamps*, 1825, 6 vol. in-8, brochés.

> Portrait et 5 figures par *Deveria*, gravées par *Pelée, Sixdeniers, Dequevauvillier, etc.*

553. L'ingénieux hidalgo Don Quichotte de la Manche, par Miguel de Cervantes Saavedra. Traduction de Louis Viardot avec les dessins de Gustave Doré gravés par H. Pisan. *Paris, Hachette et Cie*, 1863, 2 vol. in-fol., toile rouge, fers spéciaux (*Cartonn. des éditeurs*).

> Premier tirage.

554. Cervantes et Quevedo Villegas. Œuvres. 4 vol. in-8, veau marb., tr. rouges (*Rel. anc.*).

> Le Valeureux Don Quixote de la Manche ou l'histoire de ses grands exploicts d'armes, fidèles amours et adventures estranges, trad. de César Oudin. *Paris, Jean Fouet*, 1620. — L'Histoire de l'ingénieux et redoutable chevalier Don Quixote de la Manche, trad. par de Rosset. *A Rouen, chez Jacques Caillaoé*, 1646, 2 vol. (le tome I est incomplet du titre). — Les Visions de Dom Francisco de Quevedo Villegas, traduites de l'espagnol par le sieur de La Geneste. *Paris, Claude Marette*, 1647.

555. Nouvelles espagnoles de Michel de Cervantes ; Traduction nouvelle, avec des notes, ornée de figures en taille-douce, par M. Lefebvre de Villebrune. *A Paris, chez la ve Duchesne*, 1778, 12 nouvelles en 2 vol. gr. in-8, veau écaille, fil., dos orné, dent. int., tr. dor. (*Rel. anc.*).

> 12 figures par *Desrais* et *Folkema*, gravées par *Bradel, Berthet, Lebeau, Le Roy*, etc.

556. Histoire de Don Pablo de Segovie surnommé l'aventurier Buscon par Don Franscisco de Quevedo-Villegas, traduite de l'espagnol et annotée par A. Germond de Lavigne, précédée d'une lettre de M. Charles Nodier. Vignettes de Henri Emy, gravées par A. Baulant. *Paris, Charles Warée*, 1843, pet. in-8, broché (*Couvert.*).

> Premier tirage.

556 *bis*. La Vie et les avantures surprenantes de Robinson Crusoe, contenant entre autres evenemens le séjour qu'il a fait pendant vingt et huit ans dans une ile dé-

serte, située sur la côte de l'Amerique, près l'embouchure de la grande rivière Orénoque. Le tout écrit par lui-même. Traduit de l'anglais (de D. de Foé, par sainte Hyacinthe et Van Effen). *A Amsterdam, chez L'Honoré et Chatelain*, 1720-1721, 3 vol. in-12, veau jasp., dos orné, tr. marb. (*Rel. anc.*).

PREMIER TIRAGE.
Un fleuron sur chaque titre, 1 frontispice, 1 carte à chaque volume et 21 figures par Bernard Picart.

557. Voyages de Gulliver dans des contrées lointaines par Swift. Edition illustrée par Grandville. Traduction nouvelle. *Paris, Furne et H. Fournier*, 1838, 2 vol. in-8, dos et coins mar. La Vall., tête rouge, ébarbés (*Thivet*).

PREMIER TIRAGE.

558. Lettres angloises, ou histoire de miss Clarisse Harlowe (par Richardson). *A Londres, chez Nourse (Paris)*, 1751-1752, 6 tomes en 12 vol. in-12, veau marb., dos orné, tr. rouges (*Rel. anc.*).

21 figures par *Eisen* et *Pasquier*, gravées par *Beauvais, Delafosse, Legrand*, etc.
Armoiries sur les plats de la reliure.

559. Pamela, ou la vertu récompensée, traduit de l'anglais de Richardson par M. l'abbé Prévost. *A Paris, chez Lepetit*, 1793, 12 tomes en 6 vol. pet. in-12, cartonn., non rognés.

Ouvrage orné de 24 figures.

560. Tom Jones ou l'enfant trouvé, imitation de l'anglois de M. H. Fielding par M. De La Place. Quatrième édition revue, corrigée et augmentée de la vie de l'auteur. *A Londres, et se vend à Paris, chez Bauche*, 1767, 4 vol. in-8, fig. de Gravelot, veau marb., dos orné, tr. rouges (*Rel. anc.*).

. Exemplaire imprimé sur GRAND PAPIER.

561. Tom Jones, ou histoire d'un enfant trouvé, par Fielding. Traduction nouvelle et complète, ornée de 12 gravures en taille-douce. *Paris, Firmin Didot*, 1833, 4 vol. in-8, brochés (*Couvert.*).

Figures de *Moreau*.

562. Voyage sentimental, par Laurence Sterne. Traduction nouvelle, précédée d'un Essai sur la vie et les ouvrages de Sterne, par M. J. Janin. Édition illustrée par M. Tony Johannot et Jacque. *Paris, Ernest Bourdin, s. d.*, gr. in-8, demi-rel. chag. rouge, fil., dos orné, tête dor., ébarbé (*Rel. de l'époque*).

PREMIER TIRAGE orné de 12 planches tirées sur papier de Chine.

563. Voyage sentimental en France et en Italie, par L. Sterne. Traduction nouvelle et notice de M. Emile Blémont. Illustrations de Maurice Leloir comprenant 220 dessins dans le texte et 12 grandes compositions hors texte. *Paris, H. Launette*, 1884, gr. in-8, broché (*Couvert. illust.*).

564. Romans traduits de l'anglais. 13 vol. in-12 et in-18, dont 7 vol. veau fauve, 3 demi-rel., 2 vol. cartonn. et 1 vol. broché.

RÒCHE (Maria Regina). La Visite nocturne. *Paris, Gueffier*, 1801, 6 tomes en 3 vol., fig.

— De Bon (E.). Les Femmes ou rien de trop. *Paris*, 1820, 3 vol. — Intraignel. Ascanius ou le jeune avanturier. *Lille, Jacquet*, 1747. — La Place. Lydia ou mémoires de Milord D***. *Londres*, 1772, fig. — La Cloche de minuit. *Paris*, an VI, 2 vol. — Les amours et les aventures du Lord Fox. *Genève*, 1785, 2 parties en 1 vol. — Radcliffe (Anne). Les chateaux d'Athlim et de Dunbayne. *Paris, Testu*, 1797, 2 vol.

565. Le Don Quichotte romantique, ou voyage du docteur Syntaxe, à la recherche du pittoresque et du romantique, poème en xx chants, traduit librement de l'anglais, et orné de 26 gravures, par M. Gandais. *A Paris, chez l'auteur, Pelicier*, 1821, in-8, broché (*Couvert.*).

26 lithographies par *Malapeau*, d'après *Rowlandson*.

566. The posthumous papers of the Pickwick Club. By Charles Dickens. *London, Chapman and Hall*, 1837, in-8, dos et coins veau fauve, tr. marb.

Première édition illustrée de 43 figures par *R. Seymour* et *Phiz*.

567. Romans et nouvelles traduites de l'allemand et de l'italien. 5 vol. in-12, cartonn. papier, veau fauve et vélin blanc.

Bocace. Le Songe de Bocace. *Paris, Charpentier*, 1698. — Grazzini (Fr.). Nouvelles. *A Berlin*, 1776, 2 vol., fig. — Histoire de la vie de Tiel Wlespiegle. *Amsterdam*, 1702. — Wieland. Petite chronique du royaume de Tatoïaba. *Paris, Dufart*, 1798, 2 tomes en 1 vol., figures.

V. — FACÉTIES. — OUVRAGES SUR LES FEMMES, L'AMOUR ET LE MARIAGE

568. Les Bigarrures et Touches du seigneur des Accords, avec les Apophtègmes du sieur Gaulard et les Escraignes dijonnoises (par Estienne Tabourot). Dernière édition reveuë et de nouveau augmentée de plusieurs épitaphes, dialogues, et ingénieuses équivoques. *A Rouen, chez Loys du Mesnil*, 1640, 5 parties en 1 vol. in-8, veau brun, dos orné, tr. jasp. (*Rel. anc.*).

Édition complète.
Au commencement du volume se trouve une étude curieuse sur les « *Rebus de Picardie* », accompagnée de figures.
Exemplaire de Monmerqué ; les derniers feuillets sont plus courts.

569. Facéties : 8 vol. in-8 et in-12, reliés veau, vélin ou brochés.

Eloge funèbre et historique de très court, très épais et tout adroit citadin monsieur Maitre Nicodeme Pantaléon Tire-point, bourgeois de Paris. *S. l.*, 1776. — Boureau-Deslandes. Réflexions sur les grands hommes qui sont morts en plaisantant. *Amsterdam*, 1712. — Bordelon (l'abbé). Le voyage forcé de Becafort hypocondriaque. *Paris*, 1709. — Memoires de l'Académie d'Asnières. *Neufchatel*, 1783, 3 parties en 1 vol. — Parival. Histoires facetieuses et morales. *Leiden*, 1663. — Saint-Martin (abbé de). La Mandarinade ou histoire comique du mandarinat. *La Haye*, 1738. — Manuel des fous ou le grand festin de l'Elysée. *Paris*, s. d. — Testament d'un gentilhomme gascon. *Rouen*, s. d.

570. Les Quinze Joyes de mariage, avec des notes et un glossaire par D. Jouaust et une préface de Louis Ulbach. Eaux-fortes par Ad. Lalauze. *Paris, Librairie des bibliophiles,* 1887, in-8, broché.

Un des 170 exemplaires (n° 51) imprimés sur PAPIER DE HOLLANDE.

571. Henri Corneille Agrippa de Nettesheim. Sur la noblesse, et excellence du sexe féminin, de sa preeminence sur l'autre sexe, et du sacrement du mariage. Avec le traitté sur l'incertitude, aussi bien que la vanité des sciences et des arts. Ouvrage joli, et d'une lecture tout à fait agréable traduit par le célèbre Sr. M. de Gueudeville. *Leiden, chez Théodore Haak,* 1726, 3 vol. pet. in-8, portrait et frontispice, mar. rouge. fil., dos orné, dent. int., tr. dor. (*Rel. anc.*).

Bel exemplaire d'une traduction recherchée.

572. Amour, les femmes, le mariage (Ouvrages sur l'). 8 vol. in-12 et pet. in-12, reliés vélin blanc, demi-veau ou cartonnés.

AGRIPPA. De l'excellence et de la supériorité de la femme. Trad. du latin avec les commentaires de Roétitg. *Paris,* 1801. — L'AMOUR A L'ENCAN, ou la tactique secrète de la galanterie dévoilée, revue morale. *Paris,* 1829, 1 lithographie coloriée. — ANCILLON. Traité des eunuques. *S. l.,* 1706. — CARON. Toilette des dames ou encyclopédie de la beauté. *Paris,* 1806. — DISPUTATIO perjucunda, qua anonymus probare nititur mulieres homines non esse : cui opposita est simonis Gedicci... *Hagae-Comitis,* 1638. — ENTRETIEN d'un abbé et d'un cavalier sur la liberté des dames françoises. *Paris,* 1693. — NOUVELLE constitution des amours, avec la déclaration des droits de chaque sexe. *A Paris, chez Cussac, s. d.* — TIPHAINE. L'Amour dévoilé ou le système des simpathistes. *S. l.,* 1749.

573. Les funestes effets de l'amour, et les désordres de cette passion. *A Luxembourg, chez André Chevalier,* 1707, 2 parties en un vol. pet. in-12, mar. vert, large dent. int., tr. dor. (*Hardy*).

Recueil de nouvelles.

574. Les Gynographes, ou idées de deux honnêtes femmes sur un projet de règlement proposé à toute l'Europe, pour mettre les femmes à leur place, et opérer le bonheur des deux sexes ; avec des notes historiques et justificatives, suivies des noms des femmes célèbres ; recueillis par M. E. Rétif de la Bretonne. *A La Haye, chez Gosse et Pinet, et se trouve à Paris, ches Humblot,* 1777, 2 tomes en 1 vol. in-8, veau marb., tr. rouges (*Rel. anc.*).

575. L'Art de rendre les femmes fidelles ; ouvrage imprimé à Paris en 1717, remis au jour et commenté avec des anecdotes tant anciennes que modernes. *A Genève, et se trouve à Paris, chez J.-F. Bastien,* 1779, 2 parties en 1 vol. in-12, demi-rel. veau marb., tr. jasp. (*Rel. anc.*).

Aux armes de MARIE-ANTOINETTE.

576. Livres galants de la fin du XVIIIᵉ et du commencement du XIXᵉ siècle, 6 vol. in-12, dont 2 vol. cartonn., 3 vol., veau fauve et 1 vol. broché.

AKERLINO (D'). La Prusse galante ou voyage d'un jeune français à Berlin. *A. Coïtopolis,* 1801, fig. — LESUIRE (C.). La Courtisane amoureuse et vierge. *Paris,* 1802, 2 vol., fig. — LOAISEL (M.). Valrose ou les orages de l'amour. *Paris, Le Prieur,* an VIII, 2 tomes en 1 vol. — SEWRIN (A.). La Première nuit de mes noces. *Paris, Masson,* 1802, 2 vol.

577. Livres galants *publiés à Bruxelles, chez Gay et Doucé*, 6 vol. in-8 brochés.

> Dorvigny. Ma tante Geneviève ou je l'ai échappé belle. 1882, 4 tomes en 2 vol., fig. sur Chine. — Guyot (Mme de). Julie ou j'ai sauvé ma rose, 1882, 2 vol., figures sur Chine. — Lacroix (Paul). Recherches historiques sur les maladies de Vénus, 1883. — Sade (M^quis de). Les Crimes de l'amour, 1881.

578. Mariage et au divorce (Ouvrages relatifs au). 11 vol. in-8 et in-12, dont 3 brochés, 2 cartonnés, les autres rel. veau ou demi-veau.

> Bablot (B.). Dissertation sur le pouvoir de l'imagination des femmes enceintes. *Paris,* 1788. — Cause bizarre ou pièces d'un procès ecclésiastico-civil, intenté contre un académicien et son épouse. *Berlin,* 1755. — Giulio (C.). Le droit de jambage ou le droit des anciens seigneurs sur les nouvelles mariées. *Paris,* 1790. — Du Perray (M.). Traité des dispenses de mariage. *Paris,* 1719. — Hurtault. Coup d'œil anglois sur les cérémonies du mariage. *Genève,* 1750. — La Rivière (de). La femme mécontente de son mari, 1708. — Je cherche le bonheur, ou le célibat, le mariage et le divorce. *Paris,* 1801. — Lavater des dames ou l'art de connoître les femmes sur leur physionomie. *Paris,* 1815, figures coloriées. — Philibert. Cri d'un honnête homme qui se croit fondé en droit naturel et divin à répudier sa femme. *S. l.,* 1768. — Hotman. Traité de la dissolution du mariage pour l'impuissance ou froideur de l'homme ou de la femme (Extrait). — Mémoires divers sur une question d'adultère, de séduction et de diffamation pour le sieur Kornman, contre son épouse, le sieur P. A. Caron de Beaumarchais et M. Lenoir, 1787, 12 pièces en 1 vol.

579. Divorce (Ouvrages sur le). 19 brochures et 5 vol. in-8 et in-12, dont 1 broché, les autres demi-rel. veau fauve.

> Chateauneuf (L. de). Les Divorces anglais, ou procès en adultère jugés par le Banc du roi et la cour ecclésiastique d'Angleterre. *Paris,* 1821, 3 tomes en 2 vol. — Hennet (Ulpien). Du Divorce. *Paris,* 1789. — Nougarède (A.). Histoire des loix sur le mariage et sur le divorce. *Paris,* 1802, 2 vol. — Pétitions, rapports, jugements, lois, etc. etc.

580. Galanteries d'une demoiselle du monde ou souvenirs de Mlle Duthé. *Paris, chez Ménard,* 1833, 4 vol. in-8, déreliés.

581. Femmes galantes. 4 vol. in-8 et in-12 brochés.

> Cuisin (P.-R.). Les femmes entretenues dévoilées dans leurs fourberies galantes, orné de figures. *Paris,* 1821, 2 vol. — Même ouvrage édition de *Bruxelles, J. Gay,* 1883. — Summer (Mary). Aventure d'une femme galante au xviiie siècle. *Paris, Dentu,* 1890.

582. Les Femmes de Brantôme, par Henri Bouchot. Ouvrage orné de 30 planches hors texte et de nombreuses gravures dans le texte reproduites d'après les originaux. *Paris, Quantin,* 1890, in-4 broché.

583. La Femme au dix-huitième siècle, par Edmond et Jules de Goncourt. Nouvelle édition revue, augmentée et illustrée de soixante-quatre reproductions sur cuivre par Dujardin d'après les originaux de l'époque. *Paris, Firmin-Didot et Cie,* 1887, in-4, broché.

> Un de 100 exemplaires (n° 126) imprimés sur papier vélin.

584. Son altesse la Femme, par Octave Uzanne. Illustrations de Henri Gervex, J.-A. Gonzalès, L. Kratké, Albert Lynch, Adrien Moreau et Félicien Rops. *Paris, Quantin,* 1885, gr. in-8, broché (*Couvert. illustr.*).

585. Dialogues du divin Pietro Aretino. *Paris, Isidore Liseux*, 1879-1880, 6 vol. in-18, brochés.

Edition imprimée à 350 exemplaires.

586. Annals of gallantry; or, the conjugal monitor : being a collection of curious and important trials for divorces, and actions of Crim. con. during the present reign accompanied with biographical memoirs and anecdotes and illustrated with notes. By A. Moore. *London*, 1814-1815, 3 vol. in-8, dos et coins veau fauve, tr. jaunes (*Rel. de l'époque*).

Orné de 18 figures par *Cruishanck* et autres, gravées à l'eau-forte, plusieurs sont coloriées.

VI.— PHILOLOGIE.— CRITIQUE LITTÉRAIRE.— SATIRES. PROVERBES. — EMBLÈMES

587. Critique littéraire. 7 vol. in-8, dont 6 vol. brochés et 1 vol. demi-chag. bleu.

Biré (Edmond). Les dernières années de Chateaubriand (1830-1848). *Paris, Garnier, s. d.* — Bonafous (N.). Études sur l'Astrée et sur Honoré d'Urfé. *Paris, Didot*, 1846. — Guède (Dr). Jacques Casanova. *Paris*, 1903. — Maurras (C.). Chateaubriand, Michelet, Sainte-Beuve. *Paris, Champion*, 1898. — Réaume (E.) Étude sur Agrippa d'Aubigné. *Paris, Belin*, 1883. — Reboul (R.). Un littérateur oublié. *Paris, Claudin*, 1881. — Revon (M.). Joseph de Maistre. *Paris*, 1892.

588. Mélanges littéraires : 11 vol. in-8 et in-12 dont 10, demi-rel. veau et 1 broché.

Bertin (T.-P.). Curiosités de la littérature, trad. de l'anglais. *Paris*, 1810, 2 vol. —Boissy-d'Anglas. Les Études littéraires et poétiques d'un vieillard. *Paris*, 1825, 6 vol. —Labouïsse-Rochefort. Mélanges politiques et littéraires faisant suite au voyage à Rennes-les-Bains. *Paris*, 1834. — Rochefort (L. de). Souvenirs et mélanges littéraires, politiques et biographiques. *Paris*, 1826, 2 vol.

589. Nebulo nebulonum hoc est joco seria modernæ nequitiæ censura, qua hominum sceleratorum fraudes, doli ac versutiæ æri aërique exponuntur publico carmine iambico dimetro adornata a J. Flitnero Franco, poeta laureato. *Francofurti, apud Jacob. de Zetter*, 1620. Nombreuses figures satiriques gravées à l'eau-forte. — Icones, sive imagines virorum literis illustrium... recensente Nic. Reusnero, curante Bernardo Jobino. *Argentorati*, 1587, *fig. sur bois.* 2 ouvrages en 1 vol. in-8, vél. de Hollande.

Le *Nebulo Nebulorum* est un ouvrage très-curieux, dans le genre du *Stultifera Navis* de Séb. Brand, où sont représentés les vices et ridicules du siècle, avec accompagnement de figures parfois fort grotesques.
Le Recueil de Reussner se compose de QUATRE-VINGT-DIX—NEUF PORTRAITS D'HOMMES CÉLÈBRES DES XV° ET XVI° SIÈCLES, gravés sur bois d'une manière très-remarquable, et de la grandeur de la page. Chaque page est en outre encadrée d'une bordure également gravée sur bois.

590. Parodiae morales H. Stephani, in poetarum vet. sententias celebriores, totidē versibus gr. ab eo redditas.... Centonum veterum et parodiarum utriusque linguae exempla. *Excudebat Henricus Stephanus,* 1575, 2 parties en 1 vol. pet. in-8, veau brun, fil., tr. rouges (*Rel. anc.*)

> Curieux volume de Henri Estienne; la première partie, composée de 150 ff. est imprimée en caractères italiques et au verso seulement.

591. Adagiorum chiliades quatuor cum sesquicenturia. Des. Erasmi Roterodami. Henrici Stephani animadversiones in Erasmicas quorundam adagiorum expositiones. *Oliva Roberti Stéphani,* 1558, in-fol., dos et coins vélin blanc, tr. marb. (*Rel. anc.*).

> Belle édition, beaucoup plus complète que les deux précédentes.
> Exemplaire de P.-L. Courier, avec quelques notes (en grec et en latin) de lui sur les marges.

592. Cent proverbes par Grandville et par... *Paris, H. Fournier,* 1845, in-8, dos et coins cuir de Russie, tête dor., ébarbé.

> Premier tirage.

----

593. Los Emblemas de Alciato traducidos en rhimas españolas. (A la fin par Bernardino Daza Pinciano) Añadidos de figuras y de nuevos emblemas en la tercera parte de la obra. Dirigidos al illustre. S. Juā. Vazquez de Molina. *En Lyon por Guil. Rovillio,* 1549, in-8, veau marb., dos orné, tr. rouges (*Rel. anc.*).

> Edition qui reproduit les planches de l'édition française de 1549, encadrement à chacune des pages. Exemplaire très court de marges et en mauvais état, aux armes de Nicolas Judde, grand-maître des eaux et forêts de la généralité de Soissons.

594. Recht Ghebruyck ende Misbruyck van tydlycke Have. Van Rijckdom, nodruft, en ghebreck ick beluyck T'onzaligh misbruyck, mettet zaligh ghebruyck. *Tot Leyden by Christoffel Plantyn,* 1585, in-4 non relié.

> Traduction, en vers flamands par Coornhert, de l'ouvrage de Bern. Turmerus. « De rerum usu et abusu ». Elle est ornée de 15 belles planches d'emblèmes gravés sur cuivre. La seconde porte le monogramme de *I. H. Wierx.*

595. Les Emblèmes de maistre Gabriel Rollenhague, mis en vers françois par un professeur de la langue françoise à Colongne. *Coloniae, excud. Servatius Erssens,* 1611, in-4, vélin (*Rel. anc.*).

> Première centurie. Ouvrage recherché pour les 100 figures d'emblèmes dont il est orné; elles ont été coloriées anciennement.
> Reliure fatiguée.

596. Nucleus emblematum selectissimorum, quae Itali vulgo impressas vocant privata industria studio singulari, undique conquisitus, non paucis venustis inventionibus auctus, additis carminibus, illustratus a Gabriele Rollenhagio (*Coloniae*) *e museo cælatorio Crispiani Passaei,* 1611-1613, 2 parties en 1 vol. in-4, vélin blanc (*Rel. anc.*).

> Ouvrage recherché contenant 2 titres, 2 portraits et 200 jolies planches d'emblèmes par *Crispin de Pas.* La planche 51 du 1er volume est remontée, et quelques-unes ont des légendes manuscrites en hollandais.

597. Emblemata Florentii Schoonhovii I. C. Goudani, partim moralia, partim etiam
civilia. Cum latiori eorundem ejusdem auctoris interpretatione : accedunt et alia
quaedam poëmatia in alijs poëmatum suorum libris non contenta. *Goudae, Apud
Andream Burier,* 1618, pet. in-4, de 6 ff. prél. non chiff. et de 251 pp. chiff. y
compris la table, vélin blanc à recouv. (*Rel. anc.*).

> Première édition ornée du portrait de l'auteur, d'un frontispice et de 74 gravures assez
> belles.
> Le portrait et une planche (p. 112) sont coloriés.

598. Teatro d'imprese di Giovanni Ferro all' Illmo e R° Sr Cardinal Barberino (A la
fin): *In Venetia appresso Giacomo Sarzina,* 1623, 2 parties en 1 vol. in-fol., vélin
blanc (*Rel. anc.*).

> 2 titres gravés par *Caspar Grispoldi,* 1 beau portrait du cardinal Barberini, 1 grande plan-
> che d'emblèmes, 1 portrait de l'auteur et environ 500 figures d'emblèmes gravées à l'eau-
> forte dans le texte, toutes dans la seconde partie.

599. Œuvres de J. Cats. *Amsterdam et Middelburg,* 1620-1643, 16 parties en 4 vol.
in 4, veau marb., dos orné, tr. rouges (*Rel. anc.*).

> Texte hollandais. Nombreuses figures d'emblèmes. Le volume « Minne-beelden » (Figures
> d'amour) est en trois langues, hollandais, latin et français.

600. Alle de Wercken, so oude als nieuwe, van den Heer Cats, op nieus vermeerdert
met des autheurs Tachtig-jarig Leven, Huyshondinge en Bedenckingen op Zorg-
vliet. Etc. *T'Amsterdam by Daniel van den Dalen,* 1700, in-fol., figures, basane
brune (*Rel. anc.*).

> Édition renfermant les œuvres complètes de J. Cats; elle est ornée d'un frontispice et de
> nombreuses figures d'emblèmes gravées sur cuivre.

601. Alle de Wercken van den heere Jacob Cats; ridder oudt raadt pensionaris van
Hollandt, etc. *T'Amsterdam, Nicolaas, Ten Hoorn,* 1712, 5 parties en 2 vol. in-
fol., veau brun, dos orné, tr. rouges (*Rel. anc.*).

> Toutes les œuvres de Cats en flamand. Cette édition est ornée de nombreuses figures gra-
> vées en taille-douce.

602. Johannis de Brunes. J. C. Emblemata of Zinne-werck: voorghestelt, in Beelden,
ghedichten, en breeder uÿt-legginghen ; tot uÿt-druckinghe, en verbeteringhe van
verscheyden seylen onfer eeuwe...*T'Amsterdam, bÿ Abraham Latham, s. d.* (1624),
in-4, vélin (*Rel. anc.*).

> Premier tirage des 52 jolies figures de *A. Van de Venne, W. Pass.,* etc. Titre gravé.

603. Johannis de Brunes J.-C. Emblemata of Zinne-werck: voorghestelt, in Beelden, ghedichten, en breeder uÿt-legginghen tot uÿt-druckinghe, en verbeteringhe
van verscheyden seylen onser eewse. Dentweeden druck met nieuwe plaeten
en eenige Zedespreuchen vermeerdert *T'Amsterdam, by Abraham Latham, s. d.,*
(1624) in-4 vélin blanc (*Rel. anc.*).

> Titre et 52 jolies figures d'emblèmes gravées dans le texte.
> Bel exemplaire.

604. Viridarium hieroglyphico-morale. In quo virtutes et vitia, atque mores hujus
aevi secundum tres ordines Hierarchicos, ecclesiasticum politicum, œconomicum,

per definitiones, distributiones, causas, adfectiones, adjuncta effecta, etc. pie, pru-
denter, dextre ac varie explicantur, et non tantum dictis, et exemplis historiarum
veterum ac recentium ex sacris scripturis, sanctis patribus, seu Dd. Ecclesiae,
poetis, philosophis, historicis cum christianorum tum gentilium, sed etiam artifi-
ciosissimis eiconibus hieroglyphicis illustrantur. Opusculum novum ac rarum, cu-
jus usum, atque utilitatem praefixa prefatio docebit per Henricum Oraeum assen-
heim. *Francofurti, apud Jacobū de Zetter*, 1619, in-4, veau fauve, fil., milieu orné,
tr. jasp. (*Rel. anc.*).

> Titre dans un bel encadrement gravé et 88 planches d'emblèmes gravées en taille-douce.
> Le titre et les planches ont été coloriés anciennement. Le bas du titre est réparé.

605. Des Wereldts proef-steen ofte de ydelheydt door de Waerheyd beschuddigt
ende overtuyght van Valscheydt. In het latÿn beschreven door den seer Edel. er.
Eerw. Heere H. Antonius a Burgundia... door Petrus Gheschier. *T'Antwerpen
gedruckt by de Weduwe ende Erfgename van Jan. Cnobbaert, s. d.*, in-4, veau jasp.
(*Rel. anc.*).

> Titre gravé par *Th. J. van Merlen* d'après *Dipenbeke* et 50 planches d'emblèmes gravées sur
> cuivre dans le texte.

606. Les Danses des morts. Dissertations et recherches historiques, littéraires et
musicales sur les divers monuments de ce genre qui existent ou qui ont existé
tant en France qu'à l'étranger, accompagnées de la Danse macabre, grande ronde
vocale et instrumentale, paroles d'Édouard Thierry, musique de Georges Kastner... par Georges Kastner. *Paris, Brandus et Pagnerre*, 1852, in-4, broché.

> 20 planches lithographiées et 44 pages de musique gravée.

VII. — DIALOGUES

607. Banquet des savans par Athénée, traduit, tant sur les textes imprimés, que sur
plusieurs manuscrits par M. Lefebure de Villebrune. *A Paris, de l'Imp. de Monsieur*, 1789-1791, 5 vol. in-4, veau marb., dos orné, tr. jasp. (*Rel. anc.*).

> Exemplaire de Cuvier.

608. Dialogue ou satire X, du sieur D*** (Boileau-Despréaux). *A Paris, chez Denys
Thierry*, 1694 (ÉDITION ORIGINALE). — Réponse à la satire X du sieur D*** (Boileau-
Despréaux, par Nic. Pradon). *A Paris, chez Rob. de la Caille*, 1694. — Lettre de
Madame de N*** à Madame la marquise de ... sur la satire de M. D*** contre les
femmes (par Pierre Bellocq, valet de chambre de Louis XIV). *A Paris, chez N. Leclerc*, 1694. — Satire contre les maris par le sieur R*** T. D. F. (Regnard, tré-
sorier de France). *A Paris*, 1694. — Ens. 1 vol. in-4, chagrin rouge, fil. or et à
froid, tr. dor. (*Rel. mod.*).

> On y joint : Les Petits-Maistres, satire. *A Paris, chez Claude Barbin*, 1694, in-4, 17 pp.,
> cartonné demi-toile verte.

609. Les Misères de la vie humaine ou les gémissemens et soupirs exhalés au milieu

des fêtes, des spectacles, des bals et des concerts recueillis par James Beresford, traduction de l'anglais par T.-P. Bertin, ornée de figures en taille-douce et en bois. *Paris, J. Chaumerot,* 1809, 2 vol. in-8, demi-rel. chag. grenat, tête dor., ébarbés.

VIII — ÉPISTOLAIRES

610. Lettres d'Abailard et d'Héloïse, traduites sur les manuscrits de la Bibliothèque royale par E. Oddoul ; précédées d'un essai historique par M. et Mme Guizot. Édition illustrée par J. Gigoux. *Paris, E. Houdaille,* 1839, 2 vol. gr. in-8, cartonn. demi toile bleue, ébarbés.

611. Lettres galantes. 4 vol. in-12 et in-18, dont 2 rel. vélin blanc et 2 veau fauve et brun (*Rel. anc.*).

EXTRAORDINAIRE du secrétaire galant. Dédié aux dames. *A Amsterdam,* 1690, 2 parties en 1 vol. — GODARD D'AUCOURT. Lettres du chevalier Danteuil et de Mademoiselle Thelis. *S. l.,* 1742. — NOUVEAU RECUEIL de lettres et de billets galants, avec leurs réponses sur divers sujets. *Paris,* 1679. — SECRÉTAIRE des amans (Le) ou la manière d'écrire avec justesse sur differens sujets. *Amsterdam,* 1695.

612. Correspondance secrète entre Ninon de Lenclos, le marquis de Villarceaux et madame de M***. *A Paris, chez Le Jay,* 1789, 2 parties en 1 vol. in-8, brochés. — Mémoires sur la vie de Mademoiselle de Lenclos par M. B*** (A. Bret). *Amsterdam, Rollin fils,* 1751, in-12, veau marb. — Ens. 2 vol.

613. Les Correspondants de la marquise de Balleroy, d'après les originaux inédits de la bibliothèque mazarine, avec des notes et une introduction historique sur les maisons de Caumartin et de Balleroy, par le comte Édouard de Barthélemy. *Paris, Hachette et Cie,* 1883, 2 vol. in-8, brochés.

Ouvrage recherché.

614. L'Homme sans-façon, ou lettres d'un voyageur allant de Paris à Spa [par l'abbé Jehin, connu sous le pseudonyme de Rosecroix]. *S. l. (Neuwied),* 1786, 2 vol. in-12, dos et coins veau vert, non rognés.

615. Mon séjour auprès de Voltaire et lettres inédites que m'écrivit cet homme célèbre jusqu'à la dernière année de sa vie, par Come Alexandre Collini. *A Paris, chez Léopold Collin,* 1807, in-8, dos et coins veau racine, tr. jaunes (*Rel. anc.*).

Exemplaire auquel on a ajouté deux notes autographes de Voltaire, la première ainsi conçue : « *On doit du respect à toutles les relligions autorisées par les loix.* » La seconde : « *Monsieur, Je vous prie de payer à l'ordre de Monsieur Brown quatre cent cinquante-neuf florins pour solde de compte entre Mr de Voltaire et vous, valeur reçue comptant. A Strasbourg, 5 sept. 1753, Collini. Mr Smith à Francfort.* » Au bas de cette lettre : *Tout de la main de M. de Voltaire, même mon nom* ; et un dessin original à l'encre de Chine avec rehauts de gouache, représentant « *Voltaire à Francfort sur le Mein, dans le comptoir de Schmidt* ».
Les deux notes autographes de Voltaire sont certifiées authentiques par Collini lui-même, et la légende du dessin est aussi de la main de Collini.
« Collini, savant italien, est né à Florence le 14 octobre 1727 ; il est mort à Manheim le

14 octobre 1806. Etant venu à Berlin, il mérita l'amitié de Voltaire qui le prit pour son secrétaire en 1752 » (*Biographie générale*).
L'ouvrage ci-dessus fut publié un an après la mort de Collini.

616. Lettres de la marquise de Coigny et de quelques autres personnes appartenant à la société françoise de la fin du XVIII° siècle. Publié sur les autographes avec notes et notices explicatives. *Paris, Imprimerie Jouaust et Sigaux*, 1884, in-8, portrait par Ad. Lalauze, broché.

> Tiré à 105 exemplaires et non mis dans le commerce, très rare et très recherché.
> L'Editeur littéraire de ces lettres, est feu le prince Labanoff, ancien ministre des affaires étrangères de Russie et membre de la Société des Bibliophiles françois. Il n'a été donné en France que 27 ou 28 exemplaires. La préface est de Paul Lacroix.

617. Correspondance littéraire, philosophique et critique par Grimm, Diderot, Raynal, Meister, etc., revue sur les textes originaux comprenant outre ce qui a été publié à diverses époques les fragments supprimés en 1813 par la censure, les parties inédites conservées à la bibliothèque ducale de Gotha et à l'Arsenal à Paris. Notices, notes, table générale par Maurice Tourneux. *Paris, Garnier frères*, 1877-1882, 16 vol. in-8, brochés.

618. Les Epistres dorées, et discours salutaires de Don Antoine de Guevare... traduictes d'espagnol en françois par le seigneur de Guterry. Ensemble la révolte que les espaignolz firent contre leur jeune prince l'an 1520, et l'yssue d'icelle. Avec un traité des travaux et privilèges des galères, le tout du mesme autheur. A *Paris, par Jean Ruelle*, 1573, 3 parties en 1 vol. in-8, vélin blanc à recouv. (*Rel. mod.*).

> Cette édition contient trois livres, dont le dernier est traduit de l'italien.

IX. — POLYGRAPHES. — COLLECTIONS.
LOTS D'OUVRAGES DIVERS

619. Classiques grecs publiés par la Société de Deux-Ponts. *Biponti, ex typographia Societatis*, 1781-1807, 35 vol. gr. in-8, demi-rel. mar. rouge à longs grains, non rognés.

> Aristote, 5 vol. — Lucianus, 10 vol. — Scriptores erotici Græci, 3 vol. — Thucydides, 6 vol. — Diodorus, 11 vol.
> On y joint : Platonis dialogi graece et latine. Ex recensione Imm. Bekkeri. *Berolini, Imp. Geo Reimeri*, 1816-1823, 5 vol. in-8, même reliure.

620. Bibliotheca classica latina sive collectio auctorum classicorum latinorum cum notis et indicibus. *Parisiis, colligebat N.-E. Lemaire*, 1818-1832, 138 vol. in-8, demi-rel. veau gris, dos orné, tr. marb. (*Rel. de l'époque*).

> Poetae minores, 8 vol. — Seneca, 9 vol. — Quintilianus, 7 vol. — Cicero, 19 vol. — Tacitus, 5 vol. — Plinius, 11 vol. — Cesar, 4 vol. — Suetonius, 2 vol. — Virgilius, 8 vol. — Ovidius, 9 vol. — Titus Livius, 12 vol. — Plautus, 4 vol. — Quintus Curtius, 3 vol. — Horatius, 3 vol. — Lucanus, 2 vol. — Terentius, 2 vol. — Catullus, Corn. Nepos, Sallustius, Propertius, Tibullus, Florus, Velleius Paterculus, Justinus, 8 vol. — Silius Italicus,

2 vol. — Plinius jun., 2 vol. — Juvenalis, Persius et var. satirici, 3 vol. — Val. Flaccus,
2 vol. — Claudianus, 2 vol. — Phaedrus, 2 vol. — Valerius Maximus, 2 vol. — Statius,
4 vol. — Martialus, 3 vol
On y a joint :
17 vol. de la collection des classiques latins publiée aux Deux Ponts (1786-1806) : Aurelius Victor, Eutropius Vitruvius, Apuleius, Solinus, Historiae Augustae scriptores, Rei rusticae scriptores, 4 vol. — Lactantius, 2 vol., Fl. Vegetius, Frontinus, Terentius Varo, 2 vol.,
Macrobius, 2 vol.

621. Les Jours caniculaires, c'est-à-dire : vingt et trois excellents discours des choses
naturelles et surnaturelles, embellis d'exemples et d'histoires, tant anciennes que
modernes, sacrées et profanes, recitez par un théologien, un philosophe et un
gentil-homme. Composez en latin par messire Simon Maiole d'Ast, evesque de
Valtourre. Ou sont comprises plusieurs autres choses du tout admirables, qui se
font en l'air, sur la mer et sur la terre, par l'Europe, l'Asie, l'Affrique et par
toutes les terres nouvellement descouvertes, avec tout ce que l'artifice des hommes
a jamais inventé de remarquable. Mis en français par F. de Rosset. Seconde édition reveue et corrigée. *A Paris, chez Robert Fouet,* 1610-1612, 3 vol. in-4, vélin
(*Rel. anc.*).

Des divinations, — des sorcelleries, — des prédictions naturelles, — des banquets royaux
et des rustics, — de la perfidie des Juifs, — des divers accidents de la guerre, etc., etc.

622. Les Diverses leçons d'Antoine Du Verdier, sieur de Vauprivas, gentil homme
forésien et ordinaire de la maison du roy, suivans celles de Pierre Messie, contenans plusieurs histoires, discours et faicts mémorables. Augmentées par l'autheur
en ceste cinquiesme édition, *A Tournon, par Claude Michel,* 1616, in-8, vélin à
recouv. (*Rel. anc.*).

623. Les Diverses leçons de Loys Guyon, Dolois, sieur de la Manche, suivans celles
de Pierre Messie, et du sieur de Vauprivaz divisées en cinq livres, contenant plusieurs histoires, discours et faits mémorables recucillis des autheurs grecs, latins,
françois, italiens, espagnols, allemans et arabes... *A Lyon, par Claude Morillon,*
1603-1625, 3 vol. pet. in-8, demi-rel. veau fauve, dos orné (*Rel. anc.*).

624. Œuvres choisies du roi René, avec une biographie et des notices par M. le
comte de Quatrebardes et un grand nombre de dessins et ornements, d'après les
tableaux et manuscrits originaux par M. Hawké. *Paris, Edme Picard,* 1846-1849,
4 tomes en 2 vol. in-4, cartonn. demi-toile bleue, tr. jasp.

3 frontispices et un grand nombre de lithographies hors texte.
Le titre et le frontispice du tome premier manquent.

625. Œuvres diverses de Fontenelle, nouvelle édition augmentée et enrichie de
figures, gravées par Bernard Picart le Romain. *A La Haye, chez Gosse et Neaulme,*
1728-1729, 3 vol. in-fol., veau fauve, fil., dos orné, tr. rouges (*Rel. anc.*).

Belle édition ornée de 6 frontispices ou figures, 1 fleuron sur chaque titre et 174 vignettes
et culs-de-lampe par *B. Picart.* Texte encadré.

626. Œuvres complètes de Montesquieu avec les variantes des premières éditions,
un choix des meilleurs commentaires et des notes nouvelles par Édouard Laboulaye. *Paris, Garnier frères,* 1875-1879, 7 vol. in-8, dos et coins mar. La Vall.,
jans., tête dor., non rognés (*Andriot*).

627. Œuvres de M. Palissot. Nouvelle édition considérablement augmentée, enrichie de figures. *A Liège, et se trouve à Paris, chez J.-F. Bastien,* 1777-1779, 7 vol. in-8, veau marb., fil., dos orné, dent. int., tr. dor. (*Rel. anc.*).

Portrait par *Monnet,* gravé par *Choffard* et 18 figures, dont 8 par *Méon,* gravées par *Thérèse Martinet* et 10 par *Monnet* sans nom de graveur.

628. Œuvres choisies de Le Sage, avec figures. *Paris, de l'imprimerie de Leblanc,* 1810, 16 vol. in-8, cartonn. papier gris, non rognés.

Réimpression de l'édition de 1783.
1 portrait par *J.-B. Guelard* et 32 figures par *Marillier,* gravées par *Borgnet, Dambrun, De Launay, Delignon, Delvaux, Duclos,* etc., etc.

629. Œuvres badines complettes du comte de Caylus, avec figures. *A Amsterdam, et se trouve à Paris, chez Visse,* 1786-1787, 12 vol. in-8, veau racine, pet. dent., dos orné, dent. int., tr. dor. (*Rel. anc.*).

1 portrait par *Cochin,* gravé par *De Launay jeune* et 24 figures par *Marillier,* gravées par *Baquoy, Borgnet, Dambrun, Fessard,* etc.

630. Œuvres du comte de Tressan précédées d'une notice sur sa vie et ses ouvrages par M. Campenon. Édition revue, corrigée et accompagnée de notes. *Paris, Neppeu,* 1823, 10 vol. in-8, brochés.

Édition ornée d'un port. par *Borel* et de 12 planches dessinées par *Colin,* gravées par *P. Pauquet, Blanchard, Pourvoyeur,* etc., etc.

631. Œuvres choisies du comte de Tressan, avec figures. *A Paris,* 1787-1788, 9 vol. in-8, mar. vert, comp. de fil. et dent., dos orné, dent. int., tr. dor. (*Rel. anc.*).

Tomes I à IX imprimés sur PAPIER VÉLIN.
Figures de *Marillier,* gravées par *Croutelle, Delvaux, de Ghendt,* etc.
Le tirage sur papier vélin n'a été fait que pour les 9 premiers volumes.

632. Œuvres d'Arnaud. *Paris,* 1768-1783, 12 vol. in-8, veau marb., 3 fil., tr. marb. (*Rel. anc.*).

Figures, vignettes et culs-culs-de-lampe d'*Eisen, Le Barbier, Marillier, Restout* et *Saint-Aubin.*

633. Œuvres complètes de Berquin, ornées de 200 vignettes. *Paris, Didier,* 1840, 4 vol. in-8, brochés.

On y joint : BERQUIN. Le livre de famille. *Didier,* 1866. — Sandford et Merton. *Id.,* 1867. — L'Ami des adolescents. *Id.,* 1873, — 3 vol. in-8, brochés.

634. L'Aristenete français, par Félix Nogaret. *A Versailles, de l'Impr. de Cosson,* 1797, 2 vol. in-8, cartonnés. — Le Danger des Extrêmes (par Félix Nogaret). *A Paris, chez les marchands de nouveautés,* an VIII, in-12, demi-rel. veau fauve (Exemplaire avec un envoi autographe de Nogaret au citoyen La Baume). — Ens. 3 vol.

635. Voyage à Cayenne, dans les Deux Amériques et chez les Antropophages. Ouvrage orné de gravures, contenant le tableau général des déportés, la vie et les

causes de l'exil de l'auteur... par Louis-Ange Pitou. *A Paris, chez l'auteur*, an XIII-1805, 2 vol. in-8, demi-rel. veau fauve, non rognés.

On y joint : Analyse de mes malheurs et de mes persécutions depuis 26 ans par L.-A. Pitou. *Paris*, 1816, in-8, demi-rel. bas. brune.

636. Œuvres de C. Tillier, précédées d'une introduction par M. Félix Pyat. *Nevers, C. Sionest*, 1846, 4 vol. in-12, brochés (*Couvertures*).

ÉDITION ORIGINALE.
Mon Oncle Benjamin. — Belle-Plante et Cornélius. — Pamphlets.
Exemplaire très frais.

637. La Comédie de notre temps. Études au crayon et à la plume par Bertall. *Paris, Plon et Cie*, 1874-1876, 3 vol. — La Vigne, voyage autour des vins de France. Étude physiologique, anecdotique, historique, etc, par Bertall. *Id.*, 1878. — Ens. 4 vol. gr. in-8, brochés.

———

638. Ouvrages imprimés en Hollande ou par les Elzéviers. 8 vol. pet. in-12, vélin blanc, cartonnés ou veau fauve et marb.

AUBERT (P.). Le Retour de l'isle d'Amour à Caliste. *Leide, Elz.*, 1666. — BERNARD (Mlle). Inès de Cordoue. *Suivant la copie. A Paris*, 1697. — JOURNAL amoureux de la Cour de Vienne. *Cologne, P. Marteau*, 1689. — NAUDÉ. Considérations politiques sur les coups d'État. *Sur la copie de Rome*, 1667. — SEVER. PINAEUS. De virginitatis notis graviditate et partu. *Lugd. Batav.*, 1650. — SALUSTIUS (G.). Crispus. Cum veterū Hispanorum fragmentis. *Parisiis, S. Benard*, 1672. — TACITUS (Cornelius) cum optimis exemplaribus collatus. *Amstelodami, Dan. Elz.*, 1678. — VITAL D'AUDIGUIER. Histoire des amours de Lysandre et de Caliste. *Amsterdam*, 1663.

639. Collection Cazin (de la). *Londres et Genève*, 1777-1787, 35 vol. in-18, dont 33 vol. veau fauve, dos orné, tr. dor. et 1 vol. mar. rouge, fil., dos orné, tr. dor. (*Rel. anc.*).

BERTIN. Œuvres, 1785, front. et 1 fig., 2 vol. — CHAPELLE ET BACHAUMONT. Voyage, 1777, front. — CAYLUS. Soirées du bois de Boulogne, 1782, 2 vol. — CONSTANT (S.). Laure ou lettres de quelques personnes de Suisse, 1787, 4 vol., 4 fig. — DUMOURIEZ. Richardet, poème, 1681, 2 vol., 2 front. — DUREY DE SAUVOY. Le masque ou anecdotes particulières, 1782. — GOUJY. Nouveau voyage sentimental, 1785. — HEYWOOD. L'étourdie, ou histoire de miss Betsy Tatless, 1782, 3 vol. — LA FARRE. Poésies, 1777, 1 fig. — MEILCOUR. Les Égaremens du cœur, 1782, 2 vol. — PIIS (A. de). Recueil de poésies fugitives, 1784. — RICHARDSON (M). Lettres anglaises ou histoire de miss Charisse Harlove, 1784, 11 vol. — RUTLIDGE (J.-J.). Premier et second voyages, 1782, 3 vol. — VERNES. Le voyageur sentimental, 1786, 1 fig.

640. Livres armoriés. 12 vol. in-4 et in-12, veau fauve, brun ou marb. (*Rel. anc.*).

DU PUY. Histoire des plus illustres favoris anciens et modernes. *Leyde Elzevier*, 1659 (armes du duc du MAINE effacées). — MÉMOIRES pour servir à l'histoire de France et de Bourgogne... *Paris*, 1729 (armes du PRÉSIDENT ROUJAULT). — Idylles de Bion et de Moschus. *Paris*, 1686 (armes de BONNIER DE LA MOSSON). — BACULARD D'ARNAUD. Le Bal de Venise. *Avignon*, 1751 (armes de DURFORT DUC DE DURAS). — LA PLACE. L'Orpheline angloise. *Paris, Rollin*, 1751, tomes II et III (armes de DURFORT DUC DE DURAS). — Mémoires pour servir à l'histoire de Malte. *Paris*, 1741, 2 tomes en 1 vol. (armes de Mme DE POMPADOUR). — PALLAVICINO. Le Divorce céleste. *Villefranche*, 1649 (armes de PRONDRE DE GUERMANTE). — MELLIN DE S. GELAIS. Œuvres poétiques. *Lyon*, 1574 (réimpression) (armes de DELPECH DE CAILLY). — Martini Hankii de Bizantinarum. *Lipsiae*, 1677 (armes de la duchesse de MONTAUSIER). — Aegidii Menagii poemata. *Parisiis*, 1668 (armes de HARLAY DE CHANVALLON). — Les Livres de Cicéron de la vieillesse et de l'amitié. *Paris*, 1691 (armoiries).

641. Livres armoriés. 7 vol. in-12, veau fauve, vélin vert, tr. rouges (*Rel. anc.*).

Du Périer. La Hayne et l'Amour d'Arnoul et de Claremonde... *Paris, Corrozet*, 1627 (armes de la duchesse de Montmorency-Luxembourg). — Le Gascon extravagant. *Paris, C. Besogne*, 1639 (armes de la comtesse de Verrue). — La Salle. Histoire de Sophie de Francourt. *Paris, chez Merlin*, 1768, 2 tomes en 1 vol. (armes de la duchesse de Gramont). — Le Sage. Aventures de M. Robert Chevalier dit Beauchêne. *Amsterdam*, 1733, 2 tomes en 1 vol. (armes de Fleuriau d'Arménonville). — Dictionnaire portatif des théâtres contenant l'origine des différents théâtres de Paris. *Paris*, 1754 (aux armes du maréchal de Luxembourg). — Launel (de). Le Romant satirique. *S. l. n. d.* (sans titre) (aux armes de la comtesse de Verrue). — Mille et une fadaises, contes à dormir debout. *Baillons*, 1742 (aux armes de Mlle de Sens).

642. Livres illustrés du xviiie siècle. 10 vol. in-8 et in-12, dont 9 rel. veau fauve ou cartonn. et 1 vol broché.

Bièvre (M^quis de). Lettre écrite à Madame la comtesse Tation par le sieur de Bois-Flotté. *Amsterdam*, 1770, 1 fig. — Bretin (C.-L.). Contes en vers. *Paris, Gueffier*, 1797, 5 fig, dessinées et gravées par *Le Grand*. — Grandval. Le vice puni ou Cartouche, poème. *Anvers*. 1768. — Le Roy de Lozembrune (F.-C.). Tableau des mœurs d'un siècle philosophe. *Manheim*, 1786, 2 vol., 2 front. — Longus. Les Amours pastorales de Daphnis et Cloé. *S. l. n. d.*, 4 fig. — Monvel (M.). Frédégonde et Brunehaut. *Londres*, 1775, 1 figure dessinée par *Bretaux*, et gravée par *Martinet*. — Sauvigny. L'Innocence du premier âge en France. *Paris*, 1778, 2 fig. dessinées par *Greuze* et gravées par *Moreau le jeune*. — Savin. Adelaïde ou l'amour et le repentir. *Amsterdam*, 1769, 1 fig. dessinée par *Meyer* et gravée par *Fessard*. — Stetten (Paul). Lettre d'une femme du xive siècle. *Amsterdam*, 1738, 12 fig. gravées en taille-douce.

643. Livres illustrés du xviiie siècle. 10 vol. in-8, in-12 et in-18, dont 1 broché, les autres rel. veau fauve ou marb. tr. rouges ou dor. (*Rel. anc.*).

Beauchamp (de). Les Amours d'Ismène et d'Ismenias. *A La Haye*, 1743, fleuron sur le titre, 1 frontispice et 3 figures non signées. — Caylus (Cte de). Mémoires de l'Académie des Colporteurs. *De l'Impr. ordinaire de l'Académie*, 1748, 1 front., 1 fleuron sur le titre et 8 figures non signées. — Cubières (de). Les Hochets de ma jeunesse. *Amsterdam et Paris*, 1780, 1 figure, 1 vignette et cul-de-lampe par *David*. — Duboccage (Mme). La Colombiade ou la foi portée au nouveau-monde. *Paris*, 1756, 1 fleuron sur le titre, 10 figures par *Chedel* et 10 culs-de-lampe. — Girard. Praxile. *Paris*, an VII, titre gravé et 1 figure. — Histoire de Mesdemoiselles de Saint-Janvier par Mlle de F. *Paris*, 1812, 2 figures. — Perse. Satires. Traduction nouvelle avec le texte latin et des notes par l'abbé Le Monnier. *Paris*, 1771, frontispice par *Cochin*, gravé par *Rousseau*. — Voltaire. La guerre civile de Genève. *Paris*, 1767, 4 figures. — Watelet. Silvie. *Londres*, 1743, 1 front., 8 figures, 1 fleuron, 4 vignettes et culs-de-lampe par *Pierre*. — Watelet. La vallée de Tempé. *La Haye*, 1747, frontispice.

644. Livres illustrés du xviiie siècle. 7 vol. in-8 et in-12, dont 4 rel. veau, 1 vélin blanc, 1 demi-rel. veau fauve et 1 cartonné.

Bernard. Phrosine et Mélidore. *Paris*, 1772, 4 figures par *Eisen*. — Arnaud (d'). Zenothémis. *Paris*, 1773, 1 figure, 1 vignette et 1 cul-de-lampe par *Eisen*. — Ussieux (d'). Clémence d'Entragues et Elizene. *Paris*, 1773, 2 figures, 2 vignettes et 2 culs-de-lampe par *Carême* et *Eisen*, en 1 vol. — Dorat, Mercier, Blin de Sainmore et autres. Poésies diverses illustrées par *Queverdo, Eisen, Saint-Aubin*, etc., en 1 vol. — Algarotti. Il congresso di Citera, *In Parigi*, 1756, titre, frontispice par *Eisen* et 2 vignettes. — Malfilatre. Narcisse dans l'isle de Vénus. *Paris* (1769), 1 titre par *Eisen* et 4 figures par *Saint-Aubin*. — Pezay (Mis de). Le Pot-pourri. *Paris*, 1764, 2 vignettes, 2 figures et 2 culs-de-lampe par *Eisen*. — Pesselier. Fables nouvelles. *Paris*, 1748, 1 frontispice, 1 fleuron et 1 vignette par *Eisen*. — Thompson. Les Saisons. *Paris*, 1749, 1 frontispice, 4 figures et 4 culs-de-lampe par *Eisen*.

645. Recueil littéraire. 10 ouvrages en 2 vol. in-8, demi-rel. mar. rouge à longs grains, tr. jaunes (*Rel. anc.*).

Épître à M. Palissot. *Paris chez Desenne*, 1806. — Zenothémis, anecdote marseilloise par M. d'Arnaud. *A Paris, chez Le Jay*, 1773, 1 fig., vig. et cul-de-lampe par Eisen. — Eudoxie par M. d'Arnaud (tome troisième). *A Paris, chez la veuve Ballard*, 1783. 1 fig., vig. et cul-de lampe par Le Barbier. — Seconde anecdote d'Almanzi (par d'Arnaud). *A Paris, chez Delalain*, 1776, 1 fig., vig. et cul-de-lampe. — Le Comte d'Umby, anecdote historique. *A Londres*. 1775, belle figure non signée. — Zélis au bain, poème en quatre chants (par le Mⁱ⁴ de Pezay). *Genève, s. d.*, 1 titre, 4 fig., vignettes et culs-de-lampe par *Eisen*, etc.

646. Lamentations de Jérémie, odes par d'Arnaud, nouvelle édition. *A Paris, Le Jay*, 1769, 1 fig. dessinée par Eisen et gravée par Massard. La mort du maréchal comte de Saxe. *Paris, Eslinger*, 1759, 2 ouv. en 1 vol. — Le désaveu de la nature, nouvelles lettres en vers. *Londres*, 1770, 1 fig. par De Sève gravée par Née. — Ens. 2 vol. in-8 rel.

647. Ouvrages illustrés par Desrais. 2 vol. in-8, veau racine et marb., tr. rouges (*Rel. anc.*).

DUBREUIL. La Pucelle de Paris, poème en douze chants et en vers. *Londres*, 1776, 1 figure par *Desrais*, gravée par *Deny*. — FALLET. Mes bagatelles ou les torts de ma jeunesse, recueil sans conséquence. *Paris, chez Costard*, 1676, 2 figures par *Desrais*, gravées par *Marchand* et *Chatelain*.

648. Livres illustrés par Gravelot. 5 vol. in-8, dont 4 vol. veau marb. et 1 vol. cartonn. papier.

LUCAIN. La Pharsale de Lucain, traduite en francois par M. Marmontel. *Paris, Merlin*, 1766, 2 vol., 10 figures par Gravelot, gravées par De Ghendt, Simonet, Née, etc., etc. — PANCKOUKE (H.). Lettre de don Carlos à Élisabeth de France. *Paris, Le Jay*, 1769, 1 figure par Gravelot, gravée par C. Le Vasseur. — TASSE (A.). La Secchia rapita poema eroicomico. *In Parigi*, 1766, 2 vol., 12 figures par Gravelot, gravées par Duclos, Rousseau, Née, Simonet, etc., etc.

649. Livres illustrés par Marillier. 7 vol. in-8 et in-12, cartonn. papier et veau marb.

DUFLOS. L'Education de Henri IV. *Paris, chez Duflos le jeune*, 1790, 2 tomes en 1 vol., 6 figures. — GUILLARD DE BEAURIEU. L'Elève de la nature. *Amsterdam*, 1774, 3 parties en 1 vol., 3 fig. — RICHER. Théâtre du monde. *Paris, Defer*, 1788, 4 vol., 20 figures dessinées par Moreau et Marillier, etc. — SAINT-CHAMON. Ah ! que c'est bête par M. Timbré (le marquis de Saint-Chamond). *A Berne*, 10007006016 (1776), 1 figure.

650. Livres illustrés par Monnet. 3 vol. in-8, veau marb., tr. dor. et marb. (*Rel. anc.*).

BOISARD. Fables. *Paris*, 1777, 2 tomes en 1 vol., 1 fleuron sur chaque titre, 9 figures et 2 culs-de-lampe par *Monnet*, gravés par *Saint-Aubin* et *Schmitz*. — COLARDEAU. Œuvres. *Paris*, 1779, 2 vol., 1 portrait d'après Voiriot et 11 figures par Monnet, gravées par *Legrand, De Launay, Mathieu*, etc.

651. Livres illustrés par Quéverdo. 2 vol. in-8, demi-rel., veau fauve et 6 vol. in-12, dont 3 dos et coins veau fauve et 3 vol. brochés. — Ens. 8 vol.

DAUPHIN. La Dernière Héloïse ou lettres de Junie Salisbury. *Paris*, 1784, 2 fig. — FLORIAN. Gonzalve de Courdoue ou Grenade reconquise. *Paris, Didot*, 1792, 3 vol., 14 fig. — Même ouvrage, exemplaire broché, non rogné. — LOAISEL DE TRÉOGATE. Valmore. *Paris, chez Moutard*, 1786, 1 fig.

652. Livres illustrés par Ransonnette. 3 vol. in-8, dont 2 cartonn. toile noire et 1 demi-rel., mar. vert., tr. dor.

ALGAROTTI. Le Congrès de Cythère et lettre de Léonce à Erotique son fils. *Paris*, 1785, 1 frontispice. — HURTADO DE MENDOZA. Aventures et espiègleries de Lazarille de Tormes. Nouv. édit. ornée de 40 figures. *Paris, Didot jeune*, 1801, 2 vol. (la figure de la castration est intacte).

653. Livres illustrés du xixᵉ siècle. 5 vol. in-4 et in-8, dont 2 brochés, les autres, demi-rel., veau rouge.

Itinéraire pittoresque aux comtés de Chester, de Derby, de Leicester, de Lincoln..... 73 vues gravées sur acier. Trad. de L'anglais par A. Sosson. *Londres*, 1837-1838. — Prévost (J.). L'Irlande au xixᵉ siècle. *Paris, Curmer, s. d.*, nombreuses vues gravées sur acier. — Roche (Ed.). L'Italie de nos jours. *Paris, s. d.*, nombreuses vues gravées sur acier. — Saint-Germain Leduc. La Toscane. *Paris,* 1834, nombreuses vues.— Shepherd (Th.-H.). London and its environs in the nineteenth century illustrated by a series of views..... *London,* 1829.

654. Livres illustrés du xixᵉ siècle, en premier tirage. 4 vol. pet. in-8, demi-rel., chag. et 1 vol. in-8, brochés. — Ens. 5 vol.

Albanès. Les Mystères du collège. *Paris, Havard,* 1845. — Bertall. Cahier des charges des chemins de fer. *Paris, J. Hetzel,* 1847. — Briffault (Eugène). Paris à table, illustré par Bertall. *Id.,* 1846. — Karr (Alphonse). Histoire d'un pion. *Paris, Blanchard,* 1854. — Lasalle (Albert de). L'Hôtel des haricots. *Paris, Dentu, s. d.* (1864).

655. Livres illustrés du xixᵉ siècle. 3 vol. in-4 et in-8, brochés.

Les Aventures merveilleuses de Fortunatus, avec une préface par Henry Fouquier et 120 dessins dans le texte par Ed. de Beaumont. *Paris, Jouaust,* 1887. — Faber du Faur (G. de). Campagne de Russie, 1812, d'après le journal illustré d'un témoin occulaire avec une introduction par A. Dayot. *Paris, Flammarion, s. d.* — Hugo (Victor). L'Année terrible. Illustrations de Léopold Flameng. *Paris, Levy,* 1873.

656. Livres illustrés du xixᵉ siècle. 3 vol. in-8, demi-rel., mar. vert et rouge, et cartonn., demi-toile grise.

Karr (Alph.). Voyage autour de mon jardin ; illustré par MM. Freeman, Marvy, Steinheil, etc. *Paris, Curmer,* 1851. — Lesage. Le Diable boiteux, illustré par Tony Johannot. *Paris, Bourdin,* 1840. — Morale merveilleuse. Contes de tous les temps et de tous les pays, recueillis et mis en ordre par P. Christian. *Paris, Lavigne,* 1844.
Exemplaires du premier tirage.

657. Livres illustrés du xixᵉ siècle. 3 vol. gr. in-8, dos et coins chagrin noir et demi-rel. veau fauve.

Alboize et Elie. Fastes des gardes nationales de France. *Paris, Goubaud,* 1849, figures hors texte gravées sur acier. — Bartlett. Vues de la Hollande et de la Belgique. *Londres,* s. d., vues gravées sur acier. — Challamel (Aug.) et Tenint (W.). Les Français sous la Révolution. *Paris, s. d.,* 40 scènes et types dessinés par *H. Baron* et gravés sur acier par *Massard.*

658. Livres illustrés du xixᵉ siècle. 3 vol. gr. in-8, demi-rel. chagrin bleu. veau brun et chagrin rouge, tr. dor. et marb.

Kock (Paul de). La Grande ville. Nouveau tableau de Paris comique, critique et philosophique. Illustrations de Gavarni, V. Adam, Daumier, etc. *Paris,* 1842, 2 tomes en 1 vol. — Grandville. Les Métamorphoses du jour. *Paris, Havard,* 1854. — Grandville. Les Fleurs animées. *Paris, Martinon, s. d.,* 2 tomes en 1 vol.
Les deux premiers ouvrages sont de premier tirage.

659. Volumes publiés par Le Fuel. 3 vol. in-18, cartonn. papier rose et bleu, tr. dor., étuis.

Les Fleurs, poëme en quatre chants par C. L. Mollevaut. Orné de 9 figures d'après les dessins de Bessa et de Chasselat ; musique de Boyeldieu. *Paris, Arthus Bertrand, s. d.,* titre gravé, 8 figures (4 fig. de sujets et 3 fig. de plantes) les 4 figures de plantes sont en deux états : en noir et en couleur. — Madame Élisabeth de France, sœur du roi. S. d. (1815), portrait et 4 figures par *Séb. Le Roy.* — Marie-Antoinette, archiduchesse d'Autriche, reine de France. S. d. (1821), portrait et 4 figures par *Séb. Le Roy* et calendrier pour 1821.

660. Collection Gay (de la). 10 vol. pet. in-12, brochés dont 1 vol. demi-rel., chag.
rouge.

> Sept petites nouvelles de Pierre Arétin, 1861. — Vie et actes triomphans d'une damoiselle
> nommée Catharine des Bas-Souhaiz, 1862. — Le premier acte du synode nocturne, 1862.—
> Le lion d'Angélie, suivi du temple de Marsias, par Pierre Corneille, 1862.— Les Entretiens
> de la grille ou le moine au parloir, 1868. — Analectes du bibliophile, 1876, 3 vol. — Le
> Tableau des piperies des femmes mondaines, 1686. — Les Amusements des dames de
> Bruxelles, par le chevalier de Chevrier. S. d., front. — Le Fantaisiste, deuxième livraison.

661 Publications Liseux. 1 vol. in-8 et 7 vol. in-12, brochés. — Ens. 8 vol.

> ARIOSTE. Roland furieux, traduction par Alcide Bonneau, 1879. — BANDELLO. Nouvelles,
> 1879-1880, 2 vol. — GIOVANNI FIORENTINO. Nouvelles choisies, 1881. — Les Heures perdues
> d'un cavalier françois, 1881. — SACCHETTI. Nouvelles choisies, 1879. — SINISTRARI (M.). De
> la démonialité et des animaux incubes et succubes, 1875. — HUTTEN (U. de). Arminius,
> dialogue.

---

662. Tutte le opere di Machiavelli. *S. l.*, 1550, 5 parties reliées en 3 vol. pet. in-4,
mar. vert, fil. à froid, dent. int., doubl. de mar. rouge avec fil. et large dent., tr.
dor. (*Cocheu*).

> Recueil des ouvrages complets sans titre, sommaire et tomaisons, appelé *alla testina*, parce
> qu'il porte sur chaque volume le petit portrait de Machiavelli, gravé sur bois.
> Voici les titres des volumes :
> Historie. — Il Principe. La Vita di Castruccio Castrani da Lucca. Il modo che tenne il
> duca Valentino per ammazzare Vitellozzo, Vitelli, Oliverotto da Fermo, il Signor Pagolo, et
> il ducca di Gravina. I Ritratti delle cose della Francia et della Alamagna. — Discorsi sopra
> la prima deca di Tito Livio. — I sette Libri dell' arte della guerra. — L'Asino d'oro.
> Exemplaire de Luzarche.
> « *L'Asino doro* » est incomplet des pages 15 à 18 (signat. B4 et C1).

663. The Works of Shakespear, in six volumes, adorned with sculptures. The second
edition (by Sir Thomas Hanmer). *Oxford, printed at the Clarendon press*, 1771,
6 vol. gr. in-4, portrait et figures ; veau jaspé.

> Bel exemplaire d'une édition assez rare. Elle est ornée de figures gravées par *Gravelot*.

664. Livres étrangers du xviiie siècle illustrés. 5 vol. in-4, in-8 et in-12, dont 2 rel.
veau marb., tr. dor., les autres cartonnés.

> CERVANTES. Trabajos de Persiles y Sigismunda; historia setentrional. *En Madrid*, 1781,
> 2 vol., 8 figures par *J. Ximeno*. — GIORNATA Villereccia poemetto in tre canti. *Parma*, 1773,
> titre gravé et 3 vignettes. — HALLER (A. de). Les Alpes. *Berne*, 1795, 2 titres avec vignettes
> et vignettes dans le texte par *Dunker*, texte allemand et français. — THÜMMEL. Wilhelmine,
> poème héroi-comique, trad. de l'allemand par M. Huber. *Leipzig*, 1764, figures et vignettes.

HISTOIRE

I. — GÉOGRAPHIE

665. Géographique de Ptolémée. Reproduction photolithographie du manuscrit grec
du monastère de Vatopédi au Mont Athos, exécutée d'après les clichés obtenus
sous la direction de M. Pierre de Sewastianoff et précédée d'une introduction
historique sur le Mont Athos, les monastères et les dépots littéraires de la pres-
qu'île Sainte. *Paris; Firmin Didot frères,* 1867, in-4, cartonn. demi-toile grise,
non rogné.

> Publication dédiée à Alexandre II, empereur de Russie ; elle renferme 108 pages, fac-simile
> du manuscrit.

666. Géographie des Grecs analysée ou les systèmes d'Eratosthènes, de Strabon et
de Ptolémée comparés entre eux et avec nos connoissances modernes par M. Gossellin. *A Paris, de l'imp. de Didot,* 1790 (exemplaire illustré de 10 cartes hors
texte). — Recherches sur la géographie systématique et positive des anciens pour
servir de base à l'histoire de la géographie ancienne par P.-F.-J Gossellin, *Id.,*
an VI (1797). — 1813, 4 vol. — Ens. 5 vol. in-4, veau racine, dent., tr. marb.
(Rel. de l'époque).

667. Pomponius Mela : Julius Solinus ; Itinerarium Antonini Aug., Vibius sequester ;
P. Victor de regionibus urbis Romae. Dionysius Afer de situ orbis Prisciano interprete (à la fin) : *Venetiis, in aedibus Aldi, et Andreae soceri, octobri* 1518, in-8,
vélin *(Rel. anc.).*

> Edition peu commune composée de 233 ff. chiff., 1 feuillet pour la souscription, 1 feuillet
> blanc et 1 feuillet pour l'ancre.
> Plusieurs feuillets sont réparés et les gardes sont modernes.

668. Geographia quae est cosmographiae blavianae... *Amstelaedami, labore et sumptibus, Joannis Blaeu,* 1662, 11 vol. gr. in-fol., vélin à recouv., pet. dent. sur les
plats, angles et milieu ornés, dos de mar. vert, tr. dor. *(Rel. anc.).*

> Bel exemplaire de cet ouvrage d'une exécution splendide, orné de 597 planches hors texte
> gravées et coloriées.

669. Description de l'Univers, contenant les différents systèmes du monde, les cartes
générales et particulières de la géographie ancienne et moderne... par Allain Manesson Mallet. *A Paris, chez Denys Thierry,* 1683, 5 vol. in-8, veau brun *(Rel. anc.).*

> Ouvrage intéressant par les nombreuses gravures dont il est orné et dont la plupart con-
> tiennent des vues de villes.

670. Le grand Dictionnaire géographique et critique, par M. Bruzen La Martinière. *A la Haye, chez P. Gosse*, 1726-1739, 10 vol. in-fol., veau fauve, fil., dos orné, tr. rouges (*Rel. anc.*).

> Exemplaire aux armes de Fleuriau d'Armenonville.

671. Recueil de mémoires donnés à l'Académie R^le des Inscriptions et Belles Lettres dans les années 1754, 55, 56, et 57 (indépendamment de plusieurs autres du même auteur dont l'impression a été remise aux années suivantes). *S. l. n. d.*, 43 mémoires en 3 vol., cartes. — Etats formés en Europe après la chute de l'Empire romain en occident. *A Paris, Impr. royale*, 1771, carte. — Antiquité géographique de l'Inde et de plusieurs autres contrées de la haute Asie. *A Paris, de l'Imp. royale*, 1775, cartes. — Ens. 5 vol. in-4, cuir de Russie, fil., dos orné, dent. int., tr. dor. (*Ottmann Duplanil*).

> Réunion d'ouvrages très bien reliés, elle est ornée de 30 cartes.

672. Nouvelle géographte universelle. La Terre et les hommes, par Élisée Reclus. *Paris, Hachette et Cie*, 1876-1894, 19 vol. gr. in-8, brochés.

> Nombreuses gravures et cartes hors texte et dans le texte.

673. La Cosmographie universelle de tout le monde… ; recueillie en partie par Munster, mais beaucoup plus augmentée et enrichie, par François de Belle-Forest, Comingeois, tant de ses recherches, comme l'aide de plusieurs mémoires envoyez de diverses villes de France, par hommes amateurs de l'histoire et de leur patrie… *A Paris, chez Nicolas Chesneau*, 1575, 2 vol. in-fol. veau fauve, tr. rouges (*Rel. anc.*).

> Ouvrage orné de cartes, plans et de nombreuses gravures sur bois.
> Les augmentations de Belle-Forest se rapportent principalement à la France.
> Exemplaire fatigué.

II. — VOYAGES

674. Travels through the maritim Alps, from Italy to Lyons, across the col de Tende, by the way of Nice, Provence, Languedoc, etc. With topographical and historical descriptions. To which are added, some philosophical observations on the various appearances in mineralogy, etc, found in those countries, by Albanis Beaumont. *London, printed by E. Bensley*, 1795, in-fol., cartonné.

> 4 cartes et 18 planches gravées à la manière du lavis et tirées en bistre. On a relié avec cet ouvrage : Select views in the south of France with topographical and historical descriptions by the author of the Rhœtian Alps, etc., etc. *London*, 1794, frontispice gravé, 3 plans et 12 planches gravées à la manière du lavis et tirées en bistre.

675. Le Chemin des écoliers. Promenade de Paris à Marly-le-Roy en suivant les bords du Rhin par X.-B. Saintine ; avec 450 vignettes de G. Doré, Foster, etc. *Paris, Hachette et Cie*, 1861, in-8, broché (*Couvert.*).

> Premier tirage.

676. Les Navigations peregrinations et voyages, faicts en la Turquie, par Nicolas de Nicolay. Avec soixante figures au naturel tant d'hommes, que de femmes selon la

diversité des nations, leur port, maintien, habits, loyx, religion, et façon de vivre, tant en temps de paix comme de guerre. Avec plusieurs belles et memorables histoires advenuës en nostre temps. *En Anvers, par Guillaume Silvius,* 1576, pet. in-4 de 12 ff. prél. non chiff., 308 pp. chiff. et 13 ff. non chiff. pour la table, veau fauve, tr. jasp. (*Rel. anc.*).

Seconde édition ornée de 60 figures sur bois faites en partie par *Ahasverus von Landfeld* d'après les dessins de *Nicolay*, gravés par *Louis Danet.*
Exemplaire très court.

677. Les fameux voyages de Pietro della Valle surnommé l'illustre voyageur, avec un dénombrement très exact des choses les plus curieuses, et les plus remarquables qu'il a veuës, dans la Turquie, l'Égypte, la Palestine, etc... (traduit de l'italien par les P. P. Étienne Carneau et François Le Comte). *A Paris, chez Gervais Clouzier,* 1663-1670, 4 vol. in-4, veau brun (*Rel. anc.*).

Reliure fatiguée.

678. Voyage en Syrie et dans l'Asie mineure. Illustré par vingt magnifiques gravures sur acier d'après les dessins pris sur les lieux par W.-H. Bartlett, Thomas Allom, etc., etc., par Clément Pellé et Léon Galibert. *Londres, Fisher, fis et Cie,* s. d., 3 vol. in-4, dos et coins chagrin bleu, ébarbés (*Rel. de l'époque.*).

679. De Paris à Samarkand. Le Ferghanah, le Kouldja et la Sibérie occidentale. Impressions de voyage d'une parisienne par Mme de Ujfalvy-Bourdon. Ouvrage contenant 273 gravures sur bois et cinq cartes. *Paris, Hachette et Cie,* 1880, in-4, broché.

Le volume est cassé.

680. Collection de voyages aux Indes orientales et occidentales, connue sous le nom de *Grands voyages,* publiée par Th. de Bry et Mathieu Merian; 11 parties en 3 vol. in-fol., veau marb., tr. rouges (*Rel. anc.*)

Edition latine, publiée de 1590 à 1602.
Les 6 premières parties sont du second tirage, et les parties 7, 8, 9 et 10 sont du premier tirage.
Il manque à cet exemplaire : dans la 3e partie le frontispice gravé placé en tête de « *Navigatio in Brasiliam Americæ* ; dans la 4e partie, la carte de l'Amérique occidentale ; dans la 6e partie, la carte de l'Amérique, les 28 planches et le texte s'arrête à la page 78 (il manque les 2 chapitres de la description des Canaries). Le plan de Cusco se trouve dans la 3e partie ; il manque dans la 7e partie les 3 planches qu'on trouve généralement placées en tête des figures de la 8e partie ; dans la 10e partie la carte des Philippines manque.
La XIe partie contient seulement le texte de Schouten (pp. 5-49), les 3 cartes et les 9 planches.

681. Collection des Grands voyages de Th. de Bry. Edition latine, 3 parties en 1 vol. in-fol., vélin blanc (*Rel. anc.*).

Pars II : Brevis narratio eorum quae in Florida provicia acciderunt... quae est secunda pars Americae. *Francofurti ad mœnum, typis Ioannis Wecheli,* 1591, titre, dédicace, avis au lecteur, 3 ff., privilège 1 f., carte de la Floride, 30 pp. de texte, 1 feuillet d'index, frontispice gravé (placé en tête du volume) et 42 planches... *Libellus sive Epistola supplicatoria...* 3 ff., De *quarta gallorum in Floridam navigatione,* 5 ff. *Parergon continens* 4 ff. *Meridae quaedam...* 1 feuillet.
Pars III : Americae tertia pars, memorabilē provinciae Brasiliae historiam continens.

Francofurti, 1592. Titre gravé, épître dédicatoire, avis au lecteur, épître de Stadius et préface de Dryander, 8 ff. (la carte manque), 296 pp. de texte, et 7 ff. d'index.

Pars IV : Americae pars quarta sive insignis et admiranda historia de reperta primum occidentali a Christophoro Colombo… scripta ab Bezono. *Francofurti*, 1594. Titre, dédicace, avis au lecteur et 1 feuillet de vers en l'honneur de de Bry, 4 ff., 146 pp. (les deux frontispices s'y trouvent), 24 planches (la carte manque).

Exemplaire colorié, composé de planches du premier et du second tirage.

On a relié avec ce volume : les pp. 3-34 du texte ; *Vivae imagines* 2 ff. de texte et 26 planches, dont la carte de la Virginie faisant partie de la 1ʳᵉ partie.

Cassures et mouillures.

682. A Vasco da Gama 1498. Album commémoratif publié sous le patronage de sa Majesté la reine Marie-Amélie de Portugal, recueilli par Mᵐᵉ Juliette Adam. *Paris, Aillaud et Cⁱᵉ, s. d.*, in-4, dos et coins chag. vert, tr. jasp. (*Rel. de l'éditeur*).

Nombreuses planches hors texte.

683. Voyage curieux du R. P. Louis Hennepin… qui contient une nouvelle découverte d'un très grand pays situé dans l'Amerique, entre le Nouveau Mexique et la mer Glaciale, avec toutes les particularités de ce pays, et les avantages qu'on en peut tirer par l'établissement des colonies… Outre cela on a aussi ajouté un voyage qui contient une relation exacte de l'origine, mœurs, coutumes, religion, guerres et voyages des Caraïbes, sauvages des isles Antilles de l'Amérique, faite par le sieur de La Borde… *A Leide, chez Pierre Van der Aa*, 1704, in-12, veau brun, dos orné, tr. rouges (*Rel. anc.*).

Frontispice gravé, 2 cartes et 6 planches. La relation de La Borde occupe les pages 517-604.

684. Nouveaux voyages dans l'Amérique septentrionale, contenant une collection de lettres écrites sur les lieux par l'auteur à son ami, M. Douin, chevalier, capitaine dans les troupes du roi, ci-devant son camarade dans le Nouveau Monde, par M. Bossu. *A Amsterdam, chez Changuion*, 1777, in-8, veau marb., tr. rouges (*Rel. anc.*).

Ces « nouveaux voyages » n'ayant pas été réimprimés sont devenus rares ; ils sont ornés de 4 planches par *Saint-Aubin*, gravées par *Louvion, Le Tellier*, etc. Notes marginales d'une écriture ancienne.

685. Voyage pitoresque et archéologique dans la province d'Yucatan (Amérique centrale) pendant les années 1834 et 1836, par Frédéric de Waldeck. *Paris, Bellizard Dufour et Cⁱᵉ*, 1838, in-fol., dos et coins mar. vert à longs grains, non rogné.

Ouvrage recherché, orné de 21 planches lithographiées, dont 14 coloriées.

686. Voyage à Cayenne dans les deux Amériques et chez les antropophages. Ouvrage orné de gravures, contenant le tableau général des déportés, la vie et les causes de l'exil de l'auteur… par Louis-Ange Pitou. *A Paris, chez l'auteur*, an XIII-1805, 2 vol. in-8, demi-rel. bas. noire, non rognés.

III. — HISTOIRE UNIVERSELLE

687. Chronicorum liber (per Hart. Schedel). In fine : *Hunc librum… Anthonius*

Koberger Nuremberg impressit... anno... 1493, in-fol. goth., vélin blanc, ais de bois, milieu à froid, fermoirs (*Rel. anc.*).

Cet ouvrage connu sous le nom de *Chronique de Nuremberg,* est orné d'environ 2 000 gravures sur bois par *Michel Wohlgemuth.* Les feuillets blancs manquent et l'exemplaire est taché de moisissures.

688. Discours sur l'histoire universelle à monseigneur le Dauphin, pour expliquer la suite de la religion et les changemens des Empires, par Bossuet. Première partie, depuis le commencement du monde jusqu'à l'Empire de Charlemagne. *A Paris, chez Sébastien Mabre-Cramoisy,* 1682, in-12, veau jasp., dos orné, tr. marb. (*Rel. anc.*).

Seconde édition, la première de ce format.
Exemplaire orné sur les plats de la croix de la maison royale de Saint-Cyr.

IV. — HISTOIRE DES RELIGIONS

689. République des Champs Elysées, ou monde ancien. Ouvrage dans lequel on démontre principalement : que les Champs Elysées et l'Enfer des anciens sont le nom d'une ancienne république d'hommes justes et religieux, située à l'extrémité septentrionale de la Gaule et surtout dans les iles du Bas-Rhin... ouvrage posthume de M. Charles-Joseph de Grave. *A Gand, de l'Imp. de P.-F. de Goesin-Verhaeghe,* 1806, 3 tomes en 1 vol. in-8, veau marb., tr. rouges (*Rel. anc.*).

Nombreuses soulignures et notes marginales.

690. Dissertation sur les attributs de Venus... par M. l'abbé de La Chau. *A Paris, de l'Imp. de Prault,* 1776, in-4, veau marb., tr. rouges (*Rel. anc.*).

1 gravure représentant la Venus Anadyomène, gravée par *St-Aubin,* d'après le Titien, fleuron sur le titre, 1 en-tête, 13 vignettes, 8 médailles en une planche et 1 cul-de-lampe.

691. Dissertation sur les attributs de Vénus, par M. l'abbé de La Chau. *A Paris, de l'imprimerie de Prault,* 1776, in-4, veau marb., fil. (*Rel. anc.*).

Une gravure de Vénus Anadyomène d'après *Titien,* gravée par *Saint-Aubin,* 1 fleuron sur le titre, 13 vignettes dans le texte, une planche de médailles et un cul-de-lampe.
La figure de *Venus Anadyomène* est avant la bordure et la coquille.

692. L'Histoire de Theodorite, evesque de Cyropolis, ville de Médie : en laquelle sont contenues les choses dignes de mémoire advenues en la primitive église, tāt du règne de l'empereur Cōstantin le grand, comme de ses successeurs, propre à ce temps. Traduit du grec en françois par D. M. Matthée. *A Paris, chez Hiérosme de Marnef,* 1569, in-16, vélin blanc à recouvr. (*Rel. anc.*).

Exemplaire très bien conservé.

693. Histoire ecclesiastique de Nicefore, fils de Calliste Xanthouplois, autheur grec, traduicte nouvellement du latin en françois : laquelle contient en dixhuict livres, les principales affaires chrestiennes, dès le temps auquel nostre Seigneur Jésus-Christ apparut, ayant prins chair humaine, jusques à six cens vingtcinq ans

ensuyvans. *A Paris, chez Sébastien Nivelle*, 1567, in-fol., veau fauve, dos orné, tr. jaunes (*Rel. anc.*).

Traduction française par Jean Gillot, faite sur la version latine de J. Langus imprimée pour la première fois à Bâle en 1553.

694. Ursulines de Loudun et à Urbain Grandier (Ouvrages relatifs aux). 6 vol. in-8 et in-12, dont 2 brochés, les autres reliés, veau fauve et brun (*Rel. anc.*).

Aubin. Histoire des diables de Loudun, ou de la possession des religieuses ursulines. *Amsterdam*, 1737. — Bayle (F.). Relation de l'estat de quelques personnes prétendues possédées. *Toulouse*, 1682. — Histoire abrégée de la possession des Ursulines de Loudun, et des peines du père Surin. *Paris*, 1828. — La Menardaye (De). Examen et discussion critique de l'histoire des diables de Loudun. *Liège*, 1749. — Legué (G.) et Gilles de la Tourette. Sœur Jeanne des Anges, supérieure des ursulines de Loudun. *Paris*, 1886. — Legué (G.). Urbain Grandier et les possédées de Loudun. *Paris*, 1880.

695. L'Alcoran des cordeliers, tant en latin qu'en françois, c'est-à-dire recueil des plus notables bourdes et blasphèmes de ceux qui ont osé comparer sainct François à Jésus-Christ : tiré du grand livre des conformitez, jadis composé (en latin), par frère Barthelemi de Pise (trad. en françois par Conrad Badius), nouvelle édition ornée de figures dessinées par B. Picart. *A Amsterdam, aux depens de la Compagnie,* 1734, 2 vol. in-12, veau brun, fil., dos orné, dent. int., tr. marb. (*Rel. mod.*).

Titre gravé avec la date de 1733 et 21 figures par *B. Picard*.

696. La Vérité des miracles opérés par l'intercession de M. de Paris, démontrée contre M. l'archevêque de Sens. Ouvrage dédié au roy par M. de Montgeron. *A Utrecht, chez les libraires de la Compagnie,* 1737-1747, 3 vol. in-4, veau fauve, dos orné, tr. rouges (*Rel. anc.*).

Ouvrage orné de nombreuses planches représentant les miracles opérés par l'intercession du diacre Paris.

697. Mémoires pour servir à l'histoire de la fête des foux qui se faisoit autrefois dans plusieurs églises, par Mr. du Tilliot. *A Lausanne, chez M. Michel Bousquet,* 1741, in-4, 12 planches, cartonn. papier gris.

Exemplaire NON ROGNÉ.

698. Predicatoriana, ou révélations singulières et amusantes sur les prédicateurs ; entremêlées d'extraits piquants des sermons bizarres, burlesques et facétieux prêchés tant en France qu'à l'étranger, notamment dans les XVe, XVIe et XVIIe siècles ; suivies de quelques mélanges curieux, avec notes et tables par G.-P. Philomneste. *Dijon, V. Lagier,* 1841, in-8, broché.

699. Dictionnaire critique des reliques et des images miraculeuses, par J.-A.-S. Collin de Plancy. *Paris, Guien,* 1821-1822, 3 vol. in-8 broché.

700. La Règle du B. père Sainct Benoist. *Paris,* 1645. — Varet (Alex.). Factum pour les religieuses de Ste Catherine-lès-Provins contre les pères cordeliers. *A Doregnal, chez Dierik Braessem, s. d.* — Vignier (Nic.). Légende dorée ou sommaire de l'histoire des frères mendians de l'Ordre de S. Dominique et de S. François.

Amsterdam, 1734. — Les Avantures de la Madona et de François d'Assise, par M. Renoult. *Id.,* 1701, fig., 2 ouvrages en 1 vol. — Ens. 4 vol. in-12 brochés et reliés.

701. Histoire de D. Ranucio d'Alétés, écrite par lui-même. *A Venise, aux dépens de la Compagnie,* 1758, 2 vol. in-12, dos et coins mar. bleu, fil., tête dor., non rognés (*Petit, succ. de Simier*).

    Ouvrage rare attribué à Quesnel et à Ch.-G. Porée : « C'est une satire des gens d'église « et des moines, où l'auteur a eu l'adresse de peindre les mœurs ecclésiastiques et monacales, « mais où les couleurs, quoique quelquefois assez naturelles, sont trop chargées » (*Bulletin du Bibliophile,* 1865, pp. 340-347).

702. Mémoires historiques sur l'orbilianisme, et les correcteurs des jésuites, avec la décision d'un cas de conscience extrêmement singulier, et quelques petits coups de patte donnés en passant, tant à droite qu'à gauche, mais sans aucune intention d'égratigner personne en particulier. *A Genève, aux dépens de la compagnie,* 1763, in-12 demi-rel. veau fauve, tête dor., non rogné.

    Ouvrage curieux et rare attribué à de La Chalotais, orné d'un frontispice gravé représentant les corrections corporelles infligées chez les jésuites de Toulouse.

703. Les Couvents, par Louis Lurine et Alp. Brot. Illustrés par MM. Tony Johannot, Baron, Français et Célestin Nanteuil. *Paris, J. Mallet et Cⁱᵉ,* 1846, gr. in-8, broché (*Couvert. illust.*).

    Premier tirage.
    Le dos du volume est cassé.

704. Fontevrault et ses monuments ou histoire de cette royale abbaye depuis sa fondation jusqu'à sa suppression (1100-1793), par l'abbé Édouard. *Paris, imprimerie catholique de France,* 1873-1874, 2 vol. in-8, brochés.

705. Histoire de l'abbaye royale de Notre-Dame de Chelles, par l'abbé C. Torchet. *Paris, Retaux-Bray,* 1889, 2 vol. in-8, brochés.

706. Recherches historiques sur le Temple par E.-J.-J. Barillet. *A Paris, chez Dufour,* 1809, fig. — La Maison du Temple de Paris, histoire et description par Henri de Curzon. *Paris, Hachette,* 1888. — Mémoires historiques sur les Templiers. *Paris,* 1805. — Raynouard. Monuments historiques relatifs à la condamnation des chevaliers du Temple. *Paris,* 1813. — Lavocat. Procès des frères et de l'ordre du Temple. *Paris,* 1888. — Maillard de Chambure. Règle et statuts secrets des Templiers. *Paris,* 1840. —Ens. 6 vol. in-8 brochés.

707. Histoire de l'exécution de Cabrières et de Mérindol, et d'autres lieux de Provence, particulièrement déduite dans le plaidoyé qu'en fit l'an 1551 par le Commandement du roy Henri II et comme son advocat general en cette cause, Jacques Aubery, lieutenant civil au Chastelet de Paris, et depuis ambassadeur extraordinaire en Angleterre pour traitter de la paix, l'an 1555. Ensemble une relation particulière de ce qui se passa aux cinquante audiences de la cause de Merindol. *A Paris, chez Séb. Cramoisy,* 1645, in-4, veau brun, tr. rouges (*Rel. anc.*).

    Exemplaire de L.-P. d'Hozier avec son ex-libris.

708. Histoire générale des églises évangéliques des vallées de Piémont ou Vaudoises.... par Jean Léger. *A Leyde, chez Jean Carpentier*, 1669, 2 parties en 1 vol. in-fol., veau brun, dos orné, tr. rouges (*Rel. anc.*).

Ouvrage curieux et rare, orné d'un frontispice, d'un portrait et d'une carte.

709. Théâtre des martyrs, depuis la mort de J. C. jusqu'à présent, représenté en tailles-douces par J. Luyken. *Leyde, s. d.*, in-4, oblong, dos et coins veau brun.

Cet exemplaire ne contient que 101 planches (sur 116) et n'a pas le titre.
Les planches sont coupées au cadre et montées sur papier fort.

710. Protestantisme (Ouvrages sur le). 13 vol. in-4, in-8 et in-12 dont 5 brochés, les autres reliés veau ou demi-veau et vélin blanc.

Audin. Histoire de la vie, des ouvrages et des doctrines de Calvin. *Louvain*, 1844, 2 vol. — Benoist (Elie). Histoire et apologie de la retraite des pasteurs, à cause de la persécution de France. *A Francfort*, 1687. — Boudin (Fr.). Histoire des guerres excitées dans le comté Venaissin et dans les environs, par les calvinistes au xvi° siècle. *A Carpentras*, 1782, 2 vol. — Bruzeau (Paul). La Conférence du diable avec Luther contre le saint sacrifice de la Messe. *Paris*, 1673. — Claude. Les Plaintes des protestans cruellement opprimez dans le roiaume de France. *A Cologne*, 1686. — Gonon. Histoire lamentable contenant au vrai toutes les particularités les plus notables des cruautés, massacres, assassinats et dévastations exercés par ceux de la religion romaine contre ceux de la religion reformée. *Lyon*, 1848. — Les Larmes de Jacques Pineton de Chambrun.... *La Haye*, 1688. — Lauze de Peret. Eclaircissemens historiques en réponse aux calomnies dont les protestans du Gard sont l'objet. *Paris*, 1818. — Mary Lafon. Histoire d'une ville protestante. *Paris*, 1862. — Soulier. Histoire du calvinisme. *Paris*, 1686, aux armes royales. — Recueil de 9 pièces diverses sur le protestantisme en 1 vol.

711. Historia furoris anabaptistici, auctore Hermannus de Kerssenbroick (A la fin :) Anno Domini 1711. Manuscrit latin, in-folio, de 556 pages chiff., vélin à recouvrements (*Rel. anc.*).

Manuscrit bien écrit et d'un style très clair. C'est l'histoire de la révolution de la secte des Anabaptistes qui éclata dans la ville de Munster.

712. Franc-Maçonnerie (Ouvrages relatifs à la). 3 vol. in-8, brochés et 1 vol. cartonn. toile grise. — Ens. 4 vol.

Clavel (B.). Histoire pittoresque de la franc-maçonnerie et des sociétés secrètes. *Paris, Pagnerre*, 1844, fig. — Forgame (M.). De l'influence de l'esprit philosophique et de celle des sociétés secrètes sur le xviii° et le xix° siècle. *Paris, Dentu*, 1858. — Ragon (J.). Orthodoxie maçonnique, suivie de la maçonnerie occulte. *Id.*, 1853. — Saint-Albin (Alex. de). Les francs-maçons et les sociétés secrètes. *Paris, Wattelier*, 1867.

713. Les Sociétés secrètes et la société ou philosophie de l'histoire contemporaine (par le R. P. N. Deschamps). *Avignon, Fr. Séguin*, 1874-1876, 3 vol. in-8, brochés.

714. Sociétés secrètes (Ouvrages relatifs aux). 6 vol. in-8, dont 2 vol. demi-rel. veau fauve et les autres brochés.

Deschamps (N.). Des Sociétés secrètes en Allemagne et en d'autres contrées. *Paris, Gide*, 1819. — Mounier (J.-J.). De l'Influence attribuée aux philosophes, aux franc-maçons et aux illuminés sur la révolution de France. *A Tubingen, chez Gotta*, 1801. — Même ouvrage édition de 1822. — Robinson (John). Preuves de conspirations contre toutes les religions et tous les gouvernements de l'Europe. *Londres*, 1799, 2 vol. — Witt (Jean). Les Sociétés secrètes de France et d'Italie ou fragments de ma vie et de mon temps. *Paris, Levavasseur*, 1830.

V. — *HISTOIRE ANCIENNE*

715. Les Œuvres de Justin, vray hystoriographe, sur les faictz & gestes de Troge Pompée, contenant xliiii liures traduictz de Latin en Frãcoys, nouuellement imprimez à Paris. *Paris, Denys Janot*, 1538, in-fol., goth., de 125 (sur 135) ff., figures, parchemin.

> Nombreuses figures, petites et grandes, et lettres initiales à sujets, gravées sur bois.
> Les ff. A₂, A₃, A₅, L₄, N₃, N₄, X₆, Y₁, Y₃, Y₄, manquent.
> Le titre et 3 feuillets sont remargés.

716. Histoire des Juifs et des peuples voisins, depuis la décadence des royaumes d'Israël et de Juda jusqu'à la mort de Jésus-Christ, par M. Prideaux. Traduite de l'anglois. *A Amsterdam, chez Henri Du Sauzet*, 1728, 6 vol. in-12, front. et figures, mar. rouge, fil., dos orné, tr. dor. (*Rel. anc.*).

> Bel exemplaire.

717. Herodoti Halicarnassei historiarum libri IX, IX musarum nominibus inscripti ejusdem narratio de vita Homeri..... *Francofurti, apud Claud. Marnium*, 1608, in-fol. mar. fauve, comp. de fil. et dent., plats entièrement couverts de fleurs et feuillages, dos orné, tr. dor. (*Rel. anc.*).

> Exemplaire portant sur le titre le nom de Racine et annoté dans les marges ; il se pourrait qu'il ait appartenu à Louis Racine et que les notes et la signature du titre soient de sa main.
> Riche reliure du xviiᵉ siècle.

718. Œuvres complètes de Xénophon, traduites en françois et accompagnées du texte grec, de la version latine (de Leunclavius), de notes critiques..... par J.-B. Gail. *A Paris, chez Delalain*, 1797-1815, 11 tomes en 8 vol. in-4. — Histoire grecque de Thucydide, accompagnée de la version latine... par J.-B. Gail. *A Paris, chez Gail*, 1807, 4 tomes en 2 vol. — Histoire grecque de Thucydide, traduite en français... *Id.*, 1808, 4 tomes en 1 vol. — Ens. 11 vol. in-4, veau marb., pet. dent. sur les plats, dos orné, tr. marb. (*Rel. anc.*).

> Belle édition ornée de figures hors texte dessinées par *Le Barbier, Boichot*, etc., gravées par *Gaucher, Delignon, Dambrun, P. Baquoy*, etc., etc.
> Les 38 planches de spécimen d'anciens manuscrits (qui se trouvent dans la IIᵉ partie du 7ᵉ volume des œuvres de Xénophon) et la carte 24 manquent.
> On y a joint le prospectus de l'ouvrage.

719. Histoire des expéditions d'Alexandre ; rédigée sur les mémoires de Ptolémée et d'Aristobule, ses lieutenans ; par Flave Arrien de Nicomédie, surnommé le nouveau Xénophon. Traduction nouvelle par P. Chaussard. *Paris, Genets*, an XI-1802, 3 vol. in-8, mar. rouge, jans., dent. int., tr. dor. (*Allô*).

> Avec un atlas de 13 cartes et plans, même reliure.

720. L'Histoire de la décadence de l'empire grec et establissement de celui des Turcs, par Chalcondile, athénien. De la traduction de B. de Vigenere, bourbonois

et illustrée par luy de curieuse (sic) recherche (sic) trouvées depuis son décès.
Avec la continuation de la mesme histoire depuis la ruine du Peloponese iusques
à l'an 1612, par Thomas Artus, sr d'Embry. *A Paris, chez Cl. Sonnius et Denys
Bechet*, 1650, 2 tomes en 1 vol. in-fol., parch. vert, tr. rouges (*Rel. anc.*).

Cette édition contient une histoire du sérail, par Michel Baudier et plusieurs descriptions
des accoustremens, tant des magistrats et officiers de la Porte de l'Empereur des Turcs que
des peuples assujectis à son empire, ... avec planches gravées de costumes.

721. L'Histoire de la décadence de l'empire grec, et establissement de celuy des
Turcs ; comprise en dix livres par Nicolas Chalcondyle. De la traduction de Blaise
de Vigenere. *A Paris, pour Abel l'Angelier*, 1584, in-4, de 34 ff. prél. non chiff.,
734 pp. chiff. et 19 ff. pour la table, vélin à recouv. (*Rel. anc.*).

722. Livius. Romische historien mit etlichen newe Translation (par Nik. Carbach).
Mentz, Joh. Schoeffer, 1523, in-fol., goth., de 438 (sur 452) ff., figures, ais de
bois, recouverts de peau de truie ornée à froid (*Rel. de l'époque*).

L'édition renferme plus de 200 belles figures gravées sur bois.
Exemplaire médiocre, auquel les ff. 1-4 prél., ff. c_6, f_1, p_4, A_1, A_2, Aa_1, Aa_2, Aaa_2, 2_1 et
2_8 (blanc) manquent.
Les ff. l_6, Tt_4, et les deux derniers sont en partie arrachés.
Forte tache d'encre au f. K_1.

723. Les Commentaires de Jules César, des guerres de la Gaule, plus ceux des
guerres civiles, contre la part pompéienne ; le tout de la version de Blaise de Vigenere et illustré d'annotations. *A Paris, chez Abel l'Angelier*, 1589, 2 tomes en un
vol. in-fol., mar. rouge, fil., ornement de feuillage au milieu des plats contenant
un monogramme, tr. dor. (*Rel. anc.*).

Belle édition.
Exemplaire imprimé sur GRAND PAPIER.

724. Les Commentaires de César. Troisiesme édition, reveue et corrigée (par Perrot
d'Ablancourt). *A Paris, chez Aug. Courbé*, 1658, in-4, front. gravé par Chauveau,
veau fauve, fil., dos orné, tr. rouges (*Rel. anc.*).

Aux armes du Président Nicolas LAMBERT DE TORIGNY.
On a relié avec cet exemplaire, Remarques sur la carte de l'ancienne Gaule, tirée des commentaires de César par le S. Sanson d'Abbeville. Troisiesme édition reveue & corrigée. *A Paris, chez Aug. Courbé*, 1657.
Joli ex-libris de Delaleu, dessiné et gravé par *Montulay*, à l'intérieur du volume.

725. Commentaires de César avec des notes historiques, critiques et militaires par
M. le Comte Turpin de Crissé. *A Montargis, de l'Imprimerie de Cl. Lequatre*, 1785,
3 vol. in-4, cuir de Russie, fil., dent. int., tr. jasp. (*Rel. anc.*).

Traduction de Nic. Perrot, sieur d'Ablancourt, retouchée par de Wailly mais avec de nombreuses corrections faites par Turpin de Crissé.
Belle édition ornée de 42 portraits dessinés par *Pujos*, gravés par *Picquenot* et *B.-L. Henriquez*, et de 40 figures militaires dessinées par *And. Carassi*, et gravées par *Henriquez, Picquenot*.

726. Notitia utraque cum orientis tum occidentis ultra Arcadii honoriique Caesarum
tempora, illustre vetustatis monumentum, imò thesaurus prorsum incomparabilis...

Basilae, 1552. (A la fin) : *Basileae apud Hieronymum Frobenium et Nicolaum episcopum anno M. D. L II* (1552), in-fol., vélin (*Rel. anc.*).

Première édition complète publiée par les soins de Sigis. Gelenius ; elle renferme plusieurs autres ouvrages sur le même sujet, et elle est ornée de figures sur bois qui ont été coloriées anciennement.

727. Georgius Codinus curopalata, de officiis magnae ecclesiae, et aulae Constantinopolitanae. Ex versione P. Jacobi Gretseri, cum ejusdem in codinum commentarior. libris tribus, et de imaginibus non manufactis opere... Cura et opera P. Jacobi Goar. *Parisiis, ex typographia regia,* 1648, in-fol., vélin blanc de Hollande. tr. jasp. (*Rel. anc.*).

Armes du Cardinal de Noailles ajoutées sur les plats de la reliure.
Bel exemplaire imprimé sur GRAND PAPIER.

728. Laonici Chalcocondylae Atheniensis historiarum libri decem. Interprete Conrado Clausero Tigurino. Cum annalibus sultanorum, ex interpretatione Joannis Leunclavii Accessit index glossarum Laonici Chalcocondylae, studio et opera Caroli Annibalis Fabroti. *Parisiis, ex typographia regia,* 1650, in-fol., veau marb., fil., chiffre au dos, tr. marb. (*Rel. anc.*).

Aux armes et au chiffre de BARILLON DE MORANGIS, maître des requêtes du roi, mort le 18 mai 1686.

729. Historiae byzantinae scriptores post Theophanem partim nunc primum editi, partim recensiti, et nova versione adornati quorum catalogum proxima pagini indicabit cura et studio R. P. Francisci Combefisii. *Parisiis, in typographia regia,* 1685, in-fol., veau fauve, fil., tr. rouges (*Rel. anc.*).

730. Imperium orientale sive antiquitates Constantinopolitanae in quatuor partes distributae : quae ex variis scriptorum graecorum operibus et praesertim ineditis adornatae, commentariis, et geographicis, topographicis... opera et studio Domini Anselmi Banduri. *Parisiis, typis et sumpt. Joannis Bapt. Coignard,* 1711, 2 vol. in-fil., vélin blanc, comp. de fil., fleurons aux angles, milieu doré, tr. jasp. (*Rel. anc.*).

Bel exemplaire.

731. Nicephori Gregorae Byzantina historia. Tomus primus, libri XI, ab Hier. Vuolfio. jampridem latini facti, et in lucem editi : iidem nunc auctiores et castigatiores quam antea. Tomus secundus : libri XIII. nunc primum e codd. mss. eruti, et typis mandati. Ex his libros fere XI latine vertit Joh. Boivin. *Venetiis ex typogaphia Barth. Javarina,* 1729, 2 tomes en 1 vol. in-fol., peau de truie estampée, fermoirs, tr. rouges (*Rel. anc.*).

Reliure bien consersée ayant sur les plats la marque de la bibliothèque des PP. Jésuites de Wurzbourg (Bavière).

732. Constantini Porphyrogenneti imperatoris constantinopolitani libri duo de cerimoniis aulae Byzantinae prodeunt nunc primum graece cum latina interpretatione et commentariis. Curarunt Jo. Henricus Leichius et Jo. Jacobus Reiskius. *Lipsiae, ex officina libraria Joan. Friderici Gleditschii,* 1751-1754, 2 vol. in-fol., veau écaille fil., dos orné, dent. int., tr. dor. (*Rel. anc.*).

Bel exemplaire. Imprimé sur GRAND PAPIER.

733. La Conquête de Constantinople, par Geoffroi de Ville-Hardouin, avec la continuation de Henri de Valenciennes, texte original, accompagné d'une traduction par M. Natalis de Wailly. *Paris, Firmin Didot*, 1872, g. in-8 broché.

734. Geffroy de Ville-Hardouin. Conquête de Constantinople, avec la continuation de Henri de Valenciennes. Texte original, accompagné d'une traduction par M. Natalis de Wailly. Seconde édition. *Paris, Firmin Didot frères et Cⁱᵉ*, 1874, in-8, dos et coins chagrin grenat jans., tête dor., non rogné.

735. Empire byzantin (l'). 3 vol. in-8, brochés.

DIEHL (Charles). L'Afrique byzantine (533-709). *Paris, E. Leroux*, 1896. — DRAPEYRON (L.). L'Empereur Héraclius et l'empire byzantin au xiiⁱ siècle. *Paris, Thorin*, 1869. — GASQUET (A.). L'Empire byzantin et la monarchie franque. *Paris, Hachette*, 1888.

736. Un Empereur byzantin au xᵉ siècle. Nicephore Phocas, par Gustave Schlumberger. Ouvrage illustré de 4 chromolithographies, 3 cartes et 240 gravures d'après les originax ou d'après les documents les plus authentiques. *Paris, Firmin Didot et Cⁱᵉ*, 1890, gr. in-8, dos et coins mar. orange, tête dor., non rogné (*Couvert.*).

Le faux titre et le titre manquent.

737. L'Epopée Byzantine à la fin du xᵉ siècle, par Gustave Schlumberger. *Paris, Hachette et Cⁱᵉ*, 1896-1905, 3 vol. gr. in-8, brochés.

Nombreuses illustrations.

738. Annales du moyen âge, comprenant l'histoire des temps qui se sont écoulés depuis la décadence de l'empire romain jusqu'à la mort de Charlemagne (par J.-M.-T. Frantin, imprimeur) *Paris, Lagier*, 1825, 8 vol. in-8, demi-rel., toile bleue, tr. jasp.

VI. — HISTOIRE MODERNE

A. — EUROPE

739. Introduction à l'histoire moderne, générale et politique de l'univers ; ou l'on voit l'origine, les révolutions et la situation présente des différens états de l'Europe... commencée par le Baron de Pufendorff, augmentée par M. Bruzen de la Martinière. Nouvelle édition, revue, augmentée et corrigée sur les meilleurs auteurs par M. de Grace. *A Paris, chez Mérigot*, 1753-1759, 8 vol., in-4, front., vignettes et culs-de-lampe d'Eisen, mar. rouge, fil., dos orné, dent. int., tr. dor. (*Rel. anc.*).

Bel exemplaire imprimé sur GRAND PAPIER.

740. Histoire des Croisades par Michaud. Sixième édition faite d'après les derniers travaux et les dernières intentions de l'auteur et précédée d'une vie de Michaud par M. Poujoulat. *Paris, Furne et Cⁱᵉ*, 1841, 6 vol. in-8, demi-rel. veau fauve, tr. jasp.

Edition enrichie de figures gravées sur acier et de cartes.

741. Histoire des croisades, par Michaud. Illustrée de 100 grandes compositions par Gustave Doré, gravées par Bellenger, Doms, Gusman, Pannemaker, Pisan, Quesnel. *Paris, Furne, Jouvet et Cie*, 1877, 2 vol. in-fol., cartonn. des éditeurs en toile rouge avec fers spéciaux.

Premier tirage.

742. Histoire de la barbarie et des lois au moyen âge par Toulotte et Ch. Théodore Riva. *Paris, Dureuil*, 1829, 3 vol. — Mœurs du moyen âge. Job ou les pastoureaux, 1251, par Francisque Michel. *Paris, Vimont*, 1832. — Ens. 4 vol. in-8, demi-rel. veau rouge, tr. marb.

743. Histoire de l'Europe pendant la Révolution française par H. de Sybel, traduit de l'allemand par Mlle Marie Bosquet. *Paris, Germer Baillière*, 1869-1876, 3 vol. in-8, demi-rel. chag. brun, tr. jasp.

B. — HISTOIRE DE FRANCE

a. — *Géographie, topographie, mœurs et usages, antiquités, collections, etc.*

744. Topographia Galliae ; dat is een algemeene en naeukeurighe Landt en Plaetsbeschryvinge van... Vranckryck. *T'Amsteldam, Caspar Merian et autres*, 1660-1663, 4 vol. in-folio, figures, vélin, orné à froid, tr. jasp. (*Rel. de l'époque*).

4 frontispices et 312 planches gravées (vues et plans), dont 102 pour le premier, 105 pour le deuxième, 54 pour le troisième et 51 pour le quatrième volume.

745. Les Beautés de la France, par N. de Fer. *A Paris, chez l'auteur*, 1708, in-fol. veau brun, tr. rouges (*Rel. anc. fatiguée*).

Titre gravé dans un encadrement, 19 plans et cartes, et 13 vues diverses : Le Louvre, les Invalides, Meudon, Marly, Saint-Germain, Chantilly, Villeneuve-L'Estang, Saint-Cloud, etc., etc.

746. Le Conducteur français contenant les routes desservies par les nouvelles messageries, diligences et autres voitures publiques... Enrichi de cartes topographiques dessinées et dressées sur les lieux par L. Denis. *A Paris, chez Ribou*, 1776-1780, 51 fascicules in-8.

On y joint : Voyage dans les départements de France, enrichi de tableaux géographiques et d'estampes par les citoyens J. La Vallée, Louis Brion et autres. *Paris*, 1793, 64 fascicules in-8.

747. Description générale et particulière de la France, ou Voyage pittoresque de la France, avec la description de toutes les provinces, ouvrage national, dédié au Roi ; orné d'un grand nombre de gravures exécutées avec le plus grand soin d'après les dessins des meilleurs artistes, par une Société de gens de lettres (B. de La Borde, Beguillet, Guettard, etc.). *A Paris, de l'imprimerie de Monsieur, et chez*

Lamy, 1781-1796, 12 tomes en 6 vol. gr. in-fol., veau marb., encad. de 3 fil., dos orné, dent. int., tr. dor. (*Rel. anc.*).

Bel ouvrage orné de 462 planches hors texte, dessinées par *d'Aubigny, Ballin, Le May, Meunier, Pérignon, Veyrenc*, etc., etc., gravées par *Allix, Auvray, Aveline, Borgnet, Delignon, Fessard jeune, de Longueil, Malapeau, Née, Picquenot*, etc., etc.

L'exemplaire contient les 3 belles planches qui représentent la Chambre du cœur de Voltaire à Ferney, la Revue de la maison du Roi au trou d'Enfer, et la revue de la plaine des Sablons.

Le texte des planches 59 à 81 inclus de la série Paris et le texte des séries Soissons, Amiens et Normandie manque.

Les planches d'histoire naturelle, qui se trouvent dans le volume renfermant la description du Dauphiné, manquent.

748. Description générale et particulière de la France (par B. de Laborde, Beguillet, Guettard, etc.). *A Paris, de l'Imp. de Ph. D. Pierres*, 1780, in-fol., demi-rel. bas., non rogné (*Rel. anc.*).

Ce volume contient : les 10 figures de *Cochin* d'après les tableaux de la galerie de l'Hôtel de Toulouse, gravées par *Fessard, Née*, etc. — Paris, 6 planches. — Isle-de-France, 28 planches. — Bourgogne, 56 planches. — Dauphiné, 29 planches, et Franche-Comté, 6 planches.

Les planches sont accompagnées de leurs explications.

Ce volume n'a aucune tomaison sur la reliure.

749. Nouvelles vues perspectives des ports de France, dessinées pour le Roi par M. Ozanne, gravées par Le Gouaz. *A Paris, chez Le Gouaz, s. d.*, in-fol. en feuilles, dans un carton.

1 titre, 1 carte et 60 planches en largeur. Belles épreuves à toutes marges.

On y a joint : 1 vue du port d'Ostende et 1 vue du port de Bruges, gravées par *Carl Guttenberg*, 2 pl. en largeur.

750. Views in the south of France, chiefly on the Rhone; engraved by W. B. Cooke, G. Cooke and J. C. Allen from drawings by P. Dewint. After original sketches by John Hugues, with descriptions. *London, W. B. Cooke*, 1825, in-4, pl., demi-rel., mar. violet, dos et coins, non rogné (*Thouvenin*).

24 planches gravées en taille-douce.

Bel exemplaire.

751. Paysages, châteaux, sites de la France (Touraine, Poitou, Bretagne, environs de Paris, etc.). Recueil de 30 aquarelles originales, dessins à la sépia, gouaches, par A. Noël, 1825, in-fol. oblong, demi-rel.

Chaque pièce est montée sur papier fort.

752. Les Châteaux historiques de la France par M. Gustave Eyriès, accompagné d'eaux-fortes, tirées à part et dans le texte et gravées par nos principaux aquafortistes, sous la direction de M. Eugène Sadoux. *Paris, H. Oudin frères*, 1877-1890, 18 fascicules in-fol. en feuilles.

Toutes les eaux-fortes sont tirées sur papier de Chine.

753. Monuments de la France. 6 vol. in-8 et in-12, reliés et brochés.

Du Chesne. Les antiquitez et recherches des villes, chasteaux et places plus remarquables de toute la France. *Paris*, 1637. — Gozlan (Léon). Les Tourelles. Histoire des châteaux de France. *Paris*, 1839, 2 vol. — Gentilhomme étranger (Le) voyageant en France... *Leyde*, 1699. — Dumas. Nouveau voyage de France, géographique et curieux. *Paris*, 1771. — Richard. Guide classique du voyageur en France et en Belgique. *Paris*, 1842.

754. Voyage en France par Madame Amable Tastu. *Tours, Mame et Cie*, 1846, in-8, cartonn. original illustré des éditeurs.

> PREMIER TIRAGE.
> Figures gravées sur bois dans le texte, 4 planches gravées sur acier hors texte et carte routière de la France.
> Le cartonnage est d'une grande fraîcheur.

755. Notes d'un voyage dans l'ouest de la France, par Prosper Mérimée. Extrait d'un rapport adressé à M. le ministre de l'Intérieur. *Paris, Fournier*, 1836, in-8, broché.

> ÉDITION ORIGINALE ; sans les planches.

756. Le Littoral de la France, de Lorient à la frontière d'Italie, par Ch. F. Aubert (V. Vattier d'Ambroyse). Dessins de Brun, Toussaint, Fraipont, Karl, etc.; gravures sur bois de Rognon, Smeeton, Puyplat et Quesnel. *Paris, Victor Palmé*, 1886-1889, 4 vol. gr. in-8, brochés.

> La Ire partie, de Dunkerque au Mont Saint-Michel, et la IIe partie, du Mont Saint-Michel à Lorient, manquent.

757. Histoire de la vie privée des françois, depuis l'origine de la nation jusqu'à nos jours par Le Grand D'Aussy. Nouvelle édition, avec des notes, corrections et additions par J.-B.-B. de Roquefort. *Paris, Simonet*, 1815, 3 vol. in-8. demi-rel. veau bleu.

> Bel exemplaire, non rogné.

758. La Vie au temps des trouvères, par Antony Méray. Croyances, usages et mœurs intimes des xie, xiie et xiie siècles d'après les lais, chroniques, dits et fabliaux. La vie au temps des cours d'amour. *Paris et Lyon, A. Claudin*, 1873-1876, 2 vol. in-8, papier vergé, dos et coins mar. rouge, fil., dos orné, tête dor., non rognés.

759. Lacroix. (Paul) *Paris, Firmin Didot et Cie*, 1873-1884. 8 vol. in-4, dont 4 vol. dos et coins chag. La Vallière, dos orné, et les autres brochés.

> Vie militaire et religieuse au moyen âge et à l'époque de la Renaissance, 1877.— Mœurs, usages et costumes au moyen âge, 1871. — Sciences et lettres au moyen âge, 1877. — Les Arts au moyen âge et à l'époque de la Renaissance, 1880. — xviie siècle, institutions, usages, costumes, lettres, sciences et arts, 1880-1882, 2 vol. — xviiie siècle, institutions, usages, costumes, lettres, sciences et arts, 1875-1878, 2 vol. — Directoire, Consulat et Empire, 1884.

760. Babeau (Albert). Le Village sous l'ancien régime. *Paris, Didier*, 1879. — La vie rurale dans l'ancienne France. *Id.*, 1883. — La ville sous l'ancien régime. *Id.*, 1884, 2 vol. — Brun (Félix). La vie privée des paysans au moyen âge. *Paris*, 1882. — Clesse. Les campagnes au moyen âge et sous l'ancien régime. *Verdun*, 1872.— Perreciot. Histoire des conditions et de l'état des personnes en France. *Liège*, 1786, 5 vol. — Ens. 11 vol. in-8 et in-12, brochés et reliés.

761. France (Ouvrages relatifs à l'histoire de). 13 vol. in-8, dont 6 vol. demi-rel., veau fauve et 7 vol. brochés.

> FAURIEL (M.). Histoire de la Gaule méridionale. *Paris, Paulin*, 1836, 4 vol. — LARREY (I.), Histoire d'Éléonor de Guyenne, augmentée d'un supplément par J. Cussac. *Londres*, 1788. — LUCE (S.). Histoire de la Jacquerie. *Paris, Durand*, 1859. — REINAUD (M.). Invasions des Sarrazins en France. *Paris, Dupré*, 1836. — MARCHANGY (M. de). Tristan le voyageur ou la France au xive siècle. *Paris, Maurice*, 1825-1826, 6 vol.

762. Mémoire pour servir à l'histoire de la société polie en France, par P.-L. Rœderer. *Paris, Firmin Didot frères*, 1835, in-8, dos et coins veau fauve, tr. marb.

> ÉDITION ORIGINALE.
> Cet ouvrage n'a pas été en mis en vente.
> Exemplaire avec envoi autographe de l'auteur au baron de Gérando.

763. Instruction publique (Ouvrages relatifs à). 3 vol. in-4, in-8 et in-12, dont 1 demi-rel. chag. vert, les autres brochés.

> ALLAIN. L'œuvre scolaire de la Révolution. *Didot*, 1891. — FÈVRE. Mémoires pour servir de code au peuple de l'ancienne Corcyre. *Lons-le-Saunier*, 1834. — VALLET DE VIRIVILLE. Histoire de l'instruction publique en Europe, et principalement en France. *Paris*, 1849, nombreuses gravures. — L'enseignement secondaire à Troyes du moyen âge à la Renaissance par Gustave Carré. *Paris*, 1888.

764. Histoire des procureurs et des avoués, 1483-1816, commencée par Charles Bataillard (période de 1483 à 1639), continuée et terminée par Ernest Nusse (Période de 1639 à 1816). *Paris, Hachette et Cie*, 1882, 2 vol. in-8, brochés.

765. Finances et aux Financiers (Ouvrages relatifs aux). 8 vol. in-8 et in-12, dont 3 demi-rel. veau brun, les autres brochés.

> CLÉMENT (P.) et LEMOINE (A.). M. de Silhouette Bouret ; les derniers fermiers généraux. *Didier*, 1872. — DELAHANTE (Adrien). Une famille de finance au xviiie siècle. *Hetzel*, 1881, 2 vol. — JANZÉ (V^{ste} Alix de). Les Financiers d'autrefois. Fermiers généraux. *Ollendorff*, 1886. — OUVRARD (G.-J.). Mémoires sur sa vie. *Paris*, 1826, 3 vol. — PAZ (Em.) et GRATIEN (Louis). La France d'autrefois. *Guillaumin*, 1892.

766. Les Recherches de la France d'Estienne Pasquier.... augmentées en ceste dernière édition de trois livres entiers, outre plusieurs chapitres entrelassez en chacun des autres livres, tirez de la bibliothèque de l'autheur. *A Paris, chez Martin Colet*, 1633, in-fol. cartonné.

> Exemplaire fatigué.

767. Archives nationales. Etat sommaire, par séries, des documents conservés aux Archives nationales. *Paris, Delagrave*, 1891, gr. in-4, broché.

768. Tableau analytique de la France dans lequel on donne une connoissance générale et détaillée du royaume, considéré sous ses différentes formes de gouvernement, tant civil qu'ecclésiastique et militaire. Dressé relativement au commerce et aux finances et distribué en plusieurs cartes d'une manière méthodique et intelligible... par différents auteurs. Dirigé par le S. Desnos. *A Paris, chez l'auteur*, 1765, in-4, veau marb., tr. marb. (*Rel. anc.*).

> Titre gravé dans un bel encadrement et 38 cartes gravées et coloriées.
> Cet ouvrage est suivi de : l'Indicateur fidèle ou guide des voyageurs qui enseigne toutes les routes royales et particulières de la France, etc., par le sieur Michel. *A Paris*, 1765, titre gravé et 19 cartes ou plans.
> On y a joint l'introduction, au tableau analytique et géographique de la France, de M. Drion, avec un frontispice par *de Sève*, représentant la statue équestre de Louis XV.

769. L'Etat de la France, contenant tous les princes, ducs et pairs, et maréchaux de France, les évêques, les juridictions du royaume, les gouverneurs des provinces, les chevaliers des trois ordres du roy, etc., les noms des officiers de la maison du roy, leurs gages et privilèges, et ceux de Mgr. le Dauphin, etc., etc. suivant les états

portez à la Cour des Aides. *A Paris, chez Jean et Michel Guignard,* 1702, 3 vol. in-12, veau, tr. marb. (*Rel. anc.*).

770. Statistique générale et particulière de la France et de ses colonies, avec une nouvelle description topographique, physique, agricole, politique.... de cet état, publié par G.-E. Herbin. *A Paris, chez Arthus Bertrand,* 1807, 4 vol. in-8, demi-rel. veau fauve (*Rel. anc.*).

> On y joint : Etat général du service des diligences et messageries royales de France. *Orléans, s. d.* (1787). — Etat de la France où l'on voit tous les princes, ducs et pairs, maréchaux de France et autres officiers de la couronne, etc., etc. *A Paris,* 1678. Ens. 2 vol. in-12, demi-rel.

771. Antiquités nationales, ou recueil de monumens pour servir à l'histoire générale et particulière de l'Empire françois, tels que tombeaux, inscriptions, statues, vitraux, fresques, etc., tirés des abbayes, monastères, châteaux, et autres lieux devenus domaines nationaux, par Aubin-Louis Millin. *A Paris, chez Marie-François Drouhin,* 1799-an VII, 5 vol. in-fol., dos et coins mar. rouge, tête dor., ébarbés.

> Ouvrage orné d'environ 250 planches gravées par *Aubry, Carpentier, Chapuis,* etc., d'après *Brion, Garneray, Vandorp,* etc.
> Bel exemplaire.

772. Les Monumens de la monarchie françoise, qui comprennent l'histoire de France avec les figures de chaque règne que l'injure des tems a épargnées, par le R. P. Dom Bernard de Montfaucon. *A Paris, chez J.-M. Gandouin et P.-F. Giffart,* 1729-1733, 5 vol. in-fol., veau marb., tr. rouges (*Rel. anc.*).

> Ouvrage très estimé orné de 306 planches.
> 2 volumes renferment le grand ex-libris du Comte de Borch, gravé par *Halle,* en 1790.

773. Les Fastes du peuple français ou tableaux raisonnés de toutes les actions héroïques et civiques du soldat et du citoyen français. Édition ornée de gravures par Jacques Grasset Saint-Sauveur. *A Paris, chez l'auteur, an 7 de la République française,* 2 tomes en un vol. in-4, veau fauve, dent. sur les plats, dos orné, dent. int., tr. dor. (*Rel. anc.*).

> 112 figures gravées à la manière du lavis par *Labrousse* et *Saint-Sauveur.*
> Bel exemplaire.

774. Les Fastes du peuple français. *Paris, s. d.,* in-4, dos et coins mar. rouge (*Rel. mod.*).

> Frontispice et 15 planches gravés à la manière du lavis et coloriés.
> Le frontispice, qui représente le triomphe de Bonaparte, semble être de Desrais. 10 des planches sont accompagnées d'un feuillet de texte qui est très rare.

---

775. Collection de documents inédits sur l'histoire de France. *Paris, Imprimerie nationale,* 1839-1897, 41 vol. in-4, dont 17 cartonn. et les autres brochés.

> AMADI ET STRAMBALDI. Chroniques publiées par M. René de Mas Latric, 1891-1893, 2 vol. — AULARD (F.-A.). Recueil des actes du comité de salut public des représentants en mission (1792-1794), 16 vol., dont 1 vol. de table (le tome XV manque). — BRETTE (A.). Recueil

de documents relatifs à la convocation des Etats-Généraux de 1789, 1894-1896, 2 vol. — Carnot. Correspondance générale de Carnot publiée par Charavay, 1892-1897, 3 vol. — Foucault (Nicolas-Joseph). Mémoires publiés et annotés par F. Baudry, 1862. — Géraud (H.). Paris sous Philippe-le-Bel, 1837. — Guillaume (J.). Procès-verbaux du comité d'instruction publique de la Convention nationale, 1891-1897, 3 vol. — Procès-verbaux du comité d'instruction publique de l'Assemblée législative, 1889. — Médicis (Catherine de). Lettres publiées par M. le Cᵗᵉ Hector de La Ferrière, 1880 (tome Iᵉʳ seul). — Mélanges historiques, choix de documents, 1882 (tome IV seul). — Mercy-Argenteau (Cᵗᵉ de). Correspondance secrète avec l'empereur Joseph II et le prince de Kaunitz, 1889-1891, 2 vol. — Palsgrave (Jean). L'Eclaircissement de la langue française, 1882. — Chronique contenant le règne de Charles VI, 1839-1852, 6 vol.

776. Les Sources de l'histoire de France. Notices blibliographiques et analytiques des inventaires et des recueils de documents relatifs à l'histoire de France, par Alfred Franklin. *Paris, Firmin-Didot et Cⁱᵉ*, 1877, in-8 broché.

777. Archives curieuses de l'histoire de France, depuis Louis XI jusqu'à Louis XVIII, ou collection de pièces rares et intéressantes, telles que chroniques, mémoires, pamphlets, lettres, vies, procès, testamens, exécutions, sièges, batailles, massacres, entrevues, fêtes, cérémonies funèbres, etc., par L. Cimber et F. Danjou. *Paris, Beauvais*, 1834-1840, 27 vol. in-8, brochés.

778. Recueil A-Z. *A Fontenoy et à Bruxelles (Paris)*, 1745-1762, 24 parties en 12 vol. in-12, veau fauve, dos orné, tr. rouges (*Rel. anc.*).

Dissertations, extraits et pièces diverses en grande partie relatives à l'histoire de France du xvⁱᵘ et du xvⁱⁱᵉ siècle, recueillies par Pérau, de Querlon, Barbazan, l'abbé de La Porte et autres.
Bon exemplaire.

779. Collection des meilleures dissertations, notices et traités particuliers relatifs à l'histoire de France, composée, en grande partie, de pièces rares, ou qui n'ont jamais été publiées séparément ; pour servir à compléter toutes les collections de mémoires sur cette matière, par C. Leber. *Paris, Dentu*, 1826-1838, 20 vol. in-8, demi-rel. veau gris, dos or., tr. marb. (*Rel. de l'époque*).

b. — *Histoire particulière de la France sous plusieurs régimes, de l'origine de la monarchie à Louis XV.*

780. Abrégé de l'hitsoire françoise avec les effigies et devises des roys, depuis Pharamond jusques au roy Loys XIII à présent régnant. Tirées des plus rares et excellens cabinets de la France. Reveu, corrigé et augmenté de nouveau, de ce qui s'est passé jusques au mois de febvrier 1612. *A Rouen, chez Jean Petit, 1612*, petit in-fol. de 42 ff., non chiff., en feuilles.

Orné de 66 portraits des rois de France gravés sur bois et compris dans de beaux encadrements dans le style de *Jean Cousin*.
Au verso du deuxième feuillet se trouve une grande planche représentant Marie de Médicis et le roi Louis XIII en grand costume.
Les deux premiers feuillets sont plus courts et fatigués.

781. Les Écorcheurs sous Charles VII épisodes de l'histoire militaire de la France

au xv⁰ siècle d'après des documents inédits par A. Tuetey. *Montbéliard, Henri Barbier*, 1874, 2 vol. in-8, brochés.

Édition tirée à 250 exemplaires (n° 13) sur papier vergé.

782. L'Histoire et discours au vray du siège qui fut mis devant la ville d'Orléans, par les anglois, le mardy XII jour d'octobre 1428, régnant alors Charles VII, roy de France, contenant toutes les saillies, assauts, escarmouches et autres particularitez notables, qui de jour en jour y furent faictes : avec la venue de la Jeanne Pucelle et comment par grace divine et force d'armes elle feist lever le siège de devant aux anglois... *A Orléans, chez Olyvier-Boynard et Jean Nyon*, 1606, pet. in-8 de 216 pp., cartonn. demi-toile grise.

Nombreuses annotations à l'encre dans les marges faites d'après trois manuscrits, dont ceux de l'abbaye de Saint-Victor, et du Président Bouhier.

783. Histoire de Jeanne d'Arc, surnommée la Pucelle d'Orléans, tirée de ses propres déclarations, de 144 dépositions de témoins oculaires, et des manuscrits de la bibliothèque du roi et de la Tour de Londres, par M. Le Brun de Charmettes. *A Paris, chez Arthus Bertrand*, 1817, 4 vol. in-8, demi-rel. mar. rouge à longs grains, tr. jaunes (*Rel. de l'époque*).

Portrait de Jeanne d'Arc et 7 figures gravées par *Couché fils*, d'après *Vauzelles*.

784. L'Histoire de Jeanne d'Arc d'après les documents originaux et les œuvres d'art du xv⁰ au xix⁰ siècle. Cent fac-similés de manuscrits, de miniatures, estampes, tableaux et statues, accompagnés d'une description des planches et de notes de voyage par André Marty et précédés d'une introduction par Marius Sepet. Copiés des miniatures et croquis originaux par Félix Lacaille. *Paris, André Marty*, 1907, gr. in-4, broché.

Belle publication tirée à 250 exemplaires.

785. Jeanne d'Arc à Domrémy. Recherches critiques sur les origines de la mission de la Pucelle, accompagnées de pièces justificatives par Siméon Luce. *Paris, Champion*, 1886, in-8, broché.

Imprimé sur PAPIER DE HOLLANDE.

786. Jeanne d'Arc (Ouvrages relatifs à). 7 vol. in-12, brochés.

BARANTE (B⁰ⁿ de). Histoire de Jeanne d'Arc. *Didier*, 1859. — CHRONIQUE de la Pucelle ou chronique de Cousinot... *Delahays*, 1859. — DUMAS (Alex.). Jeanne d'Arc. *Gosselin*, 1843. — GAUCOURT (Mis de). Des faits relatifs à Jeanne d'Arc et au sire de Gaucourt. *Garnier*, 1857. — HISTOIRE de Jeanne d'Arc dictée par elle-même à Ermance Dufaux âgée de 14 ans. *Ledoyen*, 1860. — LUCE (S.). Jeanne d'Arc à Domrémy. *Hachette*, 1887. — VILLIAUMÉ (N.). Histoire de Jeanne d'Arc. *Dentu*, 1863.

787. Jeanne d'Arc (Ouvrages relatifs au procès de). 9 vol. in-8, brochés.

FABRE (Joseph). Procès de la condamnation de Jeanne d'Arc. *Paris, Delagrave*, 1884. — O'REILLY (E.). Les deux procès de condamnation de Jeanne d'Arc. *Paris, Plon*, 1868, 2 vol. — QUICHERAT (Jules). Procès de condamnation et de rehabilitation de Jeanne d'Arc. *Paris, Renouard*, 1841-1849, 5 vol. — Aperçus nouveaux sur l'histoire de Jeanne d'Arc. *Id.*, 1850.

788. Jeanne d'Arc (Ouvrages relatifs à). 7 vol. in-8, brochés et 1 vol. in-12 cartonn. toile.

LÉMANN (A.). Jeanne d'Arc et Charles VII. *Orléans*, 1874. — RENZI (A.). Jeanne d'Arc, sa mission et son martyre. *Paris, Dentu*, 1857. — Save (G.). Jehanne des Armoises, pucelle d'Orléans. *Nancy*, 1893. — Sorel (A.), La Maison de Jeanne d'Arc à Domrémy. *Paris, Champion*, 1886. — La Prise de Jeanne d'Arc devant Compiègne. *Id.*, 1889. — Vallet de Viriville. Opuscules historiques relatifs à Jeanne d'Arc. *Paris, Aubry*, 1856. — Vergnaud-Romagnési. Examen des apparitions et de la mission divine de Jeanne d'Arc. *Orléans*, 1861. — Documents inédits sur le siège d'Orléans par les Anglais. *Id., s. d.*

789. Histoire de Loys XI, roy de France, et des choses mémorables advenues de son règne, depuis l'an 1460 iusques à 1483. Autrement dicte la Chronique Scandaleuse, escrite par un greffier de l'Hostel de Ville de Paris (Jean de Troyes). *Imprimée sur le vray original*, 1620, in-4, vélin (*Rel. anc.*).

790. L'Expédition de Charles VIII en Italie ; histoire diplomatique et militaire par H. François Delaborde et illustré de 3 photogravures, de 2 chromolithographies, de 5 planches tirées à part et de 138 gravures dans le texte. *Paris, Firmin Didot et Cie*, 1888, gr. in-8, broché.

791. Histoire du gentil seigneur de Bayard composée par le Loyal Serviteur. Édition rapprochée du français moderne avec une introduction, des notes et des éclaircissements par Lorédan Larchey ; ouvrage contenant 8 planches, 3 titres et une carte en chromolithographie, un portrait en photogravure, 34 grandes compositions et portraits tirés en noir et 187 gravures intercalées dans le texte. *Paris, Hachette*, 1882, gr. in-8, broché.

792. Le Triomphe et les gestes de Mgr Anne de Montmorency connétable... Poème de Jean de Luxembourg publié d'après le manuscrit original appartenant à M. le Marquis de Lévis. *Paris, Imprimerie nationale*, 1904, in-4, pap. de Hollande, cartonn. papier grenat, non rogné.

Publication de M. Léopold Delisle ornée d'une héliogravure représentant la grande miniature du manuscrit.

793. Commentaires et Lettres de Blaise de Monluc, maréchal de France. Édition revue sur les manuscrits et publiée avec les variantes pour la société de l'histoire de France par M. Alphonse de Ruble. *A Paris, chez Mme Vve Jules Renouard*, 1764-1772, 5 vol. in-8, demi-rel. veau fauve, tr. jasp.

794. Commentaires de messire Blaize de Montluc, mareschal de France. Ou sont décrits tous les combats, rencontres, escarmouches, batailles, sièges, assauts, escalades, prises ou surprises de villes et places fortes... *A Paris, de l'Imp. d'Arnould Cotinet*, 1661, 2 vol. in-12, veau brun, tr. marb. (*Rel. anc.*).

Cette édition contient les pièces en vers latins.

795. Histoire mémorable de la ville de Sancerre, contenant les entreprises, siège, approches, bateries, assaux et autres efforts des assiegeans... ; le tout fidelement recueilly sur le lieu par Jean de Lery. *S. l.*, 1574, in-8, vélin (*Rel. anc.*).

Rare. L'exemplaire est mouillé.

796. Charles IX, Henri III et Henri IV (Ouvrages relatifs aux règnes de). 5 vol. in-8 et in-12, demi-rel. veau ou veau fauve.

Au roy mon bon maistre pour les affaires expresses de Sa Majesté. *S. l.*, 1588. — Audin. Histoire de la Saint-Barthélemy, d'après les chroniques, mémoires et manuscrits du XVIe siècle.

Paris, 1826. — GOULARD. Mémoires de l'estat de France sous Charles IX. *Meidelbourg*, 1577, 3 tomes en 2 vol. — GOULARD. Le sixiesme et dernier recueil contenant les choses les plus memorables advenues sous la Ligue. *S. l. (Paris)*, 1599.

797. Journal du règne de Henry IV, roy de France et de Navarre, par M. Pierre de l'Etoïle, grand audiencier en la chancellerie de Paris, tiré sur un manuscrit du temps. *S. l.*, 1732, 2 vol. pet. in-8, veau fauve, fil., dos orné, tr. rouges (*Rel. anc.*).

Aux armes de PRONDRE DE GUERMANTE.

798. Satyre Ménippée de la vertu du catholicon d'Espagne, et de la tenue des estatz de Paris (par P. Le Roy, Gillot, Passerat, Rapin, Florent-Chretien et P. Pithou). *A Paris*, 1593, in-8 de 255 pages, veau marb., tr. rouges (*Rel anc.*).

Première édition sous le titre de *Satyre Ménippée*.
On a joint dans la même reliure : Conclave du pape Grégoire XIIII dans lequel est discouru fort clairement de toutes les choses qui s'y sont passées en l'année mil cinq cens quatre vingts dix. Traduit d'Italien en Français.... *A Chalons, par Claude Guyot*, 1591, 118 pp.

799. Satyre Ménippée de la vertu du catholicon d'Espagne et de la tenue des états de Paris (par P. Le Roy, Gillot, Passerat, Rapin, Florent-Chrétien et P. Pithon). *A Ratisbone, chez les héritiers de Matthias Kerner*, 1752, 3 vol. in-8, fig., veau marb., tr. rouges (*Rel. anc.*).

800. Histoire de la mort déplorable de Henry IIII (par Pierre Mathieu). *A Paris, chez la veuve Guillemot*, 1612, in-8, vélin à recouv. (*Rel. anc.*).

Titre gravé et portrait équestre de Henri IV.
Cet ouvrage contient l'historique de la mort de Henri IV, un poème (*Les Trophées de la vertu et de la fortune de Henry le Grand*), un panégyrique et un *discours sur la mort inopinée de Henry IV*.

801. Mémoires de la reyne Marguerite. Nouvelle édition plus correcte. *A Bruxelles, chez F. Foppens*, 1659, pet. in-12, veau fauve, comp. de fil., fleurons aux angles, dos orné, dent. int., tr. dor. (*Simier*).

Copie de l'édition de Foppens, exécutée en France. La page 197 contient la figure du coq.

802. Mémoires de Michel de Marolles, abbé de Villeloin (de 1600 à 1655). Avec des notes historiques et critiques. *A Amsterdam (Paris)*, 1755, 3 vol. in-12, veau jasp., (*Rel. anc.*).

Edition donnée par l'abbé Goujet, augmentée de notes et du *Dénombrement où se trouvent les noms de ceux qui ont donné de leurs livres à l'abbé de Marolles*.

803. Le Roi chez la reine, ou histoire secrète du mariage de Louis XIII et d'Anne d'Autriche, d'après le journal de la santé du roi, les dépêches du nonce et autres pièces d'Etat, par Armand Baschet. *Paris, A. Aubry*, 1864, pet. in-8, broché.

Tiré à petit nombre sur papier vélin.

804. Louis XIII d'après sa correspondance avec le cardinal de Richelieu ; par le Comte de Beauchamp. Nombreuses illustrations hors texte et dans le texte. *Paris, Renouard*, 1902, gr. in-8, broché.

Portrait tiré sur PAPIER DE CHINE.

805. Louis XIII (Ouvrages relatifs au règne de). 7 vol. in-8, in-12 et in-18, dont 5 rel. veau brun ou fauve, 1 rel. vélin blanc et 1 cartonné.

> Amours d'Anne d'Autriche, épouse de Louis XIII, avec M. le Cardinal de Richelieu, le véritable père de Louis XIV.... *A Londres*, 1738. — Bassompierre (Maréchal de). Mémoires, contenant l'histoire de sa vie. *Cologne*, 1665, 3 vol. — Bassompierre (Maréchal de). Nouveaux mémoires, recueillis par le président Hénault. *Paris*, 1803. — Mémoires de M. L. C. D. R. (le comte de Rochefort), contenant ce qui s'est passé de plus particulier sous le ministère du cardinal de Richelieu et du cardinal Mazarin. *A la Haye*, 1691. — Mémoires de M. D. L. R. sur les brigues à la mort de Louis XIII, les guerres de Paris et de Guyenne et la prison des princes.... *A Cologne*, 1663.

806. Mémoires de Mme de Motteville sur Anne d'Autriche et sa cour, d'après le manuscrit de Conrart, avec une annotation, des éclaircissements et un index, par M. F. Riaux et une notice sur Mme de Motteville par M. Sainte-Beuve. *Paris, G. Charpentier*, 1878, 4 vol. in-12, demi-rel. veau gris, tr. jasp.

807. Histoire de France pendant la minorité de Louis XIV, par A. Chéruel. *Paris, Hachette et Cie*, 1879-1880, 4 vol. in-8, brochés.

808. Histoire du règne de Louis XIV, surnommé le grand, roy de France, par M. Reboulet. *A Avignon, chez François Girard*, 1774, 3 vol. in-4, veau marb., fil., dos orné, dent. int., tr. marb. (*Rel. anc.*).

> Exemplaire auquel on a ajouté 81 portraits publiés par *Odieuvre*.

809. Retz (Ouvrages relatifs au cardinal de). 3 vol. in-8 et 2 vol. in-12, dont 2 vol. brochés et 3 vol. veau fauve. — Ens. 5 vol.

> Chantelauze (R.). Le cardinal de Retz et l'affaire du chapeau. *Paris, Didier*, 1878, 2 vol. — Musset-Pathay (V. D.). Recherches historiques sur le cardinal de Retz. *Paris, Colas*, 1807. — Retz (Cardinal de). Mémoires. *Paris, Heuguet*, 1842, 2 vol.

810. Journal de la campagne de Piémont, sous le commandement de M. de Catinat, lieutenant général des armées de Sa Majesté. L'année 1690, par Mr. Moreau de Brasey. *A Paris, chez J.-B. Langlois*, 1691, in-12, veau brun, tr. marb. (*Rel. anc.*).

> Sur le titre, la signature autographe de Thomas Corneille.
> On y joint : Mémoires des deux dernières campagnes de M. de Turenne en Allemagne, et de tout ce qui s'est passé, depuis sa mort, sous le commandement du comte de Lorge (par Deschamps). *Paris, Jombert*, 1756, in-12, veau marb.

811. Histoire du vicomte de Turenne, maréchal général des armées du roy (par Ch.-Al. Ramsay). *A Paris, chez la veuve Mazières et J.-B. Garnier*, 1735, 2 vol. in-4, vélin vert, fil., fleurs de lis aux angles, dos orné, non rognés (*Rel. anc.*).

> Portrait gravé par *de Larmessin*, et nombreuses planches.
> Exemplaire aux armes de Louis de Bourbon Condé, comte de Clermont ; il porte à l'intérieur l'étiquette de la révolution. *N. Emigré Condé*.

812. Turenne. Sa vie, les institutions militaires de son temps par Jules Roy. *Paris, Hurtrel*, 1884, gr. in-8, broché.

> Figures hors texte et dans le texte, gravées sur bois et en chromolithographie.

813. Histoire de Louvois et de son administration politique et militaire par Camille Rousset. *Paris, Didier*, 1877-1879, 4 vol. in-12, brochés.

814. Lettres, instructions et mémoires de Colbert, publiés par Pierre Clément. *Paris,
Imprimerie impériale,* 1861-1873, 7 tomes en 9 vol. gr. in-8, brochés.

815. Extraits et anecdotes. Manuscrit de 46 ff. d'une bonne écriture du milieu du
xviiie siècle, in-4, parchemin vert (*Rel. anc.*).

 Ce manuscrit débute par quelques extraits des lettres de Mme de Maintenon, une épigramme
à Mme Du Barry, une épitaphe latine, &c. ; vient ensuite le manuscrit proprement dit intitulé : Circonstances peu importantes, mais qui me rappellent mes premières années ; il s'é-
tend de 1733 à 1746 et on y remarque quelques aventures assez plaisantes.
 Le reste du volume est composé de 48 feuillets de papier blanc.
 A l'intérieur du volume se trouve l'étiquette de Quentin, successeur de Jolivet.

816. Relation des faits qui ont donné lieu à feu M. de Harlay, archevêque de Paris,
de prendre pretexte de faire arrêter prisonnier M. Antoine Blache, prêtre docteur
en théologie, par un ordre du roy que ce prélat surprit de l'équité de S. M., et de
ce qui s'est passé durant le tems de sa captivité dans un cachot à la prison de
Saint-Lazare pendant l'espace de 13 mois, d'où Mgr de Noailles le fit sortir par un
second ordre du roy, dez son avenement à l'archevêché de Paris, sans le connoître
ni de nom, ni de visage, que par la certitude qu'il eut d'une vexation si criante,
ensuite de la lecture qu'il fit de tous les faits qui feront le sujet de cette relation.
Où l'on remarquera une conduite de la Providence de Dieu des plus extraordinaires, qui soit peut-être jamais arrivée dans le monde, soutenue par des traits
historiques si surprenants, qu'ils seront trouvés dignes que l'annaliste du roy s'en
charge. — Lettre à M. Pierron, supérieur general des prêtres de la congrégation
de la mission, en lui envoiant le certificat qu'il a exigé de M. Ant. Blache... sur les
deux graces extraordinaires que le ciel lui fit par l'intercession de feu M. Vincent
de Paul, instituteur et premier supérieur général de la congrégation des Prêtres
de la mission, lorsque le dit Blache étoit enfermé dans un cachot ténébreux de la
prison de Saint-Lazare à Paris. Ensemble deux manuscrits d'une bonne écriture
de la fin du xviie siècle, le premier de 25 ff., le second de 94 pages in-4.

 Curieux manuscrits, probablement deux des copies que l'abbé Blache fit distribuer et qui
lui valurent son internement à la Bastille.
 On sait qu'il publia une lettre à Mme de Maintenon contre le père La Chaise, confesseur de
Louis XIV (*Paris,* 1709, in-12 de 40 pages). En tête du premier manuscrit, se trouve cette
note, vraisemblablement de la main de Blache : « *J'ai tû par politique la part que le père La
Chaise a eu à ma captivité.* »
 « Antoine Blache est né à Grenoble le 28 août 1635, il est mort à la Bastille le 29 janvier
1714. — Curé de Rueil, il eut plusieurs conférences avec le jésuite Claude ; il fut député de
la province de Vienne en 1685 et nommé Directeur des calvairiennes du Luxembourg en 1670 ;
et en 1672 il était visiteur de toute cette congrégation.
 « L'abbé Blache avait conçu contre les Jésuites une haine violente, qui lui faisait voir
partout des conspirations tramées par ces religieux contre les jours du roi. Il composa la relation des complots dont il les croyait coupables, fit plusieurs copies de son manuscrit en fit
déposer un, entre autres, à la bibliothèque des pères de la Doctrine chrétienne, manifestant
l'intention de le faire publier après sa mort. Jusque là il devait être tenu secret ; mais Blache commit l'imprudence d'en faire courir quelques extraits. Il fut arrêté et mis à la Bastille
où il mourut. Le manuscrit de Blache, retrouvé en 1763 au collège Louis-le-Grand, forme un
volume in-folio de plus de mille pages ; c'est d'après ce manuscrit que la « Revue restrospec-
tive » a publié les mémoires de l'abbé Blache » (*Moreri. Dict. historique. — Bayle, Dictionn.
Histor. et critique*).
 On y joint : « Une copie du Testament de messire Aantoine Blache » en double expédition.

817. Mémoires secrets et inédits de la Cour de France sur la fin du règne de Louis XIV, par le marquis de Sourches, publiés pour la première fois et conformément au manuscrit du xvii° siècle nouvellement découvert, suivis de documents inédits relatifs à la révocation de l'édit de Nantes, avec une introduction et des notes par Adhelm Bernier. *Paris, Beauvais,* 1836, 2 vol. in-8, brochés.

818. Louis XIV (Ouvrages relatifs au règne de). 8 vol. in-8, dont 2 vol. reliés et 6 vol. brochés.

Etude littéraire sur le génie et les écrits du Cardinal de Retz. *Paris, Serra,* 1885. — LÉMONTEY (E.). Essai sur l'établissement monarchique de Louis XIV. *Paris, Delerville,* 1818. — LE ROY (A.). Journal de la santé du roi Louis XIV. *Paris, Durand,* 1862. — MARTIN (H.). La vieille fronde. *Paris, Béchet,* 1832. — NASS (Lucien). Les Empoisonnements sous Louis XIV. *Paris, Carré,* 1898. — RAVENEL. Lettres du cardinal Mazarin. *Paris, Renouard,* 1836. — SAINTE-AULAIRE. Histoire de la Fronde. *Paris, Baudoin,* 1827, 2 vol.

819. Louis XIV (Ouvrages relatifs à). 2 vol. in-8, brochés et 3 vol. in-12, veau marb. et 1 vol. in-12, veau bleu. — Ens. 6 vol.

BOISSI (L. de). Mémoire des amours de Louis XIV, orné de 5 portraits. *Paris, Lerouge,* 1805, 5 tomes en 3 vol. — MANCINI (Marie). Apologie ou les véritables mémoires de madame Marie Mancini. *Leide,* 1678. — PEREY (Lucien). Le roman du grand roi. Louis XIV et Marie Mancini. *Paris, Lévy,* 1894. — RENÉE (Amédée). Les Nièces de Mazarin. *Paris, Didot,* 1857.

820. Louis XIV (Ouvrages relatifs au règne de). 14 vol. in-4, in-8 et in-12, la plupart reliés, veau fauve ou marb. (*Rel. anc.*).

CHOISY (abbé de). Mémoires pour servir à l'histoire de Louis XIV. *Utrecht,* 1727, 2 vol. — GUY JOLY. Mémoires. *Amsterdam,* 1738. — LA FARE (Mis de). Mémoires et réflexions sur les principaux événements du règne de Louis XIV. *Rotterdam,* 1716. — MÊME OUVRAGE. Edition d'Amsterdam, 1734. — LA FAYETTE (comtesse de). Mémoires de la cour de France, pour les années 1688 et 1689. *Amsterdam,* 1731. — LA PORTE. Mémoires sur le règne de Louis XIV. *Paris,* 1791. — LA VAYRAC (abbé de). Apologie de Louis XIV et de son conseil, sur la Révocation de l'édit de Nantes. *Paris,* 1758. — LE PESANT DE BOIS-GUILBERT. Le Détail de la France sous le règne présent. *S. l.,* 1707, 2 tomes en 1 vol. — PERRAULT (Ch.). Mémoires, contenant beaucoup de particularités et d'anecdotes intéressantes du ministère de M. Colbert. *Avignon,* 1754. — RULHIÈRE. Eclaircissements historiques sur les causes de la révocation de l'édit de Nantes. *S. l.,* 1788. — SANDRAZ DE COURTILZ. Annales de la Cour de Paris pour les années 1697 et 1698. *Cologne,* 1702. — SANDRAZ DE COURTILZ. Histoire du maréchal de Fabert. *S. l.,* 1698. — VAUBAN. Projet d'une dixme royale... *S. l.,* 1707.

821. Chroniques pitorresques et critiques de l'œil de bœuf, des petits appartements de la cour et des salons de Paris sous Louis XIV, la Régence, Louis XV et Louis XVI, publiées par Mme la comtesse douairière de B*** (G. Touchard-Lafosse). *Paris, R. Leroux,* 1830-1832, 8 vol. in-8, demi-rel. chagrin brun.

822. Correspondance complète de la marquise Du Deffand avec ses amis, le président Hénault, Montesquieu, Voltaire, etc., etc., classée dans l'ordre chronologique, suivie de ses œuvres diverses et éclairée de nombreuses notes par M. de Lescure. *Paris, H. Plon,* 1865, 2 vol. — Journal de la Régence (1715-1723), par Jean Buvat, précédé d'une introduction et accompagné de notes et d'un index alphabétique, par Emile Campardon. *Id.,* 1865, 2 vol. — Ens. 4 vol. in-8, brochés.

823. Journal du voyage du roi à Rheims, contenant ce qui s'est passé de plus remarquable à la cérémonie de son sacre, et de son couronnement, à la translation de la sainte ampoulle, au festin Royal, à la Cavalcade, à l'installation du roi dans l'ordre

du S. Esprit, etc., avec la description des fêtes données à S. M. à Villers-Cotterets et à Chantilly, par M. le duc d'Orléans, Régent, etc., etc. *A La Haye, chez Rutgert Alberts*, 1723, 2 tomes en 1 vol. in-12, demi-rel., veau brun (*Rel. mod.*).

Figure représentant la médaille du sacre et 1 planche de musique.
On a relié avec cet exemplaire l'Extrait des registres de Parlement du lundy 22 février 1723, le roy Louis XV, du nom, séant en son lit de Justice ; 44 pp.

824. Journal historique du premier voyage du roi Louis XV dans la ville de Compiègne. De l'ouverture du congrès convoqué à Soissons. Du voyage de S. A. S. M. la Duchesse, depuis Rotthembourg jusqu'à la cour de France, et de son mariage avec S. A. S. M. le duc de Bourbon. Du premier voyage de la reine dans la ville de Paris, et à quelle occasion. De la maladie du Roy à Fontainebleau, du rétablissement de sa santé. Et de plusieurs autres événements remarquables. Avec un recueil des discours, harangues, et ouvrages de poésie qui ont été faits à l'occasion de ces époques. Dédié au roy par le chevalier Daudet. *A Paris, Chez Mesnier*, 1729, in-12, veau marb., tr. rouges (*Rel. anc.*).

Rare.

825. Journal du camp de Compiègne de 1739 augmenté des épreuves des mines faites en présence du Roy par MM. de Turmel et Antoniazzi, rédigé sur les lieux, par ordre de M. Dangervillers, par le sieur Le Rouge, auquel on a joint un traité pratique des mines par M. le maréchal de Vauban. *A Paris, chez Le Rouge*, 1761, in-8, veau marb., tr. rouges (*Rel. anc.*).

Ouvrage contenant 36 planches gravées en taille-douce.

826. Journal de ce qui s'est fait pour la reception du Roy dans sa ville de Metz, le 4 aoust 1744. Avec un recueil de plusieurs Pièces sur le même sujet et sur les accidens survenus pendant son séjour. *A Metz, de l'imprimerie de la veuve Pierre Collignon*, 1744, in-fol., veau brun, dos orné (*Rel. anc.*).

Ce journal fort exact rend un compte détaillé des cerémonies qui eurent lieu à l'occasion du séjour de Louis XV à Metz ; il donne la liste des Conseillers-Eschevins et autres Officiers de l'Hôtel de Ville en place lors de l'arrivée du Roi, les noms de cent cinquante-six jeunes gens qui ont fourni les six compagnies des petits Cadets et celui des deux cent cinquante-quatre jeunes gens de Metz qui ont fourni les cinq compagnies des grands Cadets. Les 6 planches (sur 8), gravées par *Mangin*, reproduisent exactement les costumes de l'époque.
Exemplaire fatigué.

827. Relation du voyage de mesdames Adélaïde et Victoire à Plombières, depuis leur départ de Marly le 30 juin 1761 jusqu'à leur retour à Versailles le 28 septembre de la même année (par M. Delespine). *A Paris, de l'Imp. de G. Desprez*, 1762, in-8, veau marb., tr. rouges (*Rel. anc.*).

On y a ajouté 24 petites vues gravées à l'eau-forte : Commercy, Nancy, etc.

828. Etrennes françoises, dédiées à la ville de Paris, pour l'année jubilaire du règne de Louis le Bien-Aimé, par l'abbé de Petity, prédicateur de la Reine. *A Paris, chez Pierre Guillaume Simon*, 1766, in-8, broché.

2 planches d'armoiries. 6 figures par *Saint-Aubin* et *Gravelot*, gravées par *Chenu, Duclos* et *Littret*.
Mouillures.

829. Mémoires du Duc de Lauzun (1747-1783) publiés entièrement conformes au manuscrit avec une étude sur la vie de l'auteur et augmentée d'une préface et de notes nouvelles, par Louis Lacour. *Paris, Poulet-Malassis et de Broise,* 1858, in-12, broché (*Couvert.*).

> La nouvelle préface intitulée : « Tribulations d'un éditeur » a été le sujet de nouvelles poursuites qui furent dirigées contre Lacour et Malassis, tant au nom du Bon Pichon, qu'en celui des princes Czartoryski à raison de divers passages des Mémoires et de deux notes qu'ils tenaient pour injurieuses (Tourneux, *Marie Antoinette devant l'histoire*, pp. 34).

830. La Gazette noire par un homme qui n'est pas blanc, ou œuvres posthumes du gazetier cuirassé (Theveneau de Morande). *Imprime à cent lieues de la Bastille, à trois cent lieues des présides, à cinq cent lieues des cordons, à mille lieues de la Sibérie (Londres)*, 1784, in-8, demi-rel. veau brun, tr. jasp.

> Recueil d'anecdotes scandaleuses.

831. Le Parc au cerf ou l'origine de l'affreux déficit par un zélé patriote (par S.-G. Bourdon). *A Paris, sur les débris de la Bastille*, 1790, in-8, de 191 pp., 3 planches gravées sur acier (Première édition). — Histoire d'un pou françois ou l'espion d'une nouvelle espèce tant en France qu'en Angleterre... (par Delauney). *A Paris*, 1781, in-8, de 112 pp. — Les récits du frère écoute. *S. l. n. d.*, in-8, de 32 pp. — Ens. 3 pièces en 1 vol. in-8, demi-rel. veau (*Rel. anc.*).

832. Mémoire adressé à la marquise de Pompadour, par M. Daury (Masers de Latude). *Paris, Gueffier*, 1789. — Le prisonnier d'état ou tableau historique de la captivité de J.-C. le Prévot de Beaumont. *Paris, P. Roux*, 1791. — Mémoires de Henri Masers de Latude. *Paris*, 1793. — Ens. 3 vol. in-8, dont 1 vol. demi-rel. veau fauve et 2 vol. brochés.

833. Correspondance de Mme de Pompadour avec son père M. Poisson et son frère M. de Vandières, publiée pour la première fois par M. A.-P. Malassis, suivie de lettres de cette dame à la comtesse de Lutzelbourg, à Paris Duverney, au duc d'Aiguillon, etc., et accompagnée de notes et de pièces annexes. *Paris, J. Baur*, 1878, in-8, broché.

> Exemplaire imprimé sur papier vergé, auquel on a joint: RELEVÉ des dépenses de Mme de Pompadour depuis la première année de sa faveur jusqu'à sa mort. Manuscrit des Archives de la préfecture de Seine-et-Oise, avec des notes par M. J.-A. Le Roi (Extrait).

834. Madame de Pompadour, par J. et Edm. de Goncourt. Nouvelle édition revue et augmentée de lettres et documents inédits, tirés du dépôt de la guerre, de la bibliothèque de l'Arsenal..., illustrée de 55 reproductions sur cuivre, par Dujardin et de 2 planches en couleurs par Quinsac, d'après les originaux de l'époque. *Paris, Firmin Didot et Cie*, 1888, in-4, broché.

835. Mémoires de Madame d'Épinay, édition nouvelle et complète avec des additions, des notes et des éclaircissements inédits par M. Paul Boiteau. *Paris, Charpentier*, 1863, 2 vol. in-8, brochés.

836. Mémoires et correspondance de Madame d'Épinay, où elle donne des détails sur ses liaisons avec Duclos, J.-J. Rousseau, Grimm, Diderot, le baron d'Holbach,

Saint-Lambert, Mme d'Houdetot, et autres personnages célèbres du dix-huitième siècle. *A Paris, chez Brunet,* 1818, 3 vol. in-8, demi-rel. veau fauve, tr. jaunes (*Rel. de l'époque*).

837. Louis XV (Ouvrages relatifs au règne de). 14 vol. in-12, dont 8 brochés, les autres rel. veau marb. (*Rel. anc.*).

Du Hautchamp. Histoire du système des finances sous la minorité de Louis XV. *La Haye,* 1739, 6 tomes en 3 vol. — Faverolle (de). Mémoires historiques de Jeanne Gomart de Vaubernier, comtesse Dubarry. *Paris,* 1803, 4 vol. — Mouffle d'Argenville. Vie privée de Louis XV. *Londres,* 1781, 4 vol. — Mémoires secrets pour servir à l'histoire de Perse (France) attribuées à Pecquet. *Amsterdam,* 1745. — Mémoire à consulter pour les parens de Mme de Saint-Vincent, 1775. — Terrai (l'abbé). Mémoires contenant sa vie, son administration, ses intrigues et sa chute. *A la Chancellerie,* 1776, 2 tomes en 1 vol.

838. Louis XV (Ouvrages relatifs aux filles de). 6 vol. in-8 et in-12, dont 1 broché, les autres demi-rel. veau fauve.

La Brière (Léon de). Madame Louise de France. *Paris, Retaux,* 1899. — Montigny (Cl. de). Mémoires historiques de Mesdames Adélaïde et Victoire de France. *Paris,* an XI-1803, 2 vol. — Même ouvrage. Edition de 1802, 3 vol.

839. Louis XV et Louis XVI (Ouvrages relatifs aux règnes de). 8 vol. in-8, demi-rel. veau et bas. fauve et vol. brochés.

Aiguillon (duc d'). Mémoires du duc d'Aiguillon. *Paris, Buisson,* 1792. — Barrière (F.). La Cour et la ville sous Louis XIV, Louis XV et Louis XVI. *Paris, Dentu,* 1830. — La Gorce. Souvenirs d'un homme de cour. *Id.,* 1805, 2 vol. — Lauraguais (L.-B). Lettres dans lesquelles on trouve des jugemens sur quelques ouvrages de l'abbé Voisenon. *Paris, Buisson,* 1802. — Moret de Pontgibaud. Mémoires précédés de cinq lettres. *Paris, Thiercelin,* 1828. — Préface de l'histoire de Louis XVI ou histoire véridique des dernières années de Louis XV. *A Cosmopolis,* 1776. — Vie privée du cardinal Dubois. *Londres,* 1789 (ex-libris du chevalier Caissatti de Chiusan).

840. Louis XV et Louis XVI (Ouvrages relatifs à). 6 vol. in-8, brochés.

Carne (Louis de). La monarchie française au dix-huitième siècle. *Paris, Didier,* 1859. — Le Mercier (E.). Le Prévôt dit de Beaumont. *Bernay, Duval,* 1883. — Maugras (Gaston). La cour de Lunéville au xviiie siècle. *Paris, Plon,* 1904. — Dernières années de la cour de Lunéville. *Id.,* 1906. — Perey (L.). Histoire d'une grande dame. La comtesse Hélène Potocka. *Paris, Lévy,* 1888. — Histoire d'une grande dame au xviiie siècle. La Princesse Hélène de Ligne. *Id.,* 1887.

841. Mémoires sur les règnes de Louis XV et Louis XVI et sur la Révolution par J.-N. Dufort, comte de Cheverny (1731-1802) publiés avec une introduction et des notes par Robert de Crèvecœur. *Paris, E. Plon,* 1886, 2 vol. in-8, brochés.

842. Louis XV et Louis XVI (Ouvrages relatifs aux règnes de). 6 vol. in-8 et 1 vol. in-12, brochés. Ens. 7 vol.

Barrière (F.). La Cour et la ville sous Louis XIV, Louis XV et Louis XVI. *Paris, Dentu,* 1830. — Cradock (Mme). Journal ; traduit par Mme Delphin Balleygnier. *Paris, Perrin,* 1896. — Maugras (Gaston). L'Idylle d'un « gouverneur », la comtesse de Genlis et le duc de Chartres. *Paris, Plon,* 1904. — Poniatowski (A.). Correspondance inédite du roi Stanislas-Auguste Poniatowski et de Madame Geoffrin, 1764-1777. *Id.,* 1875. — Papillon de la Ferté. Journal, 1756-1780. *Paris, Ollendorff,* 1887. — Sabran (C^sse de). Correspondance de la comtesse de Sabran et du chevalier de Boufflers, 1778-1788. *Paris, Plon,* 1875. — Van der Haeghen. Mémoire sur la lettre de cachet dans le Languedoc sous Louis XV et Louis XVI. *Paris, Derenne,* 1883.

843. Louis quinze et Louis seize, par Antoine Fantin-Desodoards. *A Paris, chez F. Buisson, an VI de la république* (1797), 5 vol. in-8, veau marb., fil., dos orné, tr. jasp. (*Rel. de l'époque*).

c. — Louis XVI et la Révolution.

1. — Louis XVI.

844. Sacre et couronnement de Louis XVI, roi de France et de Navarre, à Rheims, le 11 juin 1775 (par l'abbé Pichon), précédé de recherches sur le sacre des rois de France, depuis Clovis jusqu'à Louis XV ; et suivi d'un journal historique de ce qui s'est passé à cette auguste cérémonie (par Gobet), enrichi d'un très grand nombre de figures en taille-douce, gravées par le sieur Patas, avec leurs explications. *Paris, Vente,* 1775, in-8, demi-rel. bas., non rogué.

> 1 titre gravé, 14 vignettes et 48 figures, reproduction des grandes planches du sacre de Louis XV.
> Le frontispice et le plan de Reims manquent.

845. Livre et état des dépenses de la cassette de Son Altesse Royale Monsieur Comte de Provence, premier frère du roi pendant les années 1780, 1781, 1782, 1783 et 1784. Payé à Versailles par M. de Lormeau, payeur ordinaire de la cassette de S. A. R. Monsieur, pendant le service de M. de Masgonthierre, premier valet de chambre de S. A. R. Manuscrit de 23 ff. d'une bonne écriture de l'époque, pet. in-fol., parchemin vert.

> État des dépenses de Louis Stanislas Xavier, comte de Provence, frère de Louis XVI, depuis Louis XVIII.
> Les comptes sont revêtus de sa signature autographe.

846. Mémoires historiques et politiques du règne de Louis XVI, depuis son mariage jusqu'à sa mort. Ouvrage composé sur des pièces authentiques fournies à l'auteur, avant la Révolution, par plusieurs ministres et hommes d'état ; et sur les pièces justificatives recueillies après le 10 août, dans les cabinets de Louis XVI à Versailles, et au château des Tuileries, par Jean-Louis Soulavie (l'aîné). *A Paris, chez Treuttel et Wurtz,* an X-1801, 6 vol. in-8, portraits et tableaux, demi-rel. veau brun, tr. jasp. (*Rel. de l'époque*).

847. Mémoires et ouvrages relatifs au règne de Louis XVI. 8 vol. in-8 et in-12, brochés.

> Bardoux (A.). La Comtesse Pauline de Beaumont. *Paris,* 1884. — Chéron (François). Mémoires et récits. *Paris,* 1882. — Droz (J.). Histoire du règne de Louis XVI, pendant les années où l'on pouvait prévenir ou diriger la Révolution française. *Paris,* 1839, 2 vol. — Hezecques (Cte de France d'). Souvenirs d'un page de la cour de Louis XVI. *Didier,* 1873. — Nicolardot (L.). Journal de Louis XVI. *Dentu,* 1873, papier vergé. — Paroy (Cte de). Mémoires d'un défenseur de la famille royale pendant la Révolution. *Plon,* 1895. — Semichon. Les Réformes sous Louis XVI. *Didier,* 1876.

848. Louis XVI (Écrits et pamphlets relatifs à). 5 vol. in-8, dont 4 vol. brochés et 1 vol. demi-rel. veau fauve.

> La Passion et la mort de Louis XVI. *A Jérusalem,* 1790. — Du règne de Louis XVI. *Pa-*

ris, 1789. — Le Réveil de Louis XVI ou les matinées secrettes des Thuileries. *Paris, Cuchel*, 1792. — Le Terme d'un règne ou le règne d'un terme par Desaugiers. *Paris, Rosa*, 1815, etc.

849. Correspondance secrète inédite sur Louis XVI, Marie-Antoinette, la cour et la ville, de 1777 à 1792, publiée par M. de Lescure. *Paris, Henri Plon*, 1866, 2 vol. in-8, brochés.

On y a joint : La Vraie Marie-Antoinette, étude historique, politique et morale, suivie du recueil réuni pour la première fois de toutes les lettres de la reine par M. de Lescure. *Paris, H. Plon*, 1867.

850. Louis XVI et ses vertus aux prises avec la perversité de son siècle, par feu l'abbé Proyart. Nouvelle édition parfaitement conforme à l'original, et augmentée d'une notice sur la vie de l'auteur. *A Paris, chez les libraires associés*, 1808, 4 vol. in-8, demi-rel. bas. marb., dos orné, tr. jaunes.

851. Louis XVI (Ouvrages relatifs à). 8 vol. in-4 et in-8, dont 2 brochés, 2 cartonnés, les autres reliés en veau.

DUGAST DE BOIS ST. JUST. Paris, Versailles et les provinces au XVIIIe siècle. *Paris, Nicole*, 1811, 2 vol. — JONES (Paul). La Vie de Louis XVI, depuis son avènement à la couronne jusqu'au 24 août 1774. *Londres*, 1774. — MÉMOIRE au roi Louis XVI, en dénonciation d'abus d'autorité et de mépris des loix, exercés contre moi Roland. *Londres*, 1784. — MAISON du roi, ce qu'elle étoit, ce qu'elle est, ce qu'elle devroit être. Examen soumis au roi et à l'Assemblée nationale. *Paris*, 1789. — JOURNAL de Louis XVI, publié par Louis Nicolardot. *Paris*, 1873, papier vergé. — SÉNAC DE MEILHAN. Du gouvernement, des mœurs et des conditions en France avant la Révolution. *Hambourg*, 1795.

852. Mémoires du comte de Maurepas ; avec onze caricatures du temps, gravées en taille-douce. Seconde édition. *A Paris, chez Buisson*, 1792, 4 tomes en 2 vol. in-8, veau marb., tr. jaunes.

On y joint la troisième édition. *Paris, Buisson*, 1792, 4 vol. in-8, demi-rel. veau marb., tr. jasp.

853. Louis XVI, Marie-Antoinette et Madame Elisabeth. Lettres et documents inédits publiés par F. Feuillet de Conches. Tomes I à V. *Paris, H. Plon*, 1864-1869, 5 vol. in-8, brochés.

854. Ouvrages relatifs à la fin du règne de Louis XVI. 10 vol. in-8 et in-12, cartonnés et reliés.

BERTRAND DE MOLLEVILLE. Mémoires secrets pour servir à l'histoire de la dernière année du règne de Louis XVI. *Londres*, 1797, 3 vol. — GORGY. Tablettes sentimentales du bon Pamphile. *Paris*, 1792. — HUE (F.). Dernières années du règne et de la vie de Louis XVI. *Paris*, 1816. — MÉMOIRES ou correspondance secrète du père Lenfant, confesseur du roi pendant trois années de la Révolution, 1790, 1791, 1792. *Paris*, 1834, 2 vol. — DU RÈGNE de Louis XVI. Histoire des événements remarquables arrivés dans la capitale et les provinces pendant les mois d'avril, mai, juin, juillet et août. *Paris*, 1784. — LE RÉVEIL de Louis XVI ou les matinées secrettes des Thuileries. Extrait du porte-feuille du bon-homme Jerome. *Paris*, 1792. — VARENNE (De la). Histoire particulière des événements qui ont eu lieu en France pendant les mois de juin, juillet, d'août et de septembre 1792, et qui ont opéré la chute du trône royal. *Paris*, 1806.

855. Événement de Varennes. 2 vol. in-8, brochés.

Histoire du départ du roi, des événemens qui l'ont précédé et suivi, avec le recueil des pièces justificatives..., les opinions de MM. Pethion, Salles, Barnave, Dupont, etc. *Paris, Devaux*, 1791. — SÈZE (Comte de). Histoire de l'événement de Varennes, au 21 juin 1791. *Paris, Dentu*, 1843.

856. Événement de Varennes. 5 vol in-8, dont 3 brochés et 1 cartonné.

BIMBENET (Eug.). Relation fidèle de la fuite du roi Louis XVI et de sa famille à Varennes. *Paris*, 1844. — HISTOIRE du départ du roi, des événemens qui l'ont précédé et suivi, avec le recueil des pièces justificatives, le rapport des sept comités réunis, les opinions de Pethion, Salles, Barnave, etc. *Paris*, 1791. — Moustier (Cte de). Relation du voyage de S. M. Louis XVI lors de son départ pour Montmédi et de son arrestation à Varennes. *Paris*, 1815, — SCHOELCHER (A.). La route de Louis XVI ou de Paris à Varennes à un siècle de distance. *Versailles*, 1904. — SEZE (Le comte de). Histoire de l'événement de Varennes au 21 juin 1791. *Paris*, 1843.

857. Procès de Louis XVI (Ouvrages relatifs au). 14 vol. in-8, de reliures différentes.

JAUFFRET (L.-F.). Histoire impartiale du procès de Louis XVI. *Paris*, 1792, 8 tomes en 4 vol. — DESEZE. Défense de Louis XVI prononcée à la barre de la Convention nationale le 26 décembre 1792, 49 pp. — LÉVY (A.). La Culpabilité de Louis XVI et de Marie-Antoinette. *Paris*, 1907. — LIVRE rouge. Tableau des juges de Louis XVI. *Paris*, 1816. — LISTE COMPARATIVE des cinq appels nominaux faits dans les séances des 15, 16, 17, 18 et 19 janvier 1793 sur le procès et le jugement de Louis XVI. *Paris*, 1793. — TURBAT. Procès des Bourbons. *Hambourg*, 1798, 2 vol. — SALES (De l'Isle de). Malesherbes. *Paris*, 1803. — Recueil d'environ 15 pièces relatives au procès de Louis XVI, 2 vol. — Discours de Robespierre, de Desrues, Drouet, Fichet, etc., extraits des procès-verbaux des séances des Jacobins, etc., etc., sur le procès de Louis XVI, 1 vol.

858. Jugement de Louis XVI (Pièces relatives au). 4 plaquettes in-8, brochées.

EMMANUEL. Appel à l'honneur français, ou projet d'une fête pour célébrer dignement la mort de Louis XVI. *Paris*, 1796. — Discours de Joseph Guffroy. *Paris*, s. d. — Opinion de Saint-Just. *S. l. n. d.* — L'Ordre et la marche et tout ce qui sera exécuté demain pour l'arrivée de Louis Capet à la barre de la Convention nationale. *S. l. n. d.*

859. Famille royale au Temple. 10 vol. in-8 et in-12, dont 4 brochés, les autres, demi-rel. veau fauve.

CLÉRY. Journal de ce qui s'est passé à la Tour du Temple pendant la captivité de Louis XVI. *Paris*, 1816, portraits et fac-simile. — DEFFENSE de Louis XVI. Discussion de toutes les charges connues à l'époque du 14 nov. 1792, suivi du journal de Cléry. *Londres*, 1798. Avec la grande liste des régicides, qui est rare. — EDGEWORTH DE FIRMONT. Journal de Cléry, suivi des dernières heures de Louis XVI. *Paris*, 1825. — HISTOIRE de la captivité de Louis XVI et de la famille royale, tant au Temple qu'à la Conciergerie, comprenant le journal de Cléry (publié par Sevelinges). *Paris*, 1818. — REGNAULT-VARIN. Les Prisonniers du Temple. *Paris*, an IX-1800, 3 vol. — MÊME OUVRAGE. Edition de *Paris, Locard*, 1802, 3 vol. — LES TUILERIES, le Temple, le Tribunal révolutionnaire et la Conciergerie, sous la tyrannie de la Convention... par un ami du trône. *Paris*, 1814.

860. Famille royale au Temple. 25 brochures in-8.

Histoire de la captivité de la famille royale au Temple, la fausse communion de la Reine soutenue au moyen d'un faux par Lafont d'Ausonne, 1824. — Récit des événements arrivés au Temple depuis le 13 août 1792 jusqu'à la mort de Louis XVII. — Quelques souvenirs ou notes fidèles sur mon service au Temple par Lepitre. — Détail des quatre jours que Louis XVI et son auguste famille passèrent à l'Assemblée législative le 10 août 1792, par A. Dufour, etc., etc.

861. Mémoires de P.-L. Hanet Cléry, 1776-1823, avec les portraits des deux frères lithographiés par Morin. *Paris, Alexis Eymery*, 1825, 2 vol. in-8, brochés.

862. Exécution de Louis XVI. 3 vol. in-8 et in-18, dont 1 cartonné, 1 broché et 1 veau marb.

AIGNAN (Et.) et BERTEVIN (J.). La Mort de Louis XVI et le Martyre de Marie-Antoinette, tragédie. *Paris*, 1793. — Edgeworth (C.-S.). Mémoires de l'abbé Edgeworth de Firmont, dernier confesseur de Louis XVI. *Paris*, 1815. — Pitou (L.-A.). L'Urne des Stuarts et des Bourbons ou le fond de ma conscience sur les causes et les effets des 21 janvier, des 16-17-18 et 19ᵉ siècles, chez les deux peuples. *Paris, 1815.*

863. La Conjuration de Batz, ou la journée des soixante. Rapport fait par Élie-Lacoste, au nom des Comités de Salut public et de sureté générale, dans la séance du 26 prairial (14 juin 1794). *S. l. n. d.* (1795), in-8, de 145 pp., non relié. — — — 360

Cette brochure du baron Jean de Batz, est de la plus grande rareté.

864. Conventionnels régicides. Manuscrit de 38 ff. in-fol.

Copie de lettres officielles, anecdotes, etc., relatives à l'article 7 de la loi du 12 janvier 1816 relatif aux conventionnels régicides.
On y joint : diverses listes de conventionnels ayant voté la mort de Louis XVI, morts ou exilés et diverses lettres du libraire Royer relatives à des fournitures de livres. — — — 30

2. — *Marie-Antoinette (écrits et pamphlets sur).*

865. Affaire du collier (Ouvrages relatifs à l'). 10 vol. in-4, in-8 et in-12, reliés et brochés.

Adresse de la Comtesse de La Motte-Valois à l'Assemblée Nationale pour être déclarée citoyenne active. *Londres*, 1790. — Campardon (E.). Marie-Antoinette et le procès du collier. *Paris, Plon*, 1863. — Chaix d'Est Ange. Marie-Antoinette et le procès du collier. *Paris,* 1889. — Collection complète des mémoires relatifs au procès du cardinal de Rohan. *Paris,* 1786, 2 vol. — La Motte Valois (Le Cᵗᵉ de). Mémoires inédits. *Paris,* 1858. — Mémoires justificatifs de la Comtesse de Valois de La Motte, écrits par elle-même. *Imp. à Londres,* 1789. — Seubert (E.). L'Intrigue du collier. *Paris,* 1864. — Vie de Jeanne de St. Rémy de Valois, ci-devant comtesse de la Motte, écrite par elle-même. *Paris,* an I, 2 tomes en 1 vol. — Vie de Joseph Balsamo, connu sous le nom de comte Cagliostro. *Paris,* 1791, portrait. — — — 140

866. Mémoire (et second mémoire) justificatif de la comtesse de Valois de la Motte, écrit par elle-même. *A Londres,* 1790, 2 parties en 1 vol. in-8, 1 figure, broché. — — — 28

Exemplaire non rogné.
Dans ces mémoires, la comtesse de La Motte accuse la reine d'avoir eu un goût particulier pour elle, de l'avoir souvent reçue la nuit à Trianon, de l'avoir élevée jusqu'à elle, de l'avoir chargée de remettre des lettres au cardinal de Rohan et d'avoir reçu par son intermédiaire celles du Cardinal.
On y a joint : Adresse de la comtesse de La Motte-Valois à l'Assemblée nationale, pour être déclarée citoyenne active. *Londres,* 1790, 14 pages.

867. Vie de Jeanne de St. Remy de Valois, ci-devant comtesse de La Motte ; contenant un récit détaillé et exact des événemens extraordinaires auxquels cette dame infortunée a eu part depuis sa naissance, et qui ont contribué à l'elever à la dignité de confidente et favorite de la reine de France, avec plusieurs particularités, propres à éclaircir les transactions mystérieuses relatives au collier de diamans, à son emprisonnement, etc. Ecrite par elle-même. *A Paris, chez Garnery,* an I, 2 vol. in-8, brochés. — — — 75

Cet ouvrage est réimprimé sur l'exemplaire trouvé dans les papiers du sieur Laporte, intendant de la liste et deposé au Comité de sûreté de la Convention nationale. Les démarches et les sacrifices que la Cour avait faits pour empêcher ce livre de paraître prouvent assez combien elle en redoutait la publication et combien il renferme d'anecdotes qu'elle était bien aise de soustraire à la curiosité du public.

868. Marie-Antoinette, archiduchesse d'Autriche, reine de France ; ou causes et tableau de la Révolution par M. le Chevallier de M*** (Mayer). *S. l. (Turin)*, 1794,
in-8, demi-rel., bas. (*Rel. anc.*).

> Ouvrage rare, orné d'un frontispice et de 6 figures.
> Exemplaire annoté par l'abbé H. B. Nous transcrivons la note de la dernière page : « *Il y*
> « *a de la passion dans cette histoire ; mais on peut pardonner un peu d'émotion surabondante à un*
> « *écrivain qui étala tous les crimes, tous les excès, toutes les abominations de la Révolution. Il ne*
> « *faut guère soupçonner de l'exagération là où les méchants et les méchancetés surpassent tout ce*
> « *qu'on en peut dire, et même tout ce qu'on en peut concevoir.* »
> Cet ouvrage a été décrit par M. Tourneux dans « *Marie-Antoinette devant l'histoire* ».

869. Mémoires de Mademoiselle Bertin sur la reine Marie-Antoinette, avec des notes
et des éclaircissements. *Paris et Leipzig, Bossange frères*, 1824, in-8, demi-rel.,
chag. vert., dos orné, tr. jasp.

870. Notices sur Marie-Suart, reine d'Ecosse et sur Marie-Antoinette, reine de France,
extraites du catalogue raisonné de la collection des portraits de M. Craufurd. *Paris,
de l'Imp. de Gratiot*, 1819, in-8, cartonné.

> Plaquette très rare. La Notice sur Marie-Antoinette occupe les pp. 25-61 (voir Tourneux,
> *Marie-Antoinette devant l'histoire*), n° 17.

871. Marie-Antoinette (Ouvrages relatifs à). 10 vol. in-8 et in-12, dont 5 cartonnés,
1 brochure et 4 demi-rel. veau et veau fauve.

> Adhémar (Csse d'). Souvenirs sur Marie-Antoinette et sur la Cour de Versailles. *Paris,
> Maure*, 1836, 4 vol. — Lafont d'Ausonne. Mémoires secrets et universels des malheurs et de
> la mort de la reine de France. *Paris*, 1825, portrait. — Lafont d'Ausonne. Le crime du 16
> ou les fantomes de Marly. *Paris*, 1820. — Montjoye. Histoire de Marie-Antoinette. *Paris*,
> 1797, portrait. — Robiano (Cte de). Marie-Antoinette à la Conciergerie. *Paris*, 1824, in-12,
> fig. — Simovo-Viennot (Mme). Marie-Antoinette devant le xixe siècle. *Paris, Augé, s. d.*, 2 vol.

872. Marie-Antoinette (Ouvrages relatifs à). 7 vol. et brochures in-8 et in-12, brochés.

> Catalogue d'une collection très importante d'ouvrages historiques et satiriques sur Louis
> XVI, Marie-Antoinette et la Révolution française. *Paris, Gouin*, 1869. — Chambrier (James
> de). Marie-Antoinette, reine de France. *Didier*, 1871, 2 vol. — Delaporte. Centenaire de
> Marie-Antoinette. Documents inédits. *Paris*, 1893. — La Reine Marie-Antoinette à la Con-
> ciergerie, 1864 (Extrait). — La Rocueterie (M. de). Le 16 octobre 1793. *Palmé*, 1876. —
> Tourneux (M.). Marie-Antoinette devant l'histoire. Essai bibliographique. *Leclerc*, 1895.

873. Marie-Antoinette. Correspondance secrète entre Marie-Thérèse et le Cte de
Mercy-Argenteau, avec les lettres de Marie-Antoinette, publiée avec une introduc-
tion et des notes par M. le Chevalier Alfred d'Arneth et M. A. Geffroy. *Paris,
Firmin Didot et Cie*, 1874-1875, 3 vol. gr. in-8, brochés.

874. Lettres de Marie-Antoinette, recueil des lettres authentiques de la reine publié
par Maxime de la Rocheterie et le marquis de Beaucourt. *Paris, Picard*, 1895-1896,
2 vol. in-8, brochés.

875. Histoire de Marie-Antoinette, par E. et J. de Goncourt. Edition ornée d'encadrements à chaque page par Giacomelli et de douze planches hors texte. *Paris,
G. Charpentier*, 1878, gr. in-8, texte encad., broché (*Couvert. illust.*).

> Premier tirage.
> Cet exemplaire contient 12 planches et 1 fac-simile d'autographe. La planche du « *Bol. sein* »
> ne s'y trouve pas.

876. La Dauphine Marie-Antoinette, par Pierre de Nolhac. *Paris, Boussod, Valadon et Cie, s. d.*, in-4, illustrations d'après les originaux contemporains, broché.

Exemplaire imprimé sur papier vélin.

877. La Reine Marie-Antoinette, par Pierre de Nolhac. *Paris, Boussod, Valadon et Cie*, 1890, in-4, illustrations d'après les originaux contemporains, broché.

Exemplaire imprimé sur papier vélin.

878. Inventaire de la collection de la reine Marie-Antoinette par Charles Ephrussi. *Paris, A. Quantin*, 1880, pet. in-4, broché.

Exemplaire imprimé sur PAPIER DU JAPON, avec envoi autographe de l'auteur à Alexandre Dumas fils, sur le faux-titre.

879. Iconographie de la reine Marie-Antoinette. Catalogue descriptif et raisonné de la collection de portraits, pièces historiques et allégoriques, caricatures, etc., formée par lord Ronald Gower, précédé d'une lettre par M. Georges Duplessis. *Paris, A. Quantin*, 1883, gr. in-8, broché.

Orné de nombreuses reproductions en noir et en couleurs d'après les originaux faisant partie de la collection.

880. Portefeuille d'un talon rouge. Contenant des anecdotes galantes et secrètes de la cour de France. *Paris, imp. du comte de Paradès, l'an 178***, in-16 de 42 p., demi-rel., mar. rouge, non rogné.

Ecrit « d'une perfidie notoire, car sous couleur de disculper la Reine des imputations dont elle est l'objet, l'auteur énumère toutes les calomnies et médisances mises en œuvre contre elle ». — Tourneux. *Marie-Antoinette devant l'histoire.*

881. Vie privée, libertine et scandaleuse de Marie-Antoinette d'Autriche, reine des Français, depuis son arrivée en France jusqu'à ce jour. Ouvrage orné de 26 gravures. *A Paris, au chateau des Tuileries, et dans toutes les cours étrangères, 1792-1793*, 3 parties en 1 vol. in-18, demi-rel.

Pamphlet infâme accompagné de 26 figures la plupart très libres.
On y a ajouté un titre général dont la rédaction est des plus libres.
On a relié avec cet exemplaire :
1º Correspondance de la reine avec d'illustres personnages. *S. l.* 1790, 126 pp., portrait de la Duchesse de Polignac.
2º La Journée amoureuse ou les derniers plaisirs de M... Ant..., comédie en trois actes, en prose, représentée pour la première fois au Temple le 20 août 1792. *Au temple chez Louis Capet, l'an premier de la République*, 69 pp. et 1 figure libre.
Ces pamphlets portent tous la signature de *Devise* sur les titres. Ce dernier y a ajouté des commentaires et tables dont les termes sont des plus licencieux.

882. Essais historiques sur la vie de Marie-Antoinette d'Autriche, reine de France pour servir à l'histoire de cette princesse. *Londres et Versailles*, 1789, 2 part. en 1 vol. in-8, demi-rel. bas. fauve, dos orné, tr. rouges.

On a relié avec cet ouvrage environ 20 pièces diverses :
Prières pour les aristocrates agonisans avec l'office des morts et les litanies de la lanterne. *Paris, imp. du Clergé*, 1790, 1 figure allégorique. Vie privée et ministérielle de M. Necker. *Genève, Pellet*, 1790, port. — Mémoire de M. le premier ministre des finances envoyé à l'Assemblée nationale. *Paris, Baudouin*, 1790. — Le Livre rouge ou liste des pensions secrètes sur le trésor public [1re livraison]. *De l'Imp. royale*, 1790. — La Passion et la mort de Louis XVI, roi des juifs et des chrétiens. *A Jérusalem*, 1790, 1 fig., etc., etc.

883. Essais historiques sur la vie de Marie-Antoinette d'Autriche, reine de France, pour servir à l'histoire de cette princesse. *A Londres*, 1789, 14 ff. prél. et 140 pp. — Essai historique sur la vie de Marie-Antoinette... orné de son portrait, et rédigé sur plusieurs manuscrits de sa main. Seconde partie, de l'an de la liberté françoise, 1789. *A Versailles, chez la Montensier, hôtel des courtisannes, s. d.* (1789), 151 pp. — 2 parties en un vol. in-16, veau fauve, fil., dos orné, tr. jasp. (*Rel. anc.*).

Violent pamphlet contre Marie-Antoinette ; orné d'un portrait et de 6 planches gravées et accompagnées de légendes.

884. Marie-Antoinette (Pamphlets contre). 3 vol. in-8 et in-18, brochés.

Essai historique sur la vie de Marie-Antoinette, reine de France et de Navarre... *A Versailles, chez la Montensier, Hôtel des Courtisanes*, 1789, portrait tiré en couleurs. — Essais historiques sur la vie de Marie-Antoinette. Première partie. *A Versailles, chez la Montensier*, 1789, portrait et 4 figures. — Procès criminel de Marie-Antoinette de Lorraine, archiduchesse d'Autriche... *A Paris*, l'an II, 1 figure.

3. — *Louis XVII et Naundorff.*

885. Louis XVII. 9 vol. in-8, dont 2 vol. veau fauve et 7 vol. brochés.

. Backer (Félix de). Louis XVII au cimetière de Ste Marguerite. *Paris, Ollendorff*, 1894. — Bégis (Al.). Louis XVII, sa mort dans la tour du Temple. *Paris, Champion*, 1896. — Chantelauze (R.). Les derniers chapitres de mon Louis XVII. *Paris, Didot*, 1887. — Cors lieu (A.). La Mort de Louis XVII. *Paris, Champion*, 1876. — Eckard. Mémoires historique. sur Louis XVII. *Paris, Nicolle*, 1818. — L'enlèvement et l'existence actuelle de Louis XVII. *Paris, Ducollet*, 1831. — L'Ombre du baron de Batz. *Id.*, 1833. — Regnault de Warin, L'Ange des Prisons. *Paris, Delaunay*, 1817. — Senyeis (Ant.). Le Règne de Louis XVII. *Id.*- 1817.

886. Intrigues dévoilées, ou Louis XVII, dernier roi légitime de France, décédé à Delft, le 10 août 1845, par Mr Gruau de La Barre. *Rotterdam, Nijgh*, 1846-1848, 4 vol. in-8, portrait, demi-rel. basane verte, tr. jasp.

887. Mémoires du duc de Normandie, fils de Louis XVI, écrits et publiés par lui-même, *Paris*, 1831. — Vie de Mgr le duc de Normandie connu dans le monde sous le nom de M. l'ex-baron de Richemont par M. J.-V. Claravali. *Paris*, 1850, port. — Ens. 2 vol. in-8, dont 1 cartonn. demi-toile grise et l'autre broché.

888. Question Louis XVII. 4 vol. in-8, dont 2 vol. demi-rel. chag. et 2 vol. brochés.

Beauchamp (Al. de). Histoire des deux faux Dauphins. *Paris, Mathiol*, 1818. — Gruau de La Barre. Abrégé de l'histoire des infortunes du Dauphin, fils de Louis XVI. *Londres, s. d.* — En politique point de justice ou réplique judiciaire dans la cause des héritiers du duc de Normandie. *Bréda*, 1851. — Thomas (V.). Naundorff ou mémoire à consulter sur l'intrigue du dernier des faux Louis XVII. *Paris, Dentu*, 1837.

889. La Question Louis XVII et Naundorff (Ouvrages relatifs à la). 16 vol. in-8, brochés.

Baschet (G.). Un Louis XVII colonial. *H. Daragon*, 1907. — Bourbon-Leblanc (G.). Le véritable duc de Normandie. *Paris*, 1836. — Ferlet de Bourbonne. Louis XVIII en face de Louis XVII. *H. Daragon*, 1905. — Delacroix (Juste). Le vrai roi de France ou Louis XVII et ses enfants. *Paris*, 1885. — Deschamps (E.). Louis XVII. *Saint-Maixent*, 1896. — Fertin

(E. de). Histoire populaire de Louis XVII. *Paris,* 1884. — Fortin. L'existence de Louis XVII prouvée. *Paris, Goulet,* 1832. — Ginisty (Paul). Louis XVII. *Paris, Charpentier,* 1895. — Gauau de La Barre (Cte de). Non ! Louis XVII n'est pas mort au temple. *Bruxelles,* 1858. — En politique, point de justice. *Bréda,* 1851. — Hérelle. Louis XVII en Champagne. *Paris, Hurtau,* 1878. — Lepingleux-Deshayes. Le secret d'Henri V. *Paris, Savine,* 1892. — Otto Friedrichs. La Question Louis XVII. *Paris,* 1900. — Le Journal de M. de Cassagnac et Louis XVII. *Paris,* 1887. — Santi (L. de). Le mystère du Temple. *S. l. n. d.* — Thomas (V.). Naundorff ou mémoire à consulter. *Paris, Dentu,* 1837.

4. — Famille royale.

890. La Vie de Madame Elisabeth sœur de Louis XVI, par M. A. de Beauchesne, ouvrage précédé d'une lettre de Mgr Dupanloup. *Paris, H. Plon,* 1869, 2 vol. in-8, brochés.

891. Lamballe (Ouvrages relatifs à la princesse de). 4 vol. in-8 et in-12, dont 2 vol. demi-rel., veau fauve et 2 vol. brochés.

   Lambeau (Lucien). Essais sur la mort de Madame la princesse de Lamballe. *Lille,* 1902. — Guénard (Mme). Mémoires historiques de Marie-Thérèse-Louise de Carignan, princesse de Lamballe. *Paris, Lerouge,* 1815, 2 vol. — Serieys (Ant.) et J.-F. André. Anecdotes inédites de la fin du XVIIIe siècle. *Paris, Monory, an IX* (1801).

892. Etudes révolutionnaires. Philippe d'Orléans-Egalité. Monographie par Auguste Ducoin. Ouvrage contenant des documents inédits sur Philippe d'Orléans. Orné d'un fac-simile. *Paris, G.-A. Dentu,* 1845, in-8 de 356 p., demi-rel., veau bleu, tr. marb.

   Second tirage, très rare, de ce livre. Il contient 356 pages dont deux cartons, contenant des notes et une bibliographie.

893. Explication de l'énigme du roman (de M. Montjoye) intitulé : Histoire de la conjuration de Louis-Philippe-Joseph d'Orléans (attribué à Jac. Mar. Rouzet de Folmont). *A Veredishtad (Paris), s. d.,* 3 tomes en 4 vol. in-8, brochés.

   Cet ouvrage, imprimé aux frais de la duchesse douairière d'Orléans, avant 1814, n'a pas été mis en vente, ni même en circulation du vivant de cette princesse. Les exemplaires complets en sont très rares.

894. Philippe Egalité. 8 vol. in-8, dont 4 vol. demi-rel. bas. fauve, 2 vol. cartonn. et 2 vol. brochés.

   Exposé de la conduite de M. le duc d'Orléans dans la révolution de France. *S. l. n. d.* — Examen impartial de l'exposé de la conduite de M. le duc d'Orléans. *S. l. n. d.* — Observations sur les attentats attribués à M. le duc d'Orléans. *Paris,* 1790. — 7 pièces en 1 vol. — Lamothe-Langon (E.-L. de) Louis-Philippe-Joseph Egalité. *Paris, Dentu,* 1833, 2 vol. — Montjoie. Histoire de la conjuration de L.-P.-J. d'Orléans. *Id.,* 1834, 3 vol. — Publius. Scandales de son altesse sérénissime monseigneur le duc d'Orléans *S. l.,* 1789. — Vie de Louis-Philippe-Joseph duc d'Orléans. *S. l.,* 1789.

895. Philippe Egalité et Louis-Philippe (Pamphlets et pièces diverses relatives à). 35 plaquettes in-8.

   Pamphlets relatifs à l'arrivée de Louis-Philippe d'Orléans, sur les motifs de son voyage en Angleterre, ses crimes(1), sur sa prétendue mission, sur sa conduite pendant la Révolution, ses rapports avec Mirabeau et Lafayette, etc., etc...

896. Comte d'Artois et les princes du sang (Pamphlets contre le). 7 plaquettes in-8.

21

Confessions générales des princes du sang royal, auteurs de la cabale aristocratique, 1789.
— Réception du comte d'Artois chez M. l'électeur de Cologne, 1789. — Vie privée de
Charles-Philippe de France, ci-devant comte d'Artois, 1790. — Pétition et pièces présentées
à l'Assemblée Nationale le 13 novembre 1791 par Alexandre de Créquy. S. d., etc., etc...

897. Princes de la maison de Bourbon pendant la Révolution. (Ouvrages relatifs
aux). 5 vol. in-8, et in-12, brochés.

13

Conduite des princes de la maison de Bourbon durant la Révolution, l'émigration et le
Consulat, par M. Barrère. *Paris*, 1835. — Mémoires secrets de Antoine-Philippe d'Orléans,
duc de Montpensier relatifs à la Révolution française. *Paris*, 1834. — Mémoires de S. A. S. Louis-
Antoine-Philippe d'Orléans, duc de Montpensier. *Paris*, 1824. — Un an de la vie de Louis-
Philippe Ier écrite par lui-même, ou journal authentique du duc de Chartres, 1790-1791.
Paris, 1831. — Le Duc de Penthièvre. Sa vie, sa mort (1725-1793) d'après des documents
inédits par Honoré Bonhomme. *Paris*, 1869.

898. Famille de Louis XVI (Ouvrages relatifs à la). 3 vol. in-8, et 3 vol. in-12. —
Ens. 6 vol. dont 4 demi-veau fauve et 2 vol. brochés.

17

Barthélemy (Edouard de). Mesdames de France, filles de Louis XV. *Paris, Didier*, 1870.
— Ferrand (A.). Eloge historique de Madame Elisabeth de France. *Paris, Desenne*, 1814. —
Fonteneuille. Relation des derniers évènemens de la captivité de Monsieur, frère du roi.
Paris, Le Normant, 1823. — Fortaire. Mémoires pour servir à la vie de M. de Penthièvre.
Paris, 1808. — Roussel (L.-C.). Correspondance de Louis-Philippe-Joseph d'Orléans avec
Louis XVI, la reine, Liancourt, etc., etc... *Paris, Marchand*, 1801, port.

---

899. Polignac (Pamphlets contre la duchesse de). 10 opuscules in-8, brochés.

Conférence entre Mme de Polignac et Mme de La Motte au parc St. James, 15 pp. — Maladie de Mme la duchesse de P... qui a infecté la Cour, Versailles et Paris, 1789, 19 pp. — Boudoir de Mme la duchesse de P***, et rapport des scènes les plus curieuses, 8 pp. — Testament
de Mme la duchesse de Polignac, 24 pp. — Dialogue entre M. Necker et Mme de Polignac
lors de leur entrevue à Bale, en Suisse, 7 pp., etc., etc.

5. — Histoire de la Révolution. — Mémoires et écrits divers.

900. Précis histoire de la Révolution française par Ch. Lacretelle. *Paris, Treuttel
et Würtz*, 1803-1807, 6 vol. in-18, demi-rel. veau fauve, dos orné, tr. jasp.

Assemblée Constituante, 5 fig. (sur 6) d'après les desssins de Moreau. — Assemblée Législative, 2 fig. — Convention nationale, 2 vol., 4 fig. — Directoire exécutif, 2 vol., 4 fig.

901. Histoire de la Révolution française, accompagnée d'une histoire de la Révolution de 1535 ou des Etats generaux sous le roi Jean, par MM. A. Thiers et Félix
Bodin. *Paris, Lecointe et Durey*, 1823-1827, 10 vol. — Histoire du Consulat et de
l'Empire par M. A. Thiers. *Paris, Lheureux et Cie*, 1863-1869, 21 vol. dont un de
table. — Ens. 31 vol. in-8, brochés et rel.

Les 10 vol. de la *Révolution* sont en demi-rel. bas. verte (*Rel. fatiguée*).

902. Histoire de la Révolution française par Th. Carlyle. Traduit de l'anglais par

MM. Elias Regnault et Odysse Barot, *Paris. Germer-Baillière,* 1865-1867, 3 vol. in-12, demi-rel. chagrin La Vall., tr. jasp.

Ouvrage recherché.

903. Histoire de la Révolution de France pendant les dernières années du règne de Louis XVI par A. P. Bertrand de Molleville. *A Paris, chez Giguet,* an IX (1801). — an XI (1803), 14 vol. in-8, bas racine, tr. jaunes (*Rel. anc.*).

904. Histoire de la Révolution de France, depuis l'ouverture des Etats-Généraux (Mai 1789) jusqu'au 18 Brumaire (Novembre 1799); ouvrage posthume de l'abbé Papon publié par Papon le jeune. *Paris, Poulet,* 1815, 3 vol. in-8, veau marb., tr. marb. (*Rel. anc.*).

905. Histoire de la Révolution de 1789 et de l'établissement d'une constitution en France, précédée de l'exposé rapide des administrations successives qui ont déterminé cette révolution mémorable par deux amis de la liberté [F.-M. Kerverseau et Clavelin], *Paris, chez Clavelin,* 1790-1792, 7 vol. in-8, veau mabr., tr. jasp. (*Rel. anc.*).

906. Mémorial ou journal historique impartial et anecdotique de la Révolution de France par P.-C. Lecomte ; avec une gravure allégorique. *Paris, chez Duponcet,* an IX (1801), 2 vol. in-18, brochés.

907. Esquises historiques des principaux événemens de la Révolution française depuis la convocation des Etats-généraux jusqu'au rétablissement de la Maison de Bourbon, par Dulaure. *Paris, Baudouin,* 1823-1825, 5 vol. in-8 et 1 vol. pour la table, demi-rel., bas. bleue, dos orné, tr. marb. (*Vogel*).

Ouvrage contenant 134 planches hors texte gravées sur acier.

908. Histoire secrète de la Révolution française, contenant une foule de particularités peu connues, et des extraits de tout ce qui a paru de plus curieux sur la Révolution française, tant en France qu'en Allemagne, en Angleterre, etc., par François Pagès. *Paris, Dentu,* an IX-1800-1801, 6 vol. in-8, veau jasp. (*Rel. anc.*).

On y joint : Le même ouvrage. Edition de l'an V-1797, 2 vol. in-8, brochés.

909. Histoire générale et impartiale des erreurs, des fautes et des crimes commis pendant la Révolution française.... ornée de gravures et de tableaux (par Louis Prudhomme). *A Paris,* an V-1798, 6 vol. in-8, demi-rel., mar. rouge, tr. jaunes.

Dictionnaire, 2 vol. — Assemblée Constituante, 1 vol. — Assemblée Législative, 1 vol. — Convention Nationale, 2 vol.

910. Histoire philosophique de la Révolution de France, par Ant. Fantin Desodoards. *A Paris, chez Maradan,* 1797, 4 vol. in-8, demi-rel., veau fauve. tr. jasp. (*Rel. anc.*).

On y joint : Considérations philosophiques sur la Révolution française par J. Lachappelle *Paris,* an V, pet. in-8, veau marb. (*Rel. anc.*).

911. Histoire de France, depuis l'Assemblée des notables (1787), jusqu'en 1825, par l'abbé de Montgaillard, précédée d'un discours préliminaire et d'une introduction historique sur la monarchie française et les causes qui ont amené la Révolution.

Septième édition ornée d'un grand nombre de vignettes sur acier, d'après les dessins de Raffet. *Paris, Moutardier*, 1839, 9 vol. in-8, demi-rel., veau brun, tr. jasp.

912. Essai historique sur les causes et les effets de la Révolution de France, avec des notes sur quelques événemens et quelques institutions, par F. Beaulieu. *Paris, Maradan*, 1801-1803, 6 vol. — Essai historique et critique sur la Révolution, ses causes, ses résultats par M***. *Paris, Panckoucke*, 1815, 3 vol. — Ens. 9 vol. in-8, dont 6 vol. veau marb. et 3 vol. demi-rel., veau fauve, tr. jasp.

913. Nouveau dictionnaire pour servir à l'intelligence des termes mis en vogue par la Révolution par M. B*** (Buée). *Paris*, 1821. — Histoire des histoires de la Révolution par M. Cyprien Desmarais. *Paris, Méquignon*, 1834. — Développement des principales causes de la Révolution par J.-C. Royon. *Paris, Le Normant*, 1823. — Ens. 3 vol. in-8, brochés.

914. Histoire parlementaire de la Révolution française, ou journal des assemblées nationales, depuis 1789 jusqu'en 1815, contenant la narration des événemens, les débats des assemblées, les discussions des principales sociétés populaires, etc., etc., par B.-J.-B. Buchez et P.-C. Roux (Lavergne). *Paris, Paulin*, 1834-1838, 39 vol. in-8, demi-rel., veau brun, tr. jasp.

Le tome 40 manque.

915. Histoire parlementaire de la Révolution française. Même ouvrage. 40 vol. in-8, brochés.

916. Dictionnaire historique et biographique de la Révolution et de l'Empire, 1789-1815 ; ouvrage rédigé par le Dr Robinet, Adolphe Robert et J. Le Chaplain. *Paris*, s. d., 2 vol. gr. in-8, brochés.

917. Histoire. Musée de la République française, depuis l'Assemblée des notables jusqu'à l'Empire, par Augustin Challamel, avec les estampes, costumes, médailles, caricatures, portraits historiés et autographes les plus remarquables du temps. Troisième édition entièrement refondue et considérablement augmentée. *Paris, Gust. Havard*, 1857, 2 vol. gr. in-8, dos et coins chag. grenat poli, tête dor., non rognés (*Couvert.*).

918. Granier de Cassagnac (A.). Histoire des causes de la Révolution française. *Paris, Garnier*, 1850, 3 vol. — Histoire des Girondins et des massacres de septembre. *Paris, E. Dentu*, 1860, 2 vol. — Ens. 5 vol. in-8, demi-rel., bas. rose, tr. jasp.

919. La Révolution, 1789-1882, par Charles d'Héricault. Appendices par Emm. de Saint Albin, Victor-Pierre et Arthur Loth. *Paris, Dumoulin et Cie*, 1883, gr. in-8, broché.

26 planches hors texte, dont 14 chromolithographies et 2 fac-simile d'autographes.

920. L'an 1789. Événements, mœurs, idées, œuvres et caractères, par Hippolyte Gautier. Avec 650 reproductions, par la photogravure sur cuivre, de vignettes, d'estampes et de tableaux de l'époque. *Paris, Ch. Delagrave*, s. d. (1889), in-4, broché.

921. Allonville (Comte d'). Mémoires secrets de, 1770 à 1830. *Paris, Werdet,* 1838-1845, 6 tomes en 3 vol. in-8, demi-rel. chagrin bleu, tr. jasp.

922. Bailly. Mémoires d'un témoin de la Révolution ou journal des faits qui se sont passés sous ses yeux et qui ont préparé et fixé la Constitution française, ouvrage posthume de Jean-Sylvain Bailly. *Paris, Levrault,* 1804, 2 vol. in-8, cartonn. demi-toile bleue, non rognés.

923. Barère. Mémoires de B. Barère, publiés par MM. Hippolyte Carnot et David (d'Angers), précédés d'une notice historique par H. Carnot. *Paris, Jules Labitte,* 1842-1844, 4 vol. in-8, fig., demi-rel., bas. fauve, tr. jasp.

924. Barthélemy. Mémoires historiques et diplomatiques de Barthélemy depuis le 14 juillet jusqu'au 30 prairial an VII. *S. l. n. d.,* titre gravé et portrait. — Souvenirs de ma Vie, depuis 1774 jusqu'en 1814, par M. de J*** (de Jullian). *Paris,* 1815. — Lettres choisies de Charles Villette, extraites de la chronique de Paris. *A Montargis,* 1790. — Ens. 3 vol. in-8, dont 1 rel. veau, et 2 brochés.

925. Bast (Amédée de). Mémoires d'un vieil avocat écrits par lui-même, recueillis et mis en ordre par M. le comte Am. de B*** (Amédée de Bast). *Paris, H. Souverain,* 1849, 3 vol. in-8, brochés.

926. Bouillé (de). Mémoires sur la Révolution française. *A Londres, chez Cadell et Davies,* 1797, 2 vol. in-8, brochés.

927. Bouilly (J.-N.). Mémoires et Souvenirs, ou Mes récapitulations (1774-1790). *Paris, Louis Janet, s. d.,* 3 vol. in-12, port., brochés.

928. Besenval (Baron de). Mémoires, écrits par lui-même, imprimés sur son manuscrit original, et publiés par son exécuteur testamentaire, contenant beaucoup de particularités et d'anecdotes sur la Cour, sur les ministres et les règnes de Louis XV et Louis XVI, et sur les événemens du temps, précédés d'une notice sur la vie de l'auteur. *A Paris, chez F. Buisson,* an XIII (1805)-1806, 4 vol. in-8, portrait, demi-rel. bas. grenat, non rognés.

929. Campestre (Mad. de). Mémoires. *Paris, Antenor,* 1827, 2 vol. — Macédoine révolutionnaire pour servir à l'histoire de nos jours par J. V***. *Paris, Patris,* 1815. — Souvenirs de ma vie depuis 1774 jusqu'en 1814 par M. de J*** (Jullian). *Paris, Bossange,* 1815. — Ens. 4 vol. in-8, demi-rel. veau marb., dos orné, tr. jasp.

930. Escherny (L. d'). Correspondance d'un habitant de Paris avec ses amis de Suisse et d'Angleterre sur les événemens de 1789 à 1791 (per L. d'Escherny). *Paris, Desenne,* 1791. — Journal durant un séjour en France en 1792 traduit de l'anglais de John Moore par J.-E.-G.-M. de la Grange. *Philadelphie,* 1794, 2 vol. — Ens. 3 vol. in-8, veau marb., tr. jasp.

931. Fabre. Mémoires et souvenirs d'un pair de France, ex-membre du Sénat con-

servateur (par J.-P. Fabre). *Paris, Tenon,* 1829-1830, 3 vol. in-8, demi-rel. veau fauve, tr. marb.

Mémoires prétendus du comte J.-P. Fabre.
Le canevas de cet ouvrage appartient au baron E.-L. de Lamothe-Langon.

932. Fars Fausselandry (V^{tesse} de). Mémoires ou souvenirs d'une octogénaire, événemens, mœurs et anecdotes, depuis le règne de Louis XV (1768) jusqu'au ministère La Bourdonnaye et Polignac (1830). *Paris, Ledoyen,* 1830, 3 vol. in-8, brochés (*Couvert.*).

933. Fauche-Borel. Mémoires. *Paris, Moutardier,* 1829, 4 vol. in-8, port., brochés.

934. Fonvielle (Ch^{er} de). Mémoires historiques. *A Paris, chez Ponthieu,* 1824, 4 vol. in-8, brochés.

935. Genlis (Comtesse de). Mémoires inédits sur le xviiie siècle et la Révolution française, depuis 1756 jusqu'à nos jours. *A Paris, chez Ladvocat,* 1825, 10 vol. in-8, cartonn. papier, non rognés (*Rel. de l'époque*).

936. Georgel (Abbé). Mémoires pour servir à l'histoire des événemens de la fin du dix-huitième siècle, depuis 1760 jusqu'en 1806-1810, par un contemporain impartial, feu M. l'abbé Georgel, publiés par M. Georgel son neveu. Avec la gravure du fameux collier. *Paris, Eymery,* 1817-1818, 6 vol. in-8, demi-rel. mar. vert à longs grains, tr. marb.

Bel exemplaire contenant la grande planche du collier.

937. Grégoire. Mémoires de Grégoire, ancien évêque de Blois, précédés d'une notice historique sur l'auteur, par M. H. Carnot. *Paris, J. Yonet,* 1840, 2 vol. in-8, brochés.

Le portrait gravé par A. Fauchery manque.

938. La Trémoille. Souvenirs de la Révolution. Mes parents. *Paris, Société anonyme de publications périodiques,* 1901, in-fol., broché (*Couvert.*).

Publication de M. le duc de la Trémoille, tirée à petit nombre sur papier de Hollande et ornée d'héliogravures.

939. Laval. Journal d'un volontaire de 1792. Manuscrit de 278 pages, d'une bonne écriture de l'époque, in-4, demi-rel. parchemin blanc (*Rel. anc.*).

Manuscrit autographe signé Laval.
L'auteur prit du service le 25 aoust 1792 au premier bataillon des volontaires de la Lozère ; il fit les campagnes des ans II, III et IV, prit part à la campagne d'Egypte, il raconte la mort de Kléber, la descente des Anglais en Egypte, etc. On y remarque également un état des officiers que le 18e régiment perdit pendant les guerres d'Italie, de Suisse, d'Egypte et de Syrie, depuis le 24 germinal an IV jusqu'au 7 fructidor an IX. Il obtint sa retraite le 1er août 1808.

940. Levasseur. Mémoires de R. Levasseur (de la Sarthe) ex-conventionnel. Ornés du portrait de l'auteur. *Paris, Rapilly,* 1829-1831, 4 vol. in-8, brochés.

941. Mallet de Pan. Mémoires et correspondance de Mallet du Pan, pour servir à

l'histoire de la Révolution française, recueillis et mis en ordre par A. Sayous. *Paris, Amyot,* 1851, 2 vol. in-8, dos et coins veau marb., tr. rouges.

Rare. On y joint : Mallet du Pan et la Révolution française, par Gaspart Vallette. *Genève,* 1893, gr. in-8, broché. — Considérations sur la nature de la Révolution française et sur les causes qui en prolongent la durée, par Mallet du Pan, 1793. — Correspondance politique pour servir à l'histoire du républicanisme français, par le même, 1796.

942. Mallet du Pan. Mémoires et correspondance, pour servir à l'histoire de la Révolution française, recueillis et mis en ordre par A. Sayous. *Paris, Amyot et Cherbuliez,* 1851, 2 vol. in-8, brochés.

943. Monnel. Mémoires d'un prêtre régicide (Monnel), [par Denis Alexandre Martin]. *Paris, Charles Mary,* 1829, 2 vol. in-8, brochés.

La dernière partie de l'ouvrage a été revisée par Ant. Merlin, de Thionville.

944. Moreau. Mes Souvenirs, par Jacob Nicolas Moreau, né en 1717, mort en 1803, collationnés, annotés et publiés par Camille Hermelin. *Paris, Plon,* 1898-1901, 2 vol. in-8, brochés.

945. Parédès (Cte de). Mémoires secrets de Robert, comte de Parédès ; écrits par lui au sortir de la Bastille, pour servir à l'histoire de la dernière guerre (publiés par Richard Du Pin). *S. l.,* 1789, in-8, cartonné.

946. Pontecoulant (Cte de). Souvenirs historiques et parlementaires, extraits de ses papiers et de sa correspondance, 1764-1848. *Paris, Michel Lévy,* 1861-1865, 4 vol. in-8, brochés.

947. Puisaye (de). Mémoires du Comte Joseph de Puisaye, lieutenant général, etc., etc., qui pourront servir à l'histoire du parti royaliste françois durant la dernière révolution. *A Londres, chez Harding, Dulau et Co,* 1803-1808, 6 vol. in-8, cartonn. toile bleue, tr. rouges.

Mémoires très recherchés. Les tomes 4 et 5 sont au nom du libraire Pillet aîné, à Paris.

948. Roederer (P.-L.). Opuscules (par P.-L. Roederer). *Paris, Impr. du journal de Paris,* an XII. — L'Esprit de la Révolution de 1789, par P.-L. Roederer. *Paris,* 1831. — Chronique de cinquante jours du 20 Juin au 10 Aoust 1792, par P.-L. Roederer. *Paris, Lachevardière,* 1832. — Ens. 3 vol. in-8, brochés.

949. Serrurier. Chronique, ou exposé succinct des évènemens les plus importans relatifs en particulier à la Révolution françoise et ses suites depuis la fin de 1788, tiré principalement de la gazette françoyse de Leyde, par H.-C. Serrurier. Trad. du hollandois, 1788-1802. *A La Haye, chez Vosmaer et fils,* 1788-1802, 10 fascicules in-8, brochés.

950. Talleyrand (P^ce de). Mémoires, publiés avec une préface et des notes par le Duc de Broglie. *Paris, Calmann-Lévy,* 1891, 4 vol. in-8, brochés.

On y joint : Mémoire sur M. de Talleyrand, sa vie publique et sa vie privée, par Ch. Place et J. Florens. *Paris,* 1838, in-8.

951. Vaublanc (Cte de). Mémoires sur la Révolution de France et recherches sur les

causes qui ont amené la Révolution de 1789 et celles qui l'ont suivie. *A Paris, chez G. A. Dentu*, 1833, 4 vol. in-8, cartonn. demi-toile grise, ébarbés (*Pouillet*).

952. Journal intime d'un employé dans les bureaux de la Commune ou de la Convention pendant la Révolution. Manuscrit autographe composé de 17 cahiers in-8.

Très curieux document où l'auteur relate au jour le jour, de 1793 à 1798, les faits les plus intimes de sa vie privée et ce qu'il a observé dans ses fonctions d'employé de bureau.

953. Mémoires d'un voyageur qui se repose, contenant des anecdotes historiques, politiques et littéraires relatives à plusieurs des principaux personnages du siècle par M.-L.-D. *A Londres, B. Bulau et C*ᶦᵉ, 1807, 3 vol. in-8, brochés.

954. Mémoires, 6 vol. in-8, dont 5 vol. demi-rel. veau fauve et 1 vol. broché.

BARBAROUX (Charles). Mémoires. *Paris, Baudouin*, 1827. — BUZOT. Mémoires sur la Révolution française. *Paris, Béchet*, 1823. — HUGOU (N.-J.). Mémoires historiques critiques et politiques de la Révolution de France. *Paris*, 1790, 2 vol. — THIBAUDEAU (A.-C.). Mémoires sur la Convention et le Directoire. *Paris, Baudouin*, 1824, 2 vol.

955. Mémoires. 5 vol. in-8, demi-rel., veau fauve et 1 vol. in-12, veau fauve. — Ens. 6 vol.

BESENVAL (Bᵒⁿ de). Mémoires. *Paris, Buisson*, an IV (1805), 2 vol. — BOUILLÉ. Mémoires sur la Révolution. *Paris, Giguet*, 1802, 2 tomes en 1 vol., port. — CAMPAN (Mᵐᵉ). Mémoires sur la vie privée de Marie-Antoinette. *Paris, Baudouin*, 1823, 3 vol.

956. Mémoires. 11 vol. in-8, dont 8 vol. demi-rel. veau fauve et 3 brochés.

CAMPAN (Mᵐᵉ). Journal anecdotique de Mᵐᵉ Campan ou souvenirs recueillis dans ses entretiens par M. Maigne. *Paris, Baudouin*, 1824. — CLERMONT-GALLERANDE (Mⁱˢ de). Mémoires pour servir à l'histoire de la Révolution. *Paris, Dentu*, 1826, 3 vol. — HUGOU (J.). Mémoires historiques, critiques et politiques de la Révolution. *Paris, Bleuet*, 1790, 4 vol. — MÉHÉE DE LA TOUCHE. Extrait des Mémoires inédits sur la Révolution française. *Paris, Plancher*, 1823. — SÉRIEYS (Ant.). Mémoires politiques et militaires pour servir à l'histoire secrète de la Révolution. *Paris, F. Buisson*, an VII, 2 vol.

957. Mémoires. 7 vol. in-8, dont 5 reliés et 2 brochés.

DAMPMARTIN. Événemens qui se sont passés sous mes yeux pendant la Révolution française. *Berlin*, 1799, 2 tomes en 1 vol. — MONTLOSIER (Cte de). Mémoires. 1755-1830. *Paris*, 1830, 2 vol. — MORELLET (l'abbé). Mémoires. *Paris*, 1821, 2 vol. — Même ouvrage, édition de 1823. 2 vol.

958. Mémoires. 15 vol. in-8, dont 4 brochés, les autres reliés.

Mémoires du comte Alex. de Tilly. *Paris*, 1828, 3 vol. — Mémoires de Sanson. *Paris*, 1831. 2 vol. — Mémoires d'un homme de lettres (Jacques Labbé). *Paris*, 1825. — Mémoires de Condorcet. *Paris*, 1824, 2 vol. — Mémoires de Garat. *Paris*, 1829, 2 vol. — Mémoires de J.-S. Bailly. *Paris*, 1804, 2 tomes en 1 vol. — Mémoire d'un contemporain que la Révolution fit orphelin en 1793. *Paris*, 1846.

959. Mémoires anecdotiques. 4 vol. in-8, dont 2 reliés et 2 brochés.

HARMAND. Anecdotes relatives à quelques personnes et à plusieurs événemens remarquables de la Révolution. *Paris*, 1814. — LABLÉE (J.). Mémoires d'un homme de lettres. *Paris*, 1825. — LAVAUX. Les campagnes d'un avocat ou anecdotes pour servir à l'histoire de la Révolution. *Paris*, 1816. — LOMBARD (V.). Mémoires d'un sot, contenant des niaiseries historiques.... *Paris*, 1820.

960. Mémoires pour servir à l'histoire de 1789, par une société de gens de lettres.

A Paris, à l'hotel de Bouthilliers, chez Lavillette, 1790, 4 vol. in-8, demi-rel. bas. fauve, non rognés.

> Important recueil contenant une ample moisson de faits, d'anecdotes, d'écrits, etc. ; les pièces saillantes publiées en 1789 y sont conservées en entier.
> On y remarque des satires, des apologies, etc., et le récit, jour par jour, de ce qui s'est passé dans l'année 1789.

961. Collection des mémoires relatifs à la Révolution française, avec des notices sur leurs auteurs et des éclaircissements historiques, par MM. Berville et Barrière. *Paris, Baudouin frères,* 1821-1825, 11 vol. in-8, brochés.

> Mémoires de Weber sur Marie-Antoinette, de Linguet et Dusaulx, du duc de Choiseul sur le départ de Louis XVI, du baron de Goguelat, du général Turreau, du marquis d'Argenson, de Madame du Hausset, de Fréron. Mémoires sur l'affaire de Varennes et sur les journées de septembre 1792.

962. Recueil d'environ 180 pièces relatives à la Révolution et à l'Empire. 19 vol. in-8, tomés 2 à 22 avec quelques lacunes, veau jasp., dos orné (*Rel. anc.*).

> Important recueil contenant des mémoires présentés à l'Assemblée des notables, des pamphlets sur Mirabeau, Carrier, Louis XV et Louis XVI ; des écrits divers sur la Bastille, Saint-Domingue, les noirs, les prêtres, l'affaire du collier, des rapports de Robespierre, de Rœderer, Daunou, etc., sur les enfants adultérins, le culte, les émigrés, l'agriculture, les théâtres, finances, la franc-maçonnerie, le proscription d'Isnard, etc. Mémoires de Masséna, de Mouton-Duvernet, du comte de Las Casas, la relation anglaise de Waterloo, les événements de Lyon, la campagne de Russie, les procès de Moreau, Mouton-Duvernet et autres, quelques pamphlets sur Bonaparte, l'édition originale des « Trois Messeniennes » de Casimir Delavigne. *Paris, Ladvocat,* 1818, qui se trouve dans le tome 13, etc., etc.

963. Recueil d'environ 200 pièces relatives à la Révolution, en 22 vol. in-8, brochés.

> Pamphlets et pièces diverses pour ou contre la Révolution, par l'abbé Dillon, Marat, Mirabeau, Desèze, Linguet, C. Desmoulins, etc. Pièces et opuscules sur la Bastille, l'Assemblée Nationale, les Etats généraux, etc., etc.

964. Recueil d'environ 300 pièces diverses sur la Révolution, réunies en 17 vol. in-8 reliés différemment.

> Rapports divers de Brissot, Saladin et autres sur Billaud-Varennes, Barrère, Vadier, Collot d'Herbois, Carrier, la commission des Vingt-un, la Vendée, etc. — Discours, opinions et écrits divers de Laharpe, Mirabeau, Dubois Crancé, Lally-Tollendal, Condorcet, Billaud-Varennes, etc. Sur le culte de la Raison, la Bastille, la Liberté de la presse, la guerre, les Emigrés, la morale, les conventionnels. — Procès-verbaux, décrets, etc., publiés par ordre de la Convention. — Ecrits et pamphlets sur Robespierre, Pétion, Foulon, La Fayette, etc.

965. Pièces et pamphlets pour et contre la Révolution, 6 plaquettes in-8.

> De la nécessité d'une contre-révolution en France pour M. de Montlosier, 1791. — La Bayonnette ou réponse des soldats français au ci-devant marquis de Bouillé, 1791. — Une étincelle de raison ou opinion du C^{en} C... sur le gouvernement révolutionnaire. An II. — Les Crimes de la Révolution ou réponse à un libelle concernant un roi, des prêtres, etc., par Dumourier, 1797. — Secrets, causes et agents des révolutions de France, 1791.

966. Lettres à Monsieur le Comte de B***, sur la révolution arrivée en 1789, sous le règne de Louis XVI avec des notes sur les ministres et autres gens en place qui, depuis le règne de Louis XV, ont donné lieu à cette révolution mémorable par des dépradations ou des abus d'autorité (par Duplain de Sainte-Albine). *A Londres, et se trouve à Paris, l'an de la liberté,* 1789-1790, 7 vol. in-8, brochés.

967. La Boussole nationale, ou aventures histori-rustiques de Jaco surnommé Henri quatrième, laboureur, descendant du frère de lait de notre bon roi Henri IV, recueillies par un vrai patriote (A.-A.-P. Pochet). *De l'Imp. de la Liberté, sur la place de la Bastille*, 1790, 3 tomes en 1 vol. in-8, demi-rel., bas. bleue.

> Ouvrage rare orné d'un titre gravé et de 5 figures.
> On y a joint une note autographe signée Al. Pochet, relative à l'ouvrage.

968. Principaux événemens de la Révolution représentés par douze figures en taille-douce (par Binet). *A Paris*, an II de la Liberté (4 figures sont doubles). — Époques et journées mémorables de la Révolution française par M. Duveyrier. *A Paris, chez Philippe*, 1832. — Ens. 2 vol. in-8, veau fauve et demi-rel. veau.

969. L'Espion de la Révolution française par C*** (I.-M. Crommelin). *A Paris, chez Huet*, an V-1797, 2 vol. in-8, demi-rel. veau marb. (*Rel. anc.*).

> On y a joint : l'édition de *Francfort (Paris)*, 1799, 2 vol. in-8 demi-rel., qui a paru sous le titre d' « Histoire secrète de l'espionnage pendant la Révolution et des causes qui ont opéré la Révolution française ».

970. De la Révolution françoise, par M. Necker. *A Paris, chez Maret*, 1797, 2 vol. — Compte-rendu au Roi par M. Necker. *A Paris*, 1781. — Lettre adressé au roi par M. de Calonne, le 9 février 1789. *Londres, s. d.* — Ens. 4 vol. in-4 et in-8 reliés.

971. Réflexions sur la Révolution de France, et sur les procédés de certaines sociétés à Londres, relatifs à cet évènement par le Right hon. Edmund Burke. *Paris et Londres, s. d.* — La politique du gouvernement anglais dévoilée... par J.-F. Dubroca. *A Paris, chez Desessarts*, an VI. — Influence du gouvernement anglais sur la Révolution française, par Portiez (de l'Oise). *A Paris*, an XII. — Notice abrégée sur la vie, le caractère et les crimes des principaux assassins aux gages de l'Angleterre qui sont aujourd'hui traduits devant le tribunal de la Seine. *Paris, Imp. imp.*, 1804. — Ens. 3 vol. in-8, demi-rel. et 1 plaquette.

972. Histoire de l'origine, des progrès, et de la décadence des diverses factions qui ont agité la France, depuis le 14 juillet 1789 jusqu'à l'abdication de Napoléon, par Joseph Lavallée. *London, John Murray*, 1816, 3 vol. in-8, dos et coins veau fauve, tr. jasp. (*Rel. anc.*).

973 Les Lundis révolutionnaires. Histoire anecdotique de la Révolution française, par Jean Bernard, avec une préface de Jules Claretie, 1789-1792. *Paris, Georges Maurice*, 1891-1892, 4 vol. in-12, brochés.

974. Examen critique de l'ouvrage posthume de Mme la B^nne de Staël, ayant pour titre : Considérations sur les principaux évènemens de la Révolution française, par J.-Ch. Bailleul. *Paris, Bailleul*, 1818, 3 vol. in-8, veau marb., dos orné (*Rel. anc.*).

975. Anecdotes historiques, par un témoin oculaire, le baron D. V. (Honoré-Marie-Nicolas Duveyrier). *Paris, Imp. de E. Duverger*, 1837, in-8, broché.

> Tiré à cent exemplaires.
> Anecdotes relatives à la Révolution française.

976. Histoire d'un espion politique sous la Révolution française, le Consulat et l'Empire ; par M. N. Fournier. *Paris*, 1847, 3 tomes en 2 vol. gr. in-8, demi-rel., bas. bleue, tr. jasp.

Orné de 16 figures hors texte gravées sur bois, tirées sur Chine.

977. Histoire d'un espion politique sous la Révolution, le Consulat et l'Empire, par M. N. Fournier. *Paris, au bureau des publications historiques*, 1848, 4 vol. gr. in-8, brochés.

16 figures gravées bois tirées sur Chine, d'après *Ed. Frère, Gérard*, etc.

978. Le Gil Blas de la Révolution, ou les confessions de Laurent Giffard, par L.-B. Picard. *Paris, Baudouin frères*, 1825, 5 tomes en 2 vol. in-12, demi-rel. veau fauve.

On y a joint : Le Figaro de la Révolution, ou mémoires de M. Jolibois, par L.-T. Gilbert. *Paris, Vernarel*, 1825, 2 vol. in-12, demi-rel. veau fauve.

979. Anecdotes relatives à la Révolution. 4 vol. in-12 et in-18, dont 1 broché et 3 rel. veau ou demi-mar. et veau.

ANECDOTES curieuses et plaisantes relatives à la révolution de France. *Paris*, 1791. — CAPELLE. Aneries révolutionnaires, ou babourdisiana, betisiana, etc., etc. *Paris*, an X. — BOSSELMAN (E.). La nouvelle Satyre Menippée ou recueil de traits patriotiques, motions, etc., sur la Révolution française. *Paris*, 1791. — SEHIEYS et ANDRÉ. La fin du xviii° siècle ou anecdotes curieuses et intéressantes, tirées de manuscrits originaux... *Paris; Monory*, 1805.

980. Ouvrages relatifs à la Révolution. 6 plaquettes, in-8.

BEFFROY DE REIGNY. Histoire de France pendant trois mois, ou relation exacte, impartiale et suivie des évènements qui ont eu lieu à Paris, à Versailles et les provinces, depuis le 15 mai jusqu'au 15 août 1789. *Paris*, 1789. — COSTE D'ARNOBAT. Anecdotes curieuses et peu connues sur différens personnages qui ont joué un rôle dans la Révolution. *Genève*, 1793. — GORANI (J.). Lettres sur la Révolution française. *Paris*, 1793. — NOUVEAU dictionnaire françois à l'usage de toutes les municipalités, les milices nationales et les patriotes, 1790. — FAULCON. Pot-pourri national, ou matériaux pour servir à l'histoire de la Révolution. *Paris*, 1790. — SECRETS, causes et agens des révolutions de France, 16 pp.

981. Mémoires et ouvrages sur la Révolution. 9 vol. in-8, dont 8 vol. demi-rel. veau fauve et 1 vol. broché.

DAMPMARTIN (H.). Evènemens qui se sont passés sous mes yeux pendant la Révolution. *Berlin*, 1799. — ESCHERNY (L. d'). Correspondance d'un habitant de Paris avec ses amis. *Paris, Desenne*, 1791. — FICHTE (H.). Considérations sur la Révolution française. *Paris, Chamerot*, 1859. — IVERNOIS (Fr.). Tableau historique et politique des pertes que la Révolution et la guerre ont causées au peuple français. *Londres*, 1799, 2 vol. — MAISTRE (J. de). Considérations sur la France. *Id.*, 1797. — MORRIS. Journal du gouverneur Morris pendant les années 1789, 1790, 1791 et 1792. *Paris, Plon*, 1901. — WILLIAMS (Héléna-Maria). Souvenirs de la Révolution française. *Paris, Dupré*, 1827. — Lettres sur les évènemens qui se sont passés en France depuis le 30 mai 1793 jusqu'au 10 thermidor. *Paris, s. d.*

982. Ouvrages relatifs à la Révolution française. 8 vol. in-8, demi-rel. veau ou vélin.

ALMARIC. Appel à la sagesse sur les événements et les hommes de la Révolution. *Paris*, an XII. — ANECDOTES sur la Révolution, et coup d'œil sur notre histoire. *Paris*, an II, 2 vol. — CAUSES secrètes des excès de la Révolution. *Paris*, 1815. — FONVIELLE (A.). Essai sur l'état actuel de la France, 1er mai 1796. *Paris*, 1796. — MOITHEY (Pierre). Le Défenseur de la Liberté ou histoire de la Révolution de 1789. *Paris*, 1790, 2 vol. — RABAUT DE SAINT-ETIENNE. Précis de l'histoire de la Révolution française, *Paris*, 1827.

983. Ouvrages relatifs à la Révolution. 4 vol. in-8 et 2 vol. in-12. Ens. 6 vol. dont 2 veau marb. et les autres brochés.

JOUFFROY (A. de). Les Fastes de l'anarchie. *Paris, Pillet,* 1820, 2 vol. — Journée du 18 Avril 1791. — Journées mémorables de la Révolution. *Paris, Barba,* an III. — Principaux événemens de la Révolution représentés par douze figures en taille-douce. *Paris,* an II, fig. de Binet. — TISSOT (P.). Souvenirs de la journée du 1er prairial an III. *Paris,* an III.

984. Ouvrages relatifs à la Révolution. 5 vol. in-8, brochés.

BOITEAU (Paul). État de la France en 1789. *Paris, Perrotin,* 1861. — HÉRICAULT (Ch. d') et GUSTAVE BORD. Documents pour servir à l'histoire de la Révolution française. *Paris, Sauton,* 1884. — MOREAU (Ch.). Une mystique révolutionnaire. *Paris, Didot,* 1886. — ROCHAMBEAU (A. de). Esquisses historiques de la fin du dix-huitième siècle. *Paris, Aubry,* 1872. — SAINT-ALBIN (C. de). Documents relatifs à la Révolution française. *Paris, Dentu,* 1873.

985. Ouvrages relatifs à la Révolution. 8 vol. in-8, brochés.

BOITEAU (Paul). État de la France en 1789. *Paris, Guillaumin,* 1889. — CHÉREST (Aimé). La Chute de l'ancien régime (1787-1789). *Paris, Hachette,* 1884, 2 vol. — FICHTE (H.). Considérations sur la Révolution française. *Paris, Chamerot,* 1858. — HAMEL (Ernest). Précis de l'histoire de la Révolution française. *Paris, Pagnerre,* 1870. — MAISTRE (Joseph de). Œuvres. *Paris, Vaton,* 1870. — QUINET (Edgard). La Révolution. *Paris, Lacroix,* 1865, 2 vol.

986. Ouvrages relatifs à la Révolution. 10 vol. in-12, brochés.

BERNARD (J.). Histoire anecdotique de la Révolution française, 1789-1792. *Paris, G. Maurice,* 1891-1892, 4 vol. — COMBES (L.). Episodes et curiosités révolutionnaires. *Paris, Madre,* 1872. — JANET (Paul). Philosophie de la Révolution française. *Paris,* 1875. — PELLEY (M.). Variétés révolutionnaires. *Paris, Alcan,* 1890. — PIZARD (A.). La France en 1789. *Paris, Cadot, s. d.* — SEPET (M.). Les Débuts de la Révolution. *Paris, Retaux,* 1893. — THELLIER DE PONCHEVILLE (Ch.). Les lettres de mon grand-père, 1789-1795. *Paris, Desclée,* 1888.

987. Ouvrages relatifs à la Révolution. 11 vol. in-12, brochés.

CHAMPION (Edme). Esprit de la Révolution. *Paris, Reinwald,* 1887. — COMBES (L.). Episodes et curiosités révolutionnaires. *Paris, Dreyfous, s. d.* — DESPOIS (E.). Le vandalisme révolutionnaire. *Paris,* 1868. — HÉRICAULT (Ch. d'). En 1792. *Paris, Didier,* 1879. — JANET (P.). Histoire de la Révolution. *Paris, Delagrave, s. d.* — MICHELET (J.). Précis de la Révolution. *Paris, Marpon,* 1881. — OLIVIER (E.). La France avant et pendant la Révolution. *Paris,* 1889. — PELLET (M.). Variétés révolutionnaires. *Paris, Alcan,* 1885. — SEPET (M.). Les préliminaires de la Révolution. *Paris, Retaux,* 1890. — SPULLER (E.). Hommes et choses de la Révolution. *Paris, Alcan,* 1896. — TAINE (H.). Un séjour en France, de 1792 à 1795. *Paris, Hachette,* 1872.

988. Broc (Vte de). La France pendant la Révolution. *Paris, Plon,* 1891, 2 vol. — Masson (Frédéric). Le Département des Affaires étrangères pendant la Révolution, 1787-1804. *Id.,* 1877. — Rochechouart (Cte de). Souvenirs sur la Révolution, l'Empire et la Restauration. *Id.,* 1889. — Rocquain (Félix). L'Esprit révolutionnaire avant la Révolution, 1715-1789. *Id.,* 1878. — Ens. 5 vol. in-8, brochés.

989. Paris pendant la Révolution (Ouvrages relatifs à). 12 vol. in-8 et in-12, dont 4 vol. demi-rel. veau fauve et chag. bleu et 8 vol. brochés.

BABEAU (Albert). Paris en 1789. *Paris, Didot,* 1890. — BIOLLAY (Léon). Un épisode de l'approvisionnement de Paris en 1789. *Paris, Dupont,* 1878. — BIRÉ (Ed.). Paris en 1793. *Paris, Gervais,* 1888. — DUVEYRIER (Ch.). Histoire des premiers électeurs de Paris en 1789. *Paris, André,* 1828. — MERCIER (S.). Paris pendant la Révolution (1789-1798). *Paris, Poulet-Malassis,* 1862, 2 vol. — PELLET (Marcellin). Elysée Loustallot et les révolutions de Paris (1789-1790). *Paris, Le Chevalier,* 1872. — PELTIER (J.). Dernier tableau de Paris ou récit historique de la révolution du 10 août 1792. *Londres,* 1794, 2 vol., port. — PIERRE (Victor).

L'Eglise Saint-Thomas d'Aquin pendant la Révolution. *Paris*, 1887. — Pujoulx (J.-B.). Paris à la fin du xviiie siècle. *Paris, Mathé*, 1801. — Salamon (Mgr de). Mémoires inédits de l'internonce à Paris pendant la Révolution. *Paris, Plon*, 1890.

990. La Révolution dans les environs de Paris. 7 vol. in-8, brochés.

Davillier (Bon Ch.). La vente du mobilier du château de Versailles pendant la Terreur. *Paris, Aubry*, 1877. — Débaptisations révolutionnaires des communes, 1790-1795. *Paris*, 1896 [extrait]. — Humbert (l'abbé). Histoire religieuse du diocèse de Beauvais. *Beauvais, s. d.* — Huot (Paul). Les Massacres à Versailles en 1792. *Paris, Challamel*, 1869. — Le Roi (J.-A.). Récit des journées des 5 et 6 octobre 1789 à Versailles. *Versailles*, 1867. — Rixe populaire préméditée, suscitée par le sieur Warin. *S. l. n. d.* — Sorel (Alex.). Les carmélites de Compiègne devant le tribunal révolutionnaire, 1794. *Compiègne*, 1878.

991. Publications relatives à la Révolution française. *Paris, Imp. nouvelle*, 1890-1905, 11 vol. gr. in-8, dont 3 cartonn. et les autres brochés.

Pierre (Gaston). Les Hymnes et chansons de la révolution, 1904. — Tuetey (A.). L'Assistance publique à Paris pendant la Révolution, 1895-1897, 4 vol. — Répertoire général de l'histoire de Paris pendant la Révolution, 1890-1905, 6 vol. [le tome IV manque].

6. — *États-Généraux. — Constituante.*

992. Table générale par ordre alphabétique de matières des lois, senatus-consultes, décrets, arrêtés, avis du Conseil d'État, etc., publiés dans le Bulletin des lois et les collections officielles, depuis l'ouverture des États-Généraux, au 5 mai 1789, jusqu'à la restauration de la Monarchie française, au 1er avril 1814. *A Paris, de l'Imp. royale*, 1816, 4 vol. in-8, demi-rel. veau fauve, tr. jasp. (*Rel. de l'époque*).

Rédigé par Louis Rondonneau.

993. États-Généraux (Ouvrages relatifs aux). 9 vol. in-4 et in-8, reliés et brochés.

Bailly et Duveyrier. Procès-verbal des séances et délibérations de l'Assemblée générale des Electeurs de Paris. *Paris*, 1790, 3 vol. — Grille. Introduction aux mémoires sur la Révolution française. *Paris*, 1825, 2 vol. — Galerie (La) des Etats-généraux (par de Luchet, Mirabeau, Rivarol et C. de Laclos). *S. l.*, 1789. — Lubersac (abbé de). Le Citoyen conciliateur, contenant des idées sommaires, politiques et morales sur le gouvernement monarchique de la France. *Paris*, 1788. — Qu'est-ce que le Tiers-Etat. *S. l.*, 1789. — Terrade et Batiffol. Versailles pendant la session des Etats-Généraux. *Versailles*, 1889.

994. Liste alphabétique de bailliages et sénéchaussées de MM. les députés aux États généraux, convoqués à Versailles le 27 avril 1789. *A Paris, de l'Imp. royale*, 1789, in-4, de 88 pp. non relié.

On y joint: Liste par ordre alphabétique, des noms des citoyens députés à la Convention Nationale, avec leurs demeures au second mois de l'an II de la république. *A Paris, de l'Impr. nationale*, an II, 34 pp. — La même Liste. Dernière édition. *Paris*, an II, 40 pp.

995. La Galerie des États Généraux et la Galerie des dames françoises (par le marquis J.-P.-L. de Luchet, le Cte A. de Rivarol, le Comte de Mirabeau et Choderlos de Laclos). *S. l.*, 3 parties en 1 vol. in-8, veau racine, tr. marb. (*Rel. anc.*).

Exemplaire avec le supplément contenant les portraits d'Iramba (Mirabeau), Seyros (l'abbé Syées), Banevara (Barnave), Romanus (le cardinal de Rohan), etc., etc.
« Cet ouvrage a été distingué de la foule des brochures qui ont paru en 1789 et en 1790 ; « les portraits qu'il contient sont en général tracés avec autant de talent que d'impartialité » (Barbier, *Anonymes*).

996. Recueil de lettres aristocratiques trouvées chez M. de Castries. Ces lettres indiquent tous les complots formés contre nos bons députés, et contre les braves parisiens, depuis le mois d'août 1789 jusqu'à ce jour... Mises au jour par une société de patriotes, et dédiées aux zélés citoyens du Palais-Royal. *S. l.*, 1790, in-12 de 24 pp. broché.

Brochure rare ornée d'une curieuse figure coloriée.

997. Journal d'Adrien Duquesnoy, député du Tiers-État de Bar-le-Duc, sur l'Assemblée Constituante 3 mai 1789-3 avril 1790, publié pour la Société d'histoire contemporaine par Robert de Crèvecœur. *Paris, Alph. Picard*, 1894, 2 vol. in-8, brochés.

998. Bastille (Ouvrages relatifs à la). 10 vol. et brochures in-8 et in-12, reliés et brochés.

> Carra (J.-L.). Mémoires historiques et authentiques sur la Bastille. *Paris*, 1789, 3 tomes en un vol. — Charpentier. La Bastille dévoilée ou recueil de pièces authentiques pour servir à son histoire. *Paris*, 1789, 2 vol. — Dusaulx. De l'insurrection parisienne et de la prise de la Bastille. *Paris*, 1821. — Événement des plus rares ou l'histoire du Sr. abbé comte de Buquoy singulièrement son évasion du Fort-l'Evêque et de la Bastille. 1719. — Mémoires de la Bastille sous les règnes de Louis XIV, Louis XV et Louis XVI. *Londres*, 1784. — Poncins (Léon de). La prise de la Bastille. *Paris*, 1889. — Séré (Paul). La Bastille devant l'histoire. *Paris*, 1890. — Servan. Apologie de la Bastille. *Kehl*, 1784. — Recueil de 5 pièces diverses sur la Bastille en 1 vol.

999. Archives de la Bastille, documents inédits recueillis et publiés par François Ravaisson. *Paris, A. Durand et Pedone Lauriel*, 1868-1891, 17 vol. gr. in-8, demi-parch. blanc., tr. jasp.

1000. Bastille (Ouvrages relatifs à la). 11 vol. et brochures in-8 et in-12, reliés et brochés.

> Linguet. Mémoires sur la Bastille. 1783. — Relation inédite de la défense de la Bastille par l'invalide Guiot de Fléville. *Paris, s. d.* — Rémy. Histoire de la Bastille et de la rue Saint-Antoine avant 1789. *Paris*, 1888. — Renneville (C. de). L'Inquisition françoise ou l'histoire de la Bastille. *Amsterdam*, 1715, 5 vol. — Vuillaume (M.). L'Horloge et les Cloches de la Bastille. *Tours*, 1896. — Cubières. Voyage à la Bastille fait le 16 juillet 1789. *Paris*, 1789. — Grands débats des vainqueurs de la Bastille avec les ci-devant Gardes-françaises, 1790.

1001. Journées des 5 et 6 octobre 1789 (Ouvrages relatifs aux). 5 vol. in-8, reliés et brochés.

> Blaire (de). Les Forfaits du 6 octobre. *Paris*, 1790, 2 vol. — Journée du 6 octobre 1789. Affaire complète de MM. d'Orléans et Mirabeau. *Paris*, 1790. — La Rochetérie (de). Les 5 et 6 octobre. *Paris*, 1874. — Mounier. Appel au tribunal de l'opinion publique du rapport de M. Chabroud, examen du mémoire du duc d'Orléans, etc. *Genève*, 1791.

1002. Mémoires historiques, critiques et politiques de la Révolution de France, avec toutes les opérations de l'Assemblée Nationale par N. J. Hugou, ci-devant de Bassville. *A Paris, chez l'autheur, Bleuet*, 1790, 2 vol. in-4, demi-rel. veau fauve, dos orné, tr. jasp. (*Rel. anc.*).

2 figures de Moreau : *Événement arrivé aux Tuileries, le 12 juillet 1789* et attaque de la Bastille ; cette dernière est avant la lettre.

1003. Collection générale des décrets rendus par l'Assemblée et sanctionnés ou acceptés par le Roi. *A Paris, chez Devaux,* 1791, 18 parties en 5 vol. in-8, veau marb., pet. dent., dos orné, tr. jasp. (*Rel. anc.*).

1004. Les Crimes constitutionnels de France, ou la désolation française, décrétée par l'Assemblée dite Nationale Constituante aux années 1789, 1790 et 1791. Acceptée par l'esclave Louis XVI, le 14 septembre 1791. *A Paris, chez Lepetit et Guillemard,* 1792, in-8, broché.

Frontispice gravé, avec cette légende « Exercice des droits de l'homme et du citoyen français ».

1005. Histoire de l'Assemblée Constituante par M. Ch. Lacretelle. *Paris, Treuttel et Wurtz,* 1821, 2 vol. — Tableau historique et politique des travaux de l'Assemblée Constituante par M. de Rivarol. *Paris, Desenne,* 1797. — Ens. 3 vol. in-8, dont 2 vol. demi-rel. et 1 vol. veau fauve, dos orné, tr. jasp.

1006. Mémoires d'un témoin de la Révolution, ou journal des faits qui se sont passés sous ses yeux, et qui ont préparé et fixé la Constitution française, ouvrage posthume de Jean-Sylvain Bailly. *Paris, Levrault,* an XII-1804, 3 vol. in-8, brochés.

Exemplaire imprimé sur PAPIER VÉLIN.

1007. Constitution, droits de l'homme, etc. 6 vol. in-18, veau fauve et 1 vol. in-8, mar. rouge. — Ens. 7 vol.

Catéchisme de la constitution françoise. *Paris, Nyon,* 1791. — Code des électeurs. *Paris, Baudouin, s. d.* — Constitution française présentée au Roi par l'Assemblée nationale. *Dijon,* 1791. — Constitution de la république française. *Paris,* an IV. — Manuel des amis de la constitution. *Paris, Dufart,* 1792. — TAINE (H.). Déclaration des droits de l'homme et du citoyen. *Paris,* 1793.

1008. Détails des circonstances relatives à l'inauguration du monument placé le 20 juin 1790 dans le jeu de Paume de Versailles, par une société de patriotes. *Paris,* 1790. — Révolutions de Paris de Prudhomme n° 103, an VIII. — Journal de Perlet (quelques numéros). — L'Ami des loix, comédie en cinq actes par Laya. *Paris,* 1793. — Instruction pour les gardes nationales de France par M. de Noailles, 1791, 16 planches. — Ens. 1 vol. in-8, demi-rel., toile brune.

1009. Inventaire des diamans de la couronne, perles, pierreries, tableaux, pierres gravées et autres monumens des arts et des sciences existans au garde-meuble : inventaire fait par ses commissaires MM. Bion Christin et Delattre. *Paris, Imp. nationale,* 1791, 2 vol. in-8, demi-rel., veau marb., tr. jasp.

1010. Procès-verbaux de la vente du mobilier national de la ci-devant liste civile à Fontainebleau, à la requête de Pierre Joseph Lefebvre et Pierre Claude Ruelle, commissaires au mobilier national, nommés par délibération du Conseil exécutif en date du 23 nivose, en conséquence de laquelle commission leur a été délivré le 25 du même mois par le ministre de l'Intérieur, conformément à l'arrêté du Comité de Salut Public du 18 brumaire et confirmé par décret du 4 germinal an II... Du 1er messidor an II au 2 thermidor de la même année, 26 cahiers in-fol.

Ces procès-verbaux contiennent les prix d'adjudication et les noms des acquéreurs.
On y a ajouté le procès-verbal portant le n° 74, de la vente qui a été faite à Fontainebleau le 8 brumaire an III.

1011. Confédération nationale, ou récit exact et circonstancié de tout ce qui s'est passé à Paris le 14 juillet 1790, à la Fédération, avec le recueil de toutes les pièces officielles et authentiques relatives des principales pièces littéraires auxquelles elle a donné lieu, et le détail de toutes les circonstances qui ont précédé, accompagné et suivi cette auguste cérémonie. *A Paris, chez Garnéry*, an II, in-8, veau jasp., tr. marb. (*Rel. anc.*).

> 5 planches gravées représentant les banières et oriflammes de la Confédération Nationale, le plan du champ de la Confédération, la vue de l'Arc de Triomphe et la vue de l'Autel de la Patrie.

1012. Bernard Christophe Faust à l'Assemblée nationale sur un vêtement libre, uniforme et national à l'usage des enfans, ou réclamation solennelle des droits des enfants. Nouvelle édition, corrigée, restituée et augmentée par l'auteur. *Aux dépens de l'auteur*, 1792, pet. in-8 de 68 pp., demi-rel. mar. vert.

> Très curieuse plaquette.
> Cachet sur le titre et au verso du dernier feuillet.

1013. La Journée du 10 aoust 1792 avec des reflexions, tant sur les événemens qui l'ont immédiatement précédée et suivie, que sur la Révolution en général, par M. Regnaud. *A Paris, de l'Imp. de Crapart*, 1795, 2 tomes en 1 vol. in-8, broché.

> Un des documents les plus rares qui existent sur la Révolution, rempli de détails inédits. Il n'a pas été mis en vente.
> L'auteur, qui avait la confiance du Roi, a été en position de connaître bien des choses ignorées.

1014. Journée du 10 Août 1792. 4 vol. in-8 et 1 vol. in-18. — Ens. 5 vol. dont 4 vol. demi-rel. veau et 1 vol. broché.

> BIGOT DE SAINTE-CROIX (L.). Histoire de la conspiration du 10 août 1792. *Londres, s. d.* — DURAND (Hil.). Détails particuliers sur la journée du 10 août 1792. *Paris, Blaise*, 1822. — Histoire secrète du 10 août. *Paris, Lerouge*, 1796. — MARTON (M.). Histoire particulière des événemens pendant les mois de Juin-Juillet, d'Août et de Septembre 1792. *Paris*, 1806. — REGNAUD (M.). La Journée du 10 Août 1792 avec des réflexions. *Paris, Crapart*, 1795, 2 tomes en 1 vol.

1015. Journée du 10 Août 1792. 6 brochures et vol. in-8.

> BIGOT DE SAINTE-CROIX (C.). Histoire de la conspiration du 10 aoust 1792. *Londres*, 1793. — DELAUNAY (J.). Rapport fait au nom du comité de sûreté générale. *S. l. n. d.* — DURAND (H.). Détails particuliers sur la journée du 10 août 1792. *Paris, Blaise*, 1822. — DUVAL (Charles). Révolution du 10 août. *Paris*, an II. — Grande relation du siège et de la prise des Tuileries. *S. l. n. d.* — Liste des personnes des deux sexes arrêtées dans la journée du 10 août 1792. *Paris, Clément*, 1793. — PFYFFER D'ALTISHOFFEN (Colonel). Récit de la conduite du régiment des gardes suisses. *Lucerne*, 1819.

1016. Journées de septembre 1792. 3 vol. in-8, demi-rel. chagr. bleu et demi-bas. fauve.

> DANICAN. — Le Fléau des tyrans et des septembriseurs ou réflexions sur la révolution française. *Lausanne*, 1797. — Les Souvenirs d'un jeune prisonnier. *Paris*, an III. — Ens. 2 pièces en 1 vol. — FAUSSE-LANDRY (M^quise de). Mémoires sur les journées de septembre 1792. *Paris, Baudouin*, 1823. — MÉHÉE. La vérité toute entière sur les vrais acteurs de la journée du 2 septembre 1792. *Paris, s. d.*

1017. Journées des 2 et 3 septembre 1792. 4 plaquettes.

> La vérité toute entière sur les vrais acteurs de la journée du 2 sept^bre 1792. *Paris, s. d.* —

Anecdotes peu connues sur les journées des 2 et 3 septembre 1792 à Paris. *Londres, s. d.* — Les Travailleurs de septembre 1792. Documents sur la Terreur publiés par le Cte H. de Viel-Castel. *Dentu,* 1862, etc.

1018. Massacres de septembre (Ouvrages relatifs aux). 1 vol. in-8, demi-rel. bas. fauve et 5 plaquettes ou brochures in-8.

> CADOUDAL (Georges de). Les Massacres de septembre. *Paris, s. d.* — Evêques et prêtres massacrés en haine de la foi aux journées de Septembre 1792. *Paris,* 1902 [extrait]. — Extrait de différens journaux concernant les forfaits des premiers jours de Septembre 1792. *Paris,* 1796. — JOURGNIAC DE SAINT-MÉARD. Mémoires sur les journées de septembre 1792. *Paris, Baudouin,* 1823. — Ordre du jour ou salmigondis ministériel et bureaucratique. *Paris, 1821.* — Idée des horreurs commises à Paris dans les journées des 10 Août, 2-3-4 et 5 Septembre 1792. *Paris, Dusseldorf,* 1793.

1019. Récit de ce qui s'est passé au Temple dans les journées des 2 et 3 septembre 1792, par un officier municipal de la Commune du 10 août. Manuscrit de 31 pages d'une bonne écriture de l'époque, in-4.

> Précieux manuscrit autographe de Daujou sur les journées des 2 et 3 septembre 1792, il révèle d'atroces détails sur le massacre de la princesse de Lamballe.
> M. V. Sardou a joint la note autographe suivante à ce manuscrit : « Un extrait de ce récit a été publié par M. Bertin dans sa Madame de Lamballe, mais il n'a trait qu'à ce qui la concerne, ainsi qu'à la promenade des assassins au Temple. M. Bertin cite le manuscrit qui lui a fourni ce document ; c'était une copie moderne ; celui-ci a tout l'air d'être l'original. »
> Daujou avait été surveillant au Temple pendant la captivité de la famille royale.

7. — Convention.

1020. Histoire pittoresque de la Convention nationale et de ses principaux membres par M. L..., conventionnel [le baron Étienne Léon de Lamothe-Langon]. *Paris, chez Ménard,* 1833, 4 vol. in-8, brochés.

1021. La Convention, par Alexandre Bérard. Ouvrage contenant de nombreuses gravures, d'après les estampes originales de l'époque. *Paris, Henri May, s. d.,* gr. in-4, broché.

1022. Convention (Ouvrages relatifs à la). 4 vol. in-8 et in-12, demi-rel. veau fauve et marb.

> CONNY (F. de). La France sous le règne de la Convention. *Paris,* 1820. — ESPRIT de la Constitution ou réveil exact et complet de la discussion qui a eu lieu à cet égard dans la Convention, depuis le 16 messidor jusqu'au 23 fructidor an III. *Paris, s. d.,* 2 tomes en 1 vol. — LISTE des citoyens députés à la Convention nationale. *Paris, an I.* — ROBERT. Vie politique de tous les députés à la Convention Nationale. *Paris,* 1814.

1023. Histoire générale des crimes commis pendant la Révolution française sous les quatre législatures, et particulièrement sous le règne de la Convention Nationale. Avec des gravures et des tableaux par L. Prudhomme. *A Paris,* an V de la République (1797), 6 vol. in-8, veau marb., dos orné, tr. rouges (*Rel. anc.*).

> Ouvrage orné d'un frontispice et de 6 planches hors texte gravées sur acier.

1024. Les Conventionnels de l'Eure. Buzot, Duroy, Lindet, à travers l'histoire, par J.-N. Davy. *Évreux, de l'Imp. de E. Quettier,* 1876, 2 vol. in-8, brochés.

1025. Histoire des Girondins, par M. A. de Lamartine. *Paris, Furne,* 1847-1848, 8 vol. in-8, demi-rel. chag. vert, dos orné, tr. jasp.

1026. Girondins (Ouvrages relatifs aux). 5 vol. et brochures in-8, brochés.

> MAICHE (de). Réflexions critiques sur les Girondins de M. de Lamartine. *Dentu,* 1847. — RAILLARD (C.). Les Inscriptions de la chambre des Girondins. *Châteauroux,* 1884. — VATEL (Ch.). Excursion à Saint-Emilion. *Plon,* 1872. — VATEL (Ch.). Vergniaud, manuscrits, lettres et papiers, pièces pour la plupart inédites. *Paris, Dumoulin,* 1873, 2 vol.

1027. La Montagne (Ouvrages relatifs à). 3 vol. gr. in-8, demi-rel. veau fauve en 1 vol. in-12, cartonn. papier.

> ESQUIROS (Alphonse). Histoire des montagnards. *Paris, V. Lecou,* 1847, 2 vol. — HAUREAU (B.). Notices historiques et philosophiques sur les principaux membres de La Montagne. *Paris, Breauté,* 1834. — L'Energie de La Montagne ou le triomphe de la République française par un Jacobin de la section régénérée De Beaurepaire G. T... *S. l. n. d.,* 4 ff. non chiff.

1028. Jacobins (Ouvrages sur les). 9 vol. in-8 et in-12, demi-rel. veau de diverses couleurs.

> BARRUEL (l'abbé). Mémoires pour servir à l'histoire du jacobinisme. *A Hambourg,* 1798, 5 vol. — BERGOEING. La longue conspiration des Jacobins pour dissoudre la Convention nationale. *S. l. n. d.* — CALINAU (de Metz). Dictionnaire des Jacobins vivants, dans lequel on verra les hauts faits de ces Messieurs. *A Hambourg,* 1799. — LE RICHE. Histoire des Jacobins en France, ou examen des principes anarchiques et désorganisateurs de la Révolution française. *Hambourg,* 1795, 2 tomes en 1 vol. — LOMBARD (Vincent). Histoire des Jacobins depuis 1789 jusqu'à ce jour. *Paris,* 1820.

1029. Jacobins (Pamphlets contre les). Environ 80 brochures et 4 vol. in-8 et in-18 reliés et brochés.

> DICTIONNAIRE des Jacobins vivans dans lequel on verra les hauts faits de ces messieurs. *Hambourg,* 1799. — ROUGEMAÎTRE. Etrennes aux Jacobins. *Paris,* 1817. — L'INTÉRIEUR d'un comité révolutionnaire ou les Jacobins, par moi. *Paris,* an VIII. — Pamphlets divers contre Barère, Carrier, et autres, par Martainville, Génisset, Bertrand, etc.
> Réunion curieuse.

1030. Jacobins et comités révolutionnaires (Ouvrages relatifs aux). 7 vol. in-8, dont 4 vol. demi-rel. veau fauve et 3 vol. cartonn.

> AUDIGER (G.). Souvenirs et anecdotes sur les comités révolutionnaires, 1793-1795. *Paris, Persan,* 1830. — BARRUEL (l'abbé). Mémoires pour servir à l'histoire du jacobinisme. *Hambourg,* 1798-1799, 5 tomes en 4 vol. — MALET (Ch. de). Recherches politiques et historiques qui prouvent l'existence d'une secte révolutionnaire. *Paris, Gide,* 1817. — MARCHAND (Fr.). La Jacobinéide, poème héroïcomi-civique. *Paris,* 1792.

1031. Jacobins (9 plaquettes relatives aux), in-8.

> Plan suivi par Robespierre et les Jacobins, pour donner un roi à la France, par feu Salle. *Paris,* an III. — Discours de Camille Desmoulins, circulaire de la Société des amis de la Liberté et de l'Egalité séante aux ci-devant Jacobins; Les Jacobins vengés, ou preuves incontestables des services qu'ils ont rendus à la France ; abjuration des petites-filles jacobites des départements à leur maman jacobite de Paris, etc., etc.

1032. La Jacobinéide, poème héroïcomi-civique, par l'auteur de la chronique du Manège, des sabats Jacobites, etc. (François Marchant). *A Paris, au bureau des sabats Jacobites,* 1792, in-8, cartonné, non rogné.

> Orné de 12 figures non signées. A la suite : Discours de Pethion à la Commune et réponse de la Commune à Pethion. *A Paris,* 1791, 16 pp.

1033. Les Brigands démasqués, ou mémoires pour servir à l'histoire du temps présent. Dédié à tous les ennemis du meurtre et de l'anarchie, et aux veuves et orphelins des français assassinés par la Convention nationale, par Auguste Danican. *A Londres, de l'Impr. de Baylis,* 1796, in-8, demi-rel. chag. rouge, tête dor.,ébarbé.

Portrait de Barras, avec la guillotine en haut.

1034. Les Nudités, ou les crimes du peuple (par J.-Mar. Chassaignon). *A Paris,* 1792, in-8, demi-rel. veau rouge, tr. marb. (*Rel. mod.*).

Ouvrage singulier, qui, dans la pensée de l'auteur, devait servir d'antidote à celui de La Vicomterie sur les crimes des rois. — Il est adressé « A nos seigneurs les Gueux magnifiés, les Canaillocrates, Adamites, Caïnistes, Sicaires, Sanguivores, Flagellistes, Stercoristes. »

1035. Districts et sections de Paris (Brochures relatives aux). Environ 100 pièces diverses, publiées de 1789 à 1793, in-8.

Délibérations de l'assemblée générale du district Saint-Honoré, du district des Prémontrés, de Saint-Magloire, de Saint-Germain-des-Prés, de Saint-Marcel, etc., adresses, proclamations, discours, décrets, états des électeurs, droits des communes, pétitions, organisation civile et de police, etc., etc.

1036. La Révolution du 31 mai et le fédéralisme en 1793 ou la France vaincue par la commune de Paris, par H. Wallon. *Paris, Hachette,* 1886, 2 vol. in-8, brochés.

1037. Les Souvenirs de l'histoire, ou le diurnal de la Révolution de France, pour l'an de grâce 1797, contenant, pour chaque jour, un précis analytique et succinct des principaux événements qui ont eu lieu, le jour correspondant, pendant le régime révolutionnaire. Première et 2° parties contenant l'année 1793. *A Paris, chez Bridel,* 2 parties en 1 vol. in-12, cartonné, non rogné.

Ouvrage rare, attribué à Cl.-Fr. Beaulieu.
On y a joint : Millin (E.). Annuaire du républicain ou légende physico-économique... *A Paris,* an II, in-12 demi-rel., bas. verte.

1038. La Terreur, ses causes, ses auteurs, ses crimes. Récits d'un vainqueur de la Bastille, 1786-1795. Manuscrit en 4 vol. in-fol., cartonnés.

Très importante copie manuscrite d'une très belle écriture contemporaine.
L'avis au lecteur est signé S.-A... L... Y.
L'auteur y annonce que depuis 50 ans il a eu soin de réunir tous les documents que renferme son travail, et dont il garantit la plus scrupuleuse exactitude, il ne craint pas la contradiction, car il a été le témoin oculaire de presque tous les incidents politiques et dramatiques qu'il rapporte.
On y trouve d'intéressants détails sur Marat, Mlle Lange, l'arrestation de Théroigne de Méricourt, les massacres de septembre et la liste des assassins, l'arrestation de Danton, etc., etc.
Le dernier volume renferme les hymnes et chants patriotiques, chansons révolutionnaires et populaires, extraits de journaux, lettres, notes, relations et documents relatifs à la Révolution française.
Le manuscrit renferme quelques portraits et vues diverses ajoutés.

1039. Histoire de la Terreur. 1792-1794, d'après des documents authentiques et inédits, par Mortimer-Ternaux. *Paris, Michel Lévy frères,* 1863-1881, 8 vol. in-12, brochés.

1040. Avant, pendant et après la Terreur, échos des gazettes françaises indépendantes, publiées à l'étranger, de 1788 à 1794, par Eugène de Mirecourt. *Paris, E. Dentu*, 1866, 3 vol. in-8, brochés.

1041. Terreur (Ouvrages relatifs à la). 7 vol. in-8, brochés.

> Des Echerolles (Alexandrine). Une famille noble sous la Terreur. *Paris, Plon*, 1879. — Duval (Georges). Souvenirs de la Terreur, de 1788 à 1893. *Paris, Dentu*, 1841, 2 vol. — Lenotre (G.). La Guillotine pendant la révolution. *Paris, Perrin*, 1893. — Pouchet (G.). Les Sciences pendant la Terreur. *Paris*, 1896. — Wallon (H.). La Terreur, étude critique. *Paris, Douniol*, 1872. — Wyzewa (Theodor de). Sous la Terreur. *Paris, A. Fayard, s. d.*

1042. Terreur (Ouvrages relatifs à la). 10 vol. in-12, dont 7 brochés et 3 demi-rel. chagrin La Vall.

> Anecdotes au temps de la Terreur. *Hachette*, 1863. — Delandine de Saint-Esprit. Histoire de la Terreur, 1793-1795. *Paris*, 1743. — Fleury (Ed.). Saint-Just et la Terreur, Babœuf et le socialisme en 1796. *Didier*, 1851, 3 vol. — Guillois (Ant.). Pendant la Terreur. Le poète Roucher. *Calman-Lévy*, 1890. — Héricault (Ch. d'). Aventures de deux parisiennes pendant la Terreur. *Didier*, 1881. — Hubault (G.). Causeries sur notre histoire. *Delagrave, s. d.* — Lacour (L.). Grand monde et salons politiques de Paris après la Terreur. *Claudin*, 1861. — Pons (Mlle de). Un épisode du temps de la Terreur. *Vaton*, 1856.

1043. Les Chemises rouges, ou mémoires pour servir à l'histoire du règne des anarchistes (par Ant.-J.-Ch. Bonnemain). *Paris, Imprimerie, Deroy*, an VII (1799), 2 vol. in-12, brochés.

1044. Les Chemises rouges, par Charles Monselet. *Bruxelles, Méline, Cans et Cie*, 1850, 5 vol. in-12, cartonn. demi-toile rouge, non rognés.

> Cette édition, non citée par M. Vicaire, est vraisemblablement la première parue en français.

1045. Histoire du dix-huit fructidor ou mémoires sur les divers événements qui se rattachent à cette conjuration par le Chevalier de La Rue. *Paris, Demonville*, 1821, 2 vol. in-8, brochés.

1046. Histoire du dix-huit fructidor ou mémoires contenant la vérité sur les divers événemens qui se rattachent à cette conjuration par le chevalier de La Rue. *Paris, Demonville*, 1821, 2 tomes en 1 vol. in-8, veau marb., pet. dent., dos orné, tr. marb. (*Rel. anc.*).

8. — *La Révolution en Province.*

1047. Terreur en province (Ouvrages relatifs à la). 7 vol. et brochures in-8 et in-12, brochés.

> Chauliac (Ch.). Un Martyr bordelais sous la Terreur. Vie et mort du R.-P. Pannetier. *Paris et Bordeaux*, 1877. — Ephémérides de la guillotine sous la Terreur à Bordeaux. *Bordeaux, s. d.* — La Chapelle (S. de). Lyon et ses environs sous la Terreur. *Lyon*, 1885. — Mirassem. Ephémérides des jugements de la commission militaire sous la Terreur à Bordeaux. *Bordeaux*, 1883. — Registre de Condorcet. Mémoires d'un prêtre réfractaire pendant la Terreur. *Saint-Brieuc*, 1853. — Thénard (P.-J.). Quelques souvenirs du règne de la Terreur à Cambrai. *Cambrai*, 1860. — Vivie (A.). Un Episode de la Terreur à Bordeaux. Le Baron Du Breuil. *Bordeaux*, 1867.

1048. La Révolution en province (Ouvrages relatifs à la). 9 vol. in-8, brochés.

> Beykert (J.-D). Relation de sa captivité à Dijon, lettres à sa femme. *Strasbourg, E. Heitz,*

1893, port. — Chardon (Henri). Un Chef de chouans dans le Saosnois. *Le Mans,* 1904. — Crédot (J.). Pierre Pontard, évêque constitutionnel. *Paris, Briguet,* 1893. — Desmasures (Alfred). Histoire de la révolution dans le département de l'Aisne, 1789. *Vervins,* 1869. — Duchemin (V.). Les premiers troubles de la Révolution dans la Mayenne. *Mamers,* 1888, port. — Figuères. Les noms révolutionnaires des communes de France. *Paris,* 1901. — Mérat (Paul). Verdun en 1792. *Verdun,* 1849. — Seinguerlet (E.). Strasbourg pendant la Révolution. *Paris, Berger-Levrault,* 1881. — Vaultier (F.). Souvenirs de l'insurrection normande en 1793. *Caen,* 1858.

1049. Affaire d'Orléans, 1793. Réunion de 12 pièces diverses in-4 et in-8.

Extrait des registres des délibérations du conseil général de la commune d'Orléans, séance du 16 mars 1793. — Rapport de Léonard Bourdon et Prosper Dubail. — Exposé des faits relatifs à l'assassinat commis à Orléans le 16 mars 1793. — Décrets, rapports, etc.

1050. Tableau des prisons de Blois. Edition augmentée de plusieurs anecdotes et des noms de principaux terroristes du département de Loir-et-Cher (par Durie-Masson). *A Blois, chez les citoyens Masson et Durie,* an III. — Mandats impératifs à donner aux députés au corps législatif, 17 pp.— Les angoisses de la mort, ou idées des horreurs des prisons d'Arras par les citoyens Poirier et Montgey, de Dunkerque. *A Paris,* an III, 66 pp. — Atrocités commises envers les citoyennes ci-devant détenues dans la maison d'arrêt, dite la Providence à Arras, par Joseph Le Bon et ses adhérens.... par les citoyens Montgey et Poirier. *A Paris,* l'an III, 64 pp. En 1 vol. in-8, cartonné, non rogné.

1051. La Révolution dans le centre de la France. 6 vol. et brochures in-8, dont 1 demi-rel. bas. brune, les autres brochés.

Duval (L.). Archives révolutionnaires du département de la Creuse, 1789-1794. *Guéret,* 1875. — Mège (Fr.). Notes biographiques sur les députés de la Basse-Auvergne. Dom Gerle. *Paris,* 1866. — Robillard de Beaurépaire. La justice révolutionnaire à Bourges. *Bourges,* 1869. — Papiers saisis à Barcuth et à Mende (Lozère). *Paris,* an X. — Seilhac (Cte V. de). Les Bataillons de volontaires de la Corrèze, 1791-1796. *Tulle,* 1882. — Seilhac (Cte V. de). Scènes et portraits de la Révolution en Bas-Limousin. *Paris,* 1878.

1052. Les Secrets de Joseph Lebon et de ses complices, deuxième censure républicaine; ou lettre d'A.-B.-J. Guffroy, représentant du peuple.... à la Convention nationale et à l'opinion publique. — *A Paris, chez Guffroy,* an III. — Histoire de Joseph Lebon et des tribunaux révolutionnaires d'Arras et de Cambrai, par A.-J. Paris. *Paris et Arras,* 1869, 2 vol. — Ens. 3 vol. in-8, brochés.

1053. Joseph Le Bon. 4 vol. in-8, brochés.

Le Bon (Joseph.). Lettres à sa femme pendant les quatorze mois de prison qui ont précédé sa mort. *Chalon-sur-Saône,* 1845. — Le Bon (Emile). Joseph Le Bon dans sa vie privée et dans sa carrière politique. *Paris, Dentu,* 1861. — Paris (A.-J.) Histoire de Joseph Le Bon et des tribunaux révolutionnaires d'Arras et de Cambrai. *Paris,* 1864, 2 vol.

1054. Dossier d'environ 40 plaquettes relatives à la révolte de la garnison de Nancy, publiées en 1790 et 1791, in-8.

Adresses, copies de lettres de M. de Bouillé, du maire de Nancy, détail de l'expédition de Bouillé, mémoires pour les officiers du bailliage de Nancy, oraison funèbre des gardes nationaux tués à l'affaire de Nancy, rapports de Duveyrier, Cahier, etc., etc., relations diverses de ce qui s'est passé à Nancy, etc.
On y a joint : 3 petites vues ovales, numérotées 52, 53 et 56, représentant les faits qui se sont passés à Nancy les 30 août, 3 septembre et 20 septembre.

1055. Mémoires pour servir à l'histoire de la ville de Lyon pendant la Révolution, par M. l'abbé Aimé Guillon de Montléon. *Paris, Baudouin,* 1824, 3 vol. in-8, demi-rel. veau fauve, non rognés.

1056. La Révolution à Lyon. 4 vol. in-4, in-8, et in-12, dont 2 brochés et 2 demi-rel. veau rouge et fauve.

> BULLETINS du département de Rhône-et-Loire, du 8 août au 30 septembre 1793, publiés par les soins de Charavay fils aîné. *Paris,* 1845 (Tirage à 250 exemplaires). — GUILLON (L'Abbé A). Histoire du siège de Lyon (depuis 1789 jusqu'en 1796). *Paris,* 1797, 2 tomes en 1 vol. — LYON en 1793. Procès-verbaux authentiques et inédits du comité de surveillance de la section des Droits-de-l'homme. *Lyon,* 1847. — LYON EN 1793, avant le siège. Notes et documents publiés par Albert Metzer. *Lyon, s. d.*

1057. La Révolution à Lyon. 5 vol. in-8, brochés et 1 vol. in-12, cartonn. toile grise. — Ens. 6 vol.

> GONON (P.-M). Lyon en 1793. Procès-verbaux de la section des droits de l'homme pendant le siège. *Lyon,* 1847. — GUERRE. Histoire de la Révolution de Lyon. *Id.,* 1793 (ouvrage rare). — MAURILLE. Les Crimes des jacobins à Lyon. *Id.,* an-IX (1801), fig. — SALOMON DE LA CHAPELLE. Histoire des tribunaux révolutionnaires de Lyon et de Feurs. *Lyon,* 1879. — Notice sur l'abbé Laussel. *Id.,* 1882. — WAHL (Maurice). Les premières années de la Révolution à Lyon, 1788-1792. *Paris, Colin,* 1894.

1058. Liste générale des contre-révolutionnaires mis à mort à Commune-Affranchie, d'après les jugements rendus par le Tribunal de justice populaire, la commission militaire et la commission révolutionnaire, depuis le 21 vendémiaire jusqu'au 17 germinal de l'an II de la république. *A Commune-Affranchie (Lyon), chez le citoyen Destefanis,* an II, in-8, de 128 pp., non relié.

> On y joint: Liste générale très exacte de tous les conspirateurs qui ont été condamnés à être guillotinés, fusillés, et foudroyés à la bouche du canon par les commissions militaires établies par décret de la Convention nationale à Lyon, Marseille, Bordeaux, Feurs, etc. *A Paris, s. d.* (1re liste).

1059. Conspiration de Saillans, avec les pièces authentiques, rédigé et imprimé par ordre du département de l'Ardèche. *A Privas, de l'Imp. de P. Guillet,* 1792, in-8, de 124 pages, broché, non rogné.

> Relation rare.

1060. Révolution à Nantes. 4 vol. in-8, brochés.

> DUGAST-MATIFEUX. Précis de la conduite patriotique et révolutionnaire des citoyens de Nantes. Robespierre et Jullien. *Nantes,* 1885. — LALLIÉ (Alfred). Les Noyades de Nantes. *Id.,* 1878. — Même ouvrage augmenté de l'histoire de la persécution des prêtres noyés. *Id.,* 1879. — MELLÉE DE LA TOUCHE (C.-H.). Les Noyades ou Carrier au tribunal révolutionnaire. *Id.,* 1879.

1061. Carrier et les noyades de Nantes. 4 vol. in-8 et in-18, demi-rel.

> RECUEIL de 10 pièces diverses relatives à Carrier et au Comité révolutionnaire de Nantes: rapports, discours, accusation de Carrier, etc. — BABEUF (Gracchus). Du système de dépopulation ou la vie et les crimes de Carrier. *Paris,* an III, portrait. — PROCÈS CRIMINEL des membres du Comité révolutionnaire de Nantes et du ci-devant représentant du peuple Carrier. *Paris,* an III, 5 tomes en 2 vol.

1062. Révolution en Bretagne. 10 vol. in-8, brochés et 1 vol. in-8, demi-rel. mar. rouge. — Ens. 11 vol.

> BORD (Gustave). Mes trois mois de prison dans la Vendée. *Nantes,* 1882. — CAMBRY. Cata

logue des objets échappés au vandalisme dans le Finistère. *Rennes*, 1889. — Examen de la conduite de Lanjuinais. *Vannes*, 1888 (extrait). — LALLIÉ (Alfred). Une Commission d'enquête et de propagande, l'an II de la république. *Paris, Champion*, 1879. — Le sans-culotte J.-J. Goullin, 1793-1794. *Nantes*, 1880. — Les Fusillades de Nantes, 1793-1794. *Id.*, 1882. — La Commune de Bouguenais et la garnison du château d'Aux. *Id.*, 1882. — LEVOT (P.). Histoire de la ville et du port de Brest pendant la Terreur. *Brest, s. d.* — MACÉ (Albert). La légende et l'histoire. *Rennes*, 1891 (extrait). — MULLER (Philippe). Clubs et clubistes du Morbihan de 1790 à 1795. *Nantes*, 1885. — TRESSAY (abbé du). La municipalité de Luçon, de décembre 1788 à janvier 1796. *Id.*, 1880.

1063. Révolution en Bretagne et Vendée : 5 plaquettes in-8, br.

Mémoires de Renée Bordereau, dite Langevin, touchant sa vie militaire dans la Vendée. *Paris*, 1814. — Réponse de Philippeaux à tous les défenseurs officieux des bourreaux de nos frères dans la Vendée. *Paris, an III.* — Plaidoyer de Tronson-Ducoudray dans l'affaire du Comité révolutionnaire de Nantes. *Paris, an III.* — Les crimes de l'ex-tribunal révolutionnaire de Brest, dénoncés au peuple français et à la Convention nationale. *Paris, an III.* — Histoire des troubles arrivés à Rennes les 26 et 27 janvier 1789. *S. l.*, 1789.

1064. Guerre de Vendée. 7 vol. in-8, demi-rel. veau fauve et bas. bleue.

AUBERTIN. Mémoires inédits sur la guerre de la Vendée en 1793 et 1794. *Paris, Ladvocat*, 1823. — BILLARD DE VEAUX (A.). Bréviaire du Vendéen. *Paris*, 1838, 2 vol. — CARNÉ (L. de). Guiscriff, scènes de la terreur dans une paroisse bretonne. *Paris, Dentu*, 1835. — LAROCHEJAQUELEIN. Mémoires. *Paris, Michaud*, 1815. — Mémoires sur la Vendée. *Paris, Baudouin*, 1823. — VAUBAN, (Cte de). Mémoires pour servir à l'histoire de la guerre de la Vendée. *Paris*, 1806.

1065. Guerre de Vendée. 6 vol. in-8, dont 4 vol. demi-rel. veau fauve et 2 vol. brochés.

BEAUCHAMP (Al. de). Mémoires du comte Fortuné Lyon de Rochecotte. *Paris, Eymery*, 1818. — Histoire de la guerre de la Vendée et des chouans. *Paris, Michaud*, 1807, 3 vol. — LEQUINIO. Guerre de la Vendée et des chouans. *Paris, Pougin, s. d.* — VAUBAN (Cte de). Mémoires pour servir à l'histoire de la guerre de Vendée. *Paris*, 1806.

1066. Guerre de Vendée, 13 vol. in-8, brochés.

BAGUENIER-DESORMEAUX. Les Débuts de l'insurrection à Chemillé. *Vannes*, 1893. — BOISSONNADE (P.). Histoire des volontaires de la Charente pendant la révolution. *Angoulême*, 1890. — CHABOT (de). Un Canton du bocage Vendéen. *Melle*, 1891. — CHAMP-CHARLES (Helyonde). Pièces inédites sur la guerre civile de l'ouest. *Paris, Charavay*, 1847. — KÉRIGANT (de). Les Chouans. *Dinan*, 1882. — LA BOUÈRE (Ctesse de). La guerre de Vendée, 1793-1796. *Paris, Plon*, 1890. — LEMAS (Th.). Un district breton pendant les guerres de l'ouest. *Paris, Fischbacher, s. d.* — LOCKROY (E.). Une mission en Vendée, 1793. *Paris, Ollendorff*, 1893. — POIRIER (B.). Mémoires inédits. *Paris, Plon*, 1893. — PONTBRIAND (Colonel de). Mémoires sur les guerres de la chouannerie. *Id.*, 1897. — RIO (F.). La petite chouannerie. *Londres*, 1842. — SAROT (E.). La chouannerie devant la juridiction répressive. *Coutances*, 1877. — TERCIER (Gal). Mémoires, 1770-1816. *Paris, Plon*, 1891.

1067. Mémoires et aventures d'un agent secret du gouvernement revolutionnaire français, près le royaume de la Grande Bretagne et les armées des insurgés vendéens, écrits par lui-même. Ouvrage d'un intérêt particulier qui fait connaître plusieurs faits interessans pour l'histoire et sert à éclaircir plusieurs évenements que la difficulté épineuse des circonstances révolutionnaires avait représentés sous un jour défectueux, rédigé par P.-J.-A. Chambreuil. Toulon, 1810, manuscrit de 108 ff. d'une bonne écriture de l'époque, demi-rel., mar. rouge.

« Il est important d'observer que le présent ouvrage n'a été rédigé qu'à la suite des manuscrits de l'auteur ; que s'il contient quelques anachronismes de dates, c'est qu'il étoit fort difficile à cet infortuné, dans la situation critique où il se trouvait en composant ses mémoires, de rapprocher d'une manière très ponctuelle l'époque diurne de chaque évènement. Mais comme les personnages qui sont cités dans le cours de l'ouvrage figurent encore dans le gouvernement français, du moins en majeure partie : l'authenticité des faits se trouve prouvée, puisque ces mêmes personnages sont à même de les démentir » (*Avertissement en tête du manuscrit*).

M. Victorien Sardou attribuait une très grande valeur à ce manuscrit.

1068. Lettres sur l'origine de la chouannerie et sur les Chouans du Bas-Maine, dédiées au Roi, par J. Duchemin Descepeaux. *Paris, Imp. royale*, 1825-1827, 2 vol. in-8, demi-rel. mar. rouge, tête dor.

1069. Billard de Veaux (Alexandre). Mémoires, ou biographie des personnes marquantes de la Chouannerie et de la Vendée, pour servir à l'histoire de France et détourner les habitants de l'Ouest de toute tentative d'insurrection. *Paris, Lecointe et Pougin*, 1832, 3 vol. in-8, cartonn. dos et coins toile grise.

Cachets de cabinet de lecture sur les titres et le premier feuillet.

1070. Histoire des guerres de l'Ouest, Vendée, chouannerie (1792-1815), par M. Théodore Muret. *Paris, Dentu*, 1848, 5 vol. in-8, demi-rel. chag. noir, dos orné, tr. jasp.

Envoi autographe de l'auteur sur le faux-titre.

1071. La Vendée en 1793, par Fr. Grille. *Paris, Chamerot*, 1851-1852, 3 vol. in-8, demi-rel. bas. bleue.

1072. La Vendée angevine. Les origines, l'insurrection (Janvier 1789-Mars 1793), d'après des documents inédits et inconnus, par Celestin Port. *Paris, Hachette*, 1888, 2 vol. in-8, brochés.

On y joint : La légende de Cathelineau, ses débuts, son brevet de généralissime, son élection, sa mort (Mars-Juillet 1793), par Celestin Port. *Paris, Alcan*, 1893, in-8.

1073. Lettres, mémoires et documents publiés avec des notes sur la formation, le personnel, l'esprit du 1er bataillon des volontaires de Maine-et-Loire, par F. Grille. *Paris, chez Pagnerre*, 1848-1850, 4 vol. in-8, demi-rel. mar. bleu à longs grains, tr. jasp.

1074. Etudes documentaires sur la Vendée et la Chouannerie, par Ch.-L. Chassin. La préparation de la guerre de Vendée, (1789-1793). La Vendée patriote, (1793-1794). La Pacification de l'Ouest. *Paris, Paul Dupont*, 1893-1900, 12 vol. gr. in-8, brochés.

1075. Mémoires de madame la marquise de la Rochejaquelein. Edition originale publiée sur son manuscrit autographe par son petit-fils. *Paris, Bourloton*, 1889, in-4, broché.

1 Portrait par *A. Lalauze*, et une figure gravée à l'eau-forte par *Rochebrune*.

1076. Charette (Ouvrages relatifs à). 6 vol. in-8, dont 4 brochés et 2 cartonnés.

Le Bouvier-Desmortiers. Vie du général Charette et réfutation des calomnies publiées contre le général Charette. *A Paris*, 1809, 5 vol. — Bergounioux (Ed.). Charette, roman. *Paris, Renduel*, 1832 (sans le titre).

1077. Révolution à Avignon (Ouvrages relatifs à la). 4 vol. in-8, dont 2 vol. dos et coins bas. fauve et 2 vol. brochés.

André (J.-F.). Histoire de la révolution avignonaise. *Paris, René,* 1844, 2 vol., fig. — Soullier (Charles). Histoire de la révolution d'Avignon et du comté Venaissain en 1789. *Paris, Seguin,* 1844, 2 vol.

1078. Les 332 victimes de la commission populaire d'Orange en 1794, d'après les documents officiels, par l'abbé S. Bonnel. *Carpentras,* 1888, 2 vol. gr. in-8, brochés.

1079. La Révolution dans le midi de la France. 4 vol. in-8, demi-rel. chagrin rouge, vert, demi-rel., veau fauve et broché.

Fréron. Mémoire historique sur la réaction royale et sur les massacres du midi (1re partie seule publiée), suivi du rapport fait au Directoire exécutif sur la mission de Fréron dans le midi. *Paris,* an IV. — Lardier (A.). Histoire populaire de la Révolution en Provence, depuis le Consulat jusqu'en 1834. *Marseille,* 1840. — Lauvergne (H.). Histoire de la Révolution française dans le département du Var, depuis 1789 jusqu'en 1798. *Toulon,* 1839. — Tisserand (Chanoine). Histoire de la Révolution dans le département des Alpes-Maritimes. *Nice,* 1878.

1080. La Révolution dans le département du Var. 5 vol. in-8, brochés.

Gauthier de Brécy (Bon). Révolution de Toulon en 1793 pour le rétablissement de la monarchie. *Paris, Trouvé,* 1828. — Lauvergne (H.). Histoire de la Révolution française dans le département du Var depuis 1789 jusqu'à 1798. *Toulon,* 1839. — Masson (Frédéric). La révolte de Toulon en prairial an III. *Paris,* 1875. — Pélabon (Louis). Toulon devant deux centenaires, 1789-1793. *Toulon,* 1893. — Pons (Z.). Mémoires pour servir à l'histoire de la ville de Toulon en 1793. *Paris, Trouvé,* 1825.

1081. Saint-Domingue (Ouvrages relatifs aux troubles). 8 vol. et plaquettes in-8.

Forfaits de Sonthonax, Victor Hugues et Lebas, dévoilés par J.-E. Granier, 22 pp. — Vie de Toussaint Louverture, par Dubroca, 1802, 74 pp. — Discours de Pétion sur les troubles de St Domingue, 1790, 44 pp. — Compte rendu de Dufay sur la situation actuelle de Saint-Domingue. 26 pp. — Rapport de Barbé-Marbois sur l'envoi d'agents à St-Domingue, an V, 7 pp. — Histoire de l'insurrection des esclaves dans le nord de Saint-Domingue, par A. Métral, 1818, 100 pp.

1082. Saint-Domingue (Ouvrages relatifs à). 6 vol. in-8, dont 5 brochés et 1 demi-rel. veau brun.

Bryand (Ed.). Histoire de Saint-Domingue, depuis 1789 jusqu'en 1794. *Paris,* 1812. — Descourtilz. Histoire des désastres de Saint-Domingue. *Paris,* 1795, carte. — Pamphile de la Croix (Général Bon). Mémoires pour servir à l'histoire de la Révolution de Saint Domingue. *Paris,* 1819, 2 vol., carte et plan. — Wimpffen. Voyage à Saint-Domingue pendant les années 1788, 1789 et 1790. *Paris,* 1797, 2 vol.

1083. Saint-Domingue et à Toussaint-Louverture (Ouvrages relatifs à). 7 vol. in-8 et in-12, dont 5 brochés et 2 demi-rel. chag. et bas.

Castonnet des Fosses. La Révolution de Saint-Domingue. *Paris,* 1893. — Dubroca. La vie de J.-J. Dessalines, chef des noirs révoltés de Saint-Domingue. *Paris,* 1804, portrait. — Gragnon-Lacoste. Toussaint-Louverture, général en chef de l'armée de Saint-Domingue. *Paris,* 1879. — Histoire de Toussaint-Louverture, chef des noirs insurgés de Saint-Domingue. *Paris,* 1802. — Métral (A.). Histoire de l'expédition des Français à Saint-Domingue sous le consulat de Napoléon Bonaparte. *Paris,* 1825, portrait. — Perin (René). L'Incendie du Cap ou le règne de Toussaint-Louverture. *Paris,* an X, vue. — Schoelcher (V). Vie de Toussaint-Louverture. *Paris,* 1889.

1084. Mémoires pour servir à l'histoire de la Révolution de Saint-Domingue, par le lieutenant-général baron Pamphile de Lacroix. *A Paris, chez Pillet aîné*, 1819, 2 vol. in-8, brochés.

Carte et plan.

9. — *Tribunaux révolutionnaires. — Prisons.*

1085. Histoire du Tribunal révolutionnaire de Paris, avec le journal de ses actes, par H. Wallon. *Paris, Hachette et Cie*, 1880-1882, 6 vol. in-8, dos et coins chag. rouge poli, tête dor., non rogné.

1086. Histoire secrète du Tribunal révolutionnaire par M. de Proussinalle. *Paris, Lerouge*, 1815, 2 vol. in-8, brochés. — Histoire anecdotique du Tribunal révolutionnaire, par Charles Monselet. *Paris, Giraud*, 1853, in-12, demi-chag. jaune.— Ens. 3 vol.

1087. Tribunal révolutionnaire. 3 brochures et 2 vol. in-8, reliés et brochés.

CAMPARDON (Emile). Le Tribunal révolutionnaire de Paris. *Plon*, 1866, 2 vol. — DÉCLARATIONS motivées d'Antonnelle, juré au Tribunal révolutionnaire. *Paris, s. d.* — MORCONDIER (Roch). Histoire des hommes de proye. *Paris, s. d.* — SIREY (J.-B). Du Tribunal révolutionnaire. *Paris, an III.*

1088. Bulletin du Tribunal criminel établi par la loi du 10 mars 1793, pour juger sans appel, les conspirateurs. *Paris chez Clément*, 1793, an II, 4 parties en 1 vol. in-4, cartonné.

Cet exemplaire contient : 1re année (1793) complète, 100 numéros. — 2e année (1793 an II), 88 numéros sur 100 (les n°s 22 à 32 et 53 manquent). — 3e année (an II), 10 numéros sur 11 (le 11e manque). — 4e année (an II), 94 numéros sur 100 (les n°s 16, 17 et 23 à 26 manquent).

1089. Comité de Salut public et au Tribunal révolutionnaire (Ouvrages relatifs au). 8 vol. in-8, in-12 et in-16, reliés veau, demi-veau ou brochés.

GROS. Le Comité de Salut public de la Convention nationale. *Plon*, 1893. — LIENART Charles, ou mémoires historiques de M. de La Bussière. *Paris*, 1805, 4 tomes en 2 vol. — SENART. Révélations puisées dans les cartons des Comités de Salut Public et de Sûreté générale. *Paris*, 1824. — Mémoires sur les Comités de Salut Public, de sûreté générale et sur les prisons. *Paris*, 1878. — PROUSSINALLE (de). Histoire secrète du Tribunal révolutionnaire. *Paris*, 1815, 2 vol. — SAINT JUST Rapports faits à la Convention Nationale au nom du Comité de Salut Public.... *Paris, an II.*

1090. Comité de Salut public. 8 brochures in-8.

Plaidoyer de Billaud-Varenne, contre les membres des anciens Comités de Salut public.... *Paris, an III.* — Révélation nécessaire des six lettres au comité d'Enfer-Public, envoyées dans le tems de sa plus haute puissance. *S. l. n. d.* — Réponse des membres de l'ancien Comité de Salut public dénoncés, aux pièces communiquées par la commission des 21. *Paris, an III.* — Plaidoyer de Lysias, dénonciation par Darmaing, Lecointre, contre Billaud-Varenne, Barère, Vadier, Collot d'Herbois, etc., etc.

1091. Les Crimes des comités de salut public. 11 pièces en 2 vol. in-8, demi-rel. chag. noir, dos orné, tête peigne, non rognés.

Les crimes de sept membres des anciens comités de salut public, par Laurent Lecointre,

Paris, Maret, s. d., 250 pp. — Laurent Lecointre, député du département de Seine-et-Oise, à la Convention nationale, au peuple français, à l'univers, à la postérité. *S. l. n. d.*, 240 pp. — Réponse des membres des deux anciens comités de salut public et de sûreté générale. *S. l. n. d.* — Acte d'accusation de Collot, Billaud, Barère et Vadier. *Paris, Lachève,* an III, 30 pp. — Rapport au nom de la commission des vingt-un par le représentant du peuple Saladin. *Paris, Rondonneau,* III, 260 pp. — Réponse de J.-N. Billaud, à Laurent Lecointre. *S. l. n. d.*, 126. — Le cri des familles. *A Paris,* an III, 56 pp. — La grande queue de Laurent Lecointre. *S. l. n. d.*, 22 pp. — Rapport fait à la Convention nationale au nom de la commission des onze, par P.-C.-L. Baudin. *S. l. n. d.*, 34 pp. — La longue conspiration des jacobins pour dissoudre la Convention nationale, prouvée par Bergœing, député de la Gironde. *S. l. n. d.*

1092. Le Glaive vengeur de la République française.... ou galerie révolutionnaire, contenant les noms, prénoms, âges, qualités, etc., de tous les grands conspirateurs dont la tête est tombée sous le glaive national (par Tisset). *Paris,* an II, fig. de la guillotine. — L'Agonie de tous les tyrans, ou les moyens de fabriquer la foudre qui va les exterminer par Dulac. *Paris,* an II. — Les verroux révolutionnaires poème héroï-comique en 12 chants par Romain Dupérier. *Bordeaux, s. d.* — Ens. 1 vol. in-8, dos et coins mar. rouge, tête dor., non rogné.

Recueil intéressant.

1093. Le Martirologe ou l'histoire des martyrs de la Révolution, (par J.-G. Peltier). *A Coblentz et se trouve à Paris, chez Artaud,* 1792, 2 parties en un vol. in-8, dem.-rel. veau fauve, non rogné (*Rel. mod.*).

36 curieuses figures non signées.
Ouvrage rare.

1094. Liste générale et très exacte des noms, âges, qualités et demeures de tous les conspirateurs qui ont été condamnés à mort par le Tribunal révolutionnaire établi à Paris par la loi du 17 août 1792, et par le second tribunal établi à Paris, par la loi du 10 mars 1793, pour juger tous les ennemis de la Patrie. *A Paris, chez tous les libraires et marchands de nouveautés et chez le citoyen Berthé,* 1794-an III, 11 numéros en 1 vol. in-8, dos et coins mar. rouge, tr. rouges.

Rédigé par Tisset.

1095. Liste générale et très exacte des noms, âges, qualités et demeures de tous les conspirateurs qui ont été condamnés à mort par le Tribunal révolutionnaire établi à Paris par la loi du 17 août 1792, et par le second tribunal établi à Paris, par la loi du 20 mars 1793, pour juger tous les ennemis de la Patrie. *A Paris,* 1794, 10 numéros in-8.

Nos 1 à 9 et supplément au n° 9.

1096. Dictionnaire des individus envoyés à la mort judiciairement, révolutionnairement et contre-révolutionnairement pendant la Révolution, particulièrement sous le règne de la Convention nationale, avec des gravures et des tableaux, par L. Prudhomme. *A Paris, an V de la République* (1796), 2 vol. in-8, dos et coins mar. rouge à longs grains, non rognés.

1097. Notice historique sur la fondation de la Chapelle funéraire de Picpus, suivie de la liste des souscripteurs, de celle des victimes immolées à la barrière du Trône et inhumées au cimetière de Picpus. *A Paris, de l'Imp. de Lottin*, 1814, in-8, de 79 pp., broché.

Exemplaire couvert de corrections et d'additions.

1098. Cordier (A.). Martyrs et bourreaux de 1793. *Paris, Vivès*, 1885, 2 vol. — Peignot (Gabriel). Notice exacte de toutes les personnes qui ont péri sur l'échafaud pendant le régime révolutionnaire. *Paris, Aubry*, 1865. — Peltier (G.). Le martirologe ou l'histoire des martyrs de la révolution. *Paris, chez Artaud*, 1792, 2 fig. — Ens. 4 vol. in-8, brochés et reliés.

1099. Police révolutionnaire. 5 vol. in-8, dont 2 demi-rel. veau fauve et 3 vol. brochés.

Berriat Saint-Prix (Ch.). La Justice révolutionnaire à Paris. *Paris, Marchal*, 1861. — Même ouvrage, édition de *Paris, Lévy*, 1870 (Tome I seul paru). — Du Port. Principes et plan sur l'établissement de l'ordre judiciaire. *Paris*, 1790. — Lecocq (Georges). La police de sûreté sous la Révolution. *Paris, Derenne*, 1885. — Montigny (G.). Précis ou tableau chronologique des évenemens et de la législation de la Révolution. *Paris*, 1803.

1100. Police, organisation, règlements, etc. 15 plaquettes in-4 et in-8.

Lois, décrets et projets de décrets sur la police intérieure des prisons, la police de sûreté, la justice criminelle, les jurés, l'organisation de la police municipale, etc., etc., publiés de 1789 à 1791.

1101. La Police de Paris dévoilée, par Pierre Manuel l'un des administrateurs de 1789, avec gravures et tableaux. *A Paris, chez J.-B. Garnery, an II de la liberté*, 2 vol. in-8, demi-rel. veau fauve, dos orné, tr. jasp.

1102. Tableau des prisons de Lyon, pour servis à l'histoire de la tyrannie de 1792 et 1793 par A.-F. Delandine. *A Lyon, chez Joseph Daval*, 1797, in-8, broché.

1 figure par *Cochet*, gravée par *Mermand*.
Exemplaire imprimé sur grand papier.

1103. Prisons. 4 vol. in-12 reliés et 8 plaquettes in-8.

Mémoires d'un prisonnier de la maison d'arrêt dite des anglais par J.-J. Poignet. *Paris*, s. d. — L'Intérieur des maisons d'arrêts par X. Audouin. *Paris*, 1795. — Mémoires sur trois arrestations consécutives exécutées avant, pendant et après le gouvernement de Robespierre et Cie, par Doucet-Suriny. *Paris*, s. d. — Histoire des prisons de Paris et des départements par J.-B. Nougaret. *Paris*, 1797, 4 vol. — Mon agonie de 38 heures par Journiac St. Méard. 1792, etc., etc.

1104. Prisons. 8 vol. et brochures in-8 et in-12, cartonnés.

Bohm (Csse de). Les Prisons en 1793, scènes et impressions. *Paris*, s. d. — Delandine (A.-F.). Tableau des prisons de Lyon. *A Lyon*, 1797, 1 figure. — Dusaulchoy (J.-F.-N.). L'Agonie de St. Lazare sous la tyrannie de Robespierre. *Paris*, s. d. — Foignet. Encore une victime, ou mémoires d'un prisonnier de la maison d'arrest, dites des anglaises. *Paris*, s. d. — Nougaret. Histoire des prisons de Paris et des départements. *Paris*, 1797, 2 vol. — Rideau levé (Le) ou coup d'œil général sur les prisons de Paris. *Paris*, 1815, 1 figure. — Rouy. Assassinats commis sur 81 prisonniers de la prison dite de St. Lazare, les 7, 8 et 9 thermidor... (*Paris*, s. d.).

1105. Prisons sous la Révolution (Ouvrages relatifs aux). 7 vol. in-8, dont 3 vol. brochés, 2 demi-rel. veau fauve et 2 cartonn. toile.

Dauban (A.). Les prisons de Paris sous la Révolution. *Paris, Plon*, 1870. — Houdard

(John). Etat des prisons des hopitaux et des maisons de force. *Paris, Lagrange,* 1788, 2 vol. — Giraud (J.). Histoire générale des prisons sous le règne de Buonaparte. *Paris, Éymery,* 1814. — Maurice (B.). Histoire politique et anecdotique des prisons de la Seine. *Paris, Guillaumin,* 1840. — Pottet (E.). Histoire de la Conciergerie du palais de Paris 1031-1895. *Paris, Quantin,* 1895. — Remarques et anecdotes sur le château de la Bastille. *Paris, Goujon,* 1789.

1106. Livre d'écrou des prisons du Luxembourg, de Saint-Lazare, des Carmes, de la Force, etc., pendant la Révolution. 5 registres in-fol., cartonnés.

Copie manuscrite d'une bonne écriture contemporaine.

1107. Registre d'écrou de la prison du Luxembourg. Manuscrit de 225 pages pet. in-4, demi-rel. parch. vert.

Copie manuscrite d'une bonne écriture, comprenant les noms, signalement, date d'arrestation, etc., des personnes écrouées au Luxembourg depuis le 26 juillet 1793 jusqu'au 19 germinal an III.

1108. Pillage de la maison de Saint-Lazare. Manuscrit de 6 ff. d'une bonne écriture de la fin du xviiie siècle, in-fol.

Récit circonstancié de l'incendie et du pillage du couvent de Saint-Lazare, le 13 juillet 1789.
On y joint : Assassinats commis sur 81 prisonniers de la prison dite de Saint-Lazare, les 7, 8 et 9 thermidor, par le Tribunal révolutionnaire... par Rouy l'aîné. *Paris, s. d.,* 31 pp.

1109. Lettres de Roucher à sa fille et à diverses personnes durant sa détention à Sainte-Pélagie (20 octobre 1793-15 messidor an II), in-4, cartonné.

Copie manuscrite des lettres du poète Roucher et de celles de sa fille : Cette copie est beaucoup plus complète que la correspondance publiée ; on y a joint un plan manuscrit de la prison de Ste Pélagie.
Roucher monta à l'échafaud le 8 thermidor an II.

1110. Prisonniers (Mémoires de). 4 vol. in-8 et pet. in-12 dont 2 cartonnés et 2 demi-rel.

Mémoires d'un prisonnier d'Etat, ou correspondance de M. le vicomte de B... avec la marquise de St. L. et plusieurs autres personnes de distinction. *A Londres,* 1785. — Rosny (J.). L'anecdote du jour, ou histoire de ma détention à la prison de la***. *A Paris,* 1797. — Souvenirs (Les) d'un jeune prisonnier, ou mémoires sur les prisons de la Force et Duplessis, pour servir à l'histoire de la Révolution. *Hambourg,* 1795. — Même ouvrage. Edition de *Paris,* an III.

1111. Les Représentants du peuple en mission et la Justice révolutionnaire dans les départements en l'an II (1793-1794), par Henri Wallon. *Paris, Hachette et Cie,* 1889-1890, 5 vol. in-8, brochés.

1112. Sept générations d'exécuteurs, 1688-1847. Mémoires des Sanson, mis en ordre, rédigés et publiés par H. Sanson. *Paris, Dupray de la Mahérie,* 1862-1863, 6 vol. in-8, brochés.

1113. Procès célèbres de la Révolution, ou tableau historique de plusieurs procès fameux, tenant aux principaux événemens de l'interrègne révolutionnaire ; notamment celui des agens royaux arrêtés l'an 5 (1797), celui d'Arena et autres, celui de la machine infernale... par M. G. avocat (A.-C. Guichard). *A Paris, chez Garnery,* 1814, 2 vol. in-8, demi-rel. toile rouge.

1114. Déportés pendant la Révolution (Ouvrages relatifs aux). 4 vol. in-8, dont 2 vol. demi-rel. veau fauve et 2 vol. brochés.

DELESTRE (Fr.). Six années de la Révolution française ou précis des évènemens correspondans à la durée de ma déportation, 1792-1797. *Paris, Dentu,* 1819. — Déportation et naufrage de J. Aymé. *Paris, Maradan, s. d.* — RAMEL. Journal de Ramel, déporté à la Guyane. *Londres,* 1799. — VILLIERS (Pierre). Souvenir d'un déporté. *Paris,* 1802.

1115. Déportés à la Guyane (Mémoires de). 5 vol. in-8 et in-12, rel. et brochés.

ANECDOTES secrètes sur le 18 fructidor et nouveaux mémoires des déportés à la Guiane, écrits par eux-mêmes, et faisant suite au journal de Ramel. *Paris, s, d.* — FREYTAG (Général J.-D.). Mémoires. *Paris,* 1824, 2 vol. — RAMEL (L'Adjudant général). Journal. *Londres,* 1799, portrait. — Mémoire de l'adjudant général Ramel. *Hambourg,* 1799.

1116. Dupray de la Mahérie. Le Livre rouge. Histoire de l'échafaud en France, par MM. B. Maurice, A. de Bast, E. Fournier, L. de la Montagne, etc. Ouvrage orné de 50 portraits dessinés et gravés par MM. C. Boulay, L. Bailly, Y. d'Argent, C. Vernier, Bocourt, G. Fath., etc., etc. *Paris,* 1863, in-4, broché.

1117. Paris pendant la Révolution d'après les rapports de la police secrète, 1789-1800, par Adolphe Schmidt. *Paris, Champion,* 1800-1894, 4 vol. et 1 vol. de table in-8, brochés.

10. — Personnages de la Révolution.

1118. Personnages de la Révolution (Ouvrages relatifs aux). 10 vol. et brochures in-8, brochés, dont 1 rel.

ARNOBAT (Coste d'). Les hommes de la Révolution peints d'après nature. *Paris,* 1830. — BILLAUD-VARENNES. Mémoires. *Paris,* 1821, 2 tomes en 1 vol. — COURTET (Jules). Les Révolutionnaires (1789-1795). *Paris,* 1873. — JOUVE et GIRAUD-MANGIN. Carnet de route du conventionnel Goupilleau en mission dans le Midi. *Nîmes,* 1905. — LECOCQ (Georges). Notes et documents sur Fouquier-Tinville. *Jouaust,* 1885. — FRÉRON. Mémoire et rapport au directoire exécutif sur sa mission dans le Midi. *Paris,* an IV. — LOUSTAUNAU (A.). Étude sur Barnave. *Paris,* 1878. — MACAULAY. Bertrand Barère, trad. de l'anglais par Ed. Gibert. *Dentu,* 1888. — MÉMOIRES inédits de Pétion, de Buzot et de Barbaroux. *Plon,* 1866. — ROUVIÈRE (F.). Meyère (de Loudun), juge au tribunal révolutionnaire de Paris. *Charavay,* 1884. — ROUX (X.). Barnave, sa vie et son temps. *Grenoble,* 1888. — TESTE (L.). Fouquier-Tinville. *Palmé,* 1878.

1119. Conventionnels (Mémoires de) 5 vol. in-8, dont 3 brochés et 2 demi-rel. veau vert et veau fauve.

COUTHON (G.). Correspondance, suivie de l'Aristocrate converti, comédie de Couthon. *Aubry,* 1872. — MIETTE DE VILLARS. Mémoires de David, peintre et député à la Convention. *Paris,* 1850. — MEILLAN. Mémoires avec notes et éclaircissements historiques. *Baudouin frères,* 1823. — MÉMOIRES inédits de Pétion, Buzot et Barbaroux. *Plon,* 1866. — SOUBEYRAN DE SAINT PRIX (Humbert). Hector de Soubeyran de Saint-Prix, député de l'Ardèche à la Convention nationale. *Privas,* 1894.

On y joint : VASSELIN (G.-V.). Mémorial révolutionnaire de la Convention, ou histoire des révolutions de France, depuis le 20 septembre 1792 jusqu'au 26 octobre 1795. *Paris,* 1797, 4 vol. in-12, demi-rel. veau marb.

1120. Histoire de Gracchus Babeuf et du Babouvisme, d'après de nombreux documents inédits, par Victor Advielle. *Paris,* 1884, 2 vol. — Gracchus Babeuf et la conjuration des égaux par Philippe Buonarroti. *Paris, Armand Le Chevalier,* 1869. — Ens. 3 vol. in-8 et in-12, brochés.

1121. Mémoires de B. Barère, publiés par MM. Hippolyte Carnot et David (d'Angers), précédés d'une notice historique, par H. Carnot. *Paris, Jules Labitte*, 1842-1844, 4 vol. in-8, brochés.

On y a joint : Notice historique sur Barère, par M. Carnot. *Paris, J. Labitte*, 1842, in-8, broché.

1122. Barrère (Réunion de 15 plaquettes et 1 vol. relatifs à), in-8.

Défense de Barrère, acte d'accusation de Collot, Billaud, Barrère et Vadier. Rapport sur l'assassinat de Collot-d'Herbois, observations, etc. par Barrère. Réplique de Dubois-Crancé à Barrère, etc., etc.

1123. Carnot (Ouvrages relatifs à). 2 vol. in-8 et 3 vol. in-12, brochés. — Ens. 6 vol.

Bailleul (Ch.). Réponse de L.-N.-M. Carnot au rapport fait sur la conjuration du 18 fructidor, au conseil des Cinq cents. *S. l.*, an VI. — Bonnal. Carnot. *Paris, Dentu*, 1888. — Grille (François). La fleur des pois, Carnot et Robespierre amis et ennemis. *Paris, Ledoyen*, 1853. — Michel (Georges). Carnot. *Paris, s. d.* — Tissot (F.). Mémoires historiques et militaires sur Carnot. *Paris, Baudouin*, 1824.

1124. Mémoire adressé au roi en juillet 1814, par M. Carnot. *Bruxelles, s. d.* — Opinion de Carnot sur l'accusation proposée contre Billaud-Varenne, Collot d'Herbois, Barère et Vadier, 1795. — Mémoire faisant suite à ceux de Carnot et de Ramel... par Delacarrière. *Lyon*, 1799. — Exposé de la conduite politique de M. le lieutenant général Carnot, depuis le 1er juillet 1814. *Paris*, 1815. — Ens. 4 plaquettes in-8.

1125. Mémoires sur Carnot, par son fils. *Paris, Pagnerre*, 1861-1863, 2 vol. in-8, demi-rel. chagrin brun, tr. jasp.

1126. Danton (Ouvrages relatifs à). 2 vol. in-8 et 1 vol. in-12, brochés. — Ens. 3 vol.

Joffrin des Jardins. Vie de Danton, épisode de la Révolution de 1793. *Paris, Martinon*, 1851. — Robinet. Danton ; mémoire sur sa vie privée. *Paris, Chamerot*, 1865. — Le procès des Dantonistes. *Paris, E. Leroux*, 1879.

1127. Danton (Ouvrages relatifs à). 15 vol. in-8 et in-12, dont 1 vol., demi-rel. chag. jaune, et les autres brochés.

Aulard (F.-A.). Danton. *Paris, Picard, s. d.*, — Bougeart (Alfred). Danton. *Bruxelles, Lacroix*, 1861. — Büchner (Georges). La mort de Danton. *Paris, Westhausser*, 1889. — Danton et Victor Hugo. *Paris*, 1877. — Danton. Œuvres recueillies et annotées par A. Vermorel. *Paris, Cournol, s. d.* — Dubost (A.). Danton et les massacres de septembre. *Paris, s. d.* — Joffrin des Jardins. Vie de Danton. *Paris, Martinon*, 1851. — Lennox (G.). Danton. *Paris, Sandoz*, 1878. — Pagès (Léon). Le règne et la justice des lois en 1792. *Paris, Taranne*, 1880. — Pierre (V.). Danton. *Paris, Tardieu*, 1882. — Robinet. Danton, mémoire sur sa vie privée. *Paris, Chamerot*, 1865. — Même ouvrage édition de 1884. — Danton émigré. *Paris, Le Soudier*, 1887. — Salle (J.-B.). L'entrée de Danton aux enfers. *Paris, Miard*, 1865. — Thevenot (A.). Notice généalogique et biographique sur Danton et sa famille. *Arcis-sur-Aube*, 1904.

1128. Desmoulins (Camille). Lettre au général Dillon, 1793. — Opinion sur le jugement de Louis XVI. Discours au sujet de la proposition de guerre annoncée par le pouvoir exécutif, sur la situation politique de la nation, sur la situation de la Capitale, etc., etc. — Discours de la Lanterne aux Parisiens, an I. — Ens. 9 plaquettes in-8.

1129. Desmoulins (Camille). Opuscules de l'an premier de la République. *A Paris, chez Garnery*, an I de la liberté, in-8, dos et coins chagrin rouge, tête dor., non rogné.

> La France libre, 71 pp. — La Lanterne aux parisiens, 67 pp. — Réplique aux deux mémoires des sieurs Éloi et Dominique-César Leleu, insignes meuniers de Corbeil, 45 pp. — Réclamation en faveur du marquis de Saint-Hurugue, 12 pp. — Fragment de l'histoire secrète de la Révolution, sur la faction d'Orléans, le Comité anglo-prussien et les six premiers mois de la République, 80 pp. — Lettre de C. Desmoulins au général Dillon, en prison aux Madelonnettes, 1793, 58 pp. — Relation du mouvement exécuté les 28 et 29 avril par un détachement de la garnison de Lille, commandé par M. Théobald Dillon, 10 pp.

1130. Desmoulins (Ouvrages relatifs à Camille). 3 vol. in-8 et 2 vol. in-12, 4 vol. sont brochés et 1 vol. est en demi-bas. noire.

> André (Louis). Camille Desmoulins. *Paris, Bayle*, 1890. — Claretie (Jules). Camille Desmoulins, Lucile Desmoulin. *Paris, Plon*, 1875. — Desmoulins (Camille). Œuvres. *Paris, Ebrard*, 1838. — Fleury (Ed.). Biographie de Camille Desmoulins. *Laon, s. d.*, — Godart (Félix). Camille Desmoulins d'après ses œuvres. *Paris, Dentu*, 1889.

1131. Dumouriez (Ouvrages relatifs à). 8 vol. in-12, veau marb. (*Rel. anc.*).

> Digoine-Dupalais (A. comte). Réfutation des mémoires du général Dumouriez. *Hambourg*, 1794, 2 vol. — Dumouriez. Mémoires écrits par lui-même. *Paris, Michel*, an III, 2 vol. — Vie privée et politique du général Dumouriez. *Hambourg*, 1794, 2 vol. — Campagnes du général Dumouriez. *Id., s. d.*, 2 vol.

1132. Dumouriez (Ouvrages relatifs à). 5 vol. in-8, dont 2 vol. veau marb., dos orné, et 3 vol. brochés.

> Dumouriez (Gⁿˡ). Mémoires. *Londres*, 1794, 2 vol. — La Vie et les mémoires du général Dumouriez, avec des notes, par MM. Berville et Barrière. *Paris, Baudouin*, 1822, 2 vol. — Ledieu (M.). Dumouriez et la Révolution française. *Paris, Ponthieu*, 1826.

1133. Le Fou des isles Ste. Marguerite, ou avis au public, et principalement au Tiers Etat, de la part du commandant du château des isles de Sainte-Marguerite, et du médecin, et du chirurgien du même lieu, 27 pp. — Avis au public et principalement au Tiers-État, de la part du commandant du château de l'isle de Ste. Marguerite..., 55 pp. — La tête lui tourne, etc., 43 pp. — La tête ne lui tourne plus, ou le D'Epreménil qui n'est plus fou, 42 pp., etc., etc. *Paris, chez Robin*, 1789, in-8, broché.

> Recueil de 10 brochures diverses relatives à J.-J. Duval d'Espréménil et à son séjour à l'île de Sainte-Marguerite.

1134. Types révolutionnaires. — Étude sur Fouché et sur le communisme dans la pratique en 1793, par M. le Cᵗᵉ de Martel. *Paris, E. Plon*, 1879, 2 vol. pet. in-8, brochés.

1135. Hoche (Ouvrages relatifs au général). 9 vol. et brochures in-8, reliés et brochés.

> Cunéo d'Ornano. Hoche ; sa vie, sa correspondance. *Paris*, 1892. — Chuquet (A.). Hoche et la lutte pour l'Alsace. *Paris*, 1893. — Couard. L'Enfance et la première jeunesse de Lazare Hoche. *Versailles*, 1894. — Du Chatellier. Hoche, sa vie, sa correspondance. *Paris*, 1873. — Durand (H.). Le général Hoche. Souvenirs et correspondances. *Paris*, 1832. — Rousselin (A.). Vie de Lazare Hoche. *Paris*, an VI, 2 vol. — Même ouvrage, seconde édition, 2 vol.

1136. La Fayette (Ouvrages relatifs à). 5 vol. in-8, brochés, et 1 vol. pet. in-8, cartonn. — Ens. 6 vol.

> Bardoux (A.). La Jeunesse de La Fayette, 1757-1792. *Paris, Lévy*, 1892. — Bérenger. (L.-P. de). Mémoires historiques et pièces authentiques sur M. de La Fayette. *Paris, s. d.* — Cloquet (Jules). Souvenirs sur la vie privée du général Lafayette. *Paris, Galignani*, 1836. — Interrogatoire de M. de La Fayette. *Paris, Webert, s. d.* — Mosnier (Henry). Le Château de Chavaniac-La Fayette. *Le Puy*, 1883. — Vie privée, impartiale, politique et militaire du marquis de La Fayette. *Paris, Bastide*, 1790.

1137. La Fayette (Pamphlets contre). 5 plaquettes in-8.

> L'Espion patriote à Paris, manuscrit trouvé dans les papiers du secrétaire de M. de La Fayette, 1789. — La Grande conspiration contre M. de La Fayette et de la nation qui devoit avoir lieu le 16 janvier 1790. — Dialogue entre le Dr Quickly et M. Amen, 1790. — Ah ! qu'ils sont bêtes les gardes nationales. *S. d.* — Le Général La Fayette. Mémoires authentiques, écrits par A. Chateauneuf, 1831.

1138. Mémoires, correspondance et manuscrits du général La Fayette, publiés par sa famille. *Paris, H. Fournier aîné*, 1837-1838, 6 vol. in-8 demi-rel. mar. grenat, tr. jasp.

1139. Mémoire de M. le Comte de Lally-Tollendal, ou seconde lettre à ses commettans. *A Paris, chez Desenne*, 1790, 2 part. en 1 vol. in-8, demi-rel. veau brun, tr. jasp.

> Exemplaire contenant les pièces justificatives.

1140. Marat. Plan de législation criminelle. *A Paris*, 1790, in-8, portrait, broché. — Recherches physiques sur l'électricité. *A Paris*, 1782, in-8, veau jasp. — De l'homme ou des principes et des loix de l'influence de l'âme sur le corps et du corps sur l'âme. *A Amsterdam*, 1775, 3 tomes en 2 vol. in-12, veau marb. — Eloge de Montesquieu, publié avec introduction par A. de Brézetz. *Libourne*, 1883, in-8, broché. — Ens. 5 vol.

1141. Marat (Ouvrages relatifs à). 8 vol. in-8 et 2 vol. in-12. — Ens. 10 vol. brochés.

> Bougeart (Alfred). Marat, l'ami du peuple. *Paris, Lacroix*, 1865, 2 vol. — Brunet (Charles). Marat, dit l'ami du peuple, notice sur sa vie et ses ouvrages. *Paris, Poulet-Malassis*, 1862. — Cabanès (Aug.). Marat inconnu. *Paris, Genonceaux*, 1891. — Desjardins (A.). Marat criminaliste. *Paris, Lahure*, 1897 [Extrait]. — Fassy (Paul). Marat, sa mort, ses véritables funérailles. *Paris*, 1867. — France (Anatole). Le Sang de Marat, notice par M. Chéron de Villiers. *Paris, France*, 1866. — Hilbey (Constant). Marat et ses calomniateurs. *Paris*, 1847. — Maton (A.-L.). Les Crimes de Marat et des autres égorgeurs ou ma résurrection. *Paris, chez André*, an III [1795]. — Roux (Xavier). Marat. *Paris*, 1875.

1142. Pamphlets de ou contre Marat. 11 plaquettes in-8 et in-12, brochés.

> L'Anti-Marat ou défense de M. Necker contre le soi-disant ami du peuple, par M. Le Roux, 30 pp. — C'en est fait de nous, 8 pp. — Les Charlatans modernes publiés par M. Marat. *Paris*, 1791, 40 pp. — Les crimes de Marat et des autres égorgeurs : ou ma résurrection, par P.-A. Maton. *Paris, André*, an III (1795), 139 pp. — Dénonciation faite au tribunal public par M. Marat contre M. Necker, 69 pp. — Discours de Marat, l'ami du peuple sur la défense de Louis XVI, 32 pp. - Infernal projet des ennemis de la révolution par M. Marat, 7 pp. — Marat placé comme il l'a mérité, 8 pp. — Nouvelle dénonciation de M. Marat contre M. Necker. *Londres*, 1790, 40 pp. — Oraison funèbre de Marat, l'ami du peuple, 12 pp. — Réponse aux détracteurs de l'ami du peuple par Albertine Marat, 8 pp.

1143. Jean-Paul Marat, orné de son portrait. Esprit politique accompagné de sa vie scientifique, politique et privée par F. Chevremont. *Paris, chez l'auteur*, 1880, 2 vol. in-8, brochés.

Exemplaire imprimé sur papier de Hollande contenant le portrait tiré sur Chine.

1144. Charlotte Corday (Ouvrages relatifs à). 1 vol. in-4, 2 vol. in-8, brochés, et 1 vol. in-8, demi-rel. veau fauve.

COLET (Louise). Charlotte Corday et Madame Roland, enrichi de portraits et fac-simile. *Paris, Pétion*, 1842. — SALLES (J.-B.). Charlotte Corday, tragédie en cinq actes et en vers. *Paris, Miard*, 1864. — VATEL (Ch.). Dossiers du procès de Charlotte de Corday devant le tribunal révolutionnaire. *Paris*, 1861. — Quatre femmes au temps de la Révolution. *Paris, Didier, s. d.*

1145. Marie-Anne Charlotte de Corday d'Armont. Sa vie, son temps, ses écrits, son procès, sa mort, par Chéron de Villiers. *Paris, Amyot*, 1865, gr. in-8, portrait, dos et coins chag. bleu, tête dor., non rogné.

1146. Charlotte Corday décapitée à Paris le 16 Juillet 1793 ou mémoire pour servir à l'histoire de la vie de cette femme célèbre, par Couet-Gironville. *A Paris, chez le cit. Gilbert*, an 4ᵉ, in-8, de 16 ff. prélim. et de 144 pp. chiff., demi-rel. chag. grenat, non rogné.

Ouvrage rare orné du portrait de Charlotte Corday.
On y a joint 3 nᵒˢ du Bulletin du Tribunal criminel révolutionnaire contenant l'acte d'accusation et interrogatoire de M.-A. Charlotte Corday.

1147. Charlotte de Corday et les Girondins. Pièces classées et annotées par M. Charles Vatel. *Paris, Henri Plon*, 1864-1872, 3 vol. in-8 et album in-4, brochés.

L'Album contient 13 portraits, 3 gravures, 2 plans et 5 fac-simile d'autographes.

1148. Œuvres de Mirabeau, précédées d'une notice sur sa vie et ses ouvrages par M. Mérilhou. *Paris, Lecointe et Pougin*, 1834-1835, 8 vol. in-8, demi-rel. veau gris, tr. marb.

Discours et opinions, 3 vol. — Lettres à Sophie, 3 vol. — Lettres de cachet, 1 vol. — Essai sur le despotisme, 1 vol.

1149. Mirabeau. Errotika biblion. Dernière édition. *A Paris, chez Le Jay*, 1792, in-8, demi-rel. veau fauve, tr. jasp. (*Rel. mod.*).

Portrait lithographié de Mirabeau.
Exemplaire contenant, sur les marges, quelques notes à l'encre.

1150. Correspondance entre le comte de Mirabeau et le comte de La Marck, pendant les années 1789, 1790 et 1791, recueillie, mise en ordre et publiée par M.-A. de Bacourt. *Paris, Vᵛᵉ Le Normant*, 1851, 3 vol. in-8, demi-rel. toile verte, tr. jasp.

Ouvrage estimé.

1151. Mirabeau (Ouvrages relatifs à). 7 vol. in-8, dont 2 vol. demi-rel. veau fauve et les autres brochés.

BÉGIS (Alfred). Mirabeau, son interdiction judiciaire, 1774-1791. *Paris*, 1895. — DUMONT (Etienne). Souvenirs sur Mirabeau. *Paris, Gosselin*, 1832. — GUIBAL (Georges). Mirabeau et la Provence en 1789. *Paris, Thorin*, 1887. — JOLY (A.). Les Procès de Mirabeau en Provence. *Paris, Durand*, 1863. — MIRABEAU. Lettres inédites, publiées par J.-F. Vitry. *Paris, Lenormant*, 1806. — Lettres du comte de Mirabeau à ses commettans pendant la tenue de la 1re législature. *Paris, Lavillette*, 1791. — Discours de M. le comte de Mirabeau sur la sanction royale. *S. l. n. d.* Plan de division du royaume, présenté par M. le comte de Mirabeau. *Paris, Baudouin*, 1789. — Lettre du comte de Mirabeau au comité des recherches. *S. l. n. d.* — Discours par M. Mirabeau. *Paris*, 1790, 2 part. Projet d'adresse aux françois sur la constitution civile du clergé. *Id.*, 1791, etc., etc. — 12 pièces en 1 vol.

1152. Mirabeau (Ouvrages relatifs aux amours de), 2 vol. in-8 et 1 vol. in-12, brochés. — Ens. 3 vol.

COTTIN (Paul). Sophie de Monnier et Mirabeau d'après leur correspondance secrète inédite. *Paris, Plon*, 1903. — GASTINEAU (Benjamin). Les amours de Mirabeau et de la marquise de Monnier. *Paris, Hetzel, s. d.* — MIRABEAU. Lettres à Julie écrites du donjon de Vincennes, publiées par D. Meunier. *Paris, Plon*, 1903.

1153. Précis de la vie ou confession générale du comte de Mirabeau, François. *A Maroc, de l'Imp. imp. et se trouve, en Europe, dans les capitales, en France, partout...*, 1789, in-8 de 64 pp., portrait, broché.

Satire composée de petits mensonges renforcés de grandes vérités : le mélange en est curieux (Cat. Leber, n° 4877).
Rare avec la figure.

1154. Mirabeau (Pièces diverses pour et contre). Réunion d'environ 20 brochures publiées de 1787 à 1792, in-8.

Vie publique et privée du comte de Mirabeau, 1791, portrait. — Lettre de Mirabeau à ses comettans, 1789. — Motion de Mirabeau sur la nécessité d'éloigner les troupes de la capitale. — Précis de la vie ou confession générale du comte de Mirabeau, 1789, portrait. — Pamphlets, journal de la mort de Mirabeau, épitaphes de Mirabeau l'aîné, procès-verbaux de l'ouverture du cadavre de Mirabeau, etc., etc.

1155. Les Mirabeau, nouvelles études sur la société française au XVIIIe siècle, par Louis de Loménie. *Paris, E. Dentu*, 1879-1891, 5 vol. in-8, brochés.

1156. Mirabeau (Ouvrages du Vicomte de). 2 vol. in-12 et 1 vol. in-8, contenant 8 pièces. — Ens. 3 vol. cartonn.

Facéties du vicomte de Mirabeau. *A Côte-rôtie, de l'imp. de Boivin, s. d.*, front., 2 vol. — Le Déjeuner ou la vérité à bon marché par le vicomte de Mirabeau, 7 nos (un déjeuner pour chaque jour de la semaine). — Le Diner ou la vérité en riant, par le même, 6 nos (sur 7 : le diner du dimanche manque). — Les quatre repas du jeudi 4 février 1791, 11 pp. — Le Coucher ou la vérité toute nue, 16 pp. — La Moutarde après diner, 11 pp. — La Tasse de café sans sucre, 14 pp. — Le Rêve ou la vérité voilée, 11 pp. — Le Réveil ou la vérité toute claire, 12 pp.
Ces pamphlets sont attribués au vicomte de Mirabeau, mais sans fondement certain.

1157. Le déjeuner ou la vérité à bon marché : 7 nos. — Le Diner ou la vérité en riant : 7 nos. — Les Quatre repas. — La Tasse de café sans sucre. — La Moutarde après diner. — Le Réveil ou la vérité toute claire. — Le Coucher ou la vérité toute nue. — Le Rêve ou la vérité voilée. — Encore quatre repas (par le Vicomte de Mirabeau). *Paris, s. d.* (1791), 1 vol. in-8. demi-rel. mar. brun, tr. jasp. (*Rel. mod.*).

Exemplaire très complet de ces pamphlets, conforme à la description donnée par Hatin (page 169).
On y a joint :
« Les œufs de Pâques, œufs frais de Besançon », par M. La Poule... — Lanterne magique nationale (par le Vte de Mirabeau). 3 numéros (sur 4) le 4e manque. — Voyage national de Mirabeau Cadet, 1790, 52 pp.
Réunion très rare qu'il serait difficile de former aujourd'hui.

1158. Le Déjeuner ou la vérité à bon marché. — Le Diner ou la vérité en riant. 13 numéros in-8.

> Le déjeuner du lundi manque.
> On y joint les 5 pièces complémentaires suivantes : Les Quatre repas, La Tasse de café sans sucre, Le Coucher ou la vérité toute nue, Le Rêve ou la vérité voilée, Encore quatre repas.

1159. Roland (Ouvrages relatifs à Madame). 5 vol. in-8, brochés.

> DAUBAN (C.-A.). Lettres de Madame Roland aux demoiselles Cannet. *Paris, Plon,* 1867, 2 vol. — Mémoires de Madame Roland. *Id.,* 1864. — Etude sur Madame Roland et son temps. *Id.,* 1864. — Lettres autographes de Madame Roland, précédées d'une introduction par Sainte-Beuve. *Paris, Renduel,* 1835.

1160. Roland (Ouvrages relatifs à Madame). 7 vol. in-8, dont 5 brochés, 1 cartonn. demi-mar. bleu et 1 demi-rel. veau fauve.

> APPEL à l'impartiale postérité par la citoyenne Roland, ou recueil des écrits qu'elle a rédigés, pendant sa détention aux prisons de l'Abbaye et de Sainte-Pélagie. *Paris, s. d.* 2 parties en 1 vol. — Lettres autographes de Mme Roland adressées à Bancal-des-Issarst. *Paris, Renduel,* 1835. — MÉMOIRES de Mme Roland, publiés par Cl. Perroud. *Paris, Plon,* 1905, 2 vol. — MÉMOIRES de Mme Roland, publiés avec des notes par A. Dauban. *Paris, Plon,* 1864. — MARIAGE de Mme Roland (Le). Trois années de correspondance amoureuse. *Paris, Plon,* 1896. — Etude sur Mme Roland et son temps..., par C.-A. Dauban. *Paris, Plon,* 1864.

1161. Robespierre (Ouvrages relatifs à). 3 vol. in-8 et 5 vol. in-12, brochés. — Ens. 8 vol.

> BUFFENOIR (Hippolyte). Robespierre ; aperçus sur la Révolution française. *Paris, Dentu,* 1882. — CHABOT (Charles). Ce bon monsieur Robespierre. *Id.,* 1852. — GRATEROLLE (Maurice). Robespierre (1758-1794). *Paris, Bellier,* 1894. — GRIEPENKERL (Robert). Maximilien Robespierre. *Paris, Westhausser,* 1892. — MAGGIOLO (Adrien). Robespierre. *Paris,* 1876. — NARCISSE (Vidal). Un Monument à Robespierre sur le pic du Canigou. *Perpignan,* 1889. — PARIS (J.-A.). La jeunesse de Robespierre et la convocation des états généraux en Artois. *Arras,* 1870. — TRAVERS (J.). Maximilien Robespierre. *Caen.* 1847.

1162. Robespierre (Ouvrages relatifs à). 12 vol. et brochures, reliés de diverses couleurs et brochés.

> COURTOIS. Rapport fait au nom de la commission chargée de l'examen des papiers trouvés chez Robespierre. *Paris, an III.* — DESESSARTS. Les Crimes de Robespierre. *Paris,* 1815, portrait. — LAPONNERAYE. Mémoires de Charlotte Robespierre sur ses deux frères. *Paris,* 1835. — LE BLOND. La vie et les crimes de Robespierre. *Augsbourg,* 1795. — MONTJOYE. Histoire de la conjuration de Maximilien Robespierre. *Paris,* 1796. — RICHER-SERIZY. L'Ecole des factieux, des peuples et des rois. *Paris,* 1800. — SERIEYS. La mort de Robespierre, drame en trois actes et en vers. *Paris, s. d.,* portrait. — Pamphlets, rapports, etc., etc., relatifs à Robespierre.

1163. Robespierre (Ouvrages relatifs à). 2 vol. et 11 plaquettes in-8.

> COURTOIS. Rapport fait au nom de la commission chargée de l'examen des papiers trouvés chez Robespierre et ses complices. *Paris,* an III. — MONTJOYE (de). Histoire de la conjuration de Maximilien Robespierre. *Paris,* 1796. — Pamphlets, rapports, etc., sur ou contre Robespierre.

1164. Robespierre (Œuvres de). 5 vol. et plaquettes in-8, brochés et reliés.

> Œuvres de Robespierre, recueillies et annotées par A. Vermorel. *Paris, Cournol, s. d.* — Discours couronné par la Société royale des arts et des sciences de Metz. *Amsterdam,* 1785.

— Discours prononcé par Robespierre à la Convention nationale. *Paris, s. d.* — Lettre de M. de Robespierre à M. de Beaumets. *S. l. n. d.* — Plaidoyers pour le sieur de Vissery de Bois-Valé. *S. l. n. d. (Rare).*

1165. Neuf Thermidor et Thermidoriens. 11 vol. et brochures in-8 et in-12, dont 9 brochés et 2 reliés demi-veau fauve et demi-chagrin brun.

> DUPLAN. Observations et notes historiques sur Robespierre, la Cour de Coblentz, etc. *Paris,* 1833. — DUVAL (G.). Souvenirs Thermidoriens. *Paris,* 1844, 2 vol. — HAMEL (E.). Thermidor. *Paris,* 1891. — HÉRICAULT (Ch. d'). La Révolution de Thermidor. *Paris,* 1876. — HÉRICAULT (Ch. d'). Thermidor. Paris en 1794. *Paris,* 1872. — HOUSSAYE (A.). Notre-Dame de Thermidor. *Paris,* 1866, portrait. — ROUCHER. Consolations de ma captivité. *Paris,* 1797, 2 tomes en 1 vol. — ROSNY (J.). Les Infortunes de la galanterie pendant le régime décemviral. *Paris,* an VII. — ROUX. Relation de l'événement des 8, 9 et 10 thermidor. *Paris,* an II. — Un Chapitre inédit du 9 thermidor. *Paris,* 1885.

1166. Neuf Thermidor. 6 plaquettes in-8.

> La nuit du 9 au 10 thermidor, ode par Perreau. *S. d.* — Causes secrètes de la révolution du 9 au 10 thermidor, par Vilate, an III. — Les mystères de la mère de Dieu dévoilés, par Vilate, an III. — Moyens de consolider la révolution du 9 thermidor, par F. Lanthenas, an III. — Précis historique des événements qui se sont passés dans la soirée du 9 thermidor, par C.-A. Méda, 1825.

1167. Saint-Just (Ouvrages relatifs à). 8 vol. in-12, dont 1 vol. demi-rel. chag. noir et les autres brochés.

> FLEURY (Edouard). Saint-Just et la Terreur. *Paris, Didier,* 1852, 2 vol. — HAMEL (Ernest). Histoire de Saint-Just. *Bruxelles, s. d.,* 2 vol. — LOUDUN (Eugène). Saint-Just. *Paris,* 1877. — SAINT-JUST. Fragmens sur les institutions républicaines. *Paris, Fayolle, s. d.* — Même ouvrage, édition Techener, 1831. — Discours commencé par Saint-Just en la séance du 9 thermidor. *S. l. n. d.*

II. — *Clergé, armée, fêtes, poésies, etc.*

1168. Histoire de la constitution civile du clergé (1790-1801). L'Église et l'Assemblée Constituante. — L'Église sous la Terreur et le Directoire. *Paris, Didot,* 1872-1881, 4 vol. in-8, brochés.

1169. Le Clergé pendant la Révolution, réunion de 24 plaquettes.

> Essais sur les avantages qui résulteroient de la sécularisation, modification et suppression des monastères des filles religieuses. *Paris,* 1789. — Dialogue entre un père de famille et un vicaire de Paris le jour qu'il lui a demandé sa fille en mariage. — Du mariage des prêtres et des religieuses, vie de l'abbé Fauchet, le Te Deum des religieux et des religieuses, la chemise levée, de la suppression des cloches, etc., etc.

1170. Le Clergé pendant la Révolution. 7 vol. et brochures in-8, rel. et brochés.

> BARRUEL (l'abbé). Histoire du clergé pendant la Révolution françoise. *A Londres,* 1794. — LE CLERGÉ dévoilé, pour être présenté aux Etats-Généraux, 1789. — LAHARPE. Du fanatisme dans la langue révolutionnaire ou de la persécution... contre la religion. *Paris,* 1797. — PRESSENSÉ (Ed.). L'Eglise et la Révolution française. *Paris, s. d.* — RAYMOND. Les prêtres déportés en 1793. *Paris, s. d.* — RELATION très détaillée de ce qu'on souffert, pour la religion, les prêtres et autres ecclésiastiques français, tant réguliers que séculiers, détenus en 1794 et 1795... *Paris,* an X. — TABLEAU moral du clergé de France, sur la fin du XVIIIe siècle, 1789.

1171. Culte de la Raison. 5 vol. et plaquettes in-8, et in-18 reliés et brochés.

> Culte et loix d'une société d'hommes sans Dieu. *L'an 1er de la Raison.* — Office des décades, ou discours, hymnes et prières en usage dans les temples de la Raison, par les C. Chénier, Dusausoir, etc. *Paris*, an II. — Hymne à la nature. *Paris, s. d.* — Manuel des Théoanthropophiles, ou adorateurs de Dieu, et amis des hommes. *Paris*, 1796. — Année religieuse des théophilantropes ou adorateurs de Dieu et amis des hommes. *Paris*, 1797.

1172. L'Armée pendant la Révolution. 8 vol. et plaq. in-8, brochés.

> Bord (Gustave). Le combat du 13 prairial an II et la légende du Vengeur. *Nantes*, 1883. — Cartes des opérations militaires pendant les années 92 et 93. *Strasbourg*, 1870. — Cottin (Paul). Les Anglais dans la Méditerranée (1793). *Paris, L. Baudoin*, 1897. — Hauterive (Er. d'.). L'Armée sous la Révolution, 1789-1794. *Paris, Ollendorff*, 1894. — Joinville (A.). Campagne de 1792, en France. *Paris, Martinet*, 1841. — Langlois (H.). Souvenirs de l'école de Mars et de 1794. *Rouen*, 1836. — Poisson (C.). L'Armée et la garde nationale, 1789-1792. *Paris, Durand*, 1858. — Quarré de Verneuil (R.). La France militaire pendant la Révolution (1789-1798). *Paris, J. Dumaine*, 1878.

1173. Guerres de la Révolution. 7 vol. in-12, brochés.

> Bricard (Canonnier). La Discipline aux armées. 1794-1796. *Paris, s. d.* — Chuquet (Arthur). La première invasion prusienne, 1792. *Paris, Léopold Cerf*, 1888. — La Retraite de Brunswick. *Id.*, 1887. — Mayence, 1792-1793. *Id.*, 1892. — L'Expédition de Custine. *Id.*, 1892. — Loir (Maurice). La Marine royale en 1789. *Paris, Colin, s. d.* — Lombard (Jean). Un Volontaire de 1792. *Paris, Savine*, 1892.

1174. Campagnes de la Révolution. 4 vol. in-8, dont 3 demi-rel. veau fauve et 1 vol. broché.

> David. Campagnes du général Pichegru en Hollande. *Paris, Montardier*, 1799. — Campagne du duc de Brunswick contre les Français en 1792. *Paris, Forget*, an III, 3 parties en 1 vol. — Liger (A.). Campagnes des Français pendant la Révolution. *Blois*, 1798, 2 vol.

1175. La Défense nationale dans le nord, de 1792 à 1802, ouvrage publié par Paul Foucart et Jules Finot, avec une préface par Pierre Legrand. *Lille, Imp. Lefebvre-Ducrocq*, 1890-1893, 2 vol. gr. in-8, brochés.

1176. Souvenirs militaires d'Hippolyte d'Espinchal (1792-1814), publiés par Frédéric Masson et François Boyer. *Paris, P. Ollendorff*, 1901, 2 vol. in-8, brochés.

1177. Mémoires et souvenirs de généraux et soldats de la Révolution. 17 vol. et brochures in-8 et in-12, dont 2 demi-rel., veau, les autres brochés.

> Besancenet (A. de). Le portefeuille d'un général de la République. *Plon*, 1877. — Besancenet (A. de). Un officier royaliste au service de la République. *Paris*, 1876. — Bonnet (Guy-Joseph). Souvenirs historiques. *Durand*, 1864. — Ernouf. Souvenirs militaires d'un jeune abbé. *Didier*, 1881. — Lavaux (Le sergent François). Mémoires. *Dentu, s. d.* — Ledieu. Le général Du Mouriez et la Révolution française. *Paris*, 1826. — Moreau. Notice historique sur Moreau (Jean-René) général en chef de l'armée de la Moselle. *Paris*, 1852. — Parfait (Noël). Le général Marceau. *Levy*, 1892. — Robert. Une année de la vie militaire de Marceau. *Nancy*, 1850. — Rossignol (Jean). Vie véritable, publiée sur les écritures originales par V. Barrucaud. *Plon*, 1896. — Rousselin. Vie de Lazare Hoche. *Paris*, an VI, 2 vol. — Samion (L.). Kellermann. *Paris, s. d.* — Carro. Santerre. *Paris*, 1847. — Selle de Beauchamp. Souvenirs de la fin du XVIIIe siècle, extraits des mémoires d'un officier des aérostiers. *Paris*, 1853. — Etc., etc.

1178. Vie politique et militaire du général A.-M.-G. Poissonnier-Desperrières écrite par lui-même et publiée de son vivant. *Paris, J. Trouvé*, 1824, in-8, veau vert, dos et milieu orné à froid, tr. marbr. (*Simier*).

> Sur le faux-titre : *Offert à la femme que j'ai le mieux aimée.* Desperrières.

1179. Force publique. Recueil de 18 plaquettes, publiées en 1789 et 1790, en 1 vol. in-8. demi-rel. bas. grenat.

Opinion du colonel Ségur sur le serment d'honneur exigé aux troupes, 7 pp. — Observations, rapports, opinions, etc. de Des Pommelles, du marquis de Bouthillier, de Dubois Crancé, de Thiboutot, de Mirabeau, etc., sur le recrutement, la constitution, l'emplacement des troupes, l'artillerie, le génie, l'organisation des gardes nationales, etc., etc.

1180. Registre ouvert à la section des droits de l'homme, pour inscrire les actes de divorce, dans les années II et III de la République. Manuscrit de 25 pages in-fol.

Curieux manuscrit d'écritures différentes, relatant les demandes de divorces et leurs motifs ; chaque demande est signée des intéressés et de leurs témoins.

1181. Essai sur les fêtes nationales suivi de quelques idées sur les arts ; et sur la nécessité de les encourager, adressé à la Convention nationale par Boissy d'Anglas. *A Paris, de l'Imp. polyglotte,* an II, in-8, broché.

On y joint : 1° Recueil de chants d'allégresse, hymnes et couplets patriotiques destinés à célébrer les décades, les cérémonies publiques et le triomphe des Français. *Rouen,* an II, in-8, cartonné. 2° 4 plaquettes diverses relatives à la fête des Victoires, aux fêtes du Champ-de-Mars, etc., etc.

1182. Poésies révolutionnaires. 4 vol. in-8, brochés.

Le Carabin patriotique ou le miroir politique, esquisse de la Révolution depuis 1789, jusqu'en 1815. *Paris,* 1815. — Le Collège abandonné, poème dédié aux amis que j'ai perdus le 30 brumaire an X. *Rennes,* an X. — La France républicaine ou le miroir de la Révolution française. *S. l. n. d.* — La Mort de Loizerolles, poème par M. le chevalier de Loizerolles. *Paris,* 1828.

1183. Chansons révolutionnaires. Environ 20 plaquettes ou vol. in-8 et in-12.

La Marseillaise, la Montagne, Chant républicain sur la bataille de Fleurus, la calomnie de J.-M. Chénier en pot-pourri. Carrier a commencé la marche, suivez, messieurs, complainte sur les horreurs commises à Nantes, recueil de chansons dédiées aux vrais républicains, etc., etc.

1184. Essais en vers et en prose par J. Rouget de Lisle. *A Paris, de l'Imp. de Didot,* 1796, 1 figure par Le Barbier. — Rouget de Lisle. Son œuvre, sa vie, par J. Tiersot. *Paris, Delagrave,* 1892. — Le Chant de la Marseillaise. Son véritable auteur, par Arthur Loth. *Paris, Palmé,* 1886. — Ens. 3 vol. in-8 et in-12, dont 2 brochés et 1 cartonné.

1185. Histoires des faïences patriotiques sous la Révolution, par Champfleury. *Paris, E. Dentu,* 1867, in-8, fig. dans le texte, broché (*Couvert. illust.*).

1186. Femmes publiques. 3 plaquettes in-8.

Etrennes aux grisettes. Requête présentée à M. Silvain Bailly, maire de Paris, par Florentine de Launay, contre les marchandes de modes, couturières, lingères, etc. sur le pavé de Paris, 1790. — Hommage aux plus jolies et vertueuses femmes de Paris. *S. d.* — Triomphe de la saine philosophie ou la vraie politique des femmes, par la C. B.... (Booser). *Paris, s. d.*

12. — Émigrés.

1187. Histoire générale des émigrés pendant la Révolution française, par H. Forneron. *Paris, E. Plon,* 1884, 2 vol. in-8, brochés.

1188. Emigration. Réunion de 38 brochures in-8.

> Des Émigrés français, ou réponse à M. de Lally-Tolendal par J.-J. Leuliete. 1797. — Code des émigrés, rapports par Tallien Eschasseriaux, Sédillez, etc. — Opinions de M. Pastoret, de Custine, Dumas, etc. sur la loi contre les émigrés, etc., etc.
> On y joint : 1° Bulletin des demandes en radiation de la liste des Emigrés, 8 numéros. 2° Liste formée en exécution de l'article 28, section 3, titre 3, de la loi du 25 brumaire, an III, des citoyens qui ont obtenu la radiation définitive de leurs noms des listes des émigrés.... 10 listes.

1189. L'Emigré, publié par M. de Meilhan. *A Brunswick, chez P.-F. Fauche et Cie*, 1797, 4 vol. in-18, demi-rel., mar. rouge, tête dor., ébarbés.

> Ouvrage devenu très rare; c'est une sorte de roman moitié historique, moitié familier ; il est curieux d'y voir les préjugés et les fautes de l'émigration jugés par un émigré avec une inexorable indépendance. Malheureusement l'ouvrage est très rare. Et il faut le regretter au point de vue même purement historique ; car il a son importance capitale pour l'appréciation de l'influence de la révolution française en Allemagne, et surtout, ainsi qu'il l'a été dit d'abord, des idées de l'émigration, de ses souvenirs, de ses espérances, et de ses regrets (M. de Lescure).
> Gabriel Senac de Meilhan, né à Paris en 1736, est mort à Vienne le 5 avril 1803.

1190. Emigrés (Ouvrages relatifs aux). 7 vol. in-8, veau marb. et demi-rel., veau fauve.

> ANTOINE (A.). Histoire des émigrés français, depuis 1789 jusqu'en 1828. *Paris, Hivert*, 1828, 3 vol. — LALLY-TOLLENDAL (G. de). Défense des émigrés français adressée au peuple français. *Paris, Cocheris*, 1797. — Voyages et aventures des émigrés français depuis le 14 juillet 1789 jusqu'à l'an VII, par L.-M.-H. *Paris*, an VII.

1191. Émigrés (Ouvrages relatifs aux). 7 vol. in-8 et in-12, dont 3 brochés, 2 cartonnés et 2 demi-rel. veau.

> ALMANACH des émigrans *Coblentz*, 1792. — CORBEHEM (de). Dix ans de ma vie ou histoire de mon émigration. *Paris*, 1827. — CORRESPONDANCE originale des émigrés, ou les émigrés peints par eux-mêmes. *Paris*, 1793, 2 vol. — DOPPET (Général). Le commissionnaire de la ligue d'Outre-Rhin, ou le messager nocturne. *Paris*, 1792. — LALLY-TOLLENDAL (de). Défense des émigrés français, adressée au peuple français. *Paris*, 1797. — MONTGAILLARD (R. de) Histoire secrète de Coblence, dans la Révolution des français. *Londres*, 1795.

1192. Émigrés (Ouvrages relatifs aux). 6 plaquettes in-8, brochées.

> La Casino de Turin ou les châteaux en Espagne des émigrés. — Conspirations, trahisons et calomnies dévoilées et dénoncées par plus de dix mille français. — Correspondance interceptée. *Londres*, 1789. — MONTGAILLARD (M. de). Mémoires secrets. *Paris*, an XII. — Réflexions sur les émigrés, 1793. — Séjour de dix mois en France par un émigré. *Hambourg*, 1795.

1193. Émigration (Ouvrages et mémoires relatifs à l'). 9 vol. in-8, dont 5 brochés, les autres dem-rel. chagrin et bas.

> BELIN DE BALLU. Mémoires et voyages d'un émigré. *Paris*, 1801, 3 vol. — DAMPMARTIN. Mémoires sur divers événements de la Révolution et de l'émigration. *Paris*, 1825, 2 vol. — LEBRUN (Is.). L'Emigration indemnisée par l'ancien régime et depuis la Restauration. *Paris*, 1825. — MONTROL (de). Histoire de l'Emigration, 1789-1825. *Paris*, 1827, 2 vol. — MONTGAILLARD (R. de). Mémoires secrets. *Paris*, an XII.

1194. Émigration (Mémoires et souvenirs relatifs à l'). 5 vol. in-8, et 3 vol. in-12, brochés.

> CONTADES (Cte de). Souvenirs. *Paris, E. Dentu*, 1885. — DAUDET (Ernest). Les Emigrés de la seconde coalition, 1797-1800. *Paris, s. d.* — LA BOUTETIÈRE (Ctesse de). Mémoires rap-

portant les principaux événements de son émigration en 1791. *Angers,* 1884. — Lage de Volude. Souvenirs d'émigration. *Evreux,* 1869. — La Landelle (C. de). Aventures d'un gentilhomme. *Paris, Gaume,* 1846, 2 vol. — Moriolles (Cte de). Mémoires sur l'émigration ; introduction par Frédéric Masson. *Paris, Ollendorff,* 1902. — Thoury (J. François). Mémoires 1789-1830. *Paris, Plon,* 1895.

1195. Émigration (Ouvrages relatifs à l'). 5 vol. in-8, brochés.

Daudet (Ernest). Coblentz, 1789-1793. *Paris, Kolb, s. d.* — Palaiseau (M^ise de). Dix ans de la vie d'une femme pendant l'émigration. *Plon,* 1893. — La Frégeolière (B. de). Emigration et chouannerie. *Jouaust,* 1881, portrait. — Mautort (de). Mémoires. *Plon,* 1895. — Villebresme (Chevalier de). Souvenirs. Guerre d'Amérique, émigration. *Berger-Levrault,* 1897.

1196. Les Buttes de Baville, par Mme Georgette Ducrest. *Paris, Alex. Mesnier,* 1831, 2 tomes en 1 vol. in-12, demi-rel. basane brune, tr. marb.

Ces souvenirs de Mme Ducrest (nièce de Mme de Genlis) sont pleins de détails curieux et d'anecdotes intéressantes sur les émigrés à Londres, la Duchesse d'Angoulême, le duc et la duchesse de Berry, sur le comte de Mesnard, écuyer de la duchesse, le marquis de la Garde, Isabey, etc., etc. (Note manuscrite sur la garde du volume).

1197. Aventures d'un gentilhomme. L'Emigration. La Bretagne en 1793, par G. de La Landelle. *Paris, Gaume frères,* 1846, 2 vol. in-8, cartonn. demi-toile verte, non rognés (*Couvert.*).

1198. Souvenirs d'émigration de madame la marquise de Lage de Volude, 1792-1794. Lettres à madame la comtesse de Montijo, publiées par M. le Baron de La Morinerie. *Évreux, imp. d'Auguste Hérissey,* 1869, in-8, broché.

Tiré à 300 exemplaires.

1199. Un Inventaire sous la Terreur. État des instruments de musique relevé chez les émigrés et condamnés par A. Bruni, l'un des délégués de la Convention. Introduction, notices biographiques et notes par J. Gallay. *Paris, G. Chamerot,* 1890, gr. in-8, broché.

Tirage à 300 exemplaires.

1200. Histoire de l'armée de Condé, par M. Théodore Muret. *Paris, au bureau de la Mode,* 1844, 2 vol. in-8, demi-rel. veau vert, tr. marb. (*Rel. de l'époque*).

Portrait des trois Condé, 1 carte, 1 fac-simile et six lithographies coloriées de costumes militaires de l'armée de Condé.

1201. Souvenirs d'un officier royaliste, contenant son entrée au service, ses voyages en Corse et en Italie, son émigration, ses campagnes à l'armée de Condé, et celles de 1815, dans la Vendée, par M. de R... (Romain) ancien colonel d'artillerie. *Paris, A. Egron,* 1824-1829, 4 vol. in-8, demi-rel. bas. fauve, tr. jasp. (*Rel. de l'époque*).

Le 4e volume a pour titre : Récit de quelques faits concernant la guerre de la Vendée, relatifs seulement aux habitans de l'Anjou qui prirent part aux deux époques principales de cette guerre mémorable.

1202. Armée de Condé. 8 vol. in-8, dont 3 demi-rel. veau, les autres brochés.

Bittard des Portes. Histoire de l'armée de Condé pendant la Révolution française. *Denlu,* 1896. — Ecquevilly (le Mis d'). Campagne du corps sous les ordres de S. A. S. Mgr. le prince de Condé. *Paris,* 1818, 2 vol. — La Boutelière (de). L'armée de Condé d'après une correspondance inédite de son chef, 1792-1801. *Paris*, 1881. — Muret (Th.). Histoire de l'armée de Condé. *Paris*, 1844, 2 vol. et atlas. — Récit de ce qui s'est passé de plus remarquable à l'armée de S. A. S. Mgr. le prince de Condé en 1791, 1792 et 1793. *Paris*, 1818.

1203. Vie de L.-J. de Bourbon-Condé, prince du sang, par Claude-Antoine Chambelland. *Paris, Dentu*, 1819-1820, 3 vol. — Journal d'un fourrier de l'armée de Condé, Jacques de Thiboult du Puisact, par le Comte Gérard de Contades. *Paris, Didier*, 1882. — Ens. 4 vol. in-8, brochés.

1203 *bis*. Mémoires et relations politiques du baron de Vitrolles, publiés selon le vœu de l'auteur, par Eugène Forgues. *Paris, G. Charpentier et C*, 1884, 3 vol. in-8, brochés.

13. — Recueils de gravures et portraits.

1204. Histoire des caricatures de la Révolte des Français, par M. Boyer, de Nîmes, auteur du Journal du Peuple. *A Paris, de l'Imp. du Journal le Peuple*, 1792, 2 tomes en 1 vol. in-8, mar. rouge, fil., dos orné, dent. int., tr. dor. (*Cuzin*).

> Le premier volume comprend 410 pp., 3 ff. de table et 26 planches ; le second, qui n'a pas été terminé, contient 190 pp. et 12 planches.
> Cet exemplaire est plus complet que celui décrit par M. Tourneux. *Bibliographie de l'histoire de Paris* (p. 62, tome I) qui ne signale que 100 pages et 9 planches au tome II.
> On y a ajouté un portrait-médaillon de l'auteur.

1205. Collection complète des tableaux historiques de la Révolution française, composée de cent treize numéros en trois volumes. *A Paris, chez Auber*, 1804, 3 vol. in-fol., demi-rel. bas. fauve (*Rel. de l'époque*).

> 3 frontispices et 153 planches par *Desfontaines, Duplessis-Bertaux, Fragonard fils, Prieur*, etc., gravées par *Berthault, Choffard*, etc. — et 66 beaux portraits-médaillons d'après *Chinard, Gerard, Mme Lebrun*, gravés par *Levachez* au bas desquels se trouvent de charmantes vignettes dessinées et gravées à l'eau-forte par *Duplessi-Bertaux*.

1206. Gravures historiques des principaux événemens depuis l'Ouverture des Etats-Généraux de 1789. *A Paris, chez Janinet, Cussac*, 1789-(1791), gr. in-8, veau écaille, pet. dent., dos orné (*Rel. anc.*).

> Publication très rare ornée de figures à la manière du lavis par *Janinet*.
> Cet exemplaire qui comprend tout ce qui a été publié renferme un titre, la relation des événements depuis le 5 mai 1789 jusqu'au 5 mars 1791 et 52 gravures, plus un portrait-silhouette de La Fayette, probablement ajouté.
> L'exemplaire est imprimé sur papier vélin.

1207. Gravures historiques des principaux événements depuis l'ouverture des États-Généraux de 1789. *Paris, Janinet*, 1789(-1791), gr. in-8, en feuilles dans un carton.

> Même ouvrage.
> Cet exemplaire ne contient que 45 planches (dont la prise de la Bastille), et le texte pour 47 événements. Les planches des VI et VII événements du 14 juillet 1789 manquent.
> L'exemplaire est en partie imprimé sur grand papier vélin fort.

1208. Personnages de la Révolution. Recueil de 32 portraits gravés par Ficsinger, d'après J. Guérin. *A Paris, chez l'auteur, s. d.*, 1 vol. pet. in-4, veau marb., fil., dos orné, tête rouge, non rogné (*Rel. mod.*).

Epreuves coloriées ou tirées en couleurs.
7 de ces portraits (Barère, La Rochefoucauld-Liancourt, Rabaut, Rewbell, Robespierre, Louis Rœderer, Thouret) sont en épreuves avant l'adresse de Guérin et avant l'inscription qui se trouve au-dessus du nom qui figure seul sur la gravure.
9 portraits ont les marges plus petites que les autres et sont remontés.

1209. Gravures historiques des principaux événements depuis l'ouverture des États-Généraux de 1789. *Paris, Janinet*, 1789-1790, in-8.

Réunion de 28 dessins originaux au trait de plume et à l'encre de Chine.
Cette suite comprend les événements des 20 juin (2 pl.), 30 juin, 8 juillet, 12 juillet, 13 juillet, 14 juillet (6 pl.), 17 juillet (2 pl.), 19 juillet, 23 juillet, 2 août, 16-17 août, 5 octobre (2 pl.) 1789. — 8 février, 13 avril, 14 juillet (2 pl.), 3 août, 15 novembre, 23 novembre 1790.
Ces dessins d'une jolie exécution semblent être les originaux de Janinet, ils sont légèrement plus grands que les gravures.
L'un de ces dessins porte l'inscription *atandre pour graver*.

1210. Collection complète des Drapeaux faits dans les soixante districts de Paris, lors de la Révolution du mois de juillet 1789. *Paris, Girard*, 1790, in-4, demi-rel. bas. brune, dos orné, tr. jasp. (*Rel. mod.*).

Recueil complet des 60 drapeaux qui furent dit-on improvisés, dessinés et coloriés à la main en une seule nuit (18 juillet 1789).
Ces drapeaux portent presque tous une devise et une inscription donnant le nom du bataillon.
Le recueil n'a pas de titre.

1211. Portraits des personnages célèbres de la Révolution, par François Bonneville, avec tableau historique et notices de P. Quenard, l'un des représentans de la commune de Paris en 1789 et 1790. *A Paris, chez l'auteur*, 1796, 4 vol. in-4, demi-rel., veau fauve, dos orné, tr. marb.

200 portraits gravés en ovale à l'eau-forte et au pointillé.
Les planches de costumes manquent.
Mouillure au premier volume.

1212. Caricatures politiques. *S. l., an VI*, pet. in-12, de 18 pp., broché.

Orné de 5 caricatures gravées à l'eau-forte et coloriées, dont voici les légendes : *L'Indépendant*, l'*Exclusif*, l'*Acheté*, l'*Enrichi* et le *Systematique*.

14. — Almanachs.

1213. Almanach royal, année commune de 1789. *Paris, Debure*, 1789, in-8, mar. rouge, dent., tr. dor. (*Rel. anc.*).

Sur la garde se trouve l'adresse de Larcher et Cie, « *A la teste noire* ».

1214. Almanachs royal et national pour les années 1790 et 1793. *Paris*, 1790-1793, 2 vol. in-8, mar. rouge, dont l'un avec une plaque de Dubuisson sur les plats, et l'autre orné d'une large dent., dos orné, tr. dor. (*Rel. anc.*).

Le faux-titre et le titre de l'année 1790 manquent.

1215. Almanach national de France, année commune de 1793, l'an IIᵉ de la République. *A Paris, de l'Imp. Testu*, 1793, in-8, mar. rouge, dent., tr. dor. (*Rel. anc.*).

1216. Almanach, royal, national et impérial. *Paris*, 1787-an XIII, 16 vol. in-8, bas. fauve ou brochés.

> Années : 1787, 1788, 1789, 1793, ans II, III, IV, VII, VIII, IX, X, XII et XIII.
> Les almanachs de l'an II, III, et IX sont en double.

1217. La Lanterne magique. ou fléaux des aristocrates. Etrennes d'un patriote, dédiées aux français libres. Ouvrage dans lequel on verra tout ce qui s'est passé de plus remarquable, depuis l'Assemblée des notables jusques à présent. Orné d'estampes et de couplets analogues. *Berne*, 1790, in-18, broché.

> 12 figures non signées, avant la lettre. Forte piqûre de ver.

1218. Etrennes nationales, dédiées à la liberté française ; ornées de huit portraits de MM. les Députés à l'Assemblée nationale, et de sept gravures représentant les principaux évènemens arrivés depuis l'ouverture des États-Généraux jusqu'au mois de décembre, avec leur explication, contenant les noms, qualitez et demeures de MM. les Députés par ordre alphabétique de baillages et sénéchaussées. *A Paris, chez Lemercier*, 1790, in-12, broché.

> Frontispice et titre gravés, 6 figures gravées par *Duplessi-Bertaux*, et 9 portraits à l'aquatinte : Lafayette, Bailly, Mirabeau, etc.
> Cet exemplaire contient en plus un beau portrait de Thouret, député de Rouen, qui n'est pas cité par M. Grand Carteret.

1219. Almanach national pour l'année 1790, contenant 1° Les epoques des États-Généraux anciens ; la liste des membres de l'Assemblée nationale... *A Paris, chez Cuchet, s. d.* (1790), pet. in-8, mar. vert, fil. (*Rel. anc.*).

> Almanach fort curieux au point de vue historique et administratif.
> La quatrième partie est fort intéressante, elle donne un aperçu d'ensemble sur l'état de la charité en 1790.

1220. Étrennes à la vérité, ou almanach des aristocrates. Orné de deux gravures en taille-douce et allégoriques. Pour la présente année, seconde de la liberté, 1790. *A Spa, chez Clairvoyant, s. d.* (1790), in-8, demi-rel. veau fauve, tr. jasp. (*Rel. mod.*).

> Pamphlet des plus violents, dont les détails sont fort libres, contre le Roi, la Reine, la noblesse, la magistrature, la finance et le clergé, avec des notes sur tous les représentants de la Commune.
> Cet exemplaire ne contient qu'une seule figure.

1221. Almanach des honnêtes femmes, pour l'année 1790. *De l'Imp. de la Société Joyeuse (Paris) s. d.* (1790), in-8, de 30 pp., dos et coins mar. violet, non rogné.

> Pamphlet ordurier où plus de cent femmes de la haute aristocratie sont traînées dans la boue.
> Le frontispice représentant la duchesse de Polignac manque.

1222. Annuaire du républicain, ou légende physico-économique, avec l'explication des 372 noms imposés aux mois et aux jours : ouvrage dont la lecture journalière peut donner aux jeunes citoyens, et rappeler aux hommes faits les connaissances les plus nécessaires à la vie commune, et les plus applicables à l'économie domestique et rurale, aux arts et au bonheur de l'humanité. On y a joint le rapport de l'instruction du comité d'instruction publique, dans laquelle se trouve la nouvelle division décimale des jours et des heures par Eleuthérophile Millin. *A Paris, chez M.-F. Drouhin,* an II, in-12, mar. rouge, pet. dent., dos orné, dent. int., tr. dor. (*Rel. anc.*).

Frontispice par *Monnet,* gravé par *Levasseur.*

1223. Almanach historique de la Révolution françoise pour l'année 1792, rédigé par M. J.-P. Rabaut. *A Paris, chez Onfroy et à Strasbourg, chez J.-G. Treuttel,* 1792, 5 figures par Moreau (sur 6). — Précis historique de la Révolution française. Assemblée législative, Convention nationale, Directoire exécutif, par Lacretelle jeune. *A Paris, chez Onfroy,* an IX-1815, 5 vol. Ens. 6 vol. in-18, demi-rel. veau brun, tr. jasp. (*Rel. mod.*).

Les figures pour l'Assemblée législative et le Directoire exécutif manquent.

1224. Almanach du père Gérard, pour l'année 1792, le troisième de l'ère de la Liberté, orné de 12 figures en taille-douce. Ouvrage qui a remporté le prix proposé par la société des amis de la Constitution, séante aux Jacobins, à Paris, par J.-M. Collot-d'Herbois. *Se vend à Paris, chez Maillet,* 1792, in-12, veau racine, tr. rouges (*Rel. anc.*).

12 figures gravées par *Michon-Bovinet,* d'après *Charpentier.*

1225. Almanachs de la Révolution, 4 vol. in-18, dont 3 brochés et 1 demi-rel. veau vert.

ALMANACH des demeures des ci-devant nobles résidents à Paris et celles des avocats, notaires, procureurs, etc. *A Paris,* 1791. — ALMANACH des prisons ou anecdotes sur le régime intérieur de la Conciergerie, du Luxembourg... Tableau et second tableau des prisons de Paris sous le règne de Robespierre... *A Paris, chez Michelan* III, 3 parties en 1 vol., 2 figures. — ALMANACH des honnêtes gens pour 1793 et 1797, par P. Salles. *Paris,* 1793-1797, 2 vol., 2 figures.

1226. Almanachs de la Révolution. 15 vol. in-16, veau fauve, demi-rel. chag. et 5 vol. brochés.

Almanach violet pour l'an 1798. *Paris,* 1798. — Almanach des aristocrates. *Rome,* an III, (1794). — Almanach des bizarreries humaines sur la Révolution. *Paris, Bailleul,* 1796. — Almanach des gens de bien pour 1797. *Paris,* 1797. — Almanach des honnêtes gens pour les années 1793 et 1797. *Paris,* 1793-1797, 2 vol. — Almanach historique de la Révolution pour 1792. *Paris,* 1792. — Almanach du père Gérard, pour 1792. *Paris,* 1792. — Les Lubies d'un aristocrate pour 1792. *Paris,* 1792. — Précis chronologique des événemens remarquables de la révolution. *Paris, Janet, s. d.* — Répertoire ou almanach historique de la Révolution française. *Paris, Lefort,* an VII (1798) à l'an XI (1802), 5 vol.

1227. Revolutions-Almanach Von 1793, 1794, 1795, 1796, 1799 et 1802. *Göttingen, bei Johann Christian Dieterich,* 1793-1802, 6 vol. in-12, veau marb., tr. rouges (*Rel. anc.*).

Nombreux portraits et figures.
On y joint l'année 1794 dans le cartonnage original de l'éditeur, non rogné.

15. — *Journaux.*

1228. Accusateur public (L'), par Richer-Serizy. An II-frimaire an VII. *Paris,* an II-an VII, 3 vol. in-8, veau marb. (*Rel. anc.*).

> Collection complète, moins le n° 13.
> Un des organes les plus remarquables et les plus influents de la réaction contre-révolutionnaire.

1229. Actes des Apotres (Les), commencés le jour des morts, et finis le jour de la purification [Novembre 1789-octobre 1791]. *A Paris,* l'an de la Liberté (1789-1791), 300 n^{os} en 10 vol. in-8, demi-rel. veau marb. tr. jaunes (*Rel. anc.*).

> Une des feuilles royalistes les plus célèbres et de toutes celles de l'époque, la plus spirituelle et la plus piquante; fondée par Pelletier (Hatin, p. p. 94).
> Cet exemplaire ne contient que 10 gravures et 300 n^{os} [sur 311].

1230. Courrier du Bas-Rhin, du 12 janvier au 29 juin 1793 et du 1er janvier au 23 juillet 1794, 2 vol. in-4, cartonnés.

> Les numéros 6, 9 et 53 de 1794 manquent.

1231. Courier Français ou tableau périodique et raisonné des opérations de l'Assemblée nationale suivi d'une correspondance politique, civile, militaire, ecclésiastique et commerciale de toute l'Europe, rédigé par M. P. D. L. R. T. C. A. L. T. D. M. [M. Poncelin de la Roche-Tilhac, conseiller à la Table de Marbre.] De l'origine, 30 Juin 1789 au 31 Mai 1793. *A Paris, chez Gueffier jeune,* 1789-1793, 1193 n^{os} en 21 vol. in-8, veau marbr., dos orné, tr. jasp. (*Rel. anc.*).

> Les numéros du 31 Juin 1791 au 16 Août 1791 et du 32 Mars 1792 au 31 Septembre 1792 manquent. Ce journal a été continué sous le titre de « Courrier républicain » [Auvray rédacteur], dont nous possédons les 51 premiers numéros, 10 brumaire an II, au 30 brumaire an II.

1232. Défenseur de la Constitution (Le), par Maximilien Robespierre... Lettres de Maximilien Robespierre à ses commettans. *Paris,* 1792-1793. 3 vol. in-8 cartonnés.

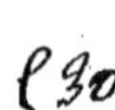

> Collection complète de ce journal curieux à consulter, et « pour le jour qu'il jette sur Robespierre lui-même, et pour les détails qu'il renferme sur certains événements, notamment sur la Révolution du 10 août. Aucun n'est plus propre à initier aux querelles qui divisèrent sitôt le camp des patriotes » (Hatin page 227).
> Exemplaire provenant de la Bibliothèque de Robespierre, ainsi que le constate la note ci-dessous écrite sur la garde du premier volume.
> « Voici comment je puis établir que ces trois vol. proviennent de la bibliothèque de Maximilien Ropesbierre. — Ils m'ont été donnés par Mme Marion, f^e du calculateur-astronome de ce nom. Mme Marion était cousine de Jacques-Maurice Duplay, mort membre de la Commission administrative des hôpitaux et hospices civils de Paris, homme de beaucoup d'esprit, que j'ai beaucoup connu; il avait une sœur nommée Eléonore Duplay et c'est cette femme que Robespierre devait épouser. Elle s'en enorgueillissait et répondait aux personnes qui lui demandaient pourquoi elle était restée célibataire : qu'une femme qui devait épouser Robespierre devait rester fille. Mme Marion était très liée avec cette honorable femme. C'est ainsi qu'elle a connu très intimement Robespierre. Il est inutile de rappeler ici que Robespierre habitait dans la maison même de la famille Duplay, et que c'est même lui qui avait commencé l'éducation du jeune Duplay; ces faits sont connus.
> « C'est de Robespierre lui-même que Mme Marion tenait ces trois volumes.
>
> Décembre 1847.
J.-A. Havard-d'Albanès. »

1233. Défenseur de la Constitution (Le), par Maximilien Robespierre, député à l'Assemblée constituante. Du 1er juin au 10 août 1792. *Paris*, 1792, 12 nos; (Journal continué sous le titre de). Lettres de Maximilien Robespierre membre de la convention nationale de France à ses commettans. De 1792 au 15 mars 1793. *Paris*, 1792-1793, 22 nos en 2 vol.— Ens. 3 vol. in-8, demi-rel. chag. rouge, non rognés.

Bel exemplaire. On y a joint : Le prospectus du défenseur de la Convention 4 pp.

1234. Feuille du Cultivateur, rédigée par MM. Dubois, Broussonet, Lefebvre et Parmentier, de l'origine, 6 octobre 1790 au 27 fructidor an VI. *Paris*, 1790, an VI, 8 vol. in-4, demi-rel. veau fauve, tr. jasp. (*Rel. anc.*).

Exemplaire bien complet de tout ce qui a paru y compris le volume d'introduction publié en l'an III par Dubois.

1235. Feuille Villageoise (La), adressée chaque semaine à tous les villages de la France, pour les instruire des loix, des évenemens, des découvertes qui intéressent tout citoyen, proposée par souscription aux propriétaires, fermiers, pasteurs, habitans et amis des campagnes. A *Paris, chez Desenne*, 1790-1794, 3 vol. in-8, cartonnés.

De l'origine, 30 septembre 1790 au 31 mars 1791. — Du 4 octobre 1792 au 12 septembre 1793 (les nos 44 et 45 de 1793 manquent).
Cette feuille très populaire était rédigée par Cerruti, Rabaud, Grouvelle et Guinguené.

1236. Gazette des nouveaux tribunaux, du 1er janvier 1791 à l'an IV. A *Paris, chez la Vve Desaint et chez Perlet*, 1791-1796, 13 vol. in-8, demi-rel. veau marb., tr. jaunes (*Rel. anc.*).

A partir de novembre 1791 ce journal prend pour titre : *Gazette des Tribunaux, ou recueil de jurisprudence et de législation*, puis à partir du 1er mars 1792, celui de : *Gazette des Tribunaux et mémorial des corps administratifs et municipaux.*

1237. Gazette nationale ou le Moniteur universel, Du mercredi 1er Août 1792 au 12 Messidor, l'an 2 de la République française... (30 juin 1794). *Paris*, 1792-1794, 4 vol. in-fol, demi-rel., bas. marb.

1238. Journal de M. Suleau, rédigé à Coblentz et dédié à toutes les puissances. *Paris*, 1791-1792, 2 vol. in-8, cartonnés.

Journal royaliste, dont les articles sont aussi remarquables par leur causticité que par leur hardiesse.
Collection bien complète, comprenant une introduction et 14 numéros (Quérard. *France littéraire*, t. IX, page 289, n'en cite que 12).
On y a joint : Le Réveil de M. Suleau, suivi du prospectus du journal politique que le public lui demande. *Paris*, 1796.

1239. Journal de Paris. De l'origine, 1er Janvier 1777 au 31 Décembre 1797. 24 vol. in-4, veau marb., dos orné, tr. rouges, et 7 années en fascicules.

Premier journal français quotidien fondé par Corancez, Dussieux et Cadet.
L'année 1788 manque.
Il manque aux années :
1790 : du 2 au 29 janvier, du 1er au 19 février, le mois de mai, du 1er au 9 et du 28 au 30 juin, les mois juillet à octobre.
1792 : le mois de janvier à juin, du 6 juillet au 10 août, du 29 au 31 octobre et du 1er novembre au 27 décembre.
1793 : le 29 et 30 mars et 3 juillet.

1795 : le 1er, 2, 6, 7, 8, janvier et les mois de juillet à décembre.
1797 : le mois de janvier.
Le Journal de Paris fut une des victimes du 10 août, aussi fut-il forcé de suspendre sa publication et ne reparut que le 1er octobre 1792 (Hatin, pp. 77).

1240. JOURNAL DE VERSAILLES, ou affiches, annonces et avis divers : De l'origine 6 juin 1789 au 31 décembre 1790. *Versailles et Paris*, 1789-1790, 2 vol. in-4, demi-rel., bas. verte.

Tout ce qui a paru.
Les premières séances des Etats-Généraux sont rapportées dans ce journal avec détail et exactitude.

1241. JOURNAL DES DÉBATS et des décrets 10 août 1792-Nivose an VIII. *Paris*, 1792-an VIII, 87 vol. in-8, veau marb., tr. rouges (*Rel. anc.*).

Journal fondé par Baudouin, imprimeur de l'Assemblée nationale ; il contient le compte rendu des discussions législatives et les actes de l'autorité.
Il manque le vol. de Vendémiaire an II.

1242. JOURNAL DES ETATS-GÉNÉRAUX à commencer du 27 mai 1789, jour de leur ouverture. *Paris*, 1789-1791, 35 vol. — Journal de l'Assemblée nationale ou journal logographique. A *Paris, chez Le Hodey*, 1791-1792, 26 vol. — Ens. 61 vol. in-8 et in-12, veau jasp., tr. rouges (*Rel. anc.*).

Collection complète de ce journal, l'un des plus importants de la Révolution, rédigé par Le Hodey de Saultchevreuil.
« Parmi les journaux consacrés aux opérations de l'Assemblée Nationale celui de Le Hodey est en effet un des plus complets et des plus abondants » (*Hatin*).

1243. JOURNAL UNIVERSEL, ou Révolutions des royaumes par une société de patriotes (par P.-J. Audouin). Du 13 décembre 1792 (n° 1117) au 30 novembre 1793 (n° 1726). 247 nos en 12 vol., brochés.

Les numéros 1255 à 1277, 1318 à 1472, 1481 à 1520, 1548 à 1626, 1646 à 1704 manquent.

1244. LETTRES BOUGREMENT PATRIOTIQUES du véritable Père Duchêne (Hébert). A *Paris, de l'Imp. de Chalon*, 1790, 2 vol. in-8, veau marb., tr. jasp. (*Rel. anc.*).

Collection des 100 premières lettres.
On y a joint : LES VITRES CASSÉES par le véritable Père Duchêne... quatrième édition. A *Paris, chez Chalon*, 1791, 24 pp. — L'AMI DES SOLDATS (avec la Suite), par l'auteur des lettres bougrement patriotes, 1790, 16 pp.

1245. LOGOGRAPHE (Le), journal national : du 2 octobre 1791 au 17 août 1792 (nos 1 à 316 inclus). A *Paris, chez Baudouin*, 1791-1792, 3 vol. in-fol. demi-rel. veau fauve, tr. rouges (*Rel. anc.*).

Ce journal dirigé par Le Hodey est la réunion du Nouvelliste de France et du Journal de l'Assemblée nationale.
Les numéros des 6-11 février et 23 mars de l'année 1792 manquent.

1246. PETIT JOURNAL DU PALAIS-ROYAL, ou affiches, annonces et avis divers. *Au Palais-Royal, de l'Imp. du Caveau*, 1789, in-8, dos et coins chagrin violet, tr. marb. (*Rel. mod.*).

Journal curieux et très rare ; il est très hostile à la reine Marie-Antoinette.
Exemplaire bien complet contenant les 6 numéros parus.

1247. Révolutions de France et de Brabant, par Camille Desmoulins. *Paris,* 1789-1790, 10 vol. in-8, demi-rel., veau fauve, tr. jasp. (*Rel. anc.*).

Collection complète des 86 numéros publiés par C. Desmoulins.
A partir du n° 87, Camille Desmoulins ayant abandonné son entreprise, Dusaulchoy continua les *Révolutions* dans la même forme et sous le nom de leur fondateur, mais dans des principes plus modérés. Cette collection comprend les numéros 87 à 100 du journal publié par Dusaulchoy.

1248. Révolutions de France et de Brabant, par Camille Desmoulins. De l'origine 28 novembre 1789 (n° 1) à 1790 (n° 51), 51 n°s, en 5 vol. in-8, veau marb., tr. rouges (*Rel. anc.*).

Exemplaire contenant le prospectus par Desmoulins, 2 pp.

1249. Révolution française ou analyse complette et impartiale du Moniteur : suivie d'une table alphabétique des personnes et des choses. *A Paris, chez Girardin,* an IX de la République (1801), 2 vol. — Révolution française. Table alphabétique du Moniteur (Noms d'hommes et noms de villes). *Id.*, 1802, 3 vol. — Ens. 5 vol. in-4, demi-rel., bas. marb., tr. marb. (*Rel. anc.*).

Le tome II des *Analyses du moniteur* manque.

1250. Révolutions de Paris ; dédiées à la Nation et au district des Petits-Augustins ; avec une suite des papiers de la Bastille, et le résultat de l'Assemblée nationale ; nouvelles de provinces et autres pièces : du 12 juillet 1789 au 10 ventôse an II (28 février 1794). *Paris,* 1789-1794, 225 numéros en 18 vol. in-8, veau marb., dos orné, tr. jasp. (*Rel. anc.*).

Tout ce qui a paru de ce journal, publié par Prudhomme ; « c'est le tableau le plus comtplet, le plus exact et le plus impartial des agitations de la capitale pendant les premières e les plus dramatiques années de la Révolution » (Hatin, p. 147).
En tête du premier volume se trouve : Introduction à la Révolution, servant de préliminaire aux Révolutions de Paris, 72 pp. — Cette Introduction se trouve aussi à la fin du III° volume.

1251. Rocambole (La), ou journal des honnêtes gens, rédigé par Dom Régius Anti-Jacobinus (David Sabalut selon Villenave), du 1er janvier au 13 juillet 1792. *Paris,* 1792, in-8, cartonné.

Spirituel pamphlet contre-révolutionnaire.
Quelques lacunes.

1252. Sabats jacobites (Les) (par Marchant). *Au Palais Royal, à Paris, chez J. Blanchon,* 1791, n°s 1 à 50, en 2 vol. in-8, demi-rel. veau fauve, tr. rouges (*Rel. anc.*).

Exemplaire contenant seulement 48 numéros (sur 75). Il contient « *l'ordre de marche de l'armée qui partira de Paris, le lundi 1er août pour aller combattre les aristocrates sur la frontière* ». 14 pp.
Les numéros 48 et 49 manquant.

1253. Samaines critiques, ou gestes de l'an V et de l'an VI. 7 germinal an V-16 brumaire an VI. *Paris,* 1797. 33 numéros en 4 vol. in-8, veau marb., dos orné, tr. rouges (*Rel. anc.*).

Tout ce qui a paru.
Les n°s 1-24 sont signés *Mantivel* et les suivants J.-V. (Jos. La Vallée).
Ce journal est « remarquable autant par la finesse et la vérité des observations que par le

style, tour à tour léger, gracieux et plein de force ; on y trouve cette gaieté spirituelle, ces plaisanteries fines, ce sel vraiment attique, qui distinguent sous l'ancien Régime, les écrivains de l'excellent ton » (Hatin, p. 278).

1254. Journaux rédigés par Marat. Réunion de 140 numéros divers, in-8.

L'Ami du Peuple : du 8 août 1790 au 27 juin 1791, avec de nombreuses lacunes, en 1 vol. in-8, rel. veau. — Journal de la République française : 9 novembre 1792-12 janvier 1793 (nombreuses lacunes). — Le Publiciste de la République française : 6 avril-16 juin 1793 (nombreuses lacunes), etc., etc.

1255. Journaux de la Révolution, 63 numéros divers parmi lesquels : La Soirée du Camp. 2 thermidor-10 fructidor an II, 39 nos (complet), le prospectus de l'*Ami du Peuple* de Marat et les nos du 20 mars 1791 et du 22 juin 1791 de ce journal, Journal de la Savonette républicaine, l'anti-Marat, l'Espion des campagnes, etc., etc.

1256. Journaux de la Révolution. Réunion d'environ 150 numéros divers de l'*Ami des loix*, du *Furet parisien*, le *Tribun du Peuple*, par Gracchus Babeuf, l'*Observateur*, la *Tribune des Patriotes*, de C. Desmoulins, l'*Orateur du Peuple*, de Fréron, etc., etc., in-8.

1257. Journaux de la Révolution : 12 vol. in-fol., in-4, in-8 et in-12, reliés.

Gazette nationale ou le Moniteur universel. 13 messidor an II au 30 frimaire an III. — Annales patriotiques. Mars-septembre 1794. — Écho des Pyrénées. 30 frimaire an II-12 pluviose an III. — Journal de France rédigé par Feuillet. 12 décembre 1792-26 juillet 1793. — Actes des Apôtres, 6 vol. in-12. — Courrier extraordinaire du premier arrivé, par Duplain, environ 150 numéros divers.
Nombreuses lacunes dans tous ces journaux.

1258. Révolution française (La), revue historique dirigée par Auguste Dide. De l'origine : juillet 1881 à décembre 1907. *Paris, Charavay*, 1881-1907, 27 années en fascicules ou vol. brochés.

Il manque le 1er semestre de 1899 et de 1904.

1259. Revue de la Révolution, publiée sous la direction de Ch. d'Héricault et Gustave Bord. Revue mensuelle historique, philosophique, économique, etc., etc., du 5 janvier 1883 au 5 décembre 1889. *Paris, A. Sauton*, 1883-1889, 7 années en 82 livraisons in-8 brochées.

Les livraisons du 5 février 1883 et du 5 octobre 1886 manquent.

16. — *Directoire.*

1260. Histoire du Directoire, par A. Granier de Cassagnac. *Paris, Plon frères*, 1851, 2 vol. — La Terreur sous le Directoire. Histoire de la persécution politique et religieuse après le coup d'État du 18 fructidor, d'après les documents inédits par Victor Pierre. *Paris, Retaux-Bray*, 1887, 1 vol. — Ens. 3 vol. in-8, brochés.

1261. Souvenirs du Directoire et de l'Empire par Mme la baronne de V*** (Vellexon). *Paris, Imp. Cosson,* 1848. — Un épisode du 24 février 1848 par Mme de V*** (Viel-Castel). *Id.,* 1850. — Vingt-quatre heures d'une femme sensible ou une grande leçon par Mme la Princesse Constance de S... *Paris, A. Bertrand,* 1824. — Ens. 3 ouvrages en 1 vol. in-8, brochés.

1262. Directoire (Ouvrages relatifs au). 13 vol. in-8 et in-12, dont 7 brochés et les autres cartonnés ou demi-rel.

> Boin (G.). Notes sur les tribunaux criminels sous le Directoire. *Nantes,* 1882. — Carnot-Feullins. Histoire du Directoire constitutionnel comparée à celle du gouvernement qui lui a succédé jusqu'au 30 prairial an VII. *Paris,* an VIII. — Despaze (J.). Les Cinq hommes. *Paris,* 1796. — Doris (Ch.). Amours et aventures du vicomte de Barras. *Paris,* 1816, 3 vol. — Fabre de Narbonne. Le Directoire, le 18 brumaire, le 3 nivose, les Anglais et les moines. *Paris,* 1830, 2 vol. — Fabre de l'Aude (J.). Histoire secrète du Directoire. *Paris,* 4 vol. — Souvenirs du Directoire et de l'Empire par Mme la Baronne de V*** (attribué à Mme de Viel-Castel). *Paris,* 1848.

1263. Mémoires de Barras, membre du Directoire, publiés avec une introduction générale, des préfaces et des appendices par George Duruy; ouvrage orné de 2 portraits en héliogravure, d'un fac-simile et de 2 cartes. *Paris, Hachette et Cie,* 1895-1896, 4 vol. in-8, brochés.

> La couverture du tome Ier manque.

1264. Mémoires de La Revellière-Lépeaux. Copie manuscrite d'une belle écriture contemporaine, 3 vol. pet. in-fol., demi-rel. vélin blanc.

> Ces mémoires, restés longtemps inédits, ont été publiés en 1895 par la librairie Plon, et Cie, 3 vol. in-8.

1265. Mémoires de Larevellière-Lépeaux, membre du Directoire exécutif de la république française et de l'institut national, publiés par son fils, sur le manuscrit autographe de l'auteur et suivis de pièces justificatives et de correspondances inédites. *Paris, J. Hetzel et Cie,* 1873, 3 vol. in-8, dos et coins chagrin grenat, ébarbés.

1266. Mémoires de Larevellière-Lépeaux, publiés par son fils sur le manuscrit autographe de l'auteur et suivis des pièces justificatives et de correspondances inédites. *Paris, E. Plon, s. d.,* 3 vol. in-8, brochés.

d. — Consulat et Empire.

1267. Mémoires sur le Consulat, 1799 à 1804, par un ancien conseiller d'État (C.-A. Thibaudeau). *Paris, Ponthieu et Cie,* 1827, in-8, dos et coins veau fauve, tr. marb. (*Rel. de l'époque*).

1268. Consulat (Ouvrages relatifs au). 2 vol. in-8 et 1 vol. in-12. Ens. 3 vol. brochés.

> Fauriel (Claude). Les derniers jours du Consulat. *Calmann Lévy,* 1886. — Guillon (E.). Les complots militaires sous le Consulat et l'Empire. *Plon,* 1894. — Laquiante (A.). Un Hiver à Paris sous le Consulat, 1802-1803. *Plon,* 1896.

1269. Les Après-dîners de S. A. S. Cambacérès, second consul, prince archichancelier de l'Empire, duc de Parme, etc. ou révélations de plusieurs grands personnages sur l'ancien régime, le Directoire, l'Empire et la Restauration, recueillis et publiés par le Baron E.-L. de Lamothe-Langon. *Paris, Arthus Bertrand,* 1837, 4 vol. in-8, brochés.

1270. Confession du général Buonaparte à l'abbé Maury, etc., etc., dédiée au général Kleber par le général Sarrazin, et orné du portrait du général Kleber peint à Paris par Gérard et gravé à Londres par Heath. *Londres, T. Egerton,* 1811, in-8, dos et coins chag. vert, tr. jasp.

1271. Campagne d'Égypte (Ouvrages relatifs à la). 5 vol. in-8, cartonn. et demi-rel. veau fauve.

> MARTIN (P.). Histoire de l'expédition française en Égypte. *Paris, Eberhart,* 1815, 2 vol. — MIOT (J.). Mémoires pour servir à l'histoire des expéditions en Égypte et en Syrie. *Paris, Le Normant,* 1814. — RICHARDOT. Nouveaux mémoires sur l'armée française en Égypte et en Syrie. *Paris, Corréard,* 1848. — SIMON (E.-T.). Correspondance de l'armée française en Egypte. *Paris, Garnery,* an VII.

1272. Campagne des Austro-Russes en Italie en 1799; avec cartes militaires, plans de sièges et de batailles coloriés, accompagnés de notices et de remarques historiques et critiques, auxquelles on a joint un précis de la vie du Feld-Maréchal Suworow jusqu'à son arrivée en Italie. *A Leipsic, chez Reinicke et Hinrichs,* 1800, in-4, demi-rel. veau jasp., tr. jaunes (*Rel. de l'époque*).

> Précieux exemplaire de Napoléon provenant de la bibliothèque de l'empereur à Sainte-Hélène, avec son cachet sur le titre.
> Sur la garde du volume on lit *Napoleon from E. V. Holland. — By lord Bathursts permission* et sur la première page du texte : *Napoleon from E. V. Holland.*

1273. Campagne de 40 jours en l'an 8. Relation en prose et en vers libres, adressée à un ami (Bozérian) par le C^en L. F. (Le Febvre). *A Paris, chez Tavernier, s. d.,* in-8, de 51 pp., mar. citron, fil. et dent., dos orné, dent. int., tr. dor. (*Bozérian*).

> Le titre du départ du livre est : *Relation politique, philosophique, militaire, comique et sérieuse de mes campagnes d'Italie, depuis le 16 Floréal, an 8, jusqu'à la journée de Marengo.*

1274. Histoire de la double conspiration de 1800, contre le gouvernement consulaire et de la déportation qui eut lieu dans la deuxième année du Consulat; contenant des détails authentiques et curieux sur la machine infernale et sur les déportés, par M. Fescourt... *Paris, Guillaume,* 1819, in-8, demi-rel. veau vert. — Mémoires, rapports et autres pièces concernant les troubles du midi, et particulièrement ceux du département du Gard en juillet et août 1815. *A Paris, chez Michaud,* 1815, in-8, broché. — Procès instruit par le tribunal criminel de la Seine, contre Demerville Ceracchi, Aréna et autres, prévenus de conspiration contre la personne du premier consul Bonaparte. *A Paris, an IX,* in-8, demi-rel. veau vert. — Ens. 3 vol.

1275. Chronique scandaleuse de l'an 1800, pour l'an 1801; recueil d'anecdotes, jugemens, méchancetés et vérités, sur les hommes du jour, les artistes, auteurs, acteurs... *A Paris, dans un coin d'où l'on voit tout,* 1801, in-12, broché. — La Chronique indiscrète. Boudoirs, coulisses, bruits de ville, variétés, écrits, etc. (par A.-H. Plaguenau de la Chainaye). *Paris, chez Lelong,* 1818, 2 vol. in-12, brochés. — Ens. 3 vol.

1276. Procès instruit par la cour de justice criminelle et spéciale du département de la Seine, séante à Paris contre Georges Pichegru et autres prévenus de conspiration contre la personne du premier consul. *Paris, F. Patris*, 1804; 8 vol. in-8, port., demi-rel. veau gris, dos orné, tr. marb.

> Exemplaire imprimé sur PAPIER VÉLIN.
> On y a joint : *Mémoire concernant la trahison de Pichegru dans les années 3, 4 et 5, rédigé en l'an 6 par M. R. de Montgaillard.* A Paris, de l'imp. de la République, germinal an XII, pet. in-8, demi-rel. bas. fauve, tr. jasp.

1277. Ouvrages relatifs au général Moreau. 4 vol. in-8, dont 2 vol. demi-rel. veau et 2 vol. brochés.

> BRETON DE LA MARTINIÈRE. Proscription de Moreau. *Paris, Mongie*, 1814. — CHATEAU-NEUF (A.-H.). Histoire du général Moreau surnommé le grand capitaine. *Paris, Michaud*, 1814. — Pichegru et Moreau. *Paris, an XII* [1804]. — Recueil des interrogatoires subis par le général Moreau. *Paris, prairial an XII* [1804].

1278. Duc d'Enghien (Ouvrages relatifs au). 8 vol. in-8, brochés.

> CHOULOT (Cte de). Mémoires et voyages du duc d'Enghien. *Moulins*, 1841. — HULIN. Explications offertes aux hommes impartiaux au sujet de la commission militaire pour juger le duc d'Enghien. *Paris, Baudouin*, 1823. — MÉNEVAL (B^{on} de). Lettre à M. Thiers. *Paris, H. Delloye*, 1839. — Mémoires historiques sur la catastrophe du duc d'Enghien. *Paris, Baudouin*, 1824. — Pièces relatives au procès du duc d'Enghien. *Id.*, 1823. — MAQUART. Réfutation de l'écrit publié par M. le duc de Rovigo sur la catastrophe du duc d'Enghien. *Paris*, 1823. — ROVIGO (Duc de). Sur la catastrophe du duc d'Enghien. *Paris, Gosselin*, 1823. — WELSCHINGER (Henri). Le duc d'Enghien, 1772-1804. *Paris, Plon*, 1888.

1279. Le Château des Tuileries, ou récit de ce qui s'est passé dans l'intérieur de ce palais, depuis sa construction jusqu'au 18 brumaire de l'an VIII... par P. J. A. R. D. E. (P.-J. Alexis Roussel, d'Épinal). *A Paris, chez Lerouge*, 1802, 2 vol. in-8, demi-rel. chagrin bleu, tr. jasp.

> Ouvrage curieux, plein de détails romanesques.

1280. Dix-huit Brumaire (Ouvrages relatifs au). 3 vol. in-8 dont 2 vol. cartonn. papier et 1 vol. broché.

> EGMONT. Paris et Saint-Cloud au 18 brumaire. *Paris, H. Fournier*, 1832. — LOMBARD DE LANGRES (V.). Le dix-huit brumaire ou tableau des événemens qui ont amené cette journée... *Paris, Garnery*, an VIII. — PAULIN. La petite maison de la rue Chantereine. *Paris, Paulin*, 1840.

1281. Les Infortunes de plusieurs victimes de la tyrannie de Napoléon Buonaparte, ou tableau des malheurs de soixante-onze français déportés sans jugement aux îles Séchelles à l'occasion de l'affaire de la machine infernale du 3 nivôse an IX (24 décembre 1800) (par J.-B.-A. Lefranc). *A Paris, chez Mme Vve Lepetit*, 1816, in-8, planche, broché.

> On y joint : Relation de la déportation et de l'exil à Cayenne d'un jeune français sous le Consulat de Buonaparte en 1802. *Paris, Delaunay*, 1816, in-8, broché.

1282. Histoire de Napoléon, par de Norvins. Vignettes par Raffet. *Paris, Furne et Cie*, 1839, gr. in-8, broché (*Couvert.*).

> PREMIER TIRAGE.
> La couverture porte la date de 1840 ; elle est doublée.

1283. Histoire de l'empereur Napoléon, par Laurent, de l'Ardèche, illustrée par Horace Vernet. *Paris, J.-J. Dubochet et Cie*, 1839, gr. in-8, broché.

PREMIER TIRAGE.
La couverture est rognée et collée sur papier fort, le dos manque.

1284. Histoire de Napoléon Ier par P. Lanfrey. *Paris, Charpentier*, 1867-1875, 5 vol. in-12, demi-rel. chagrin vert, jans., tr. jasp.

1285. Napoléon Ier et son temps. Histoire militaire, gouvernement intérieur, lettres, sciences et arts, par Roger Peyre. Ouvrage illustré de 13 planches en couleur et 431 gravures et photogravures d'après les documents de l'époque et les monuments de l'art, et accompagné de 21 cartes ou plans. *Paris, Firmin Didot & Cie*, 1888, gr. in-8, broché.

1286. Napoléon Ier (Ouvrages relatifs à). 6 vol. in-8 et 2 vol. in-12, ens. 8 vol. dont 3 vol. brochés, 2 vol. veau fauve et 3 cartonn. papier.

Amours de Napoléon et des princes et princesses de sa famille. *Paris, Renaud*, 1835, 2 vol., fig. — COFFINIÈRES (G.). Buonaparte peint par lui-même dans sa carrière militaire et politique. *Paris, Belin*, 1814. — DANGEAIS. Mémoires sur la vie politique et privée de Napoléon. *Paris, Correard*, 1822. — GEOFFROY (L.). Napoléon apocryphe, 1812-1832. *Paris, Paulin*, 1841. — Mémoires pour servir à la vie d'un homme célèbre. *Paris, Plancher*, 1819. — NAPOLÉON. Opinions sur divers sujets politiques. *Paris, Didot*, 1833. — NASICA (T.). Mémoires sur l'enfance et la jeunesse de Napoléon jusqu'à l'âge de vingt-trois ans. *Paris, Ledoyen*, 1852.

1287. Napoléon Ier (Ouvrages relatifs à). 5 vol. in-8, brochés.

BONAPARTE (Napoléon Louis). Des Idées napoléoniennes. *Paris, Paulin*, 1839. — CABANÈS. Napoléon jugé par un Anglais. *Vivien*, 1901. — DAMAS-HINARD. Dictionnaire-Napoléon ou recueil des opinions et jugements de Napoléon Ier. *Plon*, 1854. — LÉVY (A.). Napoléon et la paix. *Id.*, 1902. — MAZE-SENCIER. Les Fournisseurs de Napoléon Ier et des deux Impératrices. *H. Laurens*, 1893.

1288. Premier Empire (Ouvrages relatifs au). 8 vol. in-8, brochés.

CHAPTAL (Cte). Mes souvenirs sur Napoléon. *Paris, Plon*, 1893. — LECESTRE (Léon.) Lettres inédites de Napoléon Ier [1815]. *Id.*, 1897, 2 vol. — LENORMANT (Mme). Madame Récamier, les amis de sa jeunesse et sa correspondance intime. *Paris, Lévy*, 1872. — MATHIEU (Cardinal). Le Concordat de 1801. *Paris, Perrin*, 1904. — PLANCY (Cte de). Souvenirs, 1798-1816. *Paris, Ollendorff*, 1904. — SÉGUR (Cte de). Mélanges. *Paris, Didot*, 1877. — WELSCHINGER (Henri). Le roi de Rome (1811-1832). *Paris, Plon*, 1897.

1289. Buonaparte et Murat ravisseurs d'une jeune femme, mémoire historique par J.-H.-F. Revel. *Paris, G. Michaud*, 1815, in-12. — Catastrophe de Murat ou récit de la dernière révolution de Naples par M. Alphonse de Beauchamp. *A Versailles, Imp. Lebel*, 1815, in-8. — Ens. 2 vol.

1290. Les Fournisseurs de Napoléon Ier et des deux impératrices d'après des documents inédits par Alph. Maze-Sencier. *Paris, Henri Laurens*, 1893, gr. in-8, broché.

1291. Napoléon (Ouvrages relatifs à la famille de). 6 vol. in-8 et in-12, dont 4 brochés et 2 cartonnés.

BUONAPARTE et sa famille ou confidences d'un de leurs anciens amis. *Paris*, 1816, 2 vol. — COCHELET (Mlle). Mémoire sur la famille impériale. *Paris, s. d.*, 2 vol. — FOISSY. La Famille Bonaparte, depuis 1264 jusqu'à nos jours. *Paris*, 1830. — MÉMOIRES secrets sur la vie privée, politique et littéraire de Lucien Buonaparte, prince de Canino. *Bruxelles*, 1818.

1292. Napoléon, sa famille, ses amis, ses généraux, ses ministres et ses contemporains ou soirées secrètes du Luxembourg, des Tuileries, de Saint-Cloud, etc., etc., par M. le..., ex-ministre de S. M. impériale et royale, (par E.-L. de Lamothe-Langon). *Paris, H. Krabbe,* 1840, 4 vol. in-8, brochés.

> Ouvrage orné de 20 portraits gravés sur acier.

1293. Du Casse (B^on). Les rois frères de Napoléon Ier. *Paris,* 1883. — Garnier (L.). Mémoires sur la cour de Louis Napoléon et sur la Hollande. *Paris, Ladvocat,* 1828. — La cour de Hollande sous le règne de Louis Bonaparte. *Paris,* 1830. — Lombard de Langres (S.). Le Royaume de Westphalie. Jérôme Buonaparte, sa cour, ses favoris et ses ministres. *Paris,* 1820. — Ens. 4 vol. in-8, brochés.

1294. Lucien Bonaparte et ses mémoires, 1775-1840, d'après les papiers déposés aux Archives étrangères et d'autres documents inédits, par Th. Iung. *Paris, G. Charpentier,* 1882-1883, 3 vol. in-8, brochés.

1295. Madame Mère [Napoleonis mater]. Essai historique par le baron Larrey. *Paris, Dentu,* 1892, 2 vol. in-8, brochés.

1296. La Campagne de Portugal en 1810 et 1811. Ouvrage imprimé à Londres, qu'il étoit defendu de laisser pénétrer en France sous peine de mort; dans lequel les jactances de Buonaparte sont appréciées, ses mensonges dévoilés, son caractère peint au naturel, et sa chute prophétisée. *Paris, chez Eymery,* 1814, in-8, de 67 pp., broché.

1297. Conspirations. 5 vol. in-8, brochés.

> Dourville. — Histoire de la conspiration du général Malet. *Paris,* 1840. — Fescourt. Histoire de la double conspiration de 1800. *Paris,* 1819. — Hamel (Ernest). Histoire des deux conspirations du général Malet. *Paris,* 1873. — Procès instruit par le tribunal criminel du département de la Seine contre les nommés Saint-Rejant, Carbon et autres. *Paris,* an IX, 2 vol.

1298. Conspiration du général Malet (Ouvrages relatifs à la). 4 vol. in-8, dont 2 vol. demi-rel. bas. rouge.

> Dourville (H.). Histoire de la conspiration du général Malet, 1812. *Paris,* 1840. — Hamel (Ernest). Histoire des deux conspirations du général Malet. *Paris,* 1873. — Lafon (abbé). Histoire de la Conjuration du général Malet avec détails officiels sur cette affaire. *Paris,* 1814. — Nodier (Ch.). Rigomer-Bazin, Didier, etc... Histoire des sociétés secrètes de l'armée et des conspirations militaires. *Paris, H. Nicolle,* 1815.

1299. Campagne de Russie (Ouvrages relatifs à la). 4 vol. in-8, dont 2 vol. demi-rel., veau fauve et 2 vol. brochés.

> Peltier (J.-G.). Fragments sur la campagne de Russie (Extraits de l'*Ambigu*). *Paris,* 1814. — Rostopchine. La Vérité sur l'incendie de Moscou. *Paris, Ponthieu,* 1823. — Sérang (Marquis de). Les prisonniers français en Russie; mémoires et souvenirs. *Paris, Bertrand,* 1837.

1300. Itinéraire d'un brigadier du 2e régiment des gardes d'honneur pendant la campagne de 1813 en Saxe. Février 1814. Manuscrit de 213 pages d'une belle écriture de l'époque, gr. in-8, bas. jasp. (*Rel. anc.*).

> Très intéressant manuscrit, probablement du brigadier Lambry, qui fut fait chevalier de la légion d'honneur en novembre 1813.
> On y trouve des détails circonstanciés sur les diverses étapes et cantonnements du 2e régiment qui prit part aux combats de Dohna, etc., à la bataille de Leipzig et à la retraite qui suivit.

1301. Histoire de ma campagne d'Espagne. Contenant la relation de tous les pays qu'a parcourus l'auteur pendant son séjour dans la péninsule ; de tout ce qui a pu fixer son attention et des aventures particulières qui lui sont arrivées ; histoire écrite pour son bien aimé frère par Victor Gourdon, bachelier ès-lettres, chevalier de l'ordre royal et distingué de Charles III d'Espagne, pharmacien major des armées de S. M. T. C. 1825, in-4, veau racine, pet. dent., dos orné, tr. dor. (*Rel. anc.*).

Manuscrit de 607 pages d'une bonne écriture de l'époque, dans lequel on trouvera à côté d'une observation scientifique, politique, littéraire, la description d'une partie de plaisir, d'un bal, de quelque aventure galante ; parfois même des obscénités...

1302. Voyage en Espagne ou lettres philosophiques, contenant l'histoire des dernières guerres de la Péninsule, par M. Amade. *A Paris et à Auch, s. d.* (1822), 2 vol. in-8, demi-rel., veau fauve, dos orné, tr. jasp.

1303. Batailles et sièges de l'Empire. 8 vol. in-8, dont 5 vol. brochés et 3 vol., veau fauve, cartonn. et demi-chag.

Cavallero (M.). Défense de Saragosse. *Paris, Magimel*, 1815. — Daudebard de Ferussac (J.). Journal historique du siège de Saragosse suivi d'un coup d'œil sur l'Andalousie. *Paris, Eymery*, 1816. — Durdent (J.). Batailles de Leipsick depuis le 14 jusqu'au 19 octobre 1813. *Paris, Dentu*, 1814. — Erskine. Coup d'œil sur les causes et conséquences de la guerre actuelle avec la France. *Londres, s. d.* — Giraud (J.). Campagne de Paris en 1814. *Paris, Eymery*, 1814. — Hapde (A.). Les sépulcres de la grande armée ou table des hôpitaux. *Id.*, 1814. — Malvoisine (L.). Philosophie de la guerre ou les Français en Catalogne. *Angers*, 1839. — Thiébault (P.). Journal des opérations militaires du siège et du blocus de Gênes. *Paris, Magimel*, an IX (1801).

1304. Manuscrit de 1814, par le baron Fain. *Paris, Bossange frères*, 1823, dos et coins veau fauve. — Mémoires du baron Fain, avec une introduction et des notes par P. Fain. *Paris, Plon*, 1908, broché. Ens. 2 vol. in-8.

1305. Le Moniteur secret, ou tableau de la Cour de Napoléon, de son caractère, et de celui de ses agens (par J.-B. Couchery). *A Londres, de l'Imp. de Schulze et Dean. A Paris, chez les marchands de nouveautés*, 1814, 2 vol. in-8, cartonn. demi-toile grenat, non rognés.

Première édition, rare.

1306. Fournier Verneuil. Curiosité et indiscrétion. *Paris*, 1824. — Goldsmith (Lewis). Histoire secrète du cabinet de Napoléon Bonaparte et de la cour de Saint-Cloud. *Paris*, 1814. — Marco de Saint-Hilaire. Les petits appartemens des Tuileries, de Saint-Cloud et de la Malmaison. *Paris, Boulland*, 1831. — Ens. 4 vol. in-8, demi-rel.

1307. Couchery (J.-B.). Le Moniteur secret ou tableau de la cour de Napoléon. *Paris, Lepetit*, 1816. — Doris (Ch.). Mémoires secrets sur Napoléon Bonaparte. *Paris, Mathiot*, 1815. — Goldsmith (Lewis). Histoire secrète du cabinet de Napoléon Bonaparte et de la cour de Saint-Cloud. *Londres*, 1814, 2 vol. — Ens. 4 vol. in-8 et in-12, brochés et reliés.

1308. Histoire des salons de Paris, tableaux et portraits du grand monde, sous Louis XVI, le Directoire, le Consulat et l'Empire, la Restauration et le règne de

Louis Philippe Ier, par la duchesse d'Abrantès. *A Paris, Ladvocat*, 1837-1838, 6 vol. in-8, demi-rel. chag. brun, dos orné, tr. jasp.

On y a joint : *Une soirée chez Mme Geoffrin, par la duchesse d'Abrantès.* Paris, Dumont, 1837, in 8, demi-veau bleu.

1309. Indiscrétions. 1798-1830. Souvenirs anecdotiques et politiques, tirés du portefeuille d'un fonctionnaire de l'Empire (le comte Pierre François Réal, ancien conseiller d'État). Mis en ordre par Musnier Desclozeaux. *Paris, Dufey*, 1835, 2 tomes en 1 vol. in-8, demi-rel. veau brun, dos orné, tr. jasp. (*Boersch*).

1310. L'Écho des Salons de Paris, depuis la Restauration, ou recueils d'anecdotes sur l'ex-empereur Buonaparte, sa cour, ses agents, etc. (par J.-T. Verneur). *A Paris, chez Delaunay*, 1814-1815, 3 vol. in-12, brochés. — Mœurs et caractères du xixe siècle, par M. Gallais. *Paris, Belin-Leprieur*, 1817, 2 vol. in-8, cartonnés. Ens. 5 vol.

1311. Quarante-huit heures de garde au château des Tuileries pendant les journées des 19 et 20 mars 1815, par un grenadier de la garde nationale (le comte A. de Laborde). *A Paris, chez Nicole & Le Normand*, 1816, in-4, cartonn. de l'éditeur.

2 planches hors texte dessinées par *Heim*, d'après des croquis de l'auteur, gravées à l'eauforte par *Couché fils* et terminées par *Bovinet*.
Exemplaire avec le supplément de 18 pp. contenant la traduction en anglais et en allemand.
Mouillures.

1312. Fêtes et souvenirs du congrès de Vienne ; tableaux des salons, scènes anecdotiques et portraits, 1814-1815, par le comte A. de La Garde. *Paris, A. Appert*, 1843, 2 vol. in-8, brochés.

1313. Illustrated (an) record of important events in the annals of Europe, during the last four years ; comprising a series of views of the principal places, battles, etc., etc., etc., connected with those events. Together with a history of those momentous transactions, compiled from official and other authentic documents. *London, T. Bensley, printed for R. Bowyer*, 1816, in-fol., demi-rel.

1 carte, 1 plan de Waterloo, 3 planches de portraits-médaillons, 23 planches hors texte en couleurs représentant 25 sujets, 1 fac-similé d'autographe.
Reliure fatiguée, un des plats est cassé ; les planches doubles sont réparées.

1314. Histoire des pontons et prisons d'Angleterre pendant la guerre du Consulat et de l'Empire, par A. Lardier. *Paris*, 1845, 2 vol. — La Prison de Dartmoor ou récit historique des infortunes et évasions des prisonniers français en Angleterre sous l'Empire, depuis 1809 jusqu'en 1814, par L. Catel. *Paris*, 1847, 2 vol. — Ens. 4 vol. in-8, brochés.

1315. Talleyrand (Ouvrages relatifs à). 4 vol. in-8, dont 3 vol. brochés et demi-rel. bas. bleue.

Bastide (L.). Vie religieuse et politique de Talleyrand-Périgord. *Paris, Faure*, 1838. — Dufour de La Thuilerie. Histoire de la vie et de la mort de M. de Talleyrand. *Paris*, s. d. — Place (Ch.) et J. Florens. Mémoire sur M. de Talleyrand, sa vie publique et sa vie privée. *Paris*, 1838. — Talleyrand. Correspondance du comte de Jaucourt avec le prince de Talleyrand. *Paris, Plon*, 1905.

1316. Fouché (Ouvrages relatifs à Joseph). 4 vol. in-8, dont 3 vol. brochés et 1 vol. cartonn. papier.

> Caillé (D.). Joseph Fouché, duc d'Otrante. *Vannes*, 1893. — Desmarest. Témoignages historiques ou 15 ans de haute police sous Napoléon. *Paris, Levavasseur*, 1833. — Martel (Cie de). Etude sur Fouché. *Paris, Plon*, 1879. — Serieys (A.). Fouché [de Nantes], sa vie privée, politique et morale. *Paris, Mathiot*, 1816.

1317. Les Campagnes de mademoiselle Thérèse Figueur, aujourd'hui Madame Veuve Sutter, ex-dragon aux 15e et 9e régimens, de 1793 à 1815, écrites sous sa dictée par Saint-Germain Leduc. *Paris, Dauvin et Fontaine*, 1842, in-8, broché.

1318. Maréchaux de l'Empire (Ouvrages relatifs aux). 4 vol. in-8, dont 2 vol. cartonn. toile et 1 vol. in-12, broché. — Ens. 5 vol.

> Amic (Auguste). Histoire de Masséna. *Dentu*, 1864. — Chateauneuf (A.). Histoire des généraux français, depuis 1792 jusqu'à nos jours. *Didot*, 1811. — Dumoulin (E.). Procès du comte Drouot. *Delaunay*, 1816. — Thiesse (Léon). Procès du baron Cambronne. *Id.*, 1816. — Wirth (J.). Le maréchal Lefebvre, duc de Dantzig (1755-1820). *Perrin*, 1904.

1319. Esquisse historique sur le maréchal Brune, publiée d'après sa correspondance et les manuscrits originaux conservés dans sa famille, par L. B. (L. Bourgouin), l'un de ses anciens aides de camp. *Paris, Rousseau*, 1840, 2 vol. in-8, brochés.

1320. La Vie militaire sous l'Empire ou mœurs de la garnison, du bivouac et de la caserne, par E. Blaze. *Paris, Moutardier*, 1837, 2 vol. in-8, dos et coins veau fauve, tête dor., non rognés.

1321. Napoléon à l'île d'Elbe (ouvrages sur). 4 vol. in-4, dont 3 brochés et 1 rel. veau jasp., tr. marb.

> Fabry. Itinéraire de Buonaparte, depuis son départ de Doulevent, le 29 mars, jusqu'à son embarquement à Fréjus.... *Paris*, 1815. — Gruyer (Paul). Napoléon, roi de l'île d'Elbe. Ouvrage contenant 24 gravures hors texte. *Paris, Hachette*, 1906. — Monier. Une année de la vie de l'empereur Napoléon. *Paris*, 1815. — Waldbourg-Truchsess. Nouvelle relation de l'itinéraire de Napoléon, de Fontainebleau à l'île d'Elbe. *Paris*, 1815.

1322. Relation des événemens qui se sont passés en France depuis le débarquement de Napoléon Buonaparte, au 1er mars 1815, jusqu'au traité du 20 novembre, suivie d'observations sur l'état présent de la France et sur l'opinion publique, par miss Helena-Maria Williams. Traduit de l'anglais, et accompagné de notes critiques et d'anecdotes curieuses par M. Breton de la Martinière. *Paris, J.-G. Dentu*, 1816, in-8, cartonné.

> On a relié avec cet exemplaire : Mémoires, rapports et autres pièces, concernant les troubles du Midi, et particulièrement ceux du département du Gard, en juillet et août 1815. *Paris, Michaud*, 1815.

1323. Les Cent jours. Mémoires pour servir à l'histoire de la vie privée, du retour et du règne de Napoléon en 1815, par M. le baron Fleury de Chaboulon. *A Londres, de l'Imp. C. Roworth*, 1820, 2 vol. in-8, brochés.

1324. Cent jours (Ouvrages relatifs aux). 3 vol. in-8, dont 2 vol. brochés et 1 vol. demi-rel. veau fauve.

> Morin (C.-M.). Révélation de faits importans qui ont préparé ou suivi les restaurations de

1814 et 1815. *Paris, Audin*, 1830. — Mouton-Fontenille de Laclotte. La France en délire pendant les deux usurpations de Buonaparte ; avec une gravure allégorique. *Lyon*, 1815. — Noël (E.). Les Cent jours, 1815. *Delagrave*, 1895.

1325. Pamphlets contre Napoléon. Environ 50 brochures, dont 33 séparées, les autres réunies en 2 vol. et 4 vol. in-8 brochés.

Delbare. Les crimes de Buonaparte et de ses adhérens. *Dentu*, 1815. — Martainville. Bonaparte ou l'abus de l'abdication, pièce en 5 actes en prose. *Dentu*, 1815. — Regrets et repentir de Buonaparte, dit Napoléon, Le pardon de Napoléon Buonaparte, Le petit homme rouge, Evangile selon Saint Napoléon, les adieux à Bonaparte, 1800, etc., etc.

1326. Pièces et pamphlets contre Napoléon. 11 vol. ou brochures in-8 et in-12.
Durant. Marseille: Nîmes et ses environs en 1815. *Paris*, 1818. — Eckard. Question d'état civil historique. Napoléon Bonaparte est-il né français. *Paris*, 1826. — Confession de Buonaparte au R. P. Boniface, — la partie de piquet de Napoléon, — le retour de la violette et le départ du père La Tulipe, etc., etc. — Hilaire et Berthille ou la machine infernale de la rue St Nicaise, par C.-B.-B. Sewrin. *Paris, Dentu*, 1801, figure.

1327. Les voilà! Première et deuxième parties (par Vict.-Alex. Christ. Le Plat du Temple). *A Londres, de l'imprimerie de John Dean et à Paris...* 1815, 2 parties en 1 vol. in-8, cartonn., papier marb., tr. jaunes.

Satires en vers contre Napoléon, les membres de sa famille et les principaux fonctionnaires de son gouvernement.

1328. Napoléon en exil, ou l'écho de Ste-Hélène, ouvrage contenant les opinions et les réflexions sur les événemens les plus importans de sa vie recueillies par Barry. E. O'Meara. *Paris, Constant-Chantpie*, 1822, 2 vol. — Complément du mémorial de Sainte-Hélène. Napoléon en exil, recueillies par Barry E. O'Meara. *Paris, Béchet*, 1824, 2 vol. — Ens. 4 vol. in-8, demi-rel., bas. fauve, non rognés.

1329. Carnet d'un voyageur, ou recueil de notes curieuses sur la vie, les occupations, les habitudes de Buonaparte à Longwood ; sur les principaux habitans de Sainte Hélène, la description pittoresque de cette ile, etc. ; prises sur les lieux dans les derniers mois de 1818. (*A Paris*), *chez Pillet ainé*, 1819, in-8, broché.

Orné de 3 vues gravées et coloriées de l'ancienne et de la nouvelle maison de Napoléon, dessinées d'après nature.

1330. Sainte-Hélène (Ouvrages relatifs à). 3 vol. in-8, demi-rel. veau fauve.
Barthe. Réfutation de la relation du capitaine Maitland, touchant l'embarquement de Napoléon. *Paris, Dupont*, 1827. — Carnet d'un voyageur ou recueil de notes curieuses sur la vie, les occupations, etc., de Buonaparte à Longwood, avec 3 vues coloriées. *Paris, Pillet*, 1819. — Napoléon dans l'autre monde, relation écrite par lui-même. *Londres*, 1827, front.

1331. Histoire de la captivité de Napoléon à Sainte-Hélène d'après les documents officiels inédits et les manuscrits de sir Hudson Lowe, publiée par William Forsyth. *Paris, Amyot, s. d.*, 4 vol. in-8, brochés.

1332. Mémorial de Sainte-Hélène. Journal de la vie privée et des conversations de l'Empereur Napoléon à Sainte-Hélène, par le comte de Las Cases. *Londres, Henri Colburn*, 1823, 4 parties en 2 vol. in-8, cartonn. toile, non rognés.

1333. Sainte-Hélène, journal inédit, de 1815 à 1818, par le général baron Gourgaud ; avec préface et notes de MM. le Vte de Grouchy et Antoine Guillois. *Paris, Ernest Flammarion, s. d.*, 2 vol. in-8, brochés.

1334. Manuscrit venu de St. Hélène d'une manière inconnue. *London, John Murray,* 1817, in-8, de 151 pp., dos et coins veau brun, tr. rouges.

> Attribué à Benjamin Constant, à E.-J. Sieyes, à Mme de Stael et enfin à un soi-disant parent de M. Siméon du nom de Bertrand. Cet écrit remarquable est du genevois Jacob-Frédéric Lullin de Chateauvieux, mort en 1842.
>
> Napoléon, qui a connu le « manuscrit venu de Ste Hélène » vers la fin de 1817, et qui en a été lui-même fort intrigué, a fait quarante-quatre notes pour le réfuter, et de plus, il l'a formellement désavoué par son testament (Barbier. *Anonymes.* T. III, page 58).

1335. Journal écrit à bord de la frégate la Belle-Poule par Emm^el Bon de Las Cases. *Paris, H.-L. Delloye,* 1841, in-8, cuir de Russie, ornements à froid, tr. marb. (*Rel. de l'époque*).

> 5 lithographies.

1336. Retour en France des dépouilles mortelles de Napoléon. *A Paris, Jeannin, s. d.,* in-fol. oblong, demi-rel. bas. brune, titre doré sur le premier plat.

> Recueil de 13 lithographies d'après *V. Adam.*

Mémoires.

1337. Mémoires de Mme la duchesse d'ABRANTÈS ou souvenirs historiques sur Napoléon, la Révolution, le Directoire, le Consulat, l'Empire et la Restauration. *Bruxelles, Louis Hauman et Cie,* 1831-1835, 17 vol. in-18, brochés.

1338. Souvenirs d'une ambassade et d'un séjour en Espagne et en Portugal, de 1808 à 1811, par la duchesse d'ABRANTÈS. *Paris, Ollivier,* 1837, 2 tomes en 1 vol. in-8, demi-rel. bas. fauve.

1339. Mémoires tirés des papiers d'un homme d'Etat sur les causes qui ont déterminé la politique des cabinets dans les guerres de la Révolution ; par M. le Comte d'AL-LONVILLE. *Bruxelles,* 1838, 3 vol. — Mémoires secrets de 1770 à 1830 par M. le Comte d'Allonville. *Bruxelles,* 1841. — Ens. 5 vol. in-8, demi-rel. bas. grenat, tr. jasp.

1340. Mémoires du docteur ANTOMMARCHI ou les derniers momens de Napoléon. *Paris, Barrois l'ainé,* 1825, 2 vol. in-8, demi-rel. veau gris, non rognés.

1341. Souvenirs d'un sexagénaire (par A.-V. ARNAULT). *Paris, Dufey,* 1833, 3 vol. in-8, demi-rel. veau vert, tr. jaunes.

1342. Mémoires de Mademoiselle AVRILLION, première femme de chambre de l'impératrice, sur la vie privée de Joséphine, sa famille et sa cour. *A Paris, chez Ladvocat,* 1833, 2 vol. in-8, brochés (*Couvert.*).

1343. Mémoires anecdotiques sur l'intérieur du Palais et sur quelques événemens de l'Empire, depuis 1805 jusqu'au 1er Mai 1814, pour servir à l'histoire de Napoléon, par L.-F.-J. de BAUSSET. *Paris, Baudouin,* 1827, 2 vol. in-8, brochés.

1344. Mémoires secrets et inédits pour servir à l'histoire contemporaine, recueillis et mis en ordre par M. Alph. de BEAUCHAMP. *Paris, Vernarel et Tenon,* 1825, 2 vol. in-8, brochés.

1345. Mémoires du comte Beugnot, ancien ministre (1783-1815), publiés par le comte Albert Beugnot, son petit-fils. *Paris, E. Dentu*, 1866, 2 vol. in-8, brochés.

1346. Mémoires du comte Beugnot, ancien ministre (1783-1815), publiés par le comte Albert Beugnot, son petit-fils. *Paris, Dentu*, 1868, 2 vol. in-8, demi-rel. veau brun, tr. jasp.

1347. Memoires d'un apothicaire sur la guerre d'Espagne, pendant les années 1808 à 1814 (par Sébastien Blaze). *Paris, Ladvocat*, 1828, 2 vol. in-8, demi-rel. veau fauve, tr. jasp. (*Rel. de l'époque*).

Cet ouvrage a aussi été attribué à Léon Gozlan.

1348. Mémoires du marquis de Boissy, 1798-1866, rédigés d'après ses papiers par Paul Breton, précédés d'une lettre-préface par Mme la marquise de B***. *Paris, Dentu*, 1870, 2 vol. in-8, brochés.

1349. Mémoires de M. de Bourrienne, ministre d'Etat, sur Napoléon, le Directoire, le Consulat, l'Empire et la Restauration. *Paris, Ladvocat*, 1829, 10 vol. in-8, demi-rel. veau fauve, dos orné, tr. marb. (*Rel. de l'époque*).

1350. Journal du maréchal de Castellane, 1804-1862. *Paris, E. Plon*, 1895-1897, 5 vol. in-8, portrait, brochés.

1351. Aux vieux de la vieille ! Souvenirs de Jean-Roch Coignet, soldat de la 96e demi-brigade, soldat et sous-officier au 1er régiment des grenadiers à pied de la garde, vaguemestre du petit et du grand quartier impérial, capitaine d'Etat-major en retraite, premier chevalier de la Légion d'Honneur, officier du même ordre. A *Auxerre, chez Perriquet*, 1851-1853, 2 livraisons en 1 vol. in-8, cartonn. dos et coins toile grise, non rogné, couvert. (*Pouillet*).

Exemplaire sans le portrait.

1352. Traditions et souvenirs ou mémoires touchant le temps et la vie du général Auguste Colbert (1793-1809), par N.-J. Colbert. *Paris, Didot*, 1863-1873, 4 vol. in-8, brochés.

1353. Memoires de Constant sur la vie privée de Napoléon, sa famille, et sa cour. A *Paris, chez Ladvocat*, 1830, 6 vol. in-8, brochés.

1354. Aventures d'un marin de la garde impériale, prisonnier de guerre sur les pontons espagnols, dans l'île de Cabrera et en Russie, pour faire suite à l'histoire de la campagne de 1812, par Henri Ducor. *Paris, Ambroise Dupont*, 1833, 2 vol. in-8, cartonn. dos et coins toile rouge marb., non rognés.

1355. Souvenirs du lieutenant général comte Mathieu Dumas, de 1770 à 1836, publiés par son fils. *Paris, Charles Gosselin*, 1839, 3 vol. in-8, brochés.

1356. Mémoires sur Napoléon, l'impératrice Marie-Louise et la cour des Tuileries, avec des notes critiques faites par le prisonnier de Sainte-Hélène, par Mme Vve du général Durand, première dame de l'Impératrice Marie-Louise (de 1810 à 1814). *Paris, Ladvocat*, 1828, in-8, demi-rel., veau vert, tr. marb. (*Rel. de l'époque*).

1357. Souvenirs de première jeunesse d'un curieux septuagénaire. Fin du premier Empire et commencement de la Restauration (par F. FEUILLET DE CONCHES), seconde édition corrigée et augmentée. *S. l. (Vichy, Imp. Wallon)*, 1877, in-8, cartonn. toile bleue, non rogné (*Pierson*).

> Tiré à cent exemplaires et non mis dans le commerce.
> Exemplaire avec envoi autographe de l'auteur à M. F. Denis.

1358. Souvenirs de première jeunesse d'un curieux septuagénaire. Fin du premier Empire et commencement de la Restauration (par FEUILLET DE CONCHES). *S. l.* (1876), in-8, broché. — Memoires des contemporains, pour servir à l'histoire de France et principalement à celle de la république et de l'Empire (par L.-J. Gohier). *Paris, Bossange*, 1824, 2 vol. in-8, demi-rel., chag. vert. — Mes souvenirs de 1814 et 1815 (par M. Reboul). *Paris, Eymery*, 1824, in-8, demi-rel. veau fauve. — Ens. 4 vol.

1359. Correspondance et relations de J. FIÉVÉE avec Bonaparte, premier consul et empereur, pendant onze années (1802 à 1813), publié par l'auteur. *Paris, Desrez*, 1836, 3 vol. in-8, demi-rel. bas. fauve, tr. jasp. (*Rel. de l'époque*).

1360. Mémoires de Joseph FOUCHÉ, duc d'Otrante, ministre de police générale. *A Paris, chez Le Rouge*, 1824, 2 vol. in-8, brochés.

> Ces mémoires juridiquement déclarés pseudonymes ont été rédigés par Alphonse de Beauchamp ; mais il est très permis de croire que cet auteur a travaillé sur des documents authentiques et sur des notes autographes (P.-A. Vieillard, *Encycl. des gens du monde*).
> L'ouvrage a été supprimé.

1361. Mémoires de Robert GUILLEMARD, sergent en retraite, suivis de documens historiques, la plupart inédits, de 1805 à 1823. *Paris, Delaforest, Mons, J. Leroux*, 1826, 2 vol. in-8, demi-rel. veau brun, tr. marb.

1362. Souvenirs historiques du capitaine KRETTLY, ancien trompette major, par F. Grandin. *Paris, Berlandier*, 1839, 2 vol. in-8, cartonn. papier marb., tr. jasp.

1363. Mémoires et souvenirs du comte LAVALLETTE, aide de camp du général Bonaparte, publiés par sa famille et sur ses manuscrits. *Paris, H. Fournier*, 1831, 2 vol. in-8, demi-rel. bas. fauve.

1364. Histoire de MÉDARD BONNART. *A Epernai, chez M*ᵐᵉ *V*ᵛᵉ *Fiévet*, 1828, 2 vol. in-8, fig., brochés.

> 18 planches lithographiées : portraits et planches de costumes militaires représentant les différents grades de Médard Bonnart.

1365. Mémoires du comte MIOT DE MELITO, ancien ministre, ambassadeur, conseiller d'État et membre de l'Institut, 1788-1815. *Paris, Michel Lévy frères*, 1858, 3 vol. in-8, brochés.

> Mémoires publiés par le général de Fleischmann.

1366. Souvenirs militaires et intimes du général Vᵗᵉ de PELLEPORT de 1793, à 1853, publiés par son fils sur manuscrits originaux, lettres, notes et documents officiels laissés par l'auteur, avec le portrait du général, 2 fac-simile et 14 cartes spéciales. *Paris, Didier et Cie*, 1857, 2 vol. in-8, cartonn. demi-toile grise, ébarbés (*Couvert.*).

Annotations au crayon.

1367. Indiscrétions, 1798-1830. Souvenirs anecdotiques et politiques, tirés du Portefeuille d'un Fonctionnaire de l'Empire, mis en ordre par Musnier-Desclozeaux [par P.-F. Réal]. *Paris*, 1835, 2 vol. in-8, viol., dos et coins veau, dos orné, tr. marbr.

> Souvenirs très curieux de P.-F. Réal dantoniste, lequel se fit remarquer dans toutes les intrigues révolutionnaires. Accusateur public en 1792, incarcéré après la mort de Danton, Conseiller d'Etat attaché à la Section de la Justice sous le premier Empire.

1368. Mémoires de Madame de Rémusat, 1802-1808, publiés avec une préface et des notes par son petit-fils Paul de Rémusat. *Paris, Calmann Lévy*, 1880, 3 vol. in-8, brochés.

1369. Mémoires d'une contemporaine, ou souvenirs d'une femme sur les principaux personnages de la République, du Consulat, de l'Empire, etc. (par Elzelina van Aylde, Jonghe, connue sous le nom d'Ida de Saint Elme). *Paris, Ladvocat*, 1828, 8 vol. in-8, demi-rel. veau vert, dos orné, tr. marb. (*Rel. de l'époque*).

> Les deux premiers volumes de ces mémoires ont été rédigés par Lesourd, mais sauf le style, sont entièrement d'Ida Saint-Elme; les six autres ont été presque entièrement écrits par Malitourne. Amédée Pichot a donné le voyage en Angleterre, Nodier quelques fragments détachés et Villemarest a fourni sans le savoir une soixantaine de pages prises dans son « *Hercule en Italie* » (Quérard, *France littéraire*, tome VIII).

1370. Souvenirs intimes du temps de l'Empire par Émile Marco de Saint-Hilaire. *Paris, Gennequin aîné*, 1860, 3 vol. gr. in-8, demi-rel. mar. rouge à longs grains, non rognés.

> Nombreuses figures dans le texte.

1371. Histoire et mémoires par le général Cte de Ségur. *Paris, Firmin-Didot,* 1877, 7 vol. in-8, brochés.

1372. Mémoires du général baron Thiébault, publiés sous les auspices de sa fille, Mlle Claire Thiébault d'après le manuscrit original, par Fernand Calmettes. 1769-1820. *Paris, Plon, Nourrit et Cie*, 1893-1895, 5 vol. in-8, brochés.

1373. Souvenirs d'un demi-siècle, vie publique, vie intime, mouvement littéraire, 1789-1836, publiés par G. Touchard-Lafosse. *Bruxelles, P. Méline*, 1836, 6 vol. in-16, cartonn. toile.

1374. Souvenirs, par le comte de Vaublanc, ancien ministre de l'intérieur. *Paris, Ponce et Lebas*, 1838, 2 vol. in-8, cartonn. demi-toile grise, ébarbés.

> Mémoires intéressants. Vaublanc fut ministre de l'intérieur dans le cabinet Richelieu (24 septembre 1815).

1375. Mon histoire. Histoire secrète et véritable, par l'auteur. Manuscrit de 298 pages d'une bonne écriture du commencement du xixe siècle, in-8, cartonné.

> Dans sa préface, l'auteur inconnu de ce manuscrit dit qu'il ne l'a pas destiné à être publié; il contient quelques passages légers, des aventures amoureuses, etc. On y remarque quelques détails intéressants sur le siège d'Ulm, la bataille d'Essling où l'auteur eut un cheval tué sous lui, etc., etc. Le manuscrit paraît n'avoir pas été terminé.

1376. Extrait de mon journal du mois de mars 1815. *A Twickenham, de l'imp. de G. White,* 1816, in-8, broché.

> Très rare.
> Ouvrage de Louis-Philippe, non mis dans le commerce, et très intéressant au sujet du retour de l'île d'Elbe de Napoléon.

1377. Mémoires et Souvenirs militaires. 3 vol. in-8, brochés et 1 vol. demi-rel., mar. grenat. — Ens. 4 vol.

> Desvernois (Bᵒⁿ). Souvenirs militaires. *Paris, Tanera,* 1858. — Ferrer (Giuseppe). Mémoires d'un ancien capitaine italien sur les guerres et les intrigues d'Italie. *Paris,* 1845. — Poissonnier-Desperrières. Vie politique et militaire écrite par lui-même. *Paris, J. Trouvé,* 1824. — Le vicomte de Vormeuil ou confidences d'un lieutenant général à son fils. 1772-1850. *Paris,* 1850.

1378. Mémoires et Souvenirs militaires. 9 vol. in-8, brochés.

> Bigarré (Gᵃˡ). Mémoires, 1775-1813. *Kolb,* s. d. — Dellard (Bᵒⁿ). Mémoires militaires sur les guerres de la République et de l'Empire. *Paris,* s. d. — Girault (R.). Les Campagnes d'un musicien d'État-Major. *Ollendorff,* 1901. — Napoléon à Waterloo ou précis rectifié de la campagne de 1815. *Dumaine,* 1866. — Parquin (C'). Souvenirs et campagnes. *Berger-Levrault,* 1892. — Pils (Grenadier). Journal de marche (1804-1814). *Ollendorff,* 1895. — Planat de la Faye. Souvenirs, lettres et dictées. *Id.,* 1895. — Saint-Joseph (Bᵒⁿ de). Souvenirs militaires. *Paris,* 1867.

e. — Louis XVIII à nos jours.

1379. Mémoires sur la Restauration ou souvenirs historiques sur cette époque, la Révolution de Juillet et les premières années du règne de Louis-Philippe Iᵉʳ, par Madame la duchesse d'Abrantès. *Paris, J. L. Henry,* 1835-1836, 6 vol. in-8, demi-rel., bas. fauve, tr. jasp.

> On y joint : Même ouvrage, édition de *Bruxelles, Hauman,* 1835-1837, 7 tomes en 4 vol. in-12, demi-rel., chagr. brun.

1380. Histoire des deux Restaurations, jusqu'à l'avènement de Louis-Philippe (de janvier 1813 à octobre 1830), par Ach. de Vaulabelle. *Paris, Perrotin,* 1855-1856, 8 vol. in-8, brochés.

1381. Histoire de la Restauration, par M. Louis de Viel-Castel. *Paris, Michel Lévy frères,* 1860-1878, 20 vol. in-8, demi-rel. veau fauve, tr. jasp.

1382. Restauration (Ouvrages relatifs à la). 6 brochures et 1 vol. in-8, demi-rel., veau fauve.

> Augier (V.). Les crimes d'Avignon depuis les Cent-Jours. *Paris,* s. d. — Carnot. Mémoire adressé au roi en juillet 1814. *Paris,* 1815. — Fragmens pour servir à l'histoire de ce temps-ci ; ou lettres des deux frères de Louis XVI et de quelques-uns de leurs agens pendant les années 1806 et 1807. *Paris,* s. d. — Magalon. Ma translation, ou la Force, Sainte-Pélagie et Poissy. *Paris,* 1824. — Mémoires, rapports et autres pièces concernant les troubles du Midi, et particulièrement ceux du département du Gard, en juillet et août 1815. *Paris,* 1815. — Suleau (Élisée). Récit des opérations de l'armée royale du Midi. *Paris,* 1816.

1383. Restauration (Ouvrages relatifs à la). 6 vol. in-8, dont 5 vol. brochés et 1 vol. demi-rel., veau fauve.

> Biré (E.). L'Année 1817. *Paris, Champion,* 1895. — Donnadieu (Gᵃˡ). De la vieille Eu-

rope des rois. *Paris, Allardin,* 1837. — Ducoin (A.). Histoire de la conspiration de 1816. *Paris, Dentu,* 1844. — Guillon (E.). Complots militaires. *Paris, Plon,* 1895. — Nettement (A). Exposition royaliste, 1789-1842. *Paris,* 1842. — Relation concernant les événemens qui sont arrivés à un laboureur de la Beauce. *Paris, Egron,* 1817.

1384. Louis XVIII (Ouvrages relatifs au règne de). 8 vol. et plaquettes in-8 et in-12, rel. et brochés.

> Beauchamp (de). Vie de Louis XVIII. *Paris,* 1821. — Constant. Essai sur l'Institut philanthropique établi en 1796 par ordre de Louis XVIII. *Paris,* 1823. — Legrand. Apparition de l'ombre de Henri IV à Louis XVIII. *Paris,* 1814. — Lettres d'Artivel, correspondance politique et privée de Louis XVIII. *Paris,* 1830. — Mémoires du duc de Rivière. *Paris,* 1829. — Recueil de 6 pièces diverses relatives à Louis XVIII.

1385. Charte constitutionnelle des françois, ornée de gravures ; dédiée au roi par M. Ponce. *A Paris, chez Ponce et Didot l'aîné,* 1814, in-4, cartonné.

> 6 figures par *Monnet,* gravées par *Helman* et *Ponce.*

1386. Précis historique des différentes missions dans lesquelles M. Louis Fauche-Borel a été employé pour la cause de la monarchie, suivi de pièces justificatives. *Paris,* 1815, fig., broché. — Mémoire pour L. Fauche-Borel contre Charles Perlet, par Lombard de Langres. *Paris, Michaud,* 1816, demi-rel., veau fauve. — Ens. 2 vol. in-8.

1387. Pièces relatives à la correspondance de MM. les commissaires de S. M. très-chrétienne et du Président d'Haïti, précédées d'une proclamation au peuple et à l'armée. *Au Port-au-Prince, de l'Imp. du Gouvernement,* 1816, in-4, de 46 pp., broché.

> Très rare recueil relatif à l'indépendance d'Haïti ; lettres échangées entre Pétion président de la République d'Haïti et les commissaires du Roi.

1388. Petite chronique de Paris, historique, littéraire et critique, faisant suite aux mémoires de Bachaumont par MM*** (E.-T.-M. Ourry et J.-B.-B. Sàuvan). Années 1816-1818. *Paris, chez Mᵐᵉ Vᵛᵉ H. Perronneau,* 1818-1819, 2 vol. pet. in-8, demi-rel., veau fauve, tête dor., non rognés.

1389. Procès de la conspiration de Thouars et Saumur. *A Poitiers, chez Catineau,* 1822, in-8, demi-rel. veau fauve (*Rel. de l'époque*).

> Rare. Cet ouvrage est le seul document publié sur la conspiration du général Berton ; dans les pièces justificatives se trouvent les statuts des carbonari.

1390. Mémoires d'une femme de qualité sur Louis XVIII, sa cour et son règne [par Étienne-Léon de Lamothe-Langon]. *Paris, Mame et Delaunay-Vallée,* 1829, 4 vol. — Mémoires d'une femme de qualité depuis la mort de Louis XVIII, jusqu'à la fin de 1829 (par Damas-Hinard). *Ibid., id.,* 1830, 2 vol. — Ens. 6 vol. in-8, cartonn. demi-toile verte, tr. jasp.

> Mémoires auxquels Damas-Hinard, P.-A. Malitourne et Maxime-Catherinet, de Villemarest ont collaboré.

1391. Le Luxe français. La Restauration, par Henri Bouchot. Illustration documentaire d'après les originaux de l'époque. *Paris, Librairie Illustrée, s. d.,* gr. in-8, broché.

1392. Charles X (Ouvrages relatifs au règne de). 9 vol. in-8 et 1 vol. in-16. — Ens.
10 vol., brochés.

> Delavau et Franchet. Le Livre noir ou répertoire de la police politique. *Paris, Moutardier*, 1829, 4 vol. — Haussonville (Cte). Ma Jeunesse, 1814-1830. *Paris, Lévy*, 1885. — Histoire anecdotique et bigote de Charles X. *Paris*, 1830. — L'Impunité de Mingrat. *Paris, Bellemain*, 1830. — Montbel (Cte de). Le Comte de Marnes, fils aîné du roi Charles X. *Versailles, s. d.* — Musset-Pathay. Nouveaux mémoires secrets. *Paris, Brissot*, 1829. — Pitou (A.). De l'incrédulité intéressée. *Paris, Dentu*, 1825.

1393. Mes dernières indiscrétions, par la contemporaine (Ida Saint-Elme). *Paris, Moutardier*, 1834, 2 vol. brochés. — Chronique indiscrète du dix-neuvième siècle (composée par P. Lahalle, I.-P. Regnault-Warin et B. de Roquefort). *Paris*, 1825, veau marb., dos orné, tr. marb. — Ens. 3 vol. in-8.

1394. Histoire de la Révolution de 1830, ornée de 40 lithographies, avec portraits en pied du Roi, des princes et des principaux personnages, dessinés et lithographiés d'après nature par M. Petit. *Paris, l'auteur, Hautecœur-Martinet*, 1831, in-fol., cartonn. demi-bas. grenat, couv. imprimée.

> Lithographies d'après *V. Adam, Bellangé, Blanc, Julien*, etc.

1395. Révolution de 1830. Recueil de 16 lithographies diverses en 1 vol. gr. in-fol., demi-rel., mar. vert.

> Chants patriotiques, 1 lithographie comprenant 14 petits sujets, composés par *David*. — Macédoine patriotique, 1 pl.— Portrait de Flavia, par *Court*.— La Parisienne, la Marseillaise, 2 pl.— Suite de 4 lithographies par Charlet et Jaime, tirées sur Chine. — Combat de la rue St-Antoine. — Le Pont d'Arcole. — Prise du Palais-Royal. — Le Peuple à la caserne des gendarmes.
> On a relié avec ce recueil : 27, 28, 29 juillet 1830, représentés en trois tableaux renfermant trois chansons patriotiques. *Publié par Knecht et Doissy*, 1831, in-fol. (*Couvert.*).

1396. Révolution de 1830. 5 vol. in-8, brochés.

> Debonninque (A.). La Révolution ou confessions d'une girouette. *Calais*, 1832, 2 vol. — Lamothe-Langon (L. de). Révélations d'une femme de qualité, sur les années 1830 et 1831. *Paris, Delaunay*, 1831, 2 vol. — Prosper (G.). Souvenir glorieux du parisien ou précis historique des journées des 26, 27, 28, 29, 30 et 31 juillet 1830. *Paris, s. d.*, 2 fig.

1397. Un mois de 1830 ou mémorables journées de juillet et d'août, tableaux historiques composés et dessinés sur pierre par Victor Adam ; accompagnés d'un texte français et anglais et précédés du précis de la Révolution française de 1789 à 1830, par P.-J. Charrin. *A Paris, chez Bulla*, 1830-1831, in-fol. en feuilles, dans les couvertures de livraisons.

> Texte français et anglais, 3 planches de portraits par *Maurin*, 26 planches des principaux épisodes de la Révolution de 1830, par *V. Adam*, et un plan figuratif des Barricades.

1398. Chronique de juillet 1830, par M.-L. Rozet. *Paris, Th. Barrois et B. Duprat*, 1832, 2 vol. in-8, veau bleu, comp. de fil. dor. et dent. à froid, dos plat orné, dent. int., tr. dor. (*Rel. de l'époque*).

1399. Louis-Philippe (Ouvrages relatifs au règne de). 11 vol. in-4 et in-8, reliés et brochés.

> Alton Shée (d'). Mes mémoires, (1826-1848). *Paris*, 1869, 2 vol. — Carel. Extrait du dossier d'un prévenu de complicité morale dans l'attentat du 28 juillet. *Paris*, 1835. —

Haine (d'). L'espion de police ou mémoires du Cte Léon de Mortain. *Paris*, 1847, 2 vol. —
Laugier et Carpentier. Vie anecdotique de Louis-Philippe. *Paris*, 1837. — Richomme.
Journées de la révolution de 1848. *Paris*, 1848. — Procès Fieschi devant la cour des pairs.
Paris, 1835. — Viollet. Récit fidèle et complet des journées de juin 1848. *Paris*, 1848. —
Recueil de plaidoiries et pamphlets relatifs à la mort du prince de Condé.

1400. Physiologie de la poire, par Louis Benoit, jardinier [pseudonyme de Peytel,
notaire à Belley]. *Paris, chez les libraires de la place de la Bourse, et ceux du
Palais-Royal*, 1832, in-8, broché *(Couvert.)*.

> Pamphlet contre le gouvernement de Louis-Philippe.

1401. Nodier (Charles). Journal de l'expédition des Portes de Fer. *Paris, Imp.
royale*, 1844, gr. in-8, cartonné, non rogné.

> Ouvrage non mis dans le commerce, orné de 200 vignettes gravées sur bois d'après *Raffet*,
> dont 40 planches tirées à part sur papier de Chine.
> Exemplaire de M. Thiebaut, sous-lieutenant au 3° régiment de Chasseurs d'Afrique.

1402. Mes Souvenirs (1820-1879), par le général Du Barail, avec un portrait. *Paris,
E. Plon, Nourrit*, 1895-1896, 3 vol. in-8, brochés.

1403. Histoire de mon temps. Mémoires du chancelier Pasquier, publiés par M. le
duc d'Audiffret-Pasquier. Portraits en héliogravure. *Paris, E. Plon*, 1893-1895,
6 vol. in-8, brochés.

1404. Chroniques des Tuileries et du Luxembourg, physiologie des cours modernes,
par G. Touchard-Lafosse. *Paris, Passard*, 1850, 6 vol. in-8, brochés.

> Cachet sur les couvertures.

1405. Les Murailles révolutionnaires, collection complète des professions de foi,
affiches, décrets, bulletins de la République, etc., etc. *Paris, J. Bry*, 1856, in-4,
demi-rel. chag. rouge.

> On y a joint : Les Murailles politiques françaises, depuis le 18 juillet 1870 jusqu'au 27
> mai 1871. *Paris, Le Chevalier*, 1874, 3 vol. in-4 brochés.

1406. Second Empire. 3 vol. in-8, 2 vol. in-12 et 1 vol. in-4 oblong. — Ens. 6 vol.
dont 5 brochés et 1 demi-rel. chag. rouge.

> Avenel (G.). Lundis révolutionnaires, 1871-1874. *Paris, Leroux*, 1875. — Chaudey (G.).
> L'Empire parlementaire. *Paris*, 1870. — Les Carnot, 1753-1887. *Paris, Pitrat*, 1888. — Les
> Courtisanes du second empire. *Bruxelles*, 1871. — Davot (A.). Paris sous la commune. *Paris*,
> s. d.

1407. Papiers et correspondance de la famille impériale. *Paris, Imprimerie nationale*,
1870-1872, 2 vol. in-8, brochés.

> On y a joint :
> *Papiers sauvés des Tuileries, suite à la correspondance de la famille impériale, publiés par
> Robert Hall*. Paris, E. Dentu, 1871, 1 vol. in-8, broché.

1408. Paris pendant les deux sièges, par Louis Veuillot. *Paris, Victor Palmé*, 1871,
2 vol. in-8, brochés.

> Édition originale.

1409. Les Ruines de la monarchie française, cours philosophique et critique d'histoire moderne sur l'invasion des sophistes qui ont dévasté la France, bouleversé l'Europe et fait rétrograder la civilisation, par M. L. Revelière. *Paris, Lecoffre fils,* 1879, 3 vol. in-8, brochés.

1410. Histoire contemporaine de la France, par J.-A. Petit. *Paris, Palmé,* 1881-1884, 7 vol. in-8, brochés.

> Tomes I à VII. La Révolution, la terreur, Réaction thermidorienne, le Directoire, le Consulat, l'Empire, la Restauration et les Cent-jours.

f. — Histoire royale et princière. — Cérémonial. — Mélanges.

1411. Les Crimes des rois de France, depuis Clovis jusqu'à Louis XVI, par Louis Lavicomterie. *Paris,* 1791. — Effrayante histoire des crimes horribles qui ne sont communs qu'entre les familles des rois, depuis le commencement de l'ère vulgaire, jusqu'à la fin du xviiie siècle, par Mopinot. *A Paris,* 1793. — Les Crimes des reines de France, depuis le commencement de la monarchie jusqu'à la mort de Marie-Antoinette, par L. Prudhomme. *Paris,* an II. — Ens. 3 vol. in-8, dont 2 rel. veau ou demi-veau fauve et 1 broché.

1412. Les d'Orléans au tribunal de l'histoire, (1640-1815), par Gazeau de Vautibault. *Paris, Dumont,* 1892, 7 vol. in-12, brochés.

1413. Le Cérémonial françois, contenant les cérémonies observées aux sacres et couronnemens de roys et reynes et de quelques anciens ducs de Normandie, d'Aquitaine et de Bretagne, comme aussi à leurs entrées solennelles... recueilly par Théodore Godefroy et mis en lumière par Denys Godefroy. *A Paris, chez Sébastien Cramoisy,* 1649, 2 vol. in-fol., demi-rel., veau jasp., tr. marb. (*Rel. anc.*).

1414. Sacre, Fêtes. 3 vol. in-8, veau fauve et 1 vol. in-8, cartonn. demi-toile.

> Histoire des inaugurations des rois, empereurs depuis leur origine jusqu'à présent. *Paris, Moutard,* 1776. — Mauroint. Calendrier historique avec le journal des cérémonies qui s'observent à la Cour, à Paris et à la campagne. *Paris, Chardon, s. d.* — Ouval (P. d'). Traité des feux d'artifice. *Paris, Jombert,* 1747. — Vers du ballet du Roy. *S. l. n. d.,* 15 pp.

1415. Estat des personnes qui doivent et qui ont droit de manger aux tables, durant l'année 1675. Manuscrit pet. in-4, veau brun, fil., tr. dor. (*Rel. anc. fatiguée*).

> Curieux manuscrit de 77 feuillets d'une bonne écriture de l'époque.
> On y remarque l'état des personnes qui ont droit de manger aux tables du roi, les menus du pain, du vin de table et commun, les prix de la panneterie, fruiterie, les rations accordées aux menuisiers, officiers et huissiers de salle, aux apothicaires, tapissiers, etc., etc.

1416. Les Comptes des bâtiments du Roi, (1528-1571), suivis de documents inédits sur les châteaux royaux et les beaux-arts au xvie siècle, recueillis et mis en ordre par le marquis Léon de Laborde. *Paris, J. Baur,* 1877-1880, 2 vol. in-8, brochés.

1417. Inventaire général du mobilier de la couronne sous Louis XIV, (1663-1715), publié pour la première fois sous les auspices de la Société d'encouragement pour la propagation des livres d'art par Jules Guiffrey. *Paris, Rouam*, 1885-1886, 2 vol. gr. in-8, brochés.

Nombreuses reproductions hors texte et dans le texte, gravées sur bois.

1418. Histoire des joyaux de la couronne de France, d'après des documents inédits, par Germain Bapst. *Paris, Hachette et Cie*, 1889, gr. in-8, broché.

Ouvrage orné de 50 gravures.

1419. Reglement général du roy pour le regiment de ses gardes françoises, 1691. *Paris, imp. royale,* 1728. — Septième abrégé de la carte générale du militaire de France sur terre et sur mer par Lemau de La Jaisse. *Paris, Prault,* 1741, nombreux blasons. — État du régiment des gardes françoises du roy pour l'année 1766. *Paris, Lamesle,* 1766. — État militaire de France pour les années 1765-1786. *Paris, Onfroy,* 1765-1786, 2 vol. — Ens. 4 vol. in-12, veau fauve et 1 vol. in-16, mar. rouge, tr. dor.

1420. Histoire du régiment de Champagne par Roux de Rochelle. *Paris, Firmin-Didot frères,* 1839, in-8, broché.

On y joint : MICHAUX (Alex.).
Les milices et les régiments soissonnais. Les Garnisons et camps de Soissons. *Soissons,* 1885, in-8, broché.

1421. Un Régiment à travers l'histoire, le 76e ex 1er léger, par le Commandant Du Fresnel. Préface de François Coppée. *Paris, E. Flammarion,* 1894, in-4, broché (*Couvert. illust.*).

Exemplaire imprimé sur PAPIER DU JAPON.

1422. Histoire du drapeau, des couleurs et des insignes de la monarchie française, précédée de l'histoire des enseignes militaires chez les anciens, par M. Rey. *A Paris, chez Techener,* 1837, 2 vol. in-8, demi-rel. veau fauve, ébarbés.

Ouvrage accompagné de 24 planches lithographiées, représentant 311 figures.

1423. Histoire des conseils du Roi, depuis l'origine de la monarchie jusqu'à nos jours, par M. de Vidaillan. *Paris, Amyot,* 1856, 2 vol. — Les Parlements de France, essai historique par le Vicomte de Bastard d'Estang. *Paris, Didier,* 1857, 2 vol. — Ens. 4 vol. in-8, brochés.

1424. Lettres, mémoires et négociations particulières du chevalier d'Eon, ministre plénipotentiaire de France auprès du roi de la Grande-Bretagne, avec MM. les ducs de Praslin, de Nivernois, de Sainte-Foy et Régnier, de Guerchy, ambassadeur extraordinaire, etc. *Imprimé chez l'auteur, aux dépens du corps diplomatique, et se vend à Londres chez Jaques Dixwell,* 1764, in-4, veau marb., dos orné, tr. rouges (*Rel. anc.*).

On y joint : un beau portrait de Louise d'Eon de Beaumont, dessin original à l'encre de Chine et à la mine de plomb par *Lemoine,* daté de 1771.

1425. Archives parlementaires de 1787 à 1860 ; recueil complet des débats législatifs et politiques des chambres françaises par M. Mavidal et E. Laurent. Tomes 52 à 61 inclus [Convention nationale]. *Paris, Paul Dupont,* 1897-1902, 8 vol. gr. in-8, brochés.

Les tomes 53 et 59 manquent.

1426. xixᵉ siècle (en France). Classes, mœurs, usages, costumes, inventions, par John Grand Carteret. Ouvrage illustré d'un frontispice chromotypographique, de 16 planches coloriées aux patrons, de 36 en-têtes et lettres ornées et de 487 gravures d'après les principaux artistes du siècle et à l'aide des procédés modernes. *Paris, Firmin Didot et Cⁱᵉ,* 1893, gr. in-8, broché.

1427. 1789-1889. Histoire du siècle. Reproduction en photogravure des peintures de MM. Alfred Stevens et Gervex. *Paris, Launette et Cⁱᵉ, s. d.,* in-fol. cartonn. fers spéciaux (*Rel. des éditeurs*).

12 photogravures avec schéma.

1428. Le dix-neuvième Siècle. Les mœurs, les arts, les idées. *Paris, Hachette et Cⁱᵉ,* 1901, gr. in-8, broché.

Nombreuses reproductions hors texte et dans le texte en héliogravure et en phototypie.

g. — *Histoire particulière des villes et provinces de France.*

1. — Paris.

A. — Histoire générale. — Descriptions, guides, quartiers de Paris — Histoire particulière a diverses époques. — La Seine et la Bièvre.

1429. Histoire générale de Paris. *Paris, Imprimerie impériale,* 1866-1903, 15 vol. in-4, cartonn. papier (*Rel. de l'éditeur*).

Belgrand (E.). Le Bassin parisien aux âges anté-historiques, 1869, 1 vol. de texte et 2 vol. de planches. — Berty (A.). Topographie historique du vieux Paris, 1866-1897, 5 vol. — Bournon (Fernand). La Bastille, 1893. — Franklin (A.). Les anciennes bibliothèques de Paris, 1867-1873, 3 vol. — Funck-Brentano (F.). Les lettres de cachet à Paris, étude suivie d'une liste des prisonniers de la Bastille (1659-1789), 1903. — Legrand (H.). Paris en 1380 (Plans de restitution) 1868.
On y a joint : Introduction à l'histoire générale de Paris par le Bᵒⁿ Haussmann, 1866.

1430. Société de l'histoire de Paris et de l'Ile-de-France. *Paris, H. Champion,* 1875-1906, 49 vol. et 200 fascicules in-8, brochés.

Bulletin de la Société de l'histoire de Paris et de l'Ile de France. De l'année 1874 à décembre 1906, 200 fascicules (juillet et août 1899 et mars, avril, novembre et décembre 1903 manquent). — Cousin (Jules). Notice sur un plan de Paris du xviᵉ siècle, 1875. — Coyecque (E.). L'Hôtel-Dieu de Paris au moyen âge, 1891, 2 vol. — Dubuisson-Aubenay. Journal des guerres civiles, 1883-1885, 2 vol. — Grouchy (Vᵗᵉ de). Everhard Jabach, 1894. — Un Privilège pour la foire Saint-Laurent, 1891. — Inventaire de la collection de dessins sur Paris formée par M. H. Destailleur, 1891. — Longnon (A.). Paris pendant la domination anglaise, 1878. — Polyptyque de l'abbaye de Saint-Germain-des-Prés, 1886. — Marville (M. de). Lettres au ministre Maurepas (1742-1747), 1896-1903, 2 vol. — Mémoires de la société de l'histoire de Paris et de l'Ile de France, 1875-1906, 32 vol. (le tome 26 (année 1899) manque). — Renouard (Ph.). Documents sur les imprimeurs, libraires, graveurs, relieurs, etc., 1901. — Tuétey (A.). Journal d'un bourgeois de Paris, 1881. — Viard (Jules). Documents parisiens du règne de Philippe VI de Valois, 1899-1900, 2 vol. — Vitu (A.). La maison des Pocquelin et la maison des Régnard aux piliers des halles, 1885.

1431. Les Antiquitez, chroniques, et singularitez de Paris, ville capitale du royaume de France, avec les fondations et bastimens des lieux, les sépulchres et épitaphes des princes, princesses et autres personnes illustres. Corrigées et augmentées pour la seconde édition, par G. Corrozet, parisien. *A Paris, En la grande salle du Palais en la boutique dudict Gilles Corrozet,* 1561, pet. in-8, de 6 ff. prélim., non chiff. et 199 ff. chiff., demi-rel. chagrin rouge (*Rel. mod.*).

   Édition la plus complète et la dernière qu'ait donnée Corrozet.
   Il manque 2 ff. prélim. et le dernier feuillet chiff. 200.

1432. Le Théâtre des antiquitez de Paris... divisé en quatre livres par le R. P. F. Jacques Du Breul. *A Paris, chez Claude de la Tour,* 1612, in-4 de plus de 1300 pag., veau brun, dos orné, tr. rouges (*Rel. anc.*).

   Exemplaire fatigué, cassures.

1433. Histoire et recherches des antiquités de la ville de Paris, par M. Henri Sauval. *A Paris, chez Charles Moette et Jacques Chardon,* 1724, 3 vol. in-fol., veau marb., dos orné, tr. marb. (*Rel. anc.*).

   Exemplaire sans l'*histoire des amours des rois de France.*

1434. Histoire de la ville de Paris, composée par D. Michel Félibien, reveüe, augmentée et mise au jour par D. Guy Alexis Lobineau... justifiée par des preuves authentiques, et enrichie de plans, de figures et d'une carte topographique. *A Paris, chez Guil. Desprez et Jean Desessartz,* 1725, 5 vol. in-fol., mar. rouge, fil., armes de la ville de Paris aux angles, dos orné, dent. int., tr. dor. (*Rel. anc.*).

   Aux armes ROYALES.
   Ces armes sont modernes, elles ont été poussées sur un morceau de maroquin moderne mis pour remplacer les armoiries anciennes qui avaient été coupées.

1435. Histoire de la ville et de tout le diocèse de Paris, par l'abbé Lebeuf. Edition annotée et continuée jusqu'à nos jours par Hippolyte Cocheris. *Paris, A. Durand,* 1863-1870, 4 vol. in-8, brochés.

1436. Histoire physique, civile et morale de Paris, depuis les premiers temps historiques jusqu'à nos jours, par J.-A. Dulaure. Seconde édition, considérablement augmentée en texte et en planches. *Paris, Guillaume,* 1823-1824, 10 vol. in-8, demi-rel. veau fauve, tr. jasp.

   Bel exemplaire sans l'atlas.

1437. Paris à travers les âges, aspects successifs des monuments et quartiers historiques de Paris depuis le XIIIe siècle jusqu'à nos jours, fidèlement restitués d'après les documents authentiques par M. F. Hauffbauer, texte par MM. Edouard Fournier, Paul Lacroix, A. de Montaiglon, A. Bonnardot, Jules Cousin, Franklin, etc., etc. *Paris, Firmin Didot et Cie,* 1875-1882, 14 livraisons in-fol., en feuilles dans des cartons.

   Exemplaire de PREMIER TIRAGE.

1438. Paris de siècle en siècle, texte, dessins et lithographies par A. Robida. *Paris, à la Librairie illustrée, s. d.* — Le Cœur de Paris, splendeurs et souvenirs, texte, dessins et lithographies par A. Robida. *Ibid., id., s. d.* — Ens. 2 vol. gr. in-8, brochés (*Couvert. illustr.*).

Nombreuses illustrations dans le texte et hors texte.

1439. Paris ignoré, par Paul Strauss, 550 dessins inédits d'après nature. *Paris, s. d.*, in-4, cartonn. toile, fers spéciaux (*Rel. des éditeurs*).

1440. Histoire de Paris, 3 vol. in-8, brochés.

BOURNON. Paris, Histoire, monuments, administration, environs de Paris. *A. Colin*, 1888. — DELON. Notre capitale Paris. *Paris*, 1888. — MÉNORVAL (de). Paris depuis l'avènement de Charles VI en 1380 jusqu'à la mort de Henri III. *Didot*, 1892.

1441. Iles de Paris, 4 vol. in-8, brochés.

BERTY (A.). Les trois îlots de la cité. *Paris, Didier*, 1860. — PASCAL (l'abbé). Notice sur l'île Saint-Louis. *Paris, Lagmy*, 1841. — ROBIDA (A.). L'Ile de Lutèce. *Paris, Daragon*, 1905. — TISSERAND (L.-M.). Les îles du fief de Saint-Germain-des-Prés. *Paris*, 1878.

1442. Les Curiositez de Paris, de Versailles, de Marly, de Vincennes, de Saint-Cloud et des environs par M. L. R. (Louis Le Rouge). Ouvrage enrichi d'un grand nombre de figures. *Paris, chez Saugrain*, 1716, in-12, veau brun, tr. rouges (*Rel. anc.*).

Première édition, rare.

1143. Description de la ville de Paris, et de tout ce qu'elle contient de plus remarquable, par Germain Brice. *A Paris, chez les Libraires associés*, 1752, 4 vol. in-12, veau marb., tr. rouges (*Rel. anc.*).

Nombreuses planches gravées en taille-douce.

1444. État ou tableau de la ville de Paris, considérée relativement au nécessaire, à l'utile, à l'agréable et à l'administration (par de Jèze, avec une préface par Charles-Étienne Pelissier). *A Paris, chez Prault*, 1761, in-8, cartonné.

On y joint l'édition de 1767 du même ouvrage in-8, veau marb., tr. rouges (*Rel. anc.*) et « Le Pariséum », ou tableau actuel de Paris, publié par Piranési, propriétaire. *Paris*, 1787-1788, in-12, demi-rel. veau vert.

1445. Guides et descriptions de Paris. 8 vol. in-12, dont 6 rel. veau ou demi-rel. veau et 2 brochés.

ANTONINI (l'abbé). Mémorial de Paris et de ses environs. *Paris*, 1749, 2 vol. — GUIDE-BOUSSOLE de Paris. *S. d.* — GUIDE DU PROMENEUR aux barrières et dans les environs de Paris. *Paris*, 1853. — MARIN. Quinze jours à Paris, ou guide de l'étranger dans la capitale et ses environs. *Paris*, 1847. — THIERY. Le voyageur à Paris. *Paris*, 1790, 2 tomes en 1 vol. — VOYAGEUR (Le) FIDÈLE ou le guide des étrangers dans la ville de Paris. *Paris*, 1716. — GUIDE DES ÉTRANGERS aux monumens publics de Paris. *Paris*, 1813. — La Lorgnette philosophique. LONDRES, 1785, etc., etc.

1446. Almanach parisien, en faveur des étrangers et des personnes curieuses. *A Paris, chez la ve Duchesne*, 1782-1793, 5 vol. in-18, veau marb. (*Rel. anc.*).

Années 1782-1783, 1788, 1790 et 1793.
On y joint : Almanach de Paris, contenant la demeure, les noms et qualités des personnes de condition, pour les années 1781 et 1788. *Paris*, 1781, 1788, 2 vol.

1447. Almanach du Palais-Royal, utile aux voyageurs, pour l'année 1786. *Paris, Royer*, 1786. — Almanach du voyageur à Paris, pour l'année 1783, par M. T*** (Vincent-Thiéry). *Paris, Hardouin*, 1783. — La Samaritaine avec ses prédictions pour l'année 1787. *Paris*, 1887. — Ens. 3 vol. in-16, demi-rel. veau fauve et cartonn. toile.

1448. Curiosités de Paris. 5 vol. in-12, dont 1 broché, les autres rel. veau, marb. ou demi-veau.

> Curiosités de Paris et de ses environs par M. E. A. P. *Paris*, 1805, 2 tomes en 1 vol. — Jacob (Bibliophile). Curiosités de l'histoire du vieux Paris. *Paris*, 1858. — Le Rouge. Les Curiositez de Paris, de Versailles, de Marly, de Vincennes, de Saint-Cloud... *A Paris*, 1742, 2 vol. — Paris et ses curiosités avec une notice historique et descriptive des environs de Paris. *A Paris*, 1804, 2 tomes en 1 vol.

1449. Miroir historique, politique et critique de l'ancien et du nouveau Paris, et du département de la Seine. Contenant tout ce qui a rapport aux sciences, aux arts et au commerce, des prophéties des anecdotes et des particularités curieuses...... suivi des noms des hommes célèbres nés à Paris; terminé par un voyage dans le département de Seine-et-Oise. Troisième édition, considérablement augmentée, ornée de 116 gravures, par L. Prudhomme. *Paris*, 1807, 6 vol. in-18, brochés.

1450. Tableau historique et pittoresque de Paris, depuis les Gaulois jusqu'à nos jours, par M*** (Jac.-Max.-Benj. Benisse de Saint-Victor). *A Paris, chez Nicolle et Le Normant*, 1808-1811, 3 vol. in-4, demi-rel. chagrin grenat, tr. jasp.

> Première édition ornée de 181 planches hors texte et de nombreuses vignettes dans le texte, gravées à la manière du lavis.

1451. Paris ancien et moderne (par M. Saint-Victor). *A Paris, chez Parent-Desbarres*, 1836, in-4, pl. cartonn. papier (*Rel. de l'époque*).

> Atlas seul contenant 280 planches gravées à la manière du lavis.

1452. Paris-guide par les principaux écrivains et artistes de la France. La vie, la science, l'art. *Paris, A. Lacroix, Verbœckhoven et Cⁱᵉ*, 1867, 2 part. en 4 vol in-12, brochés.

> Exemplaire imprimé sur papier de Hollande, contenant les figures hors texte tirées sur papier de Chine.

1453. Promenades à travers Paris, par E. de Ménorval. Ouvrage orné de 150 illustrations. *Paris, L. Henry May*, s. d., gr. in-8, broché (*Couvert. illust.*).

1454. Drumont (Édouard). Mon vieux Paris, dessins de Gaston Coindre. *Paris, Flammarion*, s. d., 2 vol. — Mon vieux Paris, hommes et choses. *Paris, Charpentier*, 1879. — Villebresme (Vⁱᵉ de). Ce qui reste du vieux Paris. *Paris, Flammarion*, s. d. — Ens. 4 vol. in-12, brochés.

1455. Quartiers de Paris. 6 vol. in-12 et 3 vol. in-8. Ens. 9 vol. dont 8 brochés et 1 vol. demi-bas. verte.

> Bonnardot (H.). Monographie du viiiᵉ arrondissement. *Paris, Quantin*, 1880. — Challa-

mel (A.). Les Légendes de la place Maubert. *Paris, Lemerre,* 1877. — Doniol (A.). Histoire du XVIe arrondissement de Paris. *Paris, Hachette,* 1902. — Duval (Georges). Le quartier Pigalle. *Paris, Flammarion,* s. d. — Fournier (E.). Histoire de la butte des moulins. *Paris, Lepin,* 1877. — Girault de Saint-Fargeau. Les quarante-huit quartiers de Paris. *Paris, Blanchard,* 1850. — Laffitte (J.). Un coin de Paris, le XVIe arrondissement. *Paris, Hachette,* 1897. — Le Quartier Montparnasse. *Paris, J. Mersch,* 1877. — Sellier (Ch.). Le quartier Barbette. *Paris, Fontemoing,* 1899.

1456. Les Vieux quartiers de Paris. La Bièvre, par J.-K. Huysmans avec 23 dessins et un autographe de l'auteur. *Paris, Genonceaux,* 1890, in-8, broché *(Couvert.).*

> Première édition française.

1457. Le Quartier Notre-Dame, par J.-K. Huysmans. Illustrations et gravures de Ch. Jouas. *Paris, A. Romagnol,* s. d., pet. in-8, broché.

> De la « *Collection de l'Académie des Goncourt* ». C'est le volume le plus recherché de cette collection.

1458. La Butte des Moulins avec documents archéologiques et administratifs inédits par le Dr Moura ; eaux-fortes de A.-P. Martial. *Paris, Vve Cadart,* 1877, in-fol., en feuilles dans un carton.

> Exemplaire imprimé sur papier de Hollande contenant les 21 planches hors texte sur papier de Chine.

1459. Montmartre (Ouvrages relatifs à). 5 vol. in-4, in-8 et in-12 brochés.

> Delatre (Eug.). Montmartre. Vues dessinées et gravées à l'eau-forte. 10 eaux-fortes. — Cheronnet (D.-J.-F.). Histoire de Montmartre. *Paris,* 1843. — Renault et Chateau. Montmartre. *Paris, Flammarion,* s. d. — Sellier (Ch.). Curiosités historiques et pittoresques du Vieux Montmartre. *Paris,* 1904.

1460. Passy, Auteuil et Neuilly. 4 vol. in-8, in-12, dont 3 vol. brochés et un 1 vol. demi-rel. bas. noire.

> Bellanger (l'abbé). Histoire de Neuilly. *Neuilly,* 1855. — Chroniques de Passy et de ses environs. *Paris,* s. d. — Feuardent (A. de). Histoire d'Auteuil. *Paris, Gaillet,* 1855. — Même ouvrage édition de *Paris,* 1877.

1461. Histoire de Paris à diverses époques. 4 vol. in-4, in-8 et in-12, brochés.

> Journal du siège de Paris en 1590, rédigé par un des assiégés... publié par A. Franklin. *Paris,* 1876. — Journal d'un voyage à Paris en 1657-1658, publié par A.-P. Faugère. *Paris,* 1862. — Paris sous Philippe-le-Bel... publié par Géraud. *Paris,* s. d. (sans titre) — Paris au treizième siècle par A. Springer. *Paris,* 1860.

1462. Histoire de Paris à diverses époques. 4 vol. in-8 et 2 vol. in-12. Ens. 6 vol. dont 5 vol. demi-rel. veau et cartonn. et 1 vol. broché.

> Ducrest (G.). Paris en province et la province à Paris. *Paris, Ladvocat,* 1831, 2 vol. — Egmont (d'). Paris et Saint-Cloud au 18 brumaire. *Paris, Fournier,* 1832. — Janin (J.). Paris et Versailles il y a cent ans. *Paris, Didot,* 1874. — Meyer (J.-L.). Fragments sur Paris. *Hambourg,* 1798. — Souvenirs de mon dernier voyage à Paris. *Zuric,* 1797.

1463. Histoire de Paris à diverses époques. 6 vol. in-8 et 2 vol. in-12. — Ens. 8 vol. dont 4 vol. demi-rel. chag. et 4 vol. brochés.

> Borne (L.). Lettres écrites de Paris pendant les années 1830 et 1831. *Paris, Paulin,* 1832.

— Borel d'Hauterive. Sièges de Paris, depuis Jules César jusqu'à ce jour. *Paris, Dentu*, 1871.
— Lazare (Louis). La France et Paris. Les trois Républiques. *Paris*, 1872. — Merruau
(Ch.). Souvenirs de l'Hôtel de Ville de Paris. *Paris, E. Plon*, 1875. — Une Semaine de
l'histoire de Paris. *Bruxelles*, 1830. — Trollope (Madame). Paris et les Parisiens en 1835.
Paris, H. Fournier, 1836, 3 vol.

1464. Collection de documents relatifs à l'histoire de Paris pendant la Révolution.
Paris, Léopold Cerf, 1888-1904, 28 vol. in-8, brochés.

> Aulard (A.). La société des jacobins (1789-1794), 1889-1897, 6 vol. — Paris pendant la réac-
> tion thermidorienne et sous le Directoire (28 Juillet 1794 au 18 Novembre 1799), 1898-1902,
> 5 vol. — Paris sous le Consulat (1799-1802), 1903-1904, 2 vol. — Ens. 13 vol. — Chara-
> vay (Etienne). Assemblée électorale de Paris (1791-1792), 1894. — Chassin (L.). Les Elec-
> tions et les cahiers de Paris en 1789. 1888-1889, 4 vol. — Chassin (L.) et L. Hennet. Les vo-
> lontaires nationaux. 1889 (tome I⁰ʳ seul). — Lacroix (Sigismond). Actes de la commune de
> Paris pendant la Révolution (1789-1790), 1894-1898, 7 vol. — Robiquet (Paul). Le person-
> nel municipal de Paris pendant la Révolution (Période constitutionnelle), 1890.

1465. Paris ; ses organes, ses fonctions et sa vie dans la seconde moitié du xixᵉ siècle,
par Maxime Du Camp. *Paris, Hachette et Cⁱᵉ*, 1869-1875, 6 vol. — Les Convulsions de Paris, par Maxime Du Camp. *Ibid. Id.*, 1878-1880, 4 vol. Ens. 10 vol.
in-8, brochés.

1466. Histoire de la bourgeoisie de Paris, depuis son origine jusqu'à nos jours, par
M. Francis Lacombe. *Paris, Amyot, s. d.*, 3 vol. — Les Bourgeois célèbres de Paris. *Id., s. d.* — Ens. 4 vol. in-8, brochés.

1467. La Seine à travers Paris, par Saint-Juirs (René Delorme). Illustrée de 230 dessins et de 17 compositions en couleurs par G. Fraipont. *Paris, Launette et Cⁱᵉ*,
1890, gr. in-8, broché.

1468. Voyage de Paris à la mer, par Rouen et le Hâvre, description historique des
villes, bourgs, villages et sites sur le parcours du chemin de fer et des bords de
la Seine (par Jules Janin) ; orné de 75 gravures et 7 vignettes dessinées sur les
lieux par M. Morel-Fatio, de quatre cartes et plans gravés par M. P. Tardieu.
Paris, E. Bourdin, s. d. (1845), in-12, broché (*Couvert. illust.*).

> Édition originale, très rare.

1469. Voyage de Paris à S.-Cloud par mer et par terre par L. Balthazar Néel (de
Rouen), suivi du retour, par Augustin-Martin Lottin. Avec introduction et douze
eaux-fortes par Jules Adeline. *Rouen, E. Augé*, 1878, in-8, papier vergé, en feuilles
dans un carton.

> Jolie édition imprimée à 255 exemplaires.

1470. Collection de plombs historiés trouvés dans la Seine et recueillis par Arthur
Forgeais. *Paris, chez l'auteur*, 1862-1866, 5 vol. in-8, brochés.

> Méreaux des corporations de métiers. — Enseignes de pèlerinages. — Variétés numisma-
> tiques. — Imagerie religieuse. — Numismatique populaire.
> On y joint :
> 1° Notice sur les plombs historiés trouvés dans la Seine et recueillis par A. Forgeais. *Paris,
> Aubry*, 1858. — Numismatique des corporations parisiennes, métiers, etc., d'après les plombs

historiés trouvés dans la Seine et recueillis par A. Forgeais. *Paris*, 1874. — Blasons et chevaliers, crayons écritoires et ampoules du moyen âge, d'après les plombs historiés trouvés dans la Seine et recueillis par A. Forgeais. *Paris*, 1875-1877, 2 plaquettes.

1471. Collection de plombs historiés trouvés dans la Seine et recueillis par Arthur Forgeais. *Paris, chez l'auteur*, 1862-1866, 5 vol. in-8, brochés.

1472. La Seine et la Bièvre, 1 vol. in-4, 1 vol. in-8 et 5 vol. in-12. — Ens. 7 vol. dont 3 cartonn. et 4 vol. brochés.

Barron (L.). La Seine. *Paris, H. Laurens, s. d.* — Canal maritime de la Seine. *Paris, Didot*, 1828. — Huysmans (J.-K.). La Bièvre et Saint-Séverin. *Paris, Stock*, 1898. — Lainé (A.). Voyage sur les bords de la Seine. *Paris*, 1846. — Mazeret (C.). Panorama des rives de la Seine. *Paris, H. Delloye*, 1836. — Mithouard (Adrien). La perdition de la Bièvre. *Paris*, 1906.

1473. Au bord de la Bièvre. Impressions et souvenirs, par Alfred Delvau. Nouvelle édition précédée d'une bibliographie des ouvrages de l'auteur (par Poulet-Malassis). *Paris, chez René Pincebourde*, 1873, in-12, broché (*Couvert.*).

B. — Histoire topographique et monumentale. — Topographie et plans. — Promenades et rues. — Voirie. — Monuments publics. — Hotels et maisons. — Vues.

1474. Topographie de Paris. 5 vol. in-8, dont 4 vol. brochés et 1 vol. cartonn.

Franklin (A.). Etude sur le plan de Paris de 1540. *Paris, Aubry*, 1869. — Leynadier. Nouveau plan de Paris illustré. *Paris, Morel*, 1855. — Maire (N.). Topographie de Paris. *Paris*, 1813. — Munster. Plan de la ville et université de Paris. *Paris, Quantin*, 1883. — Nouveau plan de Paris. *Paris*, 1804.

1475. Topographie de Paris. 5 vol. in-8 et in-12, dont 4 reliés et 1 broché.

Dictionnaire historique et topographique de Paris. *Paris, s. d.* — Le Sage. Le géographe parisien ou le conducteur chronologique et historique des rues de Paris. *Paris*, 1769, 2 vol. — Lock (F.). Dictionnaire topographique et historique de l'ancien Paris. *Paris, s. d.* — Maire. La topographie de Paris, ou plan détaillé de la ville de Paris et de ses faubourgs. *Paris*, 1808.

1476. Plan de Paris, dressé géométriquement en 1649, et publié en 1652 par Jacques Gomboust, avec le texte, les vues et les ornemens qui accompagnent quelques exemplaires, augmenté d'une feuille d'assemblage pour faciliter les recherches, gravé en fac-simile par Lebel et publié par la Société des Bibliophiles françois. *A Paris, chez Techener*, 1858, gr. in-fol. en feuilles dans un carton et 1 vol. in-12, broché, pour la notice.

1 Plan d'assemblage et 10 planches gravées.

1477. Description de la ville et des fauxbourgs de Paris en vingt planches, dont chacune représente un des 20 quartiers suivant la division qui en a esté faite par la déclaration du Roy du 12 décembre 1702 rendue en exécution de l'édit du mois de décembre 1701, avec un détail exact de toutes les abbaïes et églises, des couvents, communautez, collèges, etc., dressée et gravée sous les ordres de M. d'Argenson. *A Paris, chez Jean de La Caille,* 1714, in-fol., veau brun, tr. jas. (*Rel. anc.*).

> 1 plan général et 20 plans.
> Exemplaire fatigué.

1478. Bonnardot (A.). Recherches archéologiques sur les anciens plans de Paris des xvi⁰, xvii⁰ et xviii⁰ siècles. — Dissertations archéologiques sur les anciennes enceintes de Paris. *Paris,* 1851-1853, 2 vol. — Bournon (F.). Les arènes de Lutèce (arènes de la rue Monge). *Paris,* 1908. — Guilhermy. Itinéraire archéologique de Paris. *Paris,* 1855. — Même ouvrage. Nouvelle édition. *Paris, s. d.* — Leguay. Antiquités anté-historiques et gauloises des parisii. *Paris,* 1867. — Troche. Mémoires sur l'hôtel du chevalier du guet à Paris. *Paris,* 1850. — Ens. 7 vol. et plaquettes in-4, in-8 et in-12, brochés.

1479. Les anciens plans de Paris. Notices historiques et topographiques par Alfred Franklin. *Paris, Léon Willem,* 1878-1880, 2 vol. in-4, brochés.

> Exemplaire imprimé sur papier de Hollande.
> Tirage à petit nombre.

1480. Atlas topographique en XVI feuilles des environs de Paris à la distance d'environ 8 myriamètres ou 18 lieues dans sa moyenne étendue, dressé sur une échelle de 31 millimètres pour 2 kilomètres, 4 lignes pour 300 toises, par Dom G. Coutans, ex-bénédictin. Revu, corrigé et augmenté d'après nombre de cartes précieuses et plans particuliers, tant gravés que manuscrits, par Charles Picquet. *A Paris, chez Picquet,* an 8-1800, in-fol. cartonné.

1481. Atlas général de la ville, des faubourgs et des monuments de Paris, par Th. Jacoubet, architecte, gravé par V. Bonnet, écrit par Hacq, graveur du dépôt de la guerre, 1836, in-fol., demi-rel. chagrin grenat.

> Titre gravé, 52 feuilles doubles comprenant un tableau d'assemblage et un grand plan réduit d'après l'atlas général de Paris.

1482. Histoire anecdotique des barrières de Paris par Alfred Delvau. Avec 10 eauxfortes par Émile Thérond. *Paris, E. Dentu,* 1865, in-12, broché (*Couvert.*).

> Édition originale.
> Un des quelques exemplaires imprimés sur papier vergé.

1483. Promenades pittoresques et lithographiques dans Paris et ses environs par Bacler d'Albe. *A Paris, à la lithographie de G. Engelmann,* 1822, in-fol., dos et coins mar. brun à longs grains, ébarbé (*Couvert.*).

> Bel exemplaire.
> Ouvrage intéressant et rare orné d'un portrait de Bacler d'Albe et de 48 lithographies coloriées. Texte lithographié. Le premier plat de la couverture a été conservé.

1484. Critique sur la folie du jour ou la promenade des boulevards avec l'éloge des promenades royales, du cours, des Champs-Élisées, et du magnifique Jardin des Thuilleries. *S. l.,* 1754. — Promenades aux jardins des Tuileries et du Luxembourg. *Paris, H. Nicolle*, 1818. — Ens. 2 vol. in-16, dont 1 vol. vélin blanc et l'autre broché.

1485. Les Boulevards de Paris. Histoire, état présent, maisons grandes et petites, hôtels, jardins, théâtres, célébrités, etc., etc. Texte et eaux-fortes sous la direction de E. de Saulnat et A.-P. Martial. *A Paris-gravé,* 1877, in-8, broché.

> 20 eaux-fortes de *Martial.*

1486. Panorama des Champs-Élysées. Promenades sur les quais. Panorama de Paris, les boulevards. *Paris* (vers 1830), 3 albums in-4, oblong, cartonnés.

> Chaque album contient environ $4^m,50$ à 6 mètres de vues panoramiques lithographiées et coloriées.

1487. Description des travaux exécutés pour le déplacement, transport et élévation des groupes de Coustou; imprimée et gravée par ordre du gouvernement; présentée au Directoire exécutif par J.-F.-L. Grobert. *A Paris, de l'Imp. de la République,* an IV, in-fol. oblong cartonné.

> 15 pages de texte et 9 planches gravées par *Sellier.*

1488. Vues et description du jardin du Palais-Royal, du jardin des Tuileries et du jardin des Plantes, par Guérin et Schwartz. *A Paris, Imp. de Le Normant,* 1812-1813, 3 albums in-4, oblong, brochés (*Couvert.*).

> Chaque album renferme un texte et 4 planches gravées sur acier par *Schwartz* d'après *Hédouin.*

1489. Vues du jardin des Tuileries dessinées d'après nature et gravées par Troll, et une description générale du palais, et particulière pour chaque point de vue. *Paris, chez Bance aîné,* 1807, pet. in-fol. en feuilles.

> 8 vues gravées à la manière du lavis par *Troll.*

1490. 1751-1889. Le Champ de Mars par Ernest Maindron, avec la collaboration de M. Camille Viré. *Paris et Lille,* 1889, gr. in-8, broché.

> Ouvrage illustré de 70 lettres ornées par Jules Adeline et de 114 reproductions d'après les documents originaux.

1491. Cimetières de Paris. 4 vol. in-12 et in-18, brochés.

> FALIP (E.). Paris-cimetières, guide. *Paris, Lagrange,* 1878. — MAILLARD (F.). Recherches sur la Morgue. *Paris, Delahays,* 1860. — Promenade aux cimetières de Paris. *Paris, Panckoucke,* 1825. — RICHARD (M.). Le véritable conducteur des cimetières. *Paris, Terry,* 1836.

1492. Les Rues de Paris, histoire des rues, ruelles, carrefours, passages, impasses, quais, ponts et monuments de Paris, par MM. F. Bloch et A. Mercklein (du 1er arrondissement au ve inclus); dessins inédits hors texte. *Paris, Nadaud,* 1889, in-fol., broché.

> Tome Ier seul.

1493. Rues de Paris. 13 vol. ou plaquettes in-8 et in-12, reliés et brochés.

> BEAUREPAIRE (Ed.). La Chronique des rues. *Paris,* 1900. — BONNARDOT. Les rues et églises de Paris vers 1500. *Paris,* 1876. — DICTIONNAIRE indicateur de toutes les rues de Paris. *Paris,* 1818. — DUPLOMB (Ch.). La Rue du Bac. *Paris,* 1894. — HEUZEY (F.). Curiosités de

la cité de Paris. *Paris*, 1864. — Lurine (L.). Les Rues de Paris. Paris ancien et moderne. *Paris*, 1844, 2 vol. — Troche. Quelques souvenirs du vieux Paris se rattachant au boulevard Sébastopol. *Amiens*, 1859, etc., etc.

1494. Imbert (A.). Voyage autour du pont neuf. *Paris*, 1824 (1re édition). — Lazare (F.). Dictionnaire des rues de Paris. *Paris*, 1847. — Lurine (Louis). Les rues de Paris. *Paris, Kugelmann*, 1844, 2 vol. — Ens. 4 vol. in-8 et in-18, brochés et reliés.

1495. Les Cris de Paris, que l'on entend journellement dans les rues de ladite ville ; avec la chanson des dits cris ; plus un brief état de la dépense qui se peut faire en icelle ville chacun jour, et aussi ce que chaque personne peut dépenser. Ensemble les églises, chapelles et rues, hotels des princes, princesses... *A Troyes, chez la Vve de Jacques Oudot, s. d.*, in-16, demi-rel. veau bleu, tr. jasp. (*Rel. mod.*).

1496. Cris de Paris, dessinés d'après nature, par M. Poisson, dédiés à Monsieur Bignon, bibliothécaire du roi..... *A Paris, chez l'auteur, s. d.*, gr. in-8, en feuilles.

> Un titre gravé et 58 figures (sur 72) de Poisson, gravées par Godin.
> Les planches 7 à 12 inclus, 55 à 60 inclus, 68 et 72 manquent.
> Belles épreuves, non rognées.

1497. Les Voix de Paris. Essai d'une histoire littéraire et musicale des cris populaires de la capitale depuis le moyen âge jusqu'à nos jours, précédé de considérations sur l'origine et le caractère du cri en général et suivi de les Cris de Paris, grande symphonie humoristique, vocale et instrumentale, par Georges Kastner. *Paris, Brandus, Dufour et Cie*, 1857, in-4, broché (*Couvert.*).

> Édition originale.

1498. Petits métiers de Paris. 6 vol. in-12, brochés.

> Fournel. Ce qu'on voit dans les rues de Paris. *Paris*, 1858. — Imbert (C.-L.). Les Trappeurs parisiens au xixe siècle. *Paris*, 1878. — Préseau. Curieuses inepties des enseignes et inscriptions publiques de Paris en 1877-1878. *Paris*, 1879. — Privat d'Anglemont. Paris inconnu et Paris anecdote. *Paris*, 1854-1874, 2 vol. — Tomel (Guy). Petits métiers parisiens. *Paris*, 1898.

1499. Les Charlatans célèbres, ou tableau historique des bateleurs, des baladins, des jongleurs, des bouffons, des opérateurs, des voltigeurs, des escamoteurs, des filous... et généralement de tous les personnages qui se sont rendus célèbres dans les rues et sur les places publiques de Paris, depuis une haute antiquité jusqu'à nos jours. Seconde édition. *Paris, chez Lerouge*, 1819, 2 vol. in-8, dos et coins mar. rouge, non rognés.

> Cet ouvrage est le même que celui intitulé : *Personnages célèbres dans les rues de Paris*, etc., par J.-B. Gouriet.

1500. Voirie. 5 vol. et plaquettes in-4 et in-8, brochés.

> Dupain (S.). Notice historique sur le pavé de Paris, depuis Philippe-Auguste jusqu'à nos jours. *Paris*, 1811. — Sarcey (F.). Les Odeurs de Paris. *Paris*, 1882. — Vues sur la propreté des rues de Paris, 1782. — Recueil des lettres patentes, ordonnances royales, décrets et arrêtés préfectoraux concernant les voies publiques. 2e supplément. Années 1507, 1888, 1889, 1901. *Paris*, 1902.

1501. Recueil des plans, profils et élévations de plusieurs palais, chasteaux, églises, sépultures, grotes et hostels, batis dans Paris et aux environs avec beaucoup de magnificence par les meilleurs architectes du royaume, desseignez, mesurés et gravés par Jean Marot. *A Paris, chez Mariette,* s. d., in-4, veau brun, tr. rouges (*Rel. anc.*).

144 planches gravées.

1502. Histoire de Paris et description de ses plus beaux monuments, dessinés et gravés par F.-N. Martinet. Ouvrage dédié au roi par M. P*** (Poncelin de La Rochetilhac). Tomes II et III. *Paris, au Bureau de la Bibliothèque de France.* 1780-1781, 2 vol. in-4, veau marb., fil., dos orné, tr. marb. (*Rel. anc.*).

Exemplaire imprimé sur GRAND PAPIER, tiré du format in-4.
Frontispice, 2 titres gravés et 25 planches gravées représentant environ 40 vues diverses de Paris, portraits, etc.

1503. Texte explicatif joint aux numéros du journal des Monuments de Paris envoyés à l'empereur de Russie dans les années 1809, 1810, 1811, 1814 et 1815. *Paris, Firmin Didot et Cie,* s. d., in-fol. en feuilles.

Les planches, 6, 9, 14, 21, 23, 40, 43, 44, 52-61, 66, 72, 74, 76, 80, 86, 89, 90, 93, 97, 98, 99 et 100 manquent.

1504. Le Vieux Paris, reproduction des monumens qui n'existent plus dans la capitale d'après les dessins de A. Pernot, lithographiés par Nouveaux et Asselineau (Texte explicatif). *Paris, Jeanne et Dero-Becker,* 1838 et 1839, in-fol., cartonn. toile verte, non rogné.

80 lithographies hors texte dont 17 planches tirées sur papier de Chine.
La planche 59 (Hôtel de Sens) manque.

1505. Paris dans sa splendeur, monuments, vues, scènes historiques, descriptions et histoire. Dessins et lithographies par MM. Philippe Benoist, Jules Arnout, A. Bayot, Chapuy, J. David, etc., etc. ; texte par MM. P. Bailly, Eugène Carissan, Louis Énault, Édouard Fournier, Bon F. de Guilhermy, etc., etc. *Paris, Henri Charpentier,* 1861, 2 tomes en un vol. in-fol., demi-rel. chag. rouge, fil., tête dor., non rogné.

Nombreuses lithographies hors texte.

1506. Paris pittoresque, historique et archéologique, vues générales et particulières, églises, palais, hôtels, maisons et rues anciennes dessinées d'après nature et gravées à l'eau-forte par Alfred Delauney. *A Paris, chez l'auteur,* 1867, 3 parties en un vol. in-fol. en feuilles dans un carton.

72 planches gravées à l'eau-forte par *Delauney.*

1507. Statistique monumentale de Paris, publiée par les soins du ministre de l'instruction publique. Cartes, plans et dessins par Albert Lenoir. *Paris, Imprimerie impériale,* 1867, 36 livraisons gr. in-fol. broché.

Atlas seul contenant 270 planches.

1508. Tableau de Paris, par Edmond Texier ; ouvrage illustré de quinze cents gravures. *Paris, Paulin,* 1852, 2 vol. in-4, brochés. — Paris illustré. Du 1er mai 1883 au 1er février 1885. *Paris,* 1883-1885, 22 fascicules in-fol. brochés.

Les mois de juin 1883 et janvier 1884, manquent au dernier ouvrage.

1509. Monuments de Paris. 5 vol. et plaquettes in-8 et in-12, brochés.

Daniel (L'abbé). Notice sur les ruines et le collège des Bernardins de Paris. *Téqui,* 1886. — Fassy (Paul). Les Catacombes. Etude historique. *Dentu,* 1861. — Maihows (Dr). Paris artistique et monumental en 1750. Trad. de l'anglais. *Didot,* 1881. — Marmottan (Paul). Les statues de Paris. *Laurens, s. d.* — Tisi (R.). Les édifices modernes de Paris et leur architecture. *Dentu,* 1860.

1510. Monuments de Paris. 6 vol. in-8, dont 2 vol. demi-rel. chag. vert, 1 vol. veau fauve et 1 vol. cartonn.

Dussausoy (M*). Le Citoyen désintéressé ou diverses idées patriotiques concernant quelques embellissements utiles à la ville de Paris. *A Paris, Gueffier,* 1767, 2 tomes en 1 vol. — Pugin (M.). Paris and its environs. *London,* 1830, gravures sur acier. — Saint-Edme. Paris pittoresque. *Paris,* 1841, 2 vol. fig.

1511. Le Palais des Tuileries et la palais du Louvre. Domaine de la Couronne. *Paris, Imp. de L.-E. Thomassin et Cie,* 1837, in-4, demi-rel. mar. rouge, titre doré sur le premier plat, tr. jasp.

61 pages de texte et 42 planches et plans gravés.

1512. Le Louvre et les Tuileries. 4 vol. in-8 et 3 vol. in-12, ens. 7 vol. dont 6 vol. brochés et 1 vol. veau fauve.

Clarac (Comte de). Description du Louvre et des Tuileries. *Paris,* 1853. — Lemer (J.). Les Tuileries. *Paris, Havard,* 1855. — Mauduit (F.). Propositions pour l'achèvement des Tuileries et du Louvre. *Paris, Didot,* 1848. — Mercier (M.). Entretiens du jardin des Thuileries. *Paris, Buisson,* 1788. — Imbert de Saint-Amand. Histoire du chateau des Tuileries. *Paris, Dentu, s. d.* — Valter (J.). Les Tuileries. *Paris, Havard,* 1884. — Vitet (L.). Le Louvre. *Paris, Didot,* 1853.

1513. Palais du Louvre et des Tuileries, motifs de décoration intérieure et extérieure tirés des constructions exécutées au nouveau Louvre et au palais des Tuileries sous la direction de Mr H. Lefuel, reproduits par les procédés perfectionnés de l'héliogravure de E. Baldus. *Paris, Noblet et Baudry, s. d.* (1865) in-fol. en feuilles dans un carton.

100 planches.

1514. Les Appartements privés de S. M. l'Impératrice au palais des Tuileries, décorés par M. Lefuel, architecte de S. M. l'Empereur, publiés par Eugène Rouyer. *Paris, Baudry,* 1867, in-fol. en feuilles dans un carton.

20 planches gravées, tirées sur Chine, d'après les dessins de MM. *Eug. Rouyer, P. Roux.* et *Paul Sellier.* Texte par Eugène Rouyer.

1515. Palais du Luxembourg. 2 vol. gr. in-4, 1 vol. in-8 et 1 vol. in-12. — Ens. 4 vol. brochés et cartonn.

Bourgeois (Th.). Souvenirs du Luxembourg. *Paris, Douniol,* 1857. — Favre (L.). Le Luxembourg, 1300-1882. *Paris, Ollendorff,* 1882. — Gisors (A. de). Le Palais du Luxembourg. *Paris,* 1867. — Hustin (A.). Le Palais du Luxembourg. *Paris, Mouillot,* 1904.

1516. Souvenirs du Luxembourg par Th. Bourgeois. *Paris, Ch. Douniol,* 1857, in-16 broché. — Le palais du Luxembourg par Alphonse de Gisors. *Paris, Plon,* 1847, in-4 cartonn. — Ens. 2 vol.

1517. Le Palais-Royal d'après des documents inédits (1629-1900), par Victor Champier et G. Roger Sandoz. Ouvrage illustré de planches hors texte, eaux-fortes, héliotypies, fac-simile d'aquarelles et de nombreuses gravures dans le texte. *Paris, Société de propagation des livres d'art,* 1900, 2 vol. in-4, brochés.

1518. Histoire lithographiée du Palais-Royal, dédiée au roi, publiée par M. J. Vatout. *A Paris, Imp. Ch. Motte, s. d.* (1833-1834), in-fol., demi-rel. toile rouge, tr. jasp.

45 lithographies tirées sur Chine, d'après *Thomas, Coypel, Rigaud,* etc.

1519. Histoire du Palais-Royal. *S. l.,* 1844, in-4, monté sur onglets, dos et coins bas. rouge, fil., tr. jasp.

60 vues et plans du Palais-Royal, par Fontaine, gravés au trait.

1520. L'Hôtel de Cluny par Charles Normand. Héliogravures et eaux-fortes de P. Dujardin, G. Garen, Kadar, Sulpis, etc. *Paris, A. Lévy,* 1888, in-4 en feuilles dans un carton.

Ouvrage orné de 8 eaux-fortes, 5 héliogravures et 7 plans.

1521. L'Ancien hôtel de ville de Paris, par Marius Vachon, 1533-1871. *Paris, Quantin,* 1882, in-4, broché.

Nombreuses planches hors texte et dans le texte.
On y a joint : BAILLY. Notice historique sur l'hôtel de ville de Paris. *Paris,* 1840, in-8. — FERRIER DES TOURETTES. Notice sur l'hôtel de ville de Paris. *Paris,* 1855, in-12.

1522. Histoire et description pittoresque du Palais de Justice, de la Conciergerie et de la Sainte-Chapelle de Paris, par B. Sauvan et J.-P. Schmit. *Paris, G. Engelmann,* 1825, in-fol., dos et coins veau fauve, non rogné.

1 plan et 17 lithographies d'après *Schmit.*
Exemplaire auquel on a ajouté 2 plans, 1 fac-simile, 1 dessin et 14 lithographies diverses par *Collard, Arnoul* et autres, montées sur papier fort.

1523. Galerie dorée de la banque de France. Réunion de 15 photographies in-fol., dans un carton avec étui demi-mar. rouge.

Vues des boiseries, cheminée et tableaux de la galerie.

1524. Histoire de la Bastille depuis sa fondation, 1374, jusqu'à sa destruction, 1789, etc., etc., par M. A. Arnould et Alboize du Pujol. Magnifique édition splendidement illustrée de gravures sur acier exécutées par nos premiers artistes. *Paris, administration de librairie,* 1844, 8 vol. gr. in-8, brochés (*Couvert. illust.*).

Exemplaire très frais.

1525. Architecture singulière. L'Éléphant triomphal. Grand kiosque à la gloire du roi, par M. Ribart. *A Paris,* 1758, in-4, non relié.

8 pages de texte et 7 planches gravées, dont 3 coloriées.

1526. Églises de Paris. 6 vol. in-4, in-8 et in-12, reliés et brochés.

> Cédoz (l'abbé). Un couvent de religieuses anglaises à Paris de 1634 à 1884. *Paris*, 1891.
> — Des Granges (Ch.). Histoire des paroisses de Paris. *Paris*, 1888. — Grente (l'abbé J.).
> Une paroisse de Paris sous l'ancien régime. St. Jacques du Haut-Pas. 1566-1793. *Paris,*
> 1897. — Montjoye (l'abbé). Description historique des curiosités de l'Eglise de Paris. *Paris,*
> 1763. — Trésor de l'abbaye royale de S. Denis en France. *Paris, s. d.* — Villain (l'abbé).
> Essai d'une histoire de la paroisse de Saint-Jacques de la Boucherie. *Paris*, 1758.

1527. Les Boiseries sculptées du chœur de Notre-Dame de Paris. Précédé d'un
texte historique par H. Gourdon de Genouillac et d'un texte descriptif, avec dessins d'ensemble par E.-F. Le Preux. *Paris, Lacroix, Verboeckhoven et Cie*, 1868,
in-4, monté sur onglets, demi-rel. chagrin grenat.

> 12 planches lithographiées en bistre.

1528. Recueil de descriptions des pompes funèbres, faites en l'église de Notre-Dame
de Paris et dans celle de l'abbaye royale de S. Denis depuis l'année 1760 jusqu'en
1774. *Paris, de l'Imp. de P. R. C. Ballard*, 1774, 14 pièces en un vol. in-4, veau
marb., fil., dos orné, tr. dor. (*Rel. anc.*).

> 37 planches par *A. Challe*, gravées par *Martinet, L. Lempereur*, vignettes de *Cochin*.

1529. Histoire de l'abbaye royale de Saint-Germain des Prez..... Le tout justifié
par des titres authentiques, et enrichi de plans et figures par dom Jacques Bouil-
lart. *A Paris, chez Grégoire Dupuis*, 1724, in-fol., veau marb., fil., dos orné, dent.
int., tr. rouges (*Rel. anc.*).

> Bon exemplaire; 24 planches par *Chaufourier*, gravées par *Herisset, Baquoy, Fobonne,*
> *Pigué*, etc.

1530. Description de l'Eglise royale des Invalides (par J.-Fr. Félibien). *A Paris,*
1706, in-fol., mar. rouge, fil., dos orné, tr. dor. (*Rel. anc.*).

> Vue perspective des Invalides, fleuron sur le titre, 14 vignettes, 14 lettres ornées, 16 culs-
> de-lampe et 1 plan de l'Eglise des Invalides.
> Reliure fatiguée.

1531. Le Palais Mazarin et les grandes habitations de ville et de campagne du dix-
septième siècle, par le Cte de Laborde (quatrième lettre sur l'organisation des
bibliothèques dans Paris). *Paris, chez Franck*, 1846, gr. in-8, demi-rel., veau brun,
tr. jasp.

> 8 planches hors texte dont 1 plan replié et 1 fac-simile d'autographe; dessins dans le texte.
> Cet exemplaire renferme les *notes* (pag. 121 à 406) qui n'ont été tirées qu'à petit nombre.

1532. Les Hôtels historiques de Paris, histoire, architecture, par Georges Bonnefons,
précédés de quelques réflexions sur l'architecture privée par M. Albert Lenoir.
Illustrations par Célestin Nanteuil, D'Aubigny, Bertall, Rouargue, Beaucé, H. Dubois. *Paris, Victor Lecou*, 1852, in-8, demi-rel. chag. brun, ébarbé.

> Premier tirage.

1533. Anciens hôtels de Paris. Réunion de 18 volumes ou brochures de formats
divers.

> Notices et études diverses sur les hôtels de Cluny, de Ponthieu, Carnavalet, palais de la

Légion d'honneur, des archives, hôtels de la reine Marguerite, de La Vieuville, de la Présidence, Massillon, d'Artois. etc., etc., par Dolot, Ad. Jullien, Paul Lallemand, Lucien Lambeau, comte d'Aucourt, Ch. Duplomb., etc., etc.

1534. Ancien hôtel de Rohan ou de Strasbourg, descriptions, plans et détails. *Paris, Imp. nationale*, 1883, in-fol., broché.

> 7 plans et planches dont 1 en héliogravure.

1535. Les anciennes maisons de Paris sous Napoléon III, par M. Lefeuve. *Paris*, 1856-1862, 60 livraisons en 4 vol. in-18, cartonn. demi-toile verte.

> Exemplaire contenant les couvertures de livraisons.

———

1536. Vues pittoresques des principaux édifices de Paris. *A Paris, chez Campion, s. d.* (vers 1789), in-4, demi-chagrin vert, plats toile, titre doré sur le premier plat.

> Réunion de 50 vues de forme ronde, gravées en couleur par *Campion, Roger, Guyot*, etc., d'après *Pernel, Sergent, Testard*.
> Toutes ces vues sont montées sur papier fort, la plupart coupées au cadre.

1537. Picturesque views of the city of Paris and its environs; consisting of views on the Seine, publics buildings, characterise scenery, etc. With appropriate descriptions, The original drawings by Mr. Frederic Nash ; the literary department, by Mr. John Scott, translated to french by M. P.-B. de La Boissière. *London, Longman, Hurst*, 1820, in-4, demi-rel. bas. marron, non rogné.

> Texte français et anglais; 58 planches gravées sur acier, dont 7 pour le supplément.

1538. Picturesque views, of the city of Paris and its environs.... Même ouvrage. *London, Longman, Hurst, Rees*, 1820-1823, 2 tomes en 1 vol. in-4, demi-rel., veau brun, tr. jasp.

> 58 planches.

1539. Picturesque views of the city of Paris and its environs; consisting of views on the Seine, public buildings, characteristic scenery, etc. The original drawings by Mr. Frederick Nash ; the literary department by M. John Scott and M. P.-B. de La Boissière. *London, Longman, Hurst, Rees*, 1823, 2 tomes en 1 vol. gr. in-4, dos & coins mar. brun, tr. marb.

> Exemplaire sur GRAND PAPER avec les 51 planches gravées sur acier, tirées sur Chine.

1540. Album parisien, cent vues gravées au burin, par MM. Dureau et Couché fils, et description historique et architecturale des principaux monumens et sites de la ville de Paris, par A.-M. Perrot. *Paris, Leroi*, 1836, in-8 oblong, demi-rel. chag. brun, dos orné, tr. jasp.

> Ouvrage contenant 100 planches hors texte et un plan de Paris dressé par Maillard, géographe.

1541. Ancien Paris par P. Martial. *Paris, Cadart et Luquet,* 1843-1866, 3 vol. in-fol., dos et coins mar. rouge, fil., tête dor., ébarbés.

Collection complète contenant 300 eaux-fortes.

1542. Eaux-fortes sur le vieux Paris, par Alf. Delaunay (*Paris, s. d.*), in-fol. en feuilles dans un carton.

Suite complète de 22 eaux-fortes.

1543. Notes et dessins d'un japonais sur Paris en 1878, pendant l'exposition universelle. Traduction par A.-P. Martial. *Paris* (1878), in-4.

Un des 50 exemplaires (n° 13), imprimés sur PAPIER DU JAPON.
18 petites eaux-fortes avec texte, montées sur bristol.

C. — HISTOIRE ADMINISTRATIVE, JUSTICE, PRISONS, ETC.

1544. Administration de la ville de Paris. 11 vol. et plaquettes in-8.

BAILLY (A.). Notice sur l'hôtel de ville de Paris. *Paris,* 1840.— BARROUX. Sources de l'Etat-civil parisien. *Paris,* 1898. — CODE municipal ou bréviaire des officiers municipaux. *Paris,* 1791. — GÉRARD. Histoire du Chatelet et du Parlement de Paris. *Paris,* 1847. — RITTIEZ (F.). Histoire du palais de justice de Paris et du Parlement. 860-1789. *Paris,* 1863.— SAINT-JULIEN ET BIENAYMÉ. Histoire des droits d'entrée et d'octroi à Paris. *Paris,* 1887. — TARDIEU. Dictionnaire iconographique des parisiens. *Herment,* 1885. — LA PRÉFECTURE de police à l'exposition de 1900. Ses services d'ordre et de sécurité. *Paris,* 1900.

1545. Histoire de l'hôtel de ville de Paris, suivie d'un essai sur l'ancien gouvernement municipal de cette ville, par Le Roux de Lincy. *Paris, chez Dumoulin,* 1846, in-4, broché.

Ouvrage orné de 8 planches dessinées et gravées sur acier par *Victor Calliat.*
On y a joint : RITTIEZ. L'Hôtel-de-Ville et la bourgeoisie de Paris. *Paris,* 1863, in-8, broché.

1546. Le Palais de Justice de Paris. Son monde et ses mœurs par la presse judiciaire parisienne (Ballot, Bataille, Beau, A. Clémenceau, etc.). 150 dessins inédits (par Brun, Lacker, Lœvy, etc.). Préface de M. Alexandre Dumas fils. *Paris, May et Motteroz,* 1892, gr. in-8, broché.

1547. L'Incendie du palais de Paris en 1618. Relation de Raoul Boutray réimprimée pour la première fois avec une introduction et des notes par Hippolyte Bonnardot. *Paris, Willem,* 1879, in-12, papier vergé. — Histoire du Palais de Justice de Paris et du parlement, 860-1789. Mœurs, coutumes, institutions judiciaires, procès divers, progrès légal, par F. Rittiez. *Paris,* 1863, in-8. — Ens. 2 vol. brochés.

1548. Prisons de Paris. 7 vol. in-8 et in-12, brochés.

CHALLAMEL (A.). Les Revenants de la place de Grève. *Lemerre,* 1879. — COURET (Émile). Histoire complète de la prison de Ste-Pélagie. *Flammarion, s. d.* — GALLOIS (L.). Promenade à Ste-Pélagie. *Paris,* 1823. — GRISON (G.). Paris horrible et Paris original. *Dentu,* 1882. — GUILLOT (Ad.). Les prisons de Paris et les prisonniers. *Dentu,* 1890. — LAURENT (A.). Les Prisons du vieux Paris. *A. Picard, s. d.* — POTTET (Eug.). La Conciergerie du palais de Paris. *Quantin,* 1887.

1549. Bibliothèques, facultés, etc. 6 vol. in-8, dont 4 vol. brochés et 1 vol. demi-rel. chag. rouge.

> BOUGY (A. de). Histoire de la bibliothèque Sainte-Geneviève. *Paris*, 1847. — CHÉREAU (A.). Notice sur les anciennes écoles de médecine. *Paris, Delahaye*, 1866. — CHRISTIAN (A.). Études sur le Paris d'autrefois. Les Juges, le Clergé. *Paris, Roustan*, 1904. — FRANKLIN (Alfred). Histoire de la bibliothèque de l'abbaye de Saint-Victor. *Paris, Aubry*, 1865. — GRÉARD (O.). Nos adieux à la vieille Sorbonne. *Paris, Hachette*, 1893.

1550. Collèges et Lycées. 5 vol. in-8 et 1 vol. in-12. — Ens. 6 vol. brochés.

> BOUQUET (L.). L'ancien collège d'Harcourt et le lycée Saint-Louis. *Paris, Delalain*, 1891. — EDMOND (G.). Histoire du collège de Louis-le-Grand. *Paris, Durand*, 1845. — LEFEUVE. Histoire du lycée Bonaparte. *Paris*, 1832. — QUICHERAT (J.). Histoire de Sainte-Barbe. *Paris, Hachette*, 1860-1864, 3 vol.

1551. Commerce et industrie de la ville de Paris. 5 vol. in-12, reliés.

> DU PRADEL. Le livre commode des adresses de Paris pour 1692. *Paris, Daffis*, 1878, 2 vol. — MISÈRES (Les) de ce monde, ou complaintes facétieuses sur les apprentissages de différens arts et métiers de la ville et faux bourgs de Paris. *Londres et Paris*, 1783. — GUIDE des corps de marchands et des communautés des arts et métiers de Paris... *Paris*, 1766. — L'ETAT de servitude ou la misère des domestiques. *Troyes, Garnier, s. d.*

1552. Les Carrosses à cinq sols, ou les omnibus du XVII° siècle (par Monmerqué). *Paris*, 1828. — Almanach des chemins de fer pour 1846. *Paris*, 1846. — Le chemin de fer du Havre à Rouen et à Paris. Promenade pittoresque et anecdotique. Texte par J. Morlent. *Havre*, 1847. — Ens. 3 vol. in-12 et in-18, brochés.

D. — CÉRÉMONIES OFFICIELLES ET FÊTES PUBLIQUES.

1553. Courses de testes et de bague faittes par le roy, et par les princes et seigneurs de sa cour en l'année 1662 (rédigé par Ch. Perrault, avec une relation en vers latins par Fléchier). *A Paris, de l'Imprimerie royale*, 1670, in-fol., mar. rouge, fil., fleurs de lis aux angles, dos fleurdelisé, doubl. de satin bleu ciel, tr. dor. (*Rel. anc.*).

> Aux armes de Louis XIV.
> Volume orné de 96 planches par *Israel Silvestre* et *Chauveau*, représentant l'itinéraire du cortège, les figurants des différents quadrilles et le carrousel.
> Les plats de la reliure portent l'inscription suivante en lettres dorées: *Courses de testes et de bague. Tome huitième.*
> On y a ajouté une table manuscrite d'une belle écriture de l'époque.
> L'exemplaire est très court de marges et les légendes de quelques planches sont atteintes.

1554. Plans et dessins des constructions et décorations ordonnées par la ville de Paris pour les réjouissances publiques à l'occasion de la publication de la paix le 12 février 1749. In-fol. oblong, non relié.

> Titre, 1 feuillet gravé pour l'explication des planches et 6 grandes planches gravées. La dernière est réparée.

1555. Description des festes données par la ville de Paris, à l'occasion du mariage de Madame Louise-Élisabeth de France, et de Dom Philippe, infant et grand amiral d'Espagne, les 29 et 30 août 1739. *A Paris, de l'Imp. de P.-G. Le Mercier,*

1740, gr. in-fol. mar. rouge, fil. et dent., fleurs de lis aux angles, dos fleurdelisé, dent. int., tr. dor. (*Rel. anc.*).

Aux armes de la VILLE DE PARIS.
Beau fleuron sur le titre par *Bouchardon*, gravé par *Soubeyran*, 11 planches (sur 13) ou plans, dessinés par *Blondel, Gabriel, Salley* et *Servandoni*, et gravés par *Blondel* et 22 pages de texte avec une grande vignette (*La joute sur la Seine*) dessinée et gravée par *Rigaud*.
Exemplaire dont la reliure est très fatiguée, deux coins sont cassés.

1556. Fêtes publiques données par la ville de Paris à l'occasion du mariage de monseigneur le Dauphin, les 23 et 26 février 1745. In-fol., derelié.

Texte gravé dans un encadrement historié, frontispice par *Eisen*, gravé par *De La Fosse*, 1 grande composition de *Ch. Hutin* gravée par *Le Bas* et 15 grandes planches, dont 6 doubles par *Cochin père* et *Cochin fils* et 2 planches doubles de plans avec cartouches ornés et 1 grand cul-de-lampe. Une planche double est réparée.

1557. Le Sacre de S. M. l'Empereur Napoléon dans l'Église métropolitaine de Paris, le XI frimaire an XIII-dimanche 2 décembre 1904. Gr. in-fol., dos et coins mar. rouge.

Titre gravé, portrait de la mère de Napoléon et 38 planches par *Percier, Isabey* et *Fontaine*. dont 7 doubles et 31 de costumes, gravées par *Audouin, Massard, Guttenberg, Ribault*, etc.

1558. Description des cérémonies et des fêtes qui ont eu lieu pour le couronnement de leurs Majestés Napoléon, empereur des Français et roi d'Italie, et Joséphine son auguste épouse. Recueil de décorations exécutées dans l'Église de N.-D. de Paris et au Champ de Mars, d'après les dessins et sous la conduite de C. Percier et P.-L. Fontaine, architectes de l'Empereur. *A Paris, chez Leblanc*, 1807, gr. in-fol. cartonné.

Volume orné de 12 grandes planches gravées au trait.
Cartonnage fatigué.

1559. Les Fêtes nationales à Paris, par Édouard Drumont. *Paris, Baschet*, 1879, in-fol., cartonn. toile, fers spéciaux, tête dor., non rogné (*Rel. de l'éditeur*).

42 planches hors texte, tirées sur papier teinté et dessins dans le texte.

1560. Le Vieux Paris, fêtes, jeux et spectacles par Victor Fournel. *Tours, Alfred Mame et fils*, 1887, gr. in-8, broché.

Nombreuses illustrations dans le texte et hors texte.

E. — HISTOIRE DES MŒURS.

1561. Tableau de Paris, critiqué par un solitaire du pied des Alpes. *A Nyon, en Suisse, de l'Imp. de Natthey et Cie*, 1783, 6 vol. in-8, demi-rel. bas. fauve, tr. jasp. (*Rel. anc.*).

Contrefaçon du *Tableau de Paris* de Mercier.
Cet exemplaire est orné d'un frontispice et de 55 figures (sur 96) par *Dunker*, gravées pour l'ouvrage de Mercier.

1562. Tableaux de la bonne compagnie de Versailles et de Paris ou traits caractéristiques, anecdotes secrètes, politiques, morales et littéraires, recueillies dans les sociétés du bon ton ; pendant les années 1786 et 1787, par M. le Ch. de B*** (par Restif de la Bretonne). *A Paris, chez tous les marchands de nouveautés*, 1788, 2 tomes en 1 vol. in-8, veau marb., tr. marb. (*Rel. anc.*).

Édition non citée par Paul Lacroix.

1563. **Nougaret.** Ouvrages anecdotiques sur Paris. 12 vol. in-12 et in-18, demi-rel. veau, de diverses couleurs et brochés.

Tableau mouvant de Paris, ou variétés amusantes. *Londres et Paris*, 1787, 3 vol. — Paris, ou le rideau levé ; anecdotes singulières, bizarres et sentimentales. *Paris*, an VIII, 3 vol. — Paris métamorphosé ou histoire secrète de Gilles-Claude Ragot. *Paris*, an VII, 3 vol. — Les Astuces et les tromperies de Paris, ou histoire d'un nouveau débarqué. *Paris*, an VII, 3 tomes en 1 vol. — L'Ancien et le Nouveau Paris ou anecdotes galantes et secrètes propres à peindre nos mœurs passées et présentes. *Paris*, an VII, 2 vol.

1564. **Dampmartin.** Un provincial à Paris, pendant une partie de l'année 1789. *Strasbourg, s. d.* — Gallet. Première promenade d'un solitaire provincial, depuis le faubourg Saint-Honoré, jusqu'au Palais du Tribunat. *Paris*, an X, 1 figure. — Montigny. Le Provincial à Paris. Esquisses des mœurs parisiennes. *Paris*, 1825, 3 vol. — Sainte-Colombe. Les plaisirs d'un jour, ou la journée d'un provincial à Paris. *Bruxelles*, 1764. — Ens. 6 vol. in-8 et in-12, dont 5 brochés et 1 rel. veau marb., tr. rouges (*Rel. anc.*).

1565. **Palais-Royal** (Ouvrages relatifs au). 6 vol. in-12, dont 4 vol. veau marb. et 2 vol. brochés.

Caraccioli (Ant. de). Les entretiens du Palais-Royal. *Paris, Buisson*, 1786-1788, 4 parties en 2 vol. — Du Perron. Le Palais-Royal. *Paris, Lefuel, s. d.* — Mayeur (F.). Tableau du nouveau Palais-Royal. *Londres*, 1788, 2 vol. — Thiesse (Léon). Le Palais-Royal en miniature. *Paris, Plancher*, 1816, fig.

1566. **Mœurs parisiennes.** 9 vol. in-8 et in-12, dont 4 reliés, les autres brochés.

Brassempouy. Des parisiens, de leurs mœurs, de leur conformation, de leur santé et des objets qui y sont relatifs. *A Paris*, 1806. — Cuisin. Le Rideau levé ou petit diorama de Paris. *Paris*, 1823. — Darsigny (F.). Descarnado ou Paris à vol. de diable. *Paris*, 1837, 2 vol. — Lafranchi (L.-R.). Voyage à Paris ou esquisses des hommes et des choses dans cette capitale. *Paris*, 1830. — Letissier (Mme E.). La Société parisienne. Esquisse de mœurs. *Paris*, 1843. — Mossé. Chronique de Paris, ou le spectateur moderne. *Paris, s. d.*, 2 vol. — Paris et ses modes, ou les soirées parisiennes, par L***. *Paris*, 1803.

1567. **Plaisirs de Paris.** 4 vol. in-12 et in-18, brochés.

Cuchet et La Garancière. Almanach des plaisirs de Paris et des communes environnantes. *Paris*, 1815. — Darzens (R.). Nuits à Paris, illustrées de 100 croquis par Willette. *Dentu*, 1889. — Debans (C.). Les plaisirs et les curiosités de Paris. Illustrations de Fraipont. *Paris, s. d.* — Delvau (Alfred). Les plaisirs de Paris. Guide pratique. *Paris*, 1867.

1568. **Palais-Royal** (Ouvrages relatifs au). 7 vol. in-12 et in-18, dont 2 reliés, les autres brochés.

Deterville. Le Palais-Royal ou les filles en bonne fortune. *Paris*, 1817, 1 fig. coloriée. — Lefeuve. Histoire des galeries du Palais-Royal. *Paris*, 1883. — Mayeur de St Paul. Tableau du nouveau Palais-Royal. *Londres et Paris*, 1788, 2 tomes en 1 vol. — Rosny (J.). Le Censeur ou voyage sentimental autour du Palais-Royal. *Paris*, an XI-1802. — Saint-Marc (B.). Les Chroniques du Palais-Royal. *Paris, Belin, s. d.* — Selleque. Voyage autour du Palais-Egalité. *Paris*, an VIII, 1 figure. — Victor (A.-S.). Les rencontres au Palais-Royal. Tableaux de société. *Paris, s. d.*, 1 figure.

1569. Anecdotes, scènes de mœurs, etc. 10 vol. in-12, dont 4 vol. veau fauve et 6 vol. brochés.

> L'Espion de Paris ou recueil d'anecdotes. *Paris, Hedde,* 1804. — Une journée de Paris. *Paris,* 1796. — HENRION. Encore un tableau de Paris. *Paris, Favre,* 1799. — NOUGARET (M.). Les Astuces de Paris. *Londres,* 1775, 2 vol. — Aventures parisiennes avant et depuis la révolution. *Paris,* 1808, 2 vol. — Quelques semaines de Paris. *Paris, Maradan,* an IX, 2 vol. — Le Père Lantimèche ou Paris en caricature. *Paris, Basset,* 1805.

1570. Mœurs parisiennes. 5 vol. in-18, dont 1 demi-rel. chagrin rouge, les autres brochés.

> CUISIN. Le Peintre des coulisses, salons, mansardes, boudoirs, mœurs, etc. ou Paris en miniature. *Paris,* 1822, 1 figure. — Il n'y a qu'un Paris dans le monde, croquis, ou littéraire, ou politique, ou moral, ou plaisant, comme on voudra. *Paris,* 1813, 1 figure. — LUCHET (Mis de). Paris en miniature. *Amsterdam,* 1784. — RUTLIGE (J. de). Aventures de milord Johnson, ou les plaisirs de Paris. *Paris,* an VI, 2 vol., 2 figures.

1571. Mœurs parisiennes. 3 vol. in-8, dont 2 brochés et 1 demi-rel. veau brun.

> FOURNIER-VERNEUIL. Paris, tableau moral et philosophique. *Paris,* 1826. — NIÉPOVIÉ (Gaetan). Etudes physiologiques sur les grandes métropoles de l'Europe occidentale. Paris. *Paris,* 1840. — SALGUES (J.-B.-S.). De Paris, des mœurs, de la littérature et de la philoso-phie. *Paris,* 1813.

1572. Paris en province et la province à Paris, par Mme G^lle Ducrest, suivi du cha-teau de Coppet en 1807, nouvelle historique, ouvrage posthume de Mme la comtesse de Genlis. *Paris, chez Ladvocat,* 1831, 3 vol. in-8, brochés.

1573. Paris et les parisiens en 1835. Publié par Madame Trollope. *Paris, H. Four-nier,* 1836, 3 vol. in-8, brochés (*Couvert.*).

> Exemplaire très frais.

1574. La Grande ville. Nouveau tableau de Paris comique, critique et philosophique par Ch. Paul de Kock, H. de Balzac, Alex. Dumas, F. Soulié, etc. Illustrations de Gavarni, Victor Adam, Daumier, d'Aubigny, H. Émy, etc. *Paris, au bureau cen-tral des publications nouvelles,* 1842-1843, 2 vol. in-8, demi-rel. mar. rouge jans., tête dor.

> PREMIER TIRAGE.

1575. Un Hiver à Paris, par Jules Janin. *Paris, Aubert, Curmer,* 1843, cartonn. toile, fers spéciaux des éditeurs, tr. dor. — L'Été à Paris. *Paris, chez Curmer, s. d.* (1843), dos et coins chagrin vert., tr. dor. — L'Été à Bade par M. Eugène Guinot, illustré par Tony Johannot, Eug. Lauw, Français et Jacquemot. *Paris, Furne et Bourdin, s. d.* (1847), cartonn. demi-toile verte, tr. jasp. Ens. 3 vol. in-8.

> Exemplaires de PREMIER TIRAGE.

1576. Cafés de Paris, 8 vol. in-8, in-12 et in-18, dont 6 vol. brochés et 2 vol. rel.

> AUDIGER. Mémoires. *Paris,* 1869. — BAZOT (F.). Cafés de Paris. *Paris, Lecrivain,* 1819. — Chat-noir, guide. *Paris, s. d.* — Confession d'un étudiant. *Paris, Marpon,* 1860. — LEPAGE (Auguste). Les Cafés politiques et littéraires. *Paris, E. Dentu, s. d.* — Les Cafés artistiques et littéraires de Paris. *Paris, Boursin,* 1882. — MAILLY. Les entretiens des cafés de Paris. *Trévoux,* 1702. — Voisin, restaurateur (Carte du jour, vers 1830). *Paris, s. d.*

1577. Histoire anecdotique des cafés et cabarets de Paris, par Alfred Delvau, avec dessins et eaux-fortes de Gustave Courbet, Léopold Flameng et Félicien Rops. *Paris, Dentu,* 1862, in-12, broché (*Couvert.*).

Édition originale.
Un des quelques exemplaires imprimés sur papier de Hollande.

1578. Les Cythères parisiennes ; Histoire anecdotique des barrières de Paris, par Alfred Delvau, avec 24 eaux-fortes et un frontispice de Félicien Rops et Émile Thérond. *Paris, E. Dentu,* 1864, in-12, broché (*Couvert.*).

Édition originale.
Exemplaire très frais, imprimé sur papier vergé.

1579. Les Heures parisiennes, par Alfred Delvau, 25 eaux-fortes d'Émile Benassit. *Paris, Librairie centrale,* 1866, in-12, broché (*Couvert.*).

Édition originale.
Exemplaire imprimé sur papier de Hollande, avec les figures tirées sur Chine. La figure de minuit est avec le petit amour.
Les exemplaires imprimés sur papier de Hollande sont sans suppressions de texte.

1580. Les Heures parisiennes, par Alfred Delvau. 25 eaux-fortes d'Émile Benassit. *Paris, C. Marpon et E. Flammarion,* 1882, in-12, pap. de Holl., broché (*Couvert. illustr.*).

1581. Les Lions du jour. Physionomies parisiennes, par Alfred Delvau. *Paris, Dentu,* 1867, in-12 broché (*Couvert.*).

Édition originale.

1582. Physiologies parisiennes, par Albert Millaud ; illustrations par Caran d'Ache, Job et Trick. *Paris, Librairie illustrée, s. d.,* in-8, broché (*Couvert. illust.*).

Nombreuses figures dans le texte.

1583. La Femme à Paris. Nos contemporaines, notes successives sur les parisiennes de ce temps dans leurs divers milieux, états et conditions par Octave Uzanne. Illustrations de Pierre Vidal. *Paris, Quantin,* 1894, gr. in-8, broché, encartage en satin.

Tiré à petit nombre.

1584. La Vie des boulevards. Madeleine-Bastille. Texte par Georges Montorgueil. 200 dessins en couleurs par Pierre Vidal. *Paris, May et Motteroz,* 1896, gr. in-8, broché.

Tirage à 700 exemplaires sur papier vélin.

1585. Paris pittoresque, 1800-1900. La vie, les mœurs, les plaisirs, par Louis Barron. Ouvrage orné de 500 reproductions d'estampes et de 20 gravures hors texte, tirées en couleurs. *Paris, L.-H. May, s. d.,* in-4, dos et coins chag. rouge poli, tête dor., non rogné.

1586. Bibliothèque du vieux Paris. *Paris, Daragon,* 1902-1906, 5 vol., in-8, brochés.

Capon (G.). Les maisons closes et les petites maisons galantes au xviiie siècle, 1902-1903, 2 vol. — Coutant (H.). Le Palais-Bourbon au xviiie siècle, 1905. — Lambeau (L.). La place royale, 1906. — Lassus (Augé de). La vie au Palais-Royal, 1904.

1587. Poésies sur Paris. 4 vol. in-8 et 1 vol. in-16. — Ens. 5 vol., brochés.

> Cornette (M.). Les Nouveaux tableaux de Paris. *Paris*, 1802. — Dusausoir. Le Bois de Boulogne. *Paris*, 1801. — Flamen (P.). Paris. *Paris, Delaunay*, 1838. — Pommier (A.). Paris. *Paris, Garnier*, 1866. — Tableau de Paris. *Hambourg*, 1800.

F. — Environs de Paris.

1588. État des communes de la Seine à la fin du xix° siècle, publié sous les auspices du conseil général. Notice historique et renseignements administratifs. *Montevrain. Imp. d'Alembert*, 1896-1902, 45 vol. in-8, brochés.

> Alfortville. — Antony. — Arcueil. — Cachan. — Aubervilliers. — Bagneux. — Bagnolet. — Bobigny. — Bondy. — Bonneuil-sur-Marne. — Le Bourget. — Bourg-la-Reine. — Bry-sur-Marne. — Charenton-le-Pont. — Chatenay. — Châtillon. — Chevilly. — Choisy-le-Roi. — La Courneuve. — Drancy. — Dugny. — Epinay. — Fontenay-aux-Roses. — Fresnes. — Gennevilliers. — L'Hay. — L'Ile-Saint-Denis. — Les Lilas. — Malakoff. — Noisy-le-Sec. — Orly. — Pantin. — Pierrefitte. — Le Plessis-Piquet. — Romainville. — Rosny-sous-Bois. — Rungis. — Saint-Ouen. — Sceaux. — Stains. — Thiais. — Vanves. — Villejuif. — Villemomble. — Villetaneuse.

1589. Les Promenades des environs de Paris, en quatre cartes, avec un plan de Paris, précédées d'une description abrégée et historique des lieux qu'elles contiennent par M. Robert de Vaugondy. *A Paris, chez l'auteur et Ant. Boudet*, 1761, in-8, vélin (*Rel. mod.*).

> 1 plan de Paris et 4 cartes gravés par *Arrivet*.

1590. Itinéraires et descriptions des environs de Paris, 5 vol. in-8 et in-12, reliés, veau fauve ou marb. (*Rel. anc.*).

> Denis (Louis). Itinéraire portatif ou guide historique et géographique du voyageur dans les environs de Paris. *Paris*, 1781, cartes et plans. — Dezallier d'Argenville. Voyage pittoresque des environs de Paris... *Paris*, 1768. — Dictionnaire historique, topographique et militaire de tous les environs de Paris. *Paris, s. d.*, carte. — Dulaure. Nouvelle description des environs de Paris. *Paris*, 1786, 2 parties en 1 vol. — Vaugondy (R. de). Les promenades des environs de Paris avec 4 cartes et un plan de Paris. *Paris*, 1761.

1591. Environs de Paris. 5 vol. in-8, dont 2 vol. brochés et 3 vol. cartonn. toile.

> Delort (J.). Mes voyages aux environs de Paris. *Paris, Dubois*, 1821, 2 vol. — Donnet (A.). Description des environs de Paris. *Paris*, 1824. — Martin (A.). Tout autour de Paris. *Paris, Hennuyer*, 1890. — Oudiette (Ch.). Dictionnaire des environs de Paris. *Paris*, 1817.

1592. Environs de Paris. 8 vol. in-4, in-8 et in-12, brochés.

> Beauchamp (A. de). Histoire du donjon et du château de Vincennes depuis leur origine jusqu'à l'époque de la Révolution. *Paris*, 1807, 3 vol. — Bellanger (L'abbé). Histoire de Neuilly près Paris et de ses châteaux, 1855. — Bau (Paul). Histoire de Bicêtre. *Paris*, 1890. — Chavard et Stemler. Recherches sur le Raincy, 1238-1848. *Paris*, 1884. — Sabatier. Mes adieux à Bercy. *Paris*, 1860. — Centenaire de Neuilly. Biographie de Noël des Quersonnières. *Paris*, 1845.

1593. Environs de Paris. 11 vol. in-8 et in-12 reliés.

> Delort (J.). Mes voyages aux environs de Paris. *Paris*, 1821, 2 vol. — Dictionnaire historique, topographique et militaire de tous les environs de Paris. *Paris, s. d.* — Donnel (A.). Description des environs de Paris, considérés sous les rapports topographique, historique et monumental. *Paris*, 1824. — Dulaure. Histoire physique, civile et morale des environs de Paris. *Paris*, 1825, 7 vol.

1594. Seine-et-Oise (Ouvrages relatifs au département de). 12 vol. in-4, in-8 et in-12 reliés et brochés.

> ANNUAIRE du département de Seine-et-Oise pour 1891. *Versailles*, 1891. — BAUDRY DE BALZAC. Archives scientifiques, littéraires et industrielles de Seine-et-Oise. *Versailles*, 1837. — BERTRANDY-LACABANE. Bretigny-sur-Orge, Saint-Michel-sur-Orge, Marolles-en-Hurepoix. *Versailles*, 1885. — CONFÉRENCE des sociétés savantes, littéraires et artistiques de Seine-et-Oise, 1902. — DANIEL DE ST. ANTHOINE. Biographie des hommes remarquables de Seine-et-Oise. *Paris*, 1837. — DELISLE (Léopold). Fragments de l'histoire de Gonesse. *Paris*, 1859. — DUBUN-DE-PEYRELONGUE. De l'épidémie qui a spécialement régné durant l'été de 1821... *Paris*, 1824. — GRIMOT. Histoire de la ville de l'Isle-Adam. *Pontoise*, 1884. — JACQUIN ET DUESBERG. Rueil, le château de Richelieu, La Malmaison. *Paris*, 1846. — MARQUIS. Les rues d'Etampes et ses monuments. *Etampes*, 1881. — MEIGNEN. La Vallée de Chevreuse. *Paris*, s. d. — PINARD. Histoire archéologique, biographique du canton de Longjumeau. *Paris*, 1864.

1595. Les Environs de Paris, par Louis Barron. Ouvrage illustré de 500 dessins d'après nature par G. Fraipont, et accompagné d'une carte en couleur. *Paris, Quantin*, s. d., gr. in-8, broché.

1596. Autour de Paris, par Louis Barron ; 500 dessins d'après nature par G. Fraipont. *Paris, A. Quantin*, s. d., in-4, cartonn. illust. de l'éditeur.

1597. BICÊTRE. Histoire de Bicêtre (Hospice, prison, asile) d'après des documents historiques. Dessins, fac-simile, plans dans le texte, pièces justificatives, par Paul Bru. Préface du docteur Bourneville. *Paris, Lecrosnier & Babé*, 1890, in-4, broché.

1598. CHEVREUSE. Monographie de Chevreuse. Étude archéologique par Claude Sauvageot. *Paris, Vve A. Morel et Cie*, 1874, in-4, monté sur onglets, demi-rel. chagrin rouge, tr. jasp.

> Vignettes dans le texte et 26 planches hors texte, gravées sur cuivre.
> Exemplaire avec envoi autographe de l'auteur à M. L. Villeminot, et auquel on a ajouté un dessin original (Eglise St-Saturnin) à la mine de plomb, de Cl. Sauvageot.

1599. CHILLY MAZARIN. Notice sur Chilly-Mazarin. Le château, l'église, le village, le maréchal d'Effiat, par M. Patrice Salin. Notice accompagnée d'appendices, de notes biographiques, historiques et géographiques, de fac-simile de Moncornet, Chastillon, Perelle. Reproduction de dalles funéraires et six eaux-fortes par Karl Fichot. *Paris, Imprimé par Adrien Le Clère*, 1867, gr. in-8, demi-rel. mar. La Vall., tête dor., ébarbé.

1600. CLICHY. La Chaumière de Clichy par J.-B. Gouriet. *Paris, Eymery*, 1820. — LECANU (L'abbé). Histoire de Clichy-la-Garenne. *Paris, Poussielgue*, 1848. — Les Plaisirs de Clichy. *Paris, Plancher*, 1820. — Ens. 3 vol. in-12 et in-8, brochés.

1601. ERMENONVILLE et CHANTILLY (Ouvrages relatifs à). 5 vol. in-8 et in-12 reliés et brochés.

> FESTE de Chantilly (La), contenant tout ce qui s'est passé pendant le séjour de Mgr. le Dauphin... *Paris*, 1688. — FAUQUEMPREZ (L'abbé). Histoire de Chantilly depuis le xe siècle. *Senlis*, 1840. — THIEBAUT DE BERNEAUD. Voyage à Ermenonville. *Paris*, s. d. — Même ouvrage, 3e édition. *Paris*, 1826. — VATIN. Senlis et Chantilly, anciens et modernes. *Senlis*, 1847.

1602. FONTAINEBLEAU. Description historique des château, bourg et forest de Fontai-

nebleau, contenant une explication historique des peintures, tableaux, reliefs, statues, etc..., par M. l'abbé Guilbert. *A Paris, chez André Cailleau*, 1731, 2 tomes
en 1 vol. in-12, demi-rel. bas.

Nombreuses figures et plans. On y joint : Gassies (J.-G.). Le Vieux Barbizon, 1852-1875,
avec 10 dessins de l'auteur. *Paris, Hachette et Cⁱᵉ*, 1907, in-12, broché. — Jamin. Fontainebleau, précis historique, 1169-1854. *Fontainebleau*, 1854, in-12, broché.

1603. Marly. Description et explication des globes qui sont placés dans les pavillons
du château de Marly, par ordre de Sa Majesté, par M. de La Hire. *A Paris, de
l'Imp. de L.-V. Thiboust*, 1704, in-8, vélin (*Rel. anc.*).

1604. Meudon et Clamart. 3 vol. in-8 dont 2 vol. brochés et 1 vol. cartonné.

Barbarroux (A.). Clamart, son histoire. *Paris, Rochette*, 1869. — Le Départ des Ale-
mands et Polonois du chasteau de Meudon, en vers burlesques. *Paris, Guillery*, 1649. —
Inventaire des glaces, bronzes, marbres, tableaux et autres effets appartenants au Roi qui
sont dans les châteaux de Meudon fait aux mois de juillet 1775 (14 ff. manuscrits). — Mémoire d'instructions sur l'état actuel du département de Meudon, fait suivant la lettre de
l'abbé Terray du 3 août 1773 (7 ff. manuscrits).

1605. Montmorency et la vallée de Montmorency. 6 vol. in-8, et 1 vol. in-4. — Ens.
7 vol. brochés et reliés.

Flamand-Grétry (V.). Itinéraire de la vallée de Montmorency. *Paris, Bertrand*, 1826. —
L'Ermitage de J.-J. Rousseau. *Paris*, 1820. — Girardin (E.). Enghien et ses environs. *Paris,
Lévy, s. d.* — Lefeuve. Le Tour de la vallée. *Paris, Dumoulin*, 1856. — Même ouvrage,
édition de *Montmorency*, 1867, 2 vol. — Le Normand. Lettres à Jeanne sur Montmorency.
Paris, Nicolle, 1818.

1606. Neuilly. Château de Neuilly. Domaine privé du roi, 1836. *Paris, Imprimerie
Delaforest*, 1836, in-4, demi-rel. mar. vert à longs grains.

Ouvrage orné de 12 plans du château de Neuilly et de 12 vues par la pantographie Gavard,
coloriées avec soin.

1607. Rueil et la Malmaison. 3 vol. in-4, in-8 et in-12, brochés,

Cramail (A.). Le Château de Rueil et ses jardins sous le cardinal de Richelieu et sous la
duchesse d'Aiguillon. *Fontainebleau*, 1888. — Jacquin et Duesberg. Rueil, le château de Richelieu, la Malmaison. *Paris*, 1846. — Lescure (de). Le Château de la Malmaison. *Paris,
Plon, s. d.*

1608. Saint-Cloud. 5 vol. in-12 et in-18, brochés.

Longueville (H. de). Description des grandes cascades de la maison royale de Saint-Cloud.
Paris, 1706. — Néel. Voyage de Paris à Saint-Cloud par mer et retour de Saint-Cloud à
Paris par terre. *Paris*, 1797, 2 tomes en 1 vol. — Voyage de Paris à Saint-Cloud. (Réim-
presion de Duchesne), 1865. — Saint-Albin (de). Le Palais de Saint-Cloud. *Paris*, 1869. —
Vachon (M.). Le château de Saint-Cloud. *Paris, s. d.*

1609. Notice des peintures et sculptures placées dans les appartements et dans les
jardins du palais de Saint-Cloud. *Paris, Vinchon*, 1845, in-8, mar. brun à longs
grains, fil., fleurons aux angles, dos orné, dent. int., tr. dor. (*Simier*).

Reliure fraîche.

1610. Mont-Valérien et Saint-Cloud (Ouvrages relatifs au). 4 vol. in-12 et in-18
reliés et brochés.

Néel. Voyage de Paris à Saint-Cloud par mer et retour de Saint-Cloud à Paris par terre.

Paris, 1783, 2 vol. — Même ouvrage édition de *Paris* an X, 2 tomes en 1 vol. — Saint-Géran, ou la nouvelle langue française, anecdote récente, suivie de l'itinéraire de Lutèce au Mont-Valérien (par Cadet de Gassiconrt). *Bruxelles*, 1812.

1611. Saint-Cyr. Histoire de la maison royale de Saint-Cyr, (1686-1793), par Théophile Lavallée. *Paris, Furne & Cie*, 1853, in-8, bas. fauve, fil., dos orné, tr. rouges.

3 planches gravées par *Ch. Collin* et *E. de Lemud*, 1 plan et 3 fac-simile d'autographes.

1612. Saint-Denis. Histoire de l'abbaye royale de Saint-Denys en France, contenant la vie des abbez qui l'ont gouvernée depuis onze cens ans...; le tout justifié par des titres authentiques et enrichi de plans, de figures et d'une carte topographique, par dom Michel Félibien. *A Paris, chez Frédéric Léonard*, 1706, in-fol., veau brun (*Rel. anc.*).

1 frontispice par *Boulogne Junior*, gravé par *J.-B. de Poilly*, 10 figures par *A.-L. le Blond*, gravées par *P. Simonneau, N. Guérard, J.-B. de Poilly*.

1613. Saint-Germain. Histoire de la ville et du château de Saint-Germain-en-Laye, suivie de recherches historiques sur les dix autres communes du canton (par Abel Goujon et Charles Odiot). *Saint-Germain*, 1829, in-8, demi-rel. veau brun, dos orné, non rogné (*Rel. de l'époque*).

11 vues gravées et 1 plan.

1614. Saint-Germain. Château de Saint-Germain-en-Laye, extrait des palais, châteaux, hôtels et maisons de France, par Claude Sauvageot. *Paris, A Morel*, 1866, in-4, demi-rel. chag. rouge.

Ouvrage orné de 17 planches hors texte.

1615. Saint-Germain et Maisons-Laffitte. 9 vol. in-8 et in-12, brochés.

Desforges. Notice historique sur le château de Saint-Germain-en-Laye. *Versailles*, 1883. — Galichet. Histoire de Maisons-Laffitte. *S. l. n. d.* — Histoire de la ville et des antiquités de Saint-Germain-en-Laye. *Paris*, 1815. — Lacombe (P. de). Le château de Saint-Germain-en-Laye. *Dentu*, 1875. — Nicolle (H.). Le Château de Maisons. *Paris*, 1858. — Reinach. Catalogue du Musée de Saint-Germain. *Paris*, 1895. — Précis historique de Saint-Germain, 1848.

1616. Sceaux (Ouvrages sur la ville de). 3 vol. in-8 et in-16.

Advielle (Victor). Histoire de la ville de Sceaux, depuis son origine jusqu'à nos jours, *Sceaux et Paris*, 1883. — Harangue à la reyne par Messieurs les curez des bourgs de Sceaux, Paloyseau, etc., sur les actes d'hostilité, sacrilèges, viols commis dans les lieux saincts par les troupes mazarines. *Paris*, 1649. — Origines de Sceaux jusqu'en 1757 (Extrait de l'abbé Lebeuf). *Sceaux*, 1888.

1617. Vaux-de-Cernay. Etude archéologique sur l'abbaye de Notre-Dame des Vaux-de-Cernay de l'ordre de Citeaux et de l'étroite observance au diocès de Paris. Résumé historique et description du monastère accompagnés de 50 planches au trait par L. Morize, précédés d'une introduction, avec 9 planches, par le Comte A. de Dion. *Tours, Imp. Deslis frères*, 1889, in-4, demi-rel. mar. grenat, ébarbé.

1618. Versailles (Ouvrages relatifs à). 11 vol. in-4, in-8 et in-12, dont 3 brochés, les autres reliés veau, vélin ou demi-rel. chagrin.

Bourdelot. Relation des assemblées faites à Versailles dans le grand appartement du roy, pendant ce carnaval de l'an 1683. *A Paris*, 1683. — Le Cicerons de Versailles ou l'indicateur des curiosités et établissemens de cette ville. *Versailles*, 1808. — Combes. Explication historique de ce qu'il y a de plus remarquable dans la maison royale de Versailles. *Paris*, 1695. — FÉLIBIEN. Recueil de descriptions de peintures et d'autres ouvrages faits pour le roy. *Paris*, 1689. — GALERIE DE VERSAILLES (La grande) et les deux salons qui l'accompagnent, peints par Le Brun... *Paris*, 1753. — NOTICE des tableaux, statues, vases, bustes, etc. composant le Musée spécial de l'Ecole française. *Versailles*, an X. — LABYRINTHE de Versailles (texte par Perrault) et 40 planches. *A La Haye*, 1724. — PIGANIOL DE LA FORCE. Nouvelle description des chateaux et parcs de Versailles et de Marly. *Paris*, 1713, 2 vol. — PRUDHOMME. Nouvelle description de la ville, chateau et parcs de Versailles. *Paris*, 1820, figures. — SCUDÉRY (Mlle de). La Promenade de Versailles. *Paris*, 1669.

1619. Versailles (Ouvrages relatifs à). 11 vol. in-8 et in-12, brochés.

CUISIN (P.). Notices historiques et biographiques d'hommes illustres qui décorent la grande cour du musée de Versailles. *Paris*, 1837. — FENNEBRESQUE (J.). La petite Venise. *Paris*, *Picard*, 1899. — GUIBERT (Louis). Rocquencourt. ses origines, son histoire, etc. *Versailles*, 1896. — LESCURE. Les palais de Trianon. *Paris*, *Plon*, *s. d.* — Musée impérial de Versailles; catalogue. *Versailles*, *s. d.* — Le Parc et les grandes eaux de Versailles. *Paris*, *Hachette*, 1853. — RIQUET. Table alphabétique des rues, impasses, passages, places, etc., de la ville de Versailles. *Paris*, *s. d.* — ROCQUET. Versailles et son parc. *Versailles*, 1868. — TAMBOUR (E.). Les registres municipaux de Rennemoulin. *Paris*, *Baillière*, 1903. — TERRADE (Albert). La guillotine et ses différents emplacements à Versailles. *Versailles*, 1903. [Envoi de l'auteur]. — THÉNARD. Bailliages de Versailles et de Meudon. *Versailles*, 1889.

40

1620. Versailles ancien et moderne, par le comte Alexandre de Laborde. *Paris*, *Imp. Schneider et Langrand*, 1841, in-8, demi-rel. toile verte, tr. jasp.

12

On y joint: FORTOUL. Les fastes de Versailles. *Paris*, *Houdaille*, *s. d.*, in-8, gravures sur acier, demi-rel. veau bleu, tr. jasp.

1621. Carte topographique des environs de Versailles dite des chasses du roi, levée et dressée de 1764 à 1773 par ordre du roi, et gravée au dépôt général de la guerre, 13 feuilles in-fol. dont 1 tableau d'assemblage, montées sur onglets en 1 vol. demi-rel. mar. rouge.

102

Cartes gravées par *Tardieu, Doudan* et *Bouclet*. Titre manuscrit calligraphié avec soin.

1622. Revue de l'histoire de Versailles et de Seine-et-Oise. Revue trimestrielle. Années 1899 à 1908. *Versailles*, 1899-1908, 10 années, en 39 fascicules in-8, brochés.

17

Le premier trimestre de l'année 1905 manque.

1623. Almanachs de Versailles pour les années 1781, 1787, 1789 et 1791. *A Versailles, chez Blaizot*, 1781-1791, 4 vol. in-18, dont 3 vol. veau fauve, tr. dor. et 1 vol. demi-rel. chag. bleu.

47

1624. Veues de Versailles. Die prospect von Versailles, bey Johan Ulrich Kraus in Augsburg. *S. l. n. d.*, pet. in-12 cartonné.

70

Titre et 49 jolies vues gravées: châteaux de Versailles, Noissy, Clagny, Trianon et représentation des principaux vases et statues de Versailles.

1625. La Description du chasteau de Versailles. *A Paris, chez Anthoni Vilette*, 1685, pet. in-12, vélin blanc (*Rel. anc.*).

40

Vignette sur le titre par *Schoonebeck* et 16 planches, gravées à l'eau-forte, représentant 27 vues.

1626. Description sommaire du chasteau de Versailles (par Félibien). *A Paris, chez Guil. Desprez*, 1674. — La Description du chasteau de Versailles. *A Paris, chez A. Vilette*, 1685. Ens. 2 vol. pet. in-12, vélin blanc (*Rel. anc.*).

73

Le second ouvrage est orné de 16 planches de vues gravées à l'eau-forte.

1627. Description des châteaux et parcs de Versailles, de Trianon, et de Marly, contenant une explication historique de toutes les peintures, tableaux, statues, vases et ornemens qui s'y voyent..., par M. Piganiol de la Force. *A Amsterdam, chez David Mortier*, 1715, 2 tomes en 1 vol. pet. in-8, vélin (*Rel. anc.*).

Nombreuses figures gravées en taille-douce.

1628. Histoire du Château de Versailles ; l'architecture, la décoration, les œuvres d'art, les parcs et les jardins, le grand et le petit Trianon d'après les sources inédites, papiers de Colbert, de Louvois, de Mansart ; dessins, comptes et correspondances de l'administration des bâtiments du roi au xviie et au xviiie, par Pierre de Nolhac. *Paris, Société d'édition artistique, s. d.*, 5 fascicules in-fol. en feuilles dans les cartons des éditeurs.

Nombreuses illustrations dans le texte et hors texte.

1629. Versailles et les deux Trianons. Texte par Philippe Gille ; relevés et dessins par Marcel Lambert. *Tours, Alfred Mame et fils, s. d.*, 25 fascicules in-fol., brochés.

Nombreuses figures dans le texte et hors texte.
On y a joint le spécimen de la publication.

1630. Explication du jardin de Versailles, écrit par Pigeon, 1696. Manuscrit de 197 pages in-12, veau brun (*Rel. anc.*).

Manuscrit autographe auquel on a ajouté 17 vues diverses de Versailles.
On y remarque l'explication des fables du labyrinthe, l'état des figures (statues en marbre, bronze, pierre, etc.), qui se trouvent dans le petit parc, avec les noms des sculpteurs, etc.
Pigeon était sculpteur de Louis XIV et son conseiller ordinaire (Note au crayon sur la garde du manuscrit).

1631. Labyrinthe de Versailles (ou description en prose des bosquets par Ch. Perrault ; avec l'explication de ses fables (39) en vers, par Isaac de Benserade, et leurs représentations en (40) figures gravées par Séb. Le Clerc). *A Paris, de l'Imp. royale*, 1679, in-8, veau brun, dos orné, tr. jasp. (*Rel. anc.*).

1 plan et 40 figures gravés par *Séb. Le Clerc*.

1632. Recueil des statues, groupes, fontaines, termes, vases, et autres magnifiques ornemens du château et parc de Versailles ; le tout gravé d'après les originaux par Simon Thomassin, avec les explications en françois, latin, italien et hollandois. *A La Haye, chez Rutgert Alberts*, 1724, in-4, dos et coins veau fauve, non rogné (*Rel. mod.*).

218 planches gravées par *Jolly, Drouilly, Mazier, Le Gros*, etc., et un grand plan de la ville et du château de Versailles.

1633. Le Petit-Trianon. Histoire et description, par Gustave Desjardins. *Versailles, L. Bernard*, 1885, gr. in-8, broché.

Nombreuses planches hors texte en héliogravure.

1634. Devis, conditions, prix et adjudications des ouvrages de maçonnerie, charpenterie, menuiserie, serrurerie, vitrerie, marbrerie, dorures, cuivres, fonte de fer, pavés, pour les réparations et changements qu'il conviendra de faire dans les maisons royales et autres appartenant au Roy : à Versailles, à Marly, Saint-Germain, Meudon, Fontainebleau, Compiègne, etc., dressés suivant les ordres de M. de Vandières, par M. Gabril. *A Paris, de l'Imp. de J.-J.-E. Collombat*, 1754, 12 parties en 1 vol. in-fol., parchemin vert, tr. rouges (*Rel. anc.*).

Additions manuscrites.

1635. Vincennes et Saint-Maur (Ouvrages relatifs à). 8 vol. in-8 et in-12, reliés et brochés :

BEAUCHAMP (A. de). Histoire du donjon et du château de Vincennes depuis leur origine jusqu'à l'époque de la Révolution. *Paris*, 1807, 3 vol. — PIERART. Histoire de Saint-Maur-les-Fossés, de son abbaye, de sa péninsule et des communes, des cantons de Charenton, Vincennes, etc. *Paris*, 1886, 2 vol. — PONCET DE LA GRAVE. Mémoires intéressans pour servir à l'histoire de France : Vincennes et dépendances. *Paris*, 1788, 2 vol. — ROBERT (U.). Notes historiques sur Saint-Mandé. *Saint-Mandé*, 1889.

1636. Mémoires intéressans pour servir à l'histoire de France, ou tableau historique, chronologique, pittoresque, ecclésiastique, civil et militaire, des maisons royales, châteaux et parcs des rois de France, par M. Poncet de La Grave. *A Paris, chez Nyon l'ainé*, 1788, 2 vol. in-12, veau marb., fil., dos orné, tr. dor. (*Rel. anc.*).

Ces deux volumes contiennent Vincennes et toutes ses dépendances ; ils sont ornés, d'un portrait de Charles V, gravé par *Ransonnette* et d'un plan de l'ancien château.

2. — Provinces.

1637. Histoire de Provins, par Félix Bourquelot. *Paris, Dumoulin*, 1839-1840, 2 vol. in-8, fig., demi-rel. chag. rouge, tr. jasp.

1638. Histoire de la ville et chatellenie de Creil, par le Dr Boursier. *Paris, A. Picard*, 1883. — Histoire d'un vieux château de France, par le baron de Condé. *Paris, Id.*, 1883. — Ens. 2 vol. in-8, brochés.

1639. Histoire du palais de Compiègne. Chronique du séjour des souverains dans ce palais écrite d'après les ordres de l'Empereur, par J. Pellassy de l'Ousle. *Paris, Imp. impériale*, 1862, in-4, cartonn. toile verte, titre en lettres dorées sur le plat, non rogné.

Ouvrage tiré à 500 exemplaires ; il est orné de 28 planches hors texte dont 9 doubles et 1 coloriée, vignettes dans le texte gravées sur bois.

1640. État de la forêt de Cuise, dite de Compiègne, avec les carrefours qui sont dans la dite forêt, faits pour donner les rendez-vous de chasse, divisés par gardes et triages..... Imprimé avec la permission de M. le marquis de Marigny. *A Compiègne, chez Louis Bertrand*, 1767, pet. in-8, de 31 pp., cartonn.

Carte topographique de la forêt et des environs de Compiègne. On y a ajouté une table alphabétique manuscrite des carrefours de la forêt.

1641. Voyages pittoresques et romantiques dans l'ancienne France (Picardie), par MM. Taylor, Ch. Nodier et Alph. de Cailleux. *A Paris, de l'Imp. de Firmin*

Didot, 1835-1845, 3 vol. gr. in-fol., demi-rel. chag. rouge, fil., dos orné, tête dor., ébarbés.

> Exemplaire bien complet contenant : 1 frontispice et 471 planches lithographiées, la plupart tirées sur papier de Chine.

1642. Notice sur le château de Sarcus tel qu'il devait être en 1550, précédée d'une notice biographique sur Jean de Sarcus, auquel on devait la construction du château, par M. A.-G. Houbigant. *Beauvais, Achille Desjardins*, 1859, in-8, dos et coins chag. rouge, fil., dos orné, tête dor., ébarbé.

> On y a joint un portrait de M. A.-G. Houbigant, lithographié par un de ses amis. Dans le même volume se trouve : 1° Notice sur le portique dit de Sarcus existant à Nogent-les-Vierges (par A.-G. Houbigant). *Beauvais, Achille Desjardins*, 1858, lithographies. — 2° Réponse aux critiques faites par M. Paul Lacroix de deux notices sur le château de Sarcus, par M. Houbigant. *Paris, H. Plon*, 1860.

1643. Aisne (Ouvrages sur le département de l'). 4 vol. in-8, dont 2 reliés et 2 brochés.

> FLEURY (Edouard). Le département de l'Aisne en 1814. *Laon*, 1858. — MELLEVILLE (M.). Histoire de la ville de Laon et de ses institutions. *Laon*, 1846, 2 vol. — MICHAUX (Alex.). Les Milices et les régiments soissonnais et les garnisons et camps de Soissons. *Soissons*, 1885.

1644. Laon. Entretiens de deux hommes qui étaient à la comédie le dimanche 11 mars 1764, chez M. le Clerc, lieutenant général du bailliage et siége présidial de Laon ; 1764, manuscrit in-4 de 346 pag.

> Cet ouvrage, qui n'a sans doute jamais été imprimé, a pour auteur un habitant de la ville de Laon, qui se réfugia à Londres pour se livrer entièrement à son goût pour la littérature satirique. Il prit le nom de *Longueville*, mais nous n'avons rien pu découvrir ni sur lui ni sur ses ouvrages. Les entretiens ont une tournure satirique très développée, et les femmes en sont le principal objet. Il est probable que l'auteur a dû peindre, peu avantageusement, quelques-uns des habitants de Laon, contre lesquels il semble fort mal prévenu. Les sujets qu'il traite sont parfois assez risqués, et il dit dans sa préface que « *poursuivi par des idées obscènes, il a pris le parti de les jeter sur le papier.* »
> Ce manuscrit a été fait pour M. Desjobert, grand maître des eaux et forêts, qui a écrit en tête une note curieuse. Cette note nous apprend que les *Entretiens* sont arrivés à Laon, manuscrits, le 13 février 1765, chez les principaux personnages de la ville qu'il nomme.
> A cet ouvrage singulier on a joint la copie d'une lettre écrite de Londres par le sieur Fromage, à l'abbé *Athey*, de Laon, et une lettre autog. sig. de ce dernier (du 5 nov. 1779), sur le caractère de l'auteur du manuscrit.

1645. Histoire de Villers-Cotterets. La ville, le château, la forêt et les environs, par Alexandre Michaux, illustrée par Charles Montpellier. *A Soissons et à Villers-Cotterêts*, 1867, in-4, cartonné.

> 20 lithographies.
> Envoi autographe de l'auteur.

1646. Normandie. 9 vol. et brochures in-4 et in-8, brochés.

> BOUQUET (F.). Notice historique et archéologique sur le donjon du château de Philippe-Auguste, aujourd'hui tour de Jeanne d'Arc. *Rouen*, 1877. — DELAQUERRIÈRE (E.). Description historique des maisons de Rouen. *Paris*, 1821. — DEVILLE. Histoire du château d'Arques. *Rouen*, 1839. — JOURNAL d'un bourgeois de Gisors. *Paris*, 1878. — MÉTAYER-MASSELIN. Collection de dalles tumulaires de la Normandie. *Paris*, 1861. — PUISEUX. Siège et prise de Caen par les Anglais en 1447. *Caen*, 1858. — SAINT-EDME. Itinéraire des bateaux à vapeur de Rouen au Havre. *Paris*, 1836. — SAVALLE. Les derniers moines de l'abbaye de Jumièges. *Rouen*, 1867. — VAYSSE DE VILLIERS. Routes de Paris au Havre, à Honfleur, Fécamp et Dieppe. *Rouen*, 1840.

1647. La Normandie romanesque et merveilleuse. Traditions, légendes et superstitions populaires de cette province, par Mlle Amélie Bosquet. *Paris, Techener*, 1845, in-8, demi-rel. veau fauve, tête dor., non rogné.

Ouvrage recherché et devenu très rare.

1648. Blason populaire de la Normandie comprenant les proverbes, sobriquets et dictons relatifs à cette ancienne province et à ses habitants, par A. Canel. *Rouen et Caen*, 1859, 2 tomes en 1 vol. in-8, demi-rel. toile rouge, tr. jasp.

1649. La vieille France. Normandie, Bretagne et Provence, texte, dessins et lithographies, par A. Robida. *Paris, Librairie illustrée, s. d.*, 3 vol. gr. in-8, brochés (*Couvert. illust.*).

Nombreuses illustrations dans le texte et hors texte.

1650. L'Hôtel du Bourgthéroulde, à Rouen, relevé et essai de restauration, par A.-J. Lafon et A. Marcel. *Paris, Librairie des imprimeries réunies*, 1888, in-fol., papier vergé, en feuilles dans un carton.

11 planches reproduites par l'héliogravure P. Dujardin.

1651. Histoire du privilège de Saint-Romain, en vertu duquel le chapitre de la cathédrale de Rouen délivrait anciennement un meurtrier, tous les ans, le jour de l'Ascension, par A. Floquet. *Rouen, E. Legrand*, 1833, 2 vol. in-8, brochés.

2 planches gravées au trait.

1652. Enseignes (Ouvrages relatifs aux). 3 vol. in-4 et in-8, brochés.

Blavignac. Histoire des enseignes d'hôtelleries, d'auberges et de cabarets. *Genève*, 1878. — Même ouvrage édition in-8 de 1879. — Recherches historiques sur les enseignes des maisons particulières, suivies de quelques inscriptions murales prises en divers lieux, ornées d'une planche et de 27 sujets gravés sur bois par E. de la Querière. *Paris, Didron*, 1852.

1653. Histoire du Château-Gaillard et du siège qu'il soutint contre Philippe-Auguste, en 1203 et 1204, orné de planches lithographiées ou gravées et de plusieurs vignettes, par Achille Deville. *Rouen, Edouard Frère*, 1829, in-4, demi-rel., veau marb., tr. marb. (*Rel. de l'époque*).

11 lithographies hors texte.

1654. Le Havre d'autrefois, reproductions d'anciens tableaux, dessins, gravures et antiquités se rattachant à l'histoire de cette ville, par Charles Rœssler. Texte. 65 grandes planches, 71 gravures et fac. simile d'autographes dans le texte. *Le Havre, Imp. du commerce*, 1883, in-4, cartonn. toile rouge (*Rel. illustr. des éditeurs*).

Nombreuses planches hors texte : héliogravure et eaux-fortes, et gravures dans le texte.

1655. Histoire générale de l'abbaye du mont St-Michel au péril de la mer par Dom Jean Huynes ; publiée pour la première fois avec une introduction et des notes par E. de Robillard de Beaurepaire. *Rouen, chez A. Le Brument*, 1872-1873, 2 vol. in-8, papier vergé, dos et coins mar. vert, tête dor., non rognés.

Publication de la « *Société de l'histoire de la Normandie* ».

1656. Saint Michel et le Mont Saint Michel, par Mgr. Germain, l'abbé Brin et Ed.

Corroyer. Ouvrage illustré d'une photogravure, de 4 chromolithographies et de 200 gravures. *Paris, Firmin Didot et Cie*, 1880, gr. in-8, broché.

On y joint : Histoire pittoresque du Mont-Saint-Michel et de Tombelene, par Max, Raoul, orné de 14 gravures à l'eau-forte. *Paris*, 1834, in-8, cartonn. demi-toile.

1657. Le Mont Saint-Michel, texte, dessins et eaux-fortes par Dubouchet père et fils. Préface par Étienne Ducret. *Paris, E. Plon, Nourrit et Cie*, 1888, gr. in-8, broché (*Couvert. illust.*).

Les 12 eaux-fortes sont tirées sur papier de Hollande.

1658. Le Mont Saint-Michel, par l'abbé A. Bouillet. 24 planches en héliogravure et 79 gravures dans le texte, d'après les photographies de Henri Magron. *Havre, Lemale et Cie*, 1896, in-fol. en feuilles dans 1 carton.

1659. Louis de Frotté et les insurrections normandes, 1793-1832, par L. de La Sicotière. *Paris, Plon-Nourrit et Cie*, 1889, 2 vol. in-8, brochés.

1660. Histoire et description du château d'Anet, depuis le dixième siècle jusqu'à nos jours, précédée d'une notice sur la ville d'Anet, terminée par un sommaire chronologie sur tous les seigneurs qui ont habité le château et sur ses propriétaires et contenant une étude sur Diane de Poitiers. *Imprimé à Paris, par D. Jouaust*, 1875, in-4, broché.

Nombreuses planches hors texte et figures dans le texte.

1661. La Touraine ancienne et moderne par Stanislas Bellanger, avec une préface de M. l'abbé Orsini, illustrée par MM. Th. Frère, Breviaire, Lacoste aîné, etc. *Paris, Mercier*, 1845, in-8, cartonn. toile verte, fers spéciaux, tr. dor. (*Rel. des éditeurs*). — Bretagne et Vendée. Histoire de la révolution française dans l'Ouest par Pitre-Chevalier; illustrée par A. Leleux, Penguilly, Johannot. *Paris, W. Coquebert, s. d.*, in-8, demi-rel. chagrin vert, tr. jasp. — Histoire de Venise par Léon Galibert. *Paris, Furne*, 1856, in-8, demi-rel. chagrin La Vall., plats toile, tr. dor.

Les deux premiers ouvrages sont en PREMIER TIRAGE.

1662. La Touraine, histoire et monuments, publié sous la direction de M. l'abbé J.-J. Bourassé. Illustrations par Karl Girardet et Français. *Tours, A^d Mame et Cie*, 1856, in-fol., chag. grenat, encad. de fil., dos orné, dent. int., tr. dor., coins et fermoirs en argent (*Rel. mod.*).

Sur un des plats, armoiries ciselées en argent.

1663. Architecture de la Renaissance. Le Château de Blois (extérieur et intérieur). Ensembles et détails, sculpture ornementale, décorations peintes, cheminées, etc. Texte historique et descriptif par E. Le Mail. *Paris, Ducher et Cie*, 1875, in-fol. en feuilles dans 1 carton.

Ouvrage orné de 60 planches reproduites par la photoglyptie.

1664. Angers pittoresque, par Tardif-Desvaux. Texte par E. L. (Lachèse). *Angers, Lib. de Cosnier et Lachèse*, 1843, in-4, cartonné, non rogné.

Frontispice et 44 lithographies hors texte, tirées sur Chine.

1665. La Bretagne ancienne et moderne, depuis ses origines jusqu'à nos jours, par M. Pitre-Chevalier. Nouvelle édition refondue par l'auteur; illustrations par T. Johannot, A. Leleux, O. Penguilly, Rouargue, etc. *Paris, Didier et Cie,* 1859-1860, 2 vol. in-8, brochés.

1666. Nantes et la Loire-Inférieure. *Nantes, Charpentier et Cie, s. d.,* 2 parties en 1 vol. in-fol., non relié.

Recueil de 63 lithographies à deux teintes, dont 2 titres, d'après *F. Benoist.* Vues de monuments, sites, etc.

1667. Cte de Landemont. Fêtes bretonnes. Du Bellay-Congrès, précédées de lettres de MM. José-Maria de Heredia et Ferdinand Brunetière. Illustrations de MM. J. Corabœuf, J. Pohier, L. Rouillé. *Ancenis, s. d.* (1894), in-4, broché.

Illustrations et eaux-fortes hors texte, vignettes dans le texte.

1668. Biographie bretonne, recueil de notices sur tous les Bretons qui se sont fait un nom, soit par leurs vertus ou leurs crimes, soit dans les arts, dans les sciences, par P. Levot. *Vannes, Cauderan,* 1852, 2 vol. in-4, brochés.

1669. Histoire de la Vendée, d'après des documents nouveaux et inédits par M. l'abbé Deniau. *Angers, Lachèse et Dolbeau,* 1878-1879, 6 vol. in-8, brochés.

Exemplaire fatigué.

1670. Album vendéen. Illustration des historiens de la Vendée militaire. Dessins par T. Drake, texte par Albert Lemarchand. *Angers, Imp. et Librairie de Lainé frères,* 1856-1860, 2 vol. gr. in-4, toile violette, tr. jasp.

Ouvrage orné de 125 lithographies à deux teintes.

1671. Une vieille cité de France. Reims. Monuments et histoire, par Hippolyte Bazin. Ouvrage orné de 257 héliogravures en camaïeu. *Reims, F. Michaud,* 1900, in-4, broché.

1672. Description historique et topographique de la grande route de Paris à Reims, avec le plan de cette dernière ville, orné d'allégories, par Dom G. Coutans. *A Paris, chez Vente,* 1775, in-4, non relié.

Titre gravé, dédicace gravée avec vignette allégorique représentant le roi partant pour Reims. 22 planches doubles pour le tracé topographique de la route, 1 vignette allégorique représentant l'entrée du roi à Reims et 1 plan de Reims.

1673. Histoire de la ville de Châlons-sur-Marne et de ses monuments, depuis son origine jusqu'en 1855, par L. Barbat. *Châlons-sur-Marne,* 1860-1865, 1 vol. in-4 et 1 atlas in-fol. cartonnés.

L'Atlas contient environ 120 lithographies, dont 11 en couleurs : vues, plans, fac-simile, sceaux, médailles, pierres tombales, vitraux, etc.

1674. Voyage archéologique et pittoresque dans le département de l'Aube et dans l'ancien diocèse de Troyes, publié sous la direction de A.-F. Arnaud, peintre. *Troyes, Imp. L.-C. Cardon,* 1837, in-4, demi-rel. veau fauve.

Orné de nombreuses planches lithographiées.

1675. Joseph Moreau. Dijon à la fin du xviii° siècle. 42 vues inédites, d'après les gouaches de P.-J. Antoine. Frontispice, têtes de chapitres et culs-de-lampe, par Marcel Guillemot. Préface par Stéphen Liégeard. *Dijon, Lamarche,* 1893, in-4, broché.

42 planches, hors texte, en phototypie.

1676. Dijon, monuments et souvenirs, par Henry Chabeuf. Ouvrage illustré de 140 photogravures, par Chesnay. *Dijon, L. Damidot,* 1894, 2 vol. in-4, brochés.

Cet exemplaire ne contient que 100 photogravures (sur 140). On y a joint : Description et vues pittoresques de la ville de Dijon, par T. de Jolimont. *Paris, Barbier,* 1830, in-4. 20 pl. (sur 21), la pl. 13 manque, broché.

1677. Histoire de la Franche-Comté ancienne et moderne, précédée d'une description de cette province par Eugène Rougebief. *Paris, Ch. Stevenard,* 1851, in-8, broché.

2 planches de blasons en couleurs et 10 planches, hors texte, gravées sur acier par *J.-M. Baron.*

1678. Joan.-Jac. Chiffletii. Vesontio civitas imperialis libera, sequanorum metropolis, plurimis, nec vulgaribus sacrae, prophanaeque historiae monumentis illustrata, et in duas partes distincta. *Lugduni, apud Claudium Cayne,* 1618, 2 tomes en 1 vol., in-4, vélin blanc à recouv. (*Rel. anc.*).

3 planches pliées, hors texte, et figures gravées dans le texte.

1679. Lyonnais (Ouvrages relatifs au). 9 vol. in-4 et in-8 brochés.

ALBUM DU LYONNAIS, villes, bourgs, villages. etc. *Lyon,* 1844. — BARON (L.). Le Rhône; illustrations par A. Chapon. *Lyon,* 1891. — CHARRIER-SAINNEVILLE. Compte rendu des événements qui se sont passés à Lyon. *Paris,* 1818. — DUMOULIN. En pays roannais. *Roanne,* 1893. — LA CHAPELLE (S. de). Histoire judiciaire de Lyon. *Lyon,* 1880, 2 vol. — MORIN (J.). Histoire de Lyon, depuis la révolution de 1789. *Paris,* 1845, 2 vol.

1680. Lyon antique restauré d'après les recherches et documents de F.-M. Artaud, par A.-M. Chenavard. *Lyon, Impr. de Léon Boitel,* 1850, in-fol., cartonn. de l'éditeur.

Ouvrage contenant 5 plans de la ville de Lyon. On y a joint une lettre autographe de l'auteur.

1681. Lyon pittoresque, par Auguste Bleton. Avec une préface de M. Coste-Labaume. Illustré de 5 eaux-fortes, 20 lithographies et 300 dessins à la plume par Joannès Drevet. *Lyon, Bernoux et Cumin,* 1896, in-4, dos et coins chag. rouge poli, tête dor., non rogné (*Couvert.*).

1682. Vieux châteaux et vieux autographes. Souvenirs du Lyon d'autrefois. — Autographes et dessins. Souvenirs du vieux Lyon et du vieux Paris. — Exposition rétrospective d'autographes et de dessins. Souvenirs du vieux Lyon et du vieux Paris. — Le monde en déshabillé. Autographes et dessins du vieux Lyon et du vieux Paris. — Trouvailles d'un chiffonnier littéraire. Autographes, lettres, dessins et vers. — La Société en robe de chambre. Autographes, lettres, dessins et vers. — Essai d'histoire sans historien. Lettres, dessins, mélanges historiques et littéraires publiés en autographes. — Mélanges littéraires et historiques. —Voyage en express dans la douzaine de républiques, royautés et empires qui se sont succédé en France, au xixe siècle, qui n'est pas fini. —Excursion dans le moyen-âge, allant de Clovis à François Ier (du ve siècle au xvie). 1876-1884, 10 vol. in-8, dont 4 demi-rel. chagrin rouge, non rognés, les autres brochés.

Autographes, lettres, dessins et vers publiés par Alexis Rousset, en fac-simile.

1683. Chalon-sur-Saône pittoresque et démoli. Environs et légendes à l'eau-forte et à la plume, par Jules Chevrier. Introduction par M. Léopold Niepce, postface du Dr Abel Jeandet. *Paris, A. Quantin,* 1883, in-4, broché.

Exemplaire imprimé sur papier de Hollande.

1684. Histoire des couvents de Montbrison avant 1793, par Auguste Broutin. *Saint-Étienne, Imp. de Montagny,* 1874-1876, 2 vol. in-8, brochés.

1685. Notes d'un voyage en Auvergne, par Prosper Mérimée, extrait d'un rapport adressé à M. le ministre de l'intérieur. *Paris, H. Fournier,* 1838, in-8, broché.

ÉDITION ORIGINALE ; sans la couverture imprimée et sans la planche.

1686. L'Auvergne, par J. Ajalbert. Illustrations de A. Montader. *Paris, Quantin,* s. d., in-4, broché (*Couvert. illust.*).

1687. L'Empereur et l'Impératrice en Auvergne, par Félix Ribeyre. *Paris, Eugène Pick,* 1862, gr. in-8, broché (*Couvert. illust.*).

Portraits hors texte lithographiés et vignettes dans le texte gravées sur bois.
Exemplaire très frais.

1688. Histoire des mouvemens de Bourdeaux (par Fonteneil). *A Bourdeaux, chez Mongiron Millanges,* 1651, in-4, vélin blanc (*Rel. anc.*).

Tome Ier seul publié.
Livre recherché.

1689. Voyage aux Pyrénées, par H. Taine. Troisième édition illustrée par Gustave Doré. *Paris, Hachette et Cie,* 1860, in-8, broché (*Couvert.*).

PREMIER TIRAGE.

1690. Voyages pittoresques et romantiques dans l'ancienne France (Languedoc), par MM. Ch. Nodier, J. Taylor et Alph. de Cailleux. *A Paris, de l'Imp. de Firmin Didot,* 1833-1837, 2 tomes en 4 vol. gr. in-fol., demi-rel. chag. rouge, fil., dos orné, tête dor., ébarbés.

Exemplaire bien complet contenant : 1 frontispice et 540 planches lithographiées, la plupart tirées sur papier de Chine.

1691. Languedoc. 6 vol. gr. in-8 et in-12, brochés.

BRET (H. Le). Histoire de Montauban. *Montauban,* 1841, 2 vol. — CÉNAC-MONCAUT. Aquitaine et Languedoc. Romans historiques et méridionaux. *Paris et Toulouse,* 1843, 2 vol. — DUCÉRÉ. Les Corsaires sous l'ancien régime. *Bayonne,* 1895.—CARYA MAGALONENSIS ou Royer de Maguelonne. *Montpellier et Toulouse,* 1844.

1692. Languedoc (Ouvrages relatifs au). 3 vol. in-4 et in-12 reliés, veau marb., demi-rel. mar. et bas.

CAYLA et CLÉOBULE PAUL, Toulouse monumentale et pittoresque. *Toulouse, s. d.* — CORAS

(J. de). Arrest mémorable du parlement de Tolose, contenant une histoire prodigieuse d'un supposé mari..... *Lyon*, 1696. — Recueil de pièces historiques relatives aux guerres de religion de Toulouse. *Paris, Aubry*, 1862.

1693. Annales de la ville de Toulouse (par Barnabé Farmian de Rosoi, connu sous le nom de Durosoi). *A Paris, chez la veuve Duchesne*, 1771-1776, 4 vol. in-4, demi-rel. bas. marb., tr. jasp.

1694. Histoire des comtes de Toulouse, par le général Moline de Saint-Yon. *Paris, Arthus Bertrand*, s. d., 4 vol. gr. in-8, cartes, brochés.

1695. Histoire civile, ecclésiastique, et littéraire de la ville de Nismes, avec des notes et les preuves ; suivie de dissertations historiques et critiques sur ses antiquités, et de diverses observations sur son histoire naturelle, par M. Ménard. *A Paris, chez H.-D. Chaubert*, 1750-1758, 7 vol. in-4, veau marb. (*Rel. anc.*).

> Important ouvrage, orné de nombreuses planches hors texte gravées en taille-douce.

1696. Abrégé de l'histoire de Nismes de Ménard continué jusqu'à nos jours par L. Baragnon père. *A Nismes, chez la veuve Gande*, 1831-1835, 4 vol. in-8, demi-rel. bas. verte, tr. jasp.

1697. Nîmes (Ouvrages relatifs à). 3 vol. in-8 reliés.

> GAUTIER (H.). L'histoire de la ville de Nismes et de ses antiquitez. *Paris*, 1724. — Exécutions de camisards faites à Nîmes du 26 juillet 1702 au 22 mai 1705. *Nîmes*, 1874 (tirage à 100 exemplaires). — MAUCOMBLE. Histoire abrégée de la ville de Nismes avec la description de ses antiquités. *Amsterdam*, 1767, 2 parties en 1 vol.

1698. L'Histoire et chronique de Provence de Caesar de Nostradamus, où passent de temps en temps et en bel ordre les anciens poètes, personnages et familles illustres qui ont fleuri depuis VC ans ; oultre plusieurs races de France, d'Italie, Hespagne, etc., comme aussi les plus signallés combats et remarquables faicts d'armes qui s'y sont passez... *A Lyon, chez Simon Rigaud*, 1614, in-fol., titre gravé, veau fauve, 1 fil., tr. rouges (*Rel. anc.*).

> Ouvrage intéressant pour le récit que l'auteur y fait des troubles dont il avait été le témoin.
> Mouillures.

1699. Histoire de Provence, par messire Jean-François de Gaufridi. *A Paris, chez Charles Osmont*, 1723, 2 vol. in-fol, port., veau marb., tr. rouges (*Rel. anc.*).

> Bon exemplaire.

1700. La Chorographie ou description de Provence et l'histoire chronologique du même pays par le sieur Honoré Bouche. *A Paris, chez Rollin fils*, 1736, 2 vol. in-fol., vélin blanc, milieu orné à froid, tr. jasp. (*Rel. anc.*).

> Ouvrage rare et recherché.
> Bel exemplaire contenant les additions et corrections.

1701. Essai sur l'histoire de Provence suivi d'une notice des provençaux célèbres (par M. Charles-François Bouche). *Marseille, J. Mossy*, 1785, 2 vol. in-4. — Mémoires pour servir a l'histoire de plusieurs hommes illustres de Provence (par Jos. Bougerel). *Paris, C. Herissant*, 1752, in-12. — Ens. 3 vol. veau marbré.

1702. Provence (Ouvrages relatifs à la). 9 vol. in-4, in-8 et in-18, reliés et brochés.

> Anibert. Mémoires historiques et critiques sur l'ancienne république d'Arles. *A Yverdon,* 1779, 3 vol. — Baudier (M.). Histoire de l'incomparable administration de Romieu... *A Paris,* 1638. — Castanier (P.). Histoire de la Provence dans l'antiquité depuis les temps quaternaires jusqu'au ve siècle après J.-C. *Paris,* 1893, 2 vol. — Closset (de). Histoire de la langue et de la littérature provençales. *Bruxelles,* 1845. — Ribbe (Ch. de). La société provençale à la fin du moyen-âge. *Paris,* 1898. — La Gueuse parfumée (Ancienne Provence). *Paris,* 1844, nombreuses lithographies.

1703. Marseille (Ouvrages relatifs à). 2 vol. in-4 et 2 vol. in-12, ens. 4 vol dont 3 vol. veau fauve et 1 vol. broché.

> Discours de ce qui s'est passé en la prise de la ville de Marseille (1596). *Paris, Martin,* 1884. — Grosson (B.). Recueil des antiquités et monumens marseillois. *Marseille, J. Mossy,* 1763, 42 fig. — Relation historique de la peste de Marseille en 1720. *Cologne,* 1721. — Thiers. Journal des fêtes données à Marseille, *Marseille,* 1777. — Lettre écrite de Marseille au sujet de l'arrivée et du séjour de Monseigneur le comte de Provence en cette ville. *S. l. n. d.* — Le Nouveau Nostradamus ou les fêtes provençales. *S. l. n. d.* — Les triomphes marseillais ou le comte de Provence à Marseille par L. Roubaud. *Marseille,* 1777, etc. etc. Ens. 7 pièces en 1 vol.

1704. Fêtes patronales et usages des corporations et associations qui existaient à Marseille avant 1789 ; leurs armoiries, et celles des communautés, hôpitaux, tribunaux, et administrations, fêtes et dévotions de la municipalité marseillaise avant la Révolution, etc., etc., par Régis de la Colombière. *Paris, Aubry,* 1863, in-8, dos et coins mar. rouge, fil., tête dor., non rogné.

> Papier de Hollande.
> 27 planches représentant des blasons et un fac-similé autographiés par *Laugier.*

1705. Explication des cérémonies de la fête-Dieu d'Aix-en-Provence... (par Gaspard Grégoire, natif d'Aix). *A Aix, chez Esprit David,* 1777, in-12, veau fauve, fil., fleurons aux angles, dos orné, dent. int., tr. dor. (*W. Pratt*).

> Portrait du roi René et 13 planches, dont une de musique, dessinées et gravées par les *frères Grégoire.*
> Bonne reliure anglaise.

1706. Histoire de René d'Anjou, roi de Naples, duc de Lorraine et comte de Provence, par M. le vicomte F.-L. de Villeneuve Bargemont. *Paris, J. Blaise,* 1825, 2 vol. brochés. — Jean-sans-Peur duc de Bourgogne (par Th. Lavallée). *Paris, Lecointe,* 1829-1830, 2 parties en 1 vol. demi-rel. veau bleu, tr. jasp. — Ens. 3 vol. in-8.

1707. Traduction françoise des mémoires de messire Geoffroy de Valbelle, chevalier, dit le Mineur, en son vivant capitaine d'une galère dite la Fidelle, lesquels traitent de la guerre de messire Raymond vicomte de Turenne, contre Louis II comte de Provence, aux années 1390 et suivantes, par le R. P. François de Marseille. *A Aix, chez Etienne David,* 1621, in-4, de 87 pp. et 4 ff. non chiff., cartonné.

1708. Voyage historique et pittoresque du Comté de Nice (par Albanis Beaumont). *A Genève, chez Isaac Bardin,* 1787, in-fol., dos et coins veau fauve, tr. jasp. (*Rel. anc.*).

> Dédicace gravée, 1 plan et 12 belles planches gravées à l'eau-forte, coloriées et gouachées avec soin.

1709. Nice et ses environs, ou vingt vues dessinées d'après nature en 1812 dans les Alpes-Maritimes, par A... de L... (Auguste de Louvois). *A Paris, chez Remoisse-net*, 1814, in-4, oblong, cartonn. papier marb., tr. jasp.

> 20 planches par *L...* (*Louvois*) gravées par Mlle *Boquet*.

1710. Nice et Savoie. Sites pittoresques, monuments, description et histoire des départements de la Savoie, de la Haute-Savoie et des Alpes-Maritimes (Ancienne province de Nice) réunis à la France en 1860. Dessins d'après nature par Félix Benoist, lithographiés à plusieurs teintes (genre aquarelle) par les premiers artistes de Paris. Texte par Joseph Desaix et par Xavier Eyma, précédé d'une introduction par A. de Jussieu. *Publié par Henri Charpentier*, 1864, 3 parties en 1 vol. gr. in-fol., demi-rel. vélin blanc, non rogné.

> 2 cartes et 90 lithographies tirées en couleurs.

1711. Nice et comté de Nice. 5 vol. in-4 et in-8, reliés et brochés.

> Durante (le Bon Louis). Chorographie du comté de Nice. *Turin*, 1847. — Durante (Le Bon Louis). Histoire de Nice, depuis sa fondation jusqu'en 1792. *Turin*, 1823, 3 vol. — Montaut (H. de). Voyage au pays enchanté. Cannes, Nice, Monaco, Menton. *Paris*, 1880.

1712. Histoire du monastère de Lérins par M. l'abbé Alliez. *Paris, Didier*, 1862, 2 vol. — Les Iles de Lerins et les rivages environnants. *Id.*, 1860. — Lerins au ve siècle, thèse par M. l'abbé P. Goux. *Paris, Belin*, 1856. — Ens. 4 vol. in-8, dont 3 vol. brochés et 1 vol. demi-veau fauve.

1713. Nancy, histoire et tableau, par P.-G. Dumast. *Nancy, Vagner*, 1847. — Le Palais ducal de Nancy par M. Henri Lepage. *Nancy, Lepage*, 1852. — Ens. 2 vol. in-8, dont 1 broché et 1 demi-rel. chag. rouge.

1714. Les Actions glorieuses de S. A. S. Charles, duc de Lorraine. *A Paris, chez Chereau*, s. d., in-4, carton. ancien.

> Titre gravé, dédicace gravée par *Cochin* d'après *Oppenort* et 19 planches, dont 8 en largeur, gravées par *Pacot*. Ces planches sont dans de jolis cadres ornementés.

1715. Curiosités d'Alsace. *Colmar*, 1861-1863, 2 années complètes en fascicules in-8.

> Première et deuxième années.

1716. Strasbourg illustré ou panorama pittoresque et statistique de Strasbourg et de ses environs par Fred. Piton. *Strasbourg et Paris*, 1855, 2 vol. in-4, demi-rel. chagrin vert, tr. jasp.

> 75 lithographies noires et coloriées, 1 plan, 4 grandes vues panoramiques et 5 planches de fac-simile.

1717. Le Lundi de la Pentecôte (der Pfingsmontag). Tableau des mœurs strasbourgeoises avant 1789 d'après Arnold, texte par Alfred Michiels, dessins par Théophile Schuler. *Paris, Morizot*, 1857, gr. in-4, cartonn. illust. (*Rel. de l'éditeur*).

> 40 planches lithographiées.

1718. Description des fêtes populaires données à Valenciennes, par A. Dinaux. *Lille*, 1856, in-4. — Chronique d'une maison lilloise, par L. Quarré-Reybourbon. *Lille, Quarré*, 1885, in-8. — La Société des Rosati d'Arras. *S. l.*, 1850, gr. in-4. — Ens. 3 vol. dont 2 brochés et 1 demi-bas. rouge.

C. — PAYS ÉTRANGERS

a. — Pays-Bas.

1719. Description de touts (*sic*) les Pays-Bas, autrement appellez la Germanie Inférieure, ou Basse Allemagne ; par messire Loys Guicciardin, maintenant reveüe et augmentée plus que de la moitié par le mesme autheur, avec toutes les cartes géographiques desdicts pays, et plusieurs pourtraicts de ville tirez au naturel. Derechef illustrée de plusieurs histoires et narrations remarquables. Avec un indice très ample des choses les plus memorables. *Amstelodami, apud Joannem Janssonium*, 1625, in-fol., veau brun (*Rel. anc. fatiguée*).

> Cette édition a été revue et augmentée par P. de Keere et P. Du Mont ; elle est ornée de 100 planches : cartes, plans, vues, etc.
> Quelques-unes sont remontées.

1720. Histoire générale des Pays-Bas, contenant la description des XVII provinces (par le chancelier J.-B. Chrystin). Édition nouvelle divisée en IV volumes et augmentée de plusieurs remarques curieuses, de nouvelles estampes, et des évènemens les plus remarquables jusqu'à l'an 1743. *A Brusselles, chez la V⁰ᵉ Foppens*, 1743, 4 vol. in-12, veau brun, dos orné, tr. rouges (*Rel. anc.*).

> Nombreuses planches de vues et plans, gravées en taille-douce.
> On y a joint : Les Délices de Leide, une des célèbres villes de l'Europe (par P. Van der Aa). *A Leide, chez P. van der Aa*, 1712, in-12, nombreuses planches gravées en taille-douce, veau rac., tr. rouges (*Rel. anc.*).

1721. Histoire des provinces Unies des Païs-Bas, par M. Le Clerc, depuis la naissance de la République jusqu'à la paix d'Utrecht et le traité de la Barrière conclu en 1715, avec les principales médailles et leur explication. Seconde édition revue et corrigée. *A Amsterdam, chez Z. Chatelain*, 1737, 3 vol. in-fol., veau marb., dos orné, tr. rouges (*Rel. anc.*).

> 3 frontispices, 58 portraits, 51 planches de vues, de batailles, etc., dont 30 environ avant la lettre, avec légende manuscrite, 3 cartes et 102 planches de médailles.

1722. Les Délices des Pays-Bas, contenant une description générale des XVII provinces (par J.-B. Chrystin, P. et G. Foppens). Édition nouvelle, divisée en 3 volumes, augmentée de plusieurs remarques curieuses, et enrichie de figures. *A Brusselle, chez Fr. Foppens*, 1711, 3 vol. in-12, veau fauve, dos orné, tr. rouges (*Rel. anc.*).

> Édition ornée de nombreuses vues gravées en taille-douce.

1723. La Belgique et la Hollande. 4 vol. in-8 illustrés, demi-rel. bas. et cartonn. toile.

> BARTLETT (H.). Vues de la Hollande et de la Belgique. *Londres, s. d.*, 54 pl. gravées sur acier. — La Belgique en 1841. *Bruxelles, s. d.*, 15 pl. gravées sur acier. — TOMBLESON's. Vues du Rhin. *London, s. d.*, 2 vol., 140 pl. gravées sur acier.

1724. Castella et praetoria nobilium Brabantiae, coenobiaque celebriora ad vivum delineata, aerique incisa in quatuor partes divisa, complectentes agrum Lovaniensem, Bruxellensem, Antverpiensem, et Sylvae-Ducensem. Cum brevi eorundem descriptione ex museo Jacobi Baronis Le Roy. *Antverpiae, sumptibus autoris,* 1697, in-fol., veau jasp., tr. rouges (*Rel. anc.*).

> Frontispice gravé d'après *Diepenbeke*, 3 cartes, 117 planches gravées par *Erlinger, Bouttats, Van Croes,* etc., représentant environ 200 vues diverses.

1725. Antonii Sanderi presbyteri chorographia sacra Brabantiae, sive celebrium aliquot in ea provincia abbatiarum, coenobiorum, monasteriorum, ecclesiarum, piarumque fundationum descriptio. *Hagae Comitum, apud Christianum Van Lom,* 1726-1727, 3 vol. in-fol., veau brun, tr. rouges (*Rel. anc.*).

> Édition augmentée, ornée d'un portrait et de nombreuses planches de vues gravées en taille-douce.
> Exemplaire imprimé sur GRAND PAPIER.

1726. Antonii Sanderi Flandria illustrata, sive provinciae ac comitatus hujus descriptio. *Hagae Comitum prostant Bruxellis, apud Carolum de Vos,* 1735, 3 vol. in-fol., veau brun, tr. rouges (*Rel. anc.*).

> Ouvrage orné de nombreux portraits, cartes et planches gravés en taille-douce.

1727. Le Grand théâtre profane du duché de Brabant, contenant la description générale et abrégée de ce païs, la suite des ducs de Brabant, la description des villes, leur forme de gouvernement et les évenemens les plus remarquables arrivez jusques à présent... A quoi l'on a ajouté la description topographique et historique du Brabant-Wallon, avec une dissertation sur l'anneau qui servoit de sceau, et sur le temps, où les surnoms et les armoiries ont commencé à devenir héréditaires aux familles nobles et un examen des armes des Pépins, composé par M. Jacques Le Roy. *A La Haye, chez Chretien Van Lom,* 1730, 2 parties en 1 vol. in-fol., veau brun, dos orné, tr. jasp. (*Rel. anc.*).

> Ouvrage orné de 4 planches d'armoiries et de 188 planches de vues, gravées en taille-douce.

1728. Monuments anciens recueillis en Belgique et en Allemagne, par Louis Haghe, de Tournai, dessinateur de S. M. la reine d'Angleterre, lithographiés d'après lui et accompagnés de notices historiques par Octave Delepierre. *Bruxelles, Société des Beaux-Arts,* 1842, in-fol., dos et coins chagrin brun.

> 27 planches lithographiées à deux teintes.

1729. La Belgique illustrée, ses monuments, ses paysages, ses œuvres d'art, publiée sous la direction de M. Eugène Van Bemmel. 500 gravures sur bois par les premiers artistes, cartes chromolithographiées des provinces. *Bruxelles, Bruylant-Christophe, s. d.,* 2 vol. in-4, brochés.

> Nombreuses figures dans le texte.

1730. Belgique (Ouvrages relatifs à la). 4 vol. in-4 et in-8, dont 2 brochés, 1 cartonné et 1 demi-rel., veau brun.

> LE GLAY (Edw.). Histoire de Jeanne de Constantinople, comtesse de Flandre et de Hainaut. *Lille,* 1841. — PRADT (de). De la Belgique depuis 1789 jusqu'en 1794. *Paris,* 1820. —

Roger (P.). Mémoires et souvenirs de la cour de Bruxelles et sur la société belge, depuis l'époque de Marie-Thérèse jusqu'à nos jours. *Bruxelles,* 1856. — Rooses (Max). Le vieil Anvers. Aquarelles et dessins de Frans Van Kuyck. *Bruxelles,* 1894. Texte flamand et français.

1731. Bruxelles à travers les âges, dédié avec la gracieuse autorisation de L.L. A.A. R.R. Mgr. le comte et Madame la comtesse de Flandre à son Altesse Royale Mgr. le prince Baudouin. Par Louis Hymans. *Bruxelles, Bruylant-Christophe et C*^{ie}, *s. d.,* 2 vol. in-4, en feuilles.

Nombreux plans, cartes, portraits, figures, etc. hors texte et dans le texte.

1732. Perspectives des ruines de la ville de Bruxelles designées au naturel par Augustin Coppens. *S. l.,* 1695, pet. in-fol. cartonné, non rogné.

Titre et 11 vues gravées à l'eau-forte par *Rich. van Orley* et *A. Coppens.*

1733. Album pittoresque de Bruges, ou collection des plus belles vues et des principaux munuments de cette ville, dessinés par A. Tessaro, lithographiés par H. Bornemans et accompagnés d'un texte historique par Octave Delepierre. *A Bruges, chez Buffa,* 1837, in-4, demi-rel. bas. fauve.

Titre et 20 lithographies tirées sur Chine.

1734. Spectaculorum in susceptione Philippi Hisp. Prin. divi Caroli V Cæs. F. an. M.D.XLIX. Antverpiae aeditorum, mirificus apparatus. Per Cornelium Scrib. Grapheum, ejus urbis secretarium, et vere, et ad vivum accurate descriptus. (A la fin :) *Excus. Antverpiae, pro Petro Alosten impressore jurato, typis Aegidii Disthemii, an. M. D. L* (1550) *men. jun.,* pet. in-fol. de 59 ff., cartonné.

Ouvrage orné de 39 planches gravées sur bois représentant les arcs de triomphe élevés à Anvers pour l'entrée de Philippe II d'Espagne.
Cachets sur les titres.
Exemplaire un peu fatigué.

1735. Serenissimi principis Ferdinandi Hispaniarum infantis S. R. E. Cardinalis triomphalis introitus in Flandriae Metropolim Gandavum, auctore Guilielmo Becano. *Antverpiae, ex officina Joannis Meursi,* 1636, gr. in-fol. parch. blanc, tr. jasp. (*Rel. anc.*).

Ouvrage orné de 42 belles planches dont 1 frontispice et 2 portraits, gravées par de *Jode Van der Does, Corn. Galle, etc.,* d'après *G. Crayer* et autres.
Reliure aux armes de la ville de Gand.

1736. Pompa introitus honori serenis. principi Ferdinandi Austriaci Hispaniarum infantis S. R. E. Card. Belgarum et Burgundionum gubernatoris, etc. a S. P. Q. Antverp decreta et adornata... XV Kal. maii ann. 1635, arcus, pegmata, iconesque a Pet. Paulo Rubenio.... libroque commentorio illustrabat Casp. Gevartius. *Antverpiae, veneunt exemplaria apud Theod. A. Tulden excudebat Joannes Meursius,* 1642, in-fol. vélin blanc, milieu orné, tr. rouges (*Rel. anc.*).

Cet exemplaire contient le frontispice. et 37 planches.
Le portrait de Gevaert et le faux-titre manquent et celui du prince Ferdinand gravé par Pontius, d'après Rubens a été remplacé par un autre gravé par *Marinus,* remonté.
Cependant cet exemplaire, sauf le portrait du prince Ferdinand est bien conforme à la table. Brunet n'indique que 29 planches.

1737. Collection des desseins, des figures colossales et des groupes qui ont été faits de neige dans plusieurs rues, et dans plusieurs cours de maisons de la ville d'Anvers, le mois de janvier 1772, par différens artistes et élèves de l'Académie royale de dessein établie en la même ville, dédié à S. A. R. Mgr. le duc Charles Alexandre, par le comte de Robiano. *A Anvers, chez J.-B. Carstiaenssens, s. d.* (1772), gr. in-8, broché, non rogné.

Plaquette rare, ornée de 24 planches gravées par *J. Pompe, Cardon, De Smets,* etc.

1738. Relation de l'inauguration solennelle de Sa Sacrée Majesté impériale et catholique. Charles VI, empereur des Romains.... roy des Espagnes comme comte de Flandres, célébrée à Gand.... le XVIII octobre 1717. *A Gand, chez Augustin Graet* 1719, in-fol., veau racine (*Rel. anc.*).

Frontispice gravé et 6 grandes planches gravées par *Mich. Heylbrouck, J. Harrewyn.*

1739. Histoire de Schinderhannes et autres brigands dits garrotteurs ou chauffeurs qui ont désolé les deux rives du Rhin et la Belgique pendant les dernières années de la Révolution, rédigée d'après les pièces juridiques publiées en allemand par deux magistrats. *Paris, J.-G. Dentu,* 1810, 2 vol. in-12, cart. demi-toile mauve.

Ouvrage rare contenant 2 curieuses gravures gravées sur acier.

1740. P.-C. Hoofts Nederlandsche Historien, seedert de ooverdraght der Heerschappye van kaizar Kaarel den vyfden op kooning Philips zynen Zoon, tot de dood des prinsen van Oranje. De derde druck. *T'Amsterdam, by Johan van Someren* 1677, in-fol., figures, veau marbré, fil., tr. jasp. (*Rel. anc.*).

L'ouvrage renferme un frontispice, 11 beaux portraits et 9 planches de sujets historiques.

1741. Kabinet van Nederlandsche en Kleefsche Outheden Getckent en int Koper gebragt door A. Rademaker. *S. l. n. d.* (*Amsterdam, Barents,* 1725), 2 tomes en un vol. in-4, vélin blanc, orné à froid, tr. jasp. (*Rel. anc.*).

300 jolies planches. gravées sur cuivre par *A. Rademaker* et tirées dans le texte

1742. La Hollande à vol d'oiseau, par Henry Havard. Eaux-fortes et fusains par Maxime Lalanne. *Paris, G. Decaux et A. Quantin,* 1881, gr. in-8, cartonn. toile grise, fer spéciaux, tr. dor. (*Rel. des éditeurs*).

1743. Histoire de la guerre des Bataves et des Romains d'après César, Corneille Tacite, etc. ; avec les planches d'Otto Vaenius, gravées par A. Tempesta, mort en 1630, rédigée par le marquis de St-Simon et accompagnée de plans et de cartes nouvelles. *Aux dépens de l'auteur* (*Amsterdam*), 1770,, in-fol. dos et coins veau violet, tr. jasp. (*Rel. moderne*).

2 vignettes, par *B. de Bakker,* 6 cartes coloriées, 36 planches et 2 fleurons.

1744. Histoire des troubles et guerres civiles du Pays-Bas, autrement dict la Flandre. Contenant l'origine et progrès d'icelle, les stratagèmes de guerre, oppugnations et expugnations des villes et forteresses, aussi la barbare tyrannie et cruauté de l'Espaignol, et des espaignolisez. Ensemble l'estat et faict de la religion especialement depuis l'an 1559, jusques à l'an 1581. Avec ce plusieurs missives, placcars, con tracts de paix, unions, articles et factions, publiez esdites provinces. *S. l.*, 1582, in-8, de 531 pp. et 7 ff. non chiff. de table, vélin (*Rel. anc.*).

Exemplaire bien conservé.

1745. Hadriani Barlandi Hollandiae comitum historia et icones : cum selectis scholiis ad lectoris lucem. Eiusdem Barlandi Caroli Burgundiae ducis vita. Ejusdem argumenti Libellus Gerardo Noviomago auctore. *Lugol. Batav., ex off. Christophori Plantini*, 1584, in-fol. vélin blanc (*Rel. anc.*).

Edition ornée de 34 portraits gravés sur cuivre et augmentée de notes par Janus Dousa.
A la suite : Barlandi (Had.). Trajectensium episcoporum catalogus et eorum gestae. *Lugd. Batav. ex off. Plantini*, 1584, 31 pp. — Partie indiquée dans le titre général du volume.
Premier livre sorti de l'établissement plantinien de Leyde.

1746. Les Guerres de Nassau, descriptes par Guillaume Baudard, de Deinse en Flandre. *A Amsterdam, chez Michel Colin*, 1616, 2 vol. in-4 oblong, veau jasp. (*Rel. anc.*).

Titre gravé et 285 planches gravées sur cuivre : portraits, vues de batailles, sièges, plans, etc., etc.

1747. L'Entrée de la Reyne, mère du roy très-chrestien, dans les villes des Pays-Bas (par P. de La Serre). *S. l. n. d.* (1632), pet. in-fol., vélin blanc. (*Rel. anc.*).

Frontispice et 3 planches gravées en taille-douce.

1748. Blyde Inkomst der allerdoorluchtighste koninginne, Maria de Médicis, T'Amsterdam. Vertaelt uit het Latijn des heeren Kasper van Baerle. *T'Amsterdam, by Johan en Cornelis Blaev*, 1639, in-fol., figures, vélin, tr. jasp. (*Rel. anc.*).

Description de l'entrée de Marie de Médicis à Amsterdam.
Un beau portrait de Marie de Médicis, 1 planche représentant les consuls d'Amsterdam gravée par *J. Suyderhoef* d'après *Keyser* et 16 planches chiffrées, dont 9 allégoriques dessinées par *Claas Moyaert*, gravées par *Pierre Nolpe*, et 7 belles vues, dessinées par *S. de Vlieger*, *J. Martsen de Jonge*, gravées par *S. Savry*.

1749. Relation en forme de journal du voyage et séjour que le serenissime et très puissant prince Charles II, roy de la Grand'Bretagne, etc, a fait en Hollande, depuis le 25 mai, jusques au 2 juin 1660. *A La Haye. chez Adrian Vlacq*, 1660, in-fol., parchemin (*Rel. anc.*).

Portrait et 6 grandes planches par *Venne* et *Vliet*, gravées par *Philippe* et *Matham*.
Sur le titre, cachet du duc d'Orléans.

1750. Relation du voyage de sa Majesté Britannique en Hollande, et de la réception qui luy a été faite. Enrichie de planches très curieuses. Avec un récit abrégé de ce qui s'est passé de plus considérable de l'arrivée de S. M. en Hollande le 31 janvier, jusqu'à son retour en Angleterre au mois d'avril 1691, et l'heureux succès de l'expédition d'Irlande... (par Tronchin du Breuil). *A La Haye, chez Arnout Leers*, 1692, in-fol., veau brun (*Rel. anc.*).

Ouvrage intéressant orné d'un frontispice et de 14 figures, gravées par *Romain de Hooghe*.
Le portrait manque. Reliure fatiguée.

1751. Advis fidèle aux véritables Hollandois, touchant ce qui s'est passé dans les villages de Bodegrave et Swammerdam, et les cruautés inouïes, que les francois y ont exercées ; avec un mémoire de la dernière marche de l'armée du roy de France en Brabant et en Flandre (par Abr. de Wicquefort). *S. l. (Hollande),* 1673, in-4, demi-rel. veau fauve (*Rel. mod.*).

> Ouvrage orné de 8 planches gravées à l'eau-forte par *Romain de Hooghe.*
> Exemplaire NON ROGNÉ.

1752. Tooneel des Oorlogs, opgerecht in de vereenigde Nederlanden ; door de Wapenen van de Koningen van Vrankryk en Engeland, Keulsche en Munstersche Bisschoppen. Tegen de staten der Vereenigde Nederlanden, en hare Gealliecrden... door Lambert van den Bosch. *T'Amsterdam, by Jacob van Meurs, en Johannes van Someren,* 1675, 4 parties en 1 fort. vol. in-4, veau brun, tr. jasp. (*Rel. anc.*).

> Frontispice gravé, 20 beaux portraits gravés par *Hagen* et 36 planches de vues et plans.
> Texte imprimé sur deux colonnes.

1753. Hollandia regenerata. *S. l. n. d. (Londres,* 1794), in-4, broché, non rogné (*Couvert.*).

> Recueil de 20 caricatures gravées et tirées en sanguine, avec des explications en hollandais, en français et en anglais.

1754. Filips von Zesen Beschreibung der Stadt Amsterdam. *Amsterdam, gedrukt und verlegt durch Joachim Noschen,* 1664, pet. in-4, figures, vélin à recouvrements, tr. jasp. (*Rel. anc.*).

> Description de la ville d'Amsterdam par Philippe de Zesen, ornée d'un frontispice et de 71 belles planches, gravées sur cuivre. Elles représentent des vues de la ville.

1755. Description de la fameuse ville d'Amsterdam avec ses plus considérables édifices et vuës agréables. *Amsterdam, s. d.,* in-4 oblong, demi-rel. chag. rouge.

> 1 frontispice, 1 plan et 58 planches par *P. van Call* et *J. Smit,* gravées par *J. Smit* et *H. Stopendaal.*

1756 Architecture, peinture et sculpture de l'hôtel de ville d'Amsterdam, représentée en 109 figures en taille-douce. Où l'on trouve non seulement l'élévation des quatre faces du dehors, mais encore tous les ornements du dedans, comme statues, colonnes, bas-reliefs, corniches, frises, tableaux, plafonds, etc., le tout très proprement gravé d'après les desseins originaux. Avec une explication historique de chaque figure, pour l'intelligence des différens sujets, dont la plupart sont tirés de l'histoire ancienne et de la Fable. *A Amsterdam, chez C. Mortier et J. Corens, s. d.,* in-fol., demi-rel., bas. marb., tr. marb. (*Rel. anc.*).

> 2 portraits et 109 planches.
> L'Hôtel de ville d'Amsterdam fut construit en 1648 par l'architecte Jacques A. Campen.

1757. Amsterdam, in zyne opkomst, aanwas, geschiedenissen, voorregten, koophandel, gebouwen, kerkenstaat, schoolen, etc., beschreeven door Jan Wagenaar. *Te Amsterdam, by Isaak Tirion,* 1760-1767, 3 parties in-fol., figures, dos et coins bas. rouge, non rognés (*Rel. anc.*).

> Description historique et topographique de la ville d'Amsterdam, ornée de 81 planches, hors texte, gravées sur cuivre. Les 42 planches du deuxième volume, presque toutes en double format, représentent de très belles vues.

1758. Inhuldiging van zijne doorluchtige Hoogheid Willem Karel Hendrik Friso, Prins van Oranje en Nassau, als Erf-Heer van Vlissingen, opden V^{den} Junij MDCCLI. Beschreeven door Dan. Theod. Huet. *Te Amsterdam, by Isaak Tirion,* 1753, in-fol., figures, cartonn., dos bas. rouge, non rogné (*Cartonn. anc.*).

Description des fêtes données au Prince d'Orange en sa qualité de Seigneur de Vlissengen, en 1751.
L'ouvrage renferme un frontispice, gravé par *J. Folkema* d'après *A. Schouman,* un fort joli portrait du prince, gravé par *Houbraken* d'après *Aved,* 8 planches non chiff. et 11 planches chiffrées (cérémonies, arcs de triomphe, feux d'artifice), gravées par *J.-C. Philips* et *P. Beuckels.*

b. — Italie.

1759. Theatrum statuum regiæ celsitudinis Sabaudiæ ducis, Pedemontii principis Cypri regis... *Amstelodami, apud hæredes Joannis Blaeu,* 1682, 2 vol. gr. in-fol., veau marb., fil., dos et angles ornés, tr. dor (*Rel. anc.*).

Ouvrage d'une exécution splendide orné de 2 frontispices, des portraits de Charles-Emmanuel II et de sa femme (répétés deux fois) et de 140 planches hors texte gravées et coloriées.
On y joint : *Theatrum civitatum et admirandorum Italiæ, ad ævi veteris et præsentis temporis faciem expressum a Joanne Blaeu.* Amstelædami, typis Joannis Blaeu, 1663, gr. in-fol. (même reliure), orné d'un frontispice et de 66 planches hors texte gravées et coloriées.
Ces trois volumes sont imprimés sur GRAND PAPIER et coloriés avec soin.

1760. Theatrum statuum regiæ celsitudinis Sabaudiæ ducis, Pedemontii principis, Cypri regis. *Amstelodami, apud hæredes Joannis Blaeu,* 1682, 2 vol. in-fol, veau marb., fil., dos orné, tr. rouges (*Rel. anc.*).

Exemplaire imprimé sur GRAND PAPIER des deux premiers volumes du numéro précédent.

1761. Nouveau théâtre d'Italie, ou description exacte de ses villes, palais, églises, principaux édifices, etc. ; contenant la Lombardie, la république de Gênes, le Montferrat, les duchés de Milan, Mirandole, Parme, Modène, et Mantoue, la principauté de Trente, les républiques de Venise, etc., sur les desseins de feu Monsieur Jean Blaeu. *A la Haye, chez Rutgert Christophle Alberts,* 1724, 4 tomes en deux vol. in-fol., veau marb. (*Rel. anc.*).

4 frontispices et 276 planches gravées.
La planche n° 4 du tome II manque.
Reliure fatiguée.

1762. Novum Italiae theatrum sive accurata descriptio ipsius, urbium, palatiorum, sacrarum aedium, etc. Juxta delineationes desuncti D. Joannis Blaeu. *Hagae comitum, sumptibus et curâ Rutgeri Christophori Alberts,* 1724, 4 tomes en 2 vol. in-fol., veau marb. (*Rel. anc.*).

Même ouvrage que le précédent, texte latin.
4 front. et 258 planches gravées.
Ouvrage incomplet des planches 44, 45, 46, 68 du tome I ; 17, 38 à 42 inclus, 62 du tome II ; 6, 12, 13, 14 du tome III ; 68, 70, 74 du tome IV. En tout 18 planches.
Reliure fatiguée.

1763. Recueil de vues et fabriques pittoresques d'Italie, dessinées d'après nature et publiées par Bourgeois peintre. *A Paris, chez l'auteur et Bosset, s. d.,* in-fol., demi-rel. bas. fauve (*Rel. anc.*).

96 planches, la plupart contenant deux figures sur la même feuille; elles sont gravées par *Bourgeois, Lomeau, Guyot, Amelot, Devilliers, Madame Demonchy,* etc.

1764. Palais, maisons et vues d'Italie, mesurés et dessinés par P. Clochar, architecte. *Publié à Paris, l'an* 1809, in-fol., cartonné.

102 planches (plans et vues) gravées sur cuivre par *Bence, Thierry, Normand,* etc.

1765. Voyage en Italie, par H. Taine. *Paris, Hachette et Cⁱᵉ,* 1866, 2 vol. in-8, brochés (*Couvert.*).

ÉDITION ORIGINALE.

1766. L'Italie, par Jules Gourdault, illustrée de 450 gravures sur bois. *Paris, Hachette et Cⁱᵉ,* 1877, in-4, broché.

1767. L'Italie du Nord, par G. de Léris. Ouvrage illustré de nombreux dessins d'après nature. *Paris, Quantin,* 1889, in-8, broché.

PREMIER TIRAGE.

1768. Histoire des républiques italiennes du moyen âge, par J.-C.-L. Simonde de Sismondi. *Paris, Furne et Cⁱᵉ,* 1840, 10 vol. in-8, demi-rel. veau fauve, tr. jasp.

On y a joint :
Histoire de la chute de l'empire romain et du déclin de la civilisation, de l'an 250 à l'an 1000; par J.-C.-L. Simonde de Sismondi. *Paris, Treuttel et Würtz,* 1835, 2 vol. pet. in-8, même reliure.

1769. Histoire des italiens, par César Cantu, traduite sous les yeux de l'auteur par M. Armand Lacombe, sur la deuxième édition italienne. *Paris, Firmin Didot frères,* 1859-1862, 12 vol. in-8, dos et coins veau fauve, dos orné, ébarbés.

Exemplaire Ruggieri.

1770. Italie. 1 vol. in-4, 16 vol. in-8 et 3 vol. in-16. — Ens. 20 vol. brochés et reliés.

BONAPARTE (J.). Sac de Rome écrit en 1527. *Florence,* 1830. — CAMPO (A.). Cremona fedelissima cita nobilissima colonia de Romani. *Milano,* 1645. — DELÉCLUZE. Florence et ses vicissitudes. *Paris, Gosselin,* 1837, 2 vol. — DINO (Duc de). Chroniques Siennoises. *Paris, Curmer,* 1846. — DU CERCEAU (P.). Conjuration de Nicolas Gabrini. *Paris,* 1797, 3 vol. — GORANI (J.). Mémoires secrets et critiques des cours des états de l'Italie. *Paris,* 1793, 3 vol. — MACCRÉE (Ch.). La Réforme en Italie. *Paris, Cherbuliez,* 1834. — MARANDA. Tableau du Piémont. *Turin,* an XI. — MIMAUT. Histoire de Sardaigne. *Paris, Blaise,* 1825, 2 vol. — MICCICHÉ (P. de). Mœurs de la cour des Deux-Siciles. *Paris,* 1837. — TURPIN (M.). Histoire de Naples et de Sicile. *Paris,* 1630, etc.

1771. Gênes (Ouvrages relatifs à). 8 vol. in-8 et in-12, demi-rel. veau fauve et bleu et veau jasp.

BRÉQUIGNY (de). Histoire des révolutions de Gênes, depuis son établissement jusqu'à la conclusion de la paix de 1748. *Paris,* 1758, 3 vol. — BOUILLON. Persécutions d'un français plaidant sous le gouvernement oligarchique de Gênes en 1793. *Nice,* an V, 2 parties en 1 vol., figures. — DESCRIPTION des beautés de Gênes et de ses environs. *Gênes,* 1781, nombreuses vues gravées. — VINCENS (Emile). Histoire de la république de Gênes. *Paris,* 1842, 3 vol.

1772. Ragguaglio delle nozze delle maesta di Filippo Quinto, e di Elisabetta Farnese nata principessa di Parma re cattolici delle Spagne solennemente celebrate in Parma l'anno 1714 ed ivi benedette dall' Eminentissimo Sig. cardinale di S. Chiesa Ulisse Giuseppe Gozzadini ..... *In Parma,* 1717, in-fol., veau jasp., dos orné, tr. marb. (*Rel. anc.*).

Frontispice gravé et 5 grandes planches, dont l'une représente le cortège se rendant à l'Eglise.

1773. La sontuosa Illuminazione della citta di Torino, per l'augusto sposalizio delle reali maesta di Carlo Emmanuele, re di Sardegna, e di Elisabetta Teresa, principessa primogenita di Lorena, con l'aggiunta della publica esposizione della santissima Sindone, descritta in lingua italiana e franzese. *Torino, presso Gio. Batt. Chais,* 1737, in-fol., veau brun, tr. rouges (*Rel. anc.*).

Texte en italien et en français. Le livre est orné de 14 belles planches et d'un frontispice, gravés par *Daudet* de Lyon, *Gio. Ant. Belmondo, Cas. de Prenner* et autres.
Reliure fatiguée.

1774. La Ville et la république de Venise, par Alex. Toussaint de Limojon, sieur de Saint-Didier. *A Paris, chez Louis Billaine,* 1680, in-12, mar. rouge, comp. de fil. à la Du Seuil, dos orné, dent. int., tr. dor. (*Rel. anc.*).

Première édition.

1775. I numi a disporto su l'Adriatico, descrizione della regatta solenne disposta in Venezia a godimento dell' Altezza serenissima di Ferdinando terzo principe di Toscana ; unita la narrativa d'altri trattenimenti ordinati à divertimento della medesima altezza nel carnovale del 1688. *In Venezia, appresso Andrea Poletti, s. d.,* in-fol., cartonné.

1 frontispice et 14 belles planches gravées à l'eau-forte par *Aless. della Via,* d'après *Lodov. Lamberti, Casparo Vecchia* et *Gio. Carbonari.*

1776. Il gran Teatro delle piu insigni prospettive di Venezia. *Venezia, s. d.,* in-fol. monté sur onglets, veau marb. (*Rel. anc.*).

Recueil de 68 vues gravées par *Domenico Louisa, F. Vasconi* et *C. Zucchi.*
Reliure fatiguée.

1777. Urbis Venetiarum prospectus celebriores ex Antonii Canal tabulis XXXVIII, aere expressi ab Antonio Visentini in partes tres distributi. *Venetiis Apud Joannem Baptistam Pasquali,* 1742, 3 parties en 1 vol. in-fol. oblong, veau marb., tr. rouges (*Rel. anc.*).

1 frontispice, 2 portraits et 38 planches gravées à l'eau-forte.
On y a joint : 18 vues d'Italie, in-4 et in-fol., gravées à l'eau-forte par *A. Canal.*

1778. Delle delicie del fiume Brenta espresse ne' palazzi e casini situati sopra le sue sponde dalla sboccatura nella laguna di Venezia fino alla citta di Padova, disegnate ed incise da Gian-Francesco Costa. *Venezia, appresso l'autore,* 1750, 2 tomes en 1 vol. in-fol. oblong, dos et coins bas. fauve, tr. jasp. (*Rel. anc.*).

Recueil de 140 planches dessinées et gravées à l'eau-forte par *J.-F. Costa.*

1779. Descrizione delle feste celebrate in Venezia per la venuta di S. M. J. R. Na-

poleone il Massimo, imperatore de francesi re d'Italia, protettore della confede-
razione del Reno, data al publico dal cavaliere abate Morelli. *In Venezia, nella
tipografia Picotti*, 1808, in-4, veau vert marb., dent., tr. dor. (*Rel. de l'époque*).

> 1 frontispice gravé en taille-douce par *Maina* et 4 figures par *Selva*, gravées à la manière
> du lavis par *Albertolli* et tirées en bistre.

1780. Venise, ses arts décoratifs, ses musées et ses collections, par Émile Molinier.
Ouvrage accompagné de 207 gravures dans le texte et de plusieurs eaux-fortes.
Paris, Librairie de l'Art, 1889, in-4, broché.

1781. Venise. Histoire, art, industrie, la ville, la vie, par Charles Yriarte. Ouvrage
orné de 525 gravures, dont 50 tirées hors texte et plusieurs en couleur. *Paris,
Rothschild*, 1878, in-fol. en feuilles, dans un carton.

1782. La Vie d'un patricien de Venise au xvi° siècle d'après les papiers d'État des
Frari, par Charles Yriarte. Avec 136 gravures et 8 planches, reproductions des
monuments du temps et des fresques de Paul Véronèse. *Paris, Rotschild, s. d.*,
gr. in-8, broché.

1783. Les Bords de l'Adriatique et le Monténégro, Venise, l'Istrie, le Quarnero, la
Dalmatie, le Monténégro et la rive italienne, par Charles Yriarte. Ouvrage contenant 257 gravures sur bois et 7 cartes. *Paris, Hachette et C*[ie], 1878, gr. in-4, dos
et coins chag. bleu, poli, tête dor., non rogné (*Dodé*).

1784. Ongania. Rues et canaux de Venise et des îles des lagunes. Calli, canali e
isole della laguna. *Ferd. Ongania, edit. Venezia*, 1900, 2 vol. in-fol., cartonn. toile
grise, non rognés (*Rel. de l'éditeur*).

> 200 héliogravures.

1785. Essai historique sur le pont de Rialto, par Antoine Rondelet. *A Paris, chez
l'auteur*, 1837, in-4 cartonné.

> Orné de 13 planches gravées au trait.

1786. Descrizione delle feste fatte in Firenze per la canonizzazione di S[to] Andrea
Corsini. *In Fiorenza nella Stamperia di Zanobi Pignoni, con licenza de St. Supe-
riori*, 1632, pet. in-4, demi-rel. bas. fauve, tr. marb. (*Rel. anc.*).

> Livre rare et curieux dont le frontispice et les 20 figures gravées à l'eau-forte ont été attri-
> bués à Jacques Callot et à Steph. della Bella.

1787. Florence, l'histoire, les Médicis, les humanistes, les lettres, les arts, par
Charles Yriarte. Orné de 500 gravures et planches. *Paris, J. Rothschild*, 1881,
2 parties gr. in-4 en feuilles dans deux cartons.

1788. Alticchiero, par Mad° J. W. C. D. R. (Mme Justine Wynne, comtesse de Ro-
semberg). *A Padoue*, 1787, in-4, cartonné.

> Cet ouvrage, orné d'un plan et de 29 planches, est la description d'une villa située au
> village d'Alticchiero, près de Padoue, et appartenant alors au sénateur Angelo Quirini ; il a
> été tiré à petit nombre et non mis dans le commerce.

1789. Maria Vergine coronata. Descrizione, e dichiarazione della divota solennita flatta in Reggio li 13 maggio 1674. Composta dall Abbate Giacomo Certadi. *In Reggio, per Prospero Vedrotti,* 1675, pet. in-fol., cartonné.

Frontispice par *Talami,* gravé par *G. Mitelli,* portrait de François II et 14 belles planches gravées à l'eau-forte par *Catelli, Draghi, Carboni,* etc., gravées par *Mitelli.*

1790. Architecture toscane, ou palais, maisons, et autres édifices de la Toscane, mesurés et dessinés par A. Famin et A. Grandjean, publié en l'an 1806, *A Paris, chez les auteurs,* in-fol., cartonné, non rogné.

109 planches gravées au trait.
Exemplaire auquel on a ajouté une lettre d'envoi autographe de A. Famin.

1791. Descrittione de gli apparati fatti in Bologna per la venuta di N. S. Papa Clemente VIII, con gli disegni de gli archi, statue, et pitture, dedicata a gli ill^{mi} sig. del Reggimento di Bologna da Vittorio Benacci stampator camerale. *Bologna, Benacci,* 1598, in-4, dos et coins veau marb., dos orné, tr. rouges (*Rel. anc.*).

Pièce très rare, ornée de 8 gravures (sur 9) à l'eau-forte qui ont été attribuées à Guido Reni.
Exemplaire du comte Durazzo avec son ex-libris gravé, collé sur le titre.

1792. Basilicae S. Mariae Majoris de Urbe, a Liberio papa I, usque ad Paulum V pont. max. descriptio et delineatio, auctore Paulo de Angelis. *Romae, ex typographia Bartholomaei Zannetti,* 1621, in-fol., de 252 pp., veau brun, dos orné, tr. jasp. (*Rel. anc.*).

Nombreuses planches gravées à l'eau-forte.

1793. Fontane diverse che si vedano nel' alma citta di Roma et altre parte d'Italia ; delineate da Giovanni Maggi Romano, pitore et architetto, con diverse altre novamente dal istesso imientate et poste in luce ad instanza di Gio Domenico Rossi alla pace 1645. *In Roma,* 1645, in-4, cartonné.

Titre et 53 planches gravées à l'eau-forte et remontées sur papier ancien.

1794. Le Fontane di Roma nelle Piazze e luoghi publici della citta, con li loro prospetti, come sono al presente. Disegnate, et intagliate da Gio. Battista Falda. Date in luce con direttione, e cura da Gio. Giacomo de Rossi. *In Roma,* 1691, 4 parties en 1 vol. in-fol. oblong, veau brun, tr. jasp. (*Rel. anc.*).

Exemplaire bien complet des 107 planches.
Recueil bien gravé, publié par *G. de Rossi.*
Les planches doubles sont réparées. On y a ajouté une table manuscrite des planches.

1795. Des alten und neuen Roms grosser Schau-Platz, etc. Alles nach der edlen Architectur und Perspectiv grundrichtigen Kunst-Regeln ordentlich verfasset durch sonderbahren Fleiss und Beysorge Joachims von Sandrart. *Nürnberg, gedruckt bey Christian Sigmund Froberg, in Verlegung des Autoris,* 1685, in-folio, figures, demi-rel. chagrin rouge, non rogné (*Rel. mod.*).

Recueil de 69 planches gravées, chiff. 1-59 et 34*, 35*, 35**, 41*, 42**, 42***, 43*, 46*, 46**, 50*.
La pl. 17, plan de Rome, se compose de deux parties.
2 planches ajoutées.

1796. Alcune vedute di archi trionfali, ed altri monumenti inalzati da Romani parte de quali si veggono in Roma, e parte per l'Italia disegnati ed incisi dal cavalier Gio. Battista Piranesi. *Roma,* 1748, in-fol. oblong en feuilles dans un carton.

1 titre et 28 planches gravées, non rognés.

1797. Delle magnificenze di Roma antica e moderna da Giuseppe Vasi da Corleone... con una spiegazione istorica di tutte le cose notabili di dette porte composta da P. Giuseppe Bianchini. *In Roma, nella stamperia del Chracas presso S. Marco al Corso,* 1747-1761, 10 parties en 4 vol. in-fol., oblong, vélin blanc, tr. marb. (*Rel. anc.*).

Bel ouvrage orné de 200 planches bien gravées.

1798. Nuova raccolta di 100 vedute antiche della citta di Roma e sue vicinanze. Incise a bullino da Giovanni Brun. *Roma, s. d.,* in-4, monté sur onglets, demi-rel. chagrin grenat, plats toile.

100 vues gravées sur cuivre en 50 planches.

1799. Les plus beaux édifices de Rome moderne, ou recueil des plus belles vues des principales églises, places, palais, fontaines, etc., qui sont dans Rome, dessinées par Jean Barbault, peintre, et gravées en 44 grandes planches et plusieurs vignettes par d'habiles maîtres. Avec la description historique de chaque édifice. *A Rome, chez Bouchard et Gravier,* 1763, in-fol., demi-rel. veau brun, tr. marb. (*Rel. anc.*).

44 grandes planches gravées par *Montégu, Freicenel* et *Giraud.*

1800. La Citta di Roma ovvero breve descrizione di questa superba citta, divisa in quattro tomi ed ornata di 385 stampe in rame. *In Roma, appresso Venanzio Monaldini...,* 1779, 4 vol. in-fol., cartonnés.

385 planches gravées représentant des vues de monuments, statues, plans, etc. La dédicace est signée Domenico Magnan.

1801. Recueil de 62 aquarelles, exécutées de 1820-1840 environ, représentant les plus belles vues de Rome et de ses environs. In-8 et in-4, montées par deux ou une sur bristol, dans un carton.

Intéressant recueil.
Les vues sont choisies avec beaucoup de goût au point de vue pittoresque. On y trouve peu de celles qui constituent les recueils ordinaires de ce genre, composés de basiliques et palais très connus. D'un intérêt spécial sont les sept pièces de Caffi, qui représentent des scènes du carnaval romain sur le Corso (la Course des chevaux ; les Moccoletti).
Voici les noms des artistes qui ont fait les aquarelles et le nombre de leurs pièces :
Busuttil (9), *Caffi* (7), *Perry* (2), *Ermogène* (19), *Simelli* (5), *O. Marchi* (8), *Diofely* (5), *Fini* (1), *Meli* (2), *Chierici* (1), *Aquaroni* (1), *Uggeri* (1) et une aquarelle non signée.
La grande pièce de *Uggeri,* représentant le pape porté en sedia gestatoria, est dessinée à la sépia ; seuls les costumes de cardinaux sont teints de rouge.
Trois autres pièces sont également dessinées à la sépia.

1802. Villa Pamphila ejusque Palatium, cum suis prospectibus, statuae, fontes, vivaria, theatra, aerolae, plantarum, viarumque ordines cum ejusdem villae absoluta delineatione. *Romae, formis Io. Jacobi de Rubeis, s. d.,* in-fol., veau brun, tr. marb. (*Rel. anc. fatiguée*).

Portrait gravé par *Visscher* et 82 planches (sur 87) dessinées et gravées par *Dom. Barrière* et *J.-B. Falda,* représentant des statues, bustes et des vues de la villa Pamphila. Mouillures. Le frontispice manque.

1803. Views of the Remains of ancient buildings in Rome, and its vicinity. With a descriptive and historical account of each subject, by M. Dubourg. *London, printed for J. Taylor*, 1820, in-fol., demi-rel., bas. rouge, plats toile.

26 planches gravées et coloriées.

1804. Rome, Naples et Florence, par M. de Stendhal (H. Beyle). *Paris, Delaunay*, 1826, 2 vol. in-8, demi-rel. veau fauve, dos orné, tr. marb.

Troisième édition.

1805. Promenades dans Rome, par M. de Stendhal. *Paris, Delaunay*, 1829, 2 vol. in-8, cartes et fig., demi-rel. veau vert, tr. jasp.

Édition originale.

1806. Rome. Description et souvenirs par Francis Wey. Ouvrage contenant 358 gravures sur bois dessinées par nos plus célèbres artistes et un plan. Troisième édition revue et corrigée, augmentée d'un voyage à Rome en 1874 et suivie d'un index général analytique. *Paris, Hachette et Cie*, 1875, in-4, broché.

1807. Borgia (Mémoires et ouvrages relatifs aux). 5 vol. in-8 et 1 vol. in-12, brochés. Ens. 6 vol.

Clément (l'abbé). Les Borgia, histoire du pape Alexandre VI. *Paris*, 1882. — Grégorovius (Ferdinand). Lucrèce Borgia. *Paris, Sandoz*, 1876, 2 vol. — Maricourt (Cte de). Le procès des Borgia. *Paris, Houdin*, 1883. — Yriarte (Charles). César Borgia, sa vie, sa captivité, sa mort. *Paris, Rothschild*, 1889, 2 vol.

1808. Autour des Borgia. Les Monuments, les portraits, Alexandre VI, César, Lucrèce, l'épée de César. L'œuvre d'Hercule de Fideli. Les appartements Borgia au Vatican. Etudes d'histoire et d'art par Charles Yriarte ; avec 18 planches en couleur, en noir et sur cuivre, et 156 illustrations d'après les monuments contemporains. *Paris, J. Rothschild*, 1891, in-4, broché.

Un des 150 exemplaires (n° 418) imprimés sur papier simili Japon.

1809. Naples (Ouvrages relatifs au royaume de). 6 vol. in-8, reliés et brochés.

Brooke (N.). Voyage à Naples et en Toscane avant et pendant l'invasion des Français en Italie. *Paris*, an VII. — Colletta (Le général). Histoire du royaume de Naples, depuis Charles VII jusqu'à Ferdinand IV. *Paris*, 1835, 4 tomes en 2 vol. — Fragoletta. Naples et Paris en 1799. *Paris*, 1829, 2 vol. — Voyage forcé de Naples par le citoyen M***. *Paris, s. d.*

1810. Narrazione delle solenni reali feste fatte celebrare in Napoli da Sua Maesta il re delle Due Sicilie Carlo, infante di Spagna, duca di Parma, Piacenza, etc., per la nascita del suo primogenito Filippo real principe delle due Sicilie. *In Napoli*, 1749, gr. in-fol., veau marb., tr. rouges (*Rel. anc.*).

Frontispice gravé par *C. Grégori*, 20 pages de texte et 15 grandes planches gravées par *Jardin, Vasi, Le Lorrain*, etc.

1811. Mémoires historiques, politiques et littéraires sur le royaume de Naples, par M. le Comte Grégoire Orloff, sénateur de l'Empire de Russie. Ouvrage orné de deux cartes géographiques, publié avec des notes et additions par Amaury Duval. *A Paris, chez Chassériau et Hécart*, 1819-1821, 5 vol. in-8 cartonnés, non rognés.

Exemplaire avec un envoi autographe de l'auteur au maréchal duc d'Albuféra.

1812. Voyage pittoresque ou description des royaumes de Naples et de Sicile ; contenant un précis historique de leurs révolutions, les cartes, plans et vues du royaume et de la ville de Naples, ses palais, ses églises, etc., etc. (par l'abbé de Saint-Non) *Paris,* 1781-1786, 4 tomes en 5 vol. gr. in-fol., veau jasp., fil., dos orné, dent., int., tr. dor. (*Rel. anc.*).

Exemplaire bien complet avec la planche des Phallus et les 14 planches des médailles des anciennes villes de Sicile.
Bel exemplaire relié par DELORME avec son étiquette, sur maroquin, à l'intérieur des volumes.

1813. Réunion de plusieurs recueils de vues de Naples et ses environs gravés par Philippe Morghen et autres. In-fol., demi-rel., bas. rouge, dos orné.

Le volume comprend :
I. Le Antichità di Pozzuoli Baja e Cuma incise in rame e pubblicate da Morghen. *Napoli,* 1769. 2 beaux portraits (roi et reine des Deux-Siciles), et 40 grandes planches chiffrées. Le titre et la dédicace manquent.
II. Quatre planches, dont 3 plans gravés.
III. Cinq planches chiffrées 2-6 : Vues du Vésuve à l'époque de ses éruptions en 1751, 1754, 1760 et 1779, gravées par *Phil.* et *Raph. Morghen,* d'après les dessins de *J. Vernet,* du marquis *Galiani.*
IV. Vue du temple de Ste Marie Majeure à Nocera, grav. par *Phil. Morghen,* 1772.
V. Dix planches chiffrées : Vues des ruines de Paestum, dessinées par *Ant. Jolli* et *Raph. Morghen,* gravées par *Phil. Morghen.*
VI. 38 planches chiffrées : vues de Naples et de ses environs ; pl. 1-30 sur 15 feuillets, dessinées par *Jos. Bracci,* gravées par *Ant. Cardon* ; pl. 31-38, grandes planches pliées en trois ; pl. 31-34 dessinées par *Gabr. Ricciardelli,* gravées en 1765 par *Ant. Cardon* ; pl. 35-38 gravées par *Phil. Morghen* en 1772.
La plupart des gravures sont tirées sur papier bleu. Quelques planches sont mouillées.

1814. Voyage pittoresque en Italie, partie méridionale et en Sicile, par Paul de Musset. Illustrations de MM. Rouargue frères. *Paris, Morizot,* 1865, gr. in-8, broché (*Couvert. illust.*).

PREMIER TIRAGE.
Illustré de 23 planches hors texte, dont 5 en couleurs.

1815. Voyage pittoresque des isles de Sicile, de Malte et de Lipari, où l'on traite des antiquités qui s'y trouvent encore ; des principaux phénomènes que la nature y offre ; du costume des habitans, et de quelques usages, par Jean Houel. *A Paris, de l'Imp. de Monsieur,* 1782-1787, 4 vol. in-fol., veau marb., pet. dent., dos orné, tr. marb. (*Rel. anc.*).

Bel exemplaire de cet ouvrage orné de 264 planches gravées tirées en bistre.

1816. Voyage pittoresque en Sicile dédié à son altesse royale Madame la duchesse de Berry (par Achille-Étienne Gigault de la Salle) *A Paris, de l'Imp. de P. Didot l'aîné,* 1822-1826, 2 vol. in-fol., demi-rel. mar. rouge à longs grains, tr. jasp. (*Rel. de l'époque*).

Bel ouvrage orné d'une carte et de 92 planches gravées à l'eau-forte et coloriées avec soin.
Exemplaire auquel on a ajouté : un portrait de la duchesse de Berry, gravé par *Audouin* et une eau-forte pure gravée par *Malbeste,* représentant un ancien portique.
La carte est en deux états ; la table manque.

1817. Malta illustrata ovvero descrizione di Malta isola del mare Siciliano e Adriatico con le sue antichità, ed altre notizie del commendatore F. Giovan-Francesco

Abela, corretta, accresciuta, e continovata dal conte Giovan-Antonio Ciantar. *In Malta, per F. Giovanni Mallia,* 1772-1780, 2 vol. in-fol., demi-rel., vélin blanc (*Rel. anc.*).

Edition estimée, plus complète que la première de 1647 ; elle est ornée d'un frontispice, d'un portrait, d'un plan, de 22 planches hors texte et d'une grande carte pliée.

1818. Mémoires du venitien J. Casanova de Seingalt, extraits de ses manuscrits originaux publiés en Allemagne par G. de Schutz. *Paris, Tournachon-Molin,* 1825-1829, 14 tomes en 7 vol. in-12, cartonn. papier.

Exemplaire NON ROGNÉ.

c. — *Suisse.*

1819. Tableaux topographiques, pittoresques, physiques, historiques, moraux, politiques, littéraires de la Suisse (par de La Tour Chatillon de Zurlauben). *A Paris, de l'Imp. de Clousier,* 1780-1788, 3 vol. in-fol., veau marb., fil., dos orné, tr. jasp. (*Rel. anc.*).

Ouvrage publié par J.-B. de La Borde, orné de 278 planches.

1820. La Suisse, études et voyages à travers les 22 cantons, par Jules Gourdault. Ouvrage illustré de 750 gravures sur bois. *Paris, Hachette et Cie,* 1879-1880, 2 vol. in-fol. brochés.

1821. Suisse (Ouvrages relatifs à la). 11 vol. gr. in-8 et in-12, dont 8 rel. veau marb., deux demi-veau fauve et 1 dos et coins mar. La Vall.

ANDRYANE (Alex.). Souvenirs de Genève. *Paris,* 1839, 2 vol. — ÉTAT (l') et les délices de la Suisse en forme de relation critique (tiré des ouvrages d'A. Ruchat, A. Stanyan et quelques autres, par Altmann). *Amsterdam,* 1730, 4 vol. — Même ouvrage, édition de *Bâle,* 1776, 4 vol. — Mémoires de Félix Platter, médecin balois. *Genève,* 1866.

1822. Vues du canton de Bâle. *Zurich,* 1756, pet. in-fol., demi-rel. veau fauve, tr. rouges (*Rel. anc.*).

Recueil d'une carte du cours de la Birse et de 26 planches représentant 45 vues gravées par *Hersliberger,* d'après *Büchel.*
On y a ajouté 4 estampes gravées par Ch. de Méchel d'après Lochet : Michel Schüppach, médecin et sa femme Marie Fluckigger. — Les trois Bacchus, ou costumes des paysans de Morat. — Les trois grâces du Gouguisberg.

d. — *Espagne.*

1823. Théâtre de l'Espagne, ou la représentation exacte des principales villes d'Espagne, avec leurs embellissements anciens et modernes ; comme aussi des agréables vues, de l'Escurial, Aranjuez, el Prado, Buen Retiro, Casa del Campo, et autres superbes châteaux, maisons royales, etc. *Tot Amsterdam, by Pieter van den Berge,* s. d., pet. in-fol. veau brun, tr. marb. (*Rel. anc.*).

Frontispice, un plan de Madrid, et 70 planches de vues gravées en taille-douce par *P. et D Berge,* avec légendes en latin, français, espagnol et hollandais.

1824. España artística y monumental. Vistas y descripcion de los sitios y monumentos mas notables de España. Obra dirigida y ejecutada por Don Genaro Perez de Villa-Amil. Texto redactado por Don Patricio de la Escosura.... *Paris; Hauser*, 1842-1850, 3 vol. gr. in-fol., demi-rel. chagrin grenat, plats toile, tr. jasp.

Texte en français et en espagnol et 144 lithographies à deux teintes.

1825. Voyage pittoresque et historique de l'Espagne par Alexandre de Laborde et une société de gens de lettres et d'artistes de Madrid, dédié à son Altesse Sérénissime le Prince de la Paix. *A Paris, de l'imprimerie de Pierre Didot l'aîné*, 1806-1820, 4 vol. très gr. in-fol., demi-rel. chag. rouge, tr. jasp.

Exemplaire bien complet.

1826. Nouvelle introduction à l'histoire d'Espagne, où l'on voit par des cartes curieuses, tant pour l'ordre que pour l'invention, la chronologie de ses rois, la géographie ancienne et moderne et le gouvernement politique et ecclésiastique de cette monarchie, avec des remarques utiles pour servir à l'intelligence de son histoire. Dédiée à S. M. catholique Charles III, par Mr *** *A Amsterdam et à La Haye*, 1703, in-fol., cartonné.

1 carte, 1 planche contenant tous les portraits des souverains espagnols et 4 planches gravées ornées de vignettes représentant les gouvernement civil et conseils souverains et diverses cartes des possessions espagnoles.

1827. Histoire generale d'Espagne du P. Jean de Mariána, traduite en françois avec des notes et des cartes par P. Joseph-Nicolas Charenton. *A Paris, chez Le Mercier*, 1725, 5 tomes en 6 vol. in-4, veau marb., dos orné, tr. rouges (*Rel. anc.*).

L'exemplaire renferme la *Dissertation de Mahudel sur quelques monnoies d'Espagne*, contenant 15 planches (sur 16) hors texte ; la planche 2 manque.

1828. Histoire générale d'Espagne, traduite de l'espagnol de Jean de Ferreras ; enrichie de notes historiques et critiques, de vignettes en taille-douce et de cartes géographiques par M. d'Hermilly. *A Paris, chez Ch. Osmont et J. Clousier*, 1742-1751, 10 vol. in-4, veau marb., dos orné, tr. rouges (*Rel. anc.*).

1829. Histoire d'Espagne depuis les premiers temps jusqu'à nos jours, par Ch. Romey. *Paris, Furne et Cie*, 1839-1850, 9 vol. in-8, demi-rel. veau fauve, tr. marb.

Cette édition est complète en 9 volumes et s'arrête à l'année 1480.

1830. L'Espagne au xvie et au xviiie siècle. Documents historiques et littéraires publiés par Alfred Morel-Fatio. *Heilbronn, Henninger frères*, 1878, in-8, broché.

1831. Il Méditerraneo illustrato, le sue isole e le sue spiagge, comprendente la Sicilia, la Costa di Barberia, la Calabria, Gibilterra, Malta, Palermo, etc., etc. Opera illustrata da sessantaquattro magnifiche incisioni in acciaio ; e compilata dal bibliofilo Sig. Marco Malagoli Vecchi sulle tracce del signor C. Pelle, *Firenze, presso Spirito Batelli*, 1841, in-4, demi-rel. bas. violette.

Ouvrage orné de 62 planches hors texte, gravées sur acier.

1832. Espagne (Ouvrages relatifs à l'). 8 vol. in-8 et in-12 de reliures diverses.

Baret (Eug.). Espagne et Provence. Études sur la littérature du Midi de l'Europe. *Paris,*

1857. — Baudot de Juilli. Relation historique et galante de l'invasion de l'Espagne par les Maures. *Paris*, 1722, 2 tomes en 1 vol. — Louville (Mis de). Mémoires secrets sur l'établissement de la maison de Bourbon en Espagne. *Paris*, 1818, 2 vol. — Rousset. Histoire publique et secrète de la Cour de Madrid, dès l'avènement du roi Philippe V. *Cologne*, 1719. — Trueba (Telesforo de). L'Espagne romantique. Contes de l'histoire d'Espagne traduits par Defaucourpret. *Paris*, 1832, 3 vol.

1833. Correspondencia de Gutierre Gomez de Fuensalida, embajador en Alemania, Flandes e Inglaterra (1496-1509), publicada por el duque de Berwick y de Alba. *Madrid*, 1907, in-8, port., broché.

1834. Relaciones de Antonio Perez secretario de Estado, que sue, del Rey de España Don Phelippe II deste nombre. *Impresso en Paris*, 1598, in-4, peau de truie estampée, tr. marb. (*Rel. anc.*).

> Ce livre, composé avec un art infini, produisit en Europe un effet terrible contre Philippe II ; il fut d'abord publié à Londres en 1594 sous le nom supposé de Raphael Peregrino. (*Bibliog. générale*).
> Sur le titre une vignette gravée représentant les instruments qui servirent à torturer Ant. Perez.

1835. Las Obras y relaciones de D. Anton. Perez secretario de estado, que fue del rey de España, Don Phelippe II. *En Ginevra, por Juan Antonio y Samuel de Tornes*, 1654, in-8, vélin (*Rel. anc.*).

1836. Le Voyage du prince Don Fernande, infant d'Espagne, cardinal, depuis le douzième d'avril de l'an 1632, qu'il partit de Madrid pour Barcelone avec le roi Philippe IV son frère, jusques au jour de son entrée en la ville de Bruxelles le quatrième du mois de Novembre de l'an 1634. Traduict de l'espagnol de Don Diego de Aedo et Gallart par le s^r Jule Chifflet. *En Anvers, chez Jean Cnobbaert*, 1635, in-4, vélin (*Rel. anc.*).

1837. Exposition sincère des raisons et des motifs qui engagèrent S. M. C. le roi Ferdinand VII à faire le voyage de Bayonne en 1808, par son Exc. Don Juan Escoiquiz, traduite en français augmentée de notes, et suivie d'une lettre par Don Joseph-Marie de Carnerero. *A Toulouse, imp. Douladoure*, 1814. — Défense de Saragosse par Don Manuel Cavallero. *Paris, Magimel*, 1815. — Mémoire de D. Miguel Joseph de Azanza et D. Gonzalo O. Farrill, et exposé des faits qui justifient leur conduite politique depuis mars 1808 jusqu'en avril 1814, traduit de l'espagnol par Alexandre Foudras. *Paris*, 1815. — Ensemble 3 ouvrages en 1 vol. in-8, veau marb., dos orné, tr. jasp. (*Rel. anc.*).

1838. Histoire descriptive, artistique et pittoresque du monastère royal de St-Laurent vulgairement dit de l'Escurial, par D. Antonio Rotondo. *Madrid, Imp. de D. Eusebio Aguado*, 1862, in-fol., broché (*Couvert. illust.*).

> 125 planches hors texte en lithographie et vignettes dans le texte gravées sur bois.
> Le titre de la couverture est en espagnol.

1839. Privilegio militar en persona del doctor Augustin de Arano natural del Reino de Valencia Assessor del Governador de Castellon de la Plana. Donné à Saragosse le 22 sept. 1646 par Philippe IV. Manuscrit in-fol., de 4 ff. de vélin, enluminé, basane fauve, plats entièrement ornés de comp. de fil., feuillages, et petits fers (*Rel. espagnole de l'époque, défraîchie*).

Privilège militaire, signé à la fin : *yo El Rey*.
La première page est richement ornée à l'encre. Au recto du troisième feuillet la belle armoirie de Aug. de Arano avec une bordure autour de la page, peinte en or et couleurs.

e. — *Allemagne et Autriche.*

1840. Histoire générale d'Allemagne, par le P. Barre, chanoine régulier de Sainte-Geneviève. *A Paris, chez Ch. Delespine*, 1748, 10 tomes en 11 vol. in-4, front. et portraits, veau fauve, dos orné, dent. int., tr. rouges (*Rel. anc.*).

1841. Allemagne. 7 vol. in-8 et in-12, dont 3 reliés et cartonnés, les autres brochés.

BLANGINI (F.). Souvenirs. 1797-1834. *Paris*, 1834. — BRYCE (J.). Le saint Empire romain germanique et l'empire actuel d'Allemagne. *Colin*, 1890. — GRIECK (J.). La vie et les actions héroïques et plaisantes de l'invincible empereur Charles V. *Amsterdam*, 1704, 2 tomes en 1 vol. — LA VICOMTERIE. Les crimes des empereurs d'Allemagne, depuis Lothaire I jusqu'à Léopold II. *Paris*, 1793. — LICHTENAU (comtesse de). Mémoires écrits par elle-même en 1808. *Paris*, 1809. — MAUBERT DE GOUVEST. La pure vérité. Lettres, et mémoires sur le duc et le duché de Virtemberg. *Augsbourg*, 1765. — WEILL (Alex.). Histoire de la grande guerre des paysans. *Paris*, 1860.

1842. German scenery from drawings made 1820, by captain Batty, of the grenadier guards. *London, Rodwell et Martin*, 1823, gr. in-8, demi-rel. mar. rouge à longs grains, dos orné, non rogné.

60 planches hors texte gravées sur acier.

1843. Tableaux de la civilisation et de la vie seigneuriale en Allemagne dans la dernière période du moyen âge, d'après un manuscrit allemand du xve siècle. Album de vingt-cinq planches. *Paris, A. Quantin*, 1885, in-4, broché.

Edition tirée à 200 exemplaires sur papier de Hollande.

1844. Histoire de la grande guerre des paysans, par Alexandre Weill. Deuxième édition, revue, corrigée et précédée d'une nouvelle préface. *Paris, Poulet-Malassis et de Broise*, 1860, in-12, broché.

Exemplaire imprimé sur PAPIER DE HOLLANDE.

1845. Goettinger Taschen Calender pour les années 1779 à 1781, 1783, 1785, 1788, 1789, 1793, 1794, 1796, 1799, 1800. *Bey Joh. Chr. Dieterich*, 1779-1800, 12 vol. in-18, cartonn. original de l'éditeur.

Chaque almanach est orné d'un titre gravé et d'un calendrier.
Voici le détail du nombre des planches dans chaque année : 1779 a 19 pl. — 1780 a 22 pl. — 1781 a 18 pl. — 1783 a 28 pl. — 1785 a 34 pl. — 1788 a 36 pl. — 1789 a 35 pl. — 1793 a 29 pl. — 1784 a 22 pl. — 1796 a 13 pl. — 1799 a 18 pl. — 1800 a 18 pl.
L'année 1788 est dans un cartonn. en soie, orné sur chaque plat d'un sujet peint à la gouache.

1846. Almanachs allemands. 6 vol. in-18 et in-24, dont trois cartonn. de l'éditeur, deux vélin vert et rose et un mar. rouge à longs grains, tr. dor.

Almanach und Taschenbuch zum geselligen Vergnugen. 11 Jahrg. 1801. Herausg. von W.-G. Becker. Leipzig, figures de Chodowiecki et Zing, musique notée. — Genealogischen Schreib und Post-Calender auf... 1757. Portr., carte color. et figures. — Historich-Genealogischer-Calender oden Jahrbuch der merkwürdigsten neuen Welt-Begebenheiten für 1789. Figures de l'histoire de Frederic le Grand par Chodowiecki, costumes militaires en couleurs et portraits. — Königl. Grosbritannicher Historischer Genealogischer Calender für 1790. *Lauenburg, J.-G. Berenberg,* fig. de Chodowiecki dont 6 de coiffures. — Jahrbuch zur belehrenden Unterhaltung für Damen von J.-J. Ebert. Für das Jahr 1798. *Mannheim und Leipzig, bey Theodor Seeger,* fig. dont 3 en couleurs, musique notée. — Taschenbuch für das Jahr 1809. Der Liebe und Freund. schaft gewidmet. *Frankfurt, Friedrich Wilmans.* Fig.

1847. Election et couronnement, c'est-à-dire briefve et véritable description des principales choses qui se sont faites et passées à Francfort ville d'Election, au mois de may et juing 1612, de l'élection et couronnement du très illustre, très puissant et très invincible Prince, et Sr Sr Matthias, eslcu empereur des Romains toujours Auguste, Roy des Allemagnes, Hongrie, Bohême, Dalmatie, Croatie, Sclavonie, etc., archiduc d'Austriche, etc. Comme aussi du couronnement de l'impératrice, la Princesse et Dame, Dame Anne, Roine d'Hongrie et Bohême, archiduchesse d'Austriche, femme de Sa M. I. Avec une désignation de tous les Potentats, Electeurs, Princes et Estats de l'Empire, comme aussi de plusieurs comtes, gentils-hommes et aultres personnes, et semblablement de diverses ambassades étrangers, qui durant ce temps sont venus à Francfort, et en nostre cognoissance. *Imprimé à Francfort sur le Mayn, pour Jean Bringer et Heinrich Kröner,* 1612, pet. in-4 de 102 pag. ch. (cotées 100 par erreur, les pag. 63-64 étant répétées), plus 1 f. blanc, 8 pl. gr. sur cuivre, cartonn.

Dans cette édition les figures sont au nombre de 8, comme dans l'édition latine. L'une d'elles (la pl. B) est signée : Jurro Kiesel (Jérôme Kiesel). On peut s'assurer qu'il ne faut pas plus de 8 planches en s'en rapportant au texte, où il n'y a pas de mention d'une planche E, mais où la description de la planche F se rapporte exactement à la gravure qui porte la lettre F au bas à droite et aussi la lettre F au milieu. Cette figure représente le banquet sur la place du Romer, à Francfort. Voici quelques passages (pag. 31 et 32) du texte qui se rapportent à cette planche : « Sa M. avec les aultres Electeurs, Princes et S^{rs} estans arrivés à la Sale, et se voulant mettre à table, l'Electeur de Saxe voulust, suivant la bulle d'or, executer ce qu'il luy restoyt de son office, il descendit de la table en son habit Electoral monta à cheval et s'en alla accompagné de ses conseillers et archers vers la place, où il entra avec son cheval en un grand amas d'avoine, qui y avoit esté jetté dès le matin, remplist d'auoine une mesure d'argent, qu'il tenoit en mains, et racla le dessus d'un racloir d'argent : puis il delibvra et la mesure et le racloir au Mareschal de Pappenheim (comme il appert en la figure F) et après s'en retourna vers la maison de ville. Mais aussitost que l'Electeur s'en fust retiré, le peuple qui estoyt à l'entour, se jetta dessus, remplissant sacs et aultres choses, et s'en jettans l'un l'aultre, etc. Après que l'Electeur eust parfait ce qui estoyt de son office, le Mareschal de l'Electeur de Brandenbourg s'en vint aussi depuis le Romer à cheval, et ayant prins sur vne table (qui estoyt sur le marché près de la cuisine) vn bassin et esguiere d'argent avec vne serviette, il s'en retourna vers la maison de ville, etc. Cela estant ainsi fait et passé, le peuple se jeta tumultuairement en la cuisine où le bœuf avoit esté rosti tout entier, esperans chacun d'en tirer quelque lopin. » La planche I représente une « course de bague. » Les chiffres courants en tête de quelques feuillets, mal pliés, sont atteints par le couteau du relieur, néaumoins l'exemplaire a des témoins sur le côté latéral et dans le bas, et les planches sont intactes. Ouvrage omis par Brunet.

1848. Solemnités de l'élection (Les) et du couronnement de Léopolde empereur des romains toujours auguste, etc., ou la description et la représentation de toutes les choses notables, mémorables et dignes d'estre veües, qui sont arrivées à Francfort-sur-le-Mein l'an 1658, devant, pendant et après l'élection impériale. Avec les tables et tailles-douces, et autres choses convenables à cette histoire, et de plus avec la suite des empereurs romains, depuis Caie Jules Cesar, jusques à Leopold d'Autriche à présent regnant. *Francofurti ad Mœnum, apud Casp. Merianum,* 1660, pet. in-fol., veau fauve, fil., dent. int., tr. dor. (*Rel. mod.*).

Texte latin avec traduction française en regard.
1 planche d'armoiries avec le portrait de Léopold, 7 portraits et 15 planches gravées par *C. Merian,* avec légendes en allemand, représentant la marche des cortèges, les fêtes, tournois, etc., etc.
Une grande vue perspective de Francfort est représentée en 3 planches.

1849. Vollständiges Diarium von der hochst-beglückter Erwehlung des Herrn Franciscus zum romischen König und Kayser. *Franckfurt am Mayn, Joh. Dav. Jung,* 1746. — Vollstandiges Diarium von der Krönung dos Herrn Franciscus erwehlten romischen Kaysers. *Franckfurt am Mayn, Joh. Das. Jung,* 1746. — Ens. 2 parties en un vol. in-fol., figures, dos et coins vélin, tr. roug.

La première partie renferme un frontispice et 6 planches ; la deuxième, 20 portraits et 13 planches de cérémonies.
Deux planches (Cortège de l'empereur, et l'Illumination) ont des fortes déchirures. Mouillure en bas des derniers feuillets.

1850. Représentation naturelle et exacte de la Favorite de son Altesse Electorale de Mayence, en 14 différentes vues et autant de plans sur les desseins du Sr Salomon Kleiner, ingénieur de la cour électorale, pris sur les lieux : Ce tout gravé et mit (sic) en tailles douces, aux dépens et chez les héritiers de Jérémie Wolff. *A Augsbourg,* 1726, in-fol. oblong, cartonné.

Titre et dédicace gravés et 14 planches gravées par *J.-M Steidlin, A. Delsenbach, J.-O. Corvinus,* etc. Légendes en français et en allemand.

1851. Plans et desseins des batiments, cascades et fontaines dont Charles, landgrave de Hesse... A décoré la montagne vulgairement nommée la Montagne d'Hiver, située à la distance d'une heure de la ville de Cassel, capitale des païs de Hesse : mais à présent appelée Caroline de l'auguste nom du fondateur. Le tout mis en exécution par Jean François Guernière architecte de Rome, et audit sérénissime prince par lui dédié. *A Rome et réimprimé à Cassel par Huter et Harmes,* 1749, in-fol., demi-rel., bas. brune (*Rel. anc.*).

2 titres en français et en latin, 17 grandes planches (Cascades, jardins, décoration intérieure, etc.) dessinées par *J.-P. Guernière,* gravées par *Frezza, Speculi,* etc. L'avis au lecteur est en français, latin, italien et en allemand.

1852. Recueil d'esquisses d'architecture représentant plusieurs monumens de composition dont partie sont construits par le sieur de La Guêpière, directeur et ordonnateur général des batimens et jardins du duc de Wurtemberg. *A Stuttgard, chez l'auteur,* s. d. (1759), in-fol., monté sur onglets, demi-rel. veau marb., tr. dor. (*Rel. mod.*).

Portrait et 56 planches, dont 4 grandes planches pliées représentant les détails du château de Stuttgart, les jardins, etc.

1853. Cour de Berlin (Ouvrages relatifs à la). 4 vol. in-8 et in-12, dont 2, demi-rel. mar. rouge, 1 cartonné et 1 demi-rel. veau.

Mirabeau (Cte de). Histoire secrète de la cour de Berlin ou correspondance d'un voyageur françois depuis le mois de juillet 1786 jusqu'au 19 janvier 1787. S. l., 1789, 2 vol. — Vie privée (La) d'un prince célèbre, ou détails des loisirs du prince Henri de Prusse dans sa retraite de Reinsberg. A Veropolis, 1784. — Trenck (Bon de). Examen politique et critique d'un ouvrage intitulé : Histoire secrète de la cour de Berlin. Berlin, s. d.

1854. Matinées du roi de Prusse (Frédéric le Grand). Manuscrit du xviiie siècle de 21 feuillets in-4.

> Copie manuscrite d'une bonne écriture de la fin du xviiie siècle.
> Origine de la maison de Hohenzollern, considérations politiques diverses, religion, justice, etc., etc.

1855. Mes souvenirs de vingt ans de séjour à Berlin, ou Frédéric-le-Grand, sa famille, sa cour, son gouvernement, son académie, etc., par Dieudonné Thiébault. *A Paris*, an XIII-1805, 5 vol. — Mémoires de Frédéric, baron de Trenck... *A Strasbourg, G. Treuttel*, 1789, 2 vol. — Ens. 7 vol. in-8, demi-rel. veau fauve.

1856. Geschichte Friedrichs des Grossen. Geschrieben von Franz Kugler. Gezeichnet von Adolph Menzel. *Leipzig, Verlag der J. J. Weber'schen Buchhandlung*, 1840, in-8, cartonn. toile verte.

> Nombreuses figures gravées sur bois d'après les dessins de *Menzel*.

1857. Mémoires pour servir à l'histoire des réfugiés françois dans les états du roi (de Prusse) par MM. Erman et Reclam. *A Berlin, chez Jean Jasperd*, 1782-1789, 9 vol. in-8, figures de Chodoviecki, demi-rel. bas., tr. jaunes (*Rel. anc.*).

1858. Mémoires de Frédérique Sophie Wilhelmine de Prusse, margrave de Bareith, sœur de Frédéric-le-Grand ; écrits de sa main. *A Paris, chez Buisson*, 1811, 2 vol. in-8, cartonnés.

> On y joint : Mémoires de la comtesse de Lichtenau, écrits par elle-même en 1808. *Paris*, 1809, in-8, broché.

1859. Ordenliche Beschreibung mit was stattlichen Ceremonien vnd Zierlichheiten die Röm. Kay. May. vnser aller gnedigster Herr sampt etlich andern Ertzhertzogen Fürsten vnd Herrn den Orden des Guldin Flüss in disem 85. Jahr zu Prag vnd Landshut empfangen vnd angenommen (Par Paul Zehendtner vom Zehendtgrub). *Getruckt zu Dilingen durch Joannem Mayer*, 1587. Pet. in-4, titre et 156 pp. chiff., figures, dos et coins peau de truie, tr. roug. (*Rel. anc.*).

> Description des cérémonies des fêtes de la Toison d'or qui ont lieu à Prague et Landshut en 1585.
> L'ouvrage renferme 20 planches gravées à l'eau-forte. Treize sont in-fol. oblong et représentent des cérémonies. Sept, plus petites, sont collées sur des pages non imprimées, six contiennent des armoiries et la septième un costume de cérémonie.

1860. Caroli Gustavi Heraei inscriptiones et symbola varii argumenti. *Noribergae, Petr. Conr. Monath*, 1721, in-8, 1 portrait et 10 planches hors texte et figures de médailles. — Gedichte und Lateinische Inschriften des... Herrn Carl Gustav Heräus. *Nürnberg, Peter Conrad Monath*, 1721, in-8, un frontispice et une planche de dédicace gravés. — 2 ouvrages en un vol. cart., tr. roug.

> Le premier ouvrage contient des figures de médailles commémoratives du règne de l'empereur Charles VI et de Marie Thérèse ; puis la description avec planches d'un spectacle et feux d'artifice à l'occasion du couronnement d'Elisabeth Christine comme reine d'Hongrie.

1861. Erb.-Huldigung, welche dem... römischen Kayser, Carolo dem Sechsten, als Hertzogen in Steyer, von denen gesamten Steyerischen Land-Ständen den sechsten Julii 1728 abgeleget und zusammen getragen worden durch Georg Jacob

Edlen von Zeyerbsperg. *Grätz, bey denen Widmanstätterischen Erben, s. d.*, gr. in-folio, figures, veau brun, tr. jasp. (*Rel. anc. défraîchie*).

Description des cérémonies de l'hommage de fidélité rendu à Charles VI par les états de la Styrie en 1728 à Gratz.
Elle renferme un frontispice avec portrait de l'empereur, une carte et 12 planches gravées dont 4 en très grand format.
Deux planches donnent des vues d'ensemble de la ville de Gratz. Les autres représentent les cortèges et cérémonies.
Une planche porte des légères déchirures.

1862. Relation de l'inauguration solennelle de Sa Sacrée Majesté Marie-Thérèse, reine de Hongrie et de Bohême, archiduchesse d'Autriche, etc..., comme comtesse de Flandres, célébrée à Gand... le XXVII avril 1744. *A Gand, chez la veuve Pierre de Goessin*, 1744, in-fol., dos et coins bas. fauve, tr. jaunes (*Rel. anc.*).

1 frontispice et une très grande planche gravés par *Fr. Pilsen.*
Les armes de Flandre ont été découpées et collées sur les plats de la reliure.

1863. Annales du règne de Marie-Thérèse, impératrice douairière, reine de Hongrie et de Bohême, archiduchesse d'Autriche, etc., etc., dédiées à la reine par M. Fromageot. *A Paris, chez Prault fils*, 1775, in-8, veau racine, tr. rouges (*Rel. anc.*).

1 portrait de Marie Thérèse gravé par *Cathelin,* d'après *Ducreux,* 2 portraits en médaillon gravés par *Gaucher* d'après *Moreau* et 4 figures par Moreau, gravées par *Duclos, de Launay, Prevost* et *Simonet.*

1864. Annales du règne de Marie-Thérèse dédiées à la reine par M. Fromageot. *A Paris, de l'Imp. de Prault*, 1775, in-4, veau marb., dent., dos orné, tr. marb.

Exemplaire, sans les figures, imprimé sur GRAND PAPIER.

1865. Mémoires philosophiques du baron de ***, chambellan de S. M. l'Impératrice Reine (par l'abbé Berthou de Crillon). *Vienne en Autriche et se trouve à Paris, chez Berton*, 1777-1778, 2 vol. in-8, veau marb., dos orné, tr. rouges (*Rel. anc.*).

4 figures (sur 7) attribuées à *Binet,* dont l'une représente l'intérieur du café Procope au XVIIIe siècle.

1866. Mémoires de la margrave d'Anspach (Elisabeth Berkeley) écrits par elle-même ; contenant les observations recueillies par cette princesse dans les diverses cours de l'Europe, ainsi que des anecdotes sur la plupart des princes et autres personnages célèbres de la fin du XVIIIe siècle ; traduits de l'anglais par J.-T. Parisot. *Paris, Arthus Bertrand*, 1826, 2 vol. in-8, 2 portraits, brochés.

f. — *Grande-Bretagne.*

1867. Nouveau théâtre de la Grande-Bretagne : ou description exacte des palais de la reine, et des maisons les plus considérables des seigneurs et des gentilshommes de la Grande-Bretagne. Le tout dessiné sur les lieux, et gravé sur 80 planches où l'on voit aussi les armes des seigneurs et des gentilshommes. *A Londres, chez David Mortier*, 1708, in-fol. monté sur onglets, veau fauve, fil., dos orné, tr. rouges (*Rel. anc.*).

Tome premier contenant 80 planches gravées par *Kip.*

1868. Les Délices de la Grand' Bretagne et de l'Irlande. Ouvrage très utile et très curieux en huit tomes, par James Beeverell, A. M. *A Leide, chez Pierre Van der aa,* 1727, 8 tomes en un vol. pet. in-4 oblong, demi-bas. grise, tr. jaunes (*Rel. anc.*).

Seconde édition ornée de 240 figures.

1869. L'Angleterre, l'Écosse et l'Irlande, par P. Villars, 4 cartes en couleur et 600 gravures. *Paris, A. Quantin, s. d.,* gr. in-8, broché (*Couvert. illust.*).

1870. Seats of the nobility and gentry, in a collection of the most interesting and picturesque views, engraved by W. Watts, from drawings by the most eminent artists. With descriptions of each wiew. *Chelsea published by W. Watts,* 1779, in-4 oblong, veau fauve, tr. jasp. (*Rel. anc.*).

84 vues gravées d'après *Hearne, A. Devis, F. Mallon, W. Donn,* etc., etc. Chaque planche est accompagnée d'un feuillet de texte.

1871. Châteaux d'Angleterre. *S. l. n. d. (Paris,* 1785), in-4, demi-rel. bas. verte.

52 planches gravées à l'eau-forte et coloriées avec soin. Texte descriptif donnant les noms des propriétaires de chaque château.

1872. The Seats of the Nobility and gentry in Great Britain and Wales. Engraved by W. Angus, from pictures and drawings by the most eminent artists. *London, W. Angus, s. d.,* 28 pl. — The Seats of the Nobility and gentry in a collection of the most interesting et picturesque Views. Engraved by W. Wats. *London, W. Watts,* 1779, 2 vol. contenant 72 pl. sur 84. — Picturesque Views of the principal seats of the Nobility and gentry in England and Wales. *London, Harrison, s. d.,* 2 vol. contenant 100 pl. — Ens. 5 vol., pet. in-4 obl., cartonn. toile (*Rel. des éditeurs*).

200 jolies vues gravées en taille, toutes accompagnées d'un feuillet de texte.
Le second recueil est incomplet des planches 56, 61, 64 à 73.

1873. Vues pittoresques des comtés de Westmorland, Cumberland, Durham, et Northumberland. Dessinées, d'après nature, par Thomas Allom, George Pickering, etc., avec des notices historiques et topographiques par Thomas Rose. Le texte français rédigé par J.-F. Gérard. *Londres, Fisher et Jackson,* 3 vol. in-4, dos et coins veau vert, dos orné à froid, tr. jasp. (*Rel. de l'époque*).

Nombreuses planches de vues gravées sur acier.

1874. Devonshire illustrated, from original drawings by Tho⁸ Allom et W.-H. Bartlett; engraved on steel by Heath Miller, Le Petit, etc., With historical et descriptive accounts by Britton et E.-W. Brayley. *London, Fisher, son et Cⁱᵉ,* 1832. — Lancashire illustrated from original drawings by S. Austin, J. Harwood, and G. et C. Pyne, etc., etc. *Ibid.,* 1832. — Ens. 2 vol. in-4, demi-rel. chag. bleu dos orné, tr. jasp.

102 gravures et une carte gravées sur acier.

1875. Royal residences of Windsor Castle, St. James's Palace, Carlton House, Ken-

sington Palace, Hampton Court, Buckingham House, and Frogmore by W.,
H. Pyne. *S. l. n. d.*, in-fol., dos et coins chag. vert, tr. marb.

Recueil de 101 jolies planches gravées à la manière du lavis, dont 38 tirées sur papier de
Chine.
Le titre est découpé et remonté.

1876. The history of London from its foundation to the present time : containing
the original constitution of London, the ancient and present state of its several
wards, churches, parishes, liberties and districts &c. &c. and including the
several parishes in Westminster, Middlesex, Southwark, etc. Within the bill of
mortality, by William Maitland..... *London printed for R. Baldwin, at the Rose,*
1754-1756, 2 vol. in-fol., dos et coins mar. vert, plats toile, tr. jasp.

Ouvrage estimé, orné de nombreuses planches gravées de vues, plans et cartes.

1877. Londres et ses environs ; ou guide des voyageurs curieux et amateurs dans
cette partie de l'Angleterre, qui fait connaître tout ce qui peut intéresser et exciter
la curiosité des voyageurs, des curieux et des amateurs de tous les états..... Ouvrage fait à Londres par M. D. S. D. L. (de Serre de La Tour). *A Paris, chez
Buisson,* 1788, 2 vol. in-12, veau marb., tr. rouges (*Rel. anc.*).

Carte et vues des principaux édifices gravées en taille-douce.

1878. Les Sérails de Londres ou les amusemens nocturnes contenant les scènes qui
y sont journellement représentées, les portraits et la description des courtisannes
les plus célèbres et les caractères de ceux qui les fréquentent. Traduit de l'anglais.
Paris, Barba, an IX (1801), 4 vol. in-12, fig., brochés, non rognés.

1879. Select views of London ; with historical and descriptive sketches of some of
the most interesting of its public buildings. *London, printed for R. Ackermann,*
1816, gr. in-8, demi-rel. mar. rouge, non rogné.

76 vues gravées en taille-douce et coloriées avec soin.

1880. Londres, par Louis Enault, illustré de 174 gravures sur bois par Gustave
Doré. *Paris, Hachette,* 1876, in-4, broché.

1881. Grande-Bretagne. 6 vol. in-8 et 5 vol. in-12, veau fauve et brochés. — Ens.
11 vol.

Byrne (Miles). Mémoires d'un exilé irlandais de 1798. *Paris, Bossange,* 1864, 2 vol. —
Desquiron (T.). Tablettes de la reine d'Angleterre. *Paris, Eymery,* 1821. — Histoire du
procez de Charles Stuard. *Paris, s. d.* — Roguenet (Fr.). Histoire d'Olivier Cromwel. *Paris,*
1691. — Strutt (J.). Angleterre ancienne. *Paris, Maradan,* 1789, 2 parties en 1 vol., 66
fig. hors texte. — Wiesener (L.). Marie Stuart et le comte de Bothwell. *Paris, Hachette,*
1863. — Wilson (H.). Mémoires concernant plusieurs grands personnages d'Angleterre.
Bruxelles, 1825, 8 tomes en 4 vol.

1882. Mémoires de Édouard lord Herbert de Cherbury, ambassadeur en France sous
Louis XIII, traduits pour la première fois en français par le comte de Baillon.
Paris, J. Techener, 1863, in-4, mar. bleu, fil., chiffre sur les plats, dos orné, dent.
int., tr. dor. (*Hardy*).

Première traduction française publiée par le Baron A. Seillière et tirée à petit nombre
sur papier de Hollande ; elle est ornée d'eaux-fortes de J. Jacquemart.

1883. Vues pittoresques de l'Écosse, dessinées d'après nature par F.-A. Pernot; lithographiées par Bonington, David, Deroi, Enfantin, Francia, Goblain, Harding, Joli, Sabatier, Villeneuve, etc., ornées de 12 vignettes d'après les dessins de Delaroche jeune et Eugène Lami. Avec un texte explicatif extrait en grande partie des ouvrages de sir Walter Scott, par Am. Pichot. *Paris, Charles Gosselin,* 1826, in-4, dos et coins veau fauve, non rogné.

> 60 vues lithographiées en noir.
> L'ouvrage est dédié à la duchesse de Berry.

1884. L'Écosse pittoresque, ou suite de vues prises expressément pour cet ouvrage, par MM. T. Allom, W.-H. Bartlett, et H. M'Culloch, le texte par W. Beattie, traduit de l'anglais par L. de Bauclas. *Londres, Georges Virtue,* 1838, 2 vol. in-4, demi-rel. bas. rouge, dos orné, tr. jasp.

> Ouvrage orné de 119 planches hors texte gravées sur acier et d'une carte.

1885. Scotia. Souvenirs et récits de voyages, par Frédéric Mercey. *Paris, Magen et Comon,* 1842, 2 vol. in-8, chagrin vert, fil., dent. int., tr. dor.

1886. Paysages historiques et illustrations de l'Écosse et des romans de Walter Scott, d'après les dessins de J.-M.-W. Turner, scènes comiques, par George Cruikshank; descriptions par le Rév⁴ G.-N. Wright, traduit de l'anglais par T.-A. Sosson. *Paris, Fisher et Cⁱᵉ, s. d.,* 2 vol. in-4, cartonn. fers spéciaux (*Rel. de l'éditeur*).

> Ouvrage orné de 90 figures gravées à l'eau-forte ou sur acier.

1887. Marie Stuart, reyne d'Escosse. Nouvelle historique (par P.-P.-A. Le Pesant de Boisguilbert). *Suivant la copie imprimée à Paris,* 1675, 3 parties en 1 vol. pet. in-12, vélin blanc à recouv. (*Rel. anc.*).

> Imprimé par Abr. Wolfgang, d'Amsterdam.
> Joli exemplaire.

1888. Les derniers Stuarts à Saint-Germain-en-Laye. Documents inédits et authentiques puisés aux archives publiques et privées, par la marquise Campana de Cavelli. *Paris et Londres,* 1871, 2 vol. gr. in-8, cartonn. toile verte, fers spéciaux, non rognés (*Rel. des éditeurs*).

> Nombreux portraits hors texte et dans le texte.

g. — Suède.

1889. Historia delle genti et della natura, delle cose settentrionali, da Olao Magno Gotho, arcivescovo di Upsala. Nuovamente tradotta in lingua toscana. *In Venegia appresso i Giunti,* 1565 (à la fin): *In Venetia, nella stamperia di Dominico Nicolini, alle spese de ghi heredi, di Luc Antonio Guinti,* 1565, in-fol., dos et coins vélin blanc (*Rel. mod.*).

> Traduction italienne ornée de nombreuses gravures sur bois.

1890. Suecia antiqua et Hodierna. *Holmiae* (1693-1714). 3 vol. in-fol., parchemin
vert, tr. rouges (*Rel. anc.*).

> 3 titres gravés et 346 planches (sur 348) gravées par *Marot, Perelle, Swide, Aveclen,* etc.,
> représentant des villes, ports de mer, palais, des vues intéressantes, etc.
> Cet ouvrage a été publié par le comte Eric de Dalberg, aux frais du roi de Suède. Quel-
> ques planches sont remargées.

1891. Histoire du règne de Charles Gustave, roy de Suède, comprise en sept commentaires, enrichis de tailles-douces, traduite en françois sur le latin de Monsieur
le Baron Samuel de Pufendorf avec trois indices. *Imprimé à Nuremberg, aux frais
de Christophle Riegel, par Knorz,* 1697, 2 vol. in-fol., demi-rel. vélin, tr. rouges
(*Rel. anc.*).

> Portraits de Charles XI et de Puffendorf, par *Blessendorff,* portraits de la reine Christine,
> de la reine Edwige-Eléonore et de Charles Gustave, par *Beck* et *Klooker* et nombreux plans,
> cartes et planches hors texte par *Swide* et autres.

1892. Suède (Ouvrages relatifs aux rois de). 3 vol. in-8, dont 1 demi-rel. bas. fauve,
1 cartonné et 1 broché.

> ARTAUD DE MONTOR. Histoire de l'assassinat de Gustave III, roi de Suède. *Paris,* 1797,
> portrait. — MÊME OUVRAGE, seconde édition de 1802. — COUPÉ DE SAINT-DONAT et ROQUEFORT
> (B. de). Mémoires pour servir à l'histoire de Charles-XIV-Jean, roi de Suède et de Norwège.
> *Paris,* 1820, 2 tomes en 1 vol.

h. — Russie.

1893. La Chronique de Nestor, traduite en français d'après l'édition impériale de
Pétersbourg (Manuscrit de Kœnigsberg) accompagnée de notes et d'un recueil de
pièces inédites touchant les anciennes relations de la Russie avec la France, par
Louis Paris. *Paris, Heideloff et Campé,* 1834, 2 vol. in-8, cartonnés, tr. jasp.

1894. Histoire de la Russie sous Catherine II. 7 vol. in-8, veau marb.

> CASTERA (J.). Histoire de Catherine II, avec seize portraits ou contes, gravés en taille-douce.
> *Paris, F. Buisson,* an VIII, 3 vol. — MASLON DE BLAMONT (Fr.-Phil.). Mémoires secrets sur
> la Russie et particulièrement sur la fin du règne de Catherine II. *Amsterdam,* 1800-1803,
> 4 vol., port.

1895. Le roman d'une Impératrice. Catherine II, de Russie, par Waliszewski. *Paris,
E. Plon,* 1893. — Autour d'un trône. Catherine II de Russie, ses collaborateurs,
ses amis, ses favoris. *Ibid., Id.,* 1894. — Ens. 2 vol. in-8, port., brochés.

1896. La Finlande au XIXᵉ siècle, décrite et illustrée par une réunion d'écrivains et
d'artistes finlandais (MM. C.-G. Estlander, L. Lindelof, L. Mechelin, etc., pour le
texte et MM. G. Berndtson, A. Edelfelt, E. Järnefelt, pour les gravures). Deuxième
édition revue et corrigée. *Helsingfors,* 1900, in-4, cartonn. toile bleue, fers spéciaux, tr. dor. (*Rel. des éditeurs*).

> Nombreuses illustrations hors texte et dans le texte, en héliogravure et en phototypie.

1897. Histoire pittoresque, dramatique et caricaturale de la Sainte Russie, commen-
tée et illustrée de 500 magnifiques gravures, par Gustave Doré, gravées sur bois

par toute la nouvelle école sous la direction générale de Sotain. *Paris, J. Bry aîné*, 1854, in-4, cartonn. demi-toile grenat, tr. jasp. (*Couvert. illust.*).

> Exemplaire de PREMIER TIRAGE, contenant la tache rouge de la page 89.
> On y a joint une lettre autographe de J. Bry, à Paul Lacroix, relative aux illustrations de G. Doré.

1898. Russie (Ouvrages relatifs à la). 8 vol. in-8 et gr. in-8, dont 3 vol. brochés, 4 demi-rel. veau fauve et 1 vol. dos et coins cartonn. toile verte.

> CHODZKO (Léonard). La Pologne, historique, littéraire, monumentale, etc. *Paris*, 1844-1845. — CHOISEUL-GOUFFIER (C^ssc de). Mémoires historiques sur l'empereur Alexandre et la cour de Russie. *Paris, R. Leroux*, 1829 (2 exempl.). — KOTZBUĒ (Auguste). L'année la plus remarquable de ma vie. *Paris, chez Buisson*, 1802, 2 vol., portraits. — LESUR (C.-L.). Histoire des Kosaques, Epreuve. *Paris*, 1813 (tiré à 30 exemplaires). — VAN HALEN (D. Juan). Mémoires. *Paris, Renouard*, 1827, 2 vol., port.

1899. Le Comte Paul de Stroganow, par le grand-duc Nicolas Mikhaïlovitch de Russie. Traduction française de F. Billecoq, précédée d'un avant-propos par Frédéric Masson. *Paris, Imp. nationale*, 1905, 3 vol. gr. in-8, brochés.

> Nombreux portraits en photogravure.

i. — Grèce, Turquie.

1900. Voyage pittoresque de la Grèce (par le comte G.-F.-A. de Choiseul-Gouffier). *Paris*, 1782-1809, 2 tomes en 3 vol. in-fol., demi-rel. bas. fauve (*Rel. de l'époque*).

> Exemplaire de PREMIER TIRAGE, où le discours préliminaire se termine à la quatrième ligne de la page 16 par les mots *excoriare aliquis.*
> Premières épreuves de ce tirage avant que l's du Tournois turc, pl. 110, ait été effacé.
> Le premier volume est orné d'un titre gravé, de 2 vignettes, de 2 cartes non chiff. et de 126 planches chiffrées.
> Le deuxième volume contient le titre gravé, une vignette et 33 pl. (avec pl. 8 *bis*) (*la pl. 18 manque*).
> Les fleurons sur les titres sont dessinés par *Moreau le Jeune*, gravés par *Varin*. Les planches sont dessinées par *Choiseul-Gouffier, Hilaire* et *Moreau* et gravées par *Berthault, Choffard*, etc.

1901. Description exacte des isles de l'Archipel, et de quelques autres adjacentes... avec un grand nombre d'autres ; comprenant leurs noms, leur situation, leurs villes, etc., etc., enrichie de plusieurs cartes des isles, et de figures en taille-douce qui représentent les habits de leurs habitants et les animaux les moins connus. Traduite du Flamand d'O. Drapper. *A Amsterdam, chez George Gallet*, 1703, in-fol., veau marb., dos orné, tr. rouges (*Rel. anc.*).

> Nombreuses cartes et planches gravées sur cuivre.

1902. Relation nouvelle d'un voyage de Constantinople. Enrichie de plans levez par l'autheur sur les lieux, et des figures de tout ce qu'il y a de plus remarquable dans cette ville (par J.-G. Grelot). *A Paris, chez la veuve de D. Foucault*, 1680, in-4, nombreuses planches, veau brun, tr. jasp. (*Rel. anc.*).

> On y joint : Les Fleurs des histoires de la terre d'Orient... *A Lyon, par Benoist Rigaud*,

1685, in-8, veau jasp. — Histoire du grand Tamerlanes, où sont descrits les rencontres, escarmouches, batailles, sièges, assauts, etc., qu'il a conduites et mises à fin... tiré des monuments antiques des arabes par Jean Du Bec. *A Paris, chez G. Robinot,* 1607, in-12, vélin.

1903. Le Danube illustré pour faire suite à Constantinople ancienne et moderne, au voyage en Syrie, etc. ; vues d'après nature, dessinées par Bartlett, gravées par plusieurs artistes anglais. Édition française revue par H.-L. Sazerac. *Paris, H. Mandeville, s. d.,* 2 tomes en 1 vol. in-4 dos et coins chag. vert, non rogné.

> 63 planches gravées sur acier.

1904. Constantinople par Edmondo de Amicis. Ouvrage traduit de l'italien avec l'autorisation de Mme J. Colomb, et illustré de 183 reproductions de dessins pris sur nature par C. Biseo. *Paris, Hachette et Cie,* 1883, gr. in-8. — Bustron (Florio). Chronique de l'île de Chypre, publiée par M. René de Mas Latrie. *Paris, Imp. nat.,* 1884. — Rey (E.). Les Colonies franques de Syrie aux xiie et xiiie siècles. *Paris, Alph. Picard,* 1883, in-8, — Ens. 3 vol., brochés.

k. — Asie.

1905. Turquie, Palestine, Terre-Sainte (Ouvrages illustrés relatifs à la). 5 vol. in-4 et gr. in-8, demi-rel. chagrin de diverses couleurs et cartonn. toile, fers spéciaux des éditeurs.

> Album de la Syrie et de l'Egypte. Keepsake illustré de 40 vignettes sur acier. *Paris, s. d.* — Même ouvrage, cartonnage des éditeurs, tr. dor. — Beautés du Bosphore (Les) par miss Pardoe. *Londres,* 1838, nombreuses vues gravées sur acier. — Fishers illustrations of Constantinople and its environs. *London, s. d.,* nombreuses vues gravées sur acier. — La Syrie, la Terre Sainte, l'Asie mineure illustrées de vues dessinées d'après nature et gravées sur acier par W.-H. Bartlett, W. Purser, etc. *Londres, s. d.*

1906. Histoire de la conqueste du royaume de Jérusalem sur les chrestiens, par Saladin, traduite d'un ancien manuscrit. *A Paris, chez Gervais Clouzier,* 1688, in-12, mar. rouge, jans., dent. int., tr. dor. (*Brany*).

> Traduction libre, attribuée à Citri de la Guette, d'un manuscrit du xive siècle conservé à la Bibliothèque nationale.
> L'ouvrage original est attribué à Cabart de Villermont.

1907. La Terre sainte, son histoire, ses souvenirs, ses sites, ses monuments, par Victor Guérin. *Paris, E. Plon et Cie,* 1882, in-fol., broché.

> 22 planches hors texte, gravées sur acier et 288 figures dans le texte, gravées sur bois.

1908. La Civilisation des Arabes par le Dr Gustave Lebon. Ouvrage illustré de 10 chromolithographies, 4 cartes et 336 gravures, dont 70 grandes planches, d'après les photographies de l'auteur ou d'après les documents les plus authentiques. *Paris, Firmin Didot et Cie,* 1884, gr. in-8, dos et coins chag. orange, tête dor., non rogné.

1909. Les Beautez de la Perse, ou la description de ce qu'il y a de plus curieux dans ce royaume, enrichie de la carte du païs, et de plusieurs estampes dessignées sur les lieux, par le sieur A. D. D. V. (Daulier-Deslandes). Avec une relation de quelques avantures maritimes de L. M. P. R. D. G. D. F. (Louis Marot, pilote réal des galères de France). *A Paris, chez Gervais Clouzier*, 1673, in-4, veau brun, dos orné, tr. rouges (*Rel. anc.*).

Frontispice et 8 planches gravées en taille-douce, dont une carte.

1910. Ambassades mémorables de la compagnie des Indes orientales des Provinces Unies, vers les empereurs du Japon, contenant plusieurs choses remarquables arrivées pendant le voyage des ambassadeurs ; et de plus, la description des villes, bourgs, chateaux, forteresses, temples et autres batimens, des animaux, des plantes, montagnes, rivières, fontaines... le tout enrichi de figures dessinées sur les lieux et tirés des mémoires des ambassadeurs de la Compagnie, *A Amsterdam, chés Jacob de Meurs*, 1680, 2 parties en 1 vol. in-fol., demi-rel. veau fauve, tr. jasp. (*Rel. anc.*).

Nombreuses planches hors texte et dans le texte, gravées sur cuivre.

1911. Monuments anciens et modernes de l'Hindoustan, décrits sous le double rapport archéologique et pittoresque, et précédés d'une notice géographique, d'une notice historique, et d'un discours sur la religion, la législation et les mœurs des Hindous, par L. Langlès. *A Paris, de l'Imp. P. Didot l'aîné*, 1721, 2 vol. in-fol., dos et coins mar. La Vall., tête dor., non rognés.

Orné de 144 planches gravées sur acier, dont 10 coloriées et 3 cartes géographiques par M. Barbié du Bocage.

1912. Twelve views of places in the Kingdom of Mysore, the country of Tippoo sultan, from drawings taken on the spot. To which are annexed concise descriptions of the places drawn, with a brief detail of part of the operations of the army under the marquis of Cornwallis, auring the late war, and a few other particulars, by R.-H. Colebrook. *London*, 1793, gr. in-fol. oblong, veau brun, tr. jasp. (*Rel. anc.*).

12 très belles planches gravées et coloriées avec soin.

1913. Oriental scenery, 24 views in Hindostan. — Antiquities of India 12 views, from the drawings of Thomas Daniell, engraved by himself and William Daniell. *London*, 1797-1799, 2 parties en 1 vol., gr. in-fol. oblong, cuir de Russie, fil. et dent. (*Rel. anc.*).

36 belles planches gravées et coloriées avec soin.

1914. Les Hindoûs, ou description de leurs mœurs, coutumes et cérémonies, par F. Baltazard-Solvyns. *Paris, chez l'auteur, de l'Imp. de Mame frères*, 1808-1812, 4 vol. gr. in-fol. cartonnés.

Texte français et anglais.
Ouvrage curieux orné de 288 planches gravées à l'eau-forte et coloriées.

1915. L'Hindoustan ou religion, mœurs, usages, arts et métiers des Hindous. Ouvrage orné de cent quatre planches gravées la plupart d'après les dessins originaux faits sur les lieux pour feu M. Léger, rédigé d'après les notices manuscrites explicatives de ces dessins, et augmentée de ce que les voyages et les mémoires les plus récents ont pu fournir d'authentique par M. P*** (Jean-Amable Pannelier). *Paris, A. Nepveu*, 1816, 6 vol. in-18, cartonn. papier (*Cartonn. de l'éditeur*).

1916. Tableaux pittoresques de l'Inde, traduction de l'*Oriental Annual* par P.-J.-Auguste Urbain, avec 25 gravures d'après les dessins originaux de Wm Daniell. *Paris, F^d Bellizard et Cie*, 1834-1836, 3 vol. gr. in-8, cartonn. moire blanche, fers dorés, tr. dor. (*Rel. des éditeurs*).

Ouvrage orné de 69 figures gravées sur acier.

1917. Les Civilisations de l'Inde, par le Dr Gustave Le Bon. Ouvrage illustré de 7 chromolithographies, 2 cartes et 350 gravures et héliogravures d'après les photographies, aquarelles et documents de l'auteur. *Paris, Firmin-Didot*, 1887, gr. in-8, broché.

1918. Inde. 6 vol. gr. in-8, in-8 et in-12, dont 2 brochés et 4 rel. veau vert, fauve et demi-rel. veau fauve.

BRUNET (P.). Voyage à l'île de France, dans l'Inde et en Angleterre. *Paris*, 1825. — CONGRÈVE (Richard). L'Inde. *Paris*, 1858. — HAMONT (T.). Dupleix, d'après sa correspondance inédite. *Paris, Plon*, 1881. — LEGUAT. Voyage et aventures en deux isles desertes des Indes Orientales. *Londres*, 1721, 2 tomes en 1 vol. — MEUSNIER DE QUERLON. Histoire du siège de Pondichéry sous le gouvernement de M. Dupleix. *Bruxelles*, 1766. — SOLTYKOFF (Prince A.). Voyages dans l'Inde. *Paris, Garnier, s. d.*, nombreuses lithographies hors texte.

1919. Histoire de ce qui s'est passé es royaumes de la Chine et du Japon tirées des lettres escrites es années 1619, 1620 et 1621 adressées au R. P. Mutio Vitelleschi, traduicte de l'italien en françois, par le P. Pierre Morin. *A Paris, chez Sébastien Cramoisy*, 1625, 2 parties en 1 vol. in-8, veau marb., dos orné, tr. rouges (*Rel. anc.*).

Cet exemplaire, qui provient du couvent des Minimes de Paris, renferme deux titres différents.

1920. L'Ambassade de la compagnie orientale des provinces unies vers l'Empereur de la Chine, ou grand Cam de Tartarie, faite par les s^rs Pierre de Goyer et Jacob de Keyser, illustrée d'une tres exacte description des villes, bourgs, villages, ports de mer, et autres lieux plus considérables de la Chine : enrichie d'un grand nombre de tailles douces. Le tout recueilli par M. Jean Nieuhoff, mis en françois par Jean Le Carpentier. *A Leyde, pour Jacob de Meurs*, 1665, 2 parties en 1 vol. in-fol., veau brun, tr. marb. (*Rel. anc.*).

Nombreuses planches hors texte et dans le texte gravées en taille-douce.

1921. La Chine d'Athanase Kirchere, de la compagnie de Jésus, illustrée de plusieurs monuments tant sacrés que profanes, et de quantité de recherches de la nature et de l'art à quoy on a adjousté de nouveau les questions curieuses que le Séréniss. Grand Duc de Toscane a fait depuis peu au P. Jean Grubere touchant ce grand Empire. Avec un dictionnaire chinois et françois, lequel est très rare, et qui n'a pas encores (*sic*) paru au jour. Traduit par P.-S. Dalquié. *A Amsterdam, chez Jean Jansson à Waeslerge*, 1770, in-fol., veau brun, dos orné, tr. rouges (*Rel. anc.*).

Ouvrage orné de nombreuses planches gravées en taille-douce.

1922. Faits mémorables des empereurs de la Chine tirés des Annales chinoises ; dédiés à Madame. Orné de 24 estampes in-4 gravées par Helman, d'après les dessins originaux de la Chine tirés du cabinet de M. Bertin. *A Paris, chez l'auteur*, 1788, in-4, veau marb., fil., tr. dor. (*Rel. anc.*).

Titre gravé, jolie vignette par *Monnet* et 24 planches gravées par *Helman*.
Bel exemplaire.

1923. L'Empire chinois illustré d'après des dessins pris sur les lieux par Thomas-Allom ; avec les descriptions des mœurs, des coutumes, de l'architecture, de l'industrie, etc. du peuple chinois depuis les temps les plus reculés jusqu'à nos jours, par Clément Pellé. *London, Fisher, fils et Cie, s. d.*, 4 vol. in-4, cartonn. toile bleue, fers spéciaux, tr. dor. (*Rel. des éditeurs*).

Nombreuses planches de vues gravées sur acier.

1924. Histoire du bouddha Sakya Mouni, traduite du tibétain par Ph.-Ed. Foucaux ; avec six planches représentant des bas-reliefs bouddhiques des musées de Madras et de Calcutta, et un appendice renfermant la bibliographie des ouvrages relatifs au bouddhisme publiés jusqu'à la fin de 1859. *Paris, Benj. Duprat*, 1860, in-4, broché.

1925. Mémoires sur la Chine par le comte d'Escayrac de Lauture. *Paris*, 1864, 5 livraisons in-4.

Nombreuses gravures hors texte et dans le texte gravées sur bois.
Exemplaire avec un envoi autographe de l'auteur à Malte-Brun.

1926. Mémoires sur la Chine, par le comte d'Escayrac de Lauture. *Paris, Librairie du Magasin pittoresque*, 1865, in-4, cartonn. toile rouge, fers spéciaux, tr. jasp. (*Rel. des éditeurs*).

Nombreuses figures gravées sur bois dans le texte et cartes hors texte.

I. — *Afrique.*

1927. Afrique. 8 vol. in-8 et in-12, dont 2 brochés et 6 veau fauve, tr. rouges (*Rel. anc.*).

Douville (J.-B.). Trente mois de ma vie. Quinze mois avant et quinze mois après mon voyage au Congo. *Paris*, 1833. — Marcus (Louis). Histoire des Wandales depuis leur première apparition sur la scène historique jusqu'à la destruction de leur empire en Afrique. *Paris*, 1836. — Marigny (abbé de). Histoire des Arabes sous le gouvernement des Califes. *Paris*, 1750, 4 vol. — Pauw (de). Recherches philosophiques sur les Égyptiens et les Chinois. *Amsterdam et Leyde*, 1773, 2 vol.

1928. Histoire de Barbarie et de ses corsaires, des royaumes et des villes d'Alger, de Tunis, de Salé et de Tripoly, divisée en six livres... ensemble des grandes misères et des cruels tourmens qu'endurent les chrestiens captifs parmi ces infidèles, par le R. P. Fr. Pierre Dan. Seconde édition. *A Paris, chez Pierre Rocolet*, 1649, in-fol. veau marb., fil., dos orné, tr. rouges (*Rel. anc.*).

Exemplaire de Denis Godefroy avec sa signature sur le frontispice et son ex-libris gravé.
Sur le titre, signature du duc de Valentinois.

1929. Histoire de la Barbarie et de ses corsaires, des royaumes, et des villes d'Alger,

de Tunis, de Salé et de Tripoly... par le P. Pierre Dan, *Paris, chez Pierre Rocolet,*
1649, in-fol., frontispice gravé, veau marb., chiffre au dos, tr. rouges (*Rel. anc.*).

Aux armes de Henri-Jacques Nompar de Caumont, duc de La Force.

1930. Algérie (l'). 7 vol. in-8 et in-12, dont 3 rel. veau marb., 2 demi-rel. veau
rouge et 2 mar. rouge, dont 1 avec large dent., tr. dor. (*Rel. anc.*).

Chénier (de). Recherches historiques sur les Maures, et histoire de leur Empire. *A Paris,*
1787, 3 vol. — Comelin et La Motte (Les P. P.). Voyage pour la rédemption des captifs
aux royaumes d'Alger et de Tunis, fait en 1720. *A Paris,* 1721, portrait et figures. — La
Faye et Le Roy (les P. P.). Relation en forme de journal du voiage pour la rédemption des
captifs aux royaumes d'Alger et de Maroc, pendant les années 1723, 1724 et 1725. *A Paris,*
1726. — Sander Rang et Denis (F.). Fondation de la régence d'Alger, histoire des Barbe-
rousse. *Paris,* 1837, 2 vol., 2 portraits et carte.

1931. Mémoires de Thedenat, natif d'Uzès en Languedoc. Ecrits à Zurich en 1785.
Manuscrit de 140 pages d'une bonne écriture de l'époque, in-4, dos et coins veau
fauve (*Rel. anc.*).

Mémoires dans lesquels l'auteur raconte ses amours, sa captivité à Alger où il fut esclave,
puis comment il devint le favori d'un bey, ses voyages, etc. Il donne aussi d'intéressants détails
sur les mœurs des Maures.

1932. L'Algérie ancienne et moderne depuis les temps les plus reculés jusqu'à nos
jours, comprenant le bombardement de Tanger, la prise de Mogador, la bataille
d'Isly et le glorieux combat de Djemma-Gazouat, par Léon Galibert. Vignettes par
Raffet. *Paris, Furne et Cie,* 1846, gr. in-8, dos et coins mar. citron, fil., dos orné,
ébarbé (*Petit, succ. de Simier*).

1933. Malacologie de l'Algérie ou histoire naturelle des animaux mollusques terrestres
et fluviatiles, recueillis jusqu'à ce jour dans nos possessions du Nord de l'Afrique,
par M.-J.-R. Bourguignat. *Paris, Challamel,* 1864, 2 vol. gr in-4, brochés.

Ouvrage orné de 58 planches hors texte.

1934. Reise nach Mequinetz der Residentz des heutigen Kaysers von Fetz und
Marocco, welche der Herr Commandeur Carl Stuart, als gross-britannischer
Gesandter, anno 1721. Zu Erledigung der dortigen Gefangenen abgeleget hat,
und in diesen 1725. Jahre zu London durch Herr John Windus herausgegeben,
auch mit saubern Kupfern erläutert worden ist, aus dem Englischen übersetzet
durch F.-C. Weber. *Hanover, verlegts Nicolaus Förster und Sohn,* 1726, in-4,
figures, cartonn. anc., tr. jasp.

Description du voyage au Maroc, fait en 1725, par Charles Stuart, ambassadeur anglais.
Elle renferme un portrait du sultan et 6 planches chiff., gravées sur cuivre, représentant des
vues du Maroc.

1935. Souvenirs d'une exploration scientifique, par M.-J.-R. Bourguignat. *Paris,*
Challamel aîné, 1868-1870, in-4, broché.

Nombreuses planches et cartes hors texte en lithographie.

1936. Panorama d'Egypte et de Nubie avec un portrait de Méhémet-Ali et un texte
orné de vignettes par Hector Horeau, architecte. *A Paris, chez l'auteur,* 1841, in-
fol., dos et coins chagrin rouge, tr. jasp.

Portrait de Méhémet Ali tiré sur Chine et 36 planches gravées sur cuivre, tirées en bistre,
représentant 56 vues.

1937. L'Egypte, Alexandrie et le Caire, du Caire à Philæ, par Georges Ebers. Traduction de Gaston Maspero. *Paris, Firmin Didot,* 1880, 2 vol. gr. in-4, brochés.

Nombreuses figures dans le texte et hors texte.

1938. La Dernière Egypte. Texte et dessins par Ludovic Lepic. *Paris, Charpentier,* 1884. — Campagnes du roi Amaury I de Jérusalem en Egypte au xiiᵉ siècle. — Renaud de Chatillon, prince d'Antioche, par G. Schlumberger. *Paris, Plon,* 1848-1906, 2 vol. — Documents inédits pour servir à l'histoire de la domination vénitienne en Crète de 1380 à 1435, par H. Noiret. *Paris, Thorin,* 1892. — Ens. 4 vol. in-8, brochés.

1939. Relation historique de la découverte de l'isle de Madère. Traduit du portugais. *A Paris, chez Louis Billaine,* 1671, pet. in-12, vélin (*Rel. mod.*).

Le texte original de cette relation est de François Alcaforado, qui fut témoin de la découverte de Madère en 1421.

1940. Twenty four views taken in Sᵗ Helena, the Cape, India, Ceylon. Abyssinia and Egypt. Engraved from the drawings of Henry Salt by and under the inspection of Robᵗ Hawell. *London, W. Miller,* 1809, in-4 et atlas, gr. in-fol., demi-rel. mar. rouge à longs grains (*Rel. de l'époque*).

L'atlas contient une dédicace et 24 belles vues gravées en taille-douce et coloriées avec soin; il n'a pas de titre.

m. — *Amérique et Océanie.*

1941. L'Amérique préhistorique, par le marquis de Nadaillac; avec 219 figures dans le texte. *Paris, G. Masson,* 1883, in-8, broché.

On y a joint : Cités et ruines américaines, par Désiré Charnay. *Paris, Gide,* 1863, in-8, texte seul par Viollet-le-Duc, broché.

1942. Découverte de l'Amérique par les Normands au xᵉ siècle, par Gabriel Gravier. *Rouen, imprimé par Esp. Cagniard,* 1874, pet. in-4, cartes, broché.

Tiré à petit nombre sur papier vergé.
Exemplaire avec un envoi autographe de l'auteur à Mr Eug. Cortambert.

1943. Histoire générale des Indes Occidentales et terres neuves qui jusques à présent ont esté descouvertes, traduite en françois par M. Fumée, sieur de Marly le Chastel. *A Paris, chez Michel Sonnius,* 1568, in-8, veau brun (*Rel. anc.*).

Exemplaire fatigué.

1944. Histoire des Indes occidentales, où l'on reconnoit la bonté de ces païs, et de leurs peuples, et les cruautez tyranniques des espagnols, decrite premièrement en langue castillane par Dom Barthélemy de Las Cases, et depuis fidellement traduicte en françois. *A Lyon, chez Jean Caffin et F. Plaignard,* 1642, in-8, veau jasp., tr. marb. (*Rel. anc.*).

Exemplaire de Viollet-le-Duc.

1945. Amérique (Ouvrages relatifs à l'). 10 vol. in-8 et in-12, dont 2 brochés, 4 cartonnés et 4, veau fauve et brun (*Rel. anc.*).

> Gaffarel (Paul). Etude sur les rapports de l'Amérique et de l'ancien continent avant Christophe Colomb. *Thorin*, 1869. — Gage (Th.). Nouvelle relation contenant les voyages de Thomas Gage dans la Nouvelle-Espagne.... *Amsterdam*, 1720, 2 vol., cartes et planches. — Gomara (F° Lopez de). Histoire générale des Indes occidentales et Terres neuves.... *Paris*, 1578, sans le titre. — Pitou (L.-H.). Voyage à Cayenne, dans les deux Amériques et chez les antropophages. *Paris*, 1805, 2 vol., planches. — Rengger et Longchamp. Essai historique sur la révolution du Paraguay. *Paris*, 1827. — Soules (François). Histoire des troubles de l'Amérique anglaise. *Paris*, 1787, 2 vol. — Voyages et aventures du chevalier de *** contenant les voyages de l'auteur dans les isles Antilles françoises du vent de l'Amérique septentrionale. *Londres et Paris*, 1769, 3 tomes en 1 vol.

1946. Amérique (Ouvrages relatifs à l'). 7 vol. gr. in-8 et in-8, brochés.

> Bruley (G.). Les Antilles pendant la Révolution française. *Vannes*, 1890. — Dabry de Thiersant. De l'origine des Indiens du Nouveau-Monde et de leur civilisation. *Leroux*, 1883. — Gaffarel (P.). Etude sur les rapports de l'Amérique et de l'Ancien continent avant Christophe Colomb. *Thorin*, 1869. — Guizot. Washington. Fondation de la république des États-Unis d'Amérique. *Didier*, 1851, 2 vol. — Witt (C. de). Thomas Jefferson. Étude historique sur la démocratie américaine. *Didier*, 1861, portrait. — Barbé-Marbois. Complot d'Arnold et de Sir Henry Clinton contre les États-Unis d'Amérique et contre le général Washington. Septembre 1780. *Didot*, 1816, plan.

1947. Picturesque America ; or the land we live in. A delineation by pen and pencil of the mountains, rivers, lakes, forest, water-falls, shores, cañons, valleys, cities, and other picturesque features of our country. With illustrations on steel and wood, by eminent american artists. Edited by William Cullen Bryant. *New-York*, *D. Appleton*, s. d., 2 vol. in-4, demi-rel. toile rouge, tr. jasp.

> Nombreuses et belles illustrations.

1948. American scenery ; or, land, lake, and river. Illustrations of transatlantic nature. From drawings by W. H. Bartlett, engraved in the first style of the art by R. Wallis, J. Cousen, Willmore, Richardson, etc., the literary département by N.-P. Willis. *London*, *George Virtue*, 1840, 2 vol. petit in-4, dos et coins chag. rouge, non rognés.

> Ouvrage orné de 120 gravures sur acier.

1949. Mœurs des sauvages américains comparées aux mœurs des premiers temps, par le P. Lafitau. Ouvrage enrichi de figures en taille-douce. *A Paris, Saugrain*, 1724, 2 vol. in-4, veau jasp., fil. (*Rel. anc.*).

> Armoiries sur les plats de la reliure.
> Ouvrage orné de 41 figures gravées en taille-douce.

1950. Recherches philosophiques sur les américains ou mémoires intéressants pour servir à l'histoire de l'espèce humaine, par M. de P*** (Corneille Pauw). Avec une dissertation sur l'Amérique et les américains, par Dom Pernety. *A Londres*, 1771, 2 vol. in-12, veau marb., fil., tr. rouges (*Rel. anc.*).

> Aux armes de la Princesse de Ligne.

1951. Essais historiques et politiques sur les anglo-américains, par M. Hilliard d'Auberteuil. *A Bruxelles,* 1782, 2 vol. in-4, veau écaille, fil., dos orné, tr. marb. (*Rel. anc.*).

> Ouvrage orné de 9 cartes ou plans, de 5 figures. par *Le Barbier,* gravées par *Patas, Ponce* et *Halbou* et de 4 portraits gravés par *Biney, Roy* et *Pelicier.*

1952. La Louisiane ensanglantée avec toutes les particularités de cette horrible catastrophe, rédigées sur le serment de témoins dignes de foi, par le colonel chevalier de Champigny. *A Londres, chez Fleury Mesplet,* 1773, 2 parties en 1 vol. in-8, de 3 fnc., xii pp., 123 pp., notes xxxi pp., veau marb.

> Livre fort rare non cité par Boimare dans sa bibliographie de la Louisiane ; ni Paribault, pas plus que Rich n'en font mention.
> La deuxième partie (32 pp.) a pour titre : *Mémoire des habitans et négocians de la Louisiane sur l'événement du 29 octobre 1768.*

1953. Recueil d'estampes représentant les différens événemens de la guerre qui a procuré l'Indépendance aux États-Unis de l'Amérique. *A Paris, chez Ponce, s. d.* (vers 1780), in-4 oblong, cartonné.

> 16 planches et cartes, dont le titre frontispice, dessinées par *Godefroy, Fauvel, Le Barbier, Le Paon, Marillier, Lanson,* gravées par *Godefroy* et *Ponce.*

1954. Mémorial de Gouverneur Morris, homme d'état américain, ministre plénipotentiaire des États-Unis en France, de 1792 à 1794 ; suivis d'extraits de sa correspondance et de ses papiers..... traduit de l'anglais de Jared Sparks, avec annotations par Augustin Gandais. *Paris et Leipsig,* 1841, 2 vol. in-8, brochés.

1955. Histoire des États-Unis depuis la découverte du continent américain, par George Bancroft ; traduite de l'anglais par Mlle Isabelle Gatti de Gamond. *Paris, Firmin-Didot,* 1861-1864, 9 vol. in-8, brochés.

1956. L'Amérique du nord pittoresque. États-Unis et Canada. Ouvrage rédigé par une réunion d'écrivains américains sous la direction de W. Cullen Bryant, traduit, revu et augmenté par Benedict-Henry Revoil, illustré d'un nombre considérable de gravures et d'une carte des États-Unis. *Paris, A. Quantin,* 1880, 10 fascicules in-4, brochés.

1957. Histoire et description générale de la Nouvelle-France, avec le journal historique d'un voyage fait par ordre du roi dans l'Amérique septentrionale, par le P. de Charlevoix. *A Paris, chez la veuve Ganeau,* 1744, 3 vol. in-4, cartes, veau marb., tr. rouges (*Rel. anc.*).

> Bon exemplaire d'un ouvrage recherché.

1958. Histoire naturelle et morale des îles Antilles de l'Amérique ; enrichie d'un grand nombre de belles figures en taille-douce, des places et des raretez les plus considérables qui y sont décrites ; avec un vocabulaire caraïbe (attribuée à Louis de Paincy et à Ces. de Rochefort). *A Roterdam, chez Arnout Leers,* 1665, in-4, large dent. à froid, milieu orné d'une rosace, tr. marb.

> Deuxième édition ; les figures ont été coloriées anciennement.

1959. Recueil de vues des lieux principaux de la colonie françoise de Saint-Domingue, gravées par les soins de M. Ponce..... accompagnées de cartes et plans de la même colonie, gravés par les soins de M. Phelipeau. Le tout principalement destiné à l'ouvrage intitulé : Loix et constitutions des colonies françoises de l'Amérique sous le vent, avec leur description, leur histoire, etc., par Moreau de St.-Mery. *A Paris, chez M. Moreau de St.-Mery, Ponce, Phelipeau,* 1791, in-fol., demi-rel. veau brun (*Rel. anc.*).

Ouvrage rare contenant 31 planches, de vues, cartes et plans.
La planche 17 : « Plan général de la partie françoise de St.-Domingue », n'a jamais dû faire partie de cette édition.

1960. Recueil des vues des lieux principaux de la colonie française de Saint-Domingue, gravées par les soins de M. Ponce..... accompagnées de cartes et plans de la même colonie, gravés par les soins de M. Phelipeau ; le tout exécuté aux frais de M. Moreau de Saint-Mery. *A Paris, chez Moreau de St.-Mery, Ponce, Phelipeau,* 1795, in-fol., demi-rel. veau fauve (*Rel. anc.*).

Même ouvrage sous la date de 1795, avec titre différent, mais contenant seulement 26 planches, dont le *Plan de la partie française de St.-Domingue,* qui n'avait pas été gravé pour l'édition de 1791.
13 planches (12 plans et 1 vue) ont été soigneusement coloriées.

1961. Histoire de la conquête du Mexique, ou de la Nouvelle-Espagne, traduite de l'espagnol de Don Antoine de Solis (par Bon André, comte de Broé, seigneur de Citri et de La Guette). *A Paris, chez P. Aubouin, Pierre Emery et Ch. Clousier,* 1691, in-4 veau brun, tr. marb. (*Rel. anc.*).

Edition ornée de 14 cartes ou planches gravées en taille-douce.

1962. Histoire de la conqueste du Mexique ou de la Nouvelle-Espagne, par Fernand Cortez. Traduite de l'espagnol de Dom Antoine de Solis, par l'auteur du Triumvirat (comte de Broé, seigneur de Citri et de La Guette). *A Paris, par la compagnie des Libraires,* 1730, 2 vol. in-12, veau brun, tr. marb. (*Rel. anc.*).

On y joint : La Rochefoucauld (F.-A. de). Palenqué et la civilisation Maya avec des croquis et indications à la plume par l'auteur. *Paris, Leroux,* 1888, in-8, broché.

1963. Antiquités mexicaines. Relation des trois expéditions du capitaine Dupaix, ordonnées en 1805, 1806 et 1807, pour la recherche des antiquités du pays, notamment celles de Mitla et de Palenqué ; accompagnée des dessins de Castañeda, et d'une carte du pays exploré, suivie d'un parallèle de ces monuments avec ceux de l'Egypte, de l'Indostan, et du reste de l'ancien monde par M. Alexandre Lenoir, d'une dissertation sur l'origine de l'ancienne population des Deux Amériques et sur les diverses antiquités de ce continent, par M. Warden, avec un discours préliminaire par M. Charles Farcy et des notes explicatives et autres documents par MM. Baradère, de Saint-Priest, et plusieurs voyageurs qui ont parcouru l'Amérique. *A Paris, au bureau des antiquités mexicaines,* 1834, 2 tomes en 1 vol. et atlas gr. in-fol., demi-rel. mar. vert jans., non rognés.

L'Atlas renferme 166 planches lithographiées.

1964. Histoire des nations civilisées du Mexique et de l'Amérique centrale durant les siècles antérieurs à Christophe-Colomb, par M. l'abbé Brasseur de Bourbourg. *Paris, Arthus Bertrand,* 1857-1859, 4 vol. in-8, brochés.

1965. Véridique histoire de la conquête de la Nouvelle-Espagne par le capitaine Bernal Diaz del Castillo. Traduite de l'espagnol avec une introduction et des notes par Jose-Maria de Hérédia. *Paris, Alphonse Lemerre,* 1877-1887, 4 vol. pet. in-12, brochés.

Edition épuisée et recherchée.

1966. Histoire générale des choses de la Nouvelle-Espagne, par le R. P. Fray Bernardino de Sahagun, traduit et annotée par C. Jourdanet et par Remi Simeon. *Paris, G. Masson,* 1880, gr. in-8, broché.

1967. L'Aide de camp ou l'auteur inconnu. Souvenirs des Deux Mondes, publiés par Maurice de Viarz. *Paris, Dufey et Vézard,* 1832, in-8, broché.

Autobiographie des plus curieuses, détails inédits et intéressants sur Bolivar et la guerre de l'indépendance de l'Amérique du Sud.
L'auteur était aide-de-camp de Bolivar.

1968. Pérou (Ouvrages relatifs au). 3 vol. in-8, brochés et 1 vol. in-12, cartonn. toile rouge.

Garcillasso de la Vega. Histoire des Incas, rois du Pérou. *Paris,* 1830, 3 vol. — Oliva (Amello). Histoire du Pérou, traduit de l'espagnol par H. Ternaux Compans. *Paris, P. Jannet,* 1857.

1969. Description géographique, historique et commerciale de Java et des autres îles de l'archipel indien, par MM. Raffles et John Crawfurd, contenant des détails sur les mœurs, les arts, les langues, les religions et les usages des habitans de cette partie du monde. Ouvrage traduit de l'anglais par M. Marshal. *Bruxelles, chez H. Tarlier et Jobard,* 1824, in-4, dos et coins chagrin La Vall., tr. jasp.

48 lithographies noires et coloriées.

VII. — CHEVALERIE, NOBLESSE, BLASON

1970. Mémoires sur l'ancienne chevalerie par M. de la Curne de Sainte Palaye. *Paris, chez Duchesne,* 1759, 2 vol. in-12, veau marb. — Ordres de chevalerie et marques d'honneur par Auguste Walhlen. *Bruxelles,* 1844, in-4, 89 lithographies hors texte, demi-rel., chag. rouge. — Ens. 3 vol.

1971. La Chevalerie, par Léon Gautier. *Paris, Palmé,* 1884, gr. in-8, broché.

Premier tirage.
Nombreuses gravures sur bois hors texte et dans le texte d'après *Luc-Olivier Merson, Ed. Zier, Ed. Garnier,* etc.

1972. Traité des tournois, joustes, carrousels, et autres spectacles publics (par C.-F. Menestrier). *A Lyon, chez Jacques Muguet,* 1669, in-4, veau brun (*Rel. anc.*).

Edition ornée de vignettes et initiales gravées à l'eau-forte.

1973. Ancien armorial équestre de la Toison d'Or et de l'Europe au xve siècle. Fac-simile contenant 942 écus, 74 figures équestres en 114 planches chromotypographiées, reproduites et publiées pour la première fois d'après le manuscrit 4790 de la bibliothèque de l'Arsenal, par Lorédan Larchey. *Paris, Berger-Levrault et Cie*, 1890, in-fol., cart. toile, fers spéciaux, non rogné (*Rel. des éditeurs*).

Tirage à 500 exemplaires ; celui-ci est un des 10 exemplaires d'auteur.

1974. Histoire des Chevaliers de l'ordre S. Jean de Hierusalem, contenant leur admirable institution et police, la suitte des guerres de la Terre Sainte....... cy devant escrite par feu S. D. B. S. D. L. (trad. de l'italien de Jacques Bosio par le sieur de Boissat, seigneur de Licieu) divisée par chapitres, et augmentée de sommaires sur chaque livre et d'annotations à la marge.... par J. Baudoin. Dernière édition où l'on a joint les ordonnances du chapitre général tenu en l'an 1632. Œuvre enrichie d'un grand nombre de figures en taille-douce, et illustrée d'une ample chronologie, d'un abrégé des privilèges de l'ordre, etc., par F.-A. de Naberat. *A Paris, par Jacques d'Allin*, 1643, in-fol., vélin blanc, tr. jasp. (*Rel. anc.*).

Portraits des grands maîtres de l'ordre et planches gravées en taille-douce.

1975. Histoire des chevaliers hospitaliers de S. Jean de Jérusalem, appellez depuis les chevaliers de Rhodes et aujourd'hui les chevaliers de Malte, par M. l'abbé de Vertot. *A Paris, chez Rollin, Quillau et Desaint*, 1726, 4 vol. in-4, veau fauve, dos orné, tr. rouges (*Rel. anc.*).

Edition estimée ornée de portraits gravés par *L. Cars*.

1976. Histoire des ordres militaires ou des chevaliers, des milices séculières et régulières de l'un et de l'autre sexe, qui ont été établies jusques à présent. Contenant leur origine, leurs fondations, leurs progrès...... Nouvelle édition tirée de l'abbé Giustiniani, du R. P. Bonanni, de Mr. Herman, de Schoonebeck, du R. P. Héliot, etc., et un traité historique de M. Basnage sur les duels. *A Amsterdam, chez Pierre Brunet*, 1721, 4 vol., pet. in-8, veau fauve, dos orné de pièces d'armoiries, tr. marb. (*Rel. anc.*).

Frontispice gravé et environ 180 figures représentant les costumes de différents ordres.
Exemplaire aux armes de la comtesse de Vernüe.

1977. Catalogue des chevaliers commandeurs et officiers de l'ordre du Saint-Esprit, avec leurs noms et qualités, depuis l'institution jusqu'à présent. *Paris, de l'Imp. de C. Jean-François, Ballard*, 1760, in-fol., veau marb., dos et angles ornés, tr. dor. (*Rel. anc.*).

Beau frontispice par *Boucher*, gravé par *Laurent Cars*, 1 fleuron de *Gravelot*, gravé par le même ; 15 vignettes et environ 50 culs-de-lampe par ces deux derniers artistes et un grand nombre de blasons gravés.
Sur les plats de la reliure se trouve l'emblème de l'ordre du Saint-Esprit.

1978. Histoire généalogique et chronologique de la maison royale de France, le tout dressé sur les titres originaux, registres des chartes du roy, du Parlement, de la Chambre des comptes, etc., par le P. Anselme. Troisième édition. *A Amsterdam, chez les frères Chatelain*, 1713, in-fol., cartonné.

On y joint : Coyer (Abbé G.-F.). La noblesse commerçante. *Londres et Paris*, 1756, in-12, rel. veau. — Menestrier. La nouvelle méthode raisonnée du blason. *Lyon*, 1718, in-12, rel. veau. — Toison d'Or. Noblesse de contrebande. *Paris*, 1883, in-8.

1979. Histoire de la maison de Montmorenci, par M. Désormeaux, contenant la généalogie de la maison, et son histoire depuis l'année 960 jusqu'en 1531. *A Paris,
chez Desaint et Saillant,* 1764, 5 vol. in-12, veau marb., tr. marb. (*Rel. anc.*).

On y joint : DUSSIEUX. Généalogie de la maison de Bourbon, de 1256 à 1871. *Paris,* 1872,
in-8, broché.

1980. Les Comtes de Tende de la maison de Savoie, par le comte de Panisse-Pas-
sis. Ouvrage illustré de 21 planches d'après des documents authentiques de l'époque et des photographies. *Paris, Firmin Didot et Cie,* 1889, in-4, broché.
Un des 150 exemplaires imprimés sur papier vergé blanc.

1981. Liste des noms des ci-devant nobles, nobles de race, robins, prélats, financiers, intriguans, et de tous les aspirans à la noblesse, ou escrocs d'icelle. Avec
des notes sur leurs familles (par Dulaure). *A Paris, chez Garnéry, s. d.* (an II),
3 parties en 1 vol. in-8, demi-rel. veau vert, dos plat orné, non rogné.

Ouvrage rare ainsi complet. Chaque partie contient une table alphabétique.
Exemplaire d'Arthur Dinaux, avec une note de lui sur le feuillet de garde.

1982. Noms féodaux ou noms de ceux qui ont tenu fiefs en France, dans les provinces d'Anjou, Auvergne, Beaujolais, Berry, Forez, Nivernois, depuis le XIIe siècle jusque vers le milieu du XVIIIe, extraits des Archives du royaume par Dom Bé-
tencourt. *Paris, Schlesinger,* 1867, 4 vol. in-8, brochés.

1983. Almanachs de Gotha, 1784-1788 et 1800. 3 vol. in-32, cartonn. original de
l'éditeur.

L'année 1784 (en allemand) renferme titre gravé, 1 front., 16 figures. — L'année 1788
(en français) renferme 1 titre gravé, 1 frontispice et 12 figures. — L'année 1800 (en allemand) renferme 1 front. et 12 figures.

1984. La vraye et parfaite Science des armoiries, ou l'Indice armorial de feu maistre
Louvan Geliot, apprenant et expliquant sommairement les mots et figures dont
on se sert au blason des armoiries, et l'origine d'icelles....... *Sur l'imprimé à Paris, chez Jean Guignard,* 1660, 2 vol. in-fol., brochés.

Réimpression fac-simile, publiée par Edouard Rouveyre, en 1895.

1985. Armorial général, précédé d'un dictionnaire des termes du blason, par J.-B.
Rietstap. Deuxième édition refondue et augmentée. *Gouda, G.-B. van Goor Zonen,*
1883-1885, 2 vol. in-8, en fascicules.

1986. Nouveau traité des armoiries ou la science et l'art du blason expliqués par Victor Bouton. Ouvrage orné de 900 gravures. *Paris, Dentu,* 1887, in-8, broché.

VIII. — ARCHÉOLOGIE

1987. Glossaire archéologique du moyen âge et de la renaissance, par Victor Gay.
Lettres A à Guy. *Paris, Société bibliographique,* 1887, in-4, broché.
Seul volume paru.

1988. Esthétique et archéologie, par Pierre Traband. *Paris, Renouard*, 1878, 2 vol.
gr. in-8, brochés.

Nombreuses illustrations dans le texte.

1989. Archéologie. 6 vol in-4 et in-8, dont 5 brochés et 1 demi-rel. chagrin bleu.

Barges (l'abbé). Recherches archéologiques sur les colonies phéniciennes établies sur le littoral de la Celto-Ligurie. *Leroux,* 1878. — Becq de Fouquières. Les Jeux anciens. Leur description, leur origine, leurs rapports avec la religion, l'histoire, les arts et les mœurs. *Reinwald,* 1869. — Du Méril (Ed.). Études sur quelques points d'archéologie et d'histoire littéraire. *Paris et Leipzig,* 1862. — Garrucci (R.). Les mystères du syncrétisme phrygien dans les catacombes romaines de Pretextat. *Paris,* 1854. — Laborde (L. de). Recherches sur ce qu'il s'est conservé dans l'Egypte moderne de la science des anciens magiciens. *Paris,* 1841. — Lasteyrie (F. de). Description du trésor de Guarrazar. *Gide,* 1860.

1990. La Vie privée des anciens. Texte par René Menard. Dessins d'après les monuments antiques, par Cl. Sauvageot. *Paris, Vve A. Morel et Cie*, 1880-1883, 4 vol.
gr. in-8, brochés.

Les peuples dans l'antiquité. — La famille dans l'antiquité. — Le travail dans l'antiquité.
— Les institutions dans l'antiquité.

1991. Histoire du luxe privé et public depuis l'antiquité jusqu'à nos jours, par H. Baudrillart. *Paris, Hachette et Cie*, 1878, 4 vol. in-8, brochés.

1992. Sabine ou matinée d'une dame romaine à sa toilette, à la fin du premier siècle
de l'ère chrétienne... trad. de l'allemand de C.-A. Bœttiger. *Paris, Maradan,* 1813,
in-8, 10 planches gravées au trait, demi-rel. veau fauve. — La toilette chez les
romaines au temps des empereurs, par L.-C. Crochet. *Lyon, Sezanne frères,* 1888,
in-4, 12 planches photolithographiques, broché. — Ens. 2 vol.

1993. Description des bains des Romains, enrichie des plans de Palladio, corrigés
et perfectionnés ; et précédée d'une préface en forme d'introduction, sur la nature
de cet ouvrage ; et d'une dissertation sur l'état des arts, durant les différentes périodes de l'empire romain, par Charles Cameron, architecte. *A Londres, chez l'auteur,* 1772, in-fol., veau jasp. tr. jaunes (*Rel. anc.*).

Texte anglais et français. Ouvrage orné de 75 planches gravées sur cuivre.

1994. Histoire du luminaire depuis l'époque romaine jusqu'au xixe siècle. Ouvrage
contenant 500 gravures dans le texte et 80 grandes planches hors texte imprimées
en deux teintes ; illustrations de M. Emile Solvet, avec le concours de MM. Berteault et Vaacanu. Par Henry-René D'Allemagne. *Paris, Alphonse Picard,* 1891,
in-4, broché (*Couvert. illust.*).

1995. Ninive et l'Assyrie, par Victor Place, avec des essais de restauration, par Félix
Thomas. Ouvrage publié d'après les ordres de l'Empereur. *Paris, Imp. impériale,*
1867-1870, 2 vol. gr. in-fol. et atlas de même format, demi-rel., veau fauve, tête
dor., non rognés.

Bel exemplaire de cet ouvrage dont 100 exemplaires seulement ont été mis dans le commerce.
L'Atlas se compose de 88 planches montées sur onglets, gravées au trait, en héliogravure
ou coloriées.

1996. L'Art de bâtir chez les byzantins, par Auguste Choisy. *Paris, librairie de la Société anonyme de publications périodiques*, 1883, in-4 en feuilles dans 1 carton.

Ouvrage contenant 25 planches hors texte, dessinées par *A. Choisy* et gravées par *J. Sulpis*.

1997. Les Ruines de Paestum, ou de Posidonie, dans la grande Grèce, par T. Major. Traduit de l'anglais (par Jacques Varennes). *A Londres, chez T. Major*, 1768, gr. in-fol. cartonné.

Ouvrage renfermant 24 grandes planches et 6 petites. La planche 19 est répétée.

1998. Paesti quod Posidoniam etiam dixere rudera (cum dissertationibus lat. et ital. auct. P. Ant. Paoli). *Romae*, 1784, gr. in-fol., veau brun, fil. et dent., fleurons aux angles, dos orné, tr. rouges (*Rel. anc.*).

Armoiries sur la reliure.
Ouvrage orné de 64 planches gravées par *Volpato, Bartolozzi* et autres ; il est plus exact que celui de Major sur le même sujet.

1999. Antichita di Pozzuoli : Puteolanae antiquitates (italice et latine, auctore P. Ant. Paoli). (*Florentiae*), *s. d.* (1768), in-fol. mar. rouge, fil. et dent. à petits fers, dos orné, tr. dor. (*Rel. anc.*).

Ouvrage comprenant 38 ff. de texte gravé et 69 planches, dont le titre, gravées par *Volpato, La Mara, Cardon*, etc.
Le dos de la reliure est refait.

2000. Les Ruines de Palmyre autrement dite Tedmor au desert. *A Paris, A. Constantin*, 1819, in-4, broché.

Ouvrage orné de 57 planches gravées.

2001. Expédition scientifique de Morée ordonnée par le gouvernement français. Architecture, sculptures, inscriptions et vues de Péloponèse, des Cyclades et de l'Attique, mesurées, dessinées, recueillies et publiées par Abel Blouet, Amable Ravoisié, Achille Poirot, Félix Trezel et Frédéric de Gournay. *A Paris, chez Firmin Didot frères*, 1831-1838, 3 vol. gr. in-fol., demi-rel. chag. rouge, ébarbés.

Exemplaire bien complet contenant 3 frontispices et 262 figures dont 6 tirées en couleurs.

2002. Descriptions des monumens de Rhodes, dédiée à Sa Majesté le roi des Pays-Bas, par le colonel Rottiers. *Bruxelles, chez Mme Vve A. Colmez*, 1830, 2 vol. dont 1 vol. in-4 de texte et l'autre in-fol. oblong pour les planches, cartonn. toile verte (*Rel. de l'éditeur*).

1 carte de l'île de Rhodes et 74 lithographies ; quelques-unes sont coloriées.

2003. Observations sur les antiquités de la ville d'Herculanum avec quelques réflexions sur la peinture et la sculpture des anciens ; et une courte description de quelques antiquités des environs de Naples, par Messieurs Cochin le fils et Bellicard. *A Paris, chez Ch.-Ant. Jombert*, 1754, in-12, mar. rouge, fil., tr. dor. (*Rel. anc.*).

Jolie vignette par *Cochin*, gravée par lui-même ; la vue du Vésuve, par *Cochin*, gravée par *Gallimard*, et 45 planches d'antiquités, gravées par *Bellicard*, (plusieurs non signées).

2004. Le Antichita di Ercolano, esposte con qualche spiegazione (da Otttav.-Ant.

Bejardi) *Napoli, nella regia Stamperia,* 1757-1792, 9 vol. gr. in-fol., mar. rouge, fil., dos orné, dent. int., tr. dor. (*Rel. anc.*).

Bel exemplaire de cet ouvrage ainsi composé :
Peinture : 5 vol. contenant 1 carte, 5 portraits et 324 planches.— Bronzes : 2 vol., dont 1 pour les bustes, contenant 1 portrait et 178 planches. — Lampes et candélabres 1 vol. contenant 99 planches. Le tome IX a pour titre *Catalogo deli antichi monumenti dissoterrati dalla discoperta citta di Ercolano,* par Ant. Bajardi.

2005. Pompeia. Traité pittoresque, historique et géométrique. Ouvrage dessiné sur les lieux pendant les années 1829 à 1834, gravé et publié par P.-F. (Paul Fumagalli). *A Florence, aux frais de l'auteur, s. d.,* in-fol., demi-rel. bas. verte, tr. jasp.

Ouvrage contenant 75 planches (gravées à la manière du lavis), dont 47 de vues diverses, 20 de peintures et ustensiles retrouvés à Pompéi et 8 plans.
Texte italien avec traduction française en regard par L. Ben. Ducoster.

2006. Vues des ruines de Pompéi d'après l'ouvrage publié à Londres en 1819 par sir William Gell et J.-P. Gandy, sous le titre de Pompeiana. *Paris, Firmin Didot,* 1827, gr. in-4, cartonn. demi-toile rouge.

125 lithographies hors texte, vignettes et culs-de-lampes lithographiés et tirés sur Chine.

2007. Pompéï, la ville, les mœurs, les arts, par Pierre Gusman. Préface de M. Max. Collignon ; ouvrage orné de 600 dessins dans le texte et de 32 aquarelles de l'auteur. *Paris, L. Henry May; s. d.,* gr. in-4, broché (*Couvert. illust.*).

2008. Ruins of the palace of the emperor Diocletian at Spalatro in Dalmatia, by R. Adam. *London, printed for the author,* 1764, gr. in-fol., dos et coins veau brun, plats toile, non rogné (*Rel. mod.*).

Livre peu commun orné de 61 planches gravées par *F. Patton, Santini, A. Walker,* etc. Exemplaire auquel on a ajouté 41 des planches de l'ouvrage, en épreuves AVANT la lettre. Cet exemplaire, qui serait celui de l'auteur, ne contient pas la liste des souscripteurs.

2009. Commentaire de S.-J. Frontin sur les aqueducs de Rome traduit avec le texte en regard, précédé d'une notice sur Frontin, de notions préliminaires sur les poids, les mesures, les monnoies et la manière de compter des romains.... par J. Rondelet. *Paris, chez l'auteur,* 1820, in-4, cartonné.

31 planches.

2010. Le Laurentin, maison de campagne de Pline le jeune restituée d'après la description de Pline, par L.-P. Haudebourt. *Paris, Carilian,* 1838, cartonn. — Pompeia, décrite et dessinée par Ernest Breton, suivie d'une notice sur Herculanum. *Paris, Baudry,* 1855, broché. — Ens. 2 vol. in-8.

2011. La Villa impériale de Tibur (Villa Hadriana) par Pierre Gusman. Ouvrage orné de 616 illustrations dans le texte, exécutées d'après nature, ou extraites de recueils anciens, par l'auteur, et de 12 planches hors texte, dont 11 héliogravures et 1 eau-forte originale de l'auteur. Préface de Gaston Boissier. *Paris, Fontemoing,* 1904, in-4, broché.

2012. Del Palazzo de Cesari. Opera postuma di monsignor Francesco Bianchini Veronese. *In Verona,* 1738, in-fol., vélin blanc, tr. rouges (*Rel. anc.*).

Orné de 22 grandes planches pliées.

2013. L'Art antique de la Perse, Achémenides, Parthes, Sassanides, par Marcel Dieulafoy. *Paris, Librairie centrale d'architecture,* 1884-1885, 5 vol. in-fol. en feuilles dans des cartons.

Ouvrage orné de 103 héliogravures et de nombreuses figures dans le texte.

2014. Antiqua numismata maximi moduli aurea, argentea, aerea ex museo Alexandri S. R. E. Card. Albani in Vaticanam bibliothecam a Clemente XII, pont. opt. max. translata et A. Rodulphino Venuto Cortonensi notis illustrata. *Romae, Impensis calcographei Cameralis,* 1739-1744, 2 vol. in-fol., veau rouge, tr. rouges (*Rel. anc.*).

77 vues gravées dans le texte par *E. de La Belle* et *Duflos,* et 122 grandes planches de médailles hors texte gravées par *Nolli* et *Piccini.*

2015. Le Cabinet de la bibliothèque de Sainte Geneviève, par le R. P. Claude du Molinet. *A Paris, chez Antoine Dezallier,* 1692, in-fol., veau marb., tr. rouges (*Rel. anc.*).

Nombreuses planches gravées par *Erlinger.*

2016. Étude archéologique sur l'abbaye de Notre-Dame des Vaux-de-Cernay, par L. Morize, précédée d'une introduction avec 9 planches par le comte A. de Dion. *Tours,* 1889, in-4, broché.

IX. — HISTOIRE LITTÉRAIRE. — MÉLANGES HISTORIQUES

2017. Amusemens littéraires : ou correspondance politique, historique, philosophique, critique et galante par M. de La Barre de Beaumarchais. *La Haye, J. Van Duren,* 1740, 3 vol. — Chefs-d'œuvre politiques et littéraires de la fin du xviiie siècle ou choix des productions les plus piquantes que les lumières, le ridicule, le goût... ont fait éclore dans cette époque intéressante. *S. l.,* 1788, 3 vol. — Le Petit réservoir, contenant une variété de faits historiques et critiques, de littérature, de morale et de poésies, etc. *A Berlin, Neaulme,* 1750. — Ens. 3 vol. in-8 et in-12, rel. veau marb. et brochés.

2018. Louis Belland de la Bellaudière, poète provençal du xvie siècle. Étude historique et littéraire, par Augustin Fabre. *Marseille, V. Boy,* 1861, in-12, dos et coins chag. vert, dos orné (*Couvert.*).

Un des 6 exemplaires imprimés sur PAPIER CHAMOIS.

2019. Léon Séché. Études d'histoire romantique. Alfred de Musset, l'homme et l'œuvre. *Paris, Mercure de France,* 1907, 2 vol. — Correspondance d'Alfred de Musset (1827-1857), recueillie et annotée par Léon Séché. *Ibid., Id.,* 1907. — Ens. 3 vol. in-8, brochés.

2020. **Léon Séché.** Études d'histoire romantique. Sainte-Beuve, son esprit, ses idées. *Paris, Mercure de France,* 1904, 2 vol. — Edmond Lepelletier. Paul Verlaine, sa vie, son œuvre. *Ibid., Id.,* 1907. — Ens. 3 vol. in-8, brochés.

Nombreux portraits hors texte.

2021. **Joham. Wolfij** lectionum memorabilium et reconditarum centenarii XVI... *Lavingæ, sumtibus autoris impressit Leonhardus Rheinmichel, typogr. Palatinus,* 1600, 2 vol. in-fol., vélin blanc à recouv., fil., tr. bleues (*Rel. anc.*).

Recueil peu commun. Titre orné d'un bel encadrement et nombreuses figures gravées sur bois dans le texte.
L'Index de Linsius, 1608, manque.

2022. **Thrésor** d'histoires admirables et mémorables de nostre temps, recueil de plusieurs autheurs, mémoires et avis de divers endroits, par Simon Goulart. *Genève, pour Jacques Crespin,* 1620-1628, 4 tomes en 2 vol. in-8, veau fauve (*Rel. anc.*).

On y a joint : les tomes 1 et 2 de la première édition. *Genève,* 1610, vélin blanc, armoiries sur les plats de la reliure.

2023. **Mémoires** et mélanges historiques et littéraires, par le Prince de Ligne, ornés de son portrait et d'un fac-simile de son écriture. *Paris, Ambroise Dupont,* 1827-1828, 4 vol. in-8, veau racine, pet. dent., dos orné, tr. marb.

2024. **Causeries** d'un curieux. Variétés d'histoire et d'art tirées d'un cabinet d'autographes et de dessins par F. Feuillet de Conches. *Paris, H. Plon,* 1862-1868, 4 vol. in-8, fac-simile d'autographes, brochés.

2025. **Les Dessous** de l'histoire, curiosités judiciaires, administratives, politiques et littéraires, par J. Hovyn de Tranchère. *Paris, Ernest Leroux,* 1886, 2 vol. in-8, brochés.

2026. **L'Académie** des derniers Valois. Académie de poésie et de musique, 1570-1576. Académie du Palais, 1576-1585, d'après des documents nouveaux et inédits par Édouard Frémy. *Paris, Leroux, s. d.* (1887), gr. in-8, broché.

On y joint : Relation contenant l'histoire de l'Académie françoise par M. P. (Pellisson Fontanier). *A Paris, chez Aug. Courbé,* 1671, in-18, demi-rel. veau fauve, tr. rouges (*Petit, succ. de Simier*).

2027. **Histoire** de l'Académie royale des inscriptions et belles lettres, depuis son establissement jusqu'à présent, avec les mémoires de littérature tirez des registres de cette Académie depuis son renouvellement jusqu'en 1710. *A Paris, de l'Imprimerie royale,* 1736-1766, 27 vol. in-4, mar. rouge, dos orné, tr. dor. (*Rel. anc.*)

Réimpression de l'édition de 1717.
5 volumes sont aux armes de Maurepas et 2 volumes, aux armes de Louis XV.
Bel exemplaire des 27 premiers volumes de la collection.

2028. Dictionnaire raisonné de diplomatique, par Dom de Vaines. *A Paris, chez Humblot,* 1774, 2 vol. in-8, veau marb., tr. rouges (*Rel. anc.*).

2029. Traité des inscriptions en faux et reconnoissances d'escritures et signatures par comparaison et autrement... par Jacques Ravencau. *A Paris, chez Th. Jolly,* 1666, in-12, veau brun, tr. marb. (*Rel. anc.*).

On y joint : DLANDOL. Le contr'espion, ou les clefs de toutes les correspondances secrètes. *A Paris, Vve Guillot,* 1793, in-8, fig., dos et coins mar. violet, tête dor., non rogné (*Raparlier*).

2030. Isographie des hommes célèbres ou collection de fac-simile de lettres autographes et de signatures, exécutée et imprimée par Th. Delarue, lithographe, sous les auspices de MM. Bérard, Duchesne, Trémisot et Berthier. *A Paris, Th. Delarue,* 1843, 4 vol. in-4, demi-rel. bas. grenat.

X. — BIOGRAPHIE

2031. Dictionnaire historique, ou Mémoires critiques et littéraires concernant la vie et les ouvrages de divers personnages distingués particulièrement dans la république des lettres, par Prosper Marchand. *A La Haye, chez Pierre de Hondt,* 1758, 2 tomes en 1 vol. in-fol., veau fauve, dos orné, tr. rouges (*Rel. anc.*).

Bel exemplaire.

2032. Nouveau dictionnaire historique ou histoire abrégée de tous les hommes qui se sont fait un nom par des talens, des vertus, des forfaits, des erreurs, etc., depuis le commencement du monde jusqu'à nos jours ; dans laquelle on expose avec impartialité ce que les écrivains les plus judicieux ont pensé sur le caractère, les mœurs et les ouvrages des hommes célèbres dans tous les genres... par L.-M. Chaudon et F.-A. Delandine. *A Lyon, chez Bruyset et à Basle,* au XII, 1804, 13 vol. in-8, demi-rel. mar. rouge à longs grains, non rognés (*Rel. anc.*).

2033. Mémoires pour servir à l'histoire des hommes illustres dans la république des lettres, avec un catalogue raisonné de leurs ouvrages (par le P. Niceron, Oudin, J.-B. Michault et l'abbé Goujet). *A Paris, chez Briasson,* 1729-1745, 43 tomes en 44 vol. in-12, veau marb., dos orné, tr. jasp. (*Rel. anc.*).

Ouvrage recherché renfermant un grand nombre de notices curieuses.

2034. Fernand Colomb. Sa vie, ses œuvres. Essai critique par l'auteur de la *Bibliotheca Americana vetustissima* (Henry Harisse). *Paris, Tross,* 1872, gr. in-8, broché.

Tirage à 200 exemplaires sur papier de Hollande.

2035. Érasme (Ouvrages relatifs à). 3 vol. in-12, brochés, et 2 vol. in-12, veau fauve. — Ens. 5 vol.

BURIGNI. Vie d'Erasme. *Paris, chez De Bure,* 1757, 2 vol. — ERASME. De recta latini graecique sermonis pronuntiatione. *Lutetiæ*, 1547. — MARSOLIER (l'abbé). Critique de l'apologie d'Erasme. *Paris, Jombert,* 1719. — Apologie ou justification d'Erasme. *Paris, Babuty,* 1713.

2036. Voltaire (Ouvrages relatifs à). 5 vol. in-8, veau ou demi-rel. veau fauve et brun (*Rel. anc.*).

GRAFFIGNY (Mme de). Vie privée de Voltaire et de Mme du Chatelet pendant un séjour de six mois à Cirey. *Paris,* 1820, portrait. — LONGCHAMP et WAGNIÈRE. Mémoires sur Voltaire et sur ses ouvrages. *Paris,* 1826, 2 vol. — SABATIER DE CASTRES (l'abbé). Vie polémique de Voltaire ou histoire de ses proscriptions. *Paris,* 1802. — SIMIEN DESPRÉAUX. Soirées de Ferney ou confidences de Voltaire. *Paris,* 1802.

2037. Lavoisier, 1743-1794, d'après sa correspondance, ses manuscrits, ses papiers de famille et d'autres documents inédits, par Edouard Grimaux. *Paris, F. Alcan,* 1888, gr. in-8, broché.

Ouvrage orné de 10 planches hors texte.

2038. Retif de la Bretonne. Sa vie et ses amours. Documents inédits. Ses malheurs, sa vieillesse et sa vie, ce qui a été écrit sur lui, ses descendants. Catalogue complet et détaillé de ses ouvrages, suivi de quelques extraits, par Charles Monselet. *A Paris, chez Aubry,* 1858, in-12, portrait gravé par Nargeot et fac-simile, dos et coins veau vert, tr. marb.

2039. L'Elvire de Lamartine. Notes sur M. et Mme Charles, par Anatole France. *Paris, H. Champion,* 1894, in-16, fac-simile, broché (*Couvert.*).

ÉDITION ORIGINALE.

2040. Henry Monnier. Sa vie, son œuvre, par Champfleury, avec un catalogue com-.plet de l'œuvre et cent gravures fac-simile. *Paris, Dentu,* 1879, in-8, broché.

2041. Life and reminiscences of Gustave Doré compiled from material supplied by Dore's relations and friends, and from personal recollection. With Many original unpublished sketches, and selections from Doré's best published illustrations, by Blanche Roosevelt. *London, Sampson Low, Marston,* 1885, in-8, cartonn. toile blanche, fers spéciaux, tr. dor. (*Rel. des éditeurs*).

2042. Albert Glatigny. Sa vie, son œuvre, par Job-Lazare (Emile Huhn). Avec un portrait à l'eau-forte dessiné et gravé par A. Esnault. *Paris, A. Bécus,* 1878, in-12, dos et coins chagrin vert, tête dor., non rogné.

Un des rares exemplaires imprimés sur PAPIER DE CHINE.

2043. Hector Berlioz, sa vie et ses œuvres, par Adolphe Jullien. Ouvrage orné de quatorze lithographies originales par M. Fantin-Latour, de douze portraits de Hector Berlioz, de trois planches hors texte et de 122 gravures, scènes théâtrales, caricatures, etc., etc. *Paris, Librairie de l'Art,* 1888, in-4, broché.

14 lithographies de *Fantin Latour* sont tirées sur papier vélin.

2044. Les grandes dames d'aujourd'hui par Claude Vento (Violette). Illustrations de Saint-Elme Gautier. *Paris, E. Dentu,* 1886, in-8, broché.

Ouvrage orné de 33 portraits gravés à l'eau-forte.

2045. Musiciens. 2 vol. in-8 et 1 vol. in-4. — Ens. 3 vol., brochés.

> Hippeau (Ed.). Berlioz intime. *Paris, Fischbacher,* 1883. — Mozart (W.-A). Lettres de Mozart. *Paris, Hachette,* 1888. — Radet (Edmond). Lully, notes et croquis avec onze planches. *Paris, Allison, s. d.*

2046. Die Deutsche Bühne in wort und bild. Unter dem Protektorate des Herrn General-Intendanten der königlichen Schauspiele Bolko Reichsgrafen von Hochberg. Herausgeber und Redakteur : Julius Eckstein. *Berlin, Eckstein's Verlags-Anstalt,* 1892, 25 fascicules in-fol., brochés, dans un carton illust. (*Rel. des éditeurs*).

> 100 portraits hors texte en phototypie, accompagnés de notices.

XI. — BIBLIOGRAPHIE

2047. Manuel du libraire et de l'amateur de livres... par Jacques Charles Brunet. Cinquième édition originale entièrement refondue et augmentée d'un tiers par l'auteur . *Paris, F. Didot et Cie,* 1860-1865, 6 tomes en 12 vol. — Supplément, par MM. P. Deschamps et G. Brunet. *Paris, Firmin Didot et Cie,* 1878, 2 vol. — Ens. 8 tomes en 14 vol. in-8, brochés.

2048. Bibliothèques françoises (Les) de La Croix du Maine et de Du Verdier, Sr de Vauprivas, édition publ. par Rigoley de Juvigny. *Paris,* 1772-73, 6 vol. in-4, v. écaille, fil.

> Ouvrage indispensable pour l'histoire littéraire du xvie siècle. — Bel exemplaire en grand papier fort, provenant de M. de Châteaugiron. Ce bibliophile a transcrit sur les marges, d'une écriture très nette, les *notes, additions et corrections de l'abbé Mercier de Saint-Léger,* qui se trouvent sur l'exemplaire de ce dernier conservé à la Bibliothèque Nationale. Cet exemplaire avait été préparé en vue d'une nouvelle édition de l'ouvrage.

2049. Bibliotheca Erasmiana. Répertoire des œuvres d'Erasme 1re série. Liste sommaire et provisoire des diverses éditions de ses œuvres. *A Gand,* 1893, in-4 carton. — Bibliographie des œuvres d'Erasme. Apophthegmata. *Gand,* 1901, in-8, broché. — Ens. 2 vol.

> Publications de l'Université de Gand.

2050. Mémoire sur la collection des Grands et Petits voyages, et sur la collection des voyages de Melchisedech Thevenot, par A.-G. Camus. *Paris, Baudouin,* an XI (1802), in-4, cartonné, non rogné.

2051. Bibliographie parisienne, Tableaux de mœurs, (1600-1880), par Paul Lacombe, avec une préface par M. Jules Cousin. *Paris, chez P. Rouquette,* 1887, in-8, broché.

> Epuisé.

2052. Bibliographie des chansons, fabliaux, contes en vers et en prose, faceties, pièces comiques et burlesques, dissertations singulières, aventures galantes, amoureuses et prodigieuses ayant fait partie de la collection de M. Viollet-Leduc, avec des notes biographiques et littéraires sur chacun des ouvrages cités. Nouvelle édition augmentée d'un avant-propos par M. Antony Méray. *Paris, A. Claudin,* 1859, in-8, broché.

2053. Les Almanachs français. Bibliographie-Iconographie des almanachs, années, annuaires, calendriers, chansonniers, étrennes, états, heures, listes, etc., (1600-1895), par John Grand-Carteret. *Paris, Alisié et Cⁱᵉ,* 1896, gr. in-8, broché.

> Ouvrage illustré de 5 planches coloriées, et de 306 vignettes (Affiches, reliures, titres et figures d'almanachs).

2054. Bibliographie des almanachs. 3 vol. in-8 et in-12, brochés.

> Pouy (F.). Recherches sur les almanachs et calendriers historiés du xviᵉ au xixᵉ siècle. *Amiens,* 1874. — Nouvelles recherches sur les almanachs et calendriers à partir du xviᵉ siècle. *Id.,* 1879. — Welschinger (Henri). Les almanachs de la Révolution. *Paris, Jouaust,* 1884.

2055. Mélanges tirés d'une petite bibliothèque, ou variétés littéraires et philosophiques, par Charles Nodier. *A Paris, chez Crapelet,* 1829, in-8, broché (*Couvert.*).

2056. Description raisonnée d'une jolie collection de livres (Nouveaux mélanges tirés d'une petite bibliothèque) par Charles Nodier, précédée d'une introduction par M. G. Duplessis, de la vie de M. Ch. Nodier, par M. Francis Wey et d'une notice bibliographique sur ses ouvrages. *Paris, J. Techener,* 1844, in-8, demi-rel. toile bleue, non rogné.

> ÉDITION ORIGINALE.
> On a relié avec cet exemplaire : Catalogue de la bibliothèque de feu M. Charles Nodier... *Paris, Techener,* 1844, avec la table alphabétique des auteurs et la table des prix de vente.

2057. Bibliographie gastronomique, par Georges Vicaire, avec une préface de Paul Ginisty. Avec des fac-simile. *Paris, chez P. Rouquette,* 1890, in-8, broché.

> Tirage à 500 exemplaires.

2058. Bibliographie des principables éditions originales d'écrivains français du xvᵉ au xviiiᵉ siècle, par Jules Le Petit. Ouvrage contenant environ 300 fac-simile de titres des livres décrits. *Paris, Quantin,* 1888, gr. in-8, broché.

2059. Bibliographie de la Presse. 3 vol. in-8, demi-rel. veau vert, demi-chagrin La Vall. et broché.

> Deschiens. Collection de matériaux pour l'histoire de la Révolution en France... Bibliographie des journaux. *Paris,* 1829. — Hatin (Eug.). Bibliographie historique et critique de la presse périodique française. *Paris,* 1866. — Hatin (Eug.). Les Gazettes de Hollande et la presse clandestine aux xviiᵉ et xviiiᵉ siècles. *Paris,* 1865, eau-forte de *Ulm.*

2060. Répertoire de bibliographies spéciales, curieuses et instructives, contenant la notice raisonnée 1° des ouvrages imprimés à petit nombre d'exemplaires ; 2° des livres dont on a tiré des exemplaires sur papier de couleur ; 3° des livres dont le texte est gravé, et 4° des livres qui ont paru sous le nom d'Ana. Le tout rédigé et publié avec des remarques historiques, littéraires et critiques par Gabriel Peignot. *A Paris, chez Renouard et Allais,* 1810, in-8, demi-rel. mar. La Vall. à longs grains, dos orné, non rogné.

> Un des 10 exemplaires imprimés sur PAPIER VÉLIN.
> Quelques notes marginales à l'encre.

2061. Peignot (Ouvrages et opuscules de Gabriel). 7 vol. in-8, dont 1 broché, les autres demi-rel. mar. et bas. de diverses couleurs.

OPUSCULES, extraits de divers journaux, revues, etc., dont il n'a jamais été fait aucun tirage à part. *Techener*, 1863. — NOTICE chronologique de tous les souverains, princes et princesses d'Europe qui ont péri de mort violente, de 1437 à 1840. *Aubry*, 1865. — ESSAI historique et archéologique sur la reliure des livres et sur l'état de la librairie chez les anciens. *Dijon*, 1834. — NOTICES, variétés et raretés bibliographiques. *Renouard*, 1822. — ESSAI historique sur la liberté d'écrire chez les anciens et au moyen âge ; sur la liberté de la presse depuis le XVᵉ siècle... *Crapelet*, 1832. — MANUEL bibliographique. *Paris, Villier, an IX.* — PETIT DICTIONNAIRE des locutions vicieuses corrigées d'après l'Académie. *Renouard*, 1807.

2062. Bibliographie et iconographie de tous les ouvrages de Restif de la Bretonne, par P.-L. Jacob, bibliophile. *Paris, Aug. Fontaine,* 1875, in-8, portrait, broché.

2063. Guide de l'amateur de livres à figures et à vignettes du XVIIIᵉ siècle, par Henry Cohen. Troisième édition entièrement refondue et considérablement augmentée, par Charles Mehl. *Paris, Rouquette,* 1876, gr. in-8, broché.

2064. Guide de l'amateur de livres à vignettes (et à figures) du XVIIIᵉ siècle. Quatrième édition, revue, corrigée et enrichie de près du double d'articles, de toutes les additions de M. Charles Mehl, et donnant le texte de la deuxième édition intégralement rétabli, par Henry Cohen. *Paris, P. Rouquette,* 1880, in-8, broché.

2065. Guide de l'amateur de livres à gravures du XVIIIᵉ siècle ; cinquième édition, revue, corrigée et considérablement augmentée par le Baron Roger Portalis. *Paris, P. Rouquette,* 1886, in-8, broché.

On y a joint: Supplément à la 5ᵉ édition du guide de l'amateur de livres à figures du XVIIIᵉ siècle, par E. Crottet. *Amsterdam, Fr. van Crombrugghe,* 1890, in-8, broché.

2066. Manuel de l'amateur d'illustrations. Gravures et portraits pour l'ornement des livres français et étrangers, par J. Sieurin. *Paris, Labitte,* 1875, in-8, broché.

2067. Bibliographie moderne de la France depuis le commencement du XVIIIᵉ siècle jusqu'à ce jour ; accompagnée de notices nécrologiques, et de notes bibliographiques, historiques et littéraires, par J.-M. Quérard. *Paris, J.-M. Quérard,* 1828-1829, 10 vol. in-8, demi-rel. bas. bleue, tr. jasp.

2068. Catalogue général de la librairie française depuis 1840, rédigé par Otto Lorenz. *Paris,* 1867-1888, 11 vol. in-8, brochés.

Période de 1840 à 1885, avec les tables analytiques.

2069. Mélanges tirés d'une petite bibliothèque romantique. Bibliographie anecdotique et pittoresque des éditions originales des œuvres de Victor Hugo, Alexandre Dumas, Théophile Gautier, Petrus Borel, Alfred de Vigny, Prosper Mérimée, etc., etc., par Charles Asselineau. Illustrés d'un frontispice à l'eau-forte de Célestin Nanteuil et de vers de MM. Th. de Banville et Ch. Baudelaire. *Paris, chez René Pincebourde,* 1866, in-8, broché.

Édition originale, tirée à 300 exemplaires.

2070. Bibliographie des ouvrages illustrés du XIXᵉ siècle, principalement des livres à gravures sur bois, par Jules Brivois. *Paris, L. Conquet,* 1883, gr. in-8, broché.

Tirage à 900 exemplaires sur papier vergé.

2071. Bibliographie contemporaine. Histoire littéraire du xix⁰ siècle. Manuel critique et raisonné de livres rares, curieux et singuliers, d'éditions romantiques, d'ouvrages tirés à petit nombre, de réimpressions d'auteurs anciens, etc., depuis 1800 jusqu'à nos jours. *Paris, Vieweg*, 1884-1890, 7 vol. in-8, brochés.

> Tout ce qui a paru de cet ouvrage.

2072. Dictionnaire des ouvrages anonymes, par Ant.-Alex. Barbier. *Paris, P. Daffis*, 1872-1878, 4 tomes en 8 vol. — Les Supercheries littéraires dévoilées, par J.-M. Quérard. *Paris, P. Daffis*, 1869-1871, 3 tomes en 6 vol. — Ens. 14 vol. in-8, brochés.

> On y joint : Dictionnaire des ouvrages anonymes suivi des supercheries littéraires dévoilées. Supplément à la dernière édition de ces deux ouvrages (Edit. Daffis), par Gustave Brunet. *Paris, Fechoz*, 1889, in-8, broché.

2073. Livres à clef. Œuvres posthumes de J.-M. Quérard, publiées par G. Brunet. *Bordeaux, Charles Lefebvre*, 1873, 2 vol. in-8, brochés.

> Tiré à 300 exemplaires sur papier vergé.
> On y a joint : Livres perdus et exemplaires uniques. *Bordeaux*, 1872, in-8, broché,

2074. Le Bibliophile français. Gazette illustrée des amateurs de livres, d'estampes et de haute curiosité. *Paris, Bachelin-Deflorenne*, 1868-1873, 7 vol. gr. in-8, papier de Holl., brochés.

> Nombreuses planches hors texte : reliures, portraits, etc., et figures dans le texte.

2075. Le Livre. Revue mensuelle. De l'origine, Janvier 1881, à Décembre 1889. *Paris, A. Quantin*, 1881-1889, 106 livraisons in-8, brochés.

> Les mois de Février 1883 et Juin 1885 manquent.
> On y joint : Le Livre. Bibliographie moderne. Année 1881. *Paris, Quantin*, 1881, 2 vol. in-8, brochés.
> Revue ornée de nombreuses reproductions dans le texte et hors texte.

2076. Bibliographie. 4 vol. in-8, dont 2 vol. brochés et 2 vol. rel., demi-rel.

> BRUNET (Ch.). Recherches sur les éditions originales des cinq livres de Rabelais. *Paris, Potier*, 1852. — Collection de livres introuvables provenant du cabinet de M. Jacques Turgot. *Angoulême*, 1856. — HARRISSE (H.). Bibliographie de Manon-Lescaut. *Paris, Morgand*, 1877. — TRICOTEL (E.). Variétés bibliographiques. *Paris, J. Gay*, 1863.

2077. Les Femmes bibliophiles de France (xvi⁰, xvii⁰ et xviii⁰ siècle), par Ernest Quentin-Bauchart. *Paris, D. Morgand*, 1886, 2 vol. gr. in-8, brochés.

> Tirage à 300 exemplaires sur PAPIER DE HOLLANDE.

2078. Nos Amis les livres, causeries sur la littérature curieuse et la librairie par Octave Uzanne. *Paris, Quantin*, 1886. — Les Zigzags d'un curieux, causeries sur l'art des livres et la littérature d'art par Octave Uzanne. *Id.*, 1888. — Ens. 2 vol. in-12, brochés.

> Papier de Hollande.

2079. Bibliothèque de Madame la Dauphine. N° 1. Histoire, par Moreau, historiographe de France. *A Paris, chez Saillant et Nyon*, 1770, in-8, veau marb., dos orné, tr. rouges (*Rel. anc.*).

Très beau frontispice dessiné et gravé par *Eisen*, représentant Marie-Antoinette couronnée par les Grâces.

2080. Bibliothèque de la reine Marie-Antoinette au château des Tuileries, catalogue authentique publié d'après le manuscrit de la Bibliothèque nationale, par E. Q. B. (Ernest Quentin-Bauchart). *Paris, Damascène Morgand*, 1884. — Bibliothèque de la reine Marie-Antoinette au Petit Trianon. Catalogue avec des notes inédites du marquis de Paulmy, mis en ordre et publié par Paul Lacroix. *Paris, Jules Gay*, 1863. — Ens. 2 vol. in-18, brochés.

2081. Description de la bibliothèque de Merly, dans le comté de Dorset (par Ralph Willett). *London, printed for the author*, 1785, gr. in-fol. cartonné.

Texte anglais et français.
Cet ouvrage est orné de 23 planches (sur 25; il en manque 2) dont 4 doubles. La bibliothèque de Merly n'existe plus; les livres précieux qu'elle renfermait ont été vendus à Londres en 1813.

2082. Catalogue des livres composant la bibliothèque de feu M. le baron James de Rothschild. *Paris, Damascène Morgand*, 1887-1893, 2 vol. in-8, brochés.

Tomes II et III.

2083. Collection de Charles Cousin. Livres, manuscrits, faïences anciennes, tableaux, dessins, objets d'art. *Paris*, 1891, in-4, broché.

Exemplaire imprimé sur PAPIER DU JAPON.
Nombreuses reproductions en chromo-typographie.
Portrait à l'eau-forte.

2084. Henri Béraldi. Estampes et livres, 1872-1892. *Paris, L. Conquet*, 1892, gr. in-8, broché.

Tirage à 390 exemplaires numérotés (N° 17).
Nombreuses reproductions hors texte de reliures en héliogravure et en couleurs.

2085. Chantilly. Le Cabinet des livres. Imprimés antérieurs au milieu du XVIe siècle. Manuscrits. *Paris, Plon-Nourrit et Cie*, 1900-1905, 3 vol. in-4, brochés.

Ouvrage orné de 30 reproductions de manuscrits, tirées sur papier de Chine.

2086. La Maison Plantin à Anvers, par Léon Degeorge. *Bruxelles, Gay et Doucé*, 1878, in-8, br. — Jean Gutenberg, premier maître imprimeur, par Fr. Dingelstedt. *Genève*, 1858, in-4, cartonn. — La Vie de Thomas Platter écrite par lui-même. *Id.*, 1862, in-8, br. — Ens. 3 vol.

2087. Le Musée Plantin-Moretus à Anvers. Texte par M. Max Rooses, eaux-fortes et dessins par M. B. Kriéger. *Paris, Librairie centrale des Beaux-Arts, s. d.*, in-fol. en feuilles dans un carton.

7 eaux-fortes hors texte.

2088. La Reliure française depuis l'invention de l'imprimerie jusqu'à la fin du

xviiiᵉ siècle, par MM. Marius Michel. *Paris, Damascène Morgand,* 1880, gr. in-4.
— La Reliure française commerciale et industrielle, depuis l'invention de l'imprimerie jusqu'à nos jours, par Marius Michel. *Id.,* 1881. — Ens. 2 vol. brochés.

Nombreuses planches hors texte reproduites par l'héliogravure.

2089. Manuel historique et bibliographique de l'amateur de reliures, par Léon Gruel. *Paris, Gruel et Engelmann,* 1887, in-4, broché.

Planches en héliogravure et en couleurs et nombreux fac simile.

2090. La Reliure moderne, artistique et fantaisiste, par Octave Uzanne. Illustrations reproduites d'après les originaux par P.-Albert Dujardin et dessins allégoriques de J. Adeline, G. Fraipont, A. Giraldon; frontispice de Albert Lynch, gravé par Manesse. *Paris, Édouard Rouveyre,* 1887, in-8, broché.

Ouvrage orné de 72 planches hors texte.

2091. Armorial du bibliophile, avec illustrations dans le texte par Joannis Guigard. *Paris, Bachelin-Deflorenne,* 1870-1873, 2 tomes en un vol. gr. in-8, demi-rel. mar. citron, tête dor., ébarbé (*Couvert.*).

2092. Nouvel armorial du bibliophile. Guide de l'amateur des livres armoriés par Joannis Guigard. *Paris, Emile Rondeau,* 1890, 2 vol. gr. in-8, brochés.

2093. Les Ex-libris français depuis leur origine jusqu'à nos jours, par A. Poulet Malassis. Nouvelle édition revue, très augmentée et ornée de 24 planches. *Paris, Rouquette,* 1875, in-8, broché.

Tirage à 350 exemplaires. Les planches sont à part dans un carton.

XII. — JOURNAUX

2094. ANNALES FRANÇAISES. Mai 1789-mai 1790, par Guy-Marie Sallier. *A Paris, chez Leriche,* 1832, 2 vol. in-8, demi-rel. bas. brune.

2095. ANNALES POLITIQUES, civiles et littéraires du dix-huitième siècle; ouvrage périodique par M. Linguet. *A Londres,* 1777-1780, 72 nᵒˢ en 9 vol. in-8, dos et coins veau fauve, tr. jasp. (*Rel. anc.*).

Recueil très intéressant à consulter pour qui veut connaître le mouvement des idées à la fin du dix-huitième siècle (Hatin, p. 74).

2096. CANCANS (Les), ou le passe-temps du jour, par Bérard, 1831-1834, in-8.

34 numéros (sur 68) avec titres différents : *cancans fidèles, cancans saisis, cancans politiques,* etc., etc.
Ces pamphlets furent l'objet de nombreuses poursuites, qui se résumèrent pour l'auteur en une douzaine d'années de prison et une dizaine de mille francs d'amende (Hatin, page 376).

2097. CORRESPONDANCE SECRÈTE, politique et littéraire ou mémoires pour servir a l'histoire des Cours, des sociétés et de la littérature en France depuis la mort de Louis XV (rédigée par Métra). *A Londres, chez John Adamson*, 1787-1790, 18 vol. in-12, dos et coins veau fauve, tr. rouges.

Cette réimpression de la « Correspondance littéraire secrète » finit au 7 octobre 1785.

2098. Drapeau blanc (Le), par A. Martainville et plusieurs hommes de lettres. *Paris, J.-G. Dentu*, 1819, 2 vol. in-8, demi-rel. basane fauve (*Rel. de l'époque*).

Première série de ce journal, qui fut fondé après la chute du ministère Decazes ; il eut pour rédacteurs Lamennais, de Haller, Saint-Victor, Nodier. etc., etc.

2099. Foudre (La). Journal des nouvelles historiques de la littérature, des spectacles, des arts et des modes, rédigé par une société des gens du monde et d'hommes de lettres. 10 mai 1821-30 novembre 1823. *A Paris*, 1821-1823, 10 vol. in-8, cartonn. demi-toile bleue.

Collection complète de ce journal rédigé par Alph. de Beauchamp et autres ; il est orné de 54 lithographies.

« Notre but est de foudroyer la politique et de guérir la jeunesse française de cette déplorable manie.

« Nous combattrons à outrance toutes les doctrines anti-sociales qui tendent, suivant les expressions d'une bouche auguste, à ramener le despotisme en passant par l'anarchie. »

2100. Gazette de Leyde, ou nouvelles extraordinaires de divers endroits. Du 1 janvier 1760 au 31 décembre 1799, 40 vol. pet. in-4 à 2 col., dos et coins bas. fauve (*Rel. anc.*).

Les « *Nouvelles extraordinaires* » furent supprimées le 23 avril 1798 ; mais elles furent reprises quelques jours après par Abraham Blusse sous le titre de : *Nouvelles politiques publiées à Leyde.*

2101. Table méthodique et analytique des articles du Journal des Savants depuis sa réorganisation en 1816 jusqu'en 1858 inclusivement, précédée d'une notice historique sur ce journal depuis sa fondation jusqu'à nos jours, par Hippolyte Cocheris. *Paris, Durand*, 1860, in-4, broché.

2102. Marseillaise (La). Rédacteur en chef Henri Rochefort. De l'origine, 19 décembre 1869, au 25 juillet 1870. En 1 vol. gr. in-fol., demi-rel. toile brune.

Tout ce qui a paru de ce journal plusieurs fois saisi sous l'Empire ; on y trouve le procès du prince Pierre Bonaparte.

Les n°s 2 janvier, 13 février et 21 juillet 1870 manquent.

2103. Mercure britannique ou notices historiques et critiques sur les affaires du tems, par J. Mallet du Pan, contenant un essai historique sur la destruction de la ligue et de la liberté helvétiques, du 10 octobre 1798 au 25 décembre 1799. *A Londres, de l'Imp. de W. et G., Spilsbury*, 1798-1799, 31 n°s (sur 36), en 3 vol. in-8, dos et coins veau fauve, tr. jasp.

Édition originale de ce journal très recherché.

On y joint : Correspondance politique pour servir à l'histoire du républicanisme français. par Mr. Mallet du Pan. *A Hambourg, de l'Imp. de P.-F. Fauche*, 1796, in-8, demi-rel. chag. rouge.

2104. Le Mercure français. De l'origine 1605 à 1644. *A Paris, chez Jean Richer*, 1619-1648, 25 vol. in-8, veau marb., dos orné (*Rel. anc.*).

« Ce recueil composé de 25 vol. in-8, dont Jean Richer avait lui-même compilé le 1er volume et qui fut continué par Étienne Richer, Olivier de Varennes et enfin par Théophr. Renaudot est une sorte d'annuaire historique qui abonde en documents précieux pour notre histoire. » (Hatin, pp. 27).

2105. Le Mercure galant, puis Mercure de France. De l'origine 1672 à juillet 1751. *A Paris, chez Claude Barbin*, 1672-1751, 577 vol. in-12, dont 528 vol. veau fauve, dos orné, tr. rouges et 49 vol. brochés.

> Il manque aux années : 1678, le tome III des extraordinaires ; 1683, la 2ᵉ partie de juin ; 1684, la 2ᵉ et 3ᵉ parties de juin : 1686, la 2ᵉ partie des mois d'octobre, novembre et décembre ; 1687, la 2ᵉ partie des mois de janvier, juin et août ; 1688, la 2ᵉ partie des mois d'avril, mai, juin, septembre à décembre inclus ; 1689, la 2ᵉ partie des mois de février, mars, mai, juin et août ; 1690, le supplément (Bataille de Fleurus) ; 1692, les tomes XII et XIII des Affaires du temps et 3 extrordinaires sous le titre de relations ; 1693, le 3ᵉ vol. des relations ; 1702, les 3 vol. des relations ; 1703, le mois d'octobre ; 1707, 2 vol. de supplément (Siège de Toulon) ; 1711, le mois de janvier ; 1714, la 2ᵉ partie de février, mars et octobre ; 1715, 3 vol. des relations; les années 1717 à 1745 manquent ; 1746, de mars au 1ᵉʳ vol. de juin, juillet, septembre au 1ᵉʳ vol. de décembre ; 1747, février, mars, juillet et août ; 1748, janvier, février, avril et novembre ; 1749, avril, septembre, novembre ; 1750, mars, mai, août, octobre, décembre 1ᵉʳ vol. ; 1751, janvier, février, avril, août à décembre inclus.

2106. Esprit du Mercure de France, depuis son origine (en 1672), jusqu'à 1792, ou choix des meilleures pièces de ce journal, tant en prose qu'en vers ; contenant des anecdotes curieuses, littéraires et politiques, etc. (par Jean Toussaint Merle). *Paris, chez Barba*, 1810, 3 vol. in-8, brochés.

2107. Indicateur du Mercure de France. 1672-1789, contenant par ordre alphabétique, les noms des personnages sur lesquels on trouve, dans cette collection, des notices biographiques et généalogiques, avec renvoi aux années, tomes et pages, par Joannis Guigard. *Paris, Bachelin-Deflorenne*, 1869, in-8, broché.

2108. Revue rétrospective ou bibliothèque historique contenant des mémoires et documens authentiques inédits et originaux pour servir à l'histoire proprement dite, à la biographie, à l'histoire de la littérature et des arts. *Paris, H. Fournier aîné*, 1833-1838, 20 vol. in-8, dos et coins veau fauve, fil., tête dor., non rognés.

> Bel exemplaire. .

2109. Sylphide (La). Modes, littérature, beaux-arts. De l'origine, 1840, à 1844. *Paris*, 1840-1844, 9 vol. in-4 dos et coins chagrin bleu, tr. jasp.

> Nombreuses planches de modes coloriées.
> A partir de 1843, ce journal change son titre en celui de « *Revue parisienne* ».

2110. Thé (Le), ou le journal des Dix-huit. De l'origine, 16 avril 1797, au 4 septembre 1797, 136 numéros in-4.

> Journal curieux et intéressant. A partir du nº 42 le sous-titre change en celui de : « *Ou le contrôleur général* ».
> Les nᵒˢ des 27 mai, 2, 6, 10, 18 juin et 31 juillet 1797 manquent.

SUPPLÉMENT

2111. Le Cantique des cantiques qui est sur Salomon ; traduit littéralement et remis à la scène par Jean de Bonnefon. Illustrations de F. Kupka. *Paris, Librairie universelle, s. d.*, in-fol., broché (*Couvert. illust.*).

> Exemplaire imprimé sur papier de Hollande.

2112. Traitté qui contient la méthode la plus facile et la plus asseurée, pour convertir ceux qui se sont separez de l'Eglise, par le cardinal de Richelieu. *A Paris, chez Sébastien Cramoisy*, 1651, in-fol. veau brun, fil., dos orné, tr. dorées (*Rel. anc.*).

> Exemplaire aux armes du Cardinal de Richelieu.
> Première édition ornée d'un portrait du Cardinal, gravé par *Cl. Mellan.*
> Reliure fatiguée.

2113. Nicolas (Michel). Des Doctrines religieuses des juifs pendant les deux siècles antérieurs à l'ère chrétienne. *Paris, Michel Lévy*, 1860. — Études critiques sur la Bible. Ancien testament et nouveau testament. *Id.*, 1862-1864, 2 vol. — Études sur les évangiles apocryphes. *Id.*, 1866. — Le Symbole des apôtres, essai historique. *Id.*, 1867. — Ens. 5 vol. in-8, veau fauve, tr. jasp.

2114. Justi Lipsi de Cruce libri tres ad sacram profanamque historiam utiles. Una cum notis. Editio quarta, serio castigata. *Antverpiae, ex officina Plantiniana, apud Joannem Moretum*, 1599, in-4, demi-rel. vélin (*Rel. mod.*).

> Édition ornée de nombreuses planches gravées en taille-douce.

2115. Diamant et pierres précieuses, bijoux, joyaux et orfèvreries au point de vue de leur histoire et de leur travail ; ouvrage orné de 350 vignettes et d'une planche en couleur par Ed. Jannettaz, Em. Vanderheym, E. Fontenay, A. Coutance. *Paris, J. Rothschild*, 1881, in-8, broché.

2116. Géométrie, mesures, etc. (Ouvrages relatifs à la). 4 vol. in-8 et in-12, dont 1 rel. vélin, les autres veau marb. (*Rel. anc.*).

> Bouelles (Ch. de). Geométrie praticque avec un traitté des mesures géométriques, des hauteurs accessibles, inaccessibles, etc. par J.-P. de Mesmes... *A Paris, chez Denis Cavellat*, 1607. — Dalence. Traittez des baromètres, thermomètres et notiomètres ou hygromètres. *Amsterdam*, 1708. — Hauy (l'abbé). Instruction sur les mesures déduites de la grandeur de la terre, uniformes pour toute la république et sur les calculs relatifs à leur division décimale. *Nancy*, an II. — Le Clerc (Seb.). Pratique de la géométrie sur le papier et sur le terrain. *Paris*, 1682.

2117. Les Travaux de Mars ou l'art de la guerre divisé en 3 parties. Ouvrage enrichi de plus de quatre cens planches gravées en taille-douce ; par Allain Manesson Mallet. *A Paris, chez Denys Thierry*, 1684-1685, 3 vol. in-8, veau brun, tr. marb. (*Rel. anc.*).

> Les planches représentent des vues de villes fortifiées, paysages, etc.

2118. Il soldato di M. Domenico Mora, bolognese, gentilhuomo grisone. Nel quale si tratta di tutto quello, che ad un vero soldato, e nobil cavalliere si conviene sapere, e essercitare nel mestiere dell' arme. Et questa, secondo l'ordine da noi posto è la quarta Gioia congiunta all' anella della nostra Collana historica. *In Vinetia, appresso Gabriel Giolito di Ferrarii*, 1570, in-4, vélin blanc, tr. vertes (*Rel. anc.*).

Ouvrage orné de 14 figures gravées sur bois dans le texte.

2119. Amphitheatrum sapientiae aeternae solius verae, Christiano-Kabalisticum, divino-magicum, nec non physico-chymicum, tertrinum, catholicon : instructore Henrico Khunrath (A la fin). *Hanoviae, exc. Guilielmus Antonius*, 1609, in-fol. veau brun, ornements à froid, tr. rouges (*Rel. anc.*).

Ouvrage singulier orné d'un titre dans un encadrement gravé, d'un portrait de Khunrath, et de 9 planches.

2120. La Langue sacrée. La cosmoglyphie. Le mystère de la création, par Émile-Soldi. Ouvrage accompagné de 900 dessins, réunis dans 400 figures. *Paris*, 1897, gr. in-8, broché.

2121. Abécédaire ou rudiment d'archéologie, par M. A. de Caumont. *Caen, F. Le Blanc-Hardel*, 1870-1886, 2 vol. in-8, brochés.

Architectures civile et militaire. — Architecture religieuse.

2122. Dictionnaire de l'art, de la curiosité et du bibelot, par Ernest Bosc. *Paris, Firmin-Didot*, 1883, in-8, broché.

Nombreuses illustrations dans le texte et hors texte.

2123. Dictionnaire des arts décoratifs, par Paul Rouaix. Ouvrage illustré d'environ 600 gravures. *Paris, Montgredien, s. d.*, 2 vol. in-8, cartonn. (*Rel. des éditeurs*).

2124. L'Art décoratif appliqué à l'art industriel. Recueil des œuvres de Gille-Marie Oppenord et de J.-A. Meissonnier. *Paris, Édouard Rouveyre, s. d.*, 2 vol. gr. in-4, en feuilles dans 2 cartons.

2125. La Renaissance en Italie et en France, à l'époque de Charles VIII, par M. Eugène Müntz, et illustré de 300 gravures dans le texte et de 38 planches tirées à part. *Paris, Firmin-Didot*, 1885, gr. in-8, broché.

2126. La Renaissance en France, par Léon Palustre, dessins et gravures sous la direction de Eugène Sadoux. *Paris, A. Quantin*, 1879-1885, 3 vol. en 15 livraisons in-fol., brochées.

2127. Archives de l'art français, recueil inédit relatif à l'histoire des arts en France, publié par M. A. de Montaiglon. Janvier 1859 à septembre 1860. *Paris, Dumoulin*, 1859-1860, 9 livraisons in-8, brochées.

On y a joint : Nouvelles archives de l'art français. Année 1872 à 1883. *Paris, J. Baur*, 1872-1883. 11 vol. in-8, brochés.

2128. Beaux-Arts (Ouvrages relatifs aux). 8 vol. in-8, dont 6 vol. brochés et 2 vol. demi-rel, chag.

> Delécluze (J.). Louis David, son école et son temps. *Paris, Didier,* 1855. — Eyriès (G.). Simart, sa vie, son œuvre. *Id., s. d.* — Haller (G.). Nos grands peintres. *Paris, Goupil,* 1899. — Herluison (H.). Notice sur Marceau. *Orléans,* 1898. — Lagrange (Léon). Joseph Vernet, sa vie, son siècle. *Bruxelles,* 1858. — Roosevelt (B.). La vie et les œuvres de Gustave Doré. *Paris, s. d.* — Tornézy (A.). Bergeret et Fragonard, 1773-1774. *Paris, Motteroz,* 1895. — Vigée-Lebrun. Souvenirs. *Paris, Fournier,* 1835, 2 tomes en 1 vol.

2129. Honoré Fragonard, sa vie et son œuvre par le baron Roger Portalis. 210 planches et vignettes d'après les peintures, estampes et dessins originaux, eaux-fortes par Lalauze, Champollion, Boilvin, etc., etc. *Paris, J. Rothschild,* 1889, gr. in-8, dos et coins mar. citron, fil., tête dor., ébarbé (*Couvert. illust.*).

> Un des 100 exemplaires imprimés sur papier simili Japon, non mis dans le commerce.

2130. Histoire de l'école anglaise de peinture jusques et y compris sir Thomas Lawrence et ses émules, par Feuillet de Conches. *Paris, E. Leroux,* 1882, gr. in-8, broché.

2131. Dialogo de la pintura su defensa, origen, essēcia, definicion, modos y diferencias.... por Vincencio Carducho. *En Madrid, por Fr. Martinez,* 1634, in-4, vélin blanc à recouv. (*Rel. anc.*).

> Ouvrage recherché, orné d'un titre dans un bel encadrement gravé et de 8 figures.
> Sur le titre la signature de Favart.

2132. Architecture byzantine ou recueil de monuments des premiers temps du christianisme en Orient. précédé de recherches historiques et archéologiques, par Charles Texier et R. Popplewell Pullan. *Londres, Day et fils,* 1864, in-fol. (*Rel. des éditeurs*).

> Ouvrage orné de 70 planches hors texte, en lithographie ou en chromolithographie.
> Les planches 15, 30, 32, 33, 34 et 40 manquent.

2133. L'Habitation byzantine, recherches sur l'architecture civile des byzantins et son influence en Europe, par le général L. de Beylié. *Paris, Ernest Leroux,* 1902, in-4 en feuilles dans un carton.

> Nombreuses illustrations hors texte, en phototypie et figures dans le texte.

2134. Joannis Baptistae Piranesii, antiquariorum regiae societatis Londinensis socii, Campus martius antiquae urbis. *Romae,* 1762, in-fol., demi-rel. veau marb.

> Frontispice, titre, 4 vignettes, et 47 grandes planches de plans et vues, gravés à l'eau-forte par *Piranese.*

2135. Recueil de plusieurs parties d'architecture de différents maîtres, tant d'Italie que de France, mis au jour par M. Dumont. *Paris, s. d.,* in-fol., demi-rel. chagrin La Vall., tr. rouges.

> 83 planches gravées.
> On y joint ; Divers morceaux d'architecture du sr Dumont. *Paris, s. d.,* 32 planches de vues de monuments, ruines d'Italie, etc., in-fol., même reliure.

2136. Il Tempio Vaticano e sua origine con gl' Edificii piu cospicui antichi, e moderni fatti dentro, e fuori di Esso : descritto dal Cav. Carlo Fontana.... Opera divisa in sette libri tradotta in lingua latina da Gio. Gius. Bonnerve de S. Romain. *In Roma,* 1694, in-fol. vélin blanc, tr. marb.

> Texte italien en latin.
> Un des plus beaux ouvrages que l'on ait sur le Vatican ; il est orné de 79 belles planches.

2137. Le Latran au moyen âge, par G. Rohault de Fleury. *Paris, Vve A. Morel,* 1877, in-fol. en feuilles dans un carton.

> Ouvrage orné de 64 planches hors texte.

2138. Les Monuments du christianisme au moyen âge. Basiliques et mosaïques chrétiennes. Italie-Sicile, par Gustave Clausse. *Paris, Ernest Leroux,* 1893, 2 vol. gr. in-8, brochés.

> Illustré de 200 dessins d'après documents certains ou d'après nature.

2139. Notes de voyage d'un architecte dans le Nord-Ouest de l'Europe, par Félix Narjoux. Croquis et descriptions. *Paris, A. Morel,* 1876, in-8, broché.

> Nombreuses figures dans le texte et hors texte.

2140. Monographie du château de Heidelberg, dessinée et gravée par Rodolphe Pfnor accompagnée d'un texte historique et descriptif, par Daniel Ramée. *Paris, A. Morel et Cie,* 1859, 2 parties en un vol. in-fol., en feuilles dans un carton.

> Ouvrage contenant 24 planches hors texte reproduisant des vues du château de Heidelberg.

2141. Bôrô-Boudour dans l'île de Java, dessiné par M. F.-C. Wilsen avec texte descriptif et explicatif rédigé d'après les mémoires manuscrits et imprimés de MM. C. Wilsen et J.-F.-G. Brumund et autres documents et publié par le Dr C. Lécmans. *Leide, E.-J. Brill, s. d.,* 8 livraisons gr. in-fol. en feuilles.

> Ouvrage orné de 393 lithographies.
> Le texte manque.

2142. Les Débardeurs, par Gavarni. *Paris, chez Aubert, s. d.,* in-4, demi-rel., veau vert.

> Suite complète de 66 lithographies.

2143. L'Art des jardins : parcs, jardins, promenades, étude historique, principes de la composition, etc., décoration pittoresque et artistique des parcs et jardins publics par le baron Ernouf. Troisième édition, entièrement refondue, avec le concours de A. Alphand. *Paris, J. Rothschild, s. d.,* in-4, broché (*Couvert. illust.*).

2144. Scènes de la vie privée et publique des animaux, vignettes par Grandville. Etudes de mœurs contemporaines publiées sous la direction de M. P.-J. Stahl, avec la collaboration de MM. de Balzac, E. de La Bédollierre, J. Janin, Charles Nodier, George Sand., etc., etc. *Paris, J. Hetzel et Paulin,* 1842, 2 vol. gr. in-8, brochés (*Couvert. illust.*).

> PREMIER TIRAGE.
> Bel exemplaire, en partie non coupé.

2145. Amusemens de la campagne ou nouvelles ruses innocentes qui enseignent la manière de prendre aux pièges toutes sortes d'oiseaux et de bêtes à quatre pieds :

avec les plus beaux secrets de la pêche dans les rivières et étangs... par le sieur
L. Liger. *A Paris, chez Claude Prudhomme,* 1709, 2 vol. in-12, veau brun, tr.
rouges (*Rel. anc.*).

Nombreuses figures dans le texte gravées sur bois.

2146. Méthode nouvelle et très exacte pour enseigner et apprendre la première partie de Despautère dans laquelle tout ce qui appartient au genre des noms est clairement expliqué par des figures en taille-douce, par L. C. D. E. M. (par Louis
Couvay, docteur en médecine). *Paris, J. Gaillard,* 1649, in-8, demi-rel. chag.
bleu, ébarbé.

Ouvrage orné de 17 planches gravées en taille-douce renfermant un grand nombre de petites figures.

2147. Les Fleurs du bien dire, recueillies es cabinets des plus rares esprits de ce
temps, pour exprimer les passions amoureuses tât de l'un comme de l'autre sexe,
avec un amas des plus beaux traits dont on use en amour, redigez en forme de lieux
communs pour s'en servir à propos. *A Paris, chez Mathieu Guillemot,* 1598, pet.
in-12, veau marb., dos orné, tr. rouges (*Rel. anc.*).

Première édition.
Cet ouvrage a été attribué à Fr. Desrues et à Mathieu Guillemot.

2148. L'Iliade d'Homère prince des poètes, traduict de grec en vers françois, par
M. Hugue Salel, abbé de S.-Cheron... L'augmentation outre les précédentes impressions, l'Umbre dudict Salel, par Olivier de Magny. Avec le premier et second
de l'Odissée d'Homère par Jaques Peletier du Mans... — *A Paris, pour Claude
Gauthier,* 1574, pet. in-8, demi-rel., veau fauve, tr. marb.

On y joint : Luciani de morte peregrini libellus. *Parisiis, ex. off. Cramosiana,* 1653, in-4,
vélin. — Les Amours d'Horace (par de Solignac). *Cologne, P. Marteau,* 1728, in-12, vélin.

2149. L'Eneide de Virgile, traduite en vers françois; avec les remarques du traducteur aux marges pour l'intelligence de la carthe et de l'histoire ancienne, véritable
et fabuleuse, par M. P. Perrin. *A Paris, P. Moreau,* 1648-1658, 2 vol. in-4, vélin
blanc, dos orné, tr. marb.

Edition imprimée avec des caractères italiques inventés par P. Moreau.

2150. Centi-folium in Quarto. Oder Hundert Aussbündige Narren in Folio. Wienn,
zu finden bey Johann Carl Megerle, und bey Joh. Christ. Weigl, Kupfferstechern
in Nürnberg. *Gedruckt bey Christ. Lercher, s. d.* — Mala gallina, malum ovum.
Das ist : Wie die Alten sungen, so zwitzern die Jungen. Im zweyten Centi-Folio
hundert ausbündiger Närrinnen gleichfals in Folio. In hundert schönen Kupffern
moralisch vorgestellt. *Nürnberg, bey Christ. Weigel. Wienn, gedruckt bey Andreas
Heyninger, s. d.* — Ens. 2 parties en un vol. in-4, figures, vélin (*Rel. anc.*).

Ouvrage dans le genre de la *Nef des fols,* d'un grand intérêt pour l'histoire des mœurs du
xviiie siècle. Chaque partie renferme 100 planches gravées sur cuivre (celles de la première
partie sont en très bonnes épreuves), accompagnées d'un texte dans le genre des écrits du célèbre Abraham a Sancta Clara.
Un feuillet de la préface du deuxième ouvrage manque.

2151. Cataractes de l'imagination; déluge de la scribomanie, vomissement littéraire, hémorrhagie encyclopédique, monstre des monstres, par Epiménide l'Inspiré (J.-M. Chassaignon, fils d'un épicier de Lyon). *Dans l'antre de Trophonius, au pays des Visions*, 1779, 4 vol. in-12, 2 figures, dos et coins mar. La Vall., tête dor., non rog. (*Rel. mod.*).

> Ouvrage bizarre, dans lequel Chassaignon traite les sujets les plus disparates avec une originalité de conception qui est encore effacée par celle du style.
> Ouvrage rare, ayant été supprimé.

2152. Œuvres de Monsieur de Saint Marc. *A Genève et se trouve à Paris, chez Monory*, 1775, in-8, mar. rouge, encad. de fil., dos orné, dent. int., tr. dor. (*Rel. de Derome, avec son étiquette*).

> 1 portrait d'après *Danloux*, 1 titre par *Eisen*, gravés par *Gaucher*, 2 vignettes par *Eisen* et *Marillier*, gravées par *Gaucher* et *Elluin* et un cul de lampe par *Eisen*, gravé par *Gaucher*.
> La figure par Moreau manque.
> Armoiries sur les plats de la reliure.

2153. Fêtes des bonnes-gens de Canon et des rosières de Briquebec et de S. Sauveur-le-Vicomte (par Le Monnier). *A Paris, chez Prault*, 1778, in-8, cartonn. toile rouge, non rogné.

> Frontispice dessiné et gravé par *Moreau*.
> Envoi de l'auteur sur le titre.
> Cet exemplaire contient le supplément publié la même année, in-8, 73 pp.

2154. Les Aventures de Chœrée et de Callirrhoé, traduites du grec (de Chariton), par M. Fallet. *A Amsterdam, et se trouve à Paris*, 1775, 8 parties en 1 vol. in-8, veau mabr., dos orné, tr. rouges (*Rel. anc.*).

> 8 figures par *Desrais*, gravées par *Chatelain* et *Marchand*.

2155. Les Evenemens singuliers par M. de Belley (Jean-Pierre Camus, évêque de Belley). *A Lion, chez Jean Caffin*, 1628, 4 parties en 1 vol., pet. in-8, veau jasp., dos orné fleurdelisé, tr. marb. (*Rel. anc.*).

> Aux armes de la comtesse de Verrue, avec le mot *Meudon*, en lettres d'or, sur les plats.
> Édition originale.

2156. Les Confessions de Jean-Jacques Bouchard, parisien, suivies de son voyage de Paris à Rome en 1630 ; publiées pour la première fois sur le manuscrit de l'auteur. *Paris, Is. Liseux*, 1881, in-8 broché.

> Tirage à 500 exemplaires sur papier vergé.

2157. Mémoires de la vie du comte de Grammont, contenant particulièrement l'histoire amoureuse de la cour d'Angleterre sous le règne de Charles II (par Ant. Hamilton). *Cologne*, 1713.— Mémoires d'une reine infortunée (Caroline-Mathilde, reine de Danemark), entremêlés de lettres à plusieurs de ses parents et amies illustres. *Londres*, 1776. — Histoire secrète de la duchesse de Portsmouth.... *Londres*, 1691. Ens. 3 vol. in-12, rel. veau marb. (*Rel. anc.*).

2158. Le Royalisme, ou mémoires de Du Barri de Saint Annez et de Constance de

Cezelli sa femme. Anecdotes héroïques sous Henri IV par M. de L. (de Limairac). *A Paris, chez Valade,* 1770, in-8, demi-rel. cuir de Russie, tr. jasp.

Exemplaire de Lemazurier, contenant une longue note autographe de lui, relative à cet ouvrage.
Portrait de Mme du Barri, par Le Grand.

2159. Mémoires de la princesse Elisa de B***, ou histoire d'une orpheline française écrite par elle-même, renfermant des détails curieux et intéressans sur la cour de Selim III, le sérail et la vie du sultan Osman. *Paris, Rapet,* 1822, 2 vol. in-12, brochés.

Rare.

2160. Gaspard de la nuit, par Louis Bertrand. Fantaisies à la manière de Rembrandt et de Callot. Nouvelle édition, augmentée de pièces en prose et en vers, tirées des journaux et recueils littéraires du temps, et précédée d'une introduction par M. Charles Asselineau. *Paris, chez René Pincebourde,* 1868, pet. in-8, broché (*Couvert.*).

Seconde édition tirée à 402 exemplaires, ornée d'un frontispice de *Rops,* sur Chine volant.
Un des 50 exemplaires imprimés sur PAPIER DE HOLLANDE.

2161. Le Galatée, premièrement composé en italien par J. de la Case, et depuis mis en françois (par Jean de Tournes). Latin (par Mich. Chytraeus). Allemand et Espagnol (par Domingo de Bezerra).... *A Genève, par Jean de Tournes,* 1609, in-16, de 8 ff. non chiff. et de 619 pp., dos et coins chag. brun, fil., dos orné, tr. dor.

Edition contenant le texte italien et les quatre traductions.
La traduction française est imprimée en caractères de civilité.

2162. Eloge des perruques, enrichi de notes plus amples que le texte, par le docteur Akerlio. *A Paris, chez Maradan,* an VII.— Recherches historiques sur l'usage des cheveux postiches et des perruques par F. Nicolaï. *S. l. n. d.* (sans titre), 2 planches. — Ens. 2 vol. in-8 et in-12, brochés.

2163. Acanthologie ou dictionnaire épigrammatique. Recueil par ordre alphabétique, des meilleurs épigrammes sur les personnages célèbres, et principalement sur ceux qui ont marqué depuis le commencement de la Révolution. *Paris, chez les marchands de nouveautés,* 1817, in-12, dos et coins veau fauve, non rogné.

Recueil publié par M. M.-F.-J.-M. Fayolle.
Exemplaire couvert de notes et d'additions manuscrites, probablement de Fayolle, en vue d'une nouvelle édition qui aurait eu pour titre : « *Le Martial moderne* » ou recueil des meilleures épigrammes des personnages célèbres des 17e, 18e et 19e siècles, par ordre alphabétique.
Sur le feuillet de garde on lit : « Ce volume est devenu rare parce que les propriétaires-éditeurs des œuvres de Lebrun l'ont fait saisir comme contrefaçon du livre d'épigrammes de ce poète. Quelques épigrammes peu connues ont été ajoutées à cet exemplaire. »

———

2164. Les Antiquitez romaines de Denys d'Halicarnasse, traduites du grec par le P. Gabriel-François Le Jay. Avec des notes historiques, critiques et géographiques.

A Paris, chez G. Dupuis, 1722, 2 vol. in-4, basane rouge, fil., dos orné, tr. rouges (*Rel. anc.*).

Aux armes de Jean de BERBISEY, baron de VANTOUX.

2165. Constantinople (Ouvrages relatifs à l'empire de). 1 vol. in-fol., 2 vol. in-8 et 11 vol. in-12. — Ens. 14 vol. reliés.

BESOLDO (Ch.). Historia Constantinopolitano. *Argentinae*, 1634. — BUCHON (A). Collection des chroniques françaises du XIII° au XVI° siècle. *Paris, Verdière*, 1826, 2 vol. — COUSIN. Histoire de Constantinople. *Paris, Foucault*, 1685, 8 tomes en 10 vol.— VILLE-HARDOUIN (G.). Histoire de l'empire de Constantinople. *Paris*, 1657.

2166. Histoire et description des principales villes de l'Europe. *A Paris, chez Desenne*, 1835, gr. in-8, dos et coins mar. rouge à longs grains, fil., dos orné, non rogné (*Hersent*).

Nîmes par D. Nisard. — Trente et Inspruck par M. Mercey. — Berne par M. P.-A. Stapfer.
Nombreuses gravures sur acier.

2167. Album pittoresque du jardin de la France. Collection des 50 plus belles vues des bords de la Loire depuis son embouchure jusqu'à sa source. Villes, bourgs, châteaux, ports, monuments, églises, sites remarquables, dessinées et gravées par MM. Rouargue frères. *Paris, s. d.*, in-4 oblong, cartonné.

On y joint : Le Château de Pau. Histoire et description. Texte et dessins par A. Laffolye. *Paris, Morel*, 1882, in-4, broché. — Notice historique et chronologique sur le château de Chambord avec plusieurs gravures à l'eau-forte par A. Storelli. *Paris, Baschet*, 1881. — Album archéologique de l'église abbatiale de St.-Benoit-sur-Loire, de l'église de Germigny-des-Prés et des châteaux de Sully et de Châteauneuf. Recueil de vues et plans lithographiés à deux teintes par Deroy... *Orléans*, 1851, in-4, broché.

2168. Mémoires pour servir à l'histoire des mœurs et usages des français, depuis les plus hautes conditions, jusqu'aux classes inférieures de la société, pendant le règne de Louis XVI, sous le Directoire exécutif, sous Napoléon Bonaparte, et jusqu'à nos jours par Ant. Caillot. *A Paris, chez Dauvin*, 1827, 2 vol. in-8, cartonnés, non rognés.

2169. Campagne des français depuis le 8 septembre 1793, répondant au 22 fructidor de l'an I de la République française jusqu'au 1er ventose an V. Envoyé aux armées, aux corps administratifs et aux municipalités, par ordre de la Convention nationale. *A Paris, de l'Imp. de la République*, an III-V, 2 parties en 1 vol. pet. in-12, demi-rel. veau bleu.

Frontispice gravé sur bois, et titre gravé avec fleuron, par *Berthez*.

2170. Dictionnaire des honnêtes gens, rédigé par P. Sylvain Maréchal ; pour servir de correctif aux dictionnaires des grands hommes ; précédé d'une nouvelle édition de l'almanach des honnêtes gens. *A Paris, chez Gueffier*, 1791, in-8, demi-rel. chagrin vert, tête dor., non rogné.

Sur le titre, la signature de L. Turner.
Exemplaire couvert de notes manuscrites.
On lit sur le titre : « *Assurément le Dictionnaire des honnêtes gens est une pure bêtise. Mais le réquisitoire de Séguier et le rapport de Gabriel Faudeau sont une bêtise d'un autre genre et beaucoup plus dangereuse ; puisque ces Robins, gens à prétention, font bien voir qu'ils ne veulent pas marcher avec le siècle, et qu'ils ne croient pas au progrès des lumières.* »
Exemplaire très mouillé.

2171. Souvenirs d'un nonagénaire. Mémoires de François-Yves Besnard, publiés sur le manuscrit autographe par Célestin Port. Avec deux portraits de l'auteur d'après Bodinier et David d'Angers. *Paris, H. Champion*, 1880, 2 vol. in-8, brochés.

Exemplaire imprimé sur PAPIER DE HOLLANDE.

2172. Voyage de Lister à Paris en 1698; traduit pour la première fois, publié et annoté par la Société des Bibliophiles françois. On y a joint des extraits des ouvrages d'Evelyn, relatifs à ses voyages en France de 1648 à 1661. *A Paris, pour la Société des Bibliophiles*, 1873, gr. in-8, papier de Hollande, broché.

2173. Les Réverbères, chroniques de nuit du vieux et du nouveau Paris, par Touchard-Lafosse. *Paris, Charles Lachapelle*, 1838, 6 vol. in-8, demi-rel. bas. violette, tr. jasp.

2174. Du Pont des Arts au pont de Kehl (Reisebilder d'un parisien) par Alfred Delvau. Avec un frontispice par Emile Bénassit. *Paris, Achille Faure*, 1866, in-12, broché (*Couvert.*).

ÉDITION ORIGINALE.
La couverture porte « *Deuxième édition* ».

2175. Bagnes, aux prisons et à la police (Ouvrages illustrés relatifs aux). 3 vol. gr. in-8, demi-rel. chagrin vert ou bleu et demi-toile grenat, tr. jasp.

ALHOY (Maurice). Les Bagnes. *Paris, Havard*, 1845. — ALHOY (M.) et LURINE (L.). Les Prisons de Paris. *Paris, Havard*, 1846. — LURINE (Louis). Histoire secrète et publique de la police ancienne et moderne. *Paris, Havard*, 1847.
Ces trois volumes sont de PREMIER TIRAGE.

2176. Le Monde par Adam-Fitz-Adam (masque sous lequel s'est caché Edw. Moore, aidé du comte de Chesterfield, d'Horace Walpole, de Richard-Owen Cambridge, etc...) ou feuille périodique sur les mœurs du temps. *A Leide*, 1757, 2 vol. — Le Rodeur français ou les mœurs du jour. *Paris, chez Rosa*, 1816-1817, 2 vol., 4 fig. — Ens. 4 vol. in-12, dont 2 vol. veau fauve et 2 vol., dos et coins, veau marb.

2177. Le Chasteau de Richelieu, ou l'histoire des dieux et des héros de l'antiquité, avec des réflexions morales, par Mr. Vignier. Seconde édition reveuë et corrigée. *A Saumur, chez Henry Desbordes*, 1681, in-12, cuir de Russie, fil. et pet. dent., dos orné, dent. int., tr. dor.

Exemplaire très grand de marges.

2178. Description de l'Égypte ou recueil des observations et des recherches qui ont été faites en Égypte pendant l'expédition de l'armée française (ouvrage publié sous la direction de M. Jomard). *Paris, Imp, impériale*, 1809-1813, 9 vol. in-fol. de texte et 11 vol. in-fol. de planches, dos et coins veau fauve, tr. jasp.

Exemplaire en édition originale bien complet contenant 894 planches, non compris 31 planches que contiennent les volumes de texte.
On y joint : Description générale de Thèbes contenant une exposition détaillée de l'état actuel de ses ruines et suivie de recherches critiques sur l'histoire et sur l'étendue de cette première capitale de l'Egypte, par MM. Jollois et Devilliers. *A Paris, de l'Imp. imp.*, 1813, in-fol., cartonn., dos de mar. rouge à longs grains, non rogné (*Rel. de l'époque*).
Texte seul,

2179. Vaderlandsch. A.-B. boek voor de Nederlandsche jeugd. *Amsterdam, br W. Holtrop*, 1781, in-8, cartonné, non rogné.

Titre gravé, 1 planche gravée d'alphabets en divers caractères, 27 jolies vignettes en tête de chaque page, et 4 planches gravées hors texte.

2180. Puteolana historia a Julio Caesare Capacio Neapolitanae urbis a secretis et cive conscripta. Accessit ejusdem de balneis libellus. *Neapoli, excud. Constantinus Vitalis*, 1607, in-4, vélin (*Rel. anc.*).

Ouvrage rare, orné de figures dans le texte, gravées sur bois.
A la suite se trouve : *Balnearum quae Neapoli, puteolis, baiis Pithecusis extant, virtutes, Thermarum, et balnearum apud antiquos structurae, usus, ministeria. Ad aegrorum commoda.* Neapoli, 1604, 88 pag.

2181. Un Condottière au xv° siècle. Rimini, études sur les lettres et les arts à la cour de Malatesta par Charles Yriarte. *Paris, Rothschild*, 1882. — Le Latran au moyen âge, par G. Rohault de Fleury. *Paris, Morel*, 1877. — Ens. 2 vol. gr. in-8, brochés.

2182. Aquila inter lilia, sub qua Francorum Caesarum a Carolo magno usque ad Conradum imperatorem occidentis X. Elogiis, hieroglyphicis, numismatibus, insignibus, symbolis, fasta exarantur... Auctore Joanne Palatio. *Venetiis, apud Jo. Jacobum Herz*, 1671, in-fol. veau brun, dos orné, tr. rouges (*Rel. anc.*).

Frontispice gravé, 9 grandes planches hors texte et nombreuses figures gravées dans le texte, médailles, portraits, blasons, etc.

2183. Troubadours (Ouvrages relatifs aux). 6 vol. in-8 et in-12, dont 2 brochés, 3 rel. veau fauve et 1 demi-rel. bas.

Méray (Ant.). La Vie au temps des cours d'amour, croyances, usages et mœurs intimes des xi°, xii° et xiii° siècles. *Paris, Claudin*, 1876, papier de Hollande. — La Curne de Ste Palaye. Histoire littéraire des troubadours. *Paris*, 1774, 3 vol. — Raynouard. Des Troubadours et des cours d'amour. *Paris, Didot*, 1817. — Rochegude (de). Essai d'un glossaire occitanien pour servir à l'intelligence des poésies des troubadours. *Toulouse*, 1819.

2184. Catalogue général des manuscrits des bibliothèques publiques de France. *Paris, E. Plon*, 1892-1894, 3 vol. in-8, brochés.

Archives de la Bastille, 1892. — Table générale des archives de la Bastille, 1894. 2 vol.

2185. Mélusine. Recueil de mythologie, littérature populaire, traditions et usages, publié par H. Gaidoz et E. Rolland. *Paris*, 1878-1901, 10 vol. gr. in-8, brochés.

2186. Réunion d'environ 220 vignettes, figures, etc. par Eisen, Cochin, Moreau, Marillier, De Sève, Binet, Gérard, Prudhon, Gravelot, etc.. pour illustrer les œuvres de Dorat, Restif de la Bretonne, Gresset, La Fontaine, Boccace, la Bible, Don Quichotte, etc., etc.

Quelques pièces sont en épreuves avant la lettre.

2187. Opere di Carlo Goldoni. Suite de 137 figures par Novelli, gravées par Ant. Baratti pour l'édition de Venise, 1761, 16 vol. in-8.

Bonnes épreuves.

2188. Théâtre de P. Corneille. Suite complète (moins le frontispice) des 34 figures de Gravelot, gravées par Baquoy, Flipart, Lemire, etc. pour l'édition de Genève, 1764, 12 vol. in-8.

Belles épreuves, montées sur bristol in-4.

2189. Œuvres de J.-J. Rousseau. Suite du portrait de Rousseau gravé par Langlois, de 4 frontispices (sur 5) et de 27 figures (sur 29) par Cochin, Monsiau, etc. pour l'édition de *Paris, Defer de Maisonneuve,* 1793-1800, 18 vol. in-4.

Les frontispices d'*Emile* et des *Confessions* sont en 2 états, dont L'EAU-FORTE ; celui d'*Héloise* est également en 2 états, avant et avec la lettre.
On y joint : 14 planches de musique.

2190. Collection complète des œuvres de J.-J. Rousseau : suite du portrait de Rousseau gravé par Saint-Aubin et de 34 (sur 37) figures par Moreau et Le Barbier pour l'édition de *Londres (Bruxelles),* 1774-1783, 12 vol. in-4.

Une épreuve est à l'état d'EAU-FORTE, une autre en deux états dont l'EAU-FORTE et 4 sont en épreuves en deux états : AVANT et avec les numéros.
On y a joint 5 planches doubles.

2191. Les Amours de Psyché et de Cupidon, par La Fontaine. Suite complète des 8 figures de Moreau, gravées par Dambrun, Duhamel, de Ghendt, etc. pour l'édition de Paris, Didot, an III (1795), in-8.

Epreuves sur Chine, montées de format in-fol.

2192. Œuvres complètes de Berquin. Suite de 166 (sur 204) figures ou frontispices par Borel, Le Barbier, Marillier, Monsiau et Moreau, pour l'édition de Paris, Renouard, an XI (1803), 17 vol. in-12.

Epreuves à toutes marges. Illustrations pour « l'*Ami des enfants* », la « *Bibliothèque des Villages* », l' « *Introduction à la connaissance de la nature* », etc.

2193. Réunion d'environ 200 vignettes et titres par E. et J. Johannot, Henry Monnier, Granville, J. Gigoux, etc. etc.

Vignettes pour la plupart tirées sur Chine, pour illustrer Le Pénitent, les Cent et une nouvelles, Elie Tobias, le Cloître, les Scènes de la vie maritime, les Ecorcheurs, Indiana, la Salamandre, Notre Dame de Paris, la Peau de Chagrin, l'Histoire du roi de Bohême, etc., etc.

2194. Almanachs du XVIIIe siècle. Réunion de 54 petites vignettes non signées, in-18.

Suites pour l'Almanach du comestible, l'Almanach généalogique, le Petit chansonnier moderne, etc., etc.

2195. Suite complète du portrait de Cervantes et des 17 eaux-fortes de Worms, gravées par R. de Los Rios, pour l'édition de *Don Quichotte.* Paris, Jouaust, 1884, 6 vol.

Epreuves AVANT la lettre tirées sur papier vélin.

2196. *Corps de garde des officiers hollandois*, estampe gravée par Punt et Tanjé, d'après C. Troost. *Amsterdam, 1754. — La Soirée*, estampe gravée par C. Galli-mard, d'après Cochin. *Paris, chez Fillœul, s. d.*

Epreuves courtes de marges.

2197. Réunion de 180 portraits lithographiés, extraits pour la plupart de la « Gale-rie de la Presse », in-4.

Louis Blanc, Marie Dorval, Du Mersan, Ferville, Mme Em. de Girardin, Mme A. Ségalas, Eug. Sue, A. de Vigny, Victor Hugo, Chérubini, Litz, Samson, Rachel, etc., etc.

TABLE DES MATIÈRES

ORDRE DES VACATIONS

———

Première vacation. — *Lundi 14 Mars* 1910.
Nᵒˢ 1 à 239.

Deuxième vacation. — *Mardi 15 Mars* 1910.
Nᵒˢ 240 à 466.

Troisième vacation. — *Mercredi 16 Mars* 1910.
Nᵒˢ 467 à 700.

Quatrième vacation. — *Jeudi 17 Mars* 1910.
Nᵒˢ 701 à 931.

Cinquième vacation. — *Vendredi 18 Mars* 1910.
Nᵒˢ 932 à 1167.

Sixième vacation. — *Samedi 19 Mars* 1910.
Nᵒˢ 1168 à 1399.

Septième vacation. — *Lundi 21 Mars* 1910.
Nᵒˢ 1400 à 1636.

Huitième vacation. — *Mardi 22 Mars* 1910.
Nᵒˢ 1637 à 1866.

Neuvième vacation. — *Mercredi 23 Mars* 1910.
Nᵒˢ 1867 à 2093.

Dixième vacation. — *Jeudi 24 Mars* 1910.
Nᵒˢ 2094 à 2197.
Livres en lots.

———

CHARTRES. — IMPRIMERIE DURAND, RUE FULBERT.

www.ingramcontent.com/pod-product-compliance
Lightning Source LLC
LaVergne TN
LVHW010808060726
842527LV00002B/561